das neue buch
Herausgegeben von Jürgen Manthey

Rolf Dieter Brinkmann
Rom, Blicke

das neue buch
rowohlt

Lektorat: Jürgen Manthey, Delf Schmidt
Erstausgabe
1.– 6. Tausend September 1979
7.–11. Tausend Dezember 1979
12.–14. Tausend Januar 1982
Veröffentlicht im Rowohlt Taschenbuch GmbH,
Reinbek bei Hamburg, September 1979
Copyright © 1979 by Rowohlt Taschenbuch Verlag GmbH,
Reinbek bei Hamburg
Alle Rechte vorbehalten
Reihenentwurf: Christian Chruxin
Umschlagentwurf: Manfred Waller
Typographie: Gisela Nolte
Gesamtherstellung Clausen & Bosse, Leck
Printed in Germany
3200-ISBN 3 499 25094 2

„Träume, diese Blutergüsse der Seele"
H. H. Jahnn, Fluß ohne Ufer, Teil 2

Freitag, 14. Oktober, Köln Hbf 0 Uhr 12, der Zug fährt an; (:Maleen auf dem düster verstaubten Bahnsteig neben leeren Karren und dem erloschenen Kiosk macht Abschieds- zeichen in die ausgelaugte schmutzige Luft unter den weißen Neonlichtlampen/in schwar- zem kurzem Samtmäntelchen und darunter Jeans – was konnten wir noch sagen?/zu oft in der vergangenen Zeit hatten wir spät abends über diesen Augenblick gesprochen, über das Weggehen, Träume von einem ruhigeren ungestörteren Leben/der Atem ist im Brustkorb gestaut – ein Leben mit angehaltenem Atem – war alltäglich – Angst durchzuatmen?und ab und zu ein lautes tiefes Atemholen, ein Durchatmen/ein anhaltender Schreck/immer in der Gegenwart bombardiert von gräßlichen Motorengeräuschen, ein schreckhaftes Zusammen- ziehen innen im Körper, der zähe, klebrige Nebeldunst, vermischt mit den Abgasen der Wagen abends/:ich sah mich noch einmal kurz um, blickte in die Engelbertstraße, sah die auf dem Gehweg aufgereihten Wagen, die Texaco-Tankstelle mit den Plastikspiralen, irgendeine sinnlose Werbung, die sinnlos die Aufmerksamkeit erregt/schwarze Ölflecken unter der Straßenbeleuchtung und ein paar welke Platanenblätter in den Rinnstein geweht/ :bis 1/4 nach 9 abends war das von Carl telegrafisch aus Münster geliehene Geld noch nicht angekommen – 70 DM Gepäckkosten gingen am Abend vorher weg, der letzte Rest Geld/ konfus über die Schlamperei und Telefonate hin und her, trank Cola und Korn 38%, spielte mir eine alte Jazz-Platte vor Money Jungle von Duke Ellington mit Max Roach und Charlie Mingus aus der ersten Zeit meines Kölner Aufenthaltes, und ging in der Wohnung hin und her, bis ich aufgab noch nachts zu fahren, kurz darauf kam das Geld/:wieder Umschwung und den Proviant fertig machen, Brötchen, Eier kochen, packen, duschen und anziehen/ Robert hustete, Maleen hatte Halsentzündung/faßte sie an ihre kleinen Brüste und spürte die steifen Nippel unter dem Pullover/:auch wieder undeutliche Schreckvorstellungen von Zugunglücken, als ich dann in meinem leeren Zimmer untätig saß und mich umsah/:dann im Taxi zum Bahnhof, ein verhökertes altes Musikstück Down By The Riverside aus dem Autoradio, durchmengt von Funkzeichen der Taxizentrale und im Wagen, während der Fahrt, ein neuer Ansturm der Bodenlosigkeit, keinen Ort zu haben und Erinnerungen an das Hin- und Hergereise seit Vechta, eine grauenhafte Unsicherheit, die ich begreifen lernte/:also wohin jetzt? dachte ich. Und wie weiter? – Weiter! Ein dünner Gedanke/:in der Bahnhofshalle die kreisende plumpe Säuberungsmaschine, die zwischen den Leuten herumkurvte, und auf dem Bahnsteig Italiener mit Koffern und vollgepackten Kartons, wild mit Band umschnürt/Zug vollbesetzt, kam aus Amsterdam/auf der Suche nach einem Schlafwagenplatz, bis Basel 37DM 6 Uhr 15 früh am Morgen/:das Bild vom Bahnhofsvor- platz, bleigrau mit schwarzen Taubenkotflecken, unter hohem Flutlicht, die monströsen Betonanlagen um den Dom)/:ich sehe den schmalen Gang des Schlafwagens entlang, an dessen Ende ich sitze, der graue Teppich an den glänzenden braunen verschlossenen Kabinen entlang, draußen die harten, grellen Lichtkerne hinter der beschlagenen Fenster- scheibe, jetzt bin ich allein/Paß und Fahrkarte beim Schlafwagenschaffner, wegen der Zugkontrolle/:alles, was ich mir wünsche, ist ein einfacher Ort, wo ich leben und arbeiten könnte und das Minimum der Versorgung geregelt ist, was zum tagtäglichen Leben notwen- dig ist – Köln ein Schreckgespenst von Stadt, total verwohnt, Straßen die stinkende Kanäle sind/:sich zurücklehnen, rauchen, ab und zu ein Schluck aus der Cola-Flasche:Ein Mann auf dem Drahtseil, Man on the Tight Rope, 1953/„was machen Sie jetzt? Ein Buch schreiben?" fragte der Schlafwagenschaffner, warum antworten?/Husten, eine welke Frau tastet sich auf Socken den Gang entlang zur Toilette/„verquollene Gegenwart"/:heute nachmittag, während ich in der Wohnung auf das Geld wartete und M. mit R. zur Einsprit-

What are you waiting for?

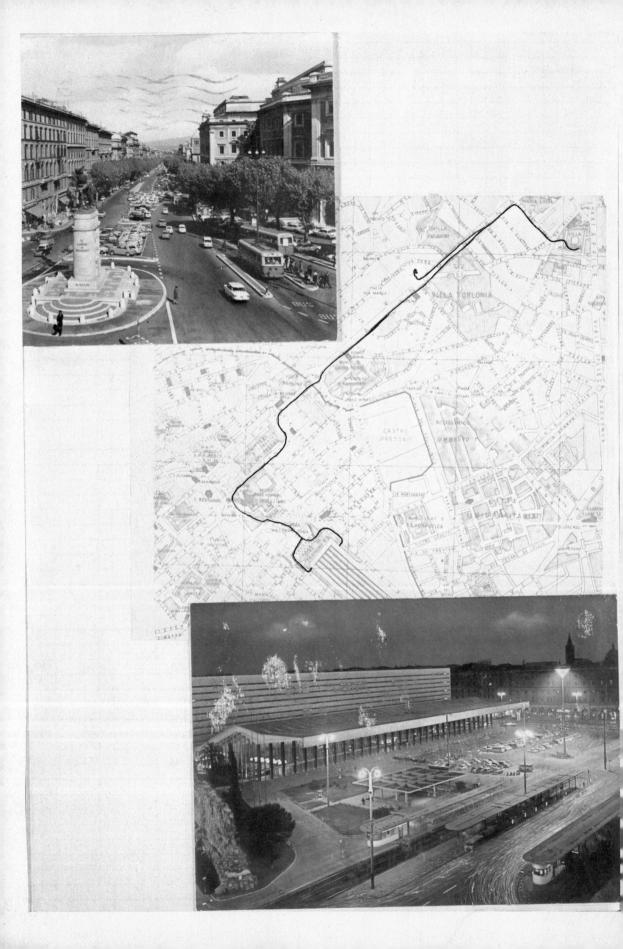

zung von Molekülen für das Gehirn in einen Vorort mußte, las ich in einem Aufsatz von H. H. Jahnn denselben Gedanken, wie später bei Burroughs in The Job geäußert: daß der Mensch trotz großen technischen Fortschritts gefährlich veraltete Gewohnheiten und Lebensanschauungen beibehalten habe/:draußen Neonlichterketten, dazwischen grün und rotes Licht, die geben der Nacht ein giftiges, vergiftetes Aussehen, ein Muster aus wüsten, starren Neonlichtreklamen,/da ich den Platz des Schlafwagenschaffners eingenommen habe und der sich hinhauen will, bin ich gezwungen abzubrechen,/1 Uhr 15 Koblenz zieht vorbei/weiter: : :

Rom, den 18. Oktober 1972
Mittwoch

R. Brinkmann
Villa Massimo
I00161 ROMA
Largo di Villa
Massimo 1–2
Tel. Rom/420394

Liebe Maleen,

:ich habe Dir die genaue Adresse noch einmal oben angegeben, weil ich nicht weiß, ob Du sie dort in Köln hast – über das lange Zögern kann ich vielleicht total darüber hinweggekommen sein.

Ich befinde mich im Augenblick in einer gar nicht genau zu definierenden Verfassung, Mittagszeit, 5 nach 12, die Sonne kommt durch das grüne Fliegengitter, ein Flugzeug heult oben in der Luft. Die Reise nach Graz sitzt mir etwas irritierend im Nacken, morgen oder übermorgen fahre ich ja schon wieder endlose Kilometer. – Gerade sah eine kleine ältere Frau durch die Tür, redete etwas und zeigte auf die Toilette, die Putzfrau, die einmal in der Woche kommt.

Die Fahrt ohne Aufenthalt war recht anstrengend. 6 Stunden durch Deutschland bis Basel, 6 Stunden durch die Schweiz, 8 Stunden durch Italien, etwa 1100 Kilometer, und am Schluß kam es mir vor wie ein Delirium, denn die Landschaften vermengten sich andauernd, die einzelnen Eindrücke reihten sich in mir immer weiter auf – man selber bleibt ja praktisch immer auf derselben Stelle und die Außenwelt summiert sich.

Wenn Du mit Robert kommst, bedürfte es wohl zweier Unterbrechungen, oder aber eben eines Fluges, wobei dann gewiß viele neue Eindrücke wegfallen würden.

Der Schlafwagen ging bis Basel. Dort stieg ich in den Kurswagen um, wo ich bis Rom einem Inder gegenüber am Fenster ohne zu reden sitzen blieb. – Es gibt Schlafwagen bis Mailand, und vielleicht wären die für eine Reise praktischer. – Für alle drei wäre es sicher erträglicher gewesen, denn in einem Schlafwagenabteil sind jeweils 3 Betten übereinander. Eine kleine Waschecke befindet sich darin und ein schmaler Gang. – Ich erhielt das obere Bett, kletterte mit einer schmalen steilen Leiter hinein. – Paß und Fahrkarte wurden an den Schlafwagenschaffner abgegeben wegen der Zugkontrolle.

Zuerst saß ich noch kurze Zeit am Ende des Ganges im Schlafwagen, versuchte zu notieren, etwas zu lesen, was mir nicht recht gelang. Hätte gern noch ruhig in einem Abteil gesessen und so einen Teil der Nacht verbracht, wie auf den anderen Reisen.

Dann lag ich also im Dunkeln, direkt unter der gewölbten Decke des Wagens, flach ausgestreckt, unter mir schliefen die zwei anderen Reisenden, und im Abteil war die Luft zu warm und trocken. Das Zittern und Rattern engte mich noch zusätzlich ein und war durch die geringe Bewegungsmöglichkeit unangenehm, so daß sich anfangs Platzangst einstellte, ein Empfinden des Ausgeliefertseins, vor allem wenn sich die Kurven durch schräge Körperlagen bemerkbar machten, ein ständiges Sich-Verschieben und Verschrägen. Hinzu kamen noch undeutliche Vorstellungen von Unfällen in mir, alles im Dunkeln, schließlich fiel ich immer wieder in einen leichten betäubten Schlaf.

In Basel ein erstes Morgengrau, der Bahnhof eine Baustelle, der Zug wurde noch voller, die glatte Metallverkleidung der neuen Postaufzüge auf den Bahnsteigen wirkten wie Panzerschränke. – Um 1/4 vor 7 fuhr der Zug an. Ich sah überall junge Schweizer mit Marschgepäck herumtraben, Stahlhelme und Rucksäcke und Maschinengewehre und Schnellfeuergewehre mit sich herumschleppen, alles in einem dünnen, blassen Morgenlicht, als die Reklamen rings um den Bahnhof verlöschten. – Italiener kauften wie verrückt stangenweise Zigaretten an den fahrbaren Kiosken, andere schleppten wild an Koffern und Pappkartons, die alle mit Band umwickelt waren, ramschten wohl Bundesdeutschen Nippes nach Hause. – Ein junger Italiener im Abteil trug eine Plastiktüte aus einer deutschen Boutique mit sich, auf der ein nacktes Tittenweib abgebildet war. So stümmelten sich die Eindrücke bei mir zusammen.

Gegen 1/2 8 hielt der Zug in Olten, Schweiz. Die Schweiz ist gar nicht so viel Schönes für das Auge, wie Freyend den Amerikaner zitierte. Für das Ohr ist bereits die Schweizer-Deutsche Sprache entsetzlich und lächerlich, als ob sie alle mit verschleimter Kehle in einem Sing-Sang sprechen wurden. Wieder waren überall junge Soldaten, die an ihren Gewehren schleppten. – Draußen waren gelbe Herbstwälder, rotbraun, grüngelb, schwarzrot, die sich in blättrigen Wällen die Hügel hochzogen, dazwischen intensive grüne Wiesen, über die langsam schwarze Vögel, Krähen, flogen, mit ihren zerfransten Flügeln andere Vögel, ebenfalls schwarz, über Ackerstücke. Etwa gegen 8 Uhr war der Zug in Luzern. – Ich habe lange Zeit über im Gang am Fenster gestanden, das Fenster etwas runtergedrückt und nur hinausgesehen. – Im Gang hockten und standen sie gedrängt. Auf den Platz im Abteil neben mir hatte ich meine Taschen gestellt, um nicht zu beengt zu sein durch Leute, aber ich konnte die Stelle nicht halten. – Frühstückte um die Zeit langsam und ausgiebig, aß zwei Eier und die Brötchen, dazu einen Apfel und einige Pflaumen und trank eine Cola. – Im Abteil wurde es stickig, die Beine konnte man nirgendwohin ausstrecken, und die Italiener redeten wild und unermüdlich, die Laute verschlangen sich gegenseitig. Im Gepäcknetz über dem Inder eine Plastiktüte von Coop und der Spiegel. – Auf den schweizer Bahnhöfen erklingen Signale bei Einfahrten oder Ausfahrten des Zuges wie große, schwerfällige Kuhglocken, mehrere dumpfe Schläge. Dann kam Nebel auf, und darin verschwanden die Blätterfarben, die vorbeiziehenden Landstücke, auf die so lange ich auch nicht sehen kann. – Irgendwie verging dann die Zeit bis gegen 12, nein, bis gegen 1/2 11, wo der Bezirk um den Gotthard erreicht war, und da wurde draußen die Landschaft wieder aufregend – nämlich dieser weiße Nebel, und dazwischen gerissen dünne, tiefe, schmale Wasserrinnen, kalte, feuchte Gesteinsbrocken wild durcheinander, ab und zu eine glatte Asphaltstraße, die in einen Berg verschwand, auch im Zug wurde es hell und dunkel wegen der Tunnel, dann Bruchstücke von Straßenschleifen, einzelne Häuser an der Bahnstation, die gleich neben einem steilen Abhang standen, das Ganze in eine feuchte, diesige kalte Nebelstimmung eingepackt, – immer waren nur Fetzen der Landschaft draußen zu sehen, runde, ovale, übergroße Felsbrocken, Abhänge, steinige Rinnsale, die Farben wechselten oder gingen durcheinander von hellem, verwaschenem Grau in ein dunkles Grau – bis dann der Gotthard-Tunnel kam – ein feuchter, von kaltem Nebel beschlagener Bahnhof, lichtlos, nur die nassen Schienen und nassen stehenden Wagen und Züge – kein lebhaftes Rangieren – eine auffällige Stille, die einfach nur leer war – große rundbogige Löcher in einer Felswand und auf dem Nebengeleise ein stillstehender, wartender Güterzug, auf den Autos hinauffuhren

– nur ein paar Pfiffe – unübersichtliche Konstruktionen aus Schienen und Wegen – draußen sah ich keinen einzigen sich bewegen – alles leer, bis der Zug sich weiter in Bewegung setzte nach einigen Minuten und in eines dieser schwarzen Löcher in den Berg reinfuhr, vielleicht eine Viertelstunde lang, nur in Abständen unterbrochen von einem Licht, irgendein Zugsignal oder Vermessungssignal an der Strecke. Und danach kam die wirklich total überraschende Umstimmung: glänzendes, wolkenloses Blau, Sonne, massive Felswände in einiger Entfernung, eine leichte Luft, – das totale Gegenteil der Landschaft eine Viertelstunde vorher – braune felsige Wände, einige abfallende grauweiße Flächen weit an den zurückliegenden Bergspitzen, gelbes Laubgeflirre, kleine Bahnstationen Aivolo und Castione-Arbedo – eine blendende weiße einzelne Wolke mitten in einem enormen glatten Blau über den Bergspitzen, und ich habe dagestanden und immerzu geschaut und Fotos gemacht. – Aber ich dachte nach einiger Zeit auch, daß das starre felsige aufgetürmte Land hier, diese nach einiger Zeit erschlagende Langeweile des Mächtigen, Betäubenden der Berge doch recht uninteressant ist, auch lebloser gegenüber einer Strandlandschaft oder dem Meer – immer nur zu staunen über gewaltige Felsbrocken, über diese Monströsität sagt mir nicht zu und macht auch leer. Oder denke ich an die Eindrücke aus einer flachen Heidelandschaft, so entbehrt dieses Gebirge doch einer Intensität, ist eben doch viel erschlagende Kulisse – den Bergzauber kann ich nicht verstehen, und so hat mich die Gegend auch nicht zum Aussteigen gereizt. Gewiß werde ich nicht in so eine Gegend fahren, um mich darin aufzuhalten – und Norwegen etwa würde mich viel stärker erregen können schon wegen der Kargheit, der ausgedehnten Leere, des leeren, menschenlosen Raumes, denn hier waren nun überall wieder Häuser, Menschen, vor einem Felsmassiv lag ein rostendes Schrottlager, gelbe Landbahnhöfe, die man als „lauschig" noch immer bezeichnen könnte.

Dennoch meine ich, und bei der Durchfahrt habe ich oft daran denken müssen, daß für Robert eigenartige Eindrücke und interessante Bilder herauskommen müßten, und daß sich die lange Fahrt nur wegen dieses harten Wechsels und dann wegen dieser Berge gelohnt hat. Er kennt doch gar nicht Berge und sollte sie sehen, und so müßtest Du einmal überlegen, wie das zu machen wäre auf einem Besuch nach hier. Vielleicht sogar einen Tag Station hier zu machen, mitten in dieser Postkartenkulisse. Sieh Dir das mal auf dem Atlas an. Du hast doch mit Reisen viel mehr Erfahrung trotz des Robert gewonnen als ich und kannst Dich doch viel besser darin bewegen. Das ist nicht nur ein Kompliment für Dich, sondern das habe ich ja gemerkt.

Gegen 11 Uhr sah ich in Bellinzona auf dem Bahnhof die erste Fächerpalme stehen. An den Berghängen überall stehen Häuser. Das ganze Tal ist in diesen kleinen Kästen aufgeteilt. Die Luft war sehr lau und angenehm. – Dann kamen die Seen, die Hotels, der Luganer See, der Como-See, dicht hintereinander. Ein paar Enten am Ufer, verstaubte Rolläden, die stille Fläche des Wassers, gegen Mittag, kein Boot darauf, gelbe Lichtflecken und schwarze scharfe Schatten, bis gegen 12 Uhr die Grenze erreicht war: Chiasso.

Von da an übernahm die italienische Eisenbahn den Betrieb. – Vorher, auf der 1stündigen permanenten hinabgleitenden Fahrt aus den Bergen heraus, qualmten die Bremsen des Zuges, ein Geruch wie nach zerschmorendem Zelluloid wehte an den Wagen entlang. – Sofort, in Italien, wurde alles verwahrloster. Der Unterschied ist auffällig. Vor allem die Menge des rausgekippten Drecks, zerfallene Häuser und wirklich öde Mietskasernen, auf den Balkons hängt Wäsche. Staubige Büsche entlang der Bahn, die mit grauem fleckigen Papier behangen sind, und der Zug legte ein irrwitziges Tempo vor. Das Flitzen und Rumpeln war regelrecht wüst, und ich hatte den Eindruck, daß der Lokführer kräftig in die Pedale tritt, um rauszuholen, was an Geschwindigkeit möglich war. Zwischendurch wieder das Empfinden, daß der Zug vor lauter verrückter Geschwindigkeit aus den Schienen springen müßte. – Die Landschaft zerfetzt, öde, kaputt.

Um 20 vor 1 kam Mailand. Inzwischen war draußen wieder das Licht fade geworden, ein ausgelaugtes Licht, mit grauem porösem Dunst vermischt. – Ich wunderte mich bei der Einfahrt in den Mailänder Bahnhof über das viele Papier und den Abfall, der über die breite Schienenfläche verstreut lag, auf dem Schotter und zwischen Geleisen, fast gleichmäßig verteilt, bis ich sah, als der Zug stand und nachdem zwei Männer mit Strohbesen und Kehrblech in schwarzen Trauerjacken durch die Gänge gefegt hatten, wie der lose zusammengefegte Müll einfach aus einer Wagentür vorne nach draußen gekippt wurde. Im Hintergrund eine lange Kette monotoner Mietskasernen mit vielen TV-Antennen, offensichtlich will jeder einzelne Mieter hier seine eigene Antenne haben! Ein jüngerer Bahnarbeiter, irgendein Rangier-Mann, bewegte sich wie ein amerikanischer Reklame-Cowboy, wieder Rangier-Pfiffe in der hohen, total öden eisernen und zugigen Bahnhofshalle Mailands, so ein Monstrum an Häßlichkeit und Leere habe ich selten gesehen. Dann Dunst, Rauch, blasse Sonne. Zerfallene Höfe, bei der Ausfahrt sah ich einen Hochhausblock, um den herum unten buchstäblich ein Wall von ausgewrackten Kleinwagen sich gebildet hatte.

Gegen 2 Uhr nach Mailand aß ich zu Mittag, wieder Brötchen, kaufte mir einen winzigen Kaffee, denn ich hatte in der Schweiz morgens, als ich die Cola kaufte als Wechselgeld einige italienische Münzen bekommen. – Erst jetzt wieder kam flaches Land und es waren weniger Leute im Abteil, so daß ich ein wenig aufatmen konnte.

Nebliger Dunst 5 nach 2 in Piacenza, ich konnte einfach nicht mehr sitzen, das Abteil war inzwischen wieder gefüllt. Aber stehen konnte ich auch nicht mehr recht. Kein hübsches Mädchen, das ich zu einem Anlaß für einen Tagtraum hätte nehmen können, der Nachmittag wurde düsterer und nasser. Neben mir sah ein älterer Mann sich eine Illustrierte durch, in der es von nackten Stellungen und Weibern nur so wimmelte, grau in grauem Druck streckte da eine Nuß ihren Höschen-Hintern dem Betrachter ins Gesicht, mitten in diesem vollen ausgelaugten Abteil und in diesem nasser, dunstiger und lichtloser werdenden Samstagnachmittag. – Ist Dir schon mal aufgefallen, wie irrsinnig zerstückelt die Gegenwart ist, wenn man einen Augenblick auseinandernimmt in seine einzelnen Bestandteile und sie dann neu zusammenfügt? – Vor den haarigen Geschlechtsteilen der Mädchen in der Illustrierten waren immer schwarze Balken gesetzt, jedoch so daß immer noch ein dünner Rand der Schamhaare zu sehen war. Und draußen weiter die zerfetzte oder einfach nur liegengelassene Landschaft, wenig interessant. Über dem dösenden Inder gegenüber fiel mir nun das Foto eines alten Klosterhofes mit Kreuzgang auf. – Um 20 vor 4 hatte ein dichter, lichtloser Regen eingesetzt, und schmierige kleine Bahnhöfe zogen vorbei.

Um diese Zeit wurde die Fahrt für mich langsam zu einer Art Delirium, nach der nervösen halbwachen Nachtfahrt, der putzigen Schweiz, dem verlodderten Norditalien, dazwischen ein paar Postkarteneindrücke der Seen, und ich habe gemerkt, daß diese Fahrt eine Ochsentour ist. – Der Eindruck einer allgemeinen Verkommenheit war überhaupt nicht wegzudenken. Und diese allgemeine Verkommenheit, die draußen unermüdlich sichtbar wurde, schien mir so sehr mit einer Gruppe junger Polizisten in Einklang zu stehen, die inzwischen im Gang standen und nach Rom fuhren, ihre weißen Hemden, die baumelnden Pistolen an den Haken der sauberen Uniformjacken, die glatt rasierten Gesichter, das Heft mit Kreuzworträtsel, das einer von ihnen hatte und mit dem er sich beschäftigte, dazu die glänzenden Uniformknöpfe.

6 Uhr abends wurde es kalt und dunkel. Da ist Arezzo vorbei geflitzt. Ein Stück halber weißer zunehmender Mond tauchte auf. Grauweißes Regenwolkengetümmel. Ich nickte am Fenster eingepackt zwischen den Unterhaltungen der anderen Reisenden kraftlos immer wieder ein, muß auch wohl halbestundenweise richtig eingeschlafen sein, wie, in welcher Haltung ist mir rätselhaft, war einfach weg.

Halb 9 kam dann Rom.

14

Als ich aus dem Zug gestiegen war und an der langen Reihe Wagen entlangging zur Halle hin, verlängerte sich wieder der Eindruck einer schmutzigen Verwahrlosung beträchtlich, wieder überall Zerfall, eine latente Verwahrlosung des Lebens, die sich in der riesigen Menge der winzigen Einzelheiten zeigt – und vielleicht hatte ich immer noch Reste einer alten Vorstellung in mir, daß eine Weltstadt wie Rom funkelnd sein würde, bizarr, blendend und auch gefährlich für die Sinne – eben ein wirbelnder Tagtraum und voll rasanter Betriebsamkeit, statt dessen war da ein grauer Zug erschlaffter Reisender, die stumpfe Monotonie der Bahnhofshalle, zwischen den Ankommenden die italienischen Kulis mit großen eisernen Schubkarren – ich hatte vielleicht gedacht, ich würde bereits am Hauptbahnhof in ein verwirrendes Miniatur-Labyrinth kommen – schließlich ist Rom doch eine Weltstadt – ich fragte mich, ob inzwischen Italien eigene italienische Gastarbeiter einstelle – unterwürfig im Verhalten, wirklich Kulis: diese Atmosphäre habe ich weder in London gesehen, auch nicht in Amsterdam oder einem sonstigen großen Bahnhof – ratternde Eisengestelle, serviles Verhalten, bettelnde Angebote, die aus faden, verblaßten Gestalten kamen. Sie drangen vom Rand des Blickfeldes her ein und erhielten tatsächlich bei näherem Hinsehen keine eindeutige Kontur. – So etwas gibt es tatsächlich! – „Auch ich in Arkadien!" hat Göthe geschrieben, als er nach Italien fuhr. Inzwischen ist dieses Arkadien ganz schön runtergekommen und zu einer Art Vorhölle geworden. – Die Wechselbank hatte natürlich gerade vor Eintreffen des Zuges geschlossen. Eine fast unsichtbare Gestalt kam heran in einem langen Mantel, von dem ich nachher meinte, er sei verschossen und fleckig geworden, fragte immerzu „Travellerchecks? Travellerchecks? You? Money?"und zog ein Papierfetzen heraus und kritzelte darauf flink einige Zahlen, alles in der viel zu hohen großen Halle – warum bauen sie eigentlich diese hohlen, hohen sinnlosen Monstren? – mitten unter den hin und her treibenden Gestalten. Ich tauschte 1 DM gegen 173 Lire, was bei diesem illegalen Wechsler gar nicht übertrieben war, denn die Bank zahlt 179 Lire für 1 DM – also wohl in Deutschland umtauschen, oder? – also tauschte ich einen 20 Mark-Schein bei ihm und ging erstmal telefonieren, aber in der Villa meldete sich niemand. – Dann raus aus der Halle zum Taxistand, und da schlichen wieder diese undeutlichen Gestalten herum, kamen von der Seite und boten Fahrten an, einer wollte bereits das Gepäck nehmen – nix da! Tatsächlich hilft da nur ein direktes Wegtreten dieser Leute, sie wissen, was mit ihnen läuft und erwarten auch gar nichts anderes. – Ein ödes Taxi, das mir bereits ausgewrackt vorkam, aber sauberste Musik-Wiedergabe des Radios, innen ramponiert, verwetzt – und im Rundfunk wurde ein Stück von Duke Ellington angesagt, kurz angespielt und unterbrochen durch eine dieser elenden italienischen Todesmelodien im Barock-Verschnitt mit Cembalo und Bachtrompeten-Melancholie, während ich eine alte Mauer vorüberziehen sah, also paßte das auch irgendwie exakt, Richtung Largo die Villa Massimo, Fahrt 800 Lire, und der Taxifahrer war freundlich, war ein offizieller Fahrer – sind die anderen von der Mafia und machen enorme Umwege? – In Köln hätte ich auch nicht mehr bezahlt.

Der Hausdiener trug die Taschen mit bis zum Atelier 10, schloß die Tür auf, sagte immer „Okee? Okee!" und hatte es sich offenbar von den anderen deutschen Gästen, die hier waren, mit der Zeit angewöhnt, die wohl in Ermangelung anderer Freundlichkeiten immer «Okee!» gesagt hatten.

Also zuerst das Atelier: fleckig, groß und leer, nichts für mich zum arbeiten, Namensschmierereien an der Eingangstür, ich denke, ich habe das schäbigste hier bekommen, verwohnt, grauer verblaßter Anstrich. – Aber ich dachte auch, daß die Bildenden, Schönen Künstler alle irgendwie größenwahnsinnig sein müßten mit ihren Räumen.

Die genaue Beschreibung der Räume und des Parks, soweit ich ihn durchstöbert habe, lege ich extra bei. So kannst Du Dir das besser vorstellen.

16

Das 1. Geräusch in der Stille abends war das Geräusch eines saugenden, hohlen Pfeifens in der Luft, niedrig in der Dunkelheit über dem Haus, ein wundes schleifendes Pfeifen, das an schmerzhaftes Schaben auf der Haut erinnerte, dünn und überall kurze Zeit in der Luft draußen verteilt, und es hörte sich auch wie eine riesige Entzündung in der Stille an, die kurz darauf verschwand. Ich hatte offensichtlich die letzte einfliegende Abendmaschine gehört.

Ging dann noch einmal raus, nachdem ich etwas in der Wohnung herumgesessen hatte, und sah als erstes vor der Villa an einer niedrigen Mauer einen Slogan aus der Sprühdose „Fronte della Gioventu" – Inschriften die wie Prügel erscheinen. Sie prügeln die Sinne.

Suchte eine kleine Pizzeria, aß eine Pizza mit Ei, lernte das 1. Wort italienisch „pagare" = zahlen, trank etwas Wein, ein lautes Fernsehen in der Ecke, rauchte, und ging zurück. Auf dem Weg abends sah ich noch mal ein Sprühdosen-Zeichen auf einem Pfahl:das Zeichen von Hammer&Sichel gleich Zeichen eines aufgerichteten Schwanzes mit einem Sack darunter. – Geruch von nassem Laub war stark und still in der Luft, Platanenlaub, viel intensiver als die billige Provokation des Gehirns aus der Sprühdose, die doch zu nichts weiterem führt als erbärmliches Verbalisieren, fiel mir noch ein, als ich vorbeiging. – Vorher im Fernsehen wurde eine Reportage über die Manöver in der Schweiz gebracht, und soviel ich herauskriegte, war es ein großes Atom-Kriegs-Manöver. – Tatsächlich standen diese Uniformierten bis hoch in die nasse, neblige kalte Gegend des Gotthard-Tunnels! – In der Seitenstraßen-Pizzeria hatte sich ein Taubstummen-Verein getroffen, sie machten durch den TV-Lärm sich einander Zeichen zu, alles stumm und in einem riesigen Gegensatz zu der Umgebung. – Für 2 Viertel-Liter Wein und 1 Pizza bezahlte ich mit Trinkgeld 900 Lire, also 5 DM. – Zurückgekehrt trank ich den Rest Weißwein, traf auf einen Volksschullehrer aus Delmenhorst, der ein Musiker ist und Hespos heißt, auch er sagte immerzu «Okee!» und hatte im Reden ganz den lückenlosen Tonfall des Lehrers, auch die beschränkte geistige Agilität. – Am nächsten Tag, Sonntag, bei einem ersten Rundgang durch den Park lieh er mir dann 10000 Lire, gleich 50 DM, so konnte ich bereits dann die Koffer abholen.

Was mir am nächsten Tag auffiel, war die aufdringliche dienernde Freundlichkeit der hier Anwesenden Künstler, des Nachbarn, der Alf Poss heißt und ein Theaterstück geschrieben hat, in dem ein Huhn getötet wird, und eine sinnleere Prosa, die er Aktionsprosa nennt (. . .). – So kam ich aber Sonntagmorgen zu Nescaffee und Zucker. Und natürlich als erstes das Familiengeschrei, Kinder mit Plastikspielzeug, natürlich avantgardistisch aufdringlich nackt, die Frau in violettem Pullover, grinsend, so ganz nachbarlich-doof.

Maleen, ich weiß nicht, was mich so sehr an diesen Leuten stört – ist es die Art, die alles so hoffnungslos von Anfang an gleichmacht und vermuddeln will a la „wir sitzen ja alle im gleichen Boot?", ist es diese horrende Unempfindlichkeit, dieses Hinnehmen von allem und jedem und die Lasur dann eines ideologischen Vorurteils, die sie dann als Kunst ausgeben? – Ganz bestimmt stört mich das letztlich korrumpierte, doch anspruchsvolle Verhalten – der Maßstab dieses anspruchsvollen Verhaltens, der die kleinen Dinge des alltäglichen Lebens immerzu bloß auf die eigene Haut projiziert – und es stört mich schrecklich, wenn ich sie reden höre, wie klein ihre Einsicht ist in das, was so läuft und die Welt, die Menschen verpestet. – Sie unterscheiden sich überhaupt nicht von jenen Leuten, die am Sonntag achtlos auf die Bürgersteige mit ihren Stinkwagen parken und grob die Wagentür öffnen, ohne zu sehen, ob nicht gerade jemand dort geht.

Sonntagnachmittag las ich einen traurigen und nachdenklich machenden Aufsatz von H. H. Jahnn, dessen Fluß ohne Ufer, 2 dicke Bände, ich doch hätte mitnehmen sollen, denn hier fände ich Zeit, das Buch zu lesen – vielleicht schickst Du es mir bald, wenn Geld für Porto da ist??!! – Er schrieb über Lessings unaufhaltsamen Fall – und hat mich völlig neugierig gemacht auf diese Figur, besonders in der späten Wolfenbütteler Zeit, wo er offensichtlich

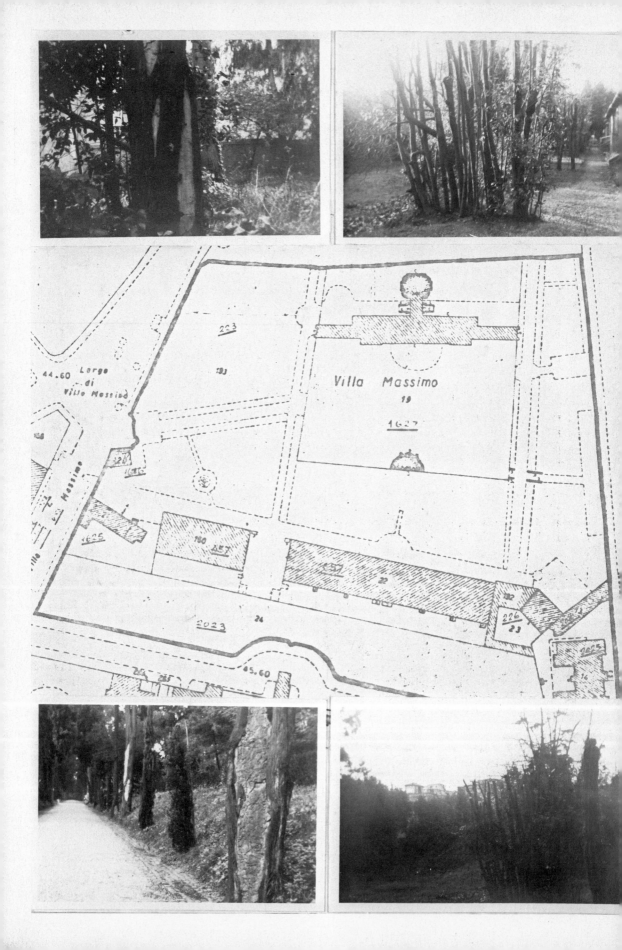

unter totaler Vereinsamung litt – Jahnn zitiert furchtbare Stellen bei Lessing, die ein ganz grelles Licht auf den Zustand von Leben überhaupt werfen – zu den Bäumen meint Lessing: „Die gehören nun zu meinem Leben nicht. Ach! es ist schon so oft grün geworden; ich wollte, es würde einmal rot." – „So sehr ich nach Haus geeilt, so ungern bin ich angekommen. Denn das Erste, was ich fand, war ich selbst. Und mit diesem Unwillen gegen mich selbst soll ich anfangen gesund zu sein und zu arbeiten?" – Und Jahnn schreibt: Lähmungen, Stocken der Rede, krankhafte Verwechslung der Worte, Verstümmelung der Buchstaben beim Schreiben, die immer wachsende Schwierigkeit zu denken und zu arbeiten. Seine Stimme wurde ausdruckslos, bei Unterhaltungen schlief er mitten im Satz ein – Wer von diesen Stipendiaten begreift das, was in so einem Fall vital abläuft? Wen macht es heulen oder weinen, daß so etwas geschieht, wen macht es nachdenklich, was mit Leben gemeint ist, wer nimmt diese Tiefe auf? – Ich halte sie für stumpfe Stöcke, ich halte sie auch für menschlichen Abfall, eine wilde Müllhalde des Bewußtseins, unempfindlich bis zum puren Entsetzen. – Aber weiter, denn die Stelle, die mich an dem Sonntagnachmittag berührt hat, als ich allein in diesem Küchenraum saß, geht so: nachdem Lessing 1 Jahr verheiratet war, spät, er heiratete eine Fabrikantenwitwe mit Kindern, und es ging dauernd um die Kinder und Geld, kriegte seine Frau 1 Kind von ihm, das 24 Stunden nach der Geburt starb, und bald darauf auch seine Frau mit in den Tod riß. Er schreibt: „Meine Freude war kurz. Und ich verlor ihn so ungern, diesen Sohn! Denn er hatte soviel Verstand! So viel Verstand! – Glauben Sie nicht, daß die wenigen Stunden meiner Vaterschaft mich schon zu einem Affen von Vater gemacht haben! Ich weiß, was ich sage – war es nicht Verstand, daß man ihn mit eisernen Zangen auf die Welt ziehen mußte? – daß er so bald Unrat merkte? – War es nicht Verstand, daß er die erste Gelegenheit ergriff, sich wieder davon zu machen?" – Ich las diese Stelle, die Sonne fiel durch das Fenster herein, draußen quäkten die Kinder nörgelig mit Plastikspielzeug, man wälzte sich im Liegestuhl, und ich erschrak in der Stille über diesen Blick.

Später ging ich zu Fuß zum Bahnhof, vorbei an der Britischen Botschaft nahe einer alten Mauer, gegen 5 Uhr ein blasser Sichelmond, besah mir gelbe und ochsenrot gestrichene alte Villen, dachte, daß ich mich durch einen zerfallenen Traum bewegte und trat im gleichen Moment in Hundescheiße, sah eine Kachel mit einem antiken Kettenhund darauf gebrannt und das berühmte Cave Canem = Hüte Dich vor dem Hund! – auf einem eisernen Abflußkanaldeckel sah ich SPQR/Der Senat und das römische Volk – langsam wachsendes Empfinden einer Bedrückung angesichts der schnörkeligen Architektur von Kirchen und buntem Heiligem Kitsch – in einem Durchgang brannte ein elektrischer Lichterkranz um eine miese Madonna – ein Wachsmuseum hatte geöffnet in Nähe des Bahnhofs an der Piazza della Publica – Jahrmarktsstimmung – Soldaten – eine faltige Alte hockte neben einem altertümlichen Fotoapparat mit einer Plastikschüssel Wasser zum entwickeln und einer Kiste als Dunkelkammer – schlaffe Droschkengäule stehen mitten im Gestank von Auspuffgasen – Maronen-Verkäufer und Verkäufer von Wassermelonen – grau in grauem Staub gebadet der Platz – Sonne – kaputte Bäume – Mischmasch der Architektur – und der Bahnhof wieder: laufen nach der Gepäckaufgabe, hin und zurück verwiesen worden, dann die Koffer, und – das schrieb ich Dir ja schon – seltsam war, daß nun auch um meine Koffer diese Bänder geschnürt waren, obwohl wir sie ja in Köln ohne aufgegeben hatten – holte mir einen Kuli mit ratterndem Eisengestell, der die Koffer bis zum Taxistand karrte für 1 Tausend Lire, was irrsinnig war, dann 6 Hundert Lire Abstellgebühr, endloses Warten in einer Schlange von Leuten auf wenige Taxis, ich habe fast 1 1/2 Stunden dort gestanden – und die Taxis kamen nur tröpfelweise, alle 10 bis 20 Minuten ein oder zwei Taxis, und die Leute waren so verrückt, daß sie das Warten in der Zwischenzeit nicht ertragen konnten und blöde nachdrängelten trotz Koffer, obwohl sie sahen, daß überhaupt kein Taxi da war! – Ich überlegte mir, daß ich nicht italienisch werde lernen, sondern auf der Straße mir das

Nötigste aneigne, so bleiben diese ganzen Wörter für mich sinnlose Zeichen, und meine anderen Sinne werden geschärft durch dauernde Wachsamkeit – andrerseits brauche ich nicht jeden Mist zu verstehen. – Und mit dem Taxi zurück für 1 Tausend Lire.

Wieder durch den Park auf dem Kiesweg vorbei an Verstümmelten Gestalten zwischen den Büschen, ohne Kopf, durchgehauene Arme oder zerfressene Steinrümpfe, Pinien, die mit Zement ausgefüllt sind, streunende Katzen. Einige Bäume müssen gestützt werden. Büsche wachsen furios aus der Mauer. – 900 Lire Abendessen, und auf dem Rückweg ein schöner weißer Hintern, der über einer abblätternden gelben hochgelegenen Terrasse stand, weiß und rund und eine schöne Hinterritze hatte zwischen Geranien, der Straße zugewandt, an der Algerischen Botschaft. – 3 Flaschen Bier, 750 Lire, Zigaretten 500 Lire, (Birra speziale Prodotta a 13% «Wunster»)

Am Montagvormittag holte ich mir dann das Geld ab, ein Scheck, den ich umtauschen mußte, traf Nicolas Born auf dem Weg mit Frau und dem Kind (. . .). Als ich nach der Besichtigung seiner Wohnung nach draußen kam, inzwischen kramt durch die Unterhaltung ungehindert sein Kind mit diesen Spielzeugautos hindurch, ein weiteres Kind kam dazu, Born griff sich die Flasche Grappa, italienischer Schnaps, trank, seine (. . .) Frau kam dazu (. . .) – mir fiel das deswegen so auf, weil ich mich an Szenen erinnere, wo ich mir nun doch in manchen Punkten sehr Saures von Dir sagen lassen mußte, was immer richtig ist, egal in welchen Verhältnissen – dann kam ich aus der Wohnung und da lag sie auf dem Rasen (. . .).

Ich lichtete mir zuerst einmal den Grundriß des Ortes ab, an dem ich mich befinde, und trug einige Merkmale ein, so brauche ich vieles nicht zu schildern. – Wenn mir etwas auffällt, trage ich es einfach in die Karte ein. Das erleichtert die Notizen.

Dann zur Piazza Bologna, 5 Minuten Fußweg, den Scheck einzutauschen, aber die Bank hat seltsame Nachmittagszeiten, zwischen 4 und Viertel vor 5 nur auf. So ging ich herum, aß etwas in einem Restaurant Da Fernando an der Via Catania, abwärts vom Platz Bologna, nur was?:1 mal Minestrone-Suppe, dann: Scaloppine alla Marsala = 3 kleine Fleischstückchen mit Tomatensauce und dazu Weißbrot und 1 Bier, was zusammen 1390 Lire kostete und mir viel zu teuer ist.

Was ich einkaufte, beschrieb ich Dir ja mit dem Kühlschrank.

Abends war dann gegen 9 Uhr eine Besprechung im Haupthaus, ein bunter Kopffüßler hängt im Treppenhaus, wieder eine Figur ohne Kopf und die Schenkel abgeschlagen, ein verwischter Schatten an der Wand und wohl die Wiedergabe eines Petersiliegartens. – Ein hohes Zimmer im 1. Stock, braune Deckentäfelung, Parkett und links und rechts 2 große verblaßte Gobelins, dazu allerlei kunstgewerblicher Kitsch von Künstlern, die mal hier waren. – Die jüngeren Künstler von diesem Jahr schwänzelten schon vor diesen Sachen geduckt und doch sich selbst beweisend angesichts der Objekte durch den Raum, gekünstelt und small talk und die Art Gutes Benehmen vorzeigend. – Ich habe nach dem Wein geschielt, und im Verlauf der Unterredung auch kräftig getrunken, bis ich nachher ziemlich blau war. – Die kleinen Künstler-Fotzen räkelten sich herum, da waren sie also in dem erstrebten Element. – Ich balancierte mein Weinglas auf dem übergeschlagenen Bein, – nach einiger Zeit wurde ich wild, als ich die vielen kleinen Nörgeleien hörte, da ging es um Kaffee-Maschinen, die nicht daseien, als hätten sie vorher immer diese Kaffee-Maschine benutzt, da ging es um einen Stuhl, der nicht zum Arbeitstisch passen würde, als hätten sie vorher nur auf besten Stühlen gesessen, da trat einer auf und zog Vergleiche mit einer Stipendiums-Villa in Florenz, wo der geschickte Hund bereits 1 Jahr gewesen war – da tauchten Namen von Professoren auf, da ging es um Besuche – da wollte jemand einen bekannten Fernsehjournalisten hier wohnen haben, damit er ihm beim Arbeiten über die

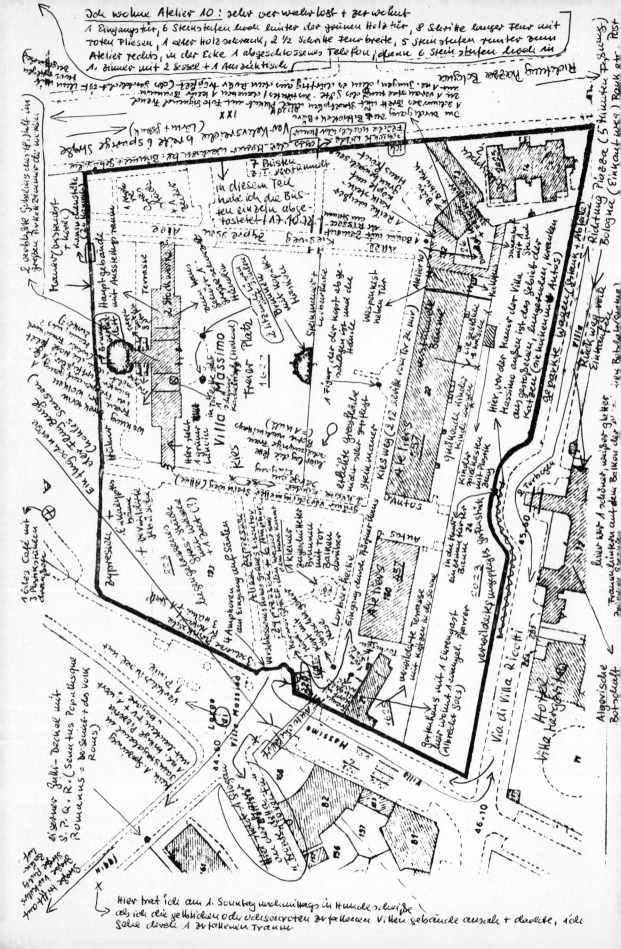

→ gerade durch 1 schmale Flügeltür in das verwilderte Garten stück hinter dem Ateliers, dann 1 schmale Flügeltür mit grünem Fliegengitter und wieder 6 Steinstufen nach unten (draußen); gleich neben der Steintreppe draußen 1 hoch gewachsener Kaktus, schmal und 4 zeilig, bis unter die Regenrinne (die hölzernen Rolläden schließen selber)/: vom 1. Raum rechts die Tür (klapprig und schlecht schließend) in das Schlafzimmer, 5 Schritte lang, 7 Schritte breit, rote Fließen, 1 nicht schließender Wandschrank, 2 Betten, die ich nebeneinander gestellt habe, so habe ich viel Platz zum Ausstrecken, 1 Sessel mit dem gr. Koffer darauf (noch nicht ausgepackt), 1 Heizkörper mit 7 Rippen, 1 Fenster in den verwilderten Garten und wieder grünes leichtes Fliegengitter davor, 1 Nachtschränkchen mit 1 grünen Leselampe, dann wieder 1 Tür in 1 Zwischenraum von etwa 2 x 2 Schritte Länge + Breite, nach links 1 Tür in das Badezimmer: 1 1/2 Schritte lang, 5 1/2 Schritte breit, 3 Heizrippen, 1 Waschbecken mit Spiegel, daneben 1 weiße Badewanne und darüber elektrischer Boiler, dann die Toilette, dann das Fenster, wieder mit Fliegengitter, in der Ecke unter dem Fenster 1 Wäschekorb – gegenüber dem Badezimmer 1 Kleiderhaken an der grün-weißen Wand /: Tür in die Küche (wo ich jetzt sitze und ab und zu ausschreibe /wo ich auch noch arbeite Tagsüber) – 4 Schritte lang bis zum 1 nicht schließenden Wandschrank mit Geschirr und außen 2 elende kleine Abziehbilder, die häßliche kindische Figuren zeigen (im Wandschrank Teller, Tassen, Gläser, Besteck, Kannen), gleich neben der Tür 1 Kühlschrank, den ich aber nicht anstelle, weil er mir zu laut monoton summt, daneben 1 Elektroherd (ach ja, im Kühlschrank befinden sich z. Zt. vom Einkauf heute – dem 1. Einkaufstag: 1 Flasche Cerqueto Vino Bianco Gradi Alcoole 11° netto 1 Liter Vino Bianco della Valle del Paglia – 1 Sonderangebot, 1 x Burro Virgilio = Butter 1/2 Pfd mit Bildnis von Vergilius – aus Mantua, mein 98 Gramm netto, 1 Töpfchen Margarina Rama mit dem Bildnis einer Holländerin, 1 x Milkana Blu, 1 x Milkana Oro, 1 kleine Salami „Salumificio Cremonese", + 2 größere Scheiben Schnittkäse + 1 Weißbrot = 2 370 Lire = 1 DM = 179 Lire = 13 DM und soviel, hinzukommen 2 Beutel Knorr-Suppen + 1 ℔ Reis, mit im Preis) – also neben Kühlschrank 1 Elektroherd mit 4 Platten + 1 Back plus Bratofen unten, anschließen 1 circa 1 1/2 Meter langes Marmorbrett zum Abstellen, anschließen Ausguß mit Wasserhahn, gegenüber 1 Tisch mit grünem Kunststoff-Tuch, an dem ich jetzt sitze, vor mir 1 Fenster, Fliegendraht, Dunkelheit, 1 Stück weiße Halbmond, Vekels geräusche, 1 orgelndes Flugzeug, das jetzt (2 Uhr 15) reinkommt, hellgrüne, verwaschene Vorhänge vor dem Fenster // Das Atelier ist zum Hauptgebäude der Villa hinaus, am Kiesweg (eingezeichnet), die soeben beschriebenen Zimmer liegen zu der Mauer mit den ausgestoßenen Kacken recks. / 16. Oktober 72

Beobachtung: auf der Banca D'Italia Lire Diecimila (10 000 Lire) ist 1.) Michelangelo als bärtiger Resignierter abgebildet (da zu 1 Flugzeuggeräusch als undefinierbares brausendes Orgeln in der Luft über kaputte Pinien + verstümmelte Büsten = oh, wie sie alle diese elende Resignation auf 1 Schein von 10 cm x 20 cm Papier lieben ! = SODMS so und soviel lieber) ich faßte die Kalksand stein statuen nachts um 1/2 2 an (Dienstag, 17.10.72, morgens, mit vielen Sternen über mir allein/ verstehst Du das auch wörtlich genug, Maleen? = ich muß Dir unbedingt darüber berichten = was für Zwitter in Stein ich berührt habe auf der Mauer an der Straße des 21. April, vielleicht nicht weer ! : Aber man berührt auch soviele Zwitter im Leben; ist gräßlich !) //

Schulter schauen könne und einen TV-Film drehen, da ging es um den Besuch eines fetten deutschen Bundestagsabgeordneten Carlo Schmid, der plötzlich hierher möchte, und sich pensioniert hatte, und der auch mal'n Buch hatte übersetzt – ich wurde immer schärfer und fuchtiger und schließlich ging jedes in einem furiosen Tonfall unter – Ende des Abends – sie rotteten sich noch zusammen zu einem Umtrunk irgendwo, samt ihren Fotzen – ich schlenderte für mich die elektrisch erhellte Allee entlang, stieß auf eine Reihe von Büsten, betastete sie, manchmal wußte ich nicht, ob es sich um einen Mann bei den Büsten handelte oder um eine Frau – sie haben alle irgendwie längeres Haar und die Frisuren gleichen sich und die Brustansätze findet man ja auch bei Jünglingen und die Gesichter waren fast alle rund – irgendwelche beliebten römischen Zwitter – ohne Nasen, Augen rausgehauen usw. – durch das Gebüsch schrie ich einige wilde deutsche Flüche auf die tief gelegene Straße, wo Italiener ihre Scheißkarre anließen – und das muß ein seltsamer Augenblick gewesen sein, plötzlich nachts aus dem verwilderten hochgelegenen Gebüsch heraus über sich eine Stimme wilde fremde Verwünschungen ausstoßen zu hören.

Dienstag, gestern dann, durchstöberte ich genauer den Park, besah mir alle Figuren einzeln, die Bäume, ließ mir die Namen sagen, streifte durch Unterholz, verzeichnete soviel Einzelheiten als möglich, auf dem Rasen hinter der Villa fand ich ein faulendes Kaninchen mit schwarzen Fliegen, ein vergammelter Springbrunnen, dessen Zierrat einfach weggesackt war, schwarzes, kaltes Wasser mit Blättern darauf, – zählte die Statuen, die Bäume, jetzt sind nur noch einige Ecken übrig, und dann bin ich mit dem Ort hier durch.

Abends kochte ich mir 1 Liter Knorr-Suppe Minestra Arlecchino und aß 3 Scheiben Weißbrot dazu und zeichnete weiter an dem Plan. Ging nochmals kurz weg und kaufte den Spiegel, und da merkte ich doch auch, in welcher langweiligen Gegend dieses Stück hier liegt.

Der protestantische Pfarrer Goes schritt auf dem Kiesweg.

Auf dem Lokus der Villa stand ein schöner holländischer Kacheltisch.

Als ich mich Montag in dem Zimmer der Villa umsah, bemerkte ich auf der Heizung einen großen Strauß, der üppig aussah, Magnolien? Und dann begriff ich plötzlich, daß er künstlich angefertigt war und die blassen rosa Kelche waren aus Federn. – Im selben Moment fiel mir mein Zustand der Verwirrung damals an einem Nachmittag in Vlieland am Strand ein, als ich konfus sagte, die Blume habe Federn! – Das war also die Aufschlüsselung der konfusen Sinnesverwirrung des einen Moments, denn ich weiß sicher, daß ich diese Blumen schon in irgendeinem blöden Zusammenhang gesehen habe – und ich finde, daß eine ziemliche Verstümmelung der Sinne überall betrieben wird, die nichts mit Stil zu tun hat, sondern nur mit Kitsch.

Inzwischen ist die Sonne vorbeigetrieben, ist auch schon weg, irgendein Vogel lispelt in dem Gebüsch gegenüber, das Fenster ist offen, die Luft wird kühler gleich ist 5 Uhr, – also meine ich, daß Du Dir so ein halbes Bild machen kannst, wie es mir bisher ergangen ist, und was hier los ist. – Augenblicke sind da, in denen ich Dich und Robert und die Tiere stark vermisse. Die Gründe sind dafür in vieler Hinsicht zu sehen, viele dünne Empfindungen in verschiedene Richtungen. – Ich wünsche mir oft so sehr einen Ort, an dem wir zusammenleben können, ohne diese andauernden Einmischungen einer häßlicher werdenden, auch psychisch häßlicher und verrotteter werdenden Umwelt.

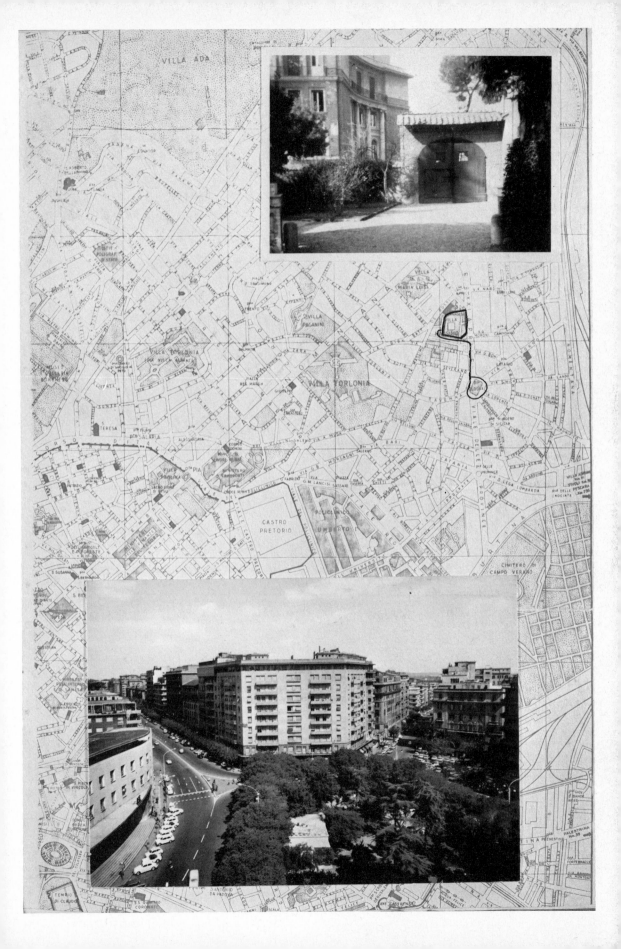

Einmal stand ich nachmittags an diesem Bologna-Platz und da ist der Blick, das heißt mein Vorhaben, weshalb ich dort war, plötzlich zerrissen und ich sah mich um und kriegte einen Schrecken, als ich den rasenden Verkehr sah, die Betriebsamkeit, die automatisch ist, und man muß sich doch fragen, wohin sie alle in der Hast wollen? Wohin wollen sie denn noch? Und ich meine, sobald man einmal diese Frage stellt, geht doch der ganze Wahnsinn einem ziemlich auf, und er kann einem schon Angst machen, vor allem weil man sich selber ja gar nicht dem so total entziehen kann. – Die wenigen freien Gesten, die man hier und da sieht, wiegen doch nicht die automatische Verrücktheit der ganzen Szenerie auf.

Wie geht es Dir also? Und wie waren bei Dir die ersten Tage? Und wie fühlst Du dich jetzt? Und wie geht es Robert? Was hat er denn gesagt, daß ich nun weg bin? Und was macht Ihr? Ich würde gerne etwas wissen von dort.

Vielleicht sollte ich noch rasch über das Geld schreiben.

Ich brauche unbedingt die Angabe unseres Kontos dort in Köln, denn die 200 Mietzuschuß können ja nach dort sofort hingehen.

Heute schicke ich das Geld ab, umgerechnet 350 DM an Deine Adresse.

Ausgezahlt wird hier immer erst am 15. eines Monats, was ich aber unbedingt geändert haben muß. – Deswegen muß ich auch nach Düsseldorf schreiben.

Ausgerechnet habe ich mir, daß ich jeden Tag etwa 10 DM ausgeben kann, das sind etwa 1600 Lire, im Moment etwas weniger, da ja Karl auch das Geld benötigt, was ich ihm aber auf 2 mal zurückbezahlen muß. – Versuchen werde ich, daß ich hier 300 bis 350 pro Monat zurücklegen kann, also viel ist das nicht, was ich hier habe. – Ich werde es mal versuchen.

Ich sehe schon, daß ich Erwartungen abbauen muß.

Vor allem muß ich ins Arbeiten kommen, das Hörspiel machen, eine Prosa einmal aus meinem Materialbuch machen, irgendnoch etwas beim Rundfunk abstauben, aber dazu muß ich mir ein Arbeitsgerüst schaffen.

Jetzt kommt mir wieder die Reise nach Graz in den Kopf, und bedrückt mich leicht – schon bin ich am Schwanken. – Verflucht, ist die Geldsache blöde und hält so viele Energien besetzt.

Bin auch etwas erschlafft nach diesem Tippen seit 12 Uhr bis jetzt, halb 6, in einer durchgehenden Sitzung, aber Du solltest ja einen genauen Bericht haben.

Gleich noch eine Postkarte an Robert, diesmal ein Pferd, Tierpostkarten sind in der Nähe nicht aufzutreiben, – Draußen lacht höhnisch und schnell ein Vogel und flitzt ins Gebüsch.

Die Post für mich immer aufmachen, was eilt, möglichst bald schicken, sonst eben sammeln und dann mit einem Mal schicken.

Ich würde Dir gern etwas sehr Liebes schreiben, am Schluß, aber wir haben, oder ich?, soviel Worte schon gemacht im Lauf der Zeit, Du fehlst mir.

19. 10. 72:/Via Veneto – Nachtaufnahme: ausgelaugt, leergesogen, das ist die Situation der Umgebung die verstaubt ist – und insofern lügt diese Postkarte nicht – kein Mensch ist zu sehen, aber 1 Volkswagen sieht man im Vordergrund./Gespenstische Gegenwart auch hier – erschreckende Ab-

wesenheit von Menschen – nur noch einige touristische Zuckungen, die sich an historischen Resten delektiert./Ein Ersticken in Häßlichkeit wird gegen die Augen betrieben/Habe ich zu viel oder zu wenig geträumt?/Pötzliches Grauen – blind, taub, stumm müßte man sein, um die Gegenwart ertragen zu können, aber das ist ein Wunsch nach Selbstverstümmelung und kein erstrebenswertes Ziel./So gehe ich durch die Straßen, in größer werdendem Widerwillen – immer weiter von den Leuten fort? – sind die wahre Pest, egal ob arm oder reich/Was ist aber das, was noch da ist?/Überall Autos, nix Amore, umgekippter Müll plus Pizzas/Und noch ein Sonnenuntergang – tatsächlich arbeitet nur die Sonne umsonst, der Mond, die Wolken, der

Wind, Sterne, Pflanzen, Tiere – Leben ist ganz wild durcheinander/Wohin? Weiter!/Das Viertel rundum leblos, lungernde Jugendliche, umgekippte schwarze Plastiksäcke voll Abfälle/genaugenommen stolpert man durch nichts als Ruinen, und zwischen diesen Ruinen scharrt das alltägliche Leben zwischen den Abfällen nach einigen lebenswerten Brokken – sobald man dieses alltägliche Leben auch nur etwas wichtig nimmt – ein Leben in staubigen Resten der abendländischen Geschichte/:dazwischen Mietskasernen und Polizeiquartiere, Unkrautfelder und das Hotel Ritz/die Schüler gehen mit Comicheften und Comicbüchern zur Schule/ein alter runtergekommener Park voll Verstümmelter, die Glieder abgeschlagen, die Rümpfe zerfressen – je verstümmelter, desto schöner – was für eine menschliche Umgebung!/Geld konfus/habe das Gefühl, ich wüßte jetzt hier Bescheid und könnte wieder abfahren – was ist los?/Ein Stück weißer Mond über kaputten Pinien – und?//:

Rom, abends
19. 10. 72

Lieber Helmut,

:draußen, vor dem Fenster, der Schatten eines abgeschlagenen Baumes, dahinter in der abendlichen Schwärze die tief-schwarzen Schatten von einzelnen kleinen Pinien, darin verteilt jenseits der Parkmauer die einzelnen Lichter heller Fenster und darüber ein weißer, fast voller Mond in einem klaren Himmel mit einigen blaß-weiß angestrahlten leichten Wolken, und jetzt ist die Luft von dem gurgelnden Sausen eines Flugzeugs erfüllt. Der Hintergrund der ganzen Szene ist ein dauerndes, fernes Verkehrsgeräusch, aus dem einzelne heulende Wagenmotore sich herausheben. Nur für Sekunden ist wirklich Stille, aber dann kommt wieder dieses motorenhafte Schnauben und zieht öde vorbei. Um mich, in der Wohnung, rührt sich nichts. Ich sehe noch einmal nach draußen, warte einige Zeit und blicke hoch in den grau-schwarzen nächtlichen Raum über den Fenstern mit den wenigen hellen Wolkengebilden und dem Stück Mond, und es dauert, ehe ich den Lärm vergessen habe und etwas von der Stille selber in mir spüre, danach fühle ich mich wohl, auch nicht mehr klein und in mich eingeengt und in der verkrampften Abwehr der häßlichen Umgebung der Geräusche, denn diese Zivilisationsgeräusche machen tatsächlich klein und beengt und verkrampfen den ganzen Körper. Sie sperren mich auch immer in einen fürchterlichen, grellen Haß ein auf alles, was sich um mich herumbewegt.

Ich habe in einigen Aufsätzen H. H. Jahnns gelesen, Aufzeichnungen eines Einzelgängers, ein Taschenbuch, das einmal in der List-Bücherei zu haben war und das ich Dir zur Gemütsstärkung wirklich empfehlen kann – nachdenklich und erstaunlich und zugleich erschreckend, wieviels exakt von der heutigen allgemeinen schmierigen Situation vorweggenommen wurde und durchschaut worden ist bereits in den 30er Jahren, zum Beispiel die hoffnungslose Lage der viel zu vielen Menschen und das ständige Abnehmen einigermaßen erträglicher Lebensumstände bis hin zu „der gemeinen Not der Freudlosigkeit" und dem Ersterben der Sehnsucht nach Erlebnissen, „Im Hintergrund, daß ich es nicht vergesse, steht das große, graue Gespenst des zeitgemäßen Untergangs", und:„Und ich sehe, nur über einen Weg kann das Ziel gewonnen werden, nur mittels dieses scheinbar schon verfluchten menschlichen Gehirns" – ein Satz, den wir ja bereits aus Burroughs The Job-Buch kennen und negativ als Gehirnparasiten-Idee bei Colin Wilson, der vielleicht den Science-Fiction Roman von Eric Frank Russel gekannt hat, The Sinister Barrier, ganz sicher hat den Burroughs gekannt, der jetzt auf deutsch in einem Ullstein Taschenbuch herausgekommen ist mit dem Titel:Gedanken-Vampire. – Aber weiter kurz zu Jahnn, der schreibt: „gelingt es nicht, die Kräfte der Entspannung zu mobilisieren, dann wird dies Deutschland eintrocknen und zerfallen. Wie mit einem grauen Tuch bedeckt werden die Länder daliegen." – Ist das nicht bereits geschehen, wenn man die Straßen entlang blickt, aus dem Fenster sieht, grau in grau gebadet trotz Sonne in jede Richtung, und das graue, öde strömt ja auch aus den Leuten heraus, obwohl sie oder viel mehr, gerade weil sie so unbekümmert weiter verwüsten mit Worten, Reden, ausfahrenden Gesten, ganz so als sei alles in bester Ordnung und allenfalls setzen sie mittels einer gerade aktuellen Ideologie wie dem Sozialismus ihrer Öde eine glänzende Lasur auf.

Aber ich wollte Dir noch ein weiteres Zitat aus Jahnns Aufsatz schreiben, das so exakt die Entscheidung beschreibt, vor der jedenfalls ich stehe, und Gottfried Benn hat ähnliches gemeint, wenn er schreibt, daß die nächste Zeit Entscheidungen verlange, ob man mitschreit oder eben die, wie er es sagt, Verwandlung schweigend erleide, also Jahnn:„ausharren oder fliehen. Und dazu die Belehrung, daß Ausharren nur möglich ist, wenn das Fleisch und das Leben gerettet bleiben. Und daß Flucht den Mut zur Feigheit voraussetzt." – Und noch einmal ein Zitat aus Jahnn, daß mir so eingeleuchtet hat:„Unsere Zahl, ich spreche mit

Nietzsche, ist der größte Frevel. Unsere Zahl bringt keine Genies, keine Führer der Menschheit hervor, sie läßt sie nur verkümmern."

Einzelne kurze Eindrücke aus der nächsten Umgebung: auf der Toilette des Haupthauses, der eigentlichen Villa, steht ein schöner weißer Tisch mit zartblauen holländischen Kacheln, ein richtiger schöner großer Küchentisch. Ein faulender Kaninchenkadaver mit schwerfälligen schwarzen Fliegen auf dem Rasen neben einem eingefallenen vermoosten Springbrunnen. Aus dem Mauergeranke der Villa blickt ein deutscher Kaiser Wilhelm auf römische Büsten-Art mit Orden. Im Park überall verstümmelte Figuren, der einen fehlen Arme, die hat statt eines Kopfes nur ein rostiges Stahlrohr, das aus dem Hals kommt, abgeschlagene Nasen, herausgehauene Augen, zerfressene Rümpfe, durchgesägte Körper, einem sind die Oberschenkel an die Hüfte geklammert mit rostigen Klammern, auszementierte Pinien, am zerfallenen Eingang zur Villa zwei kleine römische Kindersärge unter steinernen Bänken, gestützte junge Pinien, ein Kiesweg von 220 Schritten bis zu mir, hinter dem Atelier quäkende Kinder und widerliches Plastikspielzeug, anbiedernde, servile Freundlichkeiten der sogenannten Nachbarn, sofort Grenzen vermuddelndes Du, ich rede sie stur permanent mit Sie an und verwende auch die Namen nicht richtig, ein protestantischer Pfarrer schreitet abends seine Runde ab, Albrecht Goes, ein Ehrengast, lungernde Katzen, sehr großspurige Künstler-Frauen, die sich mal so richtig suhlen und ausbreiten können, ein immer-grinsender Hausdiener, der immer nur „okee!" sagt, was er wohl von den Deutschen gelernt hat, das Atelier zu groß, bildende, schöne Künstler sind wohl größenwahnsinnig, also für mich gar nicht zu benutzen, zu unbehaglich, unwohnlich, auch nicht erträglich möbiliert, eher wie auf einer Müllkippe zusammengekauft, (. . .) über der Villa das Gebiet der Flugschneise für den Flugplatz, wenn auch noch hoch, doch kreuzen da rot-weiß-blinkende Monstren herüber, ich werde kein Italienisch lernen, da verstünde ich zu viel von dem Unterhaltungsdreck und die ganzen Reklamen bleiben fremde Zeichen für mich, überdies schult der Zustand die Wachsamkeit und die Augen, lasse mir Preise immer aufmalen, und was ich brauche, erhalte ich auch so.

Stundenlanges Warten an öffentlichen Stellen, für Briefmarken, für Taxis, die gewöhnlichsten Dinge, Hähnchen rotieren in grauer Bleiluft enger Straßen, Soldaten sitzen direkt vor Auspuffrohren draußen vor den Cafes und blicken leer drein, ständiges Grimassieren südländischen Temperaments, aber die Augen sehen starr aus, man muß sich einmal darauf konzentrieren, dann merkt man es, von Mode-Illustrierten verseuchte gewöhnliche Fotzen, aufgetakelt und miese Demi-Monde, eklig das ungenierte Sack-Kratzen auf der Straße von ondulierten Herren und Todesmelodie-Pop-Slum-Jungen großstädtischen Verschnitts, jukken und kratzen sich und verschieben ihre Schwengel in den zu engen Hosen, an Straßenekken faltige Maroni-Verkäufer, die heiße Maronen in Fetzen von Seiten alter Telefonbücher wickeln, wildes Gedränge und Gewühle auf den staubigen Straßen, aber der Himmel ist sehr hoch und klar und flammende Sonnenuntergänge wegen des nahen Meers, Amerikanerinnen wie falsche Fuffziger nach Parfum stinkend quaken breit herum, man trifft sie überall wie auch Deutsche, also rotgesichtiges fleischerhaftes Glotzen aus Touristenbussen, Busse vollgestopft mit deutschen Rentnern, Diabetikern, Magenkranke, mit Fußkranken Rentnerinnen, die dich aus den Fenstern anstarren, Vorgarten-Greise auf Sight-Seeing-Tour, schaukeln glotzig in Bussen vorbei, fliegende Händler bieten Nippen-Feuerzeuge und Postkarten an, am Sonntag, als ich nachmittags meinen ersten Spaziergang machte und mir die zerfallenen ochsenroten oder kotig-gelb-gestrichenen viereckigen Häuser ansah, dachte ich: ich gehe durch einen zerfallenen Traum und trat im gleichen Moment in Hundescheiße, ein paar Schritte weiter war eine Kachel neben dem Eingang der Villa mit dem antiken bellenden Hund und Cave Canem. Auf den Kanalisationsdeckeln steht S. P. Q. R. recht zutreffend. Um 6 Uhr spitze Pfiffe der Verkehrspolizisten an allen Ecken. Blicke in Kellerlöcher, wo sie kellnern und schneidern. Dann die hohen quäkenden italienischen

Frauenstimmen. Straßenszenen, die ein durchgehender Non-Stop-Horror-Film der Sinne und Empfindungen sind. «Auch ich in Arkadien!», Göthe.

Mit einem grellen, fuchtigen Blick durchstreifte ich den Park hier und die Leute. Es handelt sich entweder um Familienklüngel oder um Künstler-Klüngel, und mir fällt schwer zu unterscheiden, welches schlimmer und übler ist. Und heute nachmittag habe ich etwas äußerst Nachlässiges gemacht, ich bin nämlich vorzeitig nach draußen gegangen und in die Stadt Richtung Bahnhof und altes Viertel und geriet zwischen 6 und 7 eine Stunde lang auf dem Weg zurück in den Verkehr. Aber auch ohne diese Zeit war mir kaum möglich, mir etwas anzusehen, denn das Drängen der Leute, der Straßenverkehr, der Gestank, der Lärm nimmt fast alle Sinne und Energien in Anspruch, so daß einfach kaum noch etwas bleibt, um sich etwas anzusehen, ich war pausenlos in Beschlag genommen und beschäftigt mit der Szene um mich herum, überall standen Leute vor dem, das ich gar nicht sah, überall quollen Wörter auf, wurden Grimassen und Fratzen geschnitten, in den Ohren das Rattern, in der Nase der Gestank, kaum wagt man noch zu atmen, wie konnte ich mir da etwas ansehen und auf mich wirken lassen? Auf dem Rückweg habe ich dann lauthals deutsch geflucht und die vorüberfahrenden Kolonnen verwünscht, ich habe ihnen Unfälle gewünscht, Karambolagen, allen, die da vorbeifuhren, heim zu irgendeiner doofen Mamma Mia und Amore und Madonnen bezw. Filmbildern, daß sie sich den Hals brechen möchten, zum Krüppel fahren möchten, in Massen, wegen des Lärms und Gestanks, und es gab schöne große Platanen und große braune Platanenblätter auf dem Fußweg, aber von dem pausenlosen Verkehr war ich in feinem Schweiß am ganzen Körper gebadet und nach dem Gang hatte ich das Gefühl totaler geistiger Leere im Kopf, wie nach einem überanstrengten stundenlangen Formel-Lernen, noch viel schlimmer! Richtig leer im Kopf, körperlich taub und ohne Empfinden bis auf eine graue, poröse Müdigkeit, die mit körperlicher Erschöpfung nichts zu tun hatte, sondern mit einem Zustand des Ausgewrungenseins – und ich begriff, daß dann also jeder von neuem angeheizt werden muß mittels TV, Illustrierten, Kino, Sex und so kommt es dann zu dem blöden Idiotenkarussell eines jeden Tages. Darüber ein Sonnenuntergang.

Also kehre ich zurück zum Lesen und versuche zu träumen und schreibe Briefe und Karten und sitze über meinen Materialalben. Den ganzen Müll möchte ich am liebsten den Leuten und der Kultur in die Fresse kippen.

Hast Du Dir schon einmal klargemacht, daß diese alltäglichen Situationen und Umstände regelrecht zu zwanghafter Selbstverstümmelung führen müssen und auch tatsächlich führen? Und dieser Zug ist schon sehr erschreckend, da man sich ja gar nicht mehr weit entfernen kann. Die Sinne werden verstümmelt, der Geschmack wird verstümmelt, der Blick und das Empfinden, jede zarte oder zärtliche Regung. Nach der Verstümmelung der Landschaft die Selbstverstümmelung des Menschen, auch folgerichtig und irrwitzig, witzig.

Jetzt bellt draußen ein Köter. Der Mond ist ein ziemliches Stück weitergerutscht. Die Lichter hinter den schwarzen Schatten in der Dunkelheit sind fast alle erloschen. Jetzt ist es stiller geworden. Ich stehe noch einmal auf, gehe ans offene Fenster, über dem abgehauenen Baumbündel das weiße Stück Licht oben, aus dem kleinen, schmalen ungepflegten Streifen Garten bis zur Mauer des Parks kommen angenehme kühle Gerüche. Ein leichter Geruch nach einem Feuer ist auch darin zu spüren, irgendwo hat jemand nachmittags Laub verbrannt und dieser brandige Geruch ist mit den Ausdünstungen der Pflanzen vermischt. Er erinnert mich, mitten in Rom, mitten in Italien, mit dem neuerlichen Bellen des Hundes, an norddeutsche Kartoffelfeuer, im Herbst. Und diese Erinnerung an weit zurückliegende Kartoffelfeuer in Norddeutschen Gärten vermischt sich mit dem schwarzen Bellen des Hundes hinter der Mauer, das in der Straße wiederhallt, dunkle, hohle Bell-Geräusche.

Morgen muß man wieder aufpassen, daß man nicht in die Scheiße dieses Hundes tritt.

Was habe ich denn erwartet, als ich hierher kam? Gewiß etwas altmodisches, eine Atmosphäre von einigermaßen Intelligenz, auch von Zurückhaltung, von Interesse, sollte man doch annehmen, wo Leute sind, die sich mit Bewußtsein und mit Sinnen beschäftigen, mit dem Raum, in dem man lebt, aber ausnahmslos sind sie hier sehr zeitgenössisch, fortschrittlich, das heißt gegen Individualismus, gegen die einzelne, möglichst genaue Ausprägung und für das Mittelmäßige, schlechte Humane.

Mit ihrer Humanität untereinander und auf alles übertragen kürzen sie ständig alles runter. Das Humane Allgemeine verhindert jede ernsthafte größere Sicht des Menschen. Das fällt mir selbst bei den geringsten, gewöhnlichsten Unterhaltungen über alltägliche Dinge auf. Dagegen werden Probleme der Kaffee-Maschine ungeheuer ins Große gelagert. Enorme Ansprüche. Das Ende ist Wirtshaus-Gemeinschaft. Die große Übereinkunft. „Wir sitzen ja alle im gleichen Boot!" Klar, nur so nicht, daß das Boot alle gleich macht.

Ich sah, wie sich mittags auf dem Rasen unter der italienischen Sonne eine fette deutsche Mutter-Kuh wälzte. Genügt nicht allein so ein Anblick, die ganze Umgebung zu diffamieren? Das war ein Schnapp-Schuß aus meiner Umgebung, die aber auch etwas mich für mich sein läßt. Jetzt zum Beispiel wieder die schwarze Kühle, die in das Zimmer herein strömt. Ich meine, daß man sich mit allen Sinnen an derartiges klammern muß, der Rest ist Ramsch. Wie Du daraus entnehmen kannst, schwanke ich hin und her.

Die kurzen Notizen hier sollten Dich aber nicht dahinbringen, mich nicht hier für einige Zeit zu besuchen. Ich würde mich sehr freuen, wenn Du hier auftauchen würdest, denn wohnen ist hier frei, Platz ist vorhanden, kochen können wir selber, lediglich Fahrt und das Geld zum Ausgehen benötigst Du. Einem Hotel ist in einigen Punkten, und ganz sicher im Punkt Geld, was ja ein konfuser Punkt ist, doch das Haus hier vorzuziehen. Stell Dir bloß einmal vor, daß ein ehemaliger Bundestagsabgeordneter, der auch mal'n Buch übersetzt hat, aber jahrelang den Mist dort mitgemacht hat, die Frechheit besitzt, anzufragen ob er hier Ehrengast für einige Zeit sein dürfe, Gast, und dazu auch noch Ehren, und mit einem Bungalow im Pfälzischen hinter sich und Pension wofür? Diese Art Unverfrorenheit leisten sich nur Reiche und Bundestagsabgeordnete bzw. Stadtparlamentarier. Und segelt jetzt, es geht um den fetten Carlo Schmid, unter Kultur als Krönung seines Lebens. Verrecken soll der! Und soviele wie möglich mit ihm! Als darüber in einem Treffen am Montag gesprochen wurde, und natürlich keiner sich wie man so sagt, den Mund verbrennen wollte, in so einer angenehmen Umgebung des Haupthauses und angesichts verblaßter Gobelins an den Wänden und des schönen Kacheltisches unten auf dem Lokus und dazu noch als Gast der Direktorin, Frau Wolken, verheiratet mit einem vergammelten Lyriker Wolken, sagte ich bloß mürrisch nix, nix. Dabei wars mir sogar völlig egal, meinetwegen können sie den Papst als Ehrengast hierhaben samt den stinkenden anderen Great Old Ones, sofern sie in einer Ecke für sich bleiben, nein, nein, doch nicht, Helmut, lieber nicht!

Oder doch den Papst, unter der Voraussetzung, er müsse immer in vollem Ornat samt Tiara auf dem Kopf und Krummstab ohne jegliches Gefolge aufkreuzen, und so geht er dann auf dem Kiesweg auf und ab und durch die kaputten Pinienalleen, was für ein Vorgang, liegt im Liegestuhl, bewohnt ein vergammeltes Atelier, aber nein, wirklich nicht, sobald ich mir das vorstelle, wäre es besser, er würde auch verrecken und keiner käme nach ihm und das ganze faule Zeug verschwände, einige interessante geheime Bücher und schöne Bilder nackter Frauen möchte ich natürlich haben aus dem Nachlaß, wozu haben alle Kirchensteuer bezahlt, hahaha! Ein Bild würde ich hübsch teuer verscheuern und dann könnte ich endlich für mich leben, in einer Gegend mit Heide, Moor, wildem nordeuropäischen Oktoberlicht, ohne viel andere menschliche Anwesenheit.

Mensch, Helmut, bin ich manchmal zu Augenblicken die Scheiße leid, das heißt dieses Leben und diese Zeit und diese Zustände – mir scheint, als gäbe es nur kurze Zeit Ansätze von wirklichem Dasein und Andeutungen von wirklichem Erleben und Empfindungen, eine kurze Zeit, aber dann ist man jung und gut verschwenderisch und die ganzen miesen Hemmungen stehen um einen herum, später kommen dann nur noch Wiederholungen oder Ausführungen oder Erinnerungen, aber Erleben? Träume? Intensität? Scheint alles vorher gewesen zu sein. Und das war's auch nicht, wegen der vielen Vorschriften und Zurechtweisungen. Also Fluchten.

Es gibt Augenblicke, da überfällt mich ein schieres Grauen, und das kann mitten im lebhaftesten Verkehr sein, wenn plötzlich alle Vorhaben und Ziele, weswegen ich eigentlich auf der Straße bin, ausklinken und ich für einen Moment das Gefühl habe, tatsächlich zu sehen, die Augen aufzumachen und zu begreifen, jede Einzelheit auf einmal, die um mich herum ist die ganze Kulisse, und ich begreife, in welchen lächerlichen Funktionen alle Bewegungen eingespannt sind, alle Körperteile, Arme, Hände, Augen, die Kleidung, die gesamten Bewegungen um mich herum in dieser großen Anzahl, und lächerlich deswegen, wenn ich mir klarmachen kann, was dann im gleichen Augenblick auch passiert und auch das Grauen ausmacht, wie groß der Riß ist zwischen der Hast, dem Gerenne und dem Ziel, wohin wollen sie eigentlich alle? Wollen sie alle weg? Auf den Mond? Zu anderen Planeten? Sollen sie doch ganz schnell verschwinden, dann wird die Welt stiller und erträglicher. Bei 4 Menschen auf einem Quadratmeter muß jeder zum absoluten Feind des anderen werden und jeder stinkt jeden an. Meinte Burroughs das, wenn er in Einschätzung der realen Lage schreibt, man müsse ohne Freunde, ohne anderen auszukommen lernen? – Also stehe ich atemlos da, mit angehaltenem Atem eine winzige Spanne Zeit und erschrecke, über das, was läuft, was immerzu rotiert, immer mehr und immer häßlicher.

Nur so, vor dem Hintergrund einer solchen Erfahrung, kann ich auch Deine Erzählung verstehen, die Du mir einmal am Telefon erzählt hast, nämlich das augenblickliche Schrumpfen, sobald Du auf einem Spaziergang auf einer leeren Straße jemanden auf dem Bürgersteig begegnest. Und tatsächlich stinken sie einen ja auch an.

Inzwischen ist ein anderer Tag, er ist schon vorbei, heute gegen Abend sah ich auf dem Rückweg vom Einkaufen und Fahrkarte-Besorgen, wie schnell die Blätter der Allee abfielen vor den Geschäften, Regen kam auf, und dann war der Asphalt vor den Läden von weichen nassen braunen Blättern gefleckt, dazwischen Rinnsale von farbigem Neonlicht, ein fast wehmütiges Großstadtbild, das man aus den Bildern um 1920 kennt, als sie die Stadt entdeckten, Braque usw., ich habe davon Postkarten gesehen, wenig Autos, Menschen waren billig zu kaufen, durch die blöden Sozialisten werden auch noch die Menschen teurer ohne Sinn und Ziel.

Morgenfrüh fahre ich wieder 18 Stunden auf der Eisenbahn, diesmal 1. Klasse, was ich ersetzt bekommen werde, nach Graz zu einer Lesung am Montag, wo man auch in einer Zeitschrift ein Prosafragment abgedruckt hat von mir, nämlich das Fragment des Kölner Tagebuches, an dem ich im Sommer, ich weiß nicht ob Du Dich erinnerst, 1971 gearbeitet habe. Ich schicke Dir von dort aus 1 Exemplar zu, es ist in derselben Zeitschrift erschienen, die auch Wieners ganzes Buch Die Verbesserung brachte und Peter Handke. Ich selbst habe noch nicht 1 Exemplar erhalten, weiß also nicht, wie sich mein Versuch macht.

Auch so eine irre Sache:denn das ist ja eine Geschäftsreise, Fahrt ersetzt über viele Hundert Kilometer hinweg, ich hätte auch Flug nehmen können, aber wollte lieber Eisenbahn fahren, so sehe ich wieder im Durchrasen schnell einige Eindrücke (:oben sind nur Wolken!), wenn auch am Schluß einer derartigen langen Reise ein tranceähnlicher Deliriumszustand ist, wenn man wachbleibt, was ich auf der Fahrt 18 Stunden = 1100 Km erlebt habe.

Also, da fährt man groß hin, und kriegt als Honorar 200 DM, ist das nicht verrückt? – Fahre morgen über Firenze, Bologna, Venedig, Udine, Velden und Bruch, wo ich umsteige (:vorbei an Klagenfurt vom Jahr 1971, und wo Du ja auch warst) nach Graz. – Ich werde aus meinem Materialheft eine Reihe Überlegungen und Impressionen und Cut-Ups lesen, oder aber eben den Akzentebeitrag über die Gangster. Oder alles vermischen, was mir am reizvollsten und verwirrendsten erscheint, also die vielen Prosazellen, aus denen ich viel mehr machen könnte, hätte ich einen Ort, an dem ich das Leben aushalten könnte.

Kurz einige Eindrücke von der Herfahrt: im Schlafwagen nachts, im obersten Bett unter zwei röchelnden Menschen unruhig bis Basel 6 Stunden gelegen, in den Kurven unangenehme Gefühle, denn der Körper gerät aus allen Orientierungen im Dunkeln, ich werde nie mehr Schlafwagen nehmen (:auf einem Schiff ist das doch völlig anders), also 6 Stunden im Halbschlaf durch Deutschland, 6 Stunden durch die langweilige Schweiz, auf dem Bahnhof Basel sahen sogar die neuen verkleideten Postaufzüge wie Panzerschränke aus in dem matten glänzenden Metall als Verkleidung, widerliches Schweizer-Deutsch, haufenweise junge Soldaten, die ihr Marschgepäck und ihre Schnellfeuergewehre plus Stahlhelm herumschleppten, irgendeine Atom-Krieg-Übung, bis hoch in den nebeligen, feuchten Gotthard auf total verlassenen Stationen standen diese Wahnsinnigen, und saß ab Basel gegenüber einem Inder bis Rom, ohne zu reden, in übervollem Abteil, ohne Füße ausstrecken zu können, ohne lesen zu können, und die Schweiz ist fürs Auge wirklich langweilig, blöde Hügel und Berge, die den Ausblick des Verstandes und jeder Empfindung zubollern mit den Schwingungen, Hürtli und Bürtli auf den Gängen (:weiß der Teufel, was Hürtli und Bürtli ist, ich möchts gar nicht wissen), Luzern verhauen, überdimensionales Kuhglockengetöne bei Abfahrt und Ankunft, schwarze Vögel über grünen Wiesen, Menschen in Wadensocken mit Rucksäcken, um den Gotthard zunehmender Nebel und eine wüste nebelige feuchte Kälte, Autobahneingänge in Berge wie Schächte, Felsbrocken und dünne tief eingeschnittene Rinnsale von Wasser, die mich total kalt lassen (:also, Nietzsche mit seinem Berg-Tick verstehe ich überhaupt nicht mehr seitdem! Der hat'n Arsch offen gehabt, aber in dieser Hinsicht, ich meine Landschaft, wohl total unempfindlich – da muß man doch bloß kraxeln, und sobald man um die Ecke biegt, ist da schon wieder eine lauschige Herberge, Albergo, und'n Wochenendhaus!), aber gespenstisch der Bahnhof vor dem Gotthard-Tunnel, Totenstille, ein paar Pfiffe von schwarzgekleideten Rangiermeistern, unübersichtliches eisernes Schienengewirre und rußige dunkle Löcher in den Berg, alles feucht beschlagen, ein stillstehender Zug mit Autos auf dem Nebengeleise, und danach eine Viertelstunde oder 20 Minuten durch die dunklen Gesteinsmassen mit ab und zu einem trüben gelben Lichtpunkt, und dann bestes Blau, hoher Himmel, feine sanfte Mittagssonne, braune Felshänge, ein weites Tal, und rauchende, nach verbrennendem Celluloid stinkende Bremsen der Wagen, so stark, daß ich den ganzen Zug entlangtastete bis zu den Schaffnern im Postwagen und mich erkundigte, schon sah ich verbogenes Eisengestrüpp (:seitdem ich mal um ein Haar daran vorbeigekommen bin, total eingequetscht zu werden in einem TEE-Zug Richtung Hamburg 1969, und plötzlich der Wagen schief stand, in dem ich in einem Abteil saß, und dann mir ansah, wie hinter geborstenem starren Blech und Eisen ein Fetzen von Gesicht war, das bloß noch müde war vor Schmerzen und gar nicht einmal mehr richtig wimmern konnte), (:Teufel, und die Kerle des Rettungskommandos, alle in Uniform, kamen gemächlich herangeschlendert mit ihren Bahren und Schweißbrennern, und kämpften mit dem Unkraut an den Bahnböschungen)/:(:müssen die in dem Augenblick ein Selbstgefühl gespürt haben, weil alle auf sie schauten, wie sie da, wie mir schien, maskiert herantrabten!!)/::(:::ihr Ledernackenschutz wippte!)//::pah, machten die nur, das geht hier immer so, und draußen schoben sich die Berge vorbei, und die Sonne schien warm und friedlich! Also dann die Seen, wo Du ja schon überall herumgegangen bist, stimmt es? Verstaubte runtergelassene Rolläden vor den Pensionen, ziemlich Saison-Ende, Tourismus alla Germania, das heißt: fußkranke deutsche Witwen, Rentnerinnen mit VW oder auch ein Volvo, Rucksäcke wieder, diesmal von jungen Amerikanern, und meine erste Palme, die ich „life" sah vor dem Tor einer Fabrik in Bellinzona: das ganze Tal voll kleiner Schuhkarton-Häuschen! – Und weiter: Chiasso, dann die Grenze, und ab da wurde draußen jeder Blick häßlich und verwahrlost, während er vorher auf eine andere Art gräßlich aufgeteilt war – nun sag mir mal, was ist vorzuziehen?? – wilde, wüste Abfälle auf dem Bahnhofsgelände, Italien, ein Italiener hing sich untern Wasserhahn, andere schleppten mit Pappkartons furios verschnürt mit Paxband, herum (:und als ich am Sonntag meine aufgegebenen Koffer holte, waren die auch alle furios mit Schnüren umgebunden! Ein Fetisch der Post?), und ein verrückter Hund von Lokomotivführer, der rausholte aus der Lokomotive, was rauszuholen war, das rappelte und schaukelte mich ganz von Sinnen, an jeder Biegung ein Hochhaus mit Wällen von ausgewracktem Kleinwagennippes, in den verstaubten bleichen Gebüschen hingen seltsame Früchte, nämlich fettiges altes Papier und Kondome (:das hab ich dazu erfunden!), aber Fetzen von Wäsche, Mailands Bahnhof ein Schock, und danach wurde die ganze Fahrt für mich auf Grund der Übermüdung und des Raussehens sowieso zu einem Delirium!

Ankunft 20 Uhr 45 etwa in Rom, graue trübe Gestalten tappen am Zug entlang, Kulis mit rostigen Eisenkarren, die Change-Station hat zu, ich wechsle bei einem kleinen undeutlichen Kerl, der einen langen Mantel offen um sich hat, von dem ich später meine, der Mantel sei fleckig gewesen, und im Taxi, das ramponiert, aber exakte Radiomusik hat, mit Melodien wie Todesmelodien im Stil verschnittenen Barocks plus imaginärem Django-Stereo-Sound-Pop-Muff-Roma-Scheiß-Technicolor fürs Ohr, vorbei an einer alten Mauer zur Villa und dem Hausmeister, der immer „Okee!" sagt, egal wann und wo.

An einer Seite des Villa-Gebietes ist die Algerische Botschaft, ein verblichenes gelbes Gebäude, auf dessen Terrasse, mit dem Hintern zur Straße gewandt, eine nackte Frauenfigur steht, ich habe selten so eine schöne klare, grazile Hinternfrauenritze gesehen wie bei dieser Figur zwischen Geranien im Abendlicht, wenn ich daran vorbeikomme und an dem Essen trage, das ich mir auf der Piazza Bologna etwa 10 Minuten zu Fuß gekauft habe für eine Woche, Knorr-Suppen, Brot, etwas Wurst, Margarine, Wein, Tee, Pulver-Kaffee, Postkarten, Briefmarken, einen Wecker.

Gegenüber, an der Mauer der Villa Massimo ist das Gebiet der ausgestoßenen stummen Katzen, ein grauer tierischer Bezirk, sie hocken unter Autos und zwischen Papier in der Sonne, einer falschen grauen Katze fehlt der Schwanz, eine hat ein zugewachsenes Auge, eine andere ist falb-braun, sie hocken da und sonst nichts. – Man geht durch eine grüne schwere Tür, tritt auf eine Straße und sieht einen Sprühdosenslogan: Fronte della Goiventu. Ein anderes Signum war der Hammer und Sichel plus Gleichheitszeichen stark aufgerichteter Phallus mit strammen Eiern darunter. Ich ging daran vorbei und roch den starken Geruch welker feuchter Platanenblätter, die mir gegenüber diesem miesen Bild so viel stärker vorkamen und so viel befriedigender.

Ich kann nur hoffen, daß Du etwas von dem Eindruck gewonnen hast, der von der Umgebung hier ausgeht, und daß er Dich nicht schreckt zu kommen, denn wie gesagt, wäre es doch, vielleicht auch einmal für Dich gut, hierher zu kommen und wir könnten gemeinsam lästerliche und zynische Studien treiben und durch die aufgehäuften Museen gehen, den Vatikan, unsere Empfindlichkeit nach allen Seiten blitzen lassen ((::wer wagt das überhaupt noch zu tun??)), und ein Gewinn wäre es bestimmt, nix Amore, denke daran, daß wir auch noch immer im Tierstadium leben und wie Robert Ardrey sagt, Sex is in the Animal World a Side-Show, the first Thing is Fear, nun gegen solche Furcht hat irgendwie auch Kulturelle Sensibilität zu wirken, oder? Du wirst mir sicher zustimmen.

Also der Große Schrott der Abendländischen Geschichte erwartet Dich hier, Knorr-Arlecchino-Suppen, ein kümmerlicher Platz, der widerliche Filmstar Mastrojanni Commendatottore Piizeria Rostecceria Gordon Rattray Taylor Das Selbstmordprogramm Leonardo da Vinci auf 10 Tausend Lire-Scheinen abgegrämt Blu Flush Via Veneto Foro Romano wo sie mittags ohne Panzer für die Vorstadt-Slum-Menschen kämpften. Jeder Hieb ein fleischiger roter Treffer 50 Lire Busfahrt Atac Conservare il biglietto e presentarlo aperto ad ogni richiesta del personale plus abendländische teutonische Dichter zum Kotzen in Villa Massimo Schrotti überalli wir können hingehen wo wir wollen Roma di Notte Reppublica Fontana Chesterfield King Size Cigarettes e Pizza Campagnola Streichhölzer Certificato di Garanzia Leichte Kost 50% weniger Kalorien Zukunft oder Untergang der Menschheit in einer stillen Bibliothek ein TV-Gerät für uns ganz allein und die wunderschöne Ausgabe von Johannes von Müller Cotta 1831 (. . .) Accademia Tedesca Herein ohne Anzuklopfen Lieber Helmut trotz Bedenken also: Wann?

Rom, Donnerstagabend
26. 10. 72

Liebe Maleen,
:ich habe den Telefonhörer aufgelegt, dann sah ich die zwei ausgetretenen Player's Zigarettenkippen auf den roten Fliesen und die Asche, ein rotes Streichholz hatte sich in den Spinnenfäden am Fuß des kleinen hölzernen Schränkchens mit dem Telefonapparat in der Ecke neben dem Aufgang zu dem Arbeitszimmer verfangen.

Deine Stimme, die zuletzt gesagt hatte, „ja, mach's gut" wiederholte sich bei mir im Kopf, und so ging ich durch die zwei vorderen Räume in die Küche und setzte mich an den Tisch, ohne eine längere Zeit etwas zu denken, bis ich dann in der Stille mir bewußt wurde, daß ich die ganze Zeit das helle plätschernde Geräusch in den Heizungsröhren hinter mir gehört hatte.

Bin ich enttäuscht gewesen? Das könnte ich nicht einmal sagen. Ich hatte eigentlich gar kein Gefühl. Plötzlich fühlte ich mich nur sehr leer. Vielleicht wirst Du das gar nicht verstehen können, denn vielleicht sind Dir derartige Zustände gar nicht wichtig oder unbekannt, und das ist ganz sicher gut und Du bist dann zu beneiden wie jeder, der diese Empfindung gar nicht kennt, die zu nichts Produktivem und Lebensbejahendem führt, immer nur den Bruch sieht, den gewaltigen Schrott, der sich im Lauf der Geschichte ringsum angesammelt hat, die lächerlichen Riten, die lächerlichen Ruinen, die einmal gewiß großartig empfunden wurden und betäubten.

Mir fällt jetzt auf, wie stark ich mit Dir Gegenwart verbinde, Dasein, Konkretes, Körperliches, Haut, Blöße, Nacktheit, ich kenne nichts Zärtlicheres und nichts überwältigend Einfacheres als das – was sollen da noch Tempel, bombastische Anlagen der Architektur, in weißlichem Stein gefrorene Kunstwerke, aus denen überall Nässe herausrieselt, etwa Bellinis Springbrunnen auf der Piazza Navona mit seinen mürrischen Muskelmännern und rundum Maroni-Verkäufer und schäbige Künstler mit ihren Nippes-Grafiken und das berühmte Eis, das hier erfunden worden sein soll? – Siehst Du, so bin ich und denke ich, und nicht nur denke ich so, sondern fühle mit dem ganzen Körper, den ich durch die alten verstaubten Gemäuer, in denen vollgestopfte Fahrradläden und schwarze, fleckige Autoreparatur-Werkstätten und bleiche Pizzerias untergebracht sind, herumschleppe.

Als ich heute abend ein Eis aß, das sehr gut war, aus der Bar Tre Scalini, am Platz Navona, Eis Tartuffo für 350 Lire, schwarzes Schokoladeneis, das ganz mit dunkelbraunen Schokoladensplittern eingepackt war und auf das ein Klecks weißer Sahne gegeben wird, wenn man sich draußen vor einer Bar hinsetzt und dasselbe bestellt, kostet es sogleich den doppelten Preis nur für das Sitzen, habe ich an Dich denken müssen und daran, daß Du gern diese Sachen magst. Das war möglicherweise auch der mir gar nicht so klare Anlaß für das Telefongespräch eben, dieses starke, schwarzbraune Eis an der verstaubten Piazza Navona mit dem Brunnen, der so erschlagend berühmt ist, und der Anruf nach Köln, in die Engelbertstrasse, wo Du über Deinen Notizen gesessen hast, – ich habe Deine Stimme hören wollen, Dich sprechen hören wollen, so einfach, aber bestimmt auch elementar und wichtiger als jedenfalls für mich, die ganze Historie, die mich überall umgibt. Ist das überhaupt verständlich?

Man kann das irrational nennen, je mehr ich über diesen irrationalen Zug weiß, desto weniger fürchte ich mich davor. Was ist denn das Gegenteil? Etwa diese schäbigen Ruinen in der Gegenwart, vor denen man in die Knie gehen soll? Oder der Typ, der heute rational durch die Gegend läuft? Diese kleinen alltäglichen Hoffnungen auf Verbesserungen des Lebensstandards? Diese Demokratie mit ihren versauten Massen und den Horror-Szenen der Straßen? Ganz einfach: die Häßlichkeit?

Also habe ich Dich angerufen, jemand, von dem ich nicht dieses zuckende Wimperngeklimper, diese grünen blöden Stiefel unter blöden Hosen mit weitem Schlag und dieses verlogene falsche Interesse kenne und an dem ich das nicht sehe und nie gesehen habe. Das war eine andere und mir sehr bewußte Nuancierung des Hintergrunds für den Telefonanruf. Und offensichtlich ist kaum etwas davon zu Dir herübergekommen, obwohl ich genau das Dir hätte mitteilen mögen, und wollen.

Es macht mich heftig und wütend, vielleicht auch verbittert, wenn ich sehe, wie überall, selbst bei uns, die Möglichkeit zu Zärtlichkeit, Entspannung, körperliches Dasein, und damit verstehe ich die tagträumerische Helligkeit von einem durch den anderen, die mit alltäglichem, elendem Wirrwarr zugeschüttet wird, und oft kann ich nur noch blöde und dann höhnisch grinsen, oder versteinernd mich wegdrehen, wenn wieder diese angeberischen Situationen ablaufen oder die trivialen Vorgänge alle verschwigeneren Empfindungen und Räusche und Gelüste ersticken und wie fast jeder bereit ist, sie in sich ersticken zu lassen. Soll ich also denken, daß möglichst rasch der gesamte Dreck verschwindet? Und jeder Mensch auch damit? Hinweggefegt von der Erde, weil er gar nichts anderes will? (Außer Zentralheizung, Bier, Steaks, Grappa, einen Wagen, und hohe grüne oder rote Stiefel?) Oder nichts anderes mehr kennt als die Anhäufung notdürftiger, elender Probleme? Oder Probleme, die notwendig zu lösen sind und bei deren Lösung er total eingefangen ist?

Was geht so ein Gedanke mich an? fragst Du Dich möglicherweise. Und Du hast Recht. Ich werde Dich nicht mehr anrufen. Telefongespräche dienen offensichtlich ebenso sehr schierem Geschäft und der Übermittlung von zu erledigenden Problemen und nicht sehr privaten, sensiblen, wie ich mir vorgestellt haben mag, oder bloß ausgedacht und geträumt habe. Und sie sind, ich weiß nicht, ob das unsere Spezialität ist, offensichtlich überwiegend dazu da, einige Probleme zu verlängern, so wie das Telefongespräch, das wir einmal aus Münster führten, als ich bei Carl-Heinz war. Als ob jede technische Erfindung nicht für Träumereien geeignet wäre und sie sogar verhindert. Ach, mich widert diese fetischhafte Art und Befangenheit des Bewußtseins vor den technischen Dingen und von den technischen Dingen ausgehend bloß noch an.

Was hätte ich Dir sagen wollen und wie hätte ich Dir etwas sagen wollen, nun gut, ich schreibe Dir von der Reise nach Graz und einigen Erlebnissen und Beobachtungen hier, nachdem ich Dir ja soweit wie mir vor einer Woche möglich die Umstände in der Villa Massimo und die Eindrücke der Herreise beschrieben habe – ich hoffe, daß Du inzwischen die Post erhalten hast, einen größeren DIN-A5-Umschlag habe ich benutzt, er hätte bereits, als ich anrief, bei Dir sein müssen, denn Mitte letzter Woche, ich glaube Donnerstag, habe ich ihn abgeschickt, vielleicht war zu wenig Porto drauf? Und die Irren haben ihn in den Abfalleimer deswegen geworfen? Ist ja bei der Verwaltung und Normierung alles möglich.

Nein, ich kann Dir doch nicht die Reise nach Graz jetzt beschreiben. Das Telefongespräch hat mich doch mehr betroffen gemacht als ich mir eingestehen möchte. Und plötzlich kann ich mich nicht mehr darüber hinwegsetzen, und so tun, als sei gar nichts gesprochen und gesagt worden, was mich betroffen gemacht hätte. Und es ist auch wohl gut so, klar zu sehen, wie es zwischen Dir und mir aussieht, und wie Deine Einstellung zu mir ist, die ich ja nur akzeptieren kann. – Und ich meine damit Deine Bemerkung, als ich Dir erzählte, wie ich Dich gesehen habe, nachdem ich mir die hier anwesenden Frauen einzeln und genau angeschaut hatte, sie beobachtete, zufällig an einem Abend, als (. . .) so wie fast alle hier draußen auf der Straße an jeder Ecke sich ungeniert am Sack kratzen und ihre eingezwängten Schwänze verschieben, ein Abendessen gab, zu dem auch die Chotjewitz kamen. – Ein kleines rundes Gesicht von kurzen Haaren umgeben und eine spitze Maus-artige Nase, graue zerfältelte Haut, klein (. . .), eine hellgraugestreifte Weste über einem schwarzen Pullover, eine Kette mit einem Knoten vor der uninteressanten Brust, die ich überhaupt nicht wahrnahm, statt dessen fiel ihre Hose auf, eine weiche schlappe rötlichbraune Lederhose, die weit schien und deswegen wie ausgeborgt, die Hosenbeine hochgekrempelt, dazu Stiefel mit den zur Zeit modischen klumpig-hohen Absätzen – und dazu er, fett, und hereinstolzierend auf eine laute Art, von der er wohl meinte, sie sei besonders einnehmend und vital, mit schwarzer Baskenmütze auf dem fetten Kopf und dürrem Kinnbart, so daß tatsächlich der 1. Eindruck ein Zurückschrecken ist, besonders als ich sah, wie er hereinkam in das Atelier und sich den Bauch rieb, ein kurzärmeliges schwarzes T-Shirt an, das sich eng um den Leib spannte auf die frühe Marlon-Brando-Tour, später beim Essen behielt er die Mütze auf, saß in diesem Unterhemd da und kümmerte sich ständig ums Essen, ziemlich fettig, dann eine Prise Schnupftabak aus einer Porzellanflasche mit einem weichen grauen Federwisch, der dazu diente, die Schnupfspuren unter der Nase wegzuwedeln – und erst die geäußerten Ansichten! (Redet für 400 Mark auch über Kernphysik oder über Toilettenreinigungspraktiken!) – Dann die Frau des Schriftstellers Poss, eine Großstadtnuß, aus München, immer in grünen Stiefeln und Cordhosen und ohne BH, langes schwarzes Haar, zwei Kinder, eine Stimme, die affektiert ist, die Schau, wenn sie zuhört, denn dabei klimpert sie im ersten Moment mit den Augen, was wohl bereits ein Reflex ist und die Hohlheit und das tiefe Desinteresse nicht wegtuschen kann, macht gern auf Konventionen (. . .), während die Frau Chotjewitz nichts anderes mehr im Kopf hat als die linke Tour, wobei sie lispelt, vielleicht wegen des fehlenden vorderen Zahns? (. . .) – und dann eine Amerikanerin, die vorbeikam mit einem Maler, eine Pferdegestalt, Ackergaul, grob-poriges Gesicht mit Goldrandbrille, auf die US-Art laut – – und sie alle zu nichts anderem mehr fähig als möglichst viele Haha's auszustoßen und witzige, aber mich keinesfalls zum Lachen bringende Bemerkungen fabrizierend – also eben Konversation, die schnell zum einzigen Thema findet, nämlich Geld und insgesamt eine Atmosphäre des Sich-Gegenseitig-In-Den-Arsch-Kriechen verbreitet, alptraumhaft und gar nicht zu fassen, und dabei von einer allgemeinen Ungebrochenheit, die erschreckt, nichts Zweifelndes, Vorsichtiges und Tastendes, keine unvermutete Gedankenwendung, ein Schulterklopfen. – So stellte ich mir also Dich darunter vor, Deine Art des Zuhörens, und des Mitdenkens, auch Dein Aussehen, Deine Kleidung, die sich nicht in aufdringlicher Grobheit erschöpft, Deine Farbzusammenstellung und Dein Gesicht, überhaupt Deine Art des Vorhandenseins, der Distanz und des Prüfens, oder ich stellte mir vor, wie Du essen würdest, bestimmt nicht laut und laut über das Essen redend in diesem selbstgefälligen Ton, sondern genau und ohne die Verschwommenheit allgemeiner freundlicher Stimmung, die ja alle Umrisse verwischt, und ich war überrascht, welche genaue Figur Du dabei gemacht hättest, ganz einfach auch „besser erzogen" in einem guten Sinn, und damit meine ich feiner auf dünnere Nuancen und Abweichungen bedacht. Und damit insgesamt interessanter, begehrenswerter, die Empfindungen viel mehr reizender und das Interesse, die Wahrnehmung genauer fixierend, also insgesamt erstrebenswerter, die Sinne auf ein anderes Niveau transportierend.

Was kann ich damit anfangen? hast Du gesagt, und diese Bemerkung hat mich entsetzt und ziemlich stumm gemacht, als ich Dir den oben geschilderten Vorgang zu erklären versuchte. – Ich muß Dir auch erklären, warum mich eine solche Bemerkung von Dir entsetzt und stumm macht. Es ist darin diese Reduzierung auf die bloße Nützlichkeit alles Gesagten und Beobachteten, die mich erschreckt hat, die Reduzierung auf das, was man, also Du, damit anfangen kannst, und doch hatte ich doch von Dir etwas gesagt, von Dir etwas gesehen, was nicht mit einem praktischen Gegenstand zu vergleichen wäre, etwa 500 Mark oder ein besonders schöner Schrank oder ein Paar Schuhe oder Papier, alles wohl nützliche Sachen, mit denen man etwas anfangen kann, aber was ich gemeint habe, war viel mehr, eine Atmosphäre, eine Stimmung, eine Aura von Lebendigkeit, etwas für die Sinne und den Verstand, was angenehm ist. Und auch eine Zuneigung. – Also kannst Du nichts damit anfangen, es läßt sich ja nicht verwerten, keine Suppe davon kochen, kein Referat damit schreiben, es war vielleicht so kläglich ausgedrückt, daß es Dich nicht einmal in eine gute Stimmung versetzt hat, in ein sanftes Empfinden, Dich so gesehen zu wissen.

Und das zweite, das mein Erschrecken an dieser Antwort beziehungsweise Bemerkung ausgemacht hat, war eine Gleichgültigkeit gegenüber solchen von mir gemachten und Dich betreffenden Beobachtungen. – Sie erinnert mich auf scheußliche Weise an die Gleichgültigkeit lang Verheirateter, „das sich selber verfolgt, ohne Rücksicht, Schritt für Schritt", wie ich einmal in einem Gedicht geschrieben habe, „fast wie ein altes Ehepaar". – Ich meine, daß die Gleichgültigkeit ja auch zuerst mich betrifft, als sei ich irgendein Idiot, irgendein Spinner, der etwas völlig Belangloses, Überflüssiges, Unnützes und Unbrauchbares gesagt habe, also jemand der Gott-weiß-was-Alles sagen kann und man zuckt die Schultern. – Ich beschwere mich nicht darüber, mir ist das nur sehr aufgefallen, und auch schon hin und wieder aufgefallen, sobald ich Dir etwas erzählte, in welcher Beleuchtung ich Dich gesehen und erfahren habe, ein Teil von Dir, – aber das sind auch nur Worte gewesen. Also beschwere ich mich nicht, ich kann das nur akzeptieren. Es ist ja auch klärend, wie gesagt.

Die Einstellung von Dir ist klar. Und auch, was die Entfernung anbelangt, das Nicht-Vermissen meiner Gegenwart dort in Köln, und darunter verstehe ich überhaupt keinen Dauerzustand des Vermissens, sondern einen Mangel, wenn ich Vermissen sage, der dann aufkommt, wenn die nützliche Arbeit, die Verwurstung des Tages erledigt ist, und der ein elementares Bedürfnis zeigt. – Ich weiß natürlich ganz genau, womit das zusammenhängt, eben mit Deiner vielen Arbeit, mit der PH und mit der Arbeit an Robert, und beides besetzt den Kopf und braucht Energie und Ruhe – aber dann frage ich mich, was kann überhaupt noch anderes damit sein, für eine Erleichterung, eine Entspannung, eine Zärtlichkeit bleibt überhaupt gar kein Platz mehr, denn soviel ist ja zu erledigen, und abends sinkt man müde zu Bett, fickt vielleicht noch gleichgültig (ich habe das einmal ausgedrückt gefunden in einem Bericht der Frau Chotjewitz, der irgendwo abgedruckt war, wie sie ihren Mann abends dran läßt, bloß um Ruhe zu haben und Streit zu vermeiden) und das ist das.

Ich habe auch diese Einstellung bereits damals bei der Piefke gefunden, ganz zu Anfang, als sie studierte, und dann später, als sie verheiratet war und die Praxis machte, und mir war das grauenhaft, denn ich konnte mir vorstellen, wie dann die ganze Sexualität aussah und ich konnte mir vorstellen, wie ihre Träume aussahen, nämlich nützlich und als Ausgleich dazu kitschig, und eine endlose Reihe von Wohnungen und Menschen darin lebt auf dieselbe Art

– das ist realistisch, „wake up to reality!", aber wohin diese Art des Realismus geführt hat, der realistischen Lebenseinstellung kann jeder sehen, wenn er zu einem beliebigen Augenblick eine Straße hinunterschaut, und sich ansieht, wie Menschen darauf herumtorkeln.

Haben sie zu wenig geträumt oder zu viel? Hast Du zu wenig geträumt oder zu viel? Habe ich zu wenig geträumt oder zu viel? – Ich gehe eine Straße entlang, die Lichter sind ausgeschaltet, plötzlich ist die Straße mit den Häusern und den geparkten Wagen nur noch staubig und enthüllt den tatsächlichen Charakter einer Umgebung, in der sich das menschliche Leben, der Körper, diese lebendige Maschine herumbewegt, verstaubte Hauseingänge, zerfallene Mauern, Unkraut, Ölflecken, bleigrauer Dunst, und dann sehe ich hoch, und da ist ein Stück aus der Fläche oben herausgeschnitten, eine dünn zerrissene Wolkenschicht mit vielen schwarzen dünnen Rinnsalen darin, so daß die Wolken wie stehende Schollen wirken, eine weite mit diesen kleinen geschlängelten Rinnsalen aufgeteilte Fläche und ein schleiriger Mond darin, und langsam begreife ich, wie erbärmlich und lächerlich das ist, was mich umgibt, eine einzige durchgehende Klamotte, schäbig und zerlumpt. – Wie kann man denn überhaupt einen weiter gefaßten Gedanken von Leben und den Lebensumständen bekommen, wenn nur die Realität gilt? Und Realität ist eben diese Straße, ihr Aussehen, sind die Verhaltensweisen dieser Menschen darin – aber ein Maßstab? Eine Richtschnur? Ein größerer Gedanke? Nützlichkeitsdenken – Industrial Business Machine, IBM, der Job wird zur bloßen Ausführung, obwohl er lernen und körperliche Entspannung sein müßte: in dieser Ausgewogenheit.

Ich habe noch viel radikaler gedacht als ich hier Dir meine Gedanken mitzuteilen mich bemühe, lautlos und schnell, ich habe gedacht, daß ich ein blöder, hirnverrückter Trottel bin mit gräßlicher Naivität in der Annahme, andere möchten tatsächlich auch so, in die Richtung, begreifen und nicht nur abstrakt wissen, sie möchten ihre Bedürfnisse wissen, das Tier in ihnen, das unbekannt ist, die Ausgewogenheit, erstreben. Ich habe gedacht, gut-gut, und dabei blöde gegrinst, da kann man nichts machen, aus, vorbei, es gibt zu viel zu tun, was habe ich da noch verloren, warum noch sich verständlich machen, der Kopf ist besetzt bis in den Schlaf mit Notwendigkeiten, da bleibt einfach kein Raum mehr. Ich habe gedacht, gut, ich kann Dir das alles sagen, Du wirst das auch sehen können, die Folgerungen werden andere sein, und offensichtlich schließen sie sich gegenseitig aus. Ich habe gedacht, es ist nur konsequent, daß sie nicht herfliegen will, was bin ich für ein Trottel, jeder in seiner Zelle, schlag dir die Frau aus dem Kopf, am besten schnell. Ich habe gedacht, sie hat ja Recht, alles ungeheuer logisch, rational, klar einsehbar, bis ich ganz wirr geworden bin und mich selber bereits total verleugnen wollte. Und dann habe ich gedacht, bin ich wirklich so blöde? Und ich bin wütend geworden, habe bestimmt wilde unverständliche Laute gedacht, schwarze, steinige, knurrende und unverständliche Wörter, zerrissene und versprengte Zeichen, Hieroglyphen, die nicht aufgedeckt sind und unsichtbar waren, rasende Fetzen – sie alle betrafen einen Zustand des Denkens in gegenwärtigen Mustern, die Schalttafel aus Nützlichkeitsknöpfen und Impulsen, „was kann ich damit anfangen".

Seis drum, ich habe jedenfalls immer aus Hinweisen, die eine nicht-sofort-verwendbare Sache betrafen, einen Gewinn gezogen und daraus gelernt, hier ein Stückchen und da ein Stückchen und so fort, man kann es auch so nennen, daß ich den größten Gewinn aus einem Lernen um des Lernens willen bezogen habe und nicht für das Leben oder wie die Sprüche sonst gehen, und es hat mich angeekelt, wenn ein Stoff nur dazu da war, aus ihm Gewinn zu ziehen, sei es Mathematik oder Literatur, ein Buch, ein Film, Musik. – Um es einmal ganz kraß zu sagen, ich leugne jedwede Funktionstüchtigkeit, ich spreche jeder Funktion unter diesen Umständen in der Gegenwart ihre Berechtigung ab – das Notwendige, Socken waschen, Hemden waschen, lerne ich auch so und kann es, – wozu ein Zahnarzt, wozu Goldzähne, damit dieser Mund wieder den letzten Scheiß redet? – Hier kann ich Busse voll

Rentner sehen, die durch die Ruinen geschaukelt werden, Air Conditioned, Rentner aus Neu-Ulm, mit roten Fleischigen Gesichtern, stinkende mottenhafte Amerikanerinnen, Diabetiker aus Sennhofen, die an Kirchen vorbeifahren und glotzen, Dichter, die auch noch die Unverschämtheit haben, für diese Menschen zu reden, morgens, als ich aus Graz kam, hatte ich Gelegenheit, als ich 1 Stunde auf den Bus wartete, die Menschen aus dem Bahnhof kommen zu sehen, in Rudeln widerliche grüne Augenhöhlen in bleichen ausgekotzten Gesichtern, als hätten sich alle nächtlichen Kloaken der Vorstädte Roms geöffnet.

Und wenn ich mir das klar mache, umso mehr sehe ich, daß die Notwendigkeit besteht, sich an die verschwiegeneren, lustvolleren Augenblicke zu halten, an Augenblicke, um es pathetisch zu sagen, der sanften Nacktheit. – Einen merkwürdigen und nachdenklichen Effekt möchte ich Dir nicht verschweigen, der mir klar geworden ist:

nämlich daß sich eine Einstellung bei mir anzudeuten begann, die Sexualität, Lust, Nacktheit, bereits die Impulse dazu, verwarf – ich habe eine Zeit gedacht, daß diese Einstellung auf Grund der verkleisterten Kioske und Sex-Filme und grobschlächtigen Aufnahmen herrührte – daß die heftige Abwehr, meine heftigen Reaktionen gegen die öffentliche Schmiererei von Stellungen, Küssen, Armen, Beinen, Titten, Fotzen, Schwänzen in mir selber schon einen Widerwillen gegen meine eigenen Bedürfnisse hervorgerufen hat – daß ich schon gar nicht mehr küssen mochte, bestimmte Handlungen ausführen mochte und Positionen einnehmen mochte – weil ja im Kopf sofort sich die häßlichen, öden gesehenen Bilder einstellten – bis hin zu den Pornos, die wir einmal bei uns haben ablaufen lassen – und daß ich also dahingekommen war, mich durch diese Öde habe steuern lassen in meinen Reaktionen – – – aber so einfach ist das gar nicht gewesen, viel stärker hat sich eine seltsame Art des Verbots aus Deinen Reaktionen mir gegenüber ergeben, langsam und mit der Zeit, durch viele winzige unscheinbare, auch unbedeutende Ereignisse, und das hat mich traurig und verzweifelt gestimmt. – Wer war denn da? Und mit wem habe ich das getan und mit wem wollte ich denn das machen? Wem näherte ich mich denn? Und wen berührte ich denn? Wen habe ich gestreichelt? Und von wem habe ich mich streicheln lassen wollen, und umarmen, und diese hübschen Dinge machen wollen? Doch nicht mit einem Fantom? Deine konkrete Gegenwart habe ich nie vergessen, so ein Narr bin ich ja nicht, in Dir ein Fantomwesen gesehen zu haben, und doch ist dann auf Grund vieler winziger Abfuhren Deinerseits diese Verbotshaltung auf mich übergegangen. Als hättest Du beharrlich mit der Zeit mehr und mehr Dich tabuisiert und ich habe mehr und mehr mit der Zeit gezappelt. – Und die Gründe, was haben sie mit der Einstellung zu tun? Was haben sie mit der Tatsache zu tun, daß ich es mit Dir machen wollte?

Gut. Ich bitte Dich nur, nachdem ich mühsam hier etwas zu erklären versucht habe, jetzt nicht zu denken, es richte sich gegen Deine Arbeit mit Robert, aber ich kann auch Robert und die Tatsache seines Zustandes, der soviel Mühe Dir abverlangt, nicht als Begründung ansehen und werde das niemals ansehen können, ebensowenig wie meinethalben eine anstrengende schriftliche Arbeit bei mir als Begründung anzusehen wäre, eine sinnliche Erschlaffung an den Tag zu legen. – Denn genau das Gegenteil ist bei mir der Fall, und ich meine den Rhythmus zwischen Anspannung und Entspannung – für mich ist er immer wichtig gewesen.

Rom, d. 29. 10. 72
I00161 ROM, Villa
Massimo/Largo di
Villa Massimo 1–2

Lieber Henning,
ein Samstagnachmittag, halb vier, der Hintergrund ist ein dünnes graues Geräusch von Wagen, näher davor in einigen kümmerlichen Bäumen spitzes flirrendes Gezirpe von unsichtbaren Vögeln, schnell und wirbelnd, ab und zu zieht ein hohles Sausen und Scheuern durch die Luft, denn die Flugschneise zieht sich über der Villa Massimo hin.

Hinter der Mauer, die das große Grundstück umgibt, sind die geschachtelten Häuser zu sehen, rechteckige Balkone, grüne Rolläden, gelbe verwaschene Mauern, darauf die Fernsehantennen.

Der Park selbst ist voll auszementierter Pinien, was schon wild aussieht: diese langen Risse in den Stämmen und mit Zement zugekleistert, ein hohes eisernes Tor, durch das man eine Kies bestreute Allee betritt, an der zu beiden Seiten große Kübel mit bleichen Kakteen stehen, und, sogleich am Eingang, steinerne, verblaßte Särge, in denen einige Blumen vor sich hintrocknen.

Ich bin nicht so unempfindlich, um nicht das Spaßhafte aber auch das Grauenhafte eines beweglichen Lebens zu empfinden, das durch eine derartige Kulisse strolcht, und mir jedenfalls wirft diese Art der Dekoration ein nachdenkliches Licht auf unser abendländisches Bewußtsein, denn gleich, nachdem diese Allee zu Ende ist, und nachdem eine Seitenallee, die mit verschimmeltem grünem Moos und buckligen Steinen ausgelegt ist, gekreuzt wird, kommt eine Mauer und ein Durchgang, an dem wieder zwei kleine Särge stehen als Zierde, diesmal zwei Kindersärge unter einer abgesplitterten steinernen Sitzfläche. Danach kommt der weite, ebenfalls Kies bestreute Vorplatz der eigentlichen Villa, in der der Direktor, eine Frau, wohnt, und in der es einen Veranstaltungsraum gibt. Ein Brunnenaufbau mit verstümmelten Büsten liegt der Villa gegenüber, der an den Seiten zwischen einer hohen Lorbeerhecke von weiteren versteinerten Verstümmelten Figuren umgeben ist, der einen fehlt ein Auge, dem die Nase, der glotzt mit eisernen Klammern an seinem zerfressenen Rumpf befestigt römisch-antik vor sich hin.

Hinter dem Brunnen mit den zerfressenen Masken liegt der Bereich der Ateliers, eine Reihe Wohnungen, die mehr oder weniger in Takt sind und doch ziemlich verwohnt aussehen, ebenfalls mit einem Kiesweg davor. Ich bewohne das Atelier 10, das offensichtlich das verwahrloseste ist und habe mich in den hinteren Räumen, den Wohnräumen eingerichtet mit den wenigen Sachen, die ich benötige. Das Atelier nimmt die ganze Vorderseite zum Kiesweg hin ein und steht leer. Ich werde es nicht benutzen. Es ist geheizt, einige Neckermann-Möbel stehen darin und Zeichentische und kreuz und quer gespannte elektrische Leitungen mit Lampen hier und da an mir völlig unverständlichen Stellen, dazu eine flache Liege, die Höhe des Raumes schätze ich auf 5 Meter, Breite 10 Meter, Länge 10 Meter – Du siehst, falls Du herkommst, was Dich erwartet. Wie schon einmal gesagt, habe ich stark den Verdacht, daß im Großen&Ganzen die Schönen, Bildenden Künstler ziemlich spinnen. Es ist wohl ein alter Fetisch-Glaube, der sie dazu zwingt, monumental zu sein, zumindest in ihren Ansprüchen.

Das Essen ist mir zu fade. Die Wurstwaren haben zwar verschiedene Geschmacksrichtungen, doch ziehe ich Dicke Bohnen mit durchwachsenem Speck auf die norddeutsche Art jedem Essen hier vor. Das Brot ist weiß und weich. Im Restaurant zu speisen ist ähnlich wie bei uns teuer und kaum jeden Tag zu leisten. So mache ich mir für den Anfang meine Knorr-

45

Suppen, die ich ja gewohnt bin aus einfacheren Zeiten, und rühre mir ein Ei hinein. Die Supermärkte sind nicht aufzuhalten, insofern ist jede Romantik des einfachen Lebens überflüssig.

Trinken kann man nur im Stehen in den sogenannten Bars. Sobald man sich setzt, kostet jedes das Doppelte, dafür daß man sitzt. Am Donnerstagnachmittag sind alle Geschäfte zu. Nachts sah ich am Hauptbahnhof zerschlissene Gestalten auf Pappkartons liegen. Aber die Luft ist hier sehr fein und angenehm, zu jeder Tageszeit, Smog wie in Köln gibt es hier nicht, dafür dickes bläulich-graues Abgase-Blei-Gepuffe an jeder Ecke, denn sie fahren hier wohl

ein bleihaltigeres Gemisch. Auch sind vor lauter Leuten und ist vor lauter Verkehr und einem permanenten Achten auf die Straßensituation kaum möglich, etwas in sich aufzunehmen und auf sich wirken zu lassen.

Plötzlich tauchen aus dem Gewimmel der häßlichen Menschen mitten in der verstaubten Ruinenkulisse Heiligenbilder auf, angestrahlte Christusse, mit elektrischen Girlanden umwundene Madonnenbilder in Tordurchfahrten, gespenstisch und blöd.

Die männlichen Italiener kratzen sich ständig am Sack. Sie verschieben ihre Schwengel ungeniert an jeder Stelle und jedem Ort zu jeder Zeit in den engen Hosen, und zwar auf eine klotzige Art etwa so wie jemand klotzig in der Nase popelt, egal wo. Das zu sehen, zufällig, hat mich gelegentlich zum Kotzen gebracht. Die Häßlichkeit einer derartigen, bereits längst unbewußt und aller Scham entbehrend gewordenen Handlung ist kaum zu überbieten. Sie widert schnell an. Wer möchte schon ständig an den Schwanz eines anderen erinnert werden? Ich nicht.

Die Landschaft vor Rom, die ich jetzt 3 Mal lange durchfahren habe, ist kaputt und abgewrackt. Sie ist total zerteilt, hier ein Baum und da ein Baum, kahle, wahrscheinlich früher abgeholzte Hügel, Bruchbuden von Häusern, Schrott, Todesmelodien.

Nachts in Rom kommt der verstaubte Charakter der Straßen, der Häuser des Lebens stark hervor, die Straßenlampen sind niedrig, so daß sich die Kästen der Häuser nach oben im Dunkeln verlieren, auch die Leuchtkraft der Lampen ist gering, so tappt man durch düstere Straßenschluchten.

„Auch ich in Arkadien!", Göthe. Dieses Arkadien ist die reinste Lumpenschau. Seien es die modischen Lumpen oder die antiken Lumpen, ein Mischmasch, das so weit von Vitalität entfernt ist. Tatsächlich, das Abendland, lieber Henning, geht nicht nur unter – es ist bereits untergegangen, und nur einer dieser kulturellen Fabrikanten taumelt noch gefräßig und unbedarft herum, berauscht sich an dem Schrott – was ist das für ein Bewußtsein, das das vermag!

Mentalität: in verstopften Straßen trillerndes Pfeifen von Polizisten, wahnsinniges Gehupe, als wären sie von Sinnen und könnten durch Hupen die Stauungen auflösen, – ein alter Volksglaube? Alte Überlieferung, Lärmvermehrung.

Frauen mit enormen Gesäßweiten, oft schön zum Ansehen, diese breiten Hintern, schöne sinnlich-starke Vorstellungen herauflockend, aber dann diese Fressen dazu! Sie bringen mich in meinen Tagträumen völlig durcheinander, was kann man da machen? Zerrissene Emotionen wieder, der Witz mit dem Handtuch, das über so ein Gesicht gelegt wird, ist wohl nicht praktikabel, mir hat das noch keiner im Ernst erzählt, daß er es getan hätte.

Schöne, lichtvolle Himmel darüber, denn das nahe Meer fegt alle Stauungen dort oben hinweg. Wolkenschichten voll Licht spät nachmittags, langsame Verschiebungen, sich abdunkelnde Bäume, verblassende Häuserfärbungen.

Im Hof das Plastikspielzeug der Künstler-Kinder, streunende Katzen, gute Gerüche, gestern Nacht ein feiner gleichmäßiger Regen, der sanft auf mein Nervensystem sich verteilte. Dann wurde irgendwo ein Wagen gestartet und das sanfte, gleichmäßige Rauschen verschwand total darin. Dann wieder dieses ruhige, gleichmäßige Rauschen und ich schlief ein.

Ja, manchmal packt mich schon eine dieser hungrigen, wütenden und furiosen Verzweiflungen und ich stoße lautlose wirre Gehirnzeichen aus, so verschüttete alte Tierlaute, gelbe sprachlose zackige Fetzen, oder fluche laut auf deutsch vor mich hin.

Sackkratzer, Spaghetti-Fresser, Schuh-Macher, überall eine Menge Grimassen, der Senat und das Römische Volk rauscht in den Abwässer-Kanälen, zu denen inzwischen die Straßen geworden sind. – Gelegentlich aber stößt man auch auf überraschend stille Ecken, und das sind meistens Ecken, die niemand mehr haben will.

Fünf Minuten von der Villa entfernt, die auch Accademia Tedesca heißt, vorbei an dem gelb verwaschenen Gebäude der Algerischen Botschaft, wo 15, 20 Katzen rumlungern, eine wilder als die andere, eine graue mit nur einem Auge, eine andere mit tiefer Wunde am Hals, rötlich-braune Felle, sie liegen träge in der Sonne oder unter den abgestellten Wagen, und vorbei an einem weißen nackten gleichmäßig-schönen Hintern einer Statue, die über die Balkon-Brüstung sieht, ihren Hintern zwischen einigen Geranien der Straße zugewandt – und immer für winzige Augenblicke der Anlaß zu Tagträumereien, liegt ein kleiner Platz, Piazza Bologna mit Geschäften, Bank, Post, ein kümmerlicher, ausgelebter Grünflecken in der Mitte mit ausgesogenen Bäumen, Kieswegen, ramponierten Bänken, und mit Papier und sonstigen Abfällen gefleckt, einem Zeitungskiosk, drei Obstständen und niedrigem Holzgitter, Gras habe ich da noch nicht gesehen, obwohl vielleicht einiges dünn dort sein mag.

6 Uhr am Samstagabend, und die Straßen, die hierauf zu laufen, stoßen in immer neuen Wendungen und Varianten Häßlichkeit aus, ein durcheinandergehendes rhythmisches Pulsieren, geregelt durch die Verkehrsampeln und Türen der Geschäftshäuser. – Menschliche Larven in stinkenden Blechbuckeln von Fiats verstopfen die Blicke, und ich möchte nicht wissen, was alles sich aus diesen Larven zu völlig unberechenbaren Momenten entpuppen kann. – Ein Schirmverkäufer mit einer Radkarre am Straßenrand, die Seitenwände des Karrens sind aus alten Coca-Cola-Schildern, gegenüber, zwei, drei Schritte entfernt eine offene Fleischerei, da liegen die weißen Hühnerhäute und bleichen Kottletts und Stücke Tierfleisch, weiter andere Straßenhändler, Nippes-Verkäufer, Transistor-Verkäufer, Kunst-Verkäufer, immer am Straßenrand, der Ladenfront gegenüber. – Mottenhafte Amerikanerinnen, die aus jeder Falte Parfum stinken und ein Quäken von sich geben. – Der Maroni-Verkäufer hat neben sich ein altes Telefonbuch liegen und reißt daraus Fetzen zum Einwickeln. – Und ich schaue mir die Leute an, die hier gehen (:vor lauter Wagen und

Leuten kann man sich nichts anderes ansehen), ich beobachte ihr Verhalten: sie gehen ganz daher wie die Eingeborenen Könige des allgemeinen Drecks, jeder ein bedeutendes Wesen, das den Dreck, die Verrottung ganz in Ordnung findet. – Ich bin viel zu sehr Sinnen-Mensch, um nicht durch diese Art des Stolzierens um mich herum, durch diese Art verwüstenden Selbstgefälligen Selbstbewußtseins erschreckt zu werden – tatsächlich: Entropie! – Die Szenen nehmen viel Energie, aber geben nichts dafür zurück. Und ich denke, daß Du vielleicht ganz Recht daran getan hast, auf der Stelle umzukehren, als Du Dich auf Deiner damaligen Reise Rom genähert hattest. – Jaja, nicke ich geheimnisvoll und leer. Nach einiger Zeit des Herumgehens merkte ich, wie eine Starre sich bei mir im Nacken und Schädelansatz festgesetzt hatte, Übergang des Rückengehirns zum Stammhirn, der ältere Teil von mir hatte genug von der Zivilisation.

Inzwischen ist Sonntagnachmittag, Sonne, die durch die grünen Fliegengitter hereinkommt, wieder Schnabelgewetze der Vögel, zirpende monotone Rhythmen, gleich vor der Tür bosselte die Familie von nebenan und knotete Schaukeln an einen Baum, schon sah ich ständiges Kinder-Geheule direkt vor der Tür, wo ich arbeite. Nix da, tappte ich in die Helligkeit, gibt doch genug Bäume woanders.

Machte gegen Viertel nach 9 meinen ersten größeren Spaziergang, Wochenende, Samstagabend, Vergnügungszeit, – ist das ein altes Verhalten? Oben ein abnehmender Mond, weiße Wolkenschollen, Platanenlaub, ein grüner Bus, der in einer wirklich sichtbaren Bleiwolke eine große Verkehrsallee heruntergerast kam, Linie 60, Richtung Piazza Barberini, wo ein Brunnengeriesel steht, von Bernini 1640, naja, weißt' Du, ist eben alt, und von dem aus die Via Veneto in einer Schleife sich hochzieht bis an den Rand der Villa Borghese.

Busfahrten sind billig; sie kosten 50 Lire, was etwa 25 Pfennig heißt. – Der erste Eindruck, noch im Bus während der Fahrt, an einem Tor, das Porta Pia heißt und so'n Heiligengemälde trägt, gegen das ein Krieger anstürmt, Garibaldi, waren die geparkten Wagen, ein mattschimmerndes leicht gewölbtes Meer von Autodächern überall. Dazwischen einzelne Schattenrisse von Menschen. Und lungernde Soldaten, die ich hier sehr häufig gesehen habe mit allen möglichen Hüten zu der immer gleichen Nato-Oliv-grünen Uniform, mit Federn am Hut, mit roten Bommeln an dem Käppi, oder in torerohaftem breiten schwarzen Hut, der schief aufgesetzt wird, Kinnband, und schwarze Hahnenfedern hat. – (Auch als ich durch die Schweiz vor 14 Tagen fuhr, sah ich überall aufgebotene Soldaten morgens durch die öde schweizer Helligkeit traben mit Schnellfeuergewehren und Rucksäcken bis hoch in die feuchte, nebeldampfende Öde des Gotthard auf verlassenen kleinen Bahnstationen, durch die der Zug hindurchdonnerte – und in Basel sahen selbst die neuen, mit Metall verkleideten Postaufzüge auf den Bahnsteigen wie Tresore aus – und dann die schweizer Sprache: sie vergrämt alles an einem, rote und gelbe Herbstbäume krochen die Hügel hoch, zuerst schön, und dann entsetzlich weil wieder viel zu viele davon da waren in Rot und Gelb – schön für die Augen? Na weißt Du, Henning! Da ist vielleicht noch Luxemburg schöner!) – Also am Platz Barberini raus, und zuerst eine überdimensional große Unterwäsche-Reklame, da kniet eine Nuß, streckt den Hintern raus gepanzert in Lovebal, für Loveabel oder wie das Zeug heißt, darüber: Disney On Parade und Mickey-Mouse. 1 Mann in weißem Hemd mit Schlips holt sich Wasser aus einem Brunnen, eine große Baustelle, Flugblätter auf dem Asphalt, Flugblätter im Brunnen, dann Berninis Triton schwarz angelaufen der Brustkorb, als hätte der'n inneren Brand, die Ränder gelb, trug irgendwas krümeliges auf dem Triton-Stein-Haupt. Rundum geparkte Wagen. – Schild zur American Dancing Bar – in wüste Bleidämpfe eingehüllt die abfallende Via del Tritone, aus der ich 5 Stunden später dann überraschend, für mich selbst überraschend, denn ich hatte ganz woanders herauskommen wollen, wieder hervorkam, gegen 2 Uhr.

Und rein in die Via Veneto: ein Polizist pfeift, und prompt stoßen beim ruckhaften Anhalten zwei Stink-Buckel-Fiats zusammen. 1 Portiers-Stimme wimmert mich an «Täntzing, Täntzing!» und weist in eine Nebenstraße. 20 nach 9 abends, leere Cafes, leere Tische draußen auf dem Trottoir, viele abgestellte Wagen, eine einzelne Nutte in blondiertem Haar, schwarzem Umhang bis zu den Schuhen, tief ausgeschnitten vorne, so daß die Titten recht gut zu sehen sind, zwei Hautbeutel Milchdrüsen, schwarzer kurzer Rock, schwarze Stiefel. – So unverhofft auf Menschenfleisch zu stoßen macht doch zuerst schlucken! – Schattige Bäume, distinguierte Hotels, fein und dämmerig und still, soweit von außen zu sehen, 1 Gaul müde und abgeschlafft und hinter sich ein schwarzer nasser Haufen Kot samt Droschke, in dem ein dösendes Bauerngesicht saß und an der Ecke Via Liguria wartete – Zeitschriftenstände – gläserne Cafe-Kästen – (:darin sind die gewöhnlichen häßlichen Menschen zu besichtigen, wie sie sitzen, glotzen, essen, plus Kellner) – Metallverkleidete Schuh-Geschäfte, und wieder Schuh-Geschäfte und nochmals Schuh-Geschäfte und dann wieder Schuh-Geschäfte – am Ende der Via Veneto, die sich durch Leere auszeichnete, ein altes Gemäuer, dessen Rundbogen gelb angestrahlt waren und wo ein paar Schwule im Stil der Kölner Paula in Fetzen alter Frauenkleider standen – Motten – dann zwei weiße Adler auf Steinstümpfen, der Eingang zum Park der Villa Borghese. Es ist Viertel vor 10 und ich kehre auf der anderen Straßenseite zurück.

Martini-Neon-Zeichen, Pepsi-Cola-Zeichen, J&B's „rare" Whisky-Zeichen, Alte-Tanten-Parfum, amerikanische Laute vor Schuhgeschäften, Wimpy-Bar, Nippes-Läden und ein wahnsinniger plötzlicher Motorrad-Kamikaze-Lärm.

Wieder zurück am Platz mit der Baustelle gehe ich die Via Sistina hoch bis zu der Spanischen Treppe, die, das ist nun ernsthaft mir sehr spanisch vorgekommen, äußerst un-imposant war, die Postkarten davon sind beeindruckender. Oben eine Säule plus Kirche, die man nirgendwo hier vergessen kann. Die Säule ist viereckig und läuft flach nach oben zu, also ein Obelisk. Oben drauf ein freches Grünspan-Kreuz. Als hätte der Christus-Typ ausgerechnet über die ägyptische Kunst und Kriegsführungsberichterstattung gesiegt.

Und runter die Treppe, mit wieder so amerikanischen Lauten eines abgewrackten US-Ehepaars im Ohr – Achtung! Stufen! – die ausgetreten und abschüssig sind, Hippie-Mist auf Samtdeckchen, auch'n Bauzaun auf halber Höhe dieser 17 Hundert&Soundsoviel Rokoko-Treppe, als ich unten war und an wieder so einem Brunnengeplätscher stand, in dem aufgeweichtes Zeitungspapier und Flugblätter schwammen, stand, mich umdrehte und hochsah, dachte ich: lächerlich! Dafür war so viel Aufhebens gemacht worden? Die ganze Szenerie ist nur noch vergammelt.

Trank ein Pepsi für 220 Lire, ging Viertel nach 10 p.M. weiter, auf jedem kleinsten Platz, in jeder noch so engen Straße geparkte Autos. Und kam zu einem Platz mit einer Heiligen-Grünspan-Frau hoch oben gegen das Dunkel der Nacht auf einer Säule, es war die Unbefleckte Empfängnis, das alte Monstrum, das mitgeholfen hat, die Sinnlichkeit im Kopf 1900 Jahre kaputt zu machen, gräßliches Kontrollinstrument des Abendlandes – denk Dir doch mal: unbefleckt, als ob Sperma beflecken würde – natürlich in ein starres Nachthemdgewand gehüllt, und wieder so ein Slum-Kerl, der wahnwitzig auf dem Motorrad vorüberfuhr.

Einbiegen in eine kleine Straße, die Via Frattina heißt, vor einem verhauen alten Tor stehen drei schwarze Plastiksäcke mit Müll, und von neuem Schuhgeschäfte (:gar nicht so übel, diese vielen Geschäfte, nur so sind die Schuhe noch billig!), Nippes, Silber, Bars, am Ende gelange ich zur Via del Corso und sehe ein Kino mit Marlon Brando Il Padrino halb 11. – Meine Stimmung war dürftig, nach einiger Zeit des Gehens kommt doch das Empfinden auf, jedes wiederhole sich bis zur Öde. Da sehe ich in einer schmalen Seitenstrasse ein anderes kleines Kino Cinema Nuovo Olimpia, in dem ein Film mit J-L Trintignant läuft und

1-868. ROMA - Piazza di Spagna
Chiesa della SS. Trinità dei Monti

gehe hinein, 300 Lire nur, also 1DM50, ein verblaßtes karges Foyer – was heißt da Foyer? Ein größerer Vorraum ohne jegliche Ausstaffierung, eine Schwungtür, hinter einer Barriere eine Frau, die Karten verkauft – fast alles ältere Jugendliche, die reingehen, Studenten – ein Kino mit täglich wechselndem Programm und sehr verwohnt, so geriet ich in einen neuen italienischen Film, der – soviel ich mich erinnern kann – von Bertolucci mitproduziert worden ist und von einem Regisseur G. Patroni Griffi geschrieben und inszeniert war: Addio Fratello Crudele – sehr bunt, Breitwand, mit unermüdlich dramatischem Gerede. – Im Kinosaal konnte man rauchen, an den Seiten ein Balkon, klapprige Holzstühle, und auch wieder ohne jede Ausstattung, eben nur ein Saal – die Reihen bis direkt zur Leinwand, also Rasiersitze, und man konnte sich hinsetzen, wo jeder wollte. Die Projektion war dürftig, offensichtlich besaßen sie nicht die geeigneten Vorführmaschinen, und im Dunkeln wanderte und zuckte der Lichtstrahl hin und her, dicht über den Köpfen und voll Zigarrettenqualm. Zwischendurch wurde nach dem 1. Teil eine Pause gemacht und ein Coca-Cola & Eis-Verkäufer, ein faltiger kleiner Mann, schluffte herum.

Die Geschichte des Films bestand, wie gesagt, aus vielem dramatischem Reden, eine exquisite Kulisse aus Kellerloch, in dem ein schöner starrer blonder junger Mann mit vielen Bücherstapeln für sich allein lebte, an der Wand ein großes Foto vom Meer. Er schießt mit der Pistole auf das Bild einer Frau, die gerade in dem Moment hereinkommt. Sie ficken, er drappiert sich mit einer riesigen Hakenkreuz-Fahne. Ein anderer Ort ist ein teures Apartment, in dem die Frau mit einem teuer-gekleideten Mann wohnt, der Dramatiker ist. Als drittes ein gepflegt arrangiertes großes Abendessen, das von einem weiteren Schriftsteller gegeben wird, der ebenfalls verheiratet ist. Zwischendurch einmal ein Aufenthalt am Meer, der Selbstmordversuch des Kellerloch-Hakenkreuzfahnen-Mannes, der aber durch die Frau gerettet wird, und als Drehpunkt die geheimen erotischen Beziehungen der Leute untereinander, kumulierend in einer Szene, wo sie alle zusammen sich anfassen und küssen.

Hektische Schnitte, assoziative Sprünge, Wechsel der Szenen innerhalb ein und derselben Kulisse, so wie häufig gedacht und assoziiert und erinnert wird, Großaufnahmen, bewegte Kamera, Schwenks.

Da ich kein Wort verstehen konnte, hatte ich Gelegenheit, intensiv mir die Gesten anzuschauen : das war Opernhaft, kein Blick ohne Bedeutung, keine Handbewegung ohne Bedeutung, und die Sexualität total zu einem Ritus geworden, so daß ich dachte, daß je ärmer und leerer das alltägliche Leben wird, umso stärker der Hang zur Ritualisierung dieser Armut und Leere wird, – und das kann man ja auch wiederum draußen bei den verschiedensten Gelegenheiten, wo Leute sich versammeln, bemerken – sei es auf einer politischen Versammlung, im Bundestag oder bei einem Abendessen oder einer sonstigen Zusammenkunft.

Mir fiel auf, oder immer mehr fällt mir auf, in welchem Ausmaß das Leben und die Menschen bereits zerträumtes Material sind. (Auch hier in der Villa reden sie alle nur noch von Geld, von Preisen, von Honoraren und geschäftlichen Beziehungen, dann reden sie von Autounfällen und dann kommen witzige Bemerkungen und schließlich das Thema Essen.)

Das war also Addio Fratello Crudele, aus dem ich 5 vor halb 1 rauskam und nach dem ich weiter den Corso bis zum Forum Romanum abklabusterte: vorbei an weiteren Schuh-Geschäften und Bars (:Bar ist hier alles, auch wo Kaugummi, Plätzchen, Postkarten und Kaffee zu haben ist) und der 42-Meter hohen Sieges-Säule Marc Aurels mit Kriegszenen der Siege über Germanen undsoweiter, oben drauf wieder so'n katholischer Heiliger draufgesetzt, dahinter Il Tempo und in rotem Neon Partito Socialista Democratico Italiano, und hoch darüber ein abnehmender halber Mond.

54

Um 20 vor 1 kam ich auf die Piazza Venezia und stand vor einem weißen kalkigen Mammut-Bau: Der Altar des Vaterlandes, (heißt so!), hinter dem das Trümmerfeld beginnt. Weiße große Treppe mit zwei Lichtergeflacker am Grab des Unbekannten Soldaten, unten an der Treppe zwei Polizisten, ein Bus mit bleichen Gesichtern an der Ecke rappelnd und wartend, ein neurer Kaiser auf einem Gaul, König Victor Emanuel der Zwote, ziemlich unverfroren und zotenhaft das Ganze, halb Tempel, halb Grabmal, halb Adler und halb Löwe, halb Säulengang und halb gar nichts.

(Ich hatte diesen Durchblick einmal, als ich vor 1 Jahr eines Sonntagsmorgens in Berlin allein die Straße des 17. Juni runtergegangen kam und zu der Siegessäule oder was ist das? ging, etwa gegen halb sechs früh, diese breiten Asphaltbahnen, kein Verkehr, eine dünne graue Helle ringsum und Stille, aus der dann plötzlich diese überdimensional-großen Onkels in starrer Haltung auf Steinsockeln aus einem Gebüsch sahen – stinkende Great Old

Ones – rollte mir dann eine Kiff-Zigarette und trollte mich seitwärts in die von der Morgenfrühe nassen Anlagen.)/(Nicht das der Kiff mich in die Lage versetzt hätte, den Augenblick so zu erfahren, es war auch wohl die Leere und Stille, die breite Asphaltbahn, auf der ich allein ging und dann unvermutet vor diesen Figuren stand, sinnlose Starre, die zwischen den Gebüschen war, und ich davor und die da, etwa so!)

Vielleicht wunderst Du Dich, Henning, daß ich den ganzen Kram so sehe, aber vielleicht erinnerst Du Dich an bestimmte Augenblicke im Kiff-Rausch, in denen diese aufgetürmten menschlichen Denkmäler, diese Standbilder und wahnhaften Zeichen und eingefrorenen geschichtlichen Symbole, also der ganze Zinnober staatlich-menschlich gelenkter Fetisch-und-Bau-Wut, unendlich lächerlich einerseits wird, zum anderen aber auch grauenhaftes enthält, nämlich durch den gegenwärtigen anwesenden Grünspan-Popanz hindurch blickt man in eine gar nicht genau zu übersehende Zeitdimension, die mit Ritualen, Fetischen, bronzenen und steinernen Wächtern und Standbildern in einer langen Reihe hintereinander gekennzeichnet ist, und man begreift, wie sehr doch so etwas mit dem leeren, hohlen magischen Gefühl des Affenmenschen, der heute in Anzügen rumläuft, zusammenhängt, und wie weit reicht das in den menschlichen Stoffwechsel hinein? Immer noch?

Man muß doch endlich einmal sehen und begreifen, durch welche Gegend man also seinen lebendigen Körper trägt! Wie fast alles diese Lebendigkeit in einem einsperrt durch tausenderlei Hinweise, die alle das Zurück meinen und Geschichte, vor der man in die Knie zu gehen hat, wenn auch nicht immer und zu jedem Augenblick, aber abberufbar sind doch diese Erinnerungen und Hinweise und auch aktivierbar, wenn wieder so ein Oberaffe das Allgemeinwohl beschwört.

Ich mußte an einen Satz des Franzosen Elie Faure denken, leider gibt es kein Buch auf deutsch von ihm, wo das genau nachzulesen wäre, aber sinngemäß lautet er so: daß, anstatt die Tempel und alten Bauten als Denkmäler zu pflegen, es besser wäre, sie wieder von Pflanzen zuwuchern zu lassen, also wieder in die Erde absinken lassen – also mehr Gegenwart, die Menschen zu leben hätten! Bedenke doch einmal alle die toten Bedeutungen, in denen sich heute Leben abspielt! Und zwischen denen das tagtägliche Leben gelebt wird! – Ruinöse Formen, Anlagen, die wieder ruinieren. Die menschliche Umwelt sollte jeder auch einmal so sehen.

Bei dem Paläoanthropologen Bilz kommt der Ausdruck vor : Subjekt in der Gewalt seines Feindes, – dieser Feind ist inzwischen wohl die unmittelbare Umgebung eines jeden geworden, und die Gewalt ist der ganze Spuk der Vergangenheit.

In seiner Studie über den Vagus-Tod schreibt Bilz zu Anfang: „Es gibt außerdem den unblutigen Tod des Erdrosselns, Ertränkens oder Vergiftens. Neuerdings ist man zu der Erkenntnis gekommen, daß es außerdem einen rein situativbedingten Tod gibt: Die mit einer Angst verbundene Situation der Ausweglosigkeit kann dem Dasein das Ende setzen." – Ich überlegte folgendes dazu: die Landschaft, durch die man täglich geht, ist angefüllt mit Hinweisen und Drohungen des Todes, alle möglichen Todesmelodien werden gespielt, an jeder Ecke sind Todesbilder oder Eindrücke der Verrottung, aus Kinoprogrammen, Zeitungsberichten und Fernsehen fallen imaginäre Todesschrecken – überall wird der Tod verherrlicht und angepriesen, eine enorme Einübung in die Todesatmosphäre wird, ich weiß nicht, in wie weit das dem einzelnen überhaupt gewärtig ist und in wie weit das von dem einzelnen bewußt hergestellt ist, betrieben. – Sicher ist jede Situation durch die Anwesenheit von Angst gekennzeichnet, und im Bewußtsein drängt sich auch ganz sicher die allgemeine Aussichtslosigkeit vor. – Da sind also alle einzelnen Momente dieses situativen Todes beisammen, von denen Bilz spricht. Könnte man nicht auch die vielen Herzinfarkte, die bereits ab 30 auftreten, die ganze Schwemme der Managerkrankheiten als ein Ergebnis der unterschwellig empfundenen Situation der Ausweglosigkeit ansehen? – Mir fielen dazu auch die verschiedenen kulturellen Anlässe ein, die Ausstellungen, die Musik, die Literatur – wie sie dort die Todesmelodien intoniert haben und die Situationen der Ausweglosigkeit nachinszenieren. – Was ist dagegen zu setzen, wenn nicht der Einzelne, der radikal, heftig, auch mit einer gewissen Rücksichtslosigkeit und Aggression, sich selbst dagegensetzt? – Auch ein Bruchstück aus einer Rolling-Stones-Platte fiel mir dazu ein: „It's not easy living on your own, it's ha-aa-rd," Aftermath.

Der Mond schob sich in Wolkenbäuche rein, die hellgrau gegen einen glatten, schwarzen Himmel abgehoben waren, und sichelte wieder heraus.

Im Hintergrund einer breiten mehrspurigen Asphaltstraße stand der Schutthaufen des Kolosseums, lehmig-gelb angeleuchtet und mit den schwarzen Rundbögen, die an Stollen-eingänge denken ließen. – Neben mir, zur einen Seite der Via Dei Fori Imperiali, eine tiefergelegene Schrotthalde und eingezäunt. – Altes Zeitungspapier über 3 Tausend Jahre geweht, Säulen-Reste, Rundbogen-Stümpfe, Stein-Klötze – wüst durcheinander, Bruch-stücke von Wänden, Andeutungen von Treppenstufen – in der Ecke eine große Rolle rostender Stacheldraht – und eine Katze, die geräuschlos am Rand entlangstreicht. 3 Säulen standen sinnlos hoch.

Über schwarze große Basaltbrocken ging ich dann an dem Trümmerfeld hoch, vielleicht habe ich innerlich gegrinst – aufgerissene Rollbahnen eines Flugplatzes in Vechta – Bom-bentrichter voll Wasser – eingefallene Hallen – Zementmatten, die aus den Eisengerüsten hängen – grünes Sprühen einer Brandbombe – lautlos abbrennendes Stangenpulver nach-mittags – Metallwracks von Flugzeugen – geborstene Plexiglasscheibe der Flugkanzel – kleine schwarze Figuren, die unter geblähten Pilzkappen herunterschweben – Unkraut wuchert das Gelände zu. Hier und da eine Trümmerecke herausgerissen von elektrischem Licht.

Nein, keine noch so leisen und fernen Schauer ergriffen mich, schreckte nur einmal unvermittelt zusammen, als ein jäher greller Hupton von der Straße kam. Ich sah auch keine Rüstungen, Fahnen, gepanzerte Brustkörbe imaginärer Gespensterheere hier langziehen.

Dahinten, in dem lehmigen, gelb-bröckeligen Sportpalast aus dem Jahr 72 v. Chr. hatten sie mal den Drecksleuten immer zur Mittagszeit, so als Zwischeneinlage, während das Gelümmel und menschliche Gehänge seine miesen Brotfladen reinstopfte und irgendein Frascati-Gesöff der damaligen Zeit fettig und schwitzend und aus den lumpigen Gewändern stinkend, umgeben vom Geruch der Schweißfüße in sich reinlaufen ließ, ungeübte nackte Menschen mit Schwertern vorgetrieben, jeder Hieb traf. Da schwenkten sie schreiend ihre Stummelarme, aus denen die roten Fäden rausliefen, und blutige Fleischstücke flogen durch die Luft, aus der geschlitzten Bauchhaut quollen die Innereien hervor, während der Pöbel fraß und sich am Sack kratzte. „Also, hör mal, Gaius, die Nuß da in der vorderen Reihe (er rülpst sauer auf), der möcht ich gern mal eine vorknallen, he, he?! (und kaut die mitgebrachten grünen Bohnen)." Und Gaius aus der Vorstadt kratzt sich schon am Sack.

Ich ging weiter, eine ansteigende Straße hoch, rechts das schwarze Trümmerfeld mit den hier und da herausgerissenen Steinbrocken, geplatzten Sockeln, Mauerresten und halben Torbögen, eine schwarze, weißgefleckte Fläche. – Ich war allein, ungestört, und fühlte mich als jemand, der durch Gerümpel ging, ganz deutlich. – Ich weiß nicht, ob Du auch diese Art der Erfahrung eigenen Daseins kennst, daß sich besonders in durch ein allgemeines Bewußtsein objektivierten, das heißt allgemein-gültigen Szenerien und Situationen und Gegenständen deutlich erfährt – etwa angesichts dieser Reste von Zivilisation wie auch von Kunstwerken: immer komme ich deutlicher zu mir zurück und immer schwerer fällt es mir, mich, mein eigenes Dasein, meine Anwesenheit in diesem Körper unberücksichtigt zu lassen. – Sehr lächerlich erscheint mir also jede Art von formulierter Weite, sei es eben hinsichtlich Geschichte oder sei es hinsichtlich Kunst, eines noch so berauschenden Bildes, einer noch so berauschenden Musik oder eines Buches. – Also erfuhr ich meine eigene Anwesenheit jetzt hier im Oktober 1972 nachts bei der Besichtigung wieder einmal. –

Hatte ich mir nicht doch die gesamte Szene eindrucksvoller heimlich gedacht und vorgestellt? – Es erging mir so wie am ersten Sonntag meines Aufenthaltes hier: im Unterstufenbuch des Lateinfaches war dieser bellende Hund abgebildet mit dem Spruch Cave Canem darunter. Damals kam mir das sehr wichtig vor, gerade dieser Hund mit dem Spruch, denn dadurch sah mich durch das starre formelhafte Erlernen der Grammatik ein winziges Stückchen Lebendigkeit an und zeigte mir, daß einmal das sich ja um Leben gehandelt hatte – Sonne, Licht, Luft, Bewegung, wohnen, ein bellender Hund. An dem Sonntag ging ich

58

nachmittags eine Straße runter und sah mir die Gebäude an mit den blassen Farben und Bäumen und trat in Hundescheiße. Ich bog gleich darauf in die größere Verkehrsstraße ein und sah am Eingang eines größeren Villenkomplexes diese Kachel mit dem bellenden Kettenhund und Cave Canem darunter. – Hatte ich mir also doch die ganze Kulisse heimlich um ein weniges beeindruckender vorgestellt?

Zwei abgestellte Polizeiwagen standen im Schatten am Rand des Kapitolsplatzes. Die uniformierten Körper lehnten im Halbdunkel, und aus einer Tasche der Uniform kam dünn Transistormusik.

Es war gegen 1 Uhr, als ich daran vorbeikam und auf den von Michelangelo entworfenen Platz des Kapitol-Hügels kam – wirklich ein schöner, befreiender Platz, mit einem feinen Raumgefühl entworfen, denn das Gefühl des Raumes teilte sich mir sofort mit. Ich hatte das

Gefühl des Raumes und nicht das eines staubigen Durcheinanders, sobald ich von den Bauten ringsum und ihrem Zustand absah. – Hier konnte ich gehen, mich bewegen, über eine gleichmäßige Fläche, die angenehm war. – Scheinwerferlicht und darüber der weißwolkige hohe Himmel, und in der Mitte des Platzes das Reiterstandbild des Marc Aurel, das mir im Gefühl des Raumes ziemlich überflüssig vorkam, obwohl die Musterung des Bodens, das gleichmäßige Pflaster auf diese Statue zuläuft.

Einzelne Gestalten bewegten sich hier und da, standen zusammen, sehr fremd, wie Gäste in einem teuren Hotel, das sie nicht gewohnt sind. Ich glaubte ihre halblauten Bemerkungen über die Umgebung widerlich zu verstehen. Sie hätten besser daran getan, nichts zu sagen und diesen Platz für ihre Anwesenheit dort zu benutzen, selbstverständlicher.

Der gepanzerte Leib auf dem Pferd in der Leere und die halb erhobene ausgestreckte rechte Hand zeigen zu einer Treppe, an deren Seiten zwei übergroße Steingespenster stehen, Castor und Pollux. Daneben murmelten zwei Männer. Ein Fiat, vollgestopft mit Familie, kam flitzend an der Seite hoch und ödelte über den Platz und verschwand auf der anderen Seite zwischen den schattigen Gebäuden.

Die Treppe runter, der Blick geht über das Gewimmel von Dächern, unten einzelne Neonlichter, Bars, Autos, und die Treppe wieder rauf, über den Platz und in die halbe Dunkelheit eingetaucht, eine kleine Treppe abwärtsgestiegen zu dem archäologisch-touristischen Gelände mit säuberlich gefällten Säulenreihen und der zerkrümelte Triumphbogen eines Septimus Severus, 3 Arkaden, um 20 Meter hoch und breit, und über die Straßenmauer gelehnt noch etwas hingeguckt. Ein Flugzeug orgelte unsichtbar hoch darüber, zerreibende, komprimierte Luftrotationen, gasiges Geschmurgel und Gegrolle, ein heißes Glosen, das sich zusammenzog und weg war. – Rauchte eine Chesterfield, grinste ein bißchen in mich unverständlich hinein, auch sinnlos nachdenklich, denn einen Gedanken erwischte ich da nicht mehr, bis ein Nieselregen einsetzte, ich den Mantelkragen hochschlug und machte, daß ich fortkam.

Wieder durch staubige Straßen, abgeschabte Häuser, in kurzen Rucken die Straßenöffnungen auf platzähnliche Vergrößerungen, diffus in der Straßenbeleuchtung, die nachts eine diffuse Atmosphäre verbreitet, da sie niedrig hängt.

An einer sonst ringsum erloschenen Straßenecke hatte noch eine Birreria San Marco geöffnet, es war 20 vor 2, wo ich im Stehen 1 Birra Dreher, grande, für 220 Lire getrunken habe, Kellner mit Würstchen und Salaten auf der Hand vor sich balancierten durch die am Ausschank und der Esswarenvitrine Stehenden in die hinteren Räume, ein Ort etwa wie eine größere Kölner Kneipe bzw. Wirtschaft, etwa das Birbäumchen, aber mit weißen Tischdecken. – Plötzlicher Einfall beim Trinken, ohne zu wissen, ob er so exakt ist oder nicht: wahnsinnige Welt, wo die Genüsse und Erlebnisse auf Verfeinerung sich hinbewegen, also zum Kopf hin, und doch so stark gefesselt an einen brüchigen Körper mit stark den Einzelnen definierendem Stoffwechsel. – Ein Bündel Zwiebeln hängt neben der Tür. – Entweder ist Leben als Ganzes unbewußt, oder es ist überhaupt nicht, G. Benn – „Wollen Sie für die Menschenrechte eintreten?" – Im nächsten Winter – Korzybski: das Wort ist nicht die Sache, die Landkarte nicht das Gelände, das sie darstellt.

Und durch einen langen geraden Tunnel voll gelbem Neonlampenlicht mit schmutzigen nassen Schlieren aus Straßenstaub und Wasser auf den Fliesenwänden, menschenleer und lang, nur in Abständen von Motorengedonner durchzogen – oben drüber einer der Hügel Roms, der Gipfel des Quirinals mit allerhand Ausblicken, auf Kirchen, und Balustraden und was weiß ich, denn ich ging ja unten durch (:oben sollen wieder Kolossal-Statuen mit Rossebändigern stehen, na dann, hü-hott!) Und kam auf eine Straße, die auf dem Platz mit der Baustelle und Unterwäsche-Reklame und schwarz-angelaufenen, mit gelben Rändern versehenen Triton-Brunnen des Herrn 17. Jahrhundert-Gian-Lorenzo-Berninis auslief, wo ich in einen dieser grünen, verblichenen, deutlich sichtbare bläuliche Bleidämpfe aus einem Rohr in die Luft stoßenden römischen Busse stieg und durchgerappelt in das Viertel mit der Villa Massimo zurückkam – erneut vorbei an einer Stadtmauer, gegen die der Federhütige

Garibaldi immer noch anstürmt – und in den kleinen Zeitschriftenständen kann man viele Bücher mit dem Duce sehen – die breite, von Platanen gesäumte Straße hoch, deren feuchten, nach schweren welken Blättern angenehm riechenden Eindruck ich am ersten Abend der Ankunft hier in Rom außerordentlich intensiv aufgenommen habe.

Noch ein kurzes Stück Seitenstraße, nämlich das Stück mit der Hundescheiße, die Via Antonio Nibby heißt, der Kerl war Archäologe, hat wahrscheinlich ein paar Säulen ausgebuddelt, mit hohen Mauern um die besseren Grundstücke, still-liegenden gut-bürgerlichen Wohnhäusern, schattengefleckt und von raumlosen, schwarzen, leicht schaukelnden Blätterschattengespinsten schräg auf den Mauern hin und her lautlos huschend angefüllt, ein wenig ansteigend, mit den üblichen links und rechts geparkten Wagen, und mit den kleinen feuchten Rändern um jedes welke Platanenblatt auf dem Asphalt, weiße, graue Wolkenschollen in der Luft darüber samt Mond-Dekoration, gesehen aus dem schmalen Straßenkanal, müde, ein wenig erschöpft, in dem klaren, frischen Geruch atmender Bäume und Sträucher, die von allen Seiten aus den Vorgärten herüberhängen, etwa Viertel nach 2 in der Nacht, aus der Ferne die klappernden Eisenstücke eines fahrenden Zuges, auf die Kreuzung vor der Villa Massimo zu mit der vielleicht 15 Meter hohen Pinie oder Ceder als Verkehrsinsel und dem vergammelten Spruch Fronte della Gioventu an einer Mauer, im Kopf vorüberziehend jetzt die Orte, Städte, die Straßen, durch die ich bisher hindurchgegangen bin und mich umgesehen habe: London, Paris, Longkamp, Vechta, Berlin, Hamburg, Husum, Bremen, München, Brüssel, Amsterdam, Neu-Ringe, Wien, Graz, Klagenfurt, Montpellier, Dünkirchen, Hannover, Düsseldorf, Fulda, Harlingen, Leiden, Tier, Oythe, Nordhorn, Maux, sogar für 2 Stunden Venedig während eines Rangier-Aufenthalts, mit roten Neonlichtreflexen eines Hotels auf dem Wasser, dem klatschenden Geräusch der Wellen gegen eine verschimmelte Gondel und einer schwebenden Lucia, der unten das Wasser rausläuft = Brunnen vor dem Hauptbahnhof: (fehlen eigentlich noch die nordischen Länder und Madrid, Warschau, Prag und Dublin – aber wäre das dort so anders?), über diesem schnellen geisterhaften Zug immer oben die gerissen-verteilten Wolkeninseln und Schollen und das matte, sanfte Mondlicht, und daran anknüpfend die Überlegung(:Teufel, auch, sie geben 13 Tausend Mark für Essen aus plus umgerechnet Miete in so einer Stadt sagen'wa mal rund 15 Tausend Mark in der gegenwärtigen Währung – pro Person hier in der Academia Tedesca, die – ehrlich gesagt – eine Absteige für 2.rangige Künstler geworden ist oder immer war, so daß ich mich doch sehr derangiert empfinde –, macht also circa 30 Tausend für 10 Monate, was könnte ich damit machen, kriegte ich sie auf einmal, ich wäre gewiß nicht nach Rom gegangen!), also die ganzen Orte in meinem spukhaften Gedächtnis zusammen – überraschende kurze Windstöße in den Zweigen da – schaukelnde Schwärze über dem Autoblech – über verblaßte rote Hauswände und Eingänge – in losen Windspiralen raschelt Laub auf – merkwürdige Choreographie der Natur – selbst bei Abgestorbenem – Laubhieroglyphen – Schattenzauber für das Auge – Geraschel an einer Steinmauer – (:ach, Dreck, diese Art der Offenheit von Sinnen ist nicht gut um in der Gegenwart auskommen zu können!) – keiner der Orte hat mich bisher befriedigt, überall zuviel sogenannte Wirklichkeit und immer zu wenig Traum bis zu den hirnverbrannten Ideologen des Sozialismus. – Ich dachte, daß ein starkes Empfinden der Gegenwärtigkeit, also der eigenen Anwesenheit hier in diesem Raum und in dieser Zeit und diesem Körper doch überhaupt gar kein Hinderungsgrund ist für eine etwas größere träumerische Ansicht als das, was überall angeboten wird. –

Ich dachte, daß ich immer bislang nach Augenblicken gesucht habe, die komprimiert sind, meinetwegen auch rauschhaft, meinetwegen auch verrückt gegenüber dem Wertmaßstab der cleveren Geschäftsleute, die jedes nur nach dem Verhökerungwert bemessen, also gesteigerte Augenblicke, nicht extensive, unhistorische, nicht logisch-geschichtliche, Wirklichkeit also, wie man vom Orientalen sagt, als Verdichtung in einem ewigen Augenblick, und nicht Wirklichkeit als Ausdehnung der Zeit ins Unendliche – da wird mir ja ganz übel, wenn ich mir Gegenwart und die gegenwärtigen Verhältnisse als Ausdehnung ins Unendliche vorzustellen habe, selbst unter dem Blick einer sozialen Veränderung, die nur ein Vertauschen des einen Zustandes durch einen anderen ist, der derselbe ist.

Zack, klappt die dicke grüne Holztür zu, das Schloß schnappt ein, ich gehe den Kiesweg, genau 220 Schritte vorbei an den Ateliers zur einer zur anderen Seite eine löchrige Lorbeerhecke entlang bis Atelier 10, wo ich mich notdürftig eingerichtet habe.

Dahinter liegen sie und komponieren, dahinter liegen sie und formulieren nocheinmal, was schon da ist, dahinter klimpern sie atonal und modellieren sie ihre stereotypen Ansichten, zweite Wahl, freundliche Arschkriecher, elende hirnvergammelte Schwätzer, Zahnpopler, die Erfindung der Schreibmaschine beleidigende, schließlich nur armselige Häufchen, die ihre blöden Fleppen ins Reine bringen wollen, Dicktuer, avantgardistische Konventionelle, samt einem mümmelnden Pfarrer als Ehrengast! Auch ein Professor als Ehrengast, klapprige würdevolle Geste, den Kopf schon als Reflex zurückgeworfen, Pensionsberechtigte, also die Kultur ist vielleicht vergammelt, lieber Henning! Unglaublich!

Also einige Blitzlichtaufnahmen aus der unmittelbaren Umgebung: zuerst, nach der Ankunft, traf ich auf einen Musiker aus Delmenhorst, ein fetter, schmerbäuchiger Typ, der von Beruf Volksschullehrer ist, aber auch moderne Musik macht, äußerst geflissentliches, sozusagen amtliches Verhalten, und: der Schmerbauch, eine schlaffe Wampe in einem billigen schwarzen Rollkragenpullover, die Haare fett und glatt nach hinten gekämmt. Er lieh mir Geld, da ich nicht wechseln konnte am Bahnhof, alles Change zu, und die erste präzise Bemerkung war: „Die Kauf-Kraft des Geldes ist hier besser!" Also, das war nun doll: so denkt er und beobachtet er, man überlege doch den Ausdruck: Die Kraft des Kaufens! Mensch, Die-Kraft-also was für eine Kraft, welcher Maßstab: Des-Kaufens! Das ist der westdeutsche anerzogene Lokus-Blick:Kaufen! Sind Deutsche Alle Nur Koof-Michs?

Eine Hamburgerin, mit Hamburger Sprachfall, hell und hanseatisch-kaufmännisch SPD, so richtig miese Waterkant-Water-Cunt? (. . .) Pullover, grüne Hose, geschminkte Glanzlippen, Handeltreibend, mit ihrem Aussehen für ihre Dürftigen Gedanken, Titel: Nun Wanke Nicht Mein Vaterland! Geh mir bloß weg mit Hamburger(n): ist'ne Hundewurst! Und diese helle Stimme, hamburgisch! Lieber Henning, schäm Dich, daß Du aus Hamburg kommst, hahaha! Hieß: Duutiineee-Du-Tine-Nee! Doutine! Heike. Schlug die Beine übereinander, nahm'n Notizblock zur Hand bei der 2. öden Besprechung im Haupthaus, notierte vielleicht den farce-haften Abstimmungsmist, der dort übers Parkett lief.

Noch'n Musiker, spricht südlich-deutsch, seine Nuß sprekkt gebrooochen dieutsch, aus Huuung-arn. Auch fett, überlappende weiße Wülste überm Hosengürtel, österreichisch-ungarische Tradition, also bitt'schön, der Herr, wenn's'aso wohlen! Nachts kommt modernes Geklimper aus seinem Atelier, das erste, wo ein entsetzlich stinkender Halbschuh, der auf der Mauer lag, mich mit den Taschen am ersten Abend empfing.

Ein Schriftsteller aus München, der, klein, (. . .) in braunem Cord-Anzug oder Samt-Anzug, irgendwie braun und klein, mit einem Theaterstück über Hühnerschlachten in Westdeutschland bekannt geworden ist, eine taube Nuß, die die Augen schielend aufreißt und gackernd mit dem Hals Schlangenbewegungen vollzieht, sobald man sie anspricht. Er ist der Nachbar, samt zwei Kindern und ihrem elenden Plastik-Mist. (. . .)

Noch'n Schriftsteller, ein Lyriker, Lü-Rick-er! (. . .)

Sie gaben also ein Abendessen, und ohne das zu wissen, trat ich da auf, denn ich hatte etwas zu erfragen, was hier den Aufenthalt betraf, das Essen war schmackhaft, Rindsgulasch,

Bohnen, Wein, Braten, Hähnchen, eingeladen war das Ehepaar Chotjewitz, er brachte einen deutschen Maler aus Berlin mit samt amerikanischer Frau oder Freundin, ein Stipendiat der Villa Romana in Florenz, dazu das Schriftstellerehepaar von nebenan: die Unterhaltungen waren unglaublich, da sie fast alle irgendwie sozialistisch eingestellt sind, aber noch unglaublicher waren ihre Verhaltensweisen – der Hang, sich rasch und leichtfertig über jedes Thema zu einigen, die Behauptung, ein Schriftsteller könne über jedes reden, von Atomphysik bis Gartenbau, der Hang unter allen Umständen witzig zu sein, beim Essen saß Herr Chotjewitz in einem schwarzen T-Shirt mit Baskenmütze auf dem Kopf da und fraß am Knochen, auch die Frau hatte den sozialistischen Tick und ihr fehlte vorne ein Zahn, die Amerikanerin ergoß sich natürlich breit und selbstverständlich über alles hin – ich schrak zurück: das sind Leute des Bewußtseins? Mit diesem mangelnden Feingefühl? Das Feingefühl wurde durch grobschlächtiges Verhalten ersetzt. Nach dem Essen zog Chotjewitz eine Flasche Schnupftabak aus Porzellan hervor, auf der ein Wedel steckte, schnupfte und wedelte sich unter der Nase, wo auch Haar saß, der Bart.

Ein Maler, ebenfalls mit Kinnbart, der bereits ein Jahr in Florenz ein Stipendium abgerissen hat, Willikens, und immer dieselbe bleiche Masche malt, nämlich Ecken mit einem altmodischen Wasserhahn und Becken oder Kühlschränke, aus verschiedener Perspektive gesehen, alles in bleicher hellgrauer Farbe so wie in der Stilisierung an Klapheck(?) mit den großen Schreibmaschinen erinnernd, das heißt: ganz Masche bis zum Stumpfsinn, machte sofort bei einer Versammlung großkotzige Vorschläge, wer alles hier einzuladen wäre, also George Segal, ein Freund natürlich von ihm, dann noch ein Pfuscher aus Kassel, und schließlich die armen Eltern seiner amerikanischen Freundin, denn seine amerikanische Freundin habe ihnen Flugkarten zusammengespart unter mühsamen Opfern, und sie seien doch gebürtige Italiener, aber hätten das Land noch nie gesehen.

Von dem Architekten sah ich bisher nur zwei Paddel, die an der Ateliertür lehnten, fuhr wohl gleich wieder ans Meer zum Paddeln.

Dann Ehrengäste, Greise und Greisinnen. – Eine ehemalige Dramatikerin, was die hier will, ist rätselhaft, sich erholen, für 2 Monate, dann fährt sie weiter nach Thailand und Japan, das Geld dafür hat sie aus dem Verkauf einer kleinen originalen Buddha-Statue, die sie teuer wieder verkauft hat, wie sie mir erzählte, als sie das erste Mal um die Welt reiste auf Kosten der Göthe-Institute, billig erworben. Faselte von der Atombombe und der bedrohlichen Auswirkung auf die Psyche des Menschen.

Abends, als ich gegenüber der Eingangstür des von mir bewohnten Teiles saß, auf einer kleinen Mauer, redete mich der protestantische Pfarrer-Greis an, mümmelnd, als kaue er ständig kleine Knorpelknochen klein, heißt Goes und hat mal'ne Novelle geschrieben, richtig widerlich, der Mensch besteht nur aus abgeklapperten leeren Zitaten. Glaubt an das Gute im Menschen, erfrechte sich sogar Nietzsche zu erwähnen, na, dann gute Nacht. Zeigte auf einen Baum, der sein Lieblingsbaum sei, eine Pinie, aber der Kerl wußte nicht mal, daß es eine Zeder war.

Im Sessel des Haupthauses saß, die Hände professoral und pensionsberechtigt zusammengelegt vor der schlaffen Wampe, ein Kunstprofessor, hatte gar kein Kinn mehr, da es sofort in den losen Hautbeutel des Halses überging, glotzte immer aufmerksam in die Runde mit hochgerissenen Augenbrauen und hatte die Haltung, daß er jeden Augenblick zu dozieren beginnen wollte.

Eine richtige Greisen-Gallerie, die den verstümmelten Kerlen, die im Park verstreut stehen, in nichts nachstehen.

Dazu kommt eine Direktorin, die einen grünen Lancia fährt und samt Familie im Haupthaus, der eigentlichen Villa wohnt, wo auch ein schwarzer harmloser Hund herumspringt. – Insgesamt ist vor allem die zerfallene schnöde Kultur-Sprache und das kulturelle, erloschene Form-Verhalten eklig, ich möchte da am liebsten jedes Mal mit dem Hammer reinschlagen. – Im Treppenaufgang der Villa hängt Kunst, ein Kopffüßler(Antes), eine verzerrte Gestalt, wieder eingeschlagene Gesichter – was sind das für Menschenbilder, mit denen sich die Leute umgeben? – Es ist wohl nur der kleine unbedeutende Zinnober, der sich aufbläst.

Zur Zeit ist hier eine Ausstellung von Bleistiftzeichnungen eines Malers aus dem Vorjahr, dessen Kataloge ich Dir schicken ließ. Dieser Mensch ist noch am erträglichsten, obwohl ich mich sehr wohl fernzuhalten weiß, ein stiller Typ, der auch für sich leben kann, aber auch den sozialen Tick hat, seine Arbeitsmethode ist: herumzustreifen durch die Außenbezirke Roms und mit der Kamera Motive aufnehmen, die er dann, praktisch als Skizzen, auf Blätter überträgt, arbeitet mit vielen scwarzen Bleistiften und Radiergummi – für einen Moment verblüfft die ein wenig altmodische Art, man schaut hin, aber dann tritt doch wieder das leere Gefühl auf – eine Kraft, die rüberkommt, fehlt. „Ganz nett", sagt man sich, und bestimmt beherrscht er auch sein Handwerk, aber die Schuhe hat's mir nicht ausgezogen.

Auf der näctlichen Fahrt zurück von Graz nach Rom nahm ich die Gelegenheit wahr und las ein ausgezeichnetes Stück über den General Christian von Massenbach, der vor den napoleonischen Kriegen im preußischen Heer arbeitete und die Einsicht besaß, daß es höchste Zeit und die letzte Chance sei, um 1800, ein vereinigtes Europa, Die Vereinigten Staaten von Europa, zu schaffen – sogar unter der Vorherrschaft des großen Napoleons, andernfalls die einzelnen Länder Europas nur noch windige Gespenster würden angesichts des heraufkommenden großen amerikanischen Bereichs und Rußlands. – Man hat ihn eingesperrt. – Das Ergebnis dieser Unterlassung kann man heute überall, auf jedem Fleck, wo man steht, sich ansehen. Die Verrottung öffnet sich in dem, was die Leute sagen, und in dem, wie sie sich verhalten – fetzenhaft, kraftlos, willenlos, schwammig und allgemein, hier ein bißchen von und da ein bißchen von, immer noch im abgewirtschafteten Abendlandbewußtsein – richtiger wäre eine Stille, ein Schweigen, sie wären angemessener angesichts des tatsächlichen Kultur-Zustandes. – England hat inzwischen auch seine Chance vertan, denn es hätte wohl viel eher zu dem amerikanischen Kontinent gehört. – Mich hat doch betroffen gemacht, das ganze Panorama so vor mir zu sehen, in dem zerfallenen, lumpigen Zustand. – An Tendenzen, geistiger Erneuerung, ist nichts mehr vorhanden, – sie haben in Deutschland zum Beispiel weder eine Musik noch eine Malerei seit 1945 auf die Beine gebracht, die international hätte etwas hinzugefügt, alles bloß Popelig-Regional, auch im Film nichts Eigenes, Überraschendes und in der Literatur schon lange nicht. – Ein Ansturm war noch einmal im Expressionismus zu erkennen, danach kamen die Blattläuse.

Ich mußte daran denken, als ich mich unter den Leuten eines Abends umsah, die in dem hohen, Parkett ausgelegten Zimmer des Haupthauses saßen, zwei verblaßte Gobelins an den Wänden, und hörte, was aus den Köpfen rausquoll – und ich mußte daran denken, als ich eines Abends in der vergangenen Woche im Wagen in die Stadt mitgenommen wurde zu einer Ausstellung Otto Dix, Blätter aus den Zwanziger Jahren. – Im Wagen saßen der Lyrikker, der Bleistift-Zeichner, die Lancia-Besitzerin und ihr Mann, ein Kerl mit drei schmalen Gedichtbändchen hinter sich, gepflegte Beatle-Haare eines Über-Vierzig-Typs, geduscht, parfümiert, weiches rosiges Kindergesicht, das aber ohne Spannung war. – Zuerst eine Bemerkung des Zähne bohrenden Lyrikkers beim Anblick eines Restaurants: „aah, da ist ja noch ein Restaurant", hatte das wohl bei der Suche in der Umgegend der Villa nicht bemerkt. – Es folgte ein kleines Intermezzo über Preise und wie teuer. – Danach verbreitete sich der Direktorin-Mann über Trüffel-Essen. Nun sei ja die Zeit dafür wieder da. – Überlegungen über den Preis eines Trüffel-Abendessens gingen los, anschließend kamen

Autounfälle in Rom dran. – Intermezzo über Geschäftsverbindungen des Direktorin-Mannes zu Rundfunkredaktionen, bei denen er Besprechungen macht und was sie zahlen. Das in Hinblick auf einen Gedichtband des Lyrikkers, der bei Rowohlt im Herbst erschienen ist – also Gemauschel. Anschließend eine Unterhaltung über Betrunkene und Betrunkenheit in Rom, die nicht so auffällig sei wie in Deutschland. – Draußen schoben sich die schwarz-schattigen Gemäuer vorbei, einmal flog in gelbem wächsernem Licht die Engelsburg durch das Seitenfenster des Autos. – Ich hörte mit zunehmender Verwunderung den Lauten im Wagen zu. Das waren die Sorgen, Überlegungen, Gedanken, Einfälle und Einsichten, auf diese Themen bezogen sie sich.

Wo war ich? In einem Gefängnis eingesperrt? Ausfälle zu machen sinnlos. Wie Bazillenkulturen dieses Bewußtsein, angesiedelt auf verfaultem abendländischem Gelände. – Du kennst diese Wucherungen auf umgekippten Eisenträgern und Klosettdeckeln einer Müllhalde.

Die Dix-Austellung fand in einer winzigen Straße nahe dem Tiber in einer Gallerie statt, die in die Düsternis einer schäbigen alten Häuserfront hineingebrochen war.

Farbige Blätter, frühe kubistische Porträts, dann das Nutten-Millieu der 20er, fette deutsche Weiber in Unterwäsche-Kostümen, Hängetitten, geraffte Spitzensäume über Schamhaar, Mausgesichtige Frauen, Nackte in Strümpfen und hochhackigen Schuhen – ein fetter gefrackter Popanz krault einem großen, mächtigem Weib zwischen den Beinen, und eine Firlefanz-hütige Nuß winkt mit einer Blume, ihre Schnürstiefel auf einen Sessel gestützt – auch viel Blutiges wieder in umgestülpten Zimmern. Da liegt jemand auf den Boden in grellen Wasserfarben, das Gesicht befindet sich genau unter der gespreizten Fotze und den geöffneten Hautfältelungen der Vagina, ein mächtiger Hintern ist dem Zuschauer hingehalten, ein weißer Fleischklumpen im Liegestütz über dem am Boden liegenden Mann, die Brustsäcke baumeln großwarzig, daneben auf einem Stuhl das seltsame vielgliedrige Gebilde, das zwei Leute machen, wenn sie aneinandergewachsen sind. – Davor gingen geschminkte Vetteln auf und ab, die aus den Blättern herausgesprungen zu sein schienen, aber wie immer merkten sie gar nicht, daß sie gemeint waren, besahen sich die Typen als ob es sich um Exoten handelte. – Was mir aufgefallen ist, das war zuerst die sinnliche Kraft, die das auf das Papier gebracht hat ohne Rücksicht auf Geschmack und Moral. Und damit mag zusammenhängen, was ich bei diesem dargestellten Bereich, bei dieser Auswahl der dargestellten Typen und sozialen Schicht, nämlich ganz unten, auch bei anderen Gelegenheiten feststellen kann: so vertiert und verquollen insgesamt dieser Lebensbereich ist, so sehr es sich um ein fleischliches undifferenziertes Gewimmel handelt, so sehr aber ist trotz allem Unterwäschegestank, vergammeltem Budenzauber aus sogenanntem schlechten Millieu, umgekippten Uriniergefäßen und faulenden Zahnlücken in Spuren eine Sinnlichkeit deutlicher vorhanden und spricht auch hier aus einer nackten Fläche oder da aus einer Hautfalte oder hier aus einer Armbewegung, aus dem Detail einer schlaffen, auf dem Brustkorb anliegenden Titte oder der Hinterrundung noch deutlicher einen Hinweis auf Bewegung und Anwesenheit als in der totalen Nacktheit glatter ästhetischer Fotos, wo die Nacktheit so unerotisch ist und sogar als Schutz benutzt wird – eine so glatte, nahtlose Verkäuflichkeit des Körpers erschlägt und ist ein Panzer. Nicht die leiseste Regung einer Erotik kann dort aufkommen, wo die Abbildung, Darstellung derartig kommerzielle Schönheit zeigt – die Nacktheit wird zur totalen Angezogenheit. – Ich weiß, daß das in dem von Dix dargestellten Kaschemmenbereich, in dem vergammelten Vorstadtkneipenmillieu und Strichgängen auch nicht real zu finden ist, was liegt da vor? – Unter Sinnlichkeit stelle ich mir immer viel mehr vor als Reinstecken, aber ich stelle mir auch viel mehr darunter vor als die Mühsal, die ganzen Wortkulissen hinwegzufegen, die überall aufgestellt sind in den Situationen, in denen man sich trifft.

66

Gerade fällt mir dazu ein, daß vielleicht die Abwesenheit von Sinnlichkeit und Reiz in der Starre liegt, die zur totalen Oberfläche gewordene Schönheit hat und lediglich nur noch dazu dienen kann, die Geschicklichkeit des Fotografen, seine Demonstration von Filtern und Linsen und Blickwinkeln darzustellen, oder eben nur dazu noch dienen kann, einen besonderen Pullover oder das Design von Strumpfhosen darzustellen – wohingegen die bewegten Szenen, so verludert sie auch sein mögen, gerade in der Bewegung die verschwommene Möglichkeit sinnlichen Vollzuges beim Anschauen vom Bewußtsein miterfaßt wird. – Dazu gehört auch die eigenartige Tatsache, die ich in London erlebt habe, als ich die kleinen vergammelten Strip-Tease-Clubs mir ansah, daß es dort verboten war, sich im Augenblick völliger Blöße auf der Bühne zu bewegen, die Mädchen mußten zu Figuren erstarren. – Andrerseits bei zu viel Bewegung und Aktion wie im Film tritt auch der Effekt der Öde ein, schnell und endgültig, genauso wie bei rotausgeleuchteten Cabarett-Aktionen mit summenden Vibrationsgeräten und akrobatischen Körperverrenkungen. „Bloß schnell weg.“

Insert:1835, J. G. Cotta'sche Buchhandlung, Johannes von Müllers Sämtliche Werke, Zur historischen Kritik: Nachtrag von einigen Recensionen, C. A. G. Goede, England, Wales, Irland und Schottland. Erinnerungen an Natur und Kunst aus einer Reise 1802 und 3, 2 Theile, 1804, Dresden in der Arnoldischen Buch- und Kunsthandlung: „Aber das Allgemeine ist groß; Londons Reichthum unermeßlich; in einer Hauptstraße mehr zu sehen, als auf den größten unserer Messen oder in Paris. Der Verfasser hat die gute Manier, einen Citymann, einen Eleganten von Westminster und andere abstechende Charaktere in ihrer Tagesordnung zu zeigen. Die Freudenmädchen rechnet er auf 70 000; sie machen in Hauptstraßen ein Achtel der Fußgänger. Zu Paris sollen sie abnehmen; die ehrbaren Frauen verderben ihnen das Handwerk; der Cicisbeism kömmt auf (durch nichts wird eine Menschenklasse vollständiger entmannt). Im Uebrigen bemerkt er an den Londoner Weltdamen (so nennt er, nicht ganz schicklich die Klasse der Lustdirnen) eine „„brennende Leidenschaftlichkeit, im Genusse eine glühende Unersättlichkeit““. Romane, voll Empfindsamkeit und Unzucht, mit Bildern, verführen die Mädchen schon in den Erziehungsanstalten. Denn es ist keine Polizeiaufsicht in London.“

Der Wahnsinn: in der schmalen, holprigen Straße, links und rechts noch geparkte Autos, durch stumpfe Schatten düster verhangen und aus der stumpfen Düsternis herausbrechend die hellen Löcher der zum Teil offenen Räume, ein schwerer Überland-Transporter, der hupt, weder vor noch zurückkann. – Der Unterschied zwischen Autos und Menschen hat aufgehört. Die einzelnen Gestalten drücken sich in die verschlissenen Schatten der Mauern, Eingänge, Torbogen, und hervor treten die Autos. –

Eine Straße nach der anderen verstaubter und überalterter, hier die Via Monserato, in altem Gemäuer vollgestopfte Fahrradwerkstätten, ölgefleckte Wesen bewegen sich unter einer Glühlampe hin und her zwischen Felgen, Speichen, Schraubenschlüsseln, Schläuchen und Haken. – Im Vorübergehen fällt der Blick in einen bleichen kargen, etwas tiefer gelegenen Raum, nur Wände, ohne Schmuck, und Tische und Stühle und ein Fernsehgerät, in dem Raum nur Männer, älter, in Anzügen. – In der Nähe Campo dei Fiori: ein kleiner Platz mit der Statue Giordano Brunos, der da verbrannt worden ist – große Pfützen, mit aufgeweichten Lappen Papier darin, – und überall die irritierende, schummerige Düsterheit, in der die Gebäude nach oben hin verschwimmen – die anwesenden Leute sind nicht genau zu erkennen, man muß überall angestrengter hinstarren – erst, sobald sie in den Umkreis einer Straßenlampe treten, konturieren sich die Typen – an der Ecke noch einer der vielen Straßenzeitschriftenstände mit Playmate-Aushang: ein grünes Trikot spannt sich eng um den modischen Körper und zeichnet den Schamhügel genau nach – vor 450 Jahren wurden hier Menschen verbrannt – genau hier auf diesen Steinen, in dieser Häuserkulisse –

„Dem Bruno gewidmet, von dem Jahrhundert das er vorausahnte, hier, wo sein Scheiterhaufen brannte" – über die Sockelinschrift hängen schlaffe haarige verschwommene Gestalten – einige verloddterte Flötentöne – einer haut mich von der Seite an um eine Zigarette – die tief ins Gesicht gezogene Kapuze des ehemaligen Mönchs verwischt im Dunkeln darüber – „Zigarette? Signore?" – Scusi, da hinten ist'n Tabakladen – lungernder Hippie-Muff – einer bohrt sich schon wieder in seinem ruinösen Gebiß herum – kein Laut ist über die Lippen Giordano Brunos gekommen, als die feurige Hitze die Haut überall mit Brand überzog – 17. Februar 1600 – einer warf eine angezündete Fackel in das aufgeschichtete Reisig und Holz, Qualm, glotzende Fanatiker ringsum – weil sie gar nicht verstanden, was der gesagt hatte, den sie deswegen verbrannten – der einfachste Weg – Schmerzen, die über den ganzen Körper flammen, angekohlte Fußknöchel, verbrannter Hoden, schwarzkohliger Brustkorb, das Gesicht erstickt – :„Wenn ich den Pflug führte, erlauchter Ritter, wenn ich eine Herde weidete, einen Obstgarten pflegte oder Kleider ausbesserte, würde niemand auf mich achten, wenige würden mich beaufsichtigen, selten würde man mich tadeln, und es fiele mir leicht, allen zu gefallen./Da ich aber die Umrisse des Feldes der Natur abgrenze, für die Nahrung der Seele sorge und, ein Künstler im Denken, bestrebt bin, den Geist zu pflegen – sieh da, sogleich ist einer da, der mich ins Auge faßt und bedroht, beobachtet und anfällt, einholt und beißt, fast verschlingt. Ja, nicht einer nur ist es, nicht wenige:Viele sind es, fast alle. Wollt Ihr wissen, warum das geschieht, so erwidere ich: Der Grund dafür ist, daß die Allgemeinheit mir mißfällt, daß das Volk, die Menge mich nicht befriedigt und ich sie hasse." – Giordano Bruno, abgefallener Dominikanermönch – immer auf der Seite Einzelner, nicht der Vielen – kaputt, verkohlt, verscherbelt von son'nem jungen Kaufmann aus Venedig, Mocenigo ((:dessen erster Laut später Wilhelm Reich, auch ganz am Ende, als in den USA 1956 seine Bücher vom CIA abgekarrt worden waren, und in einer automatischen Verbrennungsanlage in Flammen aufgingen, ihn selber sperrte man ins Irrenhaus, eine moderne Form der Geistverbrennung, 450 Jahre später, im technischsten Land der Erde, benutzte um seiner Privat-Mythologie den Namen des geistig-verpesteten Bösen einfügen zu können: Modju – der zweite Laut: Dju kommt von Stalin, der Djugaswili hieß)) – „Haste mal'ne Zigarette?" – Eh, Signore! – Playmate? – Brauchste Fotze für die Augen? – „Wir gehen noch schnell mal zur Piazza Navona, die ist hier ganz in der Nähe, nich?" – „Je schöner und strahlender die Sonne ist, umso verhaßter und unfreundlicher erscheint sie den Augen nächtiger Eulen", G. Bruno – Na, der ist hier verbrannt worden, da vorne – Dürftiger Lohn in Form eines Kapuzenkerls auf einem Sockel für den verschmorten, von Hitze zerfressenen Leib – schwarze, nasse Pfützen mit aufgeweichtem Zeitungspapier drum-herum – „Zigarette?" – Flötentöne stümperhaft auf so'ner Hippie-Muff-Flöte – Eh, Signore! – schlich verwaschen hinter mir her – G. Bruno, als er aus Deutschland, Wittenberg, DDR, sich verabschiedete, sagte: „So lebt wohl, ihr Wälder! Wie manche Stunde habe ich unter euren Laubgewölben verträumt! Euch, ihr Faune, Satyrn, und Götter des Waldes, euch allen rufe ich zu: Behütet diese Äcker, segnet diese Felder, bewacht diese Herden, damit der an gottbegnadeten Geistern so fruchtbare deutsche Boden das glückliche Campanien nicht ferner zu beneiden brauche/Und du, geliebte deutsche Erde, du Auge der Welt, du Fackel des Universums: sooft du auch im Umschwunge des Planeten dich noch der Nacht zuwenden magst, kehre immer wieder zum Licht zurück und bring diesem Vaterland so vieler Heroen immer glücklichere Tage, Monate, Jahre, Jahrhunderte" – so, Henning, und jetzt guck mal aus dem Fenster, was siehst Du da? – Texaco-Licht und Red Ox – gefärbte Coca-Cola-Nacht – Mainzer Bier? Bei Nuffer – Allerseelenstimmung mit Smog – He, Signore, Zigarette? – Playmate lächelt fotzig-dürr in grünem Trikot am Zeitschriftenstand Richtung Piazza Navona:

da war zuerst ein Brunnen mit einem Mürrischen, und Fische, die Wasser kotzten, ringsum Bars. Im Dunkeln Maroni-Verkäufer. Künstler-Nippes. Menschen versauen jeden Ort. Das ist eben Demokratie. Das verstehst Du nicht. Nein, das versteh ich nicht. – Donnerstag sind alle Läden nachmittags zu. Es war Donnerstag. – Muschelige Monstren, breit ausgefächert, Bernini, wieder mal, geronnen in römischem Nachtschwarz mit Lichtflecken, die Luft lau, weißgefleckt, die Weite des rechteckigen Platzes angenehm. – Da sind diese heftigen Wechsel:vergammelte elende Straßen, düstere Seitengassen, und dann so ein Platz, der Gegensatz kann nicht krasser sein, und auf dem Platz drängen sich hängend die Bewohner der Seitenstraße. – „Jubelruf in Stein?“:ach, Quatsch! – „Ewiges Rom?“: na, die Stadt jetzt ist das beste Beispiel dafür, daß die Ewigkeit auch verrottet ist und nicht ewig dauert – Rom ist, das habe ich schnell begriffen, eine Toten-Stadt: vollgestopft mit Särgen und Zerfall und Gräbern – wie kann man da von Ewigkeit faseln? – Und zwischen den Gräbern, auf den Gräbern, durch die zerfallenen Körper, die verbrannten Körper, die eingesperrten Körper, vermoderten Leben schaukelt sich die Gegenwart hindurch – was sind das für Perspektiven? Man müßte ja Nekrophiler sein, um das sein Leben lang aushalten zu können – he?: was?:„also, hier soll man das Eis erfunden haben, ich hol mir mal was.“ – Der deutsche Lyriker schlufft ab – Piazza Navona: navona kommt von agonis – agonie – im Beisein von Päpsten wurde bis ins 19. Jahrhundert der Platz überflutet und See-Schlachten abgehalten und nachinszeniert: Schlachten, ja, Messer in die Kehle – Schlachtfest – und jetzt steh ich da, neben mir die ungarische Nuß des Musikers – und ich sage nichts – und da rappelt so ein Plastikvogel-Spielzeug durch die Luft von einem Stand mit Plastik-Vögeln – direkt gespenstisch – Gegenwart? Ist dieser rappelnde Plastik-Vogel und der Nippes-Mist von Künstler-Hippies, die am Rand des Platzes sich breit gemacht haben, auch ein Agitations-Wagen mit den üblichen Plaka-Farben-Texten – und ich – ein Obelisk – vier Weltflüsse:Donau, Ganges, Nil und Rio de la Plata als Allegorie rauschen – schon diese Zusammenstellung macht grinsen – Am Rio de la Plata, von Karl May – am Ganges verseuchen sie das Wasser mit Toten und Kranken die darin baden – die Donau ist blau bei Johann Strauß – der Nil versandet, und Wasserbüffel drehen Wasser raus – Faruk in den 50ern mit fettem weißen Bauch als deutscher Illustrierten-Heroe – am Nil, am Nil, da gibts zu viel – Scheiß – und vor so'ner vergammelten Kirche da soll so'ne Märtyrerin nackt ausgestellt gewesen sein, doch

69

„wunderbarerweise," wie der Guide Bleu schreibt, „von ihrem Haar völlig verdeckt": klar, unten hat man doch auch Haar, oder? – „wie durch einen Mantel!":Mensch, muß die eine muschelige, haarige Möse gehabt haben! – na, die Masse hat davon Besitz ergriffen und der Guide Bleu – ich stand da – schreckhafter Reflex – „der bezauberndste Platz Roms" – ah, naja – weit, das ist gut, da sind die Menschen nicht so stinkend dickfällig zu spüren – ich bin ja eigentlich gar nicht da – wie kann man dasein vor soviel Kolossalität! Doch, doch, ich bin gegenüber solcher Kollossalität immer da, aber der Platz ist schön weitflächig und groß – Rückkopplung an Dix-Ausstellung, Vorstellung von 70 Tausend Nutten, Volumen einer mittelgroßen deutschen Provinzstadt, aus dem London 1802, alles hier? Was für ein Leben? wäre das – Weltstadt – statt dessen ein immer wieder hochgelassener Plastik-Vogel – und da ist ein Stand, an dem billige, einfache Plastikrohrenden verkauft werden, die durch die Luft geschleudert, ganz klar einen heulenden, sausenden Ton von sich geben – diesen heulenden Ton möchte der Typ mit dem Plastikrohr verkaufen – der Lyriker kam zurück und schmatzte sein Eis, das gut aussah.

Eis Tartuffo schokoladenschwarz 350 Lire im Stehen essen mit bitteren Schokoladenstück-chen das Halbrund Eis eingepackt im Sitzen kostet sofort das Doppelte Gedanken an Maleen die gern Eis ißt und besonders exotisches die Portion ist zu groß die Bar heißt Tre Scaline der Lyriker stellt Vermutung an, es möchte 3 Stockwerke heißen ich spüre die körperliche Schwerfälligkeit durch das fette starke Eis die Zeit ist 20 vor 9 der Kunststoff-Schwengel saust Berninis Brunnen rauscht der Obelisk ragt hoch der Kunststoff-Vogel klackert noch das ist die Piazza Navona gewesen an einem Donnerstagabend – Rückerinne-rung an den Aufenthalt im Dix-Ausstellungsraum:da stand der Dichter Chotjewitz mit Kindern, die seine waren, und eins mußte scheißen, da sagte er:dann scheiß doch in die Ecke, na bitte schön, das ist westdeutsche Mentalität linksgerichtet und hassenswert aber sagen, daß er bei dem Publikum Recht gehabt hat, darf man auch nicht, dann klatschen die linken Ränge, widerlich.

Stinkender, bleierner Lärm, & quietschende Autoreifen, ödes Hupgewimmel, Trüffel-Unterhaltungen, Banco di Santo Spirito – sehr bezeichnend! – in grünem Neonlicht, ausdünstendes Zischen grüner Busse am Platz Argentino, Starre im Nacken, Zivilisation.

Ich schick Dir mal den Dix-Katalog mit. Der ist eine Illustration vielleicht zu einigen Gedanken. Ich meine, Henning, daß Du zeichnerisch schnell erfassen lernen mußt, oder ganz sein lassen. Lege Dir auch den Text von mir bei, der in Graz gedruckt worden ist, und den ich, vielleicht erinnerst Du Dich, in der Volkshochschule Köln vorlas.

Hier noch einige Beobachtungen, die ich auf der Straße am Platz Bologna ganz in der Nähe machte:(zu verschiedenen Gelegenheiten, als ich dort einkaufte, aus dem Bus stieg, abends dort Essen ging, mir eine Zeitschrift kaufte, das Gelände inspizierte)

/:übrigens, verkaufe bloß nicht das Porträt von mir!/(:bin ich so? Hast Du mich so gesehen? Erfahren? Ist das Deins? Und wegen Geld?)/

Wußtest Du, daß den alten Römern das Recht zustand, ein Neugeborenes entweder leben zu lassen sogleich nach der Geburt oder zu töten?

Eine Göttin, die mit der Ehe zusammenhing und den Ceremonien, war Ceres:aber die Nuß hat auch zugleich den Ackerbau und den festen Wohnsitz mitbegründet. – Und da erklärt sich einiges Verhalten.

Auch kann ich nicht aus dem Kopf kriegen, je mehr ich vom Straßenleben hier sehe, daß unter Zoo-Bedingungen, die Primaten-Weibchen den männlichen Primaten in Situationen des Ärgers, der Erregung, zur Beruhigung ihren Hintern hinhalten.

So verlarven sie sich hier noch weiter, und so vergammelte Menschheitsschatten beherrschen die Szene:

Mädchen-Hintern, Frauen-Hintern! Breite Hüften! Manchmal schön! (In West-Deutschland haben sie dafür im Allgemeinen fette Brüste – hier gelegentlich gut stimmende Proportionen von Hintern und Brüsten – was für gedankliche Ausschweifungen wären möglich, wenn nicht die Fressen wären)

Gesichter: Ausdruck: die Augen auf halb runtergerutscht, Schlafzimmer-Blick a la früher Elvis Presley, diesmal bei dem weiblichen Teil, und das bringt stimmungsmäßig eine widerliche schwüle Atmosphäre vor, ziemlich kitschig. Erinnere Dich an Sophia Loren der 50er Jahre, immer der halb runtergezogene Lider-Ausdruck, starker Hintern, bis Monika Vitti.

Kulisse: eine Straße, im Hintergrund ödeste Hochhäuser, 10 Stockwerke hoch, klumpen-haft-bedrückend, beige-farben? (:Insert:Apulejus, Der goldene Esel, ein Verwandlungs-trick, deutsch Berlin 1790, aus der vergilbten Villa-Bibliothek, mit Wurmgewinden innen, 10 Buch, „Alle Welt, was wurden da für Anstalten gemacht! Vier Verschnittene bereitete flugs auf der Erde ein weiches Lager. Ueber große von leichtem Flaum hochgeblähte Pfuehle, deckten sie ein mit Gold und Tyrischem Purpur gesticktes Laken, und legten darauf Kissen von allerhand Größe, womit das zärtliche Frauenzimmer theils die Wangen, theils den Nacken zu stützen pflegt. Dies gethan; und das ganze Zimmer mit schimmernden Wachskerzen so hell, wie bei Tage, erleuchtet: Verweilten sie nicht länger die Wollust ihrer Gebieterin und begaben sich hinweg./Nun entkleidete sich die Dame ganz und gar; legte auch die Binde ab, womit sie ihren schönen Busen eingeschnuert hatte; trat an das Licht und salbte, aus einem zinnern Gefäß, sich und mich reichlich mit Balsam; vorzüglich aber badete sie damit meine Schenkel und Lenden, sammt den Werkzeugen der Wollust, welche sie vorher mit Chiischem Rosenwasser gereinigt, Priapus sofort durch ihre niedlichen Haende herbeigezaubert, winkt ihr gefällig mit starrem, erhabenem Zepter.") – – – Ein beigefarbener Block hinter dem anderen, dazwischen breite Straßen, immer gleiche Fensterreihen und Balkone, unten gesäumt von Läden. Davor fusselige kleine Bäume, halb entlaubt, mit gelegentlichen Miniatur-Tankstellen dazwischen.

Also: die Blicke sind größtenteils bei den Mädchen, auch bei den Frauen verhangen, und sie gucken weg, sobald man sie richtig anschaut, ins Gesicht. Das wirkt überhaupt nicht „züchtig", wie man es in unserem Sprachgebrauch kennt als ein Ideal, allerdings ein gräßliches Ideal, sondern wirkt, jedenfalls für mich, unterschwellig verschlagen – sie wissen hier wohl ganz genau, was sie generell als Fotze wert sind, und das verschlägt natürlich alle lustvolle Einbildung im Gehirn, die ja überhaupt die Voraussetzung ist für Erotik – in diesem Fall aber, also mit verhangenem Blick, jedes Bewußtsein der Lust verhindert als eine Vorstellung (= Die Augen sind größer als der Mund, was heißt: Auge gleich Imagination, während der Mund nur dagegen das pure Triebmoment verdeutlicht) und jeden eigentlich runterkürzt auf überwiegend Biologie und was damit zusammenhängt, Haus, Hof, Wohnung, Geld, Erhaltung – Trieb als bloße Lebenserhaltung (während das Gegenteil ebenso verblödend ist!) – das steht für mich hinter der Beobachtung von Gesichtern auf der Straße./Die Reduzierung auf einer trivialen Stufe, das ist es, und die ist natürlich staatserhaltend, also Gemeinschaft, die gemein macht.

Damit mag auch zusammenhängen, daß man so viele rumlungernde Jugendliche sieht in den Seitenstraßen und auf Plätzen – ich meine nicht Gammler, Hippies, den Muff in Pelzjacken und mit filzigem langen Haar, sondern ganz gewöhnliche Jugendliche und jüngere Männer, etwa in unserem Alter:

sie stehen abends in größeren Gruppen zusammen, lehnen an eine Blechkarre, selten befindet sich ein Mädchen darunter, witzeln, reden, erregen sich, kratzen sich am Sack, in bunten Hosen, frisierten Haaren, und müssen bei jeder Nuß auf die Hupe drücken. – Man sieht die gegenseitige Verklammerung ganz deutlich, und was das mit Vitalität zu tun haben soll, mit raffinierter Sinnlichkeit oder Sinnlichkeit überhaupt, wie man lange behauptet hat, ist mir unverständlich – eher stellen sich Zoo-Analogien bei mir ein, sehe ich diese kleinen Straßenszenen.

Da schieben sie imaginäre Lasten, stützen unsichtbare Karren, weisen ein, halten auf, da ziehen sie an irgendwelchen Stricken, die nicht da sind, polieren sich nach, formen Körper, treten vor eingebildeten Massen auf – der ganze bombastische Popanz der Handbewegungen und Gesten.

Stundenlang steht man, in Läden, an Schaltern in der Bank, auf der Post, und muß warten, bis irgendein Signore seine Familiengeschichte zu Ende erzählt hat. – Na, ich in meiner deutschen Art, beginne zu brummeln – und manchmal hilft das, wie überhaupt deutsch laut zu fluchen hilft.

Da gehe ich nachmittags eine Geschäftsstraße herunter, suche nach einem Laden um einen Wecker zu kaufen, und ein jäher Hupton eines am Rand geparkten Stink-Fiats schreckt mich zusammen. Ich dreh mich um und fluche heftig und laut und stoße auf deutsch kräftige Verwünschungen aus, wobei ich sehe, daß 1.) gar kein einsichtiger Grund zum Hupen vorlag – wußte das im Unterbewußtsein, das ja ständig die Szene abtastet, durch die man geht, ohnehin und 2.) eine Nuß hinterm Steuer sitzt und schon ob meiner Reaktion und

Zusammenfahrens grinsen will – jedoch über die ernsthafteren rauheren Laute auf deutsch überhaupt zum ersten Mal begreift, was für ein Stuß sie da mit ihrem sinnlosen Hupen gemacht hat – denn offensichtlich ist hier jeder bereit „bella donna!" zu sagen und auf die blöde Gentleman-Tour a la Signore zu lächeln.

An den Bewegungen auf der Straße, mit der Mädchen und Frauen dahergehen, in der Art wie sie den größten Platz beanspruchen und kuhhaft erwarten, daß man sich danebenher-drückt, kommt ein anderer Aspekt ödester Fesselung des Mannes allgemeiner Art zum Vorschein. – Nicht daß ich ein Frauenhasser wäre und besonders für den Mann eintreten würde, wäre ja Quatsch, aber man erzähle mir doch nicht etwas über eine Männergesell-schaft bei den leibhaftigen Verhaltensweisen überall – die treibenden Motive sind doch stark von überhaupt Frau bestimmt, siehe auch die Dramen und Abenteuer im Film, wo sich der Held bewährt angesichts einer Frau, die ihn dann später nimmt. Diese Hollywood-Seuche ist ganz schön fest in die Köpfe geschaukelt worden und konnte das überhaupt, weil da eine Bereitschaft vorlag. Und Hollywood ist wertmäßig gesehen nichts anderes als jede Religion, jede Kirche in ihrer Ausprägung als Wertsetzende Institution. Warum nicht eintreten für die Emanzipation des Mannes, die längst notwendig ist.

Na, mich bringt das Thema immer in eine rabiate Haltung, angesichts des breiten Herumge-wusels, gerade heute wieder als Frauenemanzipation und Soziologie im Schwange. – Arme Frauen, Scheiße, eher könnte man sagen: arme Männer!

Auch das denke ich, wenn ich durch die Straßen gehe, und mir das sogenannte Leben anschaue. – Vielmehr ist überall eine radikale Verhüllung zu erkennen als eine Öffnung, selbst bei größerer Körperbetonung und Betonung körperlicher Anwesenheit – kein Wun-der bei 4 Menschen auf einem Quadratmeter! – Die erbärmlichen Atavismen psychischer Armut, als sei man psychisch immer noch stark im Steinzeitalter, mit 'ner Venus von Willmersdorf oben an?

Bedenke auch mal, wie nach 1945 aus Amerika die Bilder eingeschaukelt wurden:stark-brüstige Blondinen, – 20 Jahre später ein Rückschlag, von Schwulen geführt, mit der dürren, flach-brüstigen Twiggy und sonstigen Frisörsaloninhaber-Modellen. – Andrerseits, was helfen solche Überlegungen den armen zerriebenen und hin und her gezerrten Emo-tionen?

Einblicke abends, gegen 6 Uhr, nach Einbruch der Dunkelheit in kleine Ein-Raum-Läden: da fallen Pappkartons um, da fingern welche in Grünzeug, da zerrt jemand einer Puppe einen Fellmantel ab und heraus kommt ein gipserner Unterleib in Strumpfhosen. – Gelbe, verblichene Räume im Souterrain die Straßen hinab, stopfen und bügeln zu Besichtigen, ein kleiner Spielplatz mit den kahlen hohen Stämmen der Bäume und dem Kies, was dem Platz etwas karges Ödes verleiht – und im Lampenlicht schwirren zwischen den Stämmen über den Köpfen von Fußball spielenden Männern zwei Fledermäuse. – In der Anlage ein Kinderkarussell mit einem Panzerwagen und darauf US-Army. – Noch einmal der ätheri-sche Ausdruck auf den Gesichtern der Mädchen und Frauen, Virna Zigi-haft. – Die Augenbrauen sind dünn und nachgezogen, Stil entweder 30er Jahre oder 50er Jahre, damenhaft nach einem Schnittmusterbogen fabriziert.

Schnittmusterbogengesichter, übertrieben damenhaft, in bleichen Gesichtern die Augen-höhlen grün ausgepudert, vor dem Hintergrund einer ausgelaugten, verstaubten Straße – auch vor dem Hintergrund der vergammelten Straßenprospekte treten die Polizisten und sonstige Uniformierte deutlich heraus, die Uniformen tadellos, weiße Hemden, blanke Schuhe, immer die baumelnde Pistole an der Seite – das ist mir bereits im Zug auf der Hinfahrt aufgefallen:wie gestochen sich Uniformierte vor der sonst vergammelten, ver-staubten, zerfetzten und in karge, mit baufälligen Häusern durchsetzte Parzellen aufgeteilten Landschaft abheben – glatte Bauerngesichter, glatt rasiert. Sie schlendern, sie kommen herein in Bars sie sind immer gegenwärtig.

Körperbeobachtung:daß die im Boutiquen-Stil Gekleideten stärker eingezogene Unterleiber haben, zurückgezogenes Geschlecht. – Aber so eine verrückte Boutiquen-Seuche/ Budickken-Seuche wie in Westdeutschland ist hier ebenso wenig zu finden wie die bescheuerte Pop-Musik an allen Ecken und Enden in West-Deutschland zu finden ist. Sie haben hier eben mehr die Todesmelodien a la Django und Stirb schnell. – Überhaupt ist die angloamerikanische psychische Versteppung längst nicht so sehr eingerissen, und also auch nicht die Schematisierung der Instinkte durch Bilder und Musik. – Aber es wird auch hier klar, wie jahrhundertelang die Kirche hier verwüstet und versteppt hat. – Kirche hier, Kirche da, und so lange die sinnlichen Merkmale nicht verschwunden sind, so lange läuft diese Schau noch – – – also Kirche hier, Geschäft in Amerika, das ist kein Unterschied: Banco di Santo Spirito!:da haste beides in einem.

Samstags bis gegen 8, halb 9 Geschäftsbetrieb, Läden donnerstags nachmittags zu, ständig muß man eines Streiks gewärtig sein, also fällt mal dies aus und mal das, noch einmal das Bild: loddle-hafte junge Boutiquen-Typen müssen bei jeder Fotze einen Hup-Ton loslassen. Das macht einen ja ganz krank. Andrerseits: diese madonnenhaften Schnittmusterbogen-Stil-Gesichter haben den cleveren geschäftstüchtig-süchtigen Ausdruck wie in Westdeutschen Straßenbildern permament zu finden, nicht. Doch Masken hier und da, läuft also wohl auf ähnliches hinaus.

Seelenerweiterung? Auf der Straße passiert eben ständig Seelenverkürzung.

Lange Zeit ·habe ich überhaupt nicht gewußt, in welcher Umgebung ich lebte, wie sie insgesamt aussah – es war mir auch egal – vielleicht erinnerst Du Dich des Gesprächs im Wagen an einem Sonntagnachmittag, als wir von Longkamp aus nach Trier fuhren – vorbei an den kahlen, braunen Weinhängen, den steinig-schiefernen Stöckchen-Wäldern – und auf der Rückfahrt dann im Dunkeln das rote Lichtergeflacker der Lämpchen auf den Friedhöfen – Einzelheiten waren es, viele, die man selber mit der eigenen Intensität gefüllt hat und die man einfach aus der Gesamtumgebung herausgerissen hatte und die zu leuchten anfingen – ich erinnere mich noch genau an die Stelle, als wir darüber sprachen: rechts ein Gelände zur Mosel hin und links steinige Anhöhen und vor uns eine grau-blaue Steinwand, mit Pflanzen behangen und kahlem Gestrüpp, gegen das das Sonnenlicht fiel – und es war auch diese Intensität, zum einen Teil von einem selber in die Einzelheiten hineingetragen und illuminiert, dieser Zug zu etwas Rauschhaftem, ohne Rauschmittel, die von den ausgelaugten Idioten, den Vernünftigen Leuten, zu einem Teil belächelt wurde, aber doch auch nicht so, daß sie nicht zugehört hätten – und wie Du bemerktest, daß die Intensität der Aufnahme abgenommen habe seit dem ganzen Kram von Revolution und Pop und Links und Drogen – mir fällt dazu ein, da ich ähnliche Vorgänge kenne und sehe, (:als ob die ganzen Begriffe die lebhafte Intensität aufgefressen hätten!), daß ich wohl ziemlich stark von einer großen und lebendigen Welt geträumt habe – damals in Vechta, an den leeren, langweiligen Sonntagen, auf der Schule, nach den Mittagessen, wenn man sich vollgestopft hatte und das leere Gefühl träge um einen war und dann dazu noch die Nachmittagsmusik, oder später dann, als ich arbeitete, zwischendurch, mitten im Betrieb – und dann überfiel mich eines Vormittags in Köln, nachdem ich fast alles abgebrochen hatte, diese Gegenwart – der Dreck, der in winzigen Partikelchen aus der Luft rieselte, wie sichtbar gewordenes Grauen, ganz dünn verteilt, an einer Kreuzung. Denke ich an diese wachen Traumzustände, so war trotz aller Öde der unmittelbaren Umgebung immer der Gedanke da, daß es diese lebendige und bunte Welt geben muß – wie kann man anders davon träumen, sie überhaupt denken, sich vorstellen? Und eigentlich bin ich heute auch noch immer dieser Ansicht, trotz aller beschriebenen Eindrücke vorher. – Sollten diese Gespräche, die man hört, diese

faulen, stinkenden Ansichten und Gedanken, die aus den Most-People strömen die einzige Wirklichkeit sein? Ich würde eher meinen, sie haben sie frech in Beschlag genommen. – Dazu gehört auch meine Beobachtung, die ich hier in den ersten Tagen schnell machte, daß vor allem an Künstlern ihre Geschicklichkeit in der Verwertung auffällt – nicht ein beständiges, aufmerksames Prüfen hinsichtlich seiner Ausdruckssteigerung und Lebenssteigerung – sondern wie sie etwas geldlich verwerten können – ein Zug wie bei einer Fabrik, es geht nicht mehr um Einsichten, um Bilder, Gedichte, Prosa, Musik – es geht um die Umsetzung in Geld, Standard – und der Zug ist ebenso die Gegend verwüstend und ein entropiehafter Ausverkauf wie auf den Gebieten, von denen sie sich doch angeblich absetzen. Und deutlich ist zu sehen, wie diese Cleverness die geringste Möglichkeit der Erfahrung erstickt. Mit diesem, ihrem Ersticken veröden sie die Gegend um ein weiteres. – Für mich resultiert daraus nur, daß ich mich isoliere. I am not interested.

So halte ich mich am Ende der Atelier-Reihe in meinem Bezirk auf, bedaure nur, daß der Komplex nicht für den einzelnen abgeriegelter, meinetwegen auch klosterhafter oder klausurhafter ist, mit dem Hinterhof, vom anderen abgetrennt, so daß man sich ungestörter seinen eigenen Ausschweifungen hingeben kann.

Abends ist Allerseelen-Stimmung gewesen, mit flach hinkriechender Nebelbildung, einem leisen Niederschlag von Feuchtigkeit, tagsüber aber ist starke grelle Sonne, und das im November! – Ich habe oft gehört, daß man an Italien das Licht bevorzugt hat, und tatsächlich ist das Licht hier, durch das Mopeds und Fiats knattern, klar und sanft – nicht hart, sondern von einer sanften Qualität und Klarheit, und es gibt überraschende Farbbildungen – besonders an Stellen, an denen man das gar nicht vermutet und die unscheinbar sind – große, gelbe Blätter im Gegenlicht, beinahe fleischig, und in diesen großen, gelben Blättern dünne, flinke wetzende Vogellaute.

Das erste, grobe Ergebnis ist bei mir, daß ich bedaure, daß es in Deutschland, im nördlichen Teil, nicht mehr sogenannte „unterbesiedelte" und „entwicklungsbedürftige" Gebiete gibt. – Also, „Arkadien"?!:na, hör mal, das kann man jemandem aufbinden, der keine Krempe am Hut hat!

Rom, den 4. 11. 72
Samstag

Liebe Maleen,

Dein Brief hat mich gefreut; es war angenehm von Dir zu lesen und hat mich mit einer zärtlichen Stimmung erfüllt, sie betraf Dich ganz. Es geht mir jedes mal so, wenn ich einen Brief von Dir bekomme. – Mich interessiert eben alles, was Du machst, denkst, wie es Dir geht, wohin Du Dich bewegst, in welcher Situation Du steckst, Deine Gedanken und Empfindungen – schließlich ist das so selten geworden. – (Und es wird sicher immer seltener, statt dessen sprechen die meisten wie Automaten, immer nur das, was gerade aktuell ist, und fast überhaupt nicht mehr habe ich beim Zuhören das Empfinden, daß eine Person vor mir redet, sondern irgendein abstraktes Gedankengebilde, ohne Sinnlichkeit, so daß ich schnell erschlaffe in meinem Interesse, manchmal sogar regelrecht Kopfschmerzen bekomme nach längerem Zuhören in Situationen, aus denen mir schwer fällt, mich herauszuwinden, dann gehe ich lieber wortlos weg – oder sie sagen, ich würde ja gerne, aber da ist keine Zeit: was ich gar nicht verstehe, denn wenn sie es gern tun würden, ist auch Zeit da.) Also bin ich immer etwas aufgeregt auch, sobald ich von Dir einen Brief erhalte.

Das Letztere hängt vielleicht mit unserer besonderen Situation zusammen. Es gehört auch ein Grad von Mitteilung dazu, der nicht erstickt ist von alltäglichen Notwendigkeiten, andernfalls man den gemeinsamen Zusammenhang aufgeben sollte. Gibt es nichts mehr zu sagen? Keine Lust mehr, keine Versuche mehr, kein Ausprobieren, keine Entdeckungen mehr, die man für sich macht? Keine Beobachtung oder kein Ereignis und keine Einstellung? Oder ist eine Einstellung da, derzufolge man es aufgibt sich mitteilen zu wollen? Es wäre ja eine grausame Armut und Versteinerung, an die ich nicht glauben kann.

Was ist also los? Hattest Du mir nicht „morgen wieder" schreiben wollen? Ich habe darauf gewartet, aber der Postkasten war heute leer. – Keinen Augenblick hattest Du abends Gelegenheit? Du siehst, daß ich gar nicht so leichtfertig gesagt habe, wie sehr mich freut von Dir zu hören, und dann ist eine Enttäuschung umso schwieriger zu ertragen. Verstehst Du das? – Ich kann mir vorstellen, wie Du jetzt denkst, daß ich ungerecht und undankbar sei. Schon verlange ich noch einen Brief. Aber ja, sicher, ich höre gern von Dir, und ich kann mir nicht vorstellen, daß Du nicht kurz die Zeit erübrigen kannst – wäre es nicht auch eine Entspannung, nach der vielen mühseeligen Zettelarbeit und Arbeit an der Lektüre, nach einem anstrengenden Tag mit hunderterlei Hin und Herlaufen und tausend flitzenden Gedanken, die alle ein Notwendiges betreffen, aus dem alltäglichen Zwang herauszusteigen und einige «un-nötige» Zeilen zu schreiben?

Du bist hart, wenn Du Dir nicht einmal selber das gönnst, oder es interessiert Dich nicht? – Ich meine, daß auch vielleicht gerade unser räumliches Getrenntsein eine gute Gelegenheit ist, über Dinge nachzudenken und zu schreiben, die bei dem gedrängten Zusammensein immer unbeachtet geblieben sind, gar nicht erwähnt wurden. Du kannst das nicht so sehen? Und Dir ist es zu mühsam zu schreiben? – Soviele Fragen stürmen auf mein Gehirn ein, und alle betreffen doch etwas sehr Einfaches.

Du mußt nicht denken, daß ich mir vorstelle, Du würdest auf jeden Brief von mir und auf jede Karte, auf jeden Einfall und Gedanken antworten. Das wäre ja stur. – Aber einmal die Woche könntest Du mir schon schreiben, vielleicht nimmst Du dafür einen bestimmten Abend, und so kann ich immer an einem bestimmten Tag einen Brief von Dir erwarten, und vielleicht findest Du, wenn Dir danach zu Mute ist, darüber hinaus eben unabhängig davon eine Viertel oder Halbestunde, in der Dir danach zu Mute ist, mir etwas zu schreiben?

Manchmal habe ich den Eindruck, daß es für Dich ein Zwang ist, mir schreiben zu müssen, wie eine Verpflichtung, der man nachzukommen hat. Wenn das so ist, sollten wir einander gar nicht mehr schreiben. Denn dann könnte keiner mehr enttäuscht werden, und trügerische Einbildungen fallen weg.

Ich seh gerade schon, oder fürchte gerade, daß das, was ich Dir hier sage, Dich bereits wieder in Bedrängung bringen möchte – verflucht noch mal, was sind das für elende, erbärmliche Bedenken, die auch das Handeln bestimmen! – Begreifst Du gar nicht, daß ich gern von Dir lese, und begierig bin, von Dir zu hören und den Kontakt mit Dir in einem ruhigen, stetigen, aber ganz und gar meinetwegen unlogischen, meinetwegen unrationalen Strömen wünsche, erhoffe, erträume – was immer das treffende Wort dafür ist? – Diese elenden, erbärmlichen Zurückhaltungen, diese Bedenken, Erklärungen, dieses Zögern, ganz eingepackt ist unser Leben damit! Spürst Du das selber nicht auch? Dahin sind wir also gekommen? In solche Ecke? (Und ich meine jetzt damit auch ganz allgemein den Zustand hier, Ende des 20. Jahrhunderts, an dem jeder ja teil hat! – Wenn man das einmal sieht, kann man doch gar nicht mehr allen Ernstes diese Gehirn- und Verhaltenszwänge, diese Verrottung mehr einhalten – kann man sich doch nur noch tief auf sich selber verlassen, auf seine eigenen Emotionen, die weiterreichen als die Konvention – Entfesselung, das wäre anzustreben! In jedem Augenblick.)

So vermischt sich bei mir immer Allgemeines mit ganz Heimlichem, Persönlichem, was Dich betrifft und mich betrifft, und das ganz Allgemeine das Drumherum möchte ich in die Flucht schlagen dann, zertrümmern, damit die eigenen Augenblicke stärker hervorkommen können.

Der hat gut reden, magst Du an dieser Stelle denken, ich muß rumlaufen, besorgen, erledigen, Treppe hoch und runter, ich brauche Zeit. – Und ich kann das alles sehen und erfahre selber die ständige Auszehrung durch diese sich überschneidenden Tätigkeiten, nur mit der Zeit kann ich es nicht verstehen – schlimm genug ist schon, daß die Zeit, die man hat, aufgestückelt wird durch das Notwendige, das jeden Tag wieder anfällt – aber Zeit ist ja nichts Objektives, das von einer Stelle aus an jeden verteilt wird in bestimmten Mengen – Zeit ist da, und es kommt doch alles darauf an, daß man sich selber seine Zeit nimmt, also etwas Aktives gegenüber dem Zwang von Notwendigkeiten, die die Zeit einnehmen – und nicht darauf wartet, daß einmal eine Zeit für dies oder jenes kommen wird! Das tritt nie ein, dessen kannst Du ganz sicher sein – ich möchte gern, daß Du das verstehst, richtig tief begreifst, denn ich habe manchmal den Eindruck gehabt, als seist Du der Ansicht, daß für bestimmte eigene private und höchst persönliche Dinge Dir einmal Zeit gegeben würde, als träte sie ein wie ein Wunder – so zu denken, zeigt wie abhängig und gefesselt man ist an der scheinbar außen, in der Umwelt und von Notwendigkeiten konstruierten objektiven Zeit – durch Ladenzeiten, Büro-Zeiten, Arbeitszeiten, Studienzeiten, durch Tag und Nachtzeiten: das sind doch pure, auf Nutzen und Wirtschaftlichkeit bedachte Zeiteinteilungen: und davon sollte das eigene Leben bis in die geheimsten Regungen und bis in die Region unausgedachtester vitaler Gedanken bestimmt sein, – ich werde nie dahin kommen, diese auf bloßen Nutzen eingerichtete Zeit über die Zeit zu setzen, die ich benötige um Dinge denken zu können, sie sagen zu können, Empfindungen haben zu können, sie mitteilen zu können, zum Beispiel Dir, – was ja gar nicht heißt, ich weigerte mich, Notwendigkeiten anzuerkennen, die da sind. – Ich sage das, weil Du immer in wilden Kämpfen mit der Zeit stehst, wobei der Anfang einfach der wäre, für bestimmte un-nütze Sachen sich mehr Zeit zu nehmen. Kannst Du den Zusammenhang sehen?

Ich finde Dich tüchtig, aber Du darfst doch nicht vergessen, daß aus einer zu großen Tüchtigkeit eine Selbstaufgabe, das Aufgeben primitiver und lebenswichtiger und letzten Endes viel weiserer Impulse kommen kann. – Mit der Tüchtigkeit und Beschränktheit der

Idioten haben sie ja überall, wohin man kommt und auf was man blickt, die Gegenwart zerstört. – Und was ist Gegenwart anders als körperliches Dasein, Vorhandensein in der Zeit, und träumen? Träumen kann man auf verschiedene Weise, auch mit den Gedanken, und das fällt ebenso mehr und mehr der Ausrottung anheim wie die Ausrottung von Tieren und Pflanzen. Warum nicht Tiere und Pflanzen wie Menschen als lebendige, bewegte Träume, von einem großen Gedanken gedacht, ansehen? – Entweder hat jedes am Gesamtleben teil oder nicht, und dann auch am Traum.

Ich will damit sagen, daß Du Dir auch Zeit nehmen mußt zum Träumen, unter allen Umständen, und Träume nicht anzusehen sind als bloße Konstruktionen und Umstellungen eines vorher Erlebten, diese grobe, freudianische Ansicht, sollte man bald auf den Schutthaufen werfen. Als würde man nur Nachkonstruieren, zwanghaft und spukhaft – aber sobald man alle speziellen, individuellen Träume und Traumvarianten einmal bei Seite zu schieben gelernt hat, bleibt die Tatsache des Träumens, die Traumfähigkeit des Einzelnen, und die macht nachdenklich angesichts einer Welt, die mehr und mehr in Nützlichkeitsdenken verrottet. (Das ist auch ein entscheidender Einwand gegen den Sozialismus und verwandte Ideen – sie wollen die Nützlichkeit noch mehr, noch stärker betreiben!)/(Ich hasse die Sozialisten ebenso sehr wie die Gegenseite, ihre Verklammerung, gegenseitige Determination ist mir eklig! Wie mir ihre Unsinnlichkeit eklig ist, die der Unsinnlichkeit totalen, technischen Zweckdenkens in nichts nachsteht!)

Um es kurz zu machen, auch zu wiederholen, kann ja sein, ich habe meinen Gedanken unter den abschweifenden Bemerkungen zum Teil verschüttet: daß Du einen Brief zu schreiben als einige Augenblicke von dem Charakter tagträumerischer Entspannung plus Anspannung ansehen könntest.

Das Heft mit meiner Prosa aus Graz habe ich Dir beigelegt. Auch einen Katalog von der Ausstellung, die hier in der Villa Massimo veranstaltet worden ist von einem Zeichner aus dem letzten Jahr. Du kannst ihn dann ja wegwerfen. Dann liegt noch der Kulturausweis, was für ein Ding!, bei samt Schreiben zu Deiner Information. Der Ausweis gilt für alle Länder außer Deutschland, was blöde ist, und die Museen, die man damit kostenlos besuchen kann, liegen in einer Broschüre bei. – Ebenfalls habe ich Dir noch einmal meinen ersten Brief abgelichtet, samt dem Plan der Villa, und wie das aussieht. – Und dann auch den Brief an Henning, wo ich einige Eindrücke und Gedanken zu beschreiben versucht habe, die mir hier aufgefallen sind, und durch die ich hindurchgegangen bin. – Ich muß mir, wie Burroughs an einer Stelle sagt, meine Unterhaltungen ja selbst hier machen, nachdem ich von den anderen hier nichts, aber auch gar nichts erwarten kann.

Das Geld für den Monat November hatte ich Dir am Freitag schicken wollen, 350 DM, doch wurde diesmal ein Streik von der Bank (Banco di Santo Spirito) gemacht – deswegen kann ich es erst am Montag abholen und per Telegraf überweisen. – Beim nächsten Mal, also Dezember, soll es sofort von Düsseldorf aus an unser Konto gehen.

Für Graz, wo ich beim Rundfunk eine Lesung machte und wo abends die Lesung mitgeschnitten wurde, benötige ich, damit bei einer Sendung, die im nächsten Jahr kommen soll, trotz des wenigen Honorars, eine Einwohnermeldebestätigung aus Köln samt der Angabe, wohin das Geld überwiesen werden soll, unser Konto.

Fordere bitte diese Bestätigung an, und lege sie in ein kurzes Schreiben mit Hinweis auf das Konto. Es betrifft die Lesung in Graz 1.) Studio-Aufnahme am Montag 23. Oktober 1972, und Mitschnitt der Lesung im Forum Stadtpark Graz. – Die Adresse ist: Dr. Alfred Holzinger, Österreichischer Rundfunk, Studio Steiermark, Abteilung Literatur, Zusertalgasse 14, A 8010 Graz, Österreich. – Es wäre freundlich, wenn Du das kurz erledigen könntest. In meinem Namen. Und oben drauf unsere Adresse in Köln.

Zu den Kopien habe ich eine Reihe von Plänen beigelegt mit eingezeichneten Wegen, durch die ich bisher gegangen bin, so kannst Du Dir genauer vorstellen, was ich gesehen habe und wo das liegt. Auch vielleicht für spätere Eindrücke, die ich Dir schreibe. – Tatsächlich ist die Landkarte nicht der Ort, wie Korzybski sagt. Alles ist viel zu sehr mit überalterten Bedeutungen aufgeladen.

Ich kann Dir jetzt noch die Reise nach Graz nachtragen, die inzwischen schon wieder 14 Tage zurückliegt. – Sich zu überlegen, daß ich in der vergangenen Zeit etwa 2 Tausend 5 Hundert Kilometer mit der Bahn in 3, 4 Tagen Dauerfahrt zugebracht habe, ist eigenartig unreal – hinzugenommen der ständige Wechsel der Landschaften, das anhaltende Vorbeiziehen der verschiedenen Farben. Landschaftsformationen, der Zerfallenheit menschlicher Ansiedlungen – die verschiedenen Grade der Jahreszeitentwicklungen, den Wechsel von Tag und Nacht: dann noch die Fahrten und Gänge hier in Rom, die Einzeleindrücke – und einmal das alles zusammen genommen in Gedanken, erstaunt doch, was man sich zufügt. Und das Erstaunen erfaßt zugleich auch den Unterschied zwischen Quantität und Qualität. Ist reales Leben nur noch als Quantität erfahrbar, um ein ganz wenig Qualität und Steigerung zu erfahren? – Und alles das wird gebündelt, zusammengeschmolzen in einem einzelnen, einmaligen Körper, bildet ein einziges Moment in jemandem. – Das mir vorzustellen, berührt mich eigenartig. Man geht so leichtfertig mit dem Begriff Leben um. Als hätte jeder Tausend Leben. – Ich glaube nicht, daß diese Illusion notwendig für den Einzelnen ist, um Leben überhaupt ertragen zu können – ich meine die Illusion, man hätte unbegrenzt Leben zur Verfügung, ganz im Gegenteil, das zeitlich-begrenzte meines Daseins verläßt mich nie, und mir dient dieser Aspekt gerade auch zur Steigerung und Intensivierung – nun kann jeder sagen, ihm sei schon bewußt, daß er mal aufhört, hat der aber das sich richtig klargemacht? Die reale tagtägliche Haltung zeigt meistens das Gegenteil. – Sie zeigt auch das Gegenteil von Intensität, nämlich ein Verbrauchen von vorhandenen Lebenssteigerungsmöglichkeiten, eine Erwartung die nach außen gerichtet ist anstatt an sich selber, unabhängig von der Umgebung. Man will überwältigt werden, anstatt durch sich selbst sich zu überwältigen – das klingt paradox, aber ich meine damit etwas, was ich dem Henning zu erklären versucht habe in dem Brief, als ich mich an das Gespräch auf der Fahrt nach Trier erinnerte – gilt so etwas überhaupt für eine Frau?

Übrigens, Henning, was Du mir von seiner letzten Aktivität erzähltest, dem Bild mit dem Einkleben von Material, das ist eine Sache, die ich ihm gerade an dem Eckstraßenbild gesagt habe – also kommt er jetzt darauf zurück, gut, gut, aber irgendwas fehlt immer dabei bis jetzt, und ich glaube, daß es eine Ernsthaftigkeit ist, er macht das sehr larifari, und das stößt mich immer wieder bei ihm ab.

Draußen bellt ein Hund, jenseits der Mauer, schwarze Schatten von Bäumen in schwarzem Raum, aber die Stille ist nicht schwarz, die eigentlich nun gegen halb acht überall sein sollte in der Umgebung, aber aufgestört wird durch das Motorengeräusch in der Ferne.

Ah, ja, eine Frau, Du, das wär's jetzt. Schwarzes zotteliges Gebell immer noch, kalte Pflanzengerüche aus dem schmalen Streifen bis zur Mauer von dem Raum aus, in dem ich sitze und Dir schreibe. – Schreiben ist kein Ersatz für eine Anwesenheit – vielleicht meintest Du das, an der Stelle, wo Du geschrieben hast, es schiene Dir wie eine Spekulation zu schreiben, an welcher Stelle ich Dich jetzt gern anfaßte? – Die Stelle hast du sicherlich genauer gedacht und gewußt – Du würdest die Schenkel auseinanderspreizen und ich würde Deine Schultern streicheln. Ich würde gern jetzt Deine Haut berühren, Deinen Körper. Oder Du würdest Dich zusammenziehen – jetzt ist alles ganz still, und nur das Klappern der Schreibmaschine ist da. Was hat das Klappern der Schreibmaschine mit dem zu tun, was ich vor mich hinträume? Und was Dich betrifft in dem Vor-mich-träumen?

Soll ich fantasieren? Schwarze, stille Pflanzenformen und stille, schmale Gerüche aus dem Gras- und Unkrautstreifen, der Hund hat aufgehört zu bellen, und Du würdest Dich zusammenziehen, die Schultern zusammenziehen, eine Form der Sammlung, der Konzentration auf sich selber, und eine offene Stille im Raum, die zur Entspannung verführt. Weiße Lichtflecken von unbeschriebenem Schreibmaschinenpapier unter der grünen Schirmlampe. Auch Wörter, die zärtlich sein können, aber gar nicht auf das Papier kommen, und die zu Tagträumereien verführen. Das haben sie alle gewußt, die geschrieben haben. Warum weiß man das heute nicht mehr?

Noch einmal Du. Denkst Du wirklich, Du seist die Maleen und Du wärst identisch damit? Du bist noch viel mehr als der Name Maleen, der schön ist, und immer grausam-stumpf von anderen in ihrer Blödheit falsch ausgesprochen und verstümmelt wird. – Sauer müßtest Du werden bei jeder nachlässigen Verstümmelung, die Dich betrifft! Deinen Namen, und gleichzeitig wissen, daß Du noch mehr bist, und wer denkt schon darüber nach?

Wenn ich an Deine zusammengezogenen Schultern denke, an Deinen Nacken, wo das Haar ansetzt, oder noch eine viel zärtlichere und sanfte Stelle, an Deine Achselhöhle mit diesem wenigen Haar und der leichten, anmutigen Vertiefung zwischen den Sehnen und der Gelenkausprägung, wenn ich an Deinen kräftigen, starken Hintern denke, den man so gut anfassen kann, wenn ich mir Dein Gesicht vorstelle, das ich gern mag und das ich immer als sehr angenehm und fein empfunden habe (so lange Du nicht irgendeinen Gesichtsausdruck angenommen hast, der mich wieder an Deine Schwestern, an Deine Mutter erinnert hat – denn so stark auch eine direkte Ausprägung und Ähnlichkeit der Herkunft besteht, so sehr habe ich immer wieder auch eine totale Verschiedenheit und eine totale Unähnlichkeit in dem Ausdruck festgestellt, bei jedem, der mir bisher bekannt geworden ist und von dem ich den Bruder, die Schwester, die Eltern gekannt habe – das ist so sehr überraschend und macht nachdenklich – und sollte nicht jeder viel mehr auf diesem Unbekannte beharren, das er auch ist? Oder das er überhaupt ist und worin jeder sich überhaupt realisiert als einzelner?)

Meine Gedankenmaschine geht und geht, und das hängt mit dem Schreiben vor der Maschine zusammen. – Also, weg damit – noch einmal:und ich stelle mir Dich gar nicht mehr zusammengezogen vor, sondern jetzt lebhaft, und dann spüre ich auch Deine Hände, und das ist gut. Fantasien?:gut, dann Fantasien! – Du stellst Dich ganz nackt hin und spreizt die Beine und beugst Dich und stützt Deinen Oberkörper auf einen Stuhl, so kann man Dich überall dabei anfassen, und Du weißt genau, was Du willst und wie es Dir gefällt, und es ist gut mit Dir das zu tun, und ganz einfach. – In Bars, in Kinos, in Pflanzengebüschen, im Omnibus, auf dem Stuhl, im Zimmer, ein vielgliedriges Tier.

Du bist schön. Ich finde Dich begehrenswert. Ich finde Dich gerade auch deswegen begehrenswert, weil Du nicht dumm bist, keine Fresse hast, weil Du klug bist und ein liebes Gesicht hast und einen prächtigen Hintern, eine helle lichte kleine Fotze, eine sanfte Fläche des Bauches, eine weiße schöne Haut. – Und dann beißt Du, Du machst eine bissige Bemerkung, dann wirst Du ganz rational, dann meinst Du, Du müßtest eine Brille aufsetzen – finde ich auch gut, aber gerade in dem Moment? – Und wenn Du es nur dächtest! – Oder dann, wenn alles wieder überstanden ist dieser Ansturm, meinst Du, Du müßtest Dich bedienen lassen – na, nun komm mal, nun mach mal, nicht daß ich nicht kommen würde und nicht kommen wollte und nicht machen möchte und das nicht wollte, nee, nee, so ist das gar nicht, total das Gegenteil davon, aber ich begreife nicht, wieso plötzlich diese Haltung – ich denke, ausgezogen wie ich bin, hat sie nun dazu Lust oder nicht, und weiter: wenn sie Lust hat, dann betrifft das doch sie, konkret, da, vor mir, den Teil und den Teil und das Ganze, und da muß doch jemand aus sich herausgehen, wenn er das will – kann ich noch mehr aus mir herausgehen? Geht das nur darum, reinzustecken? Koitus, Schluß? Ist das die ganze

Erwartung? Wie ist das mit der lüsternen Verzückung des Hinauszögerns, der feinen Sensibilisierung des Anfassens, Spürens, Tastens, Riechens, der Küsse, der Lippen, der Feuchtigkeit, dieses Entdecken – Du an mir, ich an Dir? – Und das hat mit wachem tagträumerischen Bewußtsein zu tun und nicht mit der Vorstellung eines black-outs, so wie ein Tier, das gar nicht anders kann, man kann auch vielleicht gar nicht anders, und doch kann man bereits bei dem winzigsten Gedanken an anderes, nicht mehr, unter Umständen.

Und ich begreife Dich gar nicht, in dem Punkt, nachdem ich den Orgasmus-Reflex bekommen habe, und Du nicht, wie dann bei Dir jede Regung, jede Zärtlichkeit und auch jedes Verlangen lediglich durch die ganz primitive Regung der Erschöpftseins bei mir im ersten Ansturm körperlich schlaff geworden ist, bestimmt wird, auf Deine Empfindung beharrst und nicht weitermachst – ist alles aus? Ist es ein Erschrecken? Ist es das? Das wars und nicht mehr? Was geht da bei Dir vor? Was ist los? Das „Los" ist bestimmt feingespürter als das Wort:was ist „los". –

Laß Dich nicht hier verwirrt machen. – Ich will Dir etwas sagen, und ich kann das nur in so zerbrochener Form, und das ist gar nicht – ich habe absichtlich karge Wörter gebraucht, bin ich denn blöd? – Noch einmal? Noch einmal, – die verdammte, verdreckte Umgebung!

Über den schwarzen, stillen Pflanzen und Baumformen orgelt und pfeift ein Flugzeug, altes, verdrecktes Zeitungspapier weht über Ruinen der römischen Geschichte, ein kleiner Kindersarg als Blumentopf am Eingang eines sonst schäbigen Geländes, geborstener Asphalt von Rollbahnen eines Flugplatzes und blau-vernarbte Wunde am Bein von Spielkameraden, ein am Gehirn verstümmeltes Kind, das durch eine schmutzige verstaubte Straße schwankt, vom etwas erhobenem Pult des Vortragenden Professors kommen große Worte und Formulierungen, man spricht über die sogenannte Vielfältigkeit der niederen Arten im Pflanzenbereich, ein Unikum aus der Psychologie vertritt die Ansicht der Determination durch Träume, die bloß Wiederholungen des Vortages sind, schwarzes Gebell eines Seitenstraßenhundes inmitten der Kulisse abblätternder Häuser, gelbe Wände, der weiße Anblick verrotteter kranker Katzen unter dem stinkenden Autoblech, der Preis für den Abschuß eines Elefanten beträgt in Kenya 1 Tausend Pfund, die Erfindung der DNS-Struktur, ein Schluck aus einer Flasche, die Landschaften wechseln, wohin geht die Fahrt?

Einzelheiten, aber wenn man alle Einzelheiten addiert, was ergibt sich dann? Welche Perspektive? Eine bessere? Das bezweifele ich aber entschieden! – Abschweifungen, weggehen, je weiter, desto besser. – Heulende, zerriebene Luft, geschleiftes Blau, für Transaktionsgespräche, die Banken geschlossen.

Maleen, Du denkst vielleicht, ich sei übergeschnappt? Ich erkläre Dir etwas, aber erkläre ich es Dir? Was braucht eine Handlung für Erklärungen? – Absprung, es zu schreiben, Wörter.

Unverständliches Sinngewirre, verschlungene Labyrinthe von Bedeutungen, alle Fleisch geworden, zynische Bekanntgabe, daß das Wort Fleisch geworden ist, also nicht ausradierbar, es sei denn mit dem Sterben allen menschlichen Fleisches, überleg mal was das heißt! – Oh, ja, ich rede danebenher, das sind auch Monologe, es sind Verwirrungen, die bereits auf zellularer Ebene stattgefunden haben – denn das Wort, dieses miese elende Sprachverständigungsmittel, ist Fleisch geworden in jedem – was hat eine zärtliche Geste damit zu tun?

Haha, Knurren, Verzückung, ein Aufwallen anderer Bereiche, Entgrenzung, Mißfallen, ich tippe allein in einem Zimmer, und das Knattern der Schreibmaschine erfüllt den Raum.

He, hallo, Malee, mit dem schönen Namen, mit dem lieben Gesicht, mit dem reizvollen Hintern, mit der sanften kleinen Fotze, mit den zusammengezogenen Schultern, wo bist Du jetzt, da Du dies hier einige Tage später liest? In Deinem Zimmer? Am Vormittag? Und unten die Blechkarren der gewöhnlichen Wahnsinnigen, die auch die Hörsäle der PH füllen? Ich tanze auf einem dünnen Gedankenseil über dem Dreck, der sich da unten rührt. Tanzt Du mit? Komm doch; tanz mit mir auf diesem verdammt schnell reißenden dünnen Seil einer Ansicht, aber die Ansicht wäre dann Deine, und das Tanzen ist schön, hellwach und mit Bewußtsein.

Wo bist Du? Wo ist Deine zärtliche Nacktheit, wo ist die Entzückung, wenn Du schamlos nackt bist, heimlich und verschwiegen, und das geht nur Dich an und den, mit dem Du das machst. Wo bist Du? Die Schreibmaschine klappert im Raum. Er ist Samstagabend – eine Fantasie?

Jede noch so winzigste, unscheinbarste Fantasie ist Abschweifung vom widerlichen, ekligen Normalen und von der Normierung – das begreift, ich schwör Dir das, keiner Deiner Professoren! Denn keiner dieser Professoren würde es wagen, den Gedanken auszuspre- chen, er riefe ja gegen seine eigenen Worte auf! Und selbst das Wissen – welche Fiktionen, denn man kennt doch gar nicht die Zusammensetzungen – sie sind viel mehr geträumt als jeder sich ausdenken kann – sieh mal, die schöne glatte und glänzende Bewegung eines Panthers hinter Gittern – welche gefährliche geträumte Lebendigkeit! Und um so vieles geringer sieht man den heutigen Menschentyp an? Bla, bla, bla – und Du wirst das, nämlich das Bla, blah, bla viel mehr verstehen, ich bin davon überzeugt, denn das bla, bla, bla ist angesichts tatsächlicher Ereignisse viel tiefer – angesichts viel tiefer als eine kalkulierte Formulierung angesichts der Tatsache wie Du schön bist und begehrenswert.

(Das letzte ist grammatikalisch gar nicht verständlich; prima): Es ist Samstagabend, gegen 9 Uhr in Rom, eine schwarze Nacht, und die Straßen, wie gesagt, düster. Nun gehen sie alle in Pizzerias und Ristorantes und quatschen. Heulende Düsenflugzeuge über dem kühl ausdün- stenden Park der Villa Massimo, mein Nervensystem ist so offen, ich tippe einfach drauflos, noch unverständlicher, ja, verschlungen, fliegen möchte ich gar nicht, auch das Labyrinth ist schön und aufregend, denn aufregend ist in dieser langweiligen Welt schön, warum schreibst Du nicht einfach, und regst mich schön auf, ich ziehe mich jetzt nackt aus, ich fasse mich am Schwanz an, ich tanze im Zimmer herum, ich lege die Jacke ab, ich grinse – noch etwas blöd verschämt – ich ziehe das Hemd aus, ich drehe mich um, mein Penis schlenkert herum, ich sehe Dich an, jetzt hab ich nichts mehr an, ich tanze in einigen weniger grazilen, als vielmehr tanzenden Bewegungen herum, in dem weichen gelben Lampenlicht, in dem Zimmer – siehst Du mich? Jetzt? Ist auch ein bißchen zum Lachen! Und Ausschweifung! Total geheime! Unter uns! He, Maleen, Du mit dem schönen seltenen Namen! Und mit der weißen Haut! Und dem lieben Gesicht! Zieh Dich aus!

„Wirklich, es scheint mir wie Spekulation, so zu schreiben" – schreibst Du. Spekulation? Wir können zusammen an verschiedenen Orten in den Mond sehen. Spekulation? Denken- de Körper, die weiß in einer pflanzenhaft stummen schwarzen geräuschlosen Nacht sich bewegen.

Samstagabend in Rom, Villa Massimo, gegen zehn Uhr, ich treibe über das alltägliche Labyrinth, über meine eigenen verschlungenen Gedanken, über Deine mögliche Antwort, die nicht weniger labyrinthisch sein wird – die Realität, jetzt, gerade hier, ist verschwunden – und während Du das liest ist sie auch für den Moment des Lesens dann bei Dir verschwun- den. – Fantasien, Gedankengänge, holprige Seitenwege, vielleicht wie alte, zerfallene Schnörkel an den Fassaden? Der von Blei zerfressene, abtropfende Zierat – und es stimmt schon nachdenklich und auch traurig, die vielen Anstrengungen von Fantasien, Aus- schmückungen, die durchgearbeiteten Häuserfronten, die Brunnenkonstruktionen, die Platzanlagen, die ganze Energie von geistiger Anstrengung über einen längeren Zeitraum hinweg, in Bildern und Bibliotheken eingelagert, mitten in einem derartigen Zerfall zu sehen.

:Deine Stimme im Telefonhörer, hier in Rom, in dem kahlen Flur, nachts.

Also hier meine Eindrücke von der Reise nach Graz, die ich Dir schon längst hatte schreiben wollen,

die Fahrkarte beim Deutschen Reisebüro in Nähe des Bahnhofs besorgt, Fahrzeiten herausgesucht, und doch etwas wegen der Länge der Zugfahrt zurückgeschreckt. Im Kaufhaus mir einen Wecker besorgt, der laut klingelt. Brote gemacht, Tasche gepackt, und dann die Fahrt von abends auf den nächsten Morgen verschoben und noch einmal hinausgezögert auf den Abendzug, 1. Klasse, Samstag, 21. Oktober, Abfahrt 22 Uhr 15.

«Subito! Subito!» rief die Frau des Pförtners in das Telefon, 50 Lire Gespräch/Anruf beim Taxistand. – Hatte wenig geschlafen, lange in kleinen 1838-Bänden von Müllers Gesammelten Werken gelesen, die ich hier in der verstaubten und unordentlichen Bibliothek, in der man auch TV sich ansehen kann, gefunden hatte – abends Regen und gelbe Blätter auf der Straße, dazwischen giftig schimmerndes Neonlicht in Pfützen.

Weißt Du, was Entfremdungsgefühle sind? (Man hat das Wort in den vergangenen Jahren so oft gehört, daß man sich darunter gar nichts mehr vorstellen kann!):eine Fremdheit, eine Entfernung seinem eigenen Leben und dem Gefühl zu leben gegenüber – obwohl man lebt, atmet, verdaut, sich bewegt, sieht, sich umdreht, geht, die Hand bewegt, schläft, aufwacht: eine Entfernung von einem selber, die in einem selber steckt – eine Fremdheit seinen eigenen winzigsten Impulsen und Regungen gegenüber und eine Abwesenheit des Empfindens zu leben, in einem Körper zu stecken, dieser Körper zu sein – durch eine unübersehbare Menge an Lichtern, Farben, Reklamen, Formen und Namen wird das jede Sekunde betrieben, da man atmet, sich bewegt, verdaut, entspannt, und durch eine unübersehbare Anzahl von Wörtern betrieben, die man im Kopf hat – bis hin zu dem Wort Entfremdungsgefühl, denn bereits dieses Wort, diese begriffliche Fixierung eines paradoxen Vorgangs, entfernt von seinem eigenen Leben zu sein, obwohl man lebt, ständig, ist eine Entfremdung:

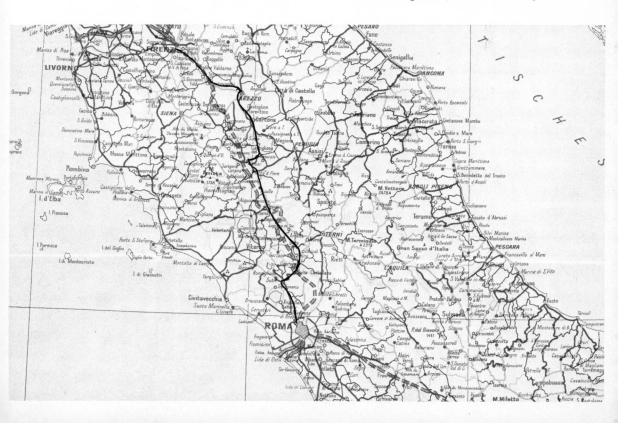

haben diejenigen Narren das überhaupt begriffen, die mit dem Wort Entfremdung gegen das, was mit Entfremdung bezeichnet wird, anzugehen vermeinen – gerade die mechanische, starr automatische Reihe von einem Begriff zum anderen zu kommen, läßt sich besonders bei den Typen beobachten, die argumentieren.

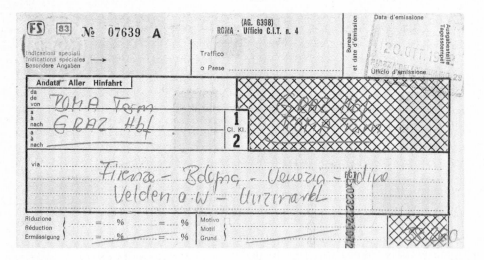

Ich mußte daran danken, wie durch eine lange Reihe erbärmlicher Mißverständnisse die vitale Beziehung und die Zärtlichkeit zerrissen worden ist, und das machte mich melancholisch, weil ich zugleich mir aber auch wieder eine zarte, weiße Haut, eine wortlose Zärtlichkeit und Lust und Entspannung vorstellen kann (:allerdings, sehe ich mir die Gesichter von Mädchen und Frauen auf der Straße an, die Bewegung und den Ausdruck, stürzt wieder das Lärmende hervor und mich erschreckt das Ausmaß einer lautlos-lärmenden Verrottung, die auf Fernsehen, Kino, Illustrierten in ihnen betrieben wird und die, genau besehen, so total im Gegensatz steht zu der realen körperlichen Anwesenheit, die manchmal sanft und tierhaft ist und immer lebendig, aber die Blicke sind starr, und ist Dir schon einmal aufgefallen, daß Augen nie lächeln?) – Die Gedanken hingen mit dem Augenblick des Aufbrechens zusammen, wieder dem Fortgehen von einem Ort, denn genau das Gegenteil erscheint mir erstrebenswert nach den ganzen Unsicherheiten, den zusammenfallenden, einstürzenden Orten und Situationen, die ich von früh auf erfahren habe und die mir immer noch im Gedächtnis haften, die ständigen Fluchtbewegungen, weiter und weiter, wozu und wohin? – Anderen mag das erstrebenswert erscheinen, mir weniger, eher kann ich mir schon Exkursionen vorstellen von einem einigermaßen haltbaren Platz aus, an dem ich das Gefühl habe, es ist mein Platz. Das Leben in der Luft ist dann doch nichts für mich.

600 Lire Taxi, kalter Oktoberwind, der durch die offene Bahnhofshalle zieht, Zigaretten 350 Lire, 100 Lire Menthol-Bonbons, 360 Lire zwei Bananen, Kaffee und Mineralwasser von einem Wagen auf dem Bahnsteig 600 Lire, ein Abteil belegen, vorbeigedrängt an Koffern und mit Band verschnürten Kartons und schwitzenden abgerissenen Männern im Gang, sie fahren in die Industriegebiete nach Norden: Abfahrt 22 Uhr 15 – unter einem glatten, grellen weißen Mond das Papier übersähte Geleisfeld und die düstere Reihe von Mietshäusern in langen durchgehenden Blöcken, da, in dunklen Vierecken, in abgeschlossenen Schachtelzimmern, eins nach dem anderen, lagen jetzt Hunderte von Menschen – und darüber, in einem inzwischen fast wolkenlosen Raum die weiße Scheibe wie vor 3 Tausend Jahren und nach 5 Tausend Jahren, während darunter riesige Massen von Menschen wegstürzten, alle einzeln und zusammen ein diffuser Zug von Leibern und Gedanken und Absichten und rankenhaft-verschlungenen Gelüsten und Erlebnissen.

Stand zuerst lange im Gang am Fenster, das halb heruntergelassen war. Im abgeschatteten Abteil hinter mir, nur von den kleinen Lämpchen über den gepolsterten Sitzen schwach erhellt, und mit zwei weiteren Reisenden besetzt, die am Fenster saßen und eingenickt waren. Diesen Wagen konnte ich bis Venedig behalten. Danach umsteigen in den Kurswagen Richtung Wien.

Die Luft war kalt und klar, die durch das heruntergelassene Fenster hereinkam und hielt mich wach, draußen kahle, fast baumlose Hügel, mit einzelnen Baumgestalten gegen die durchsichtige Nacht, Pinien oder Olivengespenster unter dem wolkenlosen, hellen, schwarzen Himmel – um jeden Baum ein dunkler Bezirk, seitlich versetzt, der Schatten.
Nach einiger Zeit keine Gedanken mehr, Abnahme der Empfindung am Fenster zu stehen, in kleinen Schlucken die winzige Kaffeemenge aus einem kleinen Pappbecher, und Zigarettenrauchen, gestaute Wärme im Abteil, die Reisetasche auf dem Sitz neben mir.

Weswegen fuhr ich eigentlich nach Graz?: Wegen dieser Augenblicke, des Fahrens, der Bewegung, der Blicke in eine italienische Nachtlandschaft? :An Literatur und großen Gedanken und Einsichten hatte ich nichts zu bieten, auch nicht an besonderer Kommunikationsfreundlichkeit, die Zersplitterung meiner Arbeit und Ansichten, die in den letzten Jahren von mir betrieben worden waren, um zu einem neuen Ansatz zu gelangen, ist noch zu überwiegend. Und überhaupt mein inzwischen grundsätzliches Mißtrauen gegenüber Literatur-Veranstaltungen, denn was ich bisher davon erlebt hatte, war ziemliche Enttäuschung, von Eitelkeiten und vermischtem Stumpfsinn besetzte Darstellung, nur noch das Job-Gehabe der Künstler, ich hatte von ganz anderem gedacht, und das Andere, das ich im Kopf gehabt hatte, war Steigerung, Vielfältigkeit, andere Ansichten und überraschende Einsichten, aber nicht die Routine von einmal veröffentlichten Schreibern.

Kalte, große Nacht, durch die diese Wagen gezogen wurden mit einzelnen Menschen darin, und immer weiter dieser helle, grell-weiße Mond, den ich lange nicht mehr so klar und scharf umrissen gesehen hatte – die Kälte und darin das weiße runde Licht mit dem

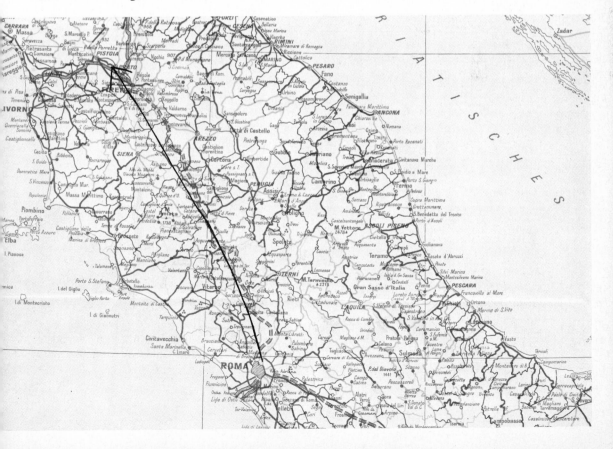

durchsichtigen, hohen Raum darum erinnerte mich an bestimmte Winterabende in Vechta, vielleicht Januar, Februar mit der harten, zugefrorenen überschwemmten Fläche vor der Stadt, und der frühen Dunkelheit auf dem Eis, in der man so lange als möglich Schlittschuh gelaufen hatte, bis nur noch einzelne gleitende Gestalten über die Fläche sich bewegten und auch die verschwunden waren und dann die helle kalte Leere unter einem weißen Licht still dalag. – Hier, an der Stelle, kam wieder ein freundlicher Kellner mit seinem Getränkewagen durch den Gang und klingelte auf der Fahrradklingel, und ich holte mir noch einen kleinen Pappbecher Kaffee, 100 Lire. – Das Moorbachgebiet drängte sich in der Erinnerung groß und leer vor, gibt es schöneres als solche norddeutschen Winterabende mit Eis und Kälte und einem großen klaren Himmel darüber:das ist bald wie eine ganz unglaubliche Geschichte, etwa auf den Bildern der Niederländer. Vor den Fenstern sind Wolldecken gehängt gegen die Kälte, und kalte Eisfarne, die in der weißen, kalten Helligkeit über die Fensterglasscheibe heranwachsen, lautlos und dicht. – Flashbacks, vor 1950, ländliche Idyllen, die wahrscheinlich real nie bestanden haben, sondern nur in meiner Aufnahme der einzelnen Details, aber sind sie deswegen weniger wirklich? (Danach Bruch, «Leben und Träumen verboten!»)

Um Viertel vor 5 nachmittags wird die Luft draußen kühl, die Sonne ist verschwunden, kleine Vögel schwirren in der blaß gewordenen Helligkeit, gegen die sich scharf umrissen die Fernsehantennen abheben. Die grünen Rolläden des Hauses gegenüber hinter dem Baumstreifen und der Mauer sind heruntergelassen, leere Baumgestrüppe im Vordergrund, mit einigen Blättern daran – zwei Katzen sind durch die offene Tür hereingekommen, – die weiß-schwarze Katze geht lautlos wieder heraus, die schwarze Katze, die man aus dem Vorjahr blöde Beckett genannt hat (so blöde sind die Literaten!) geht lautlos herum, leckt sich und zuckt mit dem Schwanz, jetzt sitzt sie auf der Türschwelle – es ist ein Jammer, daß man sie nicht richtig wie Katzen halten kann, dazu müßten sie geimpft werden und regelmäßig gepflegt werden, aber dazu hat keiner ein Interesse und so leben sie hier überall herum.

Und weiter ohne anzuhalten durch die Nacht im Abteil 1. Klasse Richtung Venedig Villach Klagenfurt Graz 38 260 Lire hin und zurück zur Lesung Montag abends aus dem Materialbuch vom Oktober 1971 Köln vor Longkamp weißangeleuchtete Wolkenbänke als hätte sich das Mondlicht dort zu flockig-dichten Schichten zusammengedrängt was es nicht hat oder in einem Sinn doch hinter einem Hügel blau-schwarze Nacht mit Baumschatten durchsetzt in der kahlen Leere unten und Halt mit rot aufblitzenden Rücklichtern an einem Güterzug auf dem Nebengleis davor der Galgen einer älteren Wasserpumpe für Dampflokomotiven eine grob Kaugummi kauende Frau im Gang Orvieto Viertel vor 12 p. m. ein Soldat lehnt in schäbigem Nato-Oliv-Grün mit schlaffem privatem Täschchen bedruckt mit dem Zeichen einer Fluglinie zusammengefallen im Gang zur anderen Seite und weiter weiße schmale Wege zwischen zerteiltem Land an Gärten vorbei Sterne Fahrtwind die kahlen Hügelbuckel erinnern in ihrer schwarzen runden Klumpigkeit an eine nächtliche Hügel-Dünen-Kette vor dem Meer.

Der Soldat hat den Kragen seines Hemdes und des kurzen Jäckchens hochgeschlagen und ist ein trauriges, sinnloses Bild für die Nacht, ein ausgelaugtes, überflüssiges, müdes und staubiges Bild, so leer wie eine leere Konservendose, die rostet.

Im Abteil schräg mir gegenüber ein Mann mit offenem Mund zurückgesackt wie zur imaginären Abfütterung bei einem Säugling, erstaunlich in dieser Haltung konsequent erstarrt.

Kleine Dörfer mit Lichtblitzen tauchen auf und versacken lautlos in der Nacht, schlafende Menschenansammlungen, erstarrt auch in einer Ordnung aus Zivilisationszwängen.

Die Nacht ist gezackt und auf dem Grund ihrer Schwärze durch die Schattenumrisse der Häuser und Baumgärten zerklüftet.

Ich bin hellwach. Ich nehme die Einzelheiten auf in klaren, genauen Umrissen – Häuser, Gärten, Bäume, mit den schmalen Senken der Straßen bilden unter dem klaren, großen nächtlichen Raum ein zerfasertes Gewirr, das den Eindruck eines Ins-Stocken-Geratenen erweckt. Dann ist das zusammengenommen manchmal nur ein Klumpatsch aus wahlloser Zusammenfügung.

Also auf der Erde gestaut, und darüber für die Sinne grenzenlos weit.

Und Tunneldurchfahrten, ein leichtes Unterdruckgefühl im Ohr, ich denke, manchmal ist man so verkrampft, daß einem zum Heulen zu Mute ist. – Der Einfall kam lose dahergeschlenkert, und der Zusammenhang völlig verworren – hohles langschleifendes Abbremsen unter mir, Reklamen in einiger Entfernung, die in die Nacht hineinstehen – der genaue Gedanke: daß die Frechheit von Menschen enorm ist – daß jeder die Nacht mit seinem blöden Namen oder dem Hinweis auf Autoreifen in grellen übergroßen Buchstaben verstümmeln und verwüsten darf – ungestraft!

Die Ledertasche schaukelt auf dem mittleren freien Platz etwas hin und her, Pfiffe, Zugsignale, vorbeihuschende Bauerngespenster ganz nah, fahre noch einmal rund um die Uhr, vor mir der Mann mit dem Loch im Gesicht, Chesterfieldzigarette, ausstrecken, das Empfinden des Fahrens aufsteigen lassen in den zitternden, kleinen, eisernen klappernden Geräuschen, auf grünem Samtpolster, Zigarettenflecken schwarz-verkohlt auf dem beigen Fußbodenteppich, Chiusi – Halt – Viertel nach 12, 1 Mann singt monoton am Zug entlang mit einem kleinen schmalen ratternden Wagen voller Flaschen und in Plastiktüten gepackten miesen Broten, ein Kellner, gefolgt von einem zweiten Kellner, der friert, und ganz zusammengefallen ist unter dem verblichenen Bahnhofslampenlicht.

Als ich diese singenden kleinen Gestalten in weißem Kittel auf dem nächtlichen verödeten Bahnhofssteig sah mit den rappelnden schmalen Wagen, fiel mir ein gleiches Bild ein von unserer Fahrt damals nach Paris, das Bild eines leeren, verödeten Bahnhofs in Belgien, und die Stimmung ist fast identisch, die von diesen kleinen Wagen und dem leeren Klappern ausgeht.

Solche unscheinbaren, geringen und zufälligen Eindrücke enthalten für mich die ganze Einsicht in den tatsächlichen Zustand, in dem unser Leben sich befindet, der uns umgibt. Hier, dieser schmale, vollgestopfte Wagen auf dem grau in grauem Bahnsteig neben dem Zug mit einer Figur in weißem Kittel, und damals in der ersten Morgenfrühe oder war es auch späte Nacht in Belgien.

Um das klarzustellen: ich meine nicht eine Identifikation, sondern ich meine, daß solche winzigen, schnell vorbeispringenden Eindrücke Sinnbilder sind. In ihnen drängt sich plötzlich und unvermutet die ganze auseinandergesprengte Realität zusammen. Das, was da ist, mehr nicht, nämlich ein Arm mit einer herausgreifenden Hand, die einen Pappbecher nimmt, und das Wechseln von Papierscheinen und der verödete schmale Bahnsteig mit dem verblichenem Licht. – Zwischen diesen überaus präzisen, aber gar nicht oft wahrgenommenen Standbildern und Szenen wandeln Fließende Gewänder, Bügelfalten, goldene Manschettenknöpfe und toupierte Frisuren – bewegen sich glitzernde Einfälle, Laute, Vergnügungen, „Kaffee? Kaffee?" zieht einen leeren Bahnsteig nachts entlang.

Fahrt nach Paris 1963: bin ich leergebrannt, ausgebrannt, Stimmung? Der Mond scheint direkt und voll ins Abteil, und dagegen stehen dürre Baumgerippe, es ist Viertel vor eins, ich esse eine der zwei teuren Bananen aus dem Hauptbahnhof Rom. Rom sind teure Bananen. 5 vor Eins Uscita – immer noch Mittelitalien.

Die Zwischenzeit verging mit leichtem Dösen, in das immer wieder die zwei gegenwärtigen Eindrücke eindrangen, 1.) Das Mundloch des Zusammengesackten in der Fensterecke, 2.) Schwarz-weiße Lichtwechsel von draußen, also Geflecktes.

Auf einmal kamen mir, sinnlos und zufällig, die Beinamputierten aus den Sommern nach dem Krieg in den Kopf, wie sie in der Badeanstalt auf einem Bein standen, mit den Leichtmetallkrücken, und ihren Stumpf auf die schweißgraue Gummihandstütze einer Krücke gelegt hatten, wie sie da standen und in einer Variante des Zeigens dieses fehlende Glied hinhielten und dann in hüpfenden Sprüngen durch den losen Sand zu einem zweiten Beinstumpf sich bewegten.

Hochhäuser, leere Straßenzüge, einige Schemen gegen die Mauern, Ampeln, eine Stadt, Pfiffe durch die Nacht, auf dem anderen Gleis ein mit Menschen vollgestopfter Nachtzug in Richtung Rom, aus den heruntergelassenen Zugfenstern hängt wüster menschlicher Mief heraus, in Bruchstücken, Gepäckteilen, gestapelten Gesichtern, zusammengedrängt in dem Rechteck der Fenster, mit einzelnen Gliedern, die lose über der Fensterkante hingen, wüst und schlaff durcheinander, die Lebenscollage.

Gedanke:daß ich mir unbedingt die zwei Bände Dramen von H. H. Jahnn verdienen muß – Auch entstand ein Bild von dem Rektorat der Universität Köln während der Verwirrungen 1969, einem dunkel-braunen Raum mit Teppichen ausgelegt und dunkel-braun gebeizten Möbeln, Anfang Sommer, in das ich neugierig hineinging und das voll verworrener junger Menschen war eines Abends – ich sah mir die Bücherreihen in dem gläsernen Schrank an, mitten in dem wuseligen Gerede ein klarer und kräftiger Eindruck, und ich weiß genau, daß niemand der durch abstrakte Wörter und Begriffe Verworrenen sie sah – statt dessen prahlte einer damit, daß er später auf den Teppich geschissen habe, ganz wie einer der beschränkten Primaten.

Wie kam ich darauf?:Durch das eiserne Geklapper durchgeschüttelt, lösten sich isolierte vergangene Eindrücke.

Und noch einmal ein in die wüste Empfindungsgegend früher Kindheit hinausgeschleuderter imaginärer Eindruck, eine Variante zu den Stummelbeinigen unter der Sommerhitze am Rand der Tonkuhle mit dem Russen in schwarzem Trikot und dem grünen Wasser – die Erzählung eines Finanzangestellten, der rötliche Haare hatte und Söhl hieß, mit einem Bein. – Das wurde ihm weggerissen, plötzlich war einfach kein Bein mehr da, und rund herum Lärm, platzendes Metall, zerwühlte Erde, und ein blutender Beinstumpf, aus dem es unaufhörlich rot herauslief. – Ob das so gewesen ist, weiß ich nicht, aber mit derartigen Assoziationen verband sich die Erzählung an irgendeinem Mittag beim Essen. – Und wahnsinnige Schreie, ein feuriger wegspritzender Schmerz, überall in der Luft, die ganze Luft nichts als Schmerz und zerrissene Körper, ein Orgeln von Schmerzen und Gliedern, die einfach wegrissen – und daß dieser Mann andauernd geschrien habe, man solle ihn töten, man solle ihn sofort töten, so lange, bis die Sanitäter kamen – „Die Sanitäter kommen erst später!" war ein blödelnder Witz dazu. Man muß sich aber einmal vorstellen, daß Leute ausgebildet werden, die darauf zu warten haben, daß anderen Leuten die Glieder weggerissen werden. Dann setzen sie sich in Bewegung. Was sind das für logische Zusammenhänge!

Maleen, diese vorbeihuschenden Einfälle sind bestimmt zu erklären mit der doch recht zerfetzten Landschaft überall, mit der überall zu sehenden Zerstückelung, dem überall sichtbaren Flickwerk von Schuppen, Häusern, Straßen. Und so tauchen diese Szenen wieder auf – denn die Wirkmale des Schreckens und des Wahnsinns sind ja noch überall vorhanden. Etwa so kann man es sehen nach den Ausarbeitungen des Paläoanthropologen und Verhaltensforschers Bilz. (Den ich bereits, in einem ähnlichen Zusammenhang, am Schluß des Textes zu Acid verwendet habe.)

Mich hat schon ganz schön fertig gemacht und erschreckt und vor allem mit Ekel erfüllt, als ich sah, wie die – zugegeben – einigermaßen euphorische Anthologie damals in die falschen Kanäle gelaufen ist!

Und noch einmal das Bewußtsein der Zugfahrt: Fahren, durch das Ruhrgebiet, vorbei an flammenden Feuerschlündern, heißen Metallflüssen, hochgedrängten Konstruktionen, 1963, mit Dir(:Habe tatsächlich daran gedacht auf der Fahrt Richtung Venedig durch Italien in der Nacht) – nämlich wie wir in dem leeren Abteil gefickt haben, nach einem Besuch in Gütersloh. (Was ist das für eine blöde Schau an dem Sonntag gewesen!)

Und nun Italien: ein Stück staubiger Seitenstraße, ein Stück staubiger Erde, ein Stück herausgerissener klarer Himmel, eine Zugfahrkarte. Der junge Uniformierte in Nato-Oliv-Grün taumelt den Gang entlang bei hochschraubender Geschwindigkeit, ich schaukele am Fenster hin und her, die Geschwindigkeit nimmt immer mehr zu, alles schaukelt und schlingert durcheinander, immer man „gib ihm! gib ihm!" los und drauf, was die Lok hergibt. – Notizen in einen der besorgten Blindbände vom Verlag. –

Menschliche Gespenster-Schau, da torkelt schon wieder ein Uniformierter den Gang auf mich zu, und das schwarze, glänzende Ledertäschchen mit der Tötungswaffe schlenkert an der Seite, befestigt am Rock, unter dem kraftlosen Licht des Wagenganges. Und rumms! verschwindet der Kerl in gebrochenen Rhythmen in ein dunkles Abteilloch. – Cut up! – Denn die Blicke machen ja ständig cut ups! – Also hat der Burroughs gar nichts Neues erfunden! – Cut up:2 Betrunkene Männer lachen schaukelnd durch das Spülicht an mir vorüber und stopfen sich in der Gangtür zusammen. Die Illustrierte unterm Arm. Der Schlips baumelt. – In dem farblosen Licht der Abteile hingehauene, vom Schlaf durchgebrochene, verquere Gebilde, die atmen. – Stückweise Glieder. – Durch die Fetzen der Gardine gesehen. – Draußen erfaßt der Blick die schwarze nächtliche Ebene, darin Lichtpunkte verteilt. – Einmal, mitten in einer Gegend, in der weit und breit kein Haus, keine Ansiedlung zu erblicken war, auf einer Straße hinter fummeligem Gartengelände ein stehender Wagen mit kreiselndem Blaulicht. Sehr geheimnisvoll, aber hätte man die Gründe, nur noch öde. –

Jetzt, Sonntagabend, schwarz gegen Grau AstundZweigkomplexe vor der Tür. Lasse die im Zimmer gestaute Luft abziehen. Sonst ist der Wohnkomplex des Ateliers 10 dunkel. Nur aus der Tür in den Gartenstreifen gelbes Licht, das auf die wenigen Steinstufen und den Kiesweg fällt. Dünne, zerschlissene Hintergrundsgeräuschkulisse eines Verkehrs. Der Nachmittag ist schnell vorbeigegangen./Foto:Ich blicke vom Tisch, von der Schreibmaschine durch die geöffnete Tür in die Schwärze, und da hockt blaß weiß und schwarz ein Tierleben, unten, vor den Stufen. – Bereits eine ist an rätselhaften Würmern eingegangen. Und man muß bei der Verwilderung und der Nachlässigkeit der Leute hier, aber „Beckett!" nennen sie sie – doch aufpassen.

Gerade, als ich einen Augenblick mich den Katzen zuwandte, denn inzwischen ist auch wieder die ganz schwarze Katze, die man „Beckett" nannte dazugekommen, habe ich einen schnellen, exakten Vorgang aus dem Tierbereich erlebt:ich wollte die schwarz-weiße Katze ansprechen, die schwarze Katze hat offensichtlich hier Star-Privilegien genossen, bereits der Name, und die gefleckte ist scheu, schüchtern, immer auf der Hut, wagt sich nicht hereinzukommen, während die schwarze Katze mit erhobenem Schwanz sogleich ohne

Zögern reinkam – und ich habe mich an diese Weiß-Schwarze gewandt, da sie mir besser gefällt, immer natürlich per Distanz, bis sie reingestrichen kam – zeigte ihr den Finger – und sie kam näher, sogleich war die schwarze Katze da und versetzte ihr mit der Vorderpfote einen Schlag – ist eben alles starres Territorium! – und sie zog Leine. Setzte sich auf die Stufe. Ich habe sogleich die schwarze Katze rausgeschmissen und redete der anderen zu, worauf immer die schwarze glaubte, ansprechen zu müssen. Mir ist nicht gelungen in etwa 5 Minuten ausdauernden Zuredens an die Schwarz-Weiße sie noch einmal bis an die Zimmerschwelle zu bekommen./Also Tür wieder zu, Rolläden runter, 7 Uhr abends.

Zurück zu der Bahnfahrt:immer noch am Fahren! Einzelne Eindrücke, cut ups.

Um 5 vor 2 nachts a. m. war Firenze erreicht. (Ich dusselte.) Neue schreiende Verkäufer am Zug entlang. Mit Firenze etwa beginnt der nördliche Teil Italiens. – Leere Flaschen klirren gläsern im Rappeln. – Rausstürzende Reisende zum laufenden Wasserhahn auf dem Bahnsteig. Wischen sich den Mund ab. – Und kurz nach der Anfahrt kommt der Pistolenkerl in Uniform und blickt frech in jedes Abteil, was darin passiert, knipst sogar das Licht an! – Dachte er, da seien Orgien am Laufen, Rauschgiftparties, Mörderspiele? – Ein endlos scheinender Tunnel, und ka-wumm: „gib ihm, gib ihm!" rasende Fahrt! – Hochgeschreckt, ein Wecker klingelt in einer Reisetasche! – Bologna Viertel nach 3 nachts – 20 vor 5 morgens Rovigo, 1 dampfende Fabrik, 1 Morgenstern, rumms, und weiter Padua, zerfetzte Gegend, in einem bleichen Morgenlicht, kurz vor Venedig.

Zuerst einmal Aufenthalt in Venedig-Mestre:eine Vorhölle von Venedig, schäbig und abgewrackt, stumpf. Danach kamen entlang eines größeren, geraden Damms für Autos und Eisenbahn, rechts und links Wasser, im Wasser Shell-Öltanklager, dahinter ein Abflammen von Gas hoch in der Luft. –

Um 5 Minuten vor 6 Venedig, S. L., der Bahnhof: (das S. L. heißt Santa Lucia) und tatsächlich steigt ein Neger aus und geht den Zug entlang: Mohr von Venedig, um 5 vor 6 in der Frühe.

Rangieren, ein neues Abteil suchen, es gab nur einen Wagen mit der 1. Klasse, und die war verdreckt, so daß mich bei der versauten Polsterung und den schäbigen Kopfstützen zuerst mehr ekelte als bei einer ramponierten 2. Klasse mit den Kunststoffsitzen. – Hier kamen auch andere Wagen dazu, in Richtung, aus Frankreich. Und verhuzelte, faltige Österreichische Rentnerinnen, die ihre Krampfaderbeine ausstreckten. – Dazu der gestaute Geruch nach Menschen, der schwer in dem Wagen stand.

Eine zeitlang sah ich fröstelnd dem Rangieren zu. Der Bahnhof Venedigs ist sauberer als die italienischen Bahnhöfe, die ich bisher sah, ein Getränkekarren in der Morgenfrühe und ein geöffneter Postkartenstand, an dem ich einige Karten kaufte.

Nach einer Stunde, kurz nach 7, weiter, wieder die gerade Strecke bis zum Vorort zurück, das Meer blaß, eine Möve, eine gerade leere Autostraße, verschwommene Aufbauten, die sich schnell entfernten.

Im Abteil saß nun ein fußkranker amerikanischer Professor aus Florida, ein nichtssagender Germanist, der immerzu auf der Karte nachsah, und der sich sogleich mit dem amerikanischen sozialen Gefühl vorstellte. Dazu seine unscheinbare, etwas verschreckte Frau, die in einem Taschenbuchroman a la Angelique las. Sie wollten nach Wien, für 2 Monate. Gegenüber eine Frau, aus der man nicht recht klug wurde. Nachts hatte sie sich auf irgendeinem gottverlassenem italienischen Bahnhof von einem etwas schäbig aussehenden Mann verabschiedet. Sie sprach französisch. Sei Polin und auch ein Professor. Sie kam mir eher vor wie auf einer Reise mit undurchsichtiger Mission. Ich hatte an den Leuten kein Interesse. So saß ich für mich auf dem Platz.

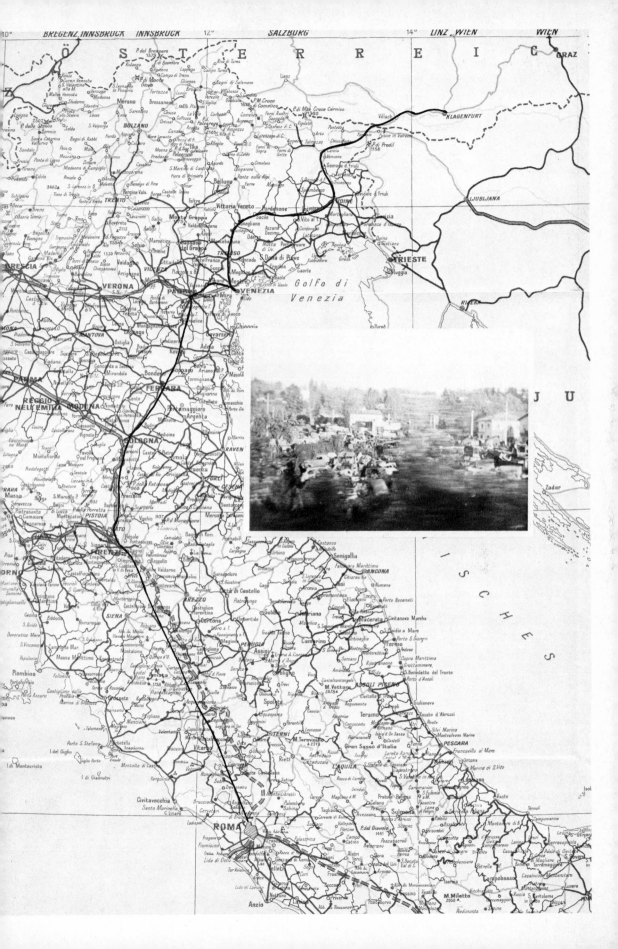

Gegen 8 Uhr knallte die Sonne runter, es ging in Richtung Udine, über Venedig, und graue Bergketten reihten sich im Dunst aneinander, graue Felsbrocken – zur anderen Seite eine flache Landschaft mit Maisfeldern, Weinflächen.

Im Abteil wurde die Luft heiß, und die Sonne stach herein, die Luft trocken, ich nickte wieder ein.

Vollkommen ausgetrocknete breite steinige Flußbetten, über die gerade Betonbrücken führen – weißliches Geröll, in flachen starren Massen ausgebreitet und mitten durch kleine Städte oder die Landschaft sich hinziehend – ein erstarrter, weißlicher Steinfluß – als flösse hier anstelle von Schmelzwasser ein rauher, knirschender, sich flach, aber massenhafter erstarrter Steinfluß hindurch, ein sich stoßendes, zerreibendes Steingeschiebe.

Diese weißlichen, starren breiten Steinflüsse zogen sich von den nahen Bergabhängen in das Land hinein.

Darüber Sonne, und ein wolkenloser, glänzender, blendender Himmel, die absolute unlebendige Leere eines Sonntagmorgens wie überall, der sich in seiner ganzen Leblosigkeit in den kleineren Städten und Dörfern zeigte, durch die der Zug hindurchfuhr, mit den leeren, stilliegenden Straßen, einer hellen, von Sonne beschienenen Öde, durch die dann Leute in Sonntagskleidung gingen, sehr vereinzelt.

Bis gegen 10 Uhr das Gebirge erreicht war, kleine Dörfer und Bahnstationen, wieder mit den starren, weißlichen Steinflüssen durchzogen, die an den Seiten einzementiert waren, total ausgetrocknet, und die Brücken führten jetzt nur über ein Steinfeld. Tiefe, eingekerbte Rinnen in den Felswänden, und ständig Tunnel. Und ständig Sonne. Verlangsamte Fahrt.

Fuchsbraune Herbstwälder, mit Sonne durchsetzt. – Laglesie und Leopol-

do: 11 Uhr, Paßkontrolle, mitten in den Bergen. – Zehn nach 11 der Grenzbahnhof Tarvisio – und die übliche Stille eines Bahnhofs an der Grenze mit einem wartenden, abgestellten langen Güterzug auf dem Nebengeleise: Interfrigo vor dem Bergmassiv mit Schnee – Höhe 900, die Berge 1600 Meter hoch umstellen den Blick. Frische Luft, grünes Wasser kleiner Bäche, grünblau, kein Dreck an den Rändern abgelagert, nur trockenes Holz und Gestrüpp. – Gelb Verwelktes ringsum. – Und um 10 vor 12 mittags Kirchenglocken in Villach: ein sauberer, bürgerlicher Bahnhof, auf dem eine Gruppe Schuljungen steht mit Koffern.

Ich sehe, wie einer der Jungen, die alle sonntäglich gekleidet sind und rumwitzeln, aus dem Mundwinkel die ins Gesicht gefallenen Haare zurückbläst – und das ist eine Angewohnheit, die mir sogleich den ganzen Schrecken eines Schülerdaseins zurückbringt – auch danach die ruckhafte Kopfbewegung, mit der ebenfalls das Haar aus dem Gesicht geworfen wird – finsterer 50er Jahre-Stil.

Längerer Aufenthalt, das Abteil wechseln, habe wieder eins für mich allein, esse, Ei, belegtes Brot, Milch, die zweite Banane aus Rom. Vorbei am Wörther-See, der schön leer ist, ohne menschlichen Betrieb darauf – war vor einem Jahr hier – auf dem Sitz Deine Brotdose aus Texel, Holland – und um 1 Uhr Klagenfurt.

Blasse, braune Herbstfarben, St. Veit an der Glan, überall Sonntagsöde, zwei verschrumpelte, in sich zusammengezogene alte Frauen in Schwarz gehen auf einem Sandweg neben der Bahn auf einen Friedhof zu.

Noch langsamer werdende Fahrt: kurz vor 2 in lichtlosen Flecken zwischen Baumgestrüppen und Stein dünner Schnee – war etwa auf der Höhe von Graz, doch ging die Strecke an einem Höhenzug entlang, so daß ich später wieder, auf der anderen Seite des Höhenzuges eine Stunde südlich bis Graz fahren mußte.

Ächzen und Knarren, an jeder Stelle, schlingernde Eisenstücke, von Menschen leere Gegenden, grau und verwelkt, Steinbrocken, die aus der Erde hervorgebrochen sind, eisengraues Ästegewirr, gelb und braun gefleckt, leichter Nebel, in der Luft ein träges fahles und nasses Gemisch, auf den Tannen hier wieder dünn Schnee gestäubt, Rauch, der aus den Schornsteinen vereinzelter Häuser aufsteigt, schwerfällig, ein hauchdünnes Schneetreiben setzt ein, das kurz darauf in dünnen Sprühregen sich wieder verliert, darin eine ausgebleichte Sonnenscheibe, die hinter einem Wald verschwindet, sich drehende, in ganz langsame Bewegung gesetzte Bruchstücke der Landschaft im Zugfenster, zwei kurze Stücke schwarzer absolut leerer Asphaltstraßen sind da, dann zugedeckt von Bäumen, fusseligem Gestrüpp, neuen Anhöhen, während die Elektro-Lok dahinkriecht.

Wieder dürrer Regen, höher als Schneetreiben zu sehen gegen Lichtungen, liegengelassene Gartenstücke, verfaulende Holzzäune um Wiesen, Holzlager in trübe Nässe gehüllt, abgewechselt mit weißer kalter schneeiger Nässe: 20 nach 2 Unzmarkt, «Kurzer Aufenthalt!» und manchmal heißt es auch auf österreichischen Bahnhöfen aus dem Lautsprecher: „Verkürzter Aufenthalt!"

Irgendein Paß ist erreicht worden, denn danach ging's wieder rascher, mit Vogelscheuchen in die Felder gesteckt, die Ähnlichkeit haben mit dem Menschentyp hier.

Umsteigen Bruck an der Mur, wieder südlich danach. In Graz kurz nach 4 Uhr am Nachmittag.

Kein österreichisches Geld, um telefonieren zu können, ein Taxi zu besorgen, die Wechselstelle geschlossen. – Da ging ich an einen Zeitschriftenstand, worauf man mich an einen anderen Stand verwies und der wieder an das Restaurant im Bahnhof: ein schummeriger Saal, der vollgestopft mit Leuten war, dazwischen Kellner in weißen Kitteln.

Ein Kellner wechselte mir einen 500 Lire-Schein gegen 40 Schilling. Nein, einen Tausend-Lire-Schein gegen 40 Schilling. Kam ungefähr hin. Telefonieren mit dem Forum Stadtpark, Taxi zu einem Grand Hotel Wiesler, kein Zimmer da, Rückfragen, doch ein Zimmer, ohne Dusche, neues Zimmer, Doppelbett, mit Dusche.

Zuerst fiel mir der Hausdiener mit grüner Schürze auf: faseliges, rasches Reden, der Kopf gesenkt, in kleinen ruckhaften Bewegungen ist der Körper eingesperrt – eine devote Haltung, so daß man versucht ist, ihm einen Arschtritt zu versetzen, nur um einmal zu sehen, wie er das hinnehmen würde und welche Reaktion dann kommt. – Dabei das unangenehme Gefühl, daß dieser Gnom gerissen ist, eher Kretin in seinem Verhalten als Gnom im Körperausdruck, und der Schatten einer leichten Idiotie in der Untertreibung, die er übertrieb – das machte wohl den Eindruck einer hellwachen Gerissenheit aus, die gänzlich überflüssig war – lebte der Kerl von Küchenabfällen, die er sich Österreichisch verschnörkelt garnierte? – Dieser Mensch war ein lebendiges Schnörkel, eine zuckende vegetative Form. – Auffällig das Untermenschenverhalten. Vielleicht ist das Alt-Österreichisch?

Duschen, abtrocknen, Hemd wechseln, Socken wechseln, rauchen, Zeug auspacken, aus dem Fenster sehen.

Die Mur ist ein schwarzes, schnellfließendes Wasser, von überraschender Schwärze, die durch die verschiedenen Wellen und Schaumbildungen so schwarz wirkt, die Aussprache ist: Muuhr, und das macht den Fluß noch wilder. – Direkt vor dem Hotel, und nach links hoch eine Ruine auf dem Berg, Festung Graz, und gegenüber eine Kirche, nach rechts, unsichtbar, das Hochhaus mit IBM. Nicht weit entfernt eine Brücke zur Innenstadt. Und wieder der Fluß, das schwarze Wasser, das schnell fließt, vorbei kommen will, mit weißen Schaumriffen.

Ich stehe da und schaue darauf hinunter, jetzt bin ich in einem Hotel, sage ich mir, eben habe ich lange im Zug gefahren, was will ich hier?

Meine Stiefeletten stinken nach Schweiß. Gleich ist Abend. Die Veranstaltung, der „Steirische Herbst" ist in vollem Gang.

Wechsele eine größere Summe italienisches Geld gegen österreichisches Geld beim Portier des Grand Hotel Wiesler, von dessen Eingang, Empfangshalle mit Schlüsselbrett man nach links durch eine gläserne Schwungtür in einen verrauchten Cafe-Raum blickt, und nach rechts in eine Garderobe mit Fahrplan.

Mit dem Taxi in einen Park: (klingt gut, was?), dichtes Schwarz von hohen Kastanienbäumen, darin ein molkichtes Wolkengemisch hellweiß mit einem Mond, an den Füßen trockenes Blättergeraschel, großer, starker Blätterabfall um die Bäume herum und auf dem Rasen, die untere schwarze Dichte von einigen wenigen roten Rücklichtern durchsetzt, dann das stark weiße Licht des Mondes auf Statuen, nicht genau erkennbar, – und die Augenblicke als ich dort ging, waren die intensivsten Augenblicke in Graz. Später war das meiste schon wieder zugedeckt mit dem vielen Reden und den Wörtern und Leuten.

Montagnachmittag, jetzt, 6. November, erschöpft von einem kurzen Gang zum Platz Bologna und der Bank und anschließend zur Post: Warten vor der Tür der Bank auf der Straße, um 4 Uhr wird bis 1/4 vor 5 geöffnet, mit Reisepaß das Geld holen, und langes Warten vor der Kasse, an der sich die Leute drängen, leichter Schweißausschlag, sich die Füße in den Leib stehen, nachzählen – und dann zur Post, um Dir das Geld zu überweisen – aber nur gedacht: überweisen ins Ausland geht erst morgenfrüh, oder aber bei dem Hauptbahnhof! – Ich war ganz leer nach dieser Unternehmung – also kriegst Du das Geld erst morgen.

Fluchen, kraftlos, und wissen: es wird mehr Streiks geben, mehr Zusammenbrüche geben, mehr Krankheiten, mehr blödsinniges Hin- und Herlaufen, mehr Sich-die-Füße-in-den-Leib-stehen, mehr Wahnsinn, mehr Melancholie, mehr Schäbigkeit, mehr Wortwahnsinn, mehr Reden, mehr Verstümmelungen, mehr Idiotie, offene und geheime, mehr schmieriges Essen, mehr Öde, alles mehr, mehr Schlamperei und mehr An-die-Gurgel-greifen, mehr Schwitzen, mehr Angewiesen-sein-müssen auf Blödheit, mehr Gestank, mehr Gewalt, mehr Anarchie, mehr und mehr, alles nur Quantität, mehr Polizei und mehr Schnüffelei, einfach nur mehr, grinsende Pervertierte, monströse menschliche Gebilde, die sich gegenseitig halb verschlungen haben, mehr Krach: man wagt schon gar nicht mehr richtig auf der Straße durchzuatmen, man lebt mit angehaltenem Atem, mehr Ramponieren, mehr Verfall, mehr Scheiße – das ist alles genau abzusehen, denn Zeichen für eine Veränderung sind nirgendwo sichtbar. Mehr idiotische Führer, öffentlich und privat, so zahllos wie stinkende Öllachen auf dem Bürgersteig, mehr Menschen, und mehr widerliche Humanisten. – „Zur Schönen Aussicht!"

Ab 5 Uhr nachmittags Kühle, feucht vermischt. Noch kurze hornige Schnäbelwetzereien in den Bäumen, kräftige Gerüche aus dem Grünstreifen durch die grüne Fliegengittertür, schreiben bei Lampenlicht. Ab und zu ein Schluck Wein. Nachher muß ich Wäsche waschen, denn Socken und Hemden sind verbraucht.

Bei der Rückkehr auf dem Kiesweg traf ich auf den stumpfen Bullen Born, der gerade aus Olevano, dem Landhaus, zurückgekehrt ist, und wohin wir im nächsten Jahr gehen werden für 3, 4 Wochen. – Scheint primitiv zu sein, mit vielen Schüssen aus Schrotflinten auf alles, was fliegt – sie scheinen dort jeden Vogel zu fressen. Und abends ist Kälte, da Zimmer nicht beheizbar, und ein großer Kamin mit Holzstümpfen gefeuert werden muß. – Wir wären da allein, unter uns. – Den einzelnen Leuten ist nur mäßig hier auszuweichen. Man muß sich bereits, sobald man ihrer ansichtig wird, sofort Sätze im Kopf zurecht legen – die unverfrorene Frechheit mit der sie sprechen erschlägt mich immer wieder. Nach kurzem Wortwechsel trabte ich weiter.

Flugzeuggeräusche, mit denen Du und Robert auch eines Tages heranfliegen werdet.

Triwitt, schnellt aus Nadeln und Blättern heraus, ungeheuer flitzend und schnell, spitze, dünne Zwirr-Laute unsichtbarer Vögel.

Offensichtlich ist es gar nicht gut, empfindsam zu sein!

Der Augenblick in Graz, abends, allein, im Park: Kastanienblättergeruch, und darin ein Pavillon mit schreienden Menschen wegen Kultur, Verlage, Kaugummifressen und dicke rote Hälse, gestautes Blut im Kopf, Fernsehlampen, Zigarettenrauch, ich denke sofort? „da biste falsch, Rolf!"

Setze mich in die hintere Reihe: vorn ein Tisch mit hemdsärmelig hingeflegelten West-Deutschen, Wagenbach ein mieser Schlampkerl schiebt sich Kaugummi in die Fresse. – Krüger von Hanser unrasiert daneben – der erste Eindruck ist der einer enormen Häßlichkeit des Verhaltens: wie Cowboys = Kuh-Jungen aus dem Westen, die da mal auftreten – und rotanlaufende besoffene österreichische Dichter – die gleiche Häßlichkeit. Wo bin ich?

Inmitten der Kultur! Der ganze Raum ist gefüllt mit Scheiße, denn das deutlichste Wort ist Scheiße, und in so gehäufter Form, daß die ganze Luft damit angedickt ist. (. . .) Soll ich mich einmischen? Da? Was sagen? Kalt? Da? Zur Sache? Links? Nee, nee, jedes Wort ist überflüssig, denn die ganze Situation in ihrer enormen erschreckenden Häßlichkeit spricht für sich.

Spreche mit dem Herrn Kolleritsch, ein stiller, traurig blickender junger Mann von etwa 35, ist Lehrer am Gymnasium, hat einen Lehrauftrag an der Grazer Universität, gibt die Zeitschrift heraus, in der auch mein Text steht, und ich frage ihn, wie er auf mich kommt, weil er meine Sachen kannte – Nun liegen meine Sachen bisher lange zurück, und was ich schreiben will, ist nicht mehr das, was ich geschrieben habe, auch meine Einstellung hat sich verändert – so ist das Gespräch schwierig, das andere, was ich sagen will, ist noch nicht nachzulesen, – so ist jede Situation derzeit schwierig, wo man mich mit dem, was ich gemacht habe, identifizieren will.

Hole mir einen Stapel freier Exemplare der letzten Zeitschriftnummer und verschwinde lautlos aus dem Tumult zurück durch den stark nach Kastanien riechenden Park, vorbei an einem alten Gemäuer, vorbei an Maria-Theresia-gelben Häusern in einem dünnen Lampenlicht, über den schwarzen wilden Muuhr-Fluß in das Hotel.

 Da brennen auch schon Wagen auf dem Asphalt. Explodierende Benzintanks und feurige Löcher in der Luft. Unter einem mittelalterlichen Torbogen kommt eine führerlose Straßenbahn hervorgeschossen und springt aus den Schienen. Vollbesetzt mit schreienden Leuten kippt sie vor dem Hahnentorkino um. Mit blutverschmierten Gesichtern und zerrissener Kleidung kriechen welche von dem Trümmerhaufen fort. Qualm aus den Rundfunkredaktionen und Fersehstudios unter der Erde. Ein Mädchen kommt schreiend und pissend inmitten des Mülls umgekippter Abfalltonnen nieder. Ein Schaufelbagger schiebt den unentwirrbaren Rest zusammen. Näherkommende Geräusche wilder Aufstände. Die wackeligen Seitenstraßen hinunter fliegen die Ketten geparkter Wagen eine nach der anderen vor den Häusern in die Luft.
Berstende Fensterscheiben, ein splitternder, gläserner Regen. An die Bürger ergehen ständig andere Anordnungen. Die über die Stadt verteilten Kirchen, Pfarrhäuser, die Ämter hinter den Ämtern detonieren endlich, wie die Theater und Opernhäuser und die Springbrunnen. Siehst du da den grauen Staubberg? Das war eben noch hier das städtische Gesundheitsamt. Wahllos fahren Mercedes-Taxis in die Menge, die aus dem Kaufhaus am Neumarkt strömt. Den Ring, der die Innenstadt umschließt, patrouillieren Gruppen von drei, vier Mietwagen auf und ab. Von Zeit zu Zeit halten die Fahrer und stürzen heraus, um sich einen Passanten zu greifen, der rasch entwischen will.

Unter einem staubbedeckten Himmel. / Eine Geschichte von A. E. Van Vogt, die den Titel hat „Humans Go Home". Irgendwelche Schwierigkeiten mit der Übersetzung? Sieh nach draußen auf die Straße an einem gewöhnlichen Tag. / Nachdenklich machende Vorliebe für einzelne Gestalten, die schräg, mit einer Schulter voran, so ein leeres, holpriges Stück Straße entlanggehen. Du hast das nie in einem dieser dürren, Unkraut verwucherten Wild-West-Filme gesehen. / Aus dem Druck unmittelbar körperlicher Bedrohung entlassen, in Nationen eingepfercht und von einem unüberschaubaren Gewirr an Vorschriften und Gesetzen jede Sekunde, in der man atmet, umgeben, ist nichts geblieben als der schäbige Rückstand eines Traums in Form blöder Gewalt, der über die Leinwand huscht. / Hört wie ein Irgendwer sagte, „Dann hau ich dir in die Fresse kreuz und quer." / Die tatsächlich gefährlichen Momente passieren auf den verschiedensten Ebenen des menschlichen Körpers, und alle diese Ebenen sind sprachlos. / Wer und was operiert durch ein gesehenes und gehörtes Wort und Bild? Körperkontrolle ist Denkkontrolle. / Und was kontrolliert die Bewegung meines Körpers? / Ich muß den Augenblick auseinanderbrechen. / Da sagte ich, verwirrende Flimmerschau, sobald ich die Augen schloß, weiße treibende Muster, die an den Rändern zerrissen, „Schau mal, was für eine irre Geschichte da läuft." / Hüsteln und ein Blick hinüber durch Qualm und Rauch und die vielen ausgestoßenen Laute, die in schwerfälligen, trägen Wolken über

konzerte ... und da platzendes Blau stürzt runter ... und runter ... gebrochene Vegetation kriecht herum ... farblose Angst und versteinerter bilderloser Schmerz ... hier wird geschlossen ... Rabattmarkensüchtige, die mit Kommuniktationssüchtigen um die letzte Wette feilschen ... nachdem das Rennen gelaufen ist ... bloß noch Attrappen, die sich zu dem Lockruf auf verschimmelter Kuhhaut getrommelt bewegen ... ein Aufstand der Pantoffeltierchen im Hinterhaus ... geht mich nichts mehr an ... wahllos zusammengestürzt zu Grotten und Strandgeröll ... vielleicht findest du da den Kieferknochen wieder ... Schritt für Schritt ... zurück ... vom sprechenden Tier zu rätselhafter Kohlenstoffverbindung ... Gehaltsscheck zum Ersticken ... mit Phantasien einer Unbefleckten Herstellung ... tappt durch den Wortmüll nach Haus ... kühl und sachlich mit Verstand umgebracht, so leicht geht das. — Die Bilder mit frostiger Kälte aussortiert. — Winter Neuester Zeit — Abgeklapperte Gegend psychosomatischer Selbstmorde — Die Hirnrinde schämt sich — Im Schema verkommenes Reflexivpronomen — Steht sich selbst im Weg — Kommst du auch daher? — Als Ziel Blödes, Du — Verkrochen hinter dem Gerümpel — Bist du so lieb? — Das amtliche Lächeln auf Mauerreste und Trümmergrundstücke projiziert — Frage: Wer hat hier den Gashahn aufgedreht? — Und sortiert was aus — Zugemauerte Fenster und mit der Zeitung in der Hand — Durch bleigraue Parks streichen Kinder mit der Nationalhymne um den Hals Einigkeit von Schwanz und Fotze an von Hunden verkoteten Sonntagen — Eine flimmernde Guckkastenschau macht ganz taumelig — Im nächsten Moment erfroren — Also, wo ist die Zeit geblieben — Ein Tropfen Entropie — Unter den schwarzen überhängenden Blätterschatten langsam zerfallen — Und sortiert was aus? — Zugemauerte Fenster und mit roglyphischen Krampf — Ausgehustet im Bildschirm — Am Ende der Schallplatte — Wo kommst du gewesen — Alle Toten und Lebendigen — Wo ist da der Unterschied — Abgestellt auf ein totes Geleise — Wie das dünne Flimmern an der Grenze, wo sich der Sinn verliert — Und weitere Jahre scheintot — Ist das die entsprechende Antwort? — Hat lange auf dem rostigen toten Geleise gewartet, Wort für Wort, ein langer klappriger Zug, das Holz zwischen den Eisen weggefault, hölzerne Boxen und Schweinepferche neben der Verladerampe. Noch hängt so ein Quieken und Grunzen in der Luft. Wer handelt jetzt damit? Mürrisch auf allen Straßen, wo Unkraut zwischen den Fugen sprießt. Jemand schickt einen Idioten mit kahlgeschorenem Kopf und auf dem kahlgeschorenem Schädel wundgekratzte Stellen. Auf dem Bett voll toter Motten liegt paralysiert das Gedächtnis und wartet. (... Bin zittrig zu Jetzt ... Kann ich handeln ... Paralysierte Schau ... Ist wie das, was von der Straße in den dämmerigen Hausflur geweht wird ... Knisterndes Cellophan von Erdnußtüten, Zeitungsfetzen, Kippen und dieses braune, welke Laub ... Der ganze Rest eines toten Sturms? ... „Trink deinen Kaffee und schreib diese hübsche Ansichts-

postkarte ganz wie du dir vorgenommen hast." ... Zitternd und fröstelnd an so einem Vormittag ... Hols der Teufel wo ich bin ... Tout Comfort, sagte das Schwein und zog an jedem Finger und die Fingerknöcheln gaben das knakkende Geräusch ab ... Keine Sonne, aber da war wieder der brandige Geruch ... Schwarze Rauchwolken, die hinter den Bäumen den Bahndamm entlang aufquollen, und die Silhouetten der Häuser dahinter wie nach einem Brandbombenabwurf qualmend und rauchig an dem sonnenlosen vergessenen Tage ...) Wirst gut dafür bezahlt. Und die gute Bezahlung verkauft es aus. An einem dieser Tage. Das bin ich. Wie gesagt. Und gehe vorbei. Ein schnelles Foto, das in gelben, streifigen Flammen aufgeht? „Ich biete immer nur den letzten Dreck an. Sie kennen mich doch. Ich bin die alte Humane Haut. Ist hier wer, der sich ernstlich beschweren möchte?" Die kalte Zigarrenasche fällt auf das kalte Buffet am Ende dieser Tage. Die gedunsenen Leiber zerfließen und gleiten mechanisch in eine schleimige diffuse Form zurück. „Sehen Sie doch," ruft so ein Ding, das der geschäftsführende Sektretär eines Dezernenten für das Pressewesen ist, „Sehen Sie doch genau hin! Wir haben uns nicht geändert," und streckt seine purpurroten Fühler voller Triumpf von sich. „Nichts hat sich geändert." Das Tasten nach einer imaginären Flechte am Kinn. Verraten und verkauft und dann von der Szene geschaukelt, auf der die zurückgebliebenen Fotos aus der Steinzeit explodieren, stinkend-gelb und in Flammen.(„Ich möchte wissen, wer dafür das Drehbuch geschrieben hat!") Von solchen stinkenden, gelben Steinzeitfotos sich in die Pfanne hauen lassen? „Ich mag das einfaaach," sagt eins dieser gewöhnlichen Arschlöcher entzückt, spielt kurz mit der eigenen Verzückung und fährt fort, „wenn's maa so richtig heiß hergeht." Es hockt an dem städtischen Abwässertümpel, wo Blätter, Zweige, Plastikbeutel und Papier in einer dreckigen Collage erstarrt sind. „Hier, ich schenke Ihnen ein Foto von mir," und macht bloß klick!, und die Ecke ist für immer in Schwarz und Weiß gefroren. „Stinkend und Gelb?" Es zieht die Luft schnuppernd ein. „Ich riech nix." Nun ist es dafür höchste Zeit, und ich meine Es-Das-Blüht wie einer der rübergeschickten Idioten. Also fallender I. Q. allgemein und dampfende tierhafte Stille im Raum hinter der geschlossenen Tür eines gewöhnlichen Augenblicks hockt weiter an dem Tümpel und fischt. Also dies ist das Raumzeitalter und Zeit sich umzusehen im Raum, und ich meine das ganz wörtlich, das Nervensystem umtrainiert, nicht mehr länger auf die angebotenen Wörter zu reagieren, also langsam und kühl die Frage, Was für ein Raum ist das Hier? Ich zitiere den Titel einer Science Fiction Geschichte, und nebenbei Geschichte ist Science Fiction, Die Psyche der Parasiten von Theodore Sturgeon, Make Room for Me ... deutet auf die grauen Gebäude hin-

Mondschein, gar nicht sonatenhaft, eher weiß und wäßrig, alte Stimmung von alten Stahlstichen, gar kein Beat und Pop-Gefühl, nix da, oder vielleicht heimlich Fats Domino Rock'n' Roll aus den 50ern war da 16 Jahre jung und sah das Gesicht eines Mädchens in der Eisdiele leer vor der Musikbox, draußen Wälder und Grasgerüche fern und gar nicht zu fassen und träumte von weiß-der-Teufel-wie-weit die Gegend ist aber jeder Ausflug endet in der Gegenwart, in diesem Fall in dem Hotelzimmer mit 2 Bibeln auf dem Nachttisch statt Schreibpapier.

Es hörte gar nicht auf: die Bahnfahrt nicht und nicht die Ankunft in Graz und kein Stop. – Wolkenbombast weißgekalkt und schwer mit der Möglichkeit des Regnens zunehmende abendliche Kälte oktoberhaft und österreichisch wer bin ich? – Schönes gekrümmtes in sich gewelltes braunes erstorbenes Laub große Kastanienblätter lose braune pferdehautbraune Blätterhaufen – alt, gar nicht zu Ende zu denken – in einem leeren Cafe werden die Stühle für den nächsten Tag gerückt, da alles weitergeht – also ausruhen.

Und essen: unten, im Hotel, allein, an einem Tisch, mit einem wackelnden Mann aus der Kaiserzeit in einem Frack mit schwarzen hängenden Lappen hinten, der zitternd die Karte anreicht. – Schwarze Holztäfelung der Wände, verblichene Ölschinken von reichhaltigen Tischen mit Fischen und Vögeln und Blumen. – Am Nebentisch die widerliche Sorte Allgemein-Mensch, familienhaft-gebläht, Autobesitzer, fett. – Immer, sobald Menschen auftreten, unendlich ausgedehnte Morast-Gefühle, durch die man watet! – Bin ich etwa kein Mensch? Doch, aber nicht so! – Dem Morast ziehe ich in jedem Fall das Labyrinth vor! – Gesten! Suppe essen! Fleisch essen! Aufstehen! Nach oben gehen! Zurückgehen! Um 8 ist eine Veranstaltung im Pavillon, eine Lesung. – Und gehen an alten Mauern vorbei, an angestrahlten Kirchen vorbei, an einer Baustelle vorbei, zurück in den Kastanienpark – wieder die befreiende Wirkung der Laubgerüche – bin ich eine Pflanze? Nein – nein, aber es tut gut, den Geruch der Blätter in sich einzuatmen! – Oktoberzauber in Graz? – Zuerst einmal Wusel, wieder: da steht in häßlichem Cord-Anzug der Wiener näselnde Dichter mit aufgeschwemmtem Gesichtsfleisch Rühm aus Berlin und führt, man glaubt das gar nicht

Sie schlagen ihn auf der Stelle zusammen, vor dem Wiener Wald, an der Christophstraße, an der Rudolfplatz. Priester verstümmeln Kinder. Die Toiletten verstopft mit scheißenden Arbeitern. Schüsse aus hochgelegenen, zerfetzten Fensteröffnungen. Die hinter den Mauern sich wieder duckenden Gesichtern sind flach, jeder persönliche Ausdruck ist darin gelöscht von dem Gewebe der Frauenstrümpfe, die sie darüber gezogen haben. Ein schmieriger Regen fällt langsam, zäh und trübe, klebrige Nässe und leer zurückbleibende Pistolenmagazine, ein metallenes Hüpfen der Patronenhülsen, die über den geborstenen Fliesenfußboden rollen. Die in den Körpern hockenden Priester treiben zu letzten Ich-Verstümmelungen an. Blutige Roben und rasselnde Amtsketten schleifen durch zerfallene Räume. Die Polizei managed wie verrückt. Sinnlose Daten, die fallen und mit ausgespuckten Drohungen sich abwechseln, rufen das ständige Klingeln von wild kurvenden Unfallwagen hervor. Operationen, die geheimnisvoll bleiben, werden auf offener Straße vollzogen, lange Schnitte in das weiche Körperfleisch, mit rostigen Klammern auseinander gehalten. Einstürzender Dom, Postkarten versprühen giftige Plastikfarben, die wie Tropfen brennenden Benzingelees auf die Gesichter von letzten Touristen fallen. Rauchende Schuttberge aus Zementgeranke und von den Sockeln gestürzter Steinfiguren. Das Glockenspiel von Alt Köln zerreißt, Schrauben und Zahnräder spritzen herum, verbogenes Gestänge, und der ganze Aufbau hängt in kupfernen Fetzen von der zerschossenen Fassade. Blumentöpfe und Türklinken regnen nach. Wehende Staubschleier treiben über die Todeskreuzung. Winselnde Kellner fallen sabbernd die übriggebliebenen Gäste im Excelsior an. Sie reißen ihnen die Kleidung in Stücke und werfen sie um den oberen Stockwerken in den Hinterhof, wo die Kipp-Loren mit gärenden Küchenabfällen stehen. Ein kichernder Greis hockt in der Rezeption und zupft mit seinen langen, gelben Fingernägeln an

den Tischen und um die Körper lagerten. / Ein Gesicht, schief verzogen in einem schmierigen Grinsen, das sich wie ausgelassenes ranziges Fett verbreitet. / Und dieser albtraumhafte Augenblick eines Abends, da ich in einer der schattigen, dunkelbraun getönten Seitenstraßenlokale mit flackerndem Kerzenlicht zwischen den murmelnden Gestalten übriggeblieben auf die amerikanische Soldatenart mit Kintop-Saloon und Klavier-Jazz aus den Fünfzigern, vor einem Glas Bier stehe und langsam wieder eintauche in die Zeit und dabei spüre, wie ich schwerer und schwerer werde, je tiefer ich in diesen einen Augenblick einsinke, der nun schon unendlich lange anzudauern schien. Und das Empfinden war genauso, als würde ich durch meterdicke Schichten von Staub auf den Grund eines erloschenen Planeten sinken, während ich undeutlich vor mir hin und her geschobene Unterhaltung von zwei Jungen mit ihren Mädchen höre, die die ganze Zeit über stumm und träge auf den Hockern gesessen hatten. „Irgendwelche Probleme?" und nach einer unglaublich langen Pause kam von dem anderen schwerfällig die Antwort an mir vorbeigekrochen. „Außer Bier keine." Dazwischen schien sich alles mögliche ereignet zu haben, aber als ich mich umsah, war dieser Augenblick unverändert die gleiche schwere, erdrückende Masse, durch die das Plätschern eines laufenden Wasserhahns drang, Kerzenlicht flackerte und ein ewiges Solo auf dem Saxophon kam. In einem Anflug von Panik dachte ich, „Bloß schnell weg," ohne mich noch rühren zu können. Außerhalb dieses Augenblicks war offensichtlich keine Zeit mehr vorhanden. / Ich sagte: „Ich bin an den Tierexperimenten mit entzogener Zeit nicht interessiert." / Die Augenblicke schnappen zu und man sitzt darin in der Falle fest. / Die wirbelnden Lichtformen und verwischten Flecken hinter den geschlossenen Augen nahmen ruhigere Formen und Bewegungen an. / Gegen Realismus: Sofern über den Begriff Wirklichkeit nicht hinausgelangt wird, sollte man gar nicht erst versuchen zu schreiben, he?

„Und sehen Sie", ich nahm mir Zeit, soviel wie ich gebrauchte, und wenn das Jahre bedeutet, daß heißt: nicht irgendeine Zeit, sondern meine Zeit, und die Dinge wurden klar. Ich zog den abgegriffenen Kalender hervor und blätterte kühl die dreckigste Liste von Tagen auf den Tisch, die ein kalter Finger schnüffelnd entlangfuhr. „Sie sind hoffentlich nicht hier, um ein paar tote Witze fallen zu lassen", und ich sagte, „Nein, die toten Witze laufen alle draußen rum." Man händigte mir ein paar faule Freundlichkeiten aus, die erledigen sollten, aber da war ich schon weg und überließ ihnen ihre faulen Freundlichkeiten selbst, 1. Mai 1971, unauffällig in einem dunklen Straßenanzug gekleidet, der in dem Gedränge verschwindet. Das ist praktisch, besonders wenn der Stoff gut ist, was natürlich teuer ist, man kann sich aber dann in jeder Lage darin bewegen, und so erkennt mich niemand, ich werde nicht immerzu in dieser Gegenwart aus kontrollierten sinnlichen Eindrücken festgehalten und schlüpfe über die Grenzen, keine endlosen Filzungen, woher, wohin, sagen Sie mal, was ist denn das, und man muß reden wie ein Wasserfall, wenn man nicht gerade seine getragenen Socken und Unterhosen obenauf liegen hat, und in den meisten Fällen hilft auch das nicht, sie sind ganz versessen darauf, in der Wäsche herumzuwühlen, daß einem schon beim Zusehen übel wird, also bin ich selbst bei der Infrarotdurchleuchtung nicht da, bloß ein unauffälliger Tourist auf dem Flughafen und führe sie auch niemanden in die Kabine und tasten nichts als einen Schatten ab, so daß der Beamte, der mich dort hineinführt, nachdem er allein wieder herausgekommen ist, gefragt wird, „Eh, Paul was hast Du denn allein in der Kabine gemacht? Filzt Du Dich schon selbst?", und er steht da und sieht verwirrt durch die gläserne Tür mit den vielen Fingerabdrücken auf den kleinen Bus, der draußen in dem scharfen, klaren Vormittagslicht steht und die Passagiere über das Betonfeld zur Maschine bringt. „Träumst Du?" / „Sie sind hier im Dienst, da wird nicht geträumt." / Ein trockenes Schnauben erfüllt den Raum. / „Und, wie Sie wissen, Ihr Dienst dauert hier vierundzwanzig Stunden," / in der ausgetrockneten Luft wirkt die wedelnde Handbewegung so, als fasse sie alle die öden, farblosen Dienstjahre zusammen, die es jemals auf diesem Planeten gegeben hat, und verkünde im gleichen Moment die nächsten farblosen, öden Dienstjahre bis in alle Ewigkeit, / wenn Sie etwa glauben, Sie hätten danach Zeit zu träumen, wäre es besser, Sie besorgten sich schnell einen anderen Platz." / „Wird nicht mehr vorkommen, Chef. Aber erlauben Sie, da war noch was." / Der Blick wandert wieder hinaus zu der Stelle, wo eben noch der kleine Bus der Fluggesellschaft gestanden hat und jetzt nur das scharfe, klare Vormittagslicht über dem Beton zittert. / „Dann finden Sie es. Suchen Sie es, suchen Sie es überall, und wenn es sein muß in der letzten menschlichen Hautfalte." / „Wach auf!" So schnell geht das. Sie suchen immer Es. Und, gottverdammt, das ist immer etwas anderes und wechselt ständig die Form, und was ist Es anderes als Leben, ein stiller, wortloser Bereich, überall, in jeder Form bedrängt, und wenn man sich allerdings die Form allein anschaut, ist die natürlich leer. – Ich jedenfalls komme unbehelligt durch, keiner hat mich gesehen und könnte sich also mit mir identifizieren, denn das ist wieder so eine schäbige Masche, die läuft, mit diesem Identifikationstrick auf der untersten Idiotenstufe schaffen sie es immer wieder, einen mächtig auszuholen, immer auf die menschliche Tour, und was ist schon mieser als diese Tour? Operation, Kalte Füße und Krebsgesellschaft? Fällt sonntags aus? Geschlossen? Humans, Go Home? Sehen aus wie formlose Fettklumpen, gefüllte rosa Beutel, bewacht von reglos in weiter Ferne dasitzenden alten Weibern, die sanft am Ärmel zupfen? Also, ich kann sehen, was ich sehe, und schaue mich auf der wortlosen Ebene um, immer schön langsam, von einem Augenblick zum anderen, je schneller das um mich her in dem einzelnen Augenblick rotiert, kein Gesicht, an das sich einer der Vorübergehenden auf der Straße erinnern würde, nur manchmal so etwas wie eine Stimme, die man als leichteste Berührung von etwas Eiskaltem am motorischen Sprachzentrum zu spüren glaubt, was nichts außer dieser kriechenden Wut in Form blöden Geschnatters hervorruft und auf die vergrämte Art Haß und Verwirrung, in der die zerfallenen Lumpen und Kippen durcheinanderwirbeln mit diesem immer gleichen Geräusch, monoton wie das Klappern kaputter Sonnenblenden, die gegen die Bürofenster schlagen. In trägem Halbschlaf blicken Sie sich um und sehen nichts. Ich bin schon wieder fort. Da trotten Sie zurück nach Haus. War bloß eine Illusion, während der Schrecken nachträglich die Eingeweide zusammenzieht und man sich fragt, ob die Nerven schon so weit runter sind, am hellichten Tag Gespenster zu sehen, ehe Sie sich wieder darauf besinnen, daß Sie ja zu den netten Leuten dieses Landes zählen.
„Was ist denn los? Verstehe überhaupt nichts mehr". „Ich glaub, da ist tatsächlich sowas wie 'ne Revolution am

ein Hörspiel des Westdeutschen Rundfunks vor, in dem unter anderem, Oswald Wiener, die Kinder von Klaus Reichert, dem Creely-Übersetzer, Rühm, Widmer und Frauen sprechen. – Torkelt H. C. Artmann auf die Bühne mit einem englischen kurzkrempigen Sportmützendress und küßt den verschlissenen Cord-Anzug-Inhaber Rühm. – Rühm sieht aus, als sei er krank: TBC oder sowas, ich sehe Wolfgang Bauer, fett, inmitten von Frauen, und Bier saufend – und ich freue mich, denn ich mag ihn auf eine gute Weise, obwohl ich nie mit ihm gesprochen habe – nur einmal vorgestellt waren wir auf der Buchmesse 1969, als Rygulla dort als Lektor des März-Verlages auftrat, durch Matthäei und Wellershoff, die angespannt saßen, welches Geistergespräch nun anfinge, dabei war gar nichts – ich war voll Haschisch und in einem dauernden Erschrecken vor diesen gespielten Masken und der Schrecken wollte gar nicht mehr aufhören je mehr ich von diesen vertrockneten Gesichtsmasken sah und je mehr ich was sagen sollte – ich konnte gar nicht begreifen, wie sehr sie verzerrt waren und armselig waren – ich war total konfus wegen der so deutlich sichtbaren Armseligkeit der Leute – und der Wolfgang Bauer saß da und trank und das wars – er hatte offensichtlich begriffen, wie sehr ich versteinert war = stoned und das wars für ihn – jetzt lachte er bei jeder blöden Bemerkung vom Podium, und das Lachen war fett, und das Lachen war auch eine Konvention, die dazu benutzt wurde, um der näheren Umgebung zu zeigen, daß er noch da sei und dazuzähle – was mich wieder in die Entfernung trieb, während er vorher mit einer sehr spontanen Umarmung mich begrüßte und sich wirklich gefreut hatte, mich zu sehen und ich ebenfalls – aber wie kann man einem Menschen diese subtilen Beobachtungen sagen, ohne zu tief in ihn einzugreifen? Du, Maleen, kennst ganz genau die Schwierigkeit und das Ergebnis, darin sind wir beide doch sehr geübt und was herauskommt und herausgekommen ist, hat und doch nachdenklich gemacht, oder? – Total unaufgeklärter, total undurchsichtiger Zusammenhang zwischen radikaler Individualität in Teilen des Körpers = Vereinzellung und dem Zwang zur Nachahmung der Familie und Herkunft wie der Umgebung! – Die Psychologen sind blöde und konventionell, die in dem Wahn sind, jedes herleiten zu können, desgleichen die Soziologen:für mich alles verrottete Philologen, trotz Statistik! – Denk mal darüber nach! – Ach, sie wollen aber gar nicht mehr den Einzelnen, sie wollen den amorphen Klumpatsch! – Vor mir eine Frau, gut, gut, Cordhosenhintern, langes Haar, neben mir Wolfgang Bauer, mit Bierflasche, vorne widerliches Zeug, torkelnd, im TV-Licht, 1000 Watt. – Blah, blah, ich weg, auch Bauer verdrückte sich besoffen – was für Belastungen des Stoffwechsels und Kreislaufs! – und ich treffe auf den Herrn Kolleritsch, dem ich rasch den Eindruck sage, und wir gehen lange Umwege draußen in eine Wirtschaft, wo ich 1 Glas Wein trinke,und zurück, und ich sage ihm, daß er einen nordeuropäischen Eindruck mache und nicht einen österreichisch-ungarischen Schlampatsch-Eindruck! – Und er erzählt mir von einer Dokumentation, die seine Zeitschrift betrifft, die alle neueren österreichischen Dichter des 20. Jahrhdts vorstellte, das wars.

Später: in einem Restaurant, das „Krebsenkeller" hieß. Hingelümmelte Säufer, der Tbc-Kranke Rühm erzählend in der Mitte und blödes Roßgewieher bei jeder noch so leeren Bemerkung, ich begriff gar nicht! Das soll die Bekanntheit sein?:Diese Art von mieser Dummheit? Diese Art von vergammelter Fröhlichkeit?:Und am lautesten lachten die doofen Westdeutschen! Man glaubte, seitens des Herrn Widmer und seitens des Herrn Wagenbach mir Aufmerksamkeit und Sympathie bekunden zu müssen, aber da hatten sie sich verrechnet! Warum? Weil mir ihre häßlichen Gebaren mißfielen!

Und wedelnde Kunst-Fotzen: schön, viele, eklig in ihrer anschleimenden Hinnahme der Szene! Ich saß abgerückt und ziemlich ernst und mit gesträubtem Nackenhirn, Hinterkopfhirn, Althirn da – wie nach einem Gang durch die Stadt. – Da tauchte noch einmal irgendwann der Herr Bauer auf, wir unterhielten uns über Neven, der ihm ab und zu einen 50er Schein bei einem Aufenthalt in Köln zugeschoben hatte, mehr nicht, und über ein neues Stück, das bei ihm im Urwald von Borneo spielt mit alten abgetakelten Schauspielern, die sich an frühere große Szenen erinnern und sie nachspielen – erinnerst Du Dich an den TV-Film über alternde Schauspieler eines abends? – Aber der Bauer ist ziemlich kaputt – und er weiß das auch. – Und meine Kopfschmerzen wurden immer stärker, und ich sagte mir: wenn das morgen so ist, lese ich nicht, ich hau sofort ab.

Schönes Laub in der Nacht, raschelnd, um schwarze Stämme. Der dunkle schnellfließende Fluß vor dem gelben Grand Hotel. Kälte. Wittern. Um eins die Stadt ausgestorben. – Innenhöfe, mit Arkaden, zerwetzte Steintreppen, durchgetretene Holzdielen, ich schiffe gegen eine alte Mauer.

Flashback: Da hockt der Wiener Dichter mit einer Kinderrassel, in der anderen Hand ebenfalls ein Kinderspielzeug, das einen summenden Ton von sich gibt, sobald man es anhebt, und liest eine schamanistische Litanei vor über den Sinn. Sind die alle blöde? Schon tot? Gespenstisch!

steige ein und habe so etwas wie Ganz Runter! gerülpst 300 Tausend Kilometer pro Sekunde... Und das strahlende Grün von Hier ist durch das Grau von Da verdüstert. „Die Bilder werden einfach umgedreht zu Angst vor der Angst mit Wörtern vor den Wörtern und Licht vor dem Licht, und was dabei herauskommt, ist das Durchgepauste. Was ist schon wertloser als das? Verkürzter Atem und zitternde Hand, Farben, die andauernd verschwinden, ein farbloser Dunst. Alle möchten sie nur noch durchpausen und pausen durch, und das Gerümpel häuft sich." – Abgeschnitten von lebendiger Bewegung in dem Durchgepausten, versteinert Leben in verkrüppelter Kriechform und die Angst vor der Angst ruft fortwährend Wörter vor den Wörtern hervor, so ein Gewimmel und farbloser Dunst und dahinter die Drohung, „Wer nicht freundlich ist, wird ausradiert wie eine faule Unterschrift." Papiere werden hervor-

den zerrissenen Hinweisen diese schäbige Todesschau von einem Augenblick zu einem anderen Augenblick deutlich anwesend hinter dem Rascheln von Papier und farblosen Dunst staubiger Akten, aus denen das Gestammel von morgen rieselt, sichtbar für den, der ohne Wörter zu sehen gelernt hat lange abblätternde Mauerreste entlang, wo eben noch ein Frühstück zubereitet worden ist. Und ich begreife, daß sie mir nicht einmal eine Handvoll Sand schenken würden, wenn ich einem von ihnen am Strand begegnen würde und der ganze Himmel darüber steht schon in Flammen, um einmal eins ihrer wehmütigen Bilder unter den gegenwärtigen Verhältnissen zu zitieren. (Einschub: erinnerte mich unvorhergesehen im gleichen Augenblick an den Jungen, der mit dem Kopf an der Starkstromleitung hing und konvulsivisch strampelte und etwas über dem Boden schwebend um sich trat, als träte er eine

Und Montag: abgeholt von einem Taxi zum Rundfunk (vorher das Frühstück aufs Zimmer gebracht, und mich wecken lassen):lese im Studio aus einem Materialheft. – Fasel, fasel :und allein mittags zurück, durch zerfallene Gartenstücke, verkrüppelte leere Bäume, ohne Blätter, in denen gelb Äpfel hängen, gelbes dichter Gras, abschüssige Straße, Spatzen, unbestimmte Helligkeit, Graz.

Ich trödele vor mich hin, gehe durch einen Park, „Dem Dichter Anastasius Grün", eine Steinfigur, Spatzen wollen Brot, und stehe vor einem Eichhörnchen, das ganz nahe herankommt und Fressen erwartet, knapp 1 Meter vor mir, in Blättern springend. – Sobald es sich aufrichtet, kommt es mir vor wie ein winziges Männlein mit Krallen und Schwanz und einem Tierfell übergezogen, eine Art Ringer, mit Klauen, winzig, eine Art weiße Brust, eine Art fremd.

Und Gastwirtschaft Goldene Pastete (:Ging auch vorbei an einem Haus, auf dem stand, Landesturnanstalt (:darin gibt es eine Flecksuppe, nee, nee!) Und eisengraue Bäume noch einmal – und ich denke, was sich doch die westdeutschen Schriftsteller in die Hosen gemacht haben wegen dieser österreichischen Tröpfe! He, hahaha, sie sind alle in die Knie gegangen, am weichsten die Kritiker! Namenlose Arschlöcher.

Hotel: 3. Stock, Zimmer 92, Blick auf schwarzes Gewässer – Muhhr, muurr, Muuhr – Rasseln der Rolläden, die ich herunterlasse. Na, dann: Grinsen im Treppenaufgang – Rasseln von Rolläden, die hochgezogen werden: – Tag/Nacht – Stahlstiche von Jagden, grauschwarz in dünnen Holzrahmen, von Treppenstufe zu Treppenstufe, roter Läufer – 1 kalter Kellner im Frack – Bild: „Wie der Hirsch durch seuchtes Wasser mit paar force Hunden forceriret wird (Geforzt wird?)/(:Es gibt den weit zurückgehenden Ausdruck, bis in die Primatenzeit gehenden Verhaltensausdruck: Maulfürze!)/(:So jagen die Hunde mit Maulfürzen und Gebell=Scheiße die Hirsche??!)/Dies Hauptschwein hat an den 2 oder der rechten Hinterrläuffen das Geäffter (:Also doch Fürze!) auf vorgestellte Weise gehabt, dahero es sich wie eine Becke mit Frischlingen gespüret und ist nachdem es zum offteren(:afteren?) davor gehalten, Anno 1731 in dem Algen bey Oberndorff geschossen worden" – 2 große Wandspiegel auf dem Treppenabsatz und darin ich – Und: „Den 25. Juni 1901 hat auf dem Schilderschlag: Revjer Raunach: in Obersteier George Freiherr von Washington diesen Rehbock mit 3 Stangen als seinen 300ten erlegt" –

:die Bestialität des Menschen, jetzt ist der Herr Washington samt seines 300. Bockes vermodert.

Um 2 Uhr erhalte ich kein Essen mehr.

Leichter Regen. Die Geschäfte sind bis um halb 3 Uhr nachmittags hier geschlossen. Sie essen alle – sie verlängern den langen Scheißfaden, der in ununterbrochener Folge aus ihrem After kommt – so darf man gar nicht denken! – zack, eine Philip Morris – volle Speiseorte, volle Menschen, volles Alter, voller Montag – und ich will mir einen Kodak-Film kaufen, und in den Läden nach einem Spielzeug für Robert sehen, und ich will Postkarten kaufen, so gehe ich herum.

Hotel: (Erfahrung), daß es mir sehr schwer fällt, Leute, Einzelne tatsächlich als Diener anzusehen, ein Zubehör zum Preis, diese Selbstverständlichkeit habe ich nicht. Wieso nicht? Bin ich kein Realist? Bei Menschen vergesse ich immer das Bezahlen!

Und versetze mich über einiges Lesen in John Cowper Powys Wolf Solent in eine träumerische Stimmung: wuff, wuff, bellt der Hund von gestern Abend wieder in der Dunkelheit. Ist doch sehr langweilig das Leben, nicht wahr, Maleen?

Aß in einem fiesen Schnell-Imbiß zu Mittag, verlängerte meinen Kackfaden, mit Sauerkraut, Bier, und zwei schlaffen, geschmacklosen Würsten, korrigierte in dem Heft, aus dem ich abends vorzulesen gedachte. Daraufhin lief ich durch die Stadt, über den Marktplatz, wo Häuser stehen, die angemalt sind mit Heiligen, und kleine Buden mit Früchten, und fragte jemanden nach einem Fotogeschäft, worauf der mir aber kein Fotogeschäft nennen konnte, „weils hier so viele gibt!"

Bei dem ganzen vielen Reisen kann man immer wieder nur eins als Hauptsache feststellen, daß sich das gegenwärtige Leben buchstäblich in Ruinen abspielt.

Unterbrechung: Wollte mir eine Linsensuppe machen, kochte eine Dose auf, gab dazu einige Coctail-Würstchen aus einer Cellophantüte, sah nicht nach, da sie einige Zeit im Kühlschrank gelegen hatten, ob die vielleicht auf moderne Art faul geworden seien, kochte die Suppe, und nahm schon einen Löffel, als ich die grünliche Färbung der kleinen Dinger sah. Weg in den Lokus damit. Jetzt muß ich gleich abtraben, wieder nach draußen. Stürzte sogleich ein Glas Wein zur Abtötung der Vergammelung hinterher.

Unterbrechung 2: Ist inzwischen 8 Uhr Montag abends/Vermisse kein TV, vermisse kein Kino, vermisse ab und zu Musik, aber dafür wäre ich jetzt noch gar nicht in der Lage sie zu hören nach der Ausführlichkeit der vergangenen Jahre/Titel: Erlebnisse an einem Montagabend – Die Suppe ist mit faulem Fleisch durchsetzt.

Hohohahaha, durch welche Breiten fahre ich eigentlich?

Quer durch die Ruinen einer festgestellten abendländischen Geschichte, die ausradiert gehört in ihren Erstarrungen und geliebt in ihren gar nicht übersehbaren Ansätzen von Denken, Empfindungen, Träumen:

alle die Träume, Gedanken, Empfindungen sind durch Körper gegangen, die sie in Schnörkel, Arabesken, Hieroglyphen, Begriffen festgehalten haben. – Und da sehe ich wieder die Trümmer der Festung Graz.

Was für eine Gegenwart hat der blinde Nachtfalter, tiefes Braun in braun, der jetzt durch die elektrische Helligkeit flattert?

Zwei Hirschgeweihe im Treppenhaus des Hotels.

Zwei Kindersärge am Eingang der Villa Massimo.

Sie umgeben sich mit Trophäen des Todes, sie schneuzen sich im Hochgefühl ihrer schäbigen Begriffe, sie schlenkern mit ihrem Geschlecht durch die Gegend, sie denken sie seien unsterblich.

So geisterte ich durch diesen bestimmten Ort. – Und duschte mich, und zog mir das zweite mitgenommene weiße Hemd an, wechselte die Socken, und ging zu Fuß zur Lesung um 6 Uhr p.m.

Warten, Sitzen auf einem Stuhl, dorthinten Kumpanei, daß sie sich nicht gegenseitig aus Haß verschlungen haben, wundert mich eigentlich noch jetzt – Du mußt Dir genau die grinsenden Fressen vorstellen! – das Verziehen der Gesichtsmuskulatur, – 6 Uhr: das Warten betraf ein Interview des Herrn Cord-Anzug-Rühm, der im Kabuff nebenan seine Eindrücke in den gefrorenen Äther eines Tonbandes gab.

Weiter Warten, bis der stinkige Abzug des Küssens auf Gesichter vorbei war, jeder wollte einmal die Lippen des Herrn Rühm auf seiner Gesichtshaut, zum Teil geschminkt, gespürt haben: wie bei einem Spülklosett – zuerst den Haufen hinsetzen und dann Abziehen! – Pantomimen aus einer alten Zeit, etwa wie mottenzerfressene Puppenkleider, die man auf einem alten Speicher findet (:wer hat heute schon einen Speicher?) – sie hängen an langen Fäden wie beim Puppenspiel, und der Mottenstaub stürzt heraus – und die langen Fäden sind die Wörter samt verschwiegenen Bedeutungen, und da kracht die ganze Kulisse ineinander.

Wer bist Du? Wer ist man selber?: das ungefähr ist der zusammengeschnittene Eindruck, dem meine Notiz, die ich vorgelesen habe, zu Grunde liegt. Aber kann man das überhaupt sagen? – Kulissenempfindung, denn die geht immer noch weiter.

Da sind Stuhlreihen, auf den Stuhlreihen Ohren, Münder, Augen, Titten, Fotzen, Schwänze, Verdauungsmechanismen, Schluckbewegungen, darüber Boutiquen-Dress, ausgefallene Haare, graue Haare, Stimmen, die unter grauen Haaren hervorkommen, aus ausgefallenen, nach vorn in die Stirn gekämmten Haaren kommen, aus zahnlosen Mäulern – Mitleid? Bei den Wörtern? Haben? Gehabt haben? – Jähe Aufschwünge von Lebhaftigkeit bei mir, die durch die Distanz bewirkt wurde. – Ganz unter uns! Windstille im Gehirn. – Umschlag in übertriebene Abstraktion und Kichern!

Auch das ist möglich: (Fotos!): Flugzeuggeräusch/:Kodakempfindung, wiederholt – :klack! Schnapp-Schuß! Und Schuß! Aus dem Fotoapparat!/(Nachher zum Zerlegen der Szene!)/ :jetzt, lange nach 8 Uhr, muß ich etwas hier in Rom essen.

:Auch das Denken ist zersiedelt! (Das darfst Du nie vergessen.)/:(Denn das macht gewitzig!)

Beobachtung (draußen auf dem Kiesweg): Der protestantische Pfarrer geht mit vorgebeugten Schultern und eingezogenem Kopf wie jemand, der die ganzen Schrott-Ruinen der Theologie seit 500 Jahren hinter sich herzieht./Und nebelig ist es.

Vom Essen zurück: 10 Minuten nach 10, Montag, den 6. November: ein Viertelliter weißer Wein, eine Suppe Minestrone, eine Pizza Capriziosa, insgesamt 1200 Lire, was etwa 7,50 ist. (Genauso teuer in Köln/und alles wegen der vergammelten, falschen kleinen Fleischdinger/ tagsüber esse ich fast nichts, das Brot wird hier andauernd trocken, man kauft es Grammweise, aus einem großen Fladen herausgeschnitten, und es ist ohne Salz, was fade schmeckt)/Ab morgen früh wieder meine eigene Kocherei, zu gelegentlichen Zeiten.

Man müßte es wie Göthe machen, der Idiot: alles und jedes gut finden/was der für eine permanente Selbststeigerung gemacht hat, ist unglaublich, sobald man das italienische Tagebuch liest: jeden kleinen Katzenschiß bewundert der und bringt sich damit ins Gerede. (Ich hab mal aus Neugierde hineingeschaut gestern Nacht, vor allem aber deswegen, um zu sehen, was er über Karl Philip Moritz geschrieben hat, den er hier in Rom traf und der einen Reisebericht der ihm vom Verleger vorgeschossen worden ist, über Rom zu schreiben/daraus ist bei Moritz nichts geworden, er brach sich zuerst mal einen Arm, als er auf einem Pferd ritt, und dann wurde er noch überwältigt durch das Gerümpel, etwa 1783?))/

Soll ich Dir meine Gedanken und Überlegungen während des Essens mitteilen?: (Du hast mich am Telefon gefragt, wie ich aussehe – und hast vielleicht die Vorstellung von Ferien, aber Du kennst mich doch – in der Sonne, im Liegestuhl, habe ich bisher nicht gelegen, sitze nach dem Aufstehen am Tisch, schreibe in die Maschine, schlage mich mit alltäglichen Problemen der Versorgung herum – habe viel vor, um an Lektüre und Einsichten heranzukommen – wird man dabei braun am Körper von der Sonne?)

:telefonierte vorhin mit Dir, was angenehm war wie selten, und das mich sehr locker gemacht hat, da kannst Du doch sehen, was Du vermagst!/Und ich sehe Dich auch arbeiten, über die Bücher gebeugt, in Deinem geheizten Zimmer, das klein und erträglich ist, in der Stille, das ist ein friedliches Bild! – Und was Du mir über Robert berichtet hast, stimmt mich aufgeregt: endlich, wie ich mir das vor Jahren vorgestellt habe und immer gesagt habe, kann es losgehen, damit aktiv, soweit das Wissen ist, eine Korrektur gemacht wird – klar ist in Westdeutschland auch die EEG-Forschung stumpfsinnig, ein flüchtiger Blick in W. Grey Walter zeigt doch das. – Und erst die barmherzigen miesen humanistischen Töne! Die ganze vergammelte Philologen&Philantropen-Schau fault da in den Gedanken der Leute vor sich hin! Du bist tüchtig gewesen – jetzt müßten genauere Aufzeichnungen kommen, immer nebenher und konstant. Material, Daten, Fakten sammeln, alle Einzelheiten, wie ich ja auch der doofen Lehrerin schrieb – aber haben sie das überhaupt begriffen? –/Nichts aber nutzt eine Beschäftigung, egal womit, wenn es dem nicht zuerst etwas gibt, der sich mit etwas beschäftigt – nur so öffnet sich mehr als eine Variante bestehender Begriffe! Und so eigennützig ist eben jeder, wenn er es nur richtig verstehen würde – kann man sonst etwas anderes tun? Wer anderes sagt, der lügt! Nämlich, er hat etwas anderes im Sinn als das, was er tut./Deine Stimme in mir: – hast Du schon einmal langsam überlegt, daß beim Telefonieren die Stimme des anderen in einem selber ist? Eindringt? Nun im eigenen Körper spricht? – Man kann ja sowas gar nicht genug mit Erstaunen ansehen und fremd genug sehen – so verschludert und selbstverständlich nimmt jeder im Großen–Ganzen das hin!/:

:seltsames und fremdes Bild heute, als ich zur Piazza Bologna ging, da stand ein Polizist, der die Algerische Botschaft gegenüber der Villa Massimo zu bewachen hatte, inmitten von Katzen in seiner Uniform – es waren über zwanzig Stück auf dem Gehweg, die sich um ein Stück Papier mit Knochenabfällen eines Brathähnchens gesammelt hatten, und eine Katze kranker und wüster aussehend als die andere.

:gerade bin ich durch den Nebel zurück in mein Atelier gegangen. Inzwischen ist Dienstagabend, nach 10 Uhr. – Der Nebel ist dicht und niedrig über dem Kiesweg und kommt aus dem ausdünstenden Grasstreifen vor den Ateliers, der höher als der Weg liegt. Ein dampfender, kalter komprimierter Zustand, und die Lampen sind mit dichten Schwaden umhangen, die das Licht schlucken. – Es hat heute abend eine zweite Ausstellung in dem Haupthaus gegeben. Den Katalog lege ich Dir bei. Total perfekte Leinwandbilder. Sie interessierten mich nicht. Der 5, 6. Aufguß einer Idee: der Mangel ist auffällig, die innere Intensitätsarmut bei den bildenden Künstlern. Sie erwecken immer innerlich ein ständiges Gähnen. Dafür wissen sie enorm Bescheid, was auf dem Markt passiert, und verhalten sich dementsprechend. Das zu sehen ist schon widerlich genug. – Und dann die Eröffnung: zwei Kinder kriechen auf dem Fußboden des Ausstellungssaales herum, bröseln Kartoffelchips über den Boden. Sie langweilen sich ganz offensichtlich. Die Eltern sind Born, die reden, und noch eine Person. Und was haben Kinder in Sälen mit Bildern zu suchen, wenn nicht die Eltern sich mit ihnen beschäftigen und es ihnen erklären, egal in welchem Alter? Nichts, sie gehörten dann rausgefegt, samt einer Menge anderer Erwachsener, doch ist das alles antiautoritär und stillos abgeschmackt. (. . .) Die Leute haben nicht einmal Stil in ihrer Häßlichkeit! Es ist alles so verwahrlost-normal, daß in unkontrollierten Augenblicken einen das Grauen ankommt. (. . .) Ich sah mich um, trank ein Glas Wein, das mir nicht schmeckte, und ging. – Um neun Uhr war in einem Atelier am Anfang der Reihe Wein und Brot, mit verschiedenem Käse und Oliven ausgestellt, ganz hausmachern und roh. Ein Transistorgerät krächzte zuerst verzerrt schöne alte Musik, später Tohuwabohu-Muff-Musik. – Ich aß etwas, zuviel, denn ich bin nun etwas schwerfällig, hatte mir auch vorher eine Erbsensuppe gekocht, trank einige Gläser Wein, saß abgerückt und beobachtete einige Zeit die Verhaltensweisen – wenn man ganz genau beschriebe und beobachtete, was die Leute einzeln für Gesten machen, wenn sie einander ansprechen oder miteinander sprechen, käme ein überwältigender Zirkus heraus, der gewiß auch erschreckte: eine bohrt sich mit dem Daumennagel in die fette Seite, während sie antwortet, andere zucken mit den Augenbrauen, der rückt sich die Brille, da ist einer in einem Dauergrinsen erstarrt – ein riesiger Schwulst von Falschheit und Öde. – Das ist es nicht, was ich suche. – Und wieder:daß sie sich alle gegenseitig in den Arsch kriechen, das kann man gar nicht wörtlich genug nehmen!: sie suchen alle eine Stelle, wo sie dem anderen reinkriechen können.
Aus dem Nebel tauchte lautlos eine Katze auf. Ist schon unzivilisiert und grob, diese Tiere wie Almosen zu halten, ohne dafür aufzukommen. Also ein flaches felliges Leben aus der wäßrigen pelzigen Abendkälte. Wo schlafen sie? Alles sinnlos und zufällig.

Ich habe Dir heute am Tag eine Reihe Postkarten geschrieben, denn ich bin nach dem Einzahlen des Geldes gegen 11 mit dem Bus wieder einmal in die Stadt gefahren, zum Göthe-Institut an der Via del Corso, um per Fernleihe einige ältere Bücher mir besorgen zu lassen, so auch die Biografie über K. Ph. Moritz aus 1794 und dann die Erinnerungen des Christian von Massenbach aus 1813, über den ich bei Arno Schmidt nachts im Zug zurück aus Graz gelesen habe, und der die letzte konkrete, klare Vorstellung eines möglichen großen Raumes Europa gehabt hat, seither ist das nur noch Bruch und Kulissenschieberei. Die Chance ist endgültig weg, das kann man hier nun sehr genau studieren.

Ehe ich Dir von Graz weiterberichte, und danach noch einige kurze Einfälle, dir mir zu Rom und meinem Gehen durch die Straßen gekommen sind, möchte ich Dir schnell die Eindrücke des heutigen Tages schreiben, da ein Ausflug in die Stadt, wie gesagt, ebenso auszehrend ist wie in Köln, so daß ich nicht häufig herauskommen möchte.

Sonne, gefiltert. – Also eine weiche regelrechte Herbststimmung in der Luftqualität und der Helligkeit, kleine gelbe Blätter an den Bäumen, dünne Schatten. – Immerhin ist das im November! – (Romantisch?Nein.) –

116

(:Übrigens liegen die Handschriften des preußischen Generals Christian von Massenbach hier in dieser Stadt im Vatikan! Wieso das?)

Als ich aus dem Bus gestiegen war und die Straße in Richtung des Altars des Vaterlandes ging, staute sich die Luft mit schrillen Trillerpfeifenstößen. – Der Ausgang der Straße war abgeriegelt von Soldaten und Polizisten, durch die einzelne Fußgänger gingen, dahinter eine konfuse Masse aus Leuten, weiter weg der weiße monströse Bau – gepanzerte Wesen, die sofort den stärksten Eindruck von automatenhaften, aufgezogenen Tiermenschen machten.

Die automatische Starre fiel auf, ich sah lange schwarze Hartgummiknüppel in den Händen wippen, in jeder Bewegung lag die Bereitschaft loszuschlagen, selbst noch in den kurzen Unterhaltungen, die sie untereinander führten. Da standen diese schuppigen Tiermenschen, in Kunststoffschuppen, durchsichtigem Gesichtsschutz, eine erstarrte, automatische Mandrill-Garde, im letzten Drittel des 20. Jahrhunderts – Walkie Talkies in der Hand, Gewehre mit aufgesetzten Tränengasbomben, große grünliche Schutzschilde, die vom Boden bis zum Bauch reichten.

Wie hasse ich diese Staatsautomaten, diesen Mandrill-Staat, mit seinen verschuppten Plastikhorden. Ich hasse das schon allein wegen des rückständigen Anblicks, wegen der stumpfen, in Reflexen erstarrten Ordnung. Ich kann für die Gegenseite auch nichts empfinden außer der Schäbigkeit, der zwanghaften Verbalisierungen, die mich abstoßen.

Immer wieder schrille, durchdringende Trillerpfeifen, die von Seiten der Demonstranten kamen, ältere, erwachsene Männer gingen durch die Ansammlung der Demonstrierenden und stießen in tödlichem Ernst diese Pfiffe aus.

Darüber lag hell das Sonnenlicht, hindurch gingen Passanten, drängten sich zwischen den Reihen der Polizisten hindurch, den Gewehren, den grünen Marschtaschen, vorbei an den Plastikschildern.

Sonne auf den Schutzhelmen, Sonne in den Plastikschuppen, Sonne auf den Pistolentaschen und Sonne auf den Metallknöpfen der Uniformen, auf den Trillerpfeifen der Schlipslosen Anzugmänner, die sich um ein bemaltes Stück Stoff versammelt hielten. – Jenseits der Szene, auf der anderen Seite, regelte ein Verkehrspolizist in weißem Helm den Verkehr, der umgeleitet wurde, Busse voll fußkranker Fleischereibesitzer, ondulierte Rentnerinnen, Diabetiker, Kegelvereine.

Und dazu die rundum gelegene Kulisse aus vergangenen Jahrhunderten, die abblätternden Hauswände, die verblichenen, verstaubten Farben, die klapprigen hölzernen Fensterverschanzungen, wegtriefende Statuen und angefressene Zementschnörkel.

Ubbo-Sathla ist die Quelle, der ungezeugte Ursprung, aus dem jene kamen, die es wagten, sich den Älteren Göttern zu widersetzen, welche von Beteigeuze aus herrschten, jene, die Krieg führten mit den Älteren Göttern, die Großen Alten, angeführt von dem blinden Idiotengott Azathoth und von Yog-Sothoth, der Alles-in-Einem und Eins-in-Allem ist, und der nicht Zeit noch Raum unterworfen ist und dessen Sachwalter 'Umr At-Tawil und die Alten Wesen sind, die auf ewig von der Zeit träumen, da sie wieder herrschen werden, denen von Rechts wegen die Erde und das ganze Universum gehören, dessen Teil sie ist... Der Große Cthulhu wird aus R'lyeh auferstehen, Hastur der Unaussprechliche wird von dem dunklen Stern zurückkehren, der in den Hyaden nicht weit von Aldebaran steht, dem roten Auge des Stiers, Nyarlathotep wird auf ewig heulen in der Finsternis, in welcher er weilt, Shub-Niggurath wird ihre tausend Jungen hecken, und sie werden ihrerseits hecken und die Herrschaft antreten über alle Waldnymphen, Satyrn, Gnome und Zwerge, Lloigor, Zhar und Ithaqua werden durch den Raum zwischen den Sternen reiten, und ihre Untertanen, die Tcho-Tcho,

Gezücht belegt haben und der in den unermeßlichen Äonen seit ihrer Gefangensetzung immer schwächer geworden ist. So wird die Chance verspielt, die Spannung zu schüren, die zwischen solchen Anhängern des Cthulhu wie den froschartigen Tiefen Wesen, die das säulenreiche Y'ha-nthlei tief im Atlantik vor dem gesprengten Hafen Innsmouth sowie das versunkene R'lyeh bewohnen, und den fledermausartigen interplanetarischen Wanderern bestehen, die halb Mensch, halb Tier sind und Cthulhus Halbbruder dienen, Ihm-Der-Nicht-Genannt-Werden-Darf, Hastur, dem Unaussprechlichen; die Chance, zwei Gruppen gegeneinander auszuspielen, zwischen denen ewige Rivalität herrscht, die durchaus zu einem Vernichtungskampf führen könnte: das amorphe Gezücht, das dem wahnsinnigen, gesichtslosen Nyarlathotep und der Schwarzen Ziege der Wälder, Shub-Niggurath, ergeben ist, und auf der anderen Seite die Flammenwesen von Chtugha. Man muß dafür sorgen, daß diese positiven Mächte einem aufgeklärten Geist zu Hilfe kommen, so daß die Öffnungen für Cthulhu mit Unterstützung solcher Luftwesen wie Hastur und Lloigor verstopft werden können; man muß dafür sorgen, daß die Kreaturen von Chtugha die tief in

der Erde verborgenen Orte zerstören, an denen Nyarlathotep und Shub-Niggurath und ihre entsetzliche Brut hausen. Wissen ist Macht. Aber Wissen ist auch Wahnsinn, und nicht die Schwachen sind es, die den Kampf gegen diese höllischen Wesen aufnehmen können. So schrieb Lovecraft: ›Der Mensch muß sich bereit finden, Kenntnis zu nehmen vom Kosmos und von seinem eigenen Platz im brodelnden Strudel der Zeit, dessen bloße Erwähnung lähmendes Entsetzen verbreitet.‹

gesellten, erglomm in dem Portal ein seltsam diffuses Licht, nicht weiß oder gelb, sondern blaßgrün und züngelnd, das nach und nach immer heller zu leuchten begann. Und dann tauchte inmitten dieser Lichterscheinung etwas aus der Tiefe des Ganges auf, eine große, amorphe Fleischmasse, besetzt mit unglaublich langen, peitschenden Tentakeln, ein Ungeheuer mit einem Kopf wie dem eines Riesen und dem Rumpf eines Oktopoden.

Von da an hielt ich Ausschau nach diesen kuriosen Saurierwesen, und tatsächlich waren sie überall, tauchten auf und verschwanden wieder mit unheimlicher Leichtigkeit, staubiger Akten, aus denen jederzeit das Gestammel von gestern wieder morgen hervorgelesen werden kann. Spielerisch werden die versteinerten Augenblicke ein wenig durchgeschüttelt und so eine zurückgelassene tote Hand am Telefon zaubert die gleiche ausgestorbene, windige Ecke ans Licht. Auf eine schmerzlose Art krümmte sich die ausgestreckte Hand, die hinüberzeigte zu den vermauerten Fenstern, und zeigte zurück auf den, der sie ausgestreckt hatte. „Jetzt müssen Sie nur noch die Unterschrift für morgen leisten." — So dehnte sich in

und wie lange noch wird es dauern im endlosen Fortgang der Zeit, bis diejenigen, die Ihm dienen, Ihn holen und zur Rechenschaft ziehen werden in den schwarzen Tiefen, wo träumend der Große Cthulhu liegt und auf den Zeitpunkt wartet, da er auferstehen und Besitz ergreifen wird von den Kontinenten und Ozeanen der Erde und allem, was auf ihr lebt, um wieder zu herrschen wie früher, wie vor undenklichen Zeiten und für alle Zeiten?

... ostlosen Frühlingstag. Das Rasseln ramponierter, aufspringender Registrierkassen ist zu der runtereiernden Internationale zu hören. Schlammige Flocken Schaum hängen in der Luft. Fremde werden auf Abfall übersäten Parkplätzen aus dem Wagen gezogen. Die Kleider werden ihnen vom Leib gerissen und sie werden aus ihren Körperformen gezerrt. Von oben sackt der Private Club runter in den Trümmerhaufen, aus dem die Voramen der Kellner berufen werden, wie spät? He, Charlie, noch eine Runde?

Menge winziger fieser Käfer von sich weg, so kleine blitzende Dinger, die nur so herumzuwimmeln schienen, die Kopfhaut schmorte an den Stellen, wo er an die Leitung gekommen war, ein Geruch von versengtem Haar und verbrannter Haut, und sein Kopf war noch immer kahlgeschoren, als er später wieder auf der Straße war.) Und so ist das so ein Spinnwebnachmittag mit lautlos explodierender Sonne tausendfach wiederholt auf dem Lack vorübergleitender Wagen, als ich an dem staubigen Wald vorbei schließlich diese eine Straße heruntergeschaukelt komme.

nen ergeben sind. Im Zusammenhang mit Cthulhu, der vermeintlich einen geheimen Ort auf der Erde bewohnte, gab es außerdem recht unheimlich anmutende Legenden des Inhalts, daß manche seiner froschartigen Anhänger, der sogenannten Tiefen Wesen, sich mit Menschen gepaart hätten, woraus eine

Und dann die dunklen Räume des deutschen Göthe-Institutes, im 3. Stock eines düsteren Hauses gelegen, von den Fenstern Ausblicke auf die Gesimse einer Kirche gegenüber, staubig, zerstört, bedrückend. Und in den braun abgedunkelten Räumen die Bücherregale, natürlich waren meine Publikationen nicht angeschafft worden, ist wohl zu unsicher und zu unakademisch, nicht verzettelbar, aber von allen möglichen Schwachköpfen haben sie kleine Pipi-Bändchen angeschafft. Räume, durch die bleiche Akademiker gehen mit Zetteln in der Hand, ein erloschenes Pack. Eine bereits ältere Frau in der Bibliothek in knappem Minikleid mit aufgeregten, nervösen, flatternden, ein wenig girrenden Bewegungen huscht tänzelnd und eilig einen Teppichläufer in einen hinteren Raum, um nachzusehen.

Um ein Uhr geschlossen, herausgetreten aus dem düsteren Eingang, stand ich vor einem aufgebockten Bus, darunter sich Monteure wälzten.

Die Läden schlossen, nach einiger Zeit war weniger Betrieb, gegen 2 Uhr wird in den Straßen der Verkehr stiller, weniger Menschen sind anzutreffen, bis gegen halb vier, da die Läden erneut aufmachen bis 8.

Unverhofft, nach mehreren schmalen Seitenstraßen, stand ich vor dem Trevi-Brunnen, ein marmornes flaches tiefer als die Straße gelegenes Becken mit Wasser inmitten eines verblaßten, engen, sich drückenden Häusergewimmels.

Ich mußte wieder kichern, denn das war so monströs im Verhältnis zu dem geringfügig zur Verfügung stehenden Platz, der die Monstrosität des Brunnenaufbaus noch einmal verstärkte und wie eine gigantische Wahnidee wirken ließ: hier die wirklich abgetakelten Hausfronten, mit den unten hineingebrochenen Läden und Bars, schiefe Fenster, große abgeblätterte Stellen Putz, gelb verblaßt und rötlich verblaßt, darin die schmalen Rinnsale der Straßen, und darin eingesetzt die weißlichen Steinformen, im Grunde nichts als die Verkleidung eines hier endenden Häuserblocks, die einen schwer nach unten gesackten Eindruck macht – eine Steinkulisse, an das Haus angeklatscht, mit einer Wassermulde davor – deutlich ist dies Angeklatschte zu sehen, zwei, drei Schritte seitlich davon links und rechts kommen die üblichen glatten Seitenwände des Gebäudes.

Vor allem die Enge ließ die breit ausladende Brunnenkonstruktion wirklich buchstäblich komisch erscheinen. – Ein riesiger Kitsch. – Über allem wieder eine Papstrone, – und so das Ganze, als habe hier ein gigantisch-aufgeschwollener Filmregisseur die Kulisse für einige kurze Szenen nach Beendigung der Dreharbeiten stehengelassen.

Ein steingewordener menschlicher Gedanke, ein Gehirnschnörkel, der jetzt mit Touristen umstanden ist: amerikanisches Hausfrauengequäke, erschöpfte Asiaten, eine ältere japanische Frau in Kimono mit Brille, zwei Fotografen schlichen herum. Dazu die Postkartenhändler.

Den Geist der dick-tittigen, stark-schenkeligen Schwedin Anita Ekberg sah ich nicht, wohl die üblichen Bilder von Puff-Fotzen auf den Titelblättern am Kioskstand. – Überhaupt wirkt im Kino alles größer, weiter und überwältigender, Lichtgaukeleien, Projektionen.

Ein Mann in Gummistiefeln, ein städtischer Angestellter, watete durch das Becken und sammelte die hineingeworfenen Münzen ein. – Ich erinnerte mich eines blöden, buntflimmrigen operettenhaften Hollywoodfilms aus dem Anfang der 50er Jahre, in dem ein runzeliger Star auftrat, und der Film hieß: Drei Münzen im Brunnen.

Jetzt lehnte ich da an der Mauer und schrieb eine Postkarte. (Damals mußte ich mich immer heimlich ins Kino schleichen, in die Tonhalle, nachmittags um 5 Uhr, und mußte oft das

Kino vor dem Schluß verlassen, um rechtzeitig um 7 Uhr abends zum Abendessen da zu sein, klaute mir manchmal auch die 50 Pfennig, und sah beinahe jeden Tag einen Film, oder verscherbelte alle möglichen unnützen oder nützlichen Dinge als Alteisen. Die Tonhalle neben der Wassermühle, wo man im Sommer nach dem Baden vor der Stadt in dem braunen Moorbach schwarze Brocken von Brot für 20, 30 Pfennig holte, war eine Traumhalle.)

Die Geschichte damals war billig und bunt genug: drei Mädchen, auf Besuch in Rom, quäkende Amerikanerinnen, werfen drei Münzen in den Brunnen, wo später die starken Schenkel der Schwedin aufblitzten und der Mastrojanni italienisch wackelt, weil er sich gar nicht fassen kann, um wiederkommen zu können. Sie kommen wieder und heiraten.

Ein Polizist steht gelangweilt vor dem Brunnen mit Walkie-Talkie auf dem Rücken und Pistole an der Seite auf seinem Posten, vor dem abgestellten Brunnengeschnörkel, das unten gelb angelaufen ist, ein eitriges Gelb sitzt auf den Steinen.

1762: Tritonen, Wassermänner, Neptungeschlinge, kämpfende Muskelmänner mit Pferden, die aus Steinhöhlen kommen, kalkige Muschelblätter, eine üppige Steinfrau in Steingewand in einer Nische, (Seepferde haben die wohl ganz wörtlich genommen, statt Seepferdchen, das hier sind nämlich richtige Brocken von Pferden, die rausspringen und im Sprung versteinert sind), Göttin der Gesundheit und des Überflusses, sind fertig. Der Papst hat genickt, schön, schön, gesagt.

Ich hatte gar nicht zu diesem gigantischen Witz hingewollt.

Trank einen Kaffee an der Ecke, aß ein dreieckiges mit Paste und undefinierbarem bunten Zeug belegtes Weißbrot, das Tramezzino heißt, 220 L. Hatte noch einmal, da ich schon in der Stadt war, den Platz mit der Verbrennungsstätte des Bruno ansehen wollen und einige Fotos davon machen wollen, war aber auf der falschen Straßenseite abgebogen.

Die Straßen ziemlich leer, und ich empfand schon den seltsamen Eindruck den es macht, mitten in einem grauen, abblätternden Haus, von Staub überladen, mit ramponierten Türen und Fenstern, düster und zerfressen, Fensterläden, die schief in den Angeln hängen, und totes graues Neon, einen gläsernen Kasten hineingebrochen zu sehen, in dem schwarze, kleine glänzende Schuhe stehen.

Kein Platz zum Sitzen, keine Cafes, überall in den Bars muß man stehen, auch noch an jeder Ecke auf Carabinieris mit roten Streifen an der Hose gestoßen, sie sind dauernd einem hier gegenwärtig.

Schwanken zwischen ungerührtem Gesichtverziehen und wütendem Hinblicken, zwischen Gleichgültigkeit und distanziertem Abrücken, zwischen intensiver Aufnahme und scharfem, gedankenvollem Zerbrechen der Gegenwartskulisse, manchmal verloren in einigen ganz privaten Eindrücken, Regungen, die unterhalb der Wortschwelle liegen.

So trottete ich, Deinen Brief ungeöffnet in der Jackentasche, in der Hand das ausgeliehene Buch Giordano Brunos, Von der Ursache, Dem Prinzip Und Dem Einen, Felix Meiner 1923, Leipzig, in der Jackentasche die Instamatic, auf der Bühne aus Polizisten, Brunnen, Kirchen, Zeitschriftenständen und Bars herum, mit Kutschen, in denen ältere Ehepaare sitzen, die sich durch die blauen Bleigewölke der Busse und Autos fahren lassen, mitten im dicksten Verkehr.

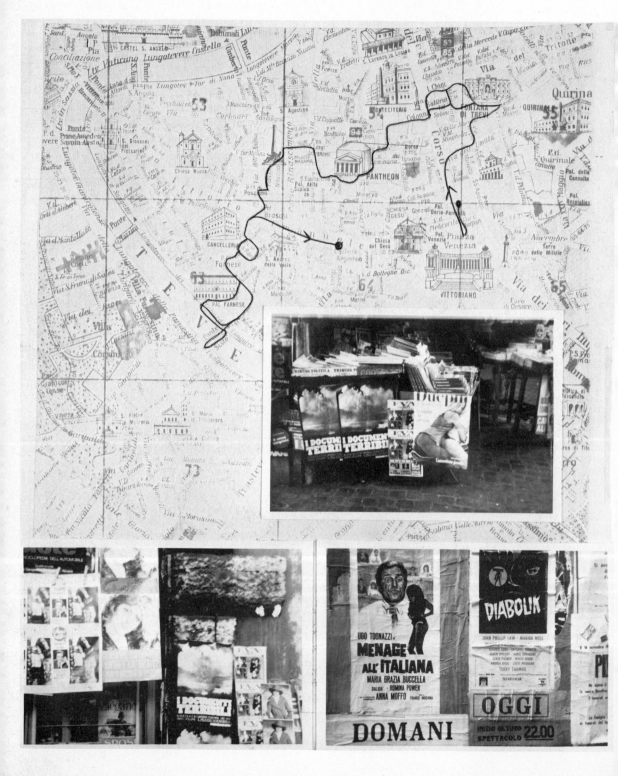

Sah einen Baum, aus dem unten eine grüne, schimmelig-faule Masse herauslief, ein nasser, pilziger Schmerz?/Nachdenklich machend, daß bei Wunden, Schmerz, Pflanzen und Tieren und Menschen, sofort andere kommen und sich am Schmerz ansiedeln, davon leben. – Was ist das für ein Prinzip? Sie siedeln sich an mit Worten, mit Gebärden, mit Bewegungen. (Und vor einer starken Freude haben sie Angst, können sie nur kopieren in verzwängten Festlichkeiten, die alle auch nicht stimmen.)/So nehme ich mir manchmal Zeit, um mir das einmal klar zu machen./Und unter den automatenhaften Panzerwesen heute morgen, sah ich einen jungen Kerl, sie waren fast alle jung, kurz über 20, da schlagen sie kräftiger, noch mit mehr Spaß am Schlagen, der hatte ein Cornet in der Hand, wohl zum Sturmangriffblasen. (Sie hatten auch viel von Insektenhaftem an sich!)

Erreichte schließlich den Platz am Pantheon, wo ich mich draußen hinsetzte und ein Bier trank, das sauteuer war wegen des Draußensitzens, 500 Lire. – Gegenüber, am Brunnen, mit einem Obelisken, ein Pappkarton, auf dem Rasierwasser ausgestellt war zum Verkauf, ein Straßenhändler,

dahinter das graue Muff-Gebäude des Pantheon, in der Luft auf dem ägyptischen Obelisken ein Kreuz (:und das macht beispielsweise latent wütend, überall diese rotzige Frechheit der katholischen Kirche zu sehen, der miesen Katholiken, die Protestanten hätten gewiß in ihrer Kargheit das ganze Ding verschwinden lassen! Geschieht wohl zu Recht, daß so

125

langsam ein großes Abschlaffen und Zerfallen sich ausbreitet, langsam und gemächlich, ist schon längere Zeit im Gang und wird wohl längere Zeit anhalten.) – Von da schrieb ich Dir ebenfalls, aus dem Augenblick heraus. – Ich sah mich ganz langsam um, nahm mir Zeit, die Umgebung rundum abzutasten und mir klar zu machen, wo ich mich befinde, wie das aussieht, ohne es als gegeben hinzunehmen, ich meine selbstverständlich. – Leichte Sonne über den Dächern, Teile der verblaßten Häuser in einem weichen, sanften Licht, das bald den Eindruck machte, als könne diese Art des langsamen, immer aber gegenwärtigen Zerfalls gar nicht anders sein. – Ein unauffälliger Wagen fuhr ganz nahe vor, hielt und heraus stiegen zwei junge Polizisten mit Gewehren, in denen das Schußmagazin steckte. Einer postierte sich auch richtig hin, wie man es aus Filmen kennt, das Gewehr schräg vor sich gehalten. Schnell kam ein Typ mit schlaffem Sack aus einem Haus, Geld. – Links am Haus, Albergo Del Sole, eine Tafel, daß Pietro Mascagni dort gewohnt habe. – Die Polizisten verschwanden wieder schnell in ihrem Wagen, vorne weg der Lieferwagen mit dem Geld. Musikeinsatz aus: Cavalleria Rusticana 1890, durchsetzt mit Schüssen. – Schwenk auf den Rasierwasserverkäufer, der sich hinter seinem Pappkarton mit Rasierwasserflaschen duckt. Schnitt zur Straßenecke: ein Polizist wälzt sich blutend im Rinnstein, ein Mann torkelt blutend aus dem Wagen, und starrt sinnlos in das Sonnenlicht, Glassplitter, eine alte Frau guckt aus einem Fenster auf die Szene, durch die der zweite Polizist hustend und Blut spuckend in eine Ecke kriecht und über zwei, drei Treppenstufen in die offene Tür eines Unterwäscheladens.

Da hinten, hinter den Rasierwasserflaschen, in der katholischen Kirche, in dem Gebäude aus 25 vor Christus, mit Kuppel, Altar mit Heiliger Frau, modert Raffael vor sich hin, liegt da, längst weg, der Bau war einst Mars und Venus geweiht, jetzt die Unbefleckte Empfängnis, was für eine Perversion, alle Beschreibungen sagen, wie schön, ich saß aber vor einem zerfressenem Gebäude, «die Dicke der Mauern beläuft sich auf 30 Palm», (Palm = Handfläche??), (kann nicht sein!), die Höhe des Obelisken davor beträgt 27 Palm, aus der Zeit des Sesostris (?), „Von den gegenwärtig in diesem Gebäude vorhandenen Gegenständen aus den christlichen Zeiten verdienen nur wenige besondere Erwägung: und die meisten dienen viel mehr zur Verunzierung", Beschreibung Roms von Ernst Platner und Ludwig Ulrichs, Cottascher Verlag, 1845.

126

Blasse Farben, und wie und was soll man empfinden angesichts des Zerfalls, der wüsten Stapelungen von Bedeutungen, der Kulisse? Totale Vergänglichkeitsgefühle samt Steigerung des Augenblicks an jeder Ecke?: und die Gesten und Rhetorik der gegenwärtigen Menschen werden schon gespenstisch, noch während sie sie machen.

Bezahlen, aufstehen, gehen: (vorher noch einen Film kaufen, 300 Lire, und einspannen, und auf deutsch die Verkäuferin fragen, wo geht die Straße zum Platz Navona, da! macht sie – und ich gehe: da!)

Über den Platz Navona, zusammengekrümmt liegt einer auf der ersten Stufe am Gitter der Kirche gegenüber dem 4-Flüsse-Brunnen, danach einbiegen in eine Gasse, eine größere Straße überqueren, wieder hinein in eine schmale Straße.

An einem Blumenstand, gelb und zart wuchernd aus größeren eimerhaften Dosen in dichten Bündeln, oder flammendes Rot aus einer großen Gurkendose, stufenförmiger Pflanzenaufbau, dicke Kleckse, watschelte eine aufgequollene formlos-fleischige Masse Frau./Die Tücher hingen um verquollenes Gewabbel, und magere ältere Reinigungsmänner hantierten mit Besen um die starren, leeren Holzgerippe der bereits abgeräumten Stände. Ein Besenwagen mit drei tiefen Blechtonnen, aus denen Reisiggestrüppe an Stielen heraussahen./Das Pflaster des Platzes feucht und überspült. Noch ein offener Fleischstand mit Würsten und ausgetropften roten Fleischstücken in der Luft an Haken./Ringsum an den Fenstern bleiche grünliche Unterwäsche, Schlüpfer, Büstenhalter, die tropften./Ineinandergebaute Kästen, Zimmer, die gestapelt und angesetzt waren, steile, leere Flächen dazwischen, lehmige ausgelaugte Farbe, versetzte a-rhythmische Bauweise, zusammengestückelt im Lauf der Zeit./Am Verbrennungsplatz mit der Statue aus dem 19. Jahrhundert, geschmacklos und billig, hockte einer und las in einem Comic-Heft. (Wo menschliche Zellen, Därme, feinste Kombinationen verschmorten, ein Bewußtsein verkohlt und schwarz pulverisiert werden sollte, wo lautlos Gewebe geschrien hat, von anderem Bewußtseinsgewebe in schäbige Riten gekleidet zum Auslöschen bestimmt worden ist, traten

128

jetzt Donald Duck und Fixi & Foxi auf/abends hocken dort die Hänger herum, verbrennen Pappkartons, blasen wirr Flöte oder Mundharmonika/als ich eines abends dort zufällig vorbeikam, trommelte einer auf diesen Blechdosen Urwaldrhythmen, monotones Gehämmere, für nichts und niemanden, sinnloseste Betätigung, schlechte Kopie einer Schallplatte – überhaupt die Pop-Neger mit ihrer Soul-Musik haben auch eine Menge versaut, immer mit dem Anspruch, sie seien Neger, und da sind sie ihnen massenweise reingekrochen/auch darüber habe ich meine eigenen genaueren Beobachtungen machen können: nämlich wie sie tanzend ihnen in imaginäre Arschlöcher gekrochen sind, wie sie Rausch imitieren wollten, wie sie seitlich, mit eingezogenem Unterleib, wie von einer unsichtbaren Zange in der Mitte zusammengepreßt, geschlenkert haben/habe das in Köln oft genug gesehen/als ich das zum ersten Mal sinnlich begriff, mit dem inneren Auge sozusagen, war's für mich aus/und – da hockten sie ebenso/:eindringlich genug klarmachen, kann man sich allerdings doch nicht, was an der Stelle geschehen ist im Namen einer abendländischen Zivilisation, ein 52jähriger Mann, noch einmal mit lächerlichen Zeremonien behangen, die er längst durchschaut hatte, wird geradenwegs in den elementarsten biologischen Schmerz geschickt, in die wahnsinnigen, lautlosen Brände, in jeder einzelnen Zelle hat sich von neuem dieser Weltbrand abgespielt, die totale Vernichtung, allein, Zelle für Zelle, und dieser 52jährige Mann hat keinen Laut von sich gegeben – angesichts des erstarrten ideologischen Wahnsinns und des politischen stumpfen Zweckdenkens jener Zeit – hungrige süchtige Priester, nämlich nach Vernichtung süchtig, es gibt keinen guten Priester wie es wohl keinen guten Polizisten gibt: damals waren die Priester Polizisten. – Und jetzt mit Fixi & Foxie und Donald Duck oder Ede Wolf gegen die priesterhaften süchtigen Polizisten? Die alle Rechtspriester sind?/ „Da brennen sie immer noch ein Feuer", hat der Begleiter an dem Abend gesagt, ein Berliner linker Maler, und meinte das als Witz./Die Figur des Giordano Bruno ist eines der ganz wenigen Symbole für die totale Individualität des Menschen, seine Einzelheit, die

unverwechselbar gedacht sein wollte und in der Anlage als Möglichkeit gewiß vorhanden ist, und dann der Druck!/Pantheist, hat man ihn beschimpft, weil er sagte, alles sei belebt./ Als ich noch einmal abends die Stelle las, mit der er sich damals von Deutschland verabschiedete, hat mich die Haltung gerührt, daß Tränen kamen, ungefähr so wie in dem Augenblick, als ich abends nach langer Abwesenheit von Musik die Brandenburgischen Konzerte hörte – warum diese Rührung? Weil die Selbständigkeit und die ernsthafte persönliche Betätigung und der Ausdruck so selten geworden ist. – Und weil die Schau, Show-Bizness, weg ist. – Und weil selten eine Person so bejahend fortgehend und so freundlich über das Land geurteilt hat und weil die Zerstörung, die Zersiedlung so weit inzwischen gediehen ist, daß man doch gar keinen Ort mehr sich vorstellen kann, an dem man leben möchte, und weil er den hellwachen denkerischen Tagtraum nicht verschämte – also hier noch einmal die Stelle: „So lebt denn wohl, ihr Wälder! Wie manche Stunde habe ich unter euren Laubgewölben verträumt! Euch, ihr Faune, Satyrn und Götter des Waldes, euch allen rufe ich zu: Behütet diese Äcker, segnet diese Felder, bewacht die Herden, damit der an gottbegnadeten Geistern so fruchtbare deutsche Boden das glückliche Campanien nicht ferner zu beneiden brauche. Auch ihr, Nymphen dieser Quelle, ihr Nereiden dieses Stromes, an dessen Ufern ich so oft, würzige Luft atmend, mich ergehen durfte, seid gegenwärtig . . . Und du, geliebte deutsche Erde, du Auge der Welt, du Fackel des Universums: sooft du auch im Umschwunge des Planeten dich noch der Nacht zuwenden magst, kehre immer wieder zum Lichte zurück und bringe diesem Vaterlande so vieler Heroen immer glücklichere Tage, Monate, Jahre, Jahrhunderte. – Du aber dort oben, Bote, Lenker des Himmelswagens, der Du von diesem Land, das deiner Wachsamkeit anvertraut, niemals die Augen wendest, scheuche von ihm alle nächtens schweifenden Wölfe, alle plumpen Bären . . . und alle räuberischen Tiere sonst. Und der allmächtige Vater, der Allvater, der

aller Dinge und die Ordnung aller Theile des Weltalls zu schauen. Und zwar nimmt er an, dass dies nicht in der Form des Gedächtnisses, des Verstandes und der Ueberlegung geschehe. All ihr Wirken ist vielmehr ein ewiges Wirken, und es giebt für sie kein neues Thun. Deshalb thun sie nichts, was nicht dem Ganzen angemessen, vollkommen, in bestimmter und zum voraus festgesetzter Ordnung geschähe ohne einen Act des Nachdenkens. Aristoteles führt dafür das Beispiel eines vollkommenen Schreibers und Cytherspielers an, indem er den Nachweis führen will, dass man der Natur nicht deshalb Vernunft und Endabsicht absprechen dürfe, weil sie keine Erwägungen und Ueberlegungen anstellt. Denn ein ausgebildeter Musiker und Schreiber braucht, ohne deshalb Fehler zu begehen, weniger auf das, was er thut, aufzumerken, als ein minder geschickter und minder geübter, der mit grösserer Spannung und Aufmerksamkeit seine Arbeit doch weniger vollkommen und nicht ohne Fehler zu Stande bringt.[21]

Teo. Ganz richtig. Lass uns nun mehr ins Einzelne eingehen. Die göttliche Vortrefflichkeit und Herrlichkeit dieses gewaltigen Organismus, dieses Abbildes des obersten Princips, scheinen mir diejenigen zu beeinträchtigen, welche nicht einsehen noch anerkennen wollen, dass die Welt mit ihren Gliedern belebt ist; als ob Gott sein Abbild beneidete, der Baumeister sein herrliches Werk nicht liebte, welcher nach Plato's Ausdruck an seinem Werke Wohlgefallen hatte wegen der Aehnlichkeit mit sich, die er in ihm erblickte.[22] Und fürwahr, was kann sich den Augen der Gottheit Schöneres darbieten als dieses Universum? und wenn dasselbe aus seinen Theilen besteht, welchen von ihnen muss man höher stellen, als das formale Princip? Ich überlasse einer besseren und mehr ins einzelne gehenden Auseinandersetzung tausend aus der Physik entnommene Gründe neben diesen, die der Topik und Logik angehören.

Dic. Meinethalb braucht ihr euch damit nicht zu bemühen. Giebt es doch keinen Philosophen von einigem Rufe, selbst unter den Peripatetikern, der sich nicht das All und seine Sphären in gewisser Weise als beseelt dächte.[23] Jetzt möchte ich lieber eure Ansicht darüber hören, auf welche Weise diese Form sich in die Materie des Universums einsenkt.

Teo. Sie verbindet sich mit ihr so, dass die Natur des Körpers, welche an sich nicht schön ist, nach dem Maasse ihrer Fähigkeit an ihrer Schönheit theilnimmt; denn es giebt keine Schönheit, die nicht in einer gewissen Gestalt oder Form bestände, und keine Form, die nicht von der Seele hervorgebracht wäre.

Dic. Ich glaube da etwas sehr neues zu hören. Ist es etwa eure Meinung, dass nicht nur die Form des Universums, sondern die Formen aller Dinge in der Welt seelenhaft seien?

Teo. Ja.

Dic. Also sind alle Dinge beseelt?

Teo. Ja.

Dic. Wer wird euch das zugeben?

Teo. Wer wird es mit Grund verneinen können?

Dic. Es ist allgemeine Meinung, dass nicht alle Dinge belebt sind.

Teo. Die allgemeinere Meinung ist nicht auch die wahrere Meinung.

Dic. Ich glaube gern, dass sich der Satz vertheidigen lässt. Aber um etwas für wahr gelten zu lassen, genügt es nicht, dass es sich allenfalls vertheidigen lasse; es muss vielmehr bewiesen werden können.

Teo. Das ist nicht schwer. Giebt es nicht Philosophen, welche behaupten, dass die Welt selber beseelt sei?

Dic. Gewiss, viele und sehr bedeutende.[24]

Teo. Nun, warum sollten dieselben nicht auch behaupten, dass alle Theile der Welt beseelt sind?

Dic. Gewiss, sie behaupten es auch, aber nur von den hauptsächlichsten Theilen und denen, welche wahrhafte Theile der Welt sind; behaupten sie doch, dass die Weltseele gerade ebenso ganz in der ganzen Welt und ganz in jedem beliebigen Theile derselben ist, wie die Seele der uns wahrnehmbaren lebenden Wesen in jedem Theile derselben zugleich.

Teo. Von welchen meint ihr denn aber, dass sie nicht wahrhafte Theile der Welt sind?

Dic. Diejenigen, welche nicht, wie die Peripatetiker sagen, „erste Körper" sind, in dem Sinne, wie z. B. die Erde ist mit ihren Gewässern und ihren übrigen Bestandtheilen, die eurem Ausdrucke nach wesentliche Theile ihres Organismus sind, oder wie der Mond, die Sonne

Vater der Götter dem alles unterworfen ist, der mein Schicksal wie das Eure, meine so hochverehrten Zuhörer lenkt, möge diese Wünsche hören und erhören." – Und jetzt muß man bedenken, wie das Land von miesem Amerikanismus ausgesogen ist, von IBM, der unten die Pisse rausläuft, kaputt-geschlagen, daß man gar nicht mehr weiß, in welchem Land man lebt, ein öder Korridor. – Ich las auf der Rückfahrt nachts aus Graz über Massenbach, und fand in dem Theaterstück von A. Schmidt die Szene: „Europa verfällt: seine Rolle ist ausgespielt! Da kommen Trümmer und Ödeneien: die Wüste Europas. In Hundert Jahren werden sie besuchen: Weimar, Berlin, London; wie sie einst sahen: Athen, Sparta, Korinth. Was Hellas für Europa war, ist Europa für die Welt gewesen – Gewesen."/ :So, in dem Empfinden, bewege ich mich ja schon selber durch die Hauptstädte, sei es in Berlin gewesen, sei es in London oder Paris gewesen oder jetzt in Rom!/Und ich hasse die ekligen normalen Amerikaner, die sich im Gefühl ihres elenden breiigen social-life dick mit Traveller-Checks und unbegrenzten Zugrundfahrten 1. Klasse überall hinfläzen, der letzte blöde Professor aus den USA kann das noch –/latente Schizophrenie ist das Normale geworden, was den Ort anbetrifft, an dem man sich aufhält – man fühlt sich als Museumsstück, das Gefühl hatte ich ständig auch, als die jungen Amerikaner bei mir in Köln waren/man begafft Europa, den Europäer, vor allem den Deutschen, nach dem Irrsinn, den ein Österreicher veranstaltet hat – ein Österreicher in Berlin! Man stelle sich das vor!Und dazu noch als Bestimmender!Mit seinen Postkarten-Knödeln und Heurigem im Kopf!Das ist doch gar nicht zu fassen!Wie gar nicht zu fassen ist, wie wieder die deutschen Schwach-Intellektuellen an Zeitungen, Rundfunkanstalten, in den Fernsehredaktionen in die Knie gegangen sind vor Dichtern aus Österreich mit einer Kinderrassel in den Händen! –/:aber Vernichtung!Darin sind sie alle groß!/Und hier an diesem Platz die offizielle Vernichtung des Einmaligen – der Vorgang des gewußten Sterbens!Und wofür?: was hat der denn da im Februar denen, die in stickigen Ritualen vermummt waren, bis in den entsetzlichsten, schmerzhaftesten und wahnsinnigsten Augenblick totaler physischer Vernichtung nicht mit und andere Körper. Ausser diesen hauptsächlichsten beseelten Wesen giebt es andere, welche keine ursprünglichen Theile des Universums sind, und von denen man den einen eine vegetative, den andern eine empfindende, wieder andern eine vernünftige Seele zuschreibt.

Teo. Aber wenn die Seele deshalb, weil sie im Ganzen ist, auch in den Theilen sein muss, warum giebt ihr nicht zu, dass sie auch in den Theilen der Theile sei?

Dic. Ich will es zugeben, aber nur in den Theilen der Theile der beseelten Dinge.

Teo. Welche sind nun jene Dinge, die nicht beseelt oder keine Theile von beseelten Dingen sind?

Dic. Scheint es euch wirklich, dass wir so wenige dieser Art vor Augen haben? Alle Dinge, welche ohne Leben sind.

Teo. Und welches sind die Dinge, welche kein Leben und nicht zum wenigsten ein Lebensprincip haben?

Dic. Um zum Schlusse zu kommen: nehmt ihr denn an,[*] dass es überhaupt kein Ding gebe, welches keine Seele, und nicht zum wenigsten ein Princip und einen Keim des Lebens in sich hätte?

Teo. Das gerade ist es, was ich ohne allen Abzug will.

Pol. Also ein todter Leichnam hat noch eine Seele? Also meine Schuhe, meine Pantoffeln, meine Stiefel, meine Sporen, mein Fingerring und meine Handschuhe sollen beseelt sein? Mein Rock und mein Mantel sind beseelt?

Gerv. Ja, lieber Herr, ja, Magister Poliinnio; warum denn nicht? Ich glaube gewiss, dass dein Rock und dein Mantel beseelt ist, weil ein Thier, wie du darin steckt; Stiefel und Sporen sind beseelt, weil sie die Füsse umschliessen; der Hut ist beseelt, weil er den Kopf umschliesst, der doch wohl nicht ohne Seele ist; und der Stall ist auch beseelt, wenn das Pferd, das Maulthier oder auch eure Herrlichkeit darin sind. Versteht ihr es nicht so, Teofilo? Scheint euch nicht, dass ich euch besser verstanden habe, als der *dominus magister*?

[*] *Wagner*, Opp. it. 1. p. 240 liest: *Volete dunque, che in generale non sia cosa etc.* Wir übersetzen nach der Lesart der ursprünglichen Ausgabe von 1584: *Per conchiuderla, volete voi che non sia cosa etc.* De Lagarde p. 256.

Pol. *Cujum pecus?*[25] Es giebt doch wirklich über und über spitzfindige Esel! Bist du so frech, du Gelbschnabel, du A-b-c-Schütz, dich mit einem Schulhaupt und Leiter einer Werkstätte der Minerva, wie ich bin, zu vergleichen?

Gerv. Friede sei mit euch, o Herr Magister! Ich bin der Knecht deiner Knechte, der Schemel deiner Füsse!

Pol. Verdamme dich Gott von Ewigkeit zu Ewigkeit!

Dic. Keinen Zank! Ueberlasst es uns, diese Sachen auszumachen.

Pol. So möge denn Teofilo im Vortrag seiner Dogmata fortfahren!

Teo. Das will ich thun. Ich sage also, dass der Tisch als Tisch, das Kleid als Kleid, das Leder als Leder, das Glas als Glas allerdings nicht belebt ist. Aber als natürliche und zusammengesetzte Dinge haben sie in sich Materie und Form. Das Ding sei nun so klein und winzig wie es wolle, es hat in sich einen Theil von geistiger Substanz, welche, wenn sie das Substrat dazu angethan findet, sich danach streckt, eine Pflanze, ein Thier zu werden, und sich zu einem beliebigen Körper organisirt, welcher gemeinhin beseelt genannt wird. Denn Geist findet sich in allen Dingen, und es ist nicht das kleinste Körperchen, welches nicht einen ausreichenden Antheil davon in sich fasste, um sich beleben zu können.

Pol. So wäre denn alles, was ist, animalisch?

Teo. Nicht alle Dinge, welche eine Seele haben, heissen auch animalische Wesen.

Dic. So haben doch wenigstens alle Dinge Leben?

Teo. Ich gebe zu, dass alle Dinge in sich eine Seele, dass sie Leben haben der Substanz nach, freilich nicht der Thatsache und der Wirklichkeit nach in dem Sinne, wie sie alle Peripatetiker und diejenigen fassen, die vom Leben und von der Seele gewisse allzu grobsinnliche Definitionen geben.

Dic. Ihr zeigt, wie man mit Wahrscheinlichkeit die Ansicht des Anaxagoras aufrecht erhalten könne, welcher annahm, dass jegliches in jeglichem sei; denn wenn der Geist oder die Seele oder die universale Form in allen Dingen ist, so kann sich alles aus allem erzeugen.[26]

Teo. Nicht bloss mit Wahrscheinlichkeit, sondern in voller Gewissheit. Denn dieser Geist findet sich in allen

---

den andern auf unendliche Weise, in diesen nach geringerem, in jenen nach grösserem Maassstab. Aber lass uns weiter sehn, wie in diesem Einen und Unendlichen die Gegensätze zusammenfallen. Der spitze und stumpfe Winkel solche Gegensätze; und doch siehst du sie aus einem untheilbaren und identischen Princip entstehen, d. h. aus einer Neigung des Perpendikels, welches sich mit einer andern Linie vereinigt gegen diese. Dreht sich das Perpendikel in der Ebene um den Punkt, in welchem es eine andere Linie schneidet, so bildet es jedesmal in derselben Richtung in einem und demselben Punkte erst zwei einander durchaus gleiche rechte Winkel, dann einen spitzen und einen stumpfen Winkel von um so grösserem Unterschied, je grösser die Drehung wird; hat diese eine bestimmte Grösse erreicht, so tritt wieder die Indifferenz von Spitz und Stumpf ein, indem beide sich gleicherweise aufheben, weil sie in dem Vermögen einer und derselben Linie Eines sind. Und wie die Linien haben zusammenfallen und den Unterschied aufheben können, so kann sich die drehende Linie von der andern auch wieder trennen und den Unterschied setzen, indem sie aus demselbigen einen und untheilbaren Princip die entgegengesetztesten Winkel erzeugt, nämlich den grössten spitzen und den grössten stumpfen bis zum kleinsten spitzen und kleinsten stumpfen und weiter bis zur Indifferenz des rechten Winkels und zu der Uebereinstimmung, welche in dem Zusammenfallen der Senkrechten mit der Wagerechten besteht.

Ich komme jetzt zu den Mitteln für die Bekräftigung. Zunächst von den wirksamen Urqualitäten der körperlichen Natur. Wer wüsste nicht, dass das Princip der Wärme etwas untheilbares und darum von aller Wärme geschiedenes ist, weil das Princip keines von den abgeleiteten Dingen-sein darf? Wenn dem so ist, wer kann etwas gegen die Behauptung einwenden, dass das Princip weder warm noch kalt, sondern eine Identität des Warmen und des Kalten ist? So ist denn ein Entgegengesetztes Princip des andern, und die Veränderungen bilden deshalb einen Kreislauf nur dadurch, dass es nur ein Substrat, ein Princip, ein Ziel, eine Fortentwickelung und eine Wiedervereinigung beider giebt. Das Minimum der Wärme und das Minimum der Kälte sind durchaus

---

eins und dasselbe; von der Grenze, wo das Maximum der Wärme liegt, entspringt das Princip der Bewegung zur Kälte hin. Daher ist es offenbar, dass zuweilen nicht nur die beiden Maxima in dem Widerstreit und die beiden Minima in der Uebereinstimmung, sondern auch das Maximum und das Minimum im Wechselspiel der Veränderung zusammentreffen.[*] Deshalb pflegen die Aerzte nicht ohne Grund grade bei der vollkommensten Gesundheit besorgt zu sein; im höchsten Grade des Glücks sind vorsichtige Leute am bedenklichsten. Wer sähe nicht, dass das Princip des Vergehens und Entstehens nur eines ist? Ist nicht der letzte Rest des Zerstörten Princip des Erzeugten? Sagen wir nicht zugleich, wenn jenes aufgehoben, dies gesetzt ist: jenes war, dieses ist? Gewiss, wenn wir recht erwägen, sehen wir ein, dass Untergang nichts anderes als Entstehung und Entstehung nichts anderes als Untergang ist: Liebe ist eine Art des Hasses, Hass endlich ist eine Art der Liebe. Hass gegen das Widrige ist Liebe zum Zusagenden: die Liebe zu diesem ist der Hass gegen jenes. Der Substanz und Wurzel nach ist also Liebe und Hass, Freundschaft und Streit eins und dasselbe. Woher entnimmt der Arzt das Gegengift sicherer als aus dem Gifte? Was liefert besseren Theriak als die Viper? In den schlimmsten Giften die besten Heilkräfte. Wohnt nicht ein Vermögen zwei entgegengesetzten Gegenständen bei? Nun, woher glaubst du denn kommt dies, wenn nicht davon, dass das Princip des Seins ebenso eins ist, wie das Princip des Begreifens beider Gegenstände eines ist, und dass die Gegensätze ebenso an einem Substrat sind, wie sie von einem und demselben Sinne wahrgenommen werden? Nicht zu reden davon, dass das Kugelförmige auf dem Ebenen ruht, das Concave im Convexen weilt und liegt, das Zornige mit dem Geduldigen verbunden lebt, dem Hoffährtigsten am allermeisten der Demüthige, dem Geizigen der Freigebige gefällt.

Zum Schluss also: wer die tiefsten Geheimnisse der Natur ergründen will, der sehe auf die Minima und Maxima am Entgegengesetzten und Widerstreitenden und

[*] Wir lesen: *concorreno.* Die Ausgabe von 1584: *occorreno.* Wagner (p. 291): *accorreno.* Lagarde p. 288,21.

dem geringsten Schmerzenslaut preisgeben wollen?: lächerlich. Den Einzelnen, das Bewußtsein des einmaligen Einzelnen! Unwiederholbar, nicht zum zweiten Mal konstruierbar, nicht einmal die Lust trotz aller gesteuerten Drogen und Eingriffe von außen ist zum zweiten Mal gleich!/Wenn man das in der Totalität für sich ganz überdenken könnte, wenn Denken Fleisch ansetzen könnte, wenn –/Kann ein Einzelner mehr für das Bewußtsein des Einzelnen tun? Christus hat 'ne Gemeinschaft gewollt, Buddha das Nirwana, immer der Zwang zur Auslöschung des Einzelnen, das Auslöschen der Steigerung des Einzelnen zum Zweck der blöden durchschnittlichen Gemeinschaft, die, als Gesamtes, nur drücken kann!/) Ich ging an den brennenden roten Blumenklecksen vorbei, an dem diffusen Fleisch Frau, an der zusammengestückelten Kulisse, hier und da mit Unterwäsche behangen.

Kam in einem sanften, rauchigen Spätoktober-Nachmittagslicht. Zärtliche Empfindung. Der ganze Körper damit angefüllt. Und ging. Weiter. Vorbei. In das Gehen etwas versunken. Und ging weiter vorbei. Herangekommen in dem zarten Nachmittags späten Oktoberlicht Anfang November. Kam da. Machte ein paar Fotos.

(Wie stärker würde man empfinden, wenn – wie im Chinesischen – man gar nicht das Subjekt zur Bewußtseinsartikulation nötig hätte, da man, das sprechende Subjekt, schon immer da ist, eine Voraussetzung, damit jemand überhaupt etwas sagen känn?!)

Weiches, gedämpftes Sonnenlicht, das oft in helle, klare frühe Augenblicke hereingeschienen hat, jedenfalls Augenblicke, in denen sich jeder am stärksten allein konturiert, weil er sich selbst deutlich empfindet, nicht von sich abgesogen ist durch die Wörter anderer, denen er zuzuhören gezwungen ist: denn das ist doch das Schrecklichste an Kindheit und dann die Zeit darauf, daß man immer gezwungen ist in jeder Situation zuhören zu müssen.

Und weiter weiches gedämpftes Sonnenlicht jetzt, eine milde Sanftheit, die den Körper erfüllt, inmitten furioser Architektur-Schinken, mit gelblicher Sonne darauf, in dem Licht fallende große Platanenblätter.

Also sanfte weiche und zart-gefilterte Nachmittagshelligkeit, in der ich dort ging, für mich, hellwach, sehr bewußt, (: verdammtnochmal, warum ist das eingerissen, daß verträumt abwesend bedeutet?), (: verträumt hellwach und tagträumerisch, das heißt doch: gesteigertes Bewußtsein, denn nun ist eine andere Qualität des Daseins, des bewußten Zustandes hinzugekommen das verträumte Hellwachsein des Tagtraums!), (:oh nee, ich meine nicht hostorische Reminiszenzen, ich meine nicht einen abrufbaren Wissenskatalog, ich meine: Achtung, Aufnahme, Foto, innen!), und weiter durch das zarte Nachmittagslicht in kleinen engen vergammelten Straßen mit erbärmlichen Fiats, mit Gurkendosen, in denen Blumen stehen, an abblätternden Mauern entlang, hellwach-verträumt. (Das kann man sogar bei exakten wissenschaftlichen Arbeiten behalten, denn die Exaktheit ist gesteigerte Anwesenheit und keine philologische Einstellung! Verdammt, verdammt, was sind wir verrottet!)

Liebe Maleen langweilst Du Dich bei diesem Brief, den ich für Dich schreibe? Oder gehst Du mit mir beim Lesen durch die einzelnen Momente? Ich zeige Dir das, was ich sehe und wie ich, irgendeiner, eben ich, das sehe. Und jetzt, in Rom, das ebenso imaginär ist wie jede Stadt, denn man sieht einzeln.

134

Ja, Du mußt mit mir jetzt hier hindurchgehen, ich erzähle das alles, um Dir einen Eindruck zu vermitteln, wie einer, ich, eben, dadurch geht. Und Du gehst dann, nach einiger Zeit, wenn Du hier bist, selber dadurch.

Ist das noch ein Brief? Ich schreibe immerzu an Dich. Hast Du das zwischendurch vergessen? (:Diese Unterbrechung ist eigentlich wie eine Zuwendung des Kopfes beim Zusammengehen durch diese Straße runter an den Fluß, wie eben zwei Leute, nach einiger Zeit, in einer Unterhaltung, sich einander zuwenden.)

(Wie wäre es, wenn Du mir einen Gang an irgendeinem Nachmittag durch Köln erzähltest, wie ein Gang durch den Park, eine Fahrt an dem Kanal entlang, ein Aufenthalt in der PH, wie wäre es, wenn Du Dich in irgendeinem Augenblick zurücklehntest, während Du in der PH ißt, Dich der Umgebung bemächtigtest (. . .).

Und wir gehen weiter, ich gehe weiter, und jetzt, als ein unsichtbarer Geist, sehr aufmerksam, hellwach, gehst Du mit mir weiter.

Da gehen wir, ich konkret, und Du nebenher als ein unsichtbarer Geist, der, wenn er konkret da wäre, ganz andere Einzelheiten entdeckte, die ich wohl begierig bin zu hören, um sie auch sehen zu können, eine Straße runter in Richtung Tiber.

Was würdest Du jetzt sehen?(Anderes! – Ja. Was anderes?)/:Jeder macht Cut-Ups mit seinen Augen, die durch Gedanken und Wertmuster in der Abfolge bestimmt sind. (Das Dritte ist der Gedanke, der die Wahrnehmung steuert, worauf sie fällt.)

Kam also. (Komm=Come?=Kamm?/:kommen?!)/Sperma?/Angst?/Vor Sperma?!/ :Klebrigkeit?:come?/Ich klebe wohl an der Gegenwart!Und sie wechselt so oft in ihren Erscheinungsweisen, und gar nicht so häufig./Come?:Kamm?/(Angst?:Daß da was heraus-kommt?Kam?)/:kam also.

Zu einer kleinen Brücke: (Foto/:und das gelegentliche Fotografieren macht wach und aufmerksam), Ponte Sisto – wenig befahren und schmal.

Tief der Fluß, grünlich-schlammig, undurchsichtiges Abwasser, an den Brückenpfeilern hatten sich große Höfe von angeschwemmtem faulendem Gestrüpp gesammelt./Zu beiden Seiten eine kalkige weiße hochgezogene Steinmauer, mit jeweils einem schmalen begehbaren Streifen davor, zu dem eine steile Treppe herunterführte./Ich ging an das andere Ufer,

da stand wieder so ein Kamikaze-Motorradfahrer, loddelhaft, mit seiner Honda – diese Motorradfahrer tauchen im Straßenbild häufig auf und jagen mit wahnsinniger Geschwindigkeit und mit lautem Heulen durch den trägen Verkehr. (Sie wirken auf mich wie fette Ratten, die aus irgendwelchen Abwässerlöchern herausgekommen sind.

Plötzlich, herausgetreten aus dem Gewirr und Verkehr, begann eine zarte und ruhige Stimmung sich in mir auszubreiten.

Affenartig-verhangen und träge-schlaff saß ein Junge auf dem Pfeiler am Ende der Brücke, ohne Regung und ohne Interesse, eine schlaffe Erloschenheit.

Und langsam zurückgehen, rechts die Silhouette des Petersdomes (Peters? Wer ist dieser Herr Peters?), dann der weiß eingemauerte Kanal des Baches, links eine entfernte Brücke mit schemenhaftem Verkehr.

Ich wurde zunehmend entspannter, offen, überquerte die Straße und ging in eine dieser vielen kleinen Bars der Seitenstraßen (man denkt dabei immer an Whisky und Plüsch und gedämpftes Licht, an einen Abend, aber hier stehen Postkartenständer, eine Vitrine mit Backwerk, ein Stand mit Süßigkeiten und gegenüber die Bar plus Kaffeemaschine und Getränken, keine Bar-Hocker, alles im Stehen, auch nicht lange). – Trank ein Bier, das 150 Lire gekostet hat, im Vergleich dazu beim Sitzen vor dem Pantheon 500. – Offene Tür, der Blick auf eine verstaubte Kirchentür gegenüber: San Salvatore in Onda, lese ich, und darunter der Name des Pfarrers, der sie besitzt. – (Am Eingang der Straße war auf eine Hauswand ein total verstaubtes Marienwandbild gemalt, davor brannte eine kleine elektri-

136

sche Birne.) – Eine verquere Frauengestalt kam herein, alt und wülstig und beim Anblick hatte ich das Gefühl, daß ihr die Knochen überall unregelmäßig herausstünden.

Vor der Tür wurde wieder eine Kamikaze-Maschine abgestellt, Honda 500 Four, olivgrün, und blank-glänzend die Kompressoren und bauchigen Ausbuchtungen. (:1 älterer Mann in geckenhaftem Dress=Driss, kurzem Lederwämschen, schwarzer enger Hose, kurzen Stiefeletten kam herein, so ein richtig mieser Stenz von etwa 50 Jahren.) Hinter dem Tiber, jenseits, schmolz das Sonnenlicht dicht über einem Haus das Dach weg, feuriggelbrotes Sonnengelee in einem leichten nebelhaften Nachmittagsdunst, sehr herbstlich.

Dann war diese feurige Sonnengeleemasse weggesackt, die milde, weiche Helligkeit lag überall leicht und schwerelos auf./Ich trank den Rest Bier und ging noch einmal an den Fluß.

Stieg die 70 engen, steilen Treppenstufen am Anfang der Brücke nach unten auf den schmalen Streifen. Ich wollte jetzt den Augenblick allein sein./Ich hatte noch wenig gegessen und das Bier verteilte sich im Körper rasch und rief ein unbekümmertes Empfinden hervor, allein und gut.

Schlug wahllos eine Stelle in dem Buch G. Brunos auf und las: „Das ist doch nicht bloß etwas Gewöhnliches, sondern auch ganz natürlich und notwendig, daß jedes lebende Wesen seinen Laut von sich gibt."

Die Stelle paßte so ganz zu dem Augenblick, sie fügte sich so lückenlos in meine Gedanken und meine Aufnahme des Ortes ein und setzte mich doch gleichzeitig total von dem Leben ringsum ab, aber sie paßte überraschend zu meinem Gang hinunter zu dem Ufer und dem Alleinsein in dem langsam verbleichenden Nachmittag. (Dachte auch noch, daß man bald wieder für verrückt erklärt wird, wenn man so etwas öffentlich sagt! Bei dem miesen Zwang zum Sozialismus und zur Demokratie?!)

Jetzt war ich allein, auf dem schmalen Streifen neben dem Fluß, der grünlich-seuchig und träge floß./Oben, über mir, hingen Äste und Blätter über der weißen Steinwand./Braunes, hartes, trockenes Laub von Platanen, einzelne, knisternde und brechende Blätter./- (Jetzt ein lückenloses Empfinden!)/Unkraut hatte sich durch die Fugen der viereckigen kleinen Pflastersteine gedrängt und war hochgeschossen.

20 nach 4, Distelsamen an der Jacke und Hose, zerknüllte Tempotaschentücher in steifen Falten, hart geworden von getrocknetem Sperma, steife, ranzige Kondome, die hier abgestreift worden waren, auf dem Boden zwischen dem Unkraut und ausgebleichtem trockenen Gras, Comicfetzen, an einer Stelle Zigarettenkippen, Bonbonpapier, Keksschachtel und noch zwei steife, ranzige Tempotaschentücher, der Lagerplatz eines nächtlichen römischen Schnell-Ficks? (Machte die Beine breit, zog die Titten heraus, „nun spritz schon ab?")/ Reste eines toten Sturms./Zwischen Unkraut und Disteln und verblichenem Gras, oben Verkehrsgeräusche./Ab und zu schaukelte ein Blatt an der weißen Mauer herab, Windstille, gelbes Nachmittagslicht, Papier, verblichene Plastiktüten, rote Stengelgewirre von Pflanzen./An der Mauer groß in Blockbuchstaben Schwarz gegen Weiß: Per Il Cula Tel. 54 42 – 5666./(Hinweis? Aufforderung?)/Und der träge, grünliche Wasserfluß./Neben mir gelbfahles Gewirre.

Die Füße baumelten über die Steinkante, „ab und zu auf Wasser sehen", Gottfried Benn. – Dahinten die Leute ganz klein auf der Brücke, Männchen./Innen ruhig, und ich kam mir bald vor, als sei ich ein menschliches Fossil, das hier herumging, in dem Lärm der Stadt, der Automaten-Menschen, dachte ich, als ich dort auf das Wasser sah, aus dem eine dünne Kette Blasen aufstieg.

Eine zeitlang dort sitzen und nichts denken, bis mir der Arsch kalt wurde./Weiter: bis zur nächsten schmalen, steilen Treppe./:(bei Jahnn las ich, „Träume erschöpfen. Sie sind ein Bluterguß der Seele."/Wieso kommt mir gerade das in den Sinn?), Fremdheit./Bei der nächsten Treppe alte Scheißhaufen, und schwarzer Mauerschlag alter Feuerstellen, schwarze Schatten, die rußigen Schatten von Flammen. – Brennstellen, mit Uringeruch, schnell hoch; oben hing die ölig-fette, schwarze Hand eines Mechanikers aus dem offenen Wagenfenster der gestauten Autokolonne, durch die ich mich durchschlängelte.

Kühler, die Distelsamen von der Jacke und Hose abschlagen, mit häßlichem Lärm verreckt hier alles, jahrelang, hundert Jahre, langsam und träge wie ein schlammiger, seuchiger, fahlgrüner Fluß, auf dem imaginäre Häuser schattenhaft standen, und imaginäre Bäume und Mauern und Blätter, die über die Mauer hingen, als ich daraufgesehen hatte.

Realität?: Ist ein Klumpen Geräusch. (Sie summen alle.) Und der nirgendwo, an keiner Ecke fehlende Baukran, der über die Allee ragt und die Dächer der Häuser.

(Maleen, du schreibst, ich müßte es romantischer sehen, nein – das hast Du gar nicht geschrieben, Du hast geschrieben, daß Du die Stadt romantischer sehen würdest, den Ort, sehe ich ihn nicht romantisch?: denn keiner will offenbar wahrhaben, wie sehr ramponiert doch das Ganze ist!)

Kurz vor 5: zur Haltestelle des Busses 62: durch Seitenstraßen, (Gedanke: daß es weitaus angemessener wäre, für so eine sterbende Stadt, Stille zu halten, nachdenklich und fantasievoll, und eine geänderte Richtung einschlagen mit Selbstbewußtsein/der Lärm täuscht Leben und Lebendigkeit und Selbstbewußtsein vor, er verdeckt den grundlegenden Mangel, der herrscht, und verdeckt den überhandgenommenen Tod!)

Kein Platz ohne Tote, kein Fleckchen Erde, keinen Zentimeter, der nicht mit Vergangenheit gedüngt ist, wo sind denn die kräftigen Nahrungs- und Düngungsmittel?

Wrruummmm, Autos!Ampeln!Fassaden!Idiotisches Gehupe!Idioten!Menschen!Gar nicht zu fassen!: Scheiße!: (kann ich nicht mehr mich ausdrücken?)

Du gehst schmierige Straßen entlang, an verklebten Grundmauern vorbei, an blöden Gesichtern, und entlang an Parolen, die schon seit gestern verrottet sind, du gehst an diesen Fetzenhaften Ausdrücken vorbei. Du läßt das alles hinter Dir:jede Parole will glauben lassen, in ihr enthalte sich die Weltformel für Leben, was für ein Quatsch.

Wörtern sind wir aufgesessen statt Leben, Begriffen statt Lebendigkeit, sollte es wundern, wenn wir erstickt werden von Wörtern und Begriffen? (:Für einen Moment Entspannung, für einige Augenblicke das Alleinsein mit sich, und in was für einer Umgebung ist dieser Zauber passiert?Tempotaschentücher steif voll ranzigem Sperma, vergammelte Kondome, Unkraut, und dahinten der Petersdom, der sie alle gesäugt hat wie milchende Kühe, sie schwanger gemacht hat mit Ideen, Vorstellungen die zu nichts führten, blödsinnigem Humanismus!)

Treten, Schritte, Sehen:klack, ein Foto!:Gegenwart, eingefroren.

Vorbei an den bunten Klecksen der Blumen in Konservendosen gegen eine zerhackte Häuser-Wohn-Kulisse, der Hänger-Typ liest immer noch in seinem Comicheft, ist eben Analphabet und macht sich nur schwerfällig die Bildchen klar./Frechheit:„Und auch den freigeistigen Mönch Giordano Bruno hätte man wahrscheinlich ohne die Statue, die ein liberales Stadtregime am Ende des vorigen Jahrhunderts hier errichtete, längst vergessen." Raffalt, Concerto Romano, 1958 – Comicrealität!

Campo dei Fiori: (woran ich vorbeigehe zum Bus),/der Guide Bleu enthält darüber nichts, und bisher ist mir die Stelle sehr lebhaft geworden/vorbei. – An Süßigkeiten in den Schaufenstern vorbei, deren grelle Zuckrigkeit und bunten Plastikfarben einem bereits die gesunden Zähne im Gebiß ziehen lassen./Zum Platz Argentina.

Hier noch, kurz hinter dem Platz dei Fiori eine Kirche, gar nicht mehr benutzt offensichtlich, ein stickiges Gemäuer, das mit Plakaten beklebt ist, „geistlichen Konzerten", (haha!), (als gäbe es ein Konzert, das nicht geistlich wäre!), stumpfe Fassade, bröckelig, schwarz verdreckt und tot, ein Palast für Ratten, wo Alexander Borghia verscharrt wurde. (Na, immer man zu.) Kirche Girolamo della Charita – gegenüber in einem kleinen Laden groß ein Ständer mit Knorr-Suppen im Schaufenster. Ein Hitler-Bild in Atomwolken wirbt neben dem prallen Hintern auf Motorrad.

(Das war so ein Nachmittag hier in Rom, ich war gegen 6 Uhr zurück, kaufte etwas zum Essen ein, war müde, abgeschlafft, und eigentlich froh, ebenso wie in Köln, zurück in meinem Zimmer zu sein.)

Und weiter die Reise nach Graz (:wenn ich daran denke, dann fällt mir als erstes das Wort Scheiße ein, das ich dort wie selten oft gehört habe – Nun hat man festgestellt, daß Primaten, die auf ihrem Gebiet überrascht und vertrieben werden, oft hinscheißen, ehe sie gehen – Defäkation als Platzbehauptung, was für eine alte Art, physiologisch gesehen, bis hin zu dem menschlichen Wort Scheiße, dasselbe Verhalten, was hat sich also geändert?)/Bis in die Bewußtseinsbekundung ist also dieses 1 Millionen-Jahre alte Verhalten eingeschliffen! Das macht doch nachdenklich!

Ich habe meinen Auszug vorgelesen ohne den Titel anzugeben, stieg auf das Podium, vor mir ein Mikrophon, dahinter Gesichter. – Einmal wollte jemand sich laut privat verabschieden oder begrüßen, und ich hörte auf zu lesen, worauf es ganz still wurde, und der Typ laff eine Entschuldigung murmelte. – Ich las weiter, eine Variation nach der anderen, in kurzen Sätzen. – Nach einer halben Stunde hörte ich auf, ging ohne ein Wort vom Podium und setzte mich auf einen Stuhl – zuerst Schweigen, zaghaftes Klatschen, das schnell erstarb: sie hatten gar nicht mitgekriegt, was da passierte und was in sie eindrang (und ich bin fest davon überzeugt, daß es auf eine solche lautlose Art in sie eingedrungen ist, daß manche der Formulierungen ihnen später aufstoßen werden, lautlos und verwirrend, und das ist schon etwas – außerdem eine Verblüffung, kein Zettel zur Hand, kein Begriff, das gerade gesehene Verhalten und das Gehörte einzuordnen, so wirkte es viel besser hinsichtlich des Inhalts als die folgende Schau – ich hatte mich so doch noch nie verhalten, und es war gut, ich war zufrieden, ohne Beziehung, ohne Gleichmacherei, ohne Verständnis, alle die Werte stimmten für Momente gar nicht mehr, was will ich mehr?)

Ich saß dann da, etwas abgesondert, am Rand, und mußte warten, bis die zwei anderen ihren Mist vorgelesen hatten (Kumpanei war das übergeordnete Verhalten!):ein Urs Widmer las die bombastische ironische Prosa vor, laut und rundfunkgerecht, dabei die Hohlheit in Person, und darauf ein faseliger Text eines Österreichers über Erziehung, sehr flach, was man bereits wußte, kein einziger Satz der verstörte und hellhörig machen konnte./Danach sammelten sich die bekannten Lokalmatadoren, einen anderen Stil gibt es ja zur Zeit nicht, und ich verdrückte mich so schnell mir das möglich war, ohne ein Wort gesprochen zu haben.

Draußen schwarze Abenddunkelheit in dem Kastanienreichen Parkgelände und aufatmen, langsamer gehen, riechen, wieder weißverwaschenes Mondlicht, Wolkenwaschküche, kalt und kühl, diffuser Mond, hinter Wolkendämpfen. Zwischen schwarzen Bäumen, – so viel freier als der gerade haltlose Unsinn einer Veranstaltung ohne Stil und Geschmack, eben Kultur.

Und dann ist jemand stehengeblieben, ein Philosophiestudent, erst im 3. Semester hier in Graz studierend bei Herrn Topitsch, Ideologie-Kritik et cetera, und die Freundin stand einige Meter stumm davon weg, und er fragte, ob das Rausch-Prosa sei, es sei ihm aufgefallen die Verlangsamung der Zeit, na denn./Gingen bis zu einem alten Torbogen, und danach ich allein an aufgerissener Straße entlang zurück zu dem Fluß und davor dem Hotel, blau leuchtete IBM an der Seite über der Stadt.

Meine ganzen ständigen Übungen: wozu nutzen sie? (Siehstu, das ist wieder so ein gedankenloses Loch, in das ich oft falle!)/:Nichts da, mieses Gewabere, geh weg! Du bist zu undifferenziert! (:Schon halb in Verwesung übergegangenes Undifferenziertes Gewebe, und ganz imaginär!)

140

Gegenwart: im Baum hängen meine Hemden, die ich heute mittag, 9. 11. 72, gewaschen habe – ein Baum der Hemden trägt? (Ich sah heute über einer Mauer einen ganz blattlosen kleinen Baum, und an dem hingen in weiten Abständen einzelne braunrote Früchte! :brauchte oft Deine Gegenwart, zur Bestimmung (in dieser Sache sehr) Romantiker, um die Gegenwart annehmen zu können!) – (Roman? Tikker?:Noch nicht, aber ein Roman zerfällt als Plan (. . .) in zwingende Einzelstücke!) – Teufel, was belästige ich so ein lebendiges Wesen, das so schön ist und klug wie Du? – Und ich ticke Dir alle Einzelheiten rüber, die Du eines Abends bei einem ruhigen Stillen Essen lesen wirst. – (Die Post ist hier wahnsinnig; hast Du ja bereits mit dem ersten Brief von hier erfahren; man muß alles mit Einschreiben machen! Ist eben südlich!)

((:Und nun sag bloß nicht, ich würde Dich schlecht behandeln!:der längste Brief mit den genauesten Beobachtungen geht an Dich, und so war das immer; und Du hast gemeint? ja, was? Immer mache ich Strip-Tease vor Dir, psychisch gesehen, Zeichen in die Luft!))/ (((War wieder so eine direkte, unmittelbare Kopfbewegung zu Dir hin, wie schon mal!)))

:denke immer, man könnte durch sowas einen Menschen verzaubern, abrakadabra und firlefanz, drei Mal über die Schulter spucken, geh weg von mir und komm zu mir, alte Formel, wie das Meer peitschen? Nix! Die norddeutschen Heidschnucken, die ich selber noch erlebt habe mit einer richtigen Kate, auch einem Schäfer – alles Tagträume, die durch meine frühe Seele gezogen sind – torkelten berauscht und süchtig durch Besenginster, gelbe Flammen und Bündeln an Eisenbahndämmen entlang, (scarsthamus scoparius), enthielt viel Spartein (Alkaloid) in einem wilden, ungezügelten Herbstlicht. Ich habe von diesem Besenginster bestimmt zuviel gerochen, und kann das seitdem nicht vergessen – auch hat auf mich stark Eindruck gemacht der Blocksberg/Bocksberg: da ritten nackte junge Mädchen plus alte Vetteln nackt auf Besenstielen:na bitte, dieser Besenstiel ist Der Stiel, ganz recht, und da ritten sie auf und ab, nackt. (Und sowas hat man überall verketzert mit Rausch, Sünde, Ausschweifung! – Warum schweift ein Mensch aus?:Und wodurch ist überhaupt das Wort Aus-Schweifung gekommen?:Wer schweift? Und wer schweift davon aus? – Wenn das nicht eine anti-autoritäre Richtung ist!) – Ausschweifung = Fantasie = Weisen/Ausschweifung von den bestehenden Begriffen und Formulierungen = Rausch = Mehr! = Weiter! = Gehen = Real sein!:(= :heißt:gleich)/:was soll ein junges Mädchen nackt auch Besseres und Rauschhafteres haben als sein Auf & Ab auf einem glatten nackten Stiel?/(:Guck Dir alte Stiche an – der glatte, nackte, unbehaarte Besenstiel steht immer schräg hoch, nun sieh Dir mal einen Penis an!)/:((he, he, – ich habe nicht gesagt, ein schräg hochstehender Penis sei ein alter Stich!!))//::

Von alten Stahlstichen in Wurmstichigen Holzrahmen erzähle ich Dir weiter hinsichtlich Graz und des Hotels, in dem ich wohnte: –

((Flashback: sie haben auch immer von dem gelben Honig erzählt, alle, der in den Besenginsterblüten, wahnsinnig gelb, am Bahndamm, enthalten sei, und so habe ich, das fällt mir gerade ein, oft diese zarten kleinen ovalen hohlen Blattflammen in den Mund genommen und vorsichtig ausgesaugt – alles alte zauberreiche Kinderei!))

//:Diese winzigen, zahllosen Augenblicke, die man erlebt, und die man, so hochmütig wegen irgendwelcher gespeicherten Wörter und Gedanken, einfach so bei Seite wischt; das verstehe ich nicht!//

:Vielleicht ist es tatsächlich so, daß sensibel zu sein, ein Mißgriff ist! Die Autos, Fiats, der Blöden rollen ohnehin stumpf puffend weiter.

Weiter, gut: Graz! – (Österreich, ich dort) –/tippe und tippe/–:Aschig und vorbei!/Post!/ :Nachher: (cut-up), man sieht mit den Augen! & wer weiß noch, daß er Augen hat?:ich:weiter:zurück, in das Hotel, gelb angestrichen, lege leer mein Buch auf das Bett, siehst Du mich, Maleen, wie ich da nachher das Buch hinlege, mir durch das Gesicht fahre, die Eindrücke wegwische, allein in dem Schiffsgroßen Raum mit den zwei Ehebetten vor mir – eigentlich gar nichts mehr richtig weiß, jetzt ist doch das vorbei)/:und runtergehe, mir sage, Du mußt essen – leiste Dir ein gutes Essen, und ich nehme den Roman von Cowper Powys und gehe in den schwarz-hölzernen Raum, das Holz sieht wie verkohlt aus in dem der alte Frack-Mensch aus der Kaiserzeit stehengelassen wartet auf die Bestellung.

Bestelle, an einem weißgetischtuchten gestärkten Einzeltisch:eine Gries-Suppe zu 7 Shilling und 1 Steak Dubarry (Karfiol, Risipisi, Sauce Hollandaise) zu 55 Schilling und zwei Bier – es war ein Steak auf dem Käse lag, zerlassen, darauf Blumenkohl und darüber geraspelter Käse mit etwas Reis dazu, – neben mir auf dem Tisch Wolf Solent.

Das war es also, dafür war ich hergekommen, an diesen Ort Graz, Kaiserliche & Landes-fürstliche Hauptstadt Steiermark, in der 9 Klöster waren: Dominikaner, Augustiner, Franziskaner, Minoriten, Barmherzige Schwestern, Carmeliter, Capuziner, Ursulinen und Elisabethaner – und im Treppenhaus des Hotels die ranzigen Gerüche aus der Küche im Keller, Gerüche zerlassenen Fetts, Schmorgerüche. – Dazu Stahlstiche aus: „Betrachtung der wilden Thiere beygefügter vortreffliche Poesie des Hoch=Berühmten Herrn Barthold Heinrich Brockes – wir beschreiben/alle beyde,/Gott zur Ehr, und uns/zur Freude,/Das so schöne/Welt-Gebäude/Ich mit Dinte/du mit Kreide. – Der Großgünstige Liebhaber gehabe sich wohl – Johanni Elial Ridinger, 1736" – Und darüber ein Auer-Ochse.

Bild: „Diser Hirsch mit weißen Flecken ist den 12. Septembr. 1746 am Mautlin geroeder Holtze in der Graffschafft Wernigerode gepürschet worden."

Bild: „Der historische 66-Ender nach Ridinger 66 Zacken, in der Jagdgeschichte einzig, erlegte König Friedrich 1 von Preußen 18. Sept 1696"

Vergangenheit, alles Vergangenheit, immer wieder nur das, was gewesen ist: man ist davon zugeschüttet, von allen Seiten damit umgeben, und die verstaubten, trockenen, pulverisierten blassen grauen Wellen schlagen immerzu in das Empfinden hinein. (Ist Morgen bereits heute bei soviel Vergangenheit gestern?) Dazwischen die aufblitzenden Reklamen.

Eine Landschaft, die nur aus Vergangenheit besteht, vergangene Ansiedlungen, vergangenes Gemäuer, vergangene Straßen, Reste und Bruchstücke, ein Zustand allgemeiner und umfassender Vergangenheit, überblickt man das Land, und dazwischen schießt Natur auf, verkrüppelt, ausgeblaßt, verworren, was für eine Perspektive ist das.

Einige Leute aus der Veranstaltung kamen herein, sie gingen in einen tiefer gelegenen, zum Hof hinausgeschobenen Raum – der Lektor von Hanser, Michel Krüger, setzte sich zu mir an den Tisch, und ich sagte ihm, wie ich abgestoßen worden sei durch das klotzige, plumpe Verhalten des linken Wagenbach, als hätte er die Weltweisheit gefressen, und wie eklig ich es nur empfunden habe, als er breit dasaß und sich ein Kaugummi in den Mund schob – auch daß er eine haltlose, üble Figur gemacht habe, eine richtige Cowboy-Haltung aus Westdeutschland anstatt präzise aufzutreten, distanziert, exakt gekleidet, rasiert, die Gedanken geordnet – doch sie leben im Stil der sogenannten Anti-Autorität befangen, in einem mechanischem Rappeln von Begriffen.

Nachdem er ebenfalls ein Steak gegessen hatte, verzog er sich in den hinteren Raum zur Kumpanei.

Ich merke auch nach einiger Zeit, die ich mit solchen Leuten verbringe, daß sich im Hinterkopf ein Krampfzustand ergibt, je länger diese Wörter um mich herum sind, bis ein hartes, graues Kopfweh da ist oder ein taumeliger Zustand, weil der Raum mit einem Mal ganz leer gefressen zu sein scheint, alle Farben weg, alle Wahrnehmungen erloschen, von den Wörtern.

So ging ich nach dem Essen zurück auf das Hotelzimmer, 3. Stock, Zimmer 92 netto 350 Schilling 2 große Betten 2 große häßliche beigefarbene Schränke 1 Frisiertisch mit Spiegel und der abgetrenten Ecke für die Dusche und den Lokus, deren Tür sich in das Schlafzimmer öffnet, ein großer Raum, Parkettfußboden und abgetretene verblaßte Läufer, an der hölzernen Doppeltür gelbe Messingverkleidung der Klinke und des Schlüssellochs, 2 Bibeln, ausgelegt nach den Gideons, deutsch und englisch.

Und ging noch einmal raus, abends, die Straßen und Häuser zu sehen, die Atmosphäre aufzunehmen, Einzelheiten.

Eine große dicke angeschwollene einzelne Wolke weiß in schwarzem Luftraum mit hohem Vollmond über der Straße und den Dächern.

Nach kurzer Zeit und kurzem Hinsehen in diesen hohen leeren Raum mit dem weißlichen ausgebreiteten einzelnen Wolkengemisch spürte ich, daß ich auch wieder weit und offen wurde und die Einengung nachließ, die mit der unmittelbaren Umgebung zusammenhing. Die weite Fläche, der Raum, war nun auch in mir. Das Gedränge war verschwunden. Es war in der Hereinnahme des tiefschwarzen Raums mit dem weißen Mond darin und dem milden Licht untergegangen.

Es war nach 11 abends. Die Kneipen machten hier um Mitternacht zu. Eine Quelle-Leuchtschrift am Haus. Der verstaubte Zierat der Hausfronten trat in der Stille abgeschattet hervor. Steinerne Schnörkel, um Fenster gelegt. Einbuchtungen am Sims. Die Bedrükkung, die von dem Aufbau der Spätbarocken Kirche Mitte 18. Jahrhundert ausging und eiserne Madonna um 1640 in der nächtlichen leeren Straße mit ganz vereinzelten Fußgängern gegenüber Schuh- und Bekleidungsläden. Aber nur wenige geparkte Wagen. Vor blassem hellen Rot des Antrichs./Eine Gespensterstimmung?

Ein Pfeil auf ein Lokal, in einer Seitenstraße mit Schrift: „2 Geh-Minuten."/Düstere Torbogen, in düstere alte Innenhöfe hinein mit Arcaden und Holztreppen in die Hinterhäuser./Wie angenehm, denke ich im Vorbeigehen, an solchen Orten sich leben ließe, wären die Leute, Bewohner frei von den düsteren, verstaubten und verschnörkelten Empfindungen(:denn es gibt eine direkte, aber verborgene Übereinstimmung zwischen dem Ausbau des Ortes und der Empfindung seiner Bewohner)./Handgemalte Holztafeln als Reklame, die an einer Stange der Straße vor dem betreffenden Geschäft hängen./Ein Name an einem Damen-Wäsche-Geschäft: Göttlich-Wretschitsch./Die Wiederholung der Heiligen oder Madonnenstatuen an den Häusern: in langsamen Intervallen, aber beständig, drängt sich das dem Blick auf – und dabei wird mehr und mehr sinnlich klar, in welchem Ausmaß von der Religion ein psychischer Raubbau in den vergangenen Zeiten betrieben worden ist.

Einzelheit:1 fette, bauschige Madonna mit geschwungenem Regendach über sich steht über Fleisch-Wurst-Selch-Waren Franz Fuchs.

Einzelheit: Daß man tagsüber immer wieder auf ältere verwaschene Frauengestalten trifft, die einfach zu irgendeiner Zeit in ihrem Leben stehengeblieben sind, an einer Stelle.

Kam nach einiger Zeit zurück an den Gries-Kai, an dem das Hotel stand, und ging über den weißgeriffelten schwarzen Fluß: Das Stadtpanorama des inneren Berzirks vor mir – die Kuppeln und Türme, die engen Straßen und Innenhöfe und dareingebrochen Stücke des 20. Jahrhunderts, vermischt zu einer Bastard-Form, darin das alltägliche Leben doch sehr erschöpft ist.

Heilige mit eisernen Palmwedeln und Kreuzen, dann wieder eine verschnörkelte Holztür, sehr alt, dann Bauarbeiten auf einer Straße, Hinweise auf das Alter, die Dauer der bestehenden Geschäfte, 19. Jahrhundert, 18. Jahrhundert, gegen halb 1 nachts ist die Stadt leer, alles Leben ist daraus verschwunden, es ist still.

Gewölbe, Durchgänge, gebogene schmale Straße, um 5 nach 12 nachts weit und breit niemand mehr zu sehen, auch kein Wagenverkehr, bewegt sich am Rand der Szene etwas schabend hin und her:ein einzelner Straßenkehrer mit einem Wagen, Karren, der hier allein in der Stille nachts vor sich hinkehrt./Das war die einzige lebendige Bewegung, auf die ich zu der Zeit traf.

Das Bild dieses einzelnen, nächtlichen Straßenkehrers lud sich von allen Seiten mit Bedeutungen auf, die aber für mich gar nicht zu überblicken waren, denn der Straßenkehrer blieb immer ganz konkret vorhanden und die Tätigkeit blieb ebenso konkret – die Bedeutung kam von der Leere der Straße, in der er fegte, von der Stille, den dunklen Häusern, sie stieg auf in jedem einzelnen kurzen Ruck, mit dem er den Dreck zusammenkehrte – von den Schnörkeln um die Fenster, die dunkel waren, von dem staubigen Anstrich des nächsten Hauses und dem geparkten Wagen, um den er herumfegte – aber alles nicht eindeutig festlegbar:was hatte der Mann für eine Dienstzeit, und wann Frühstückspause? – Er fegte tatsächlich allein, andere waren nicht in der Nähe. Es war etwas total Sinnloses in dem Anblick:etwas gräßlich Überflüssiges auch, und zugleich Lächerliches. – Mitten in der Stadt ein Mann der allein an irgendeiner Stelle vor sich nachts hinfegt.

Mir fiel ein, daß mir die Menschen, mit denen ich gesprochen hatte, die Österreicher gepreßt vorkamen, sobald sie redeten, als seien sie innen gestaut und angeschwemmt und es koste sie Mühe zu sprechen, obwohl sie sehr flink in ihren Bemerkungen sind. Doch in den kleinsten Äußerungen ist die Mühe der Artikulation herauszuhören, im Tonfall einer Äußerung, als würden sie am liebsten verstummen, möglichst total, und nur noch ungestört vor sich hineichen oder gänzlich in Witzeleien, die eine andere Form der Stummheit und Leere sind, sich schnell erschöpfen – kein Wunder, wenn Freud so stark den Todestrieb in seiner Psychologie herausgestellt hat! – Und diese Stummheit ist gänzlich unterschieden von der Stummheit, wie sie oft in Norddeutschland anzutreffen ist, die vielmehr etwas Klobiges hat, bis in die Todesvorstellungen hinein, klotzig und klobig, und nicht so wichtig. – Das Grauen hat hier in der Artikulation die Form eines Spritzgebäcks, das durch zu langes Liegen zwar die Form bewahrt hat, doch den Geschmack verloren hat. – Es herrscht in den Körpern ein ganz leerer Überdruck, der beim Sprechen dann in geschwollenen Hälsen und gestautem Blutandrang im Kopf sich zeigt. (Liegt das an den Bergen? Der Luft? Dem Klima der hochgelegenen Länder?)

Kunterbunt fielen mir Einzelheiten vom Vortag und dem heutigen Tag ein, als ich im Hotel zurück war:

daß sich die ganze Angelegenheit wieder gar nicht gelohnt hat, bereits finanziell nicht, angesichts der Anstrengung allein physischer Art – ein Zusatzgeschäft./Das miese Schauspiel der pöbelhaften, besoffenen Menschen plus Eitelkeit./Eine schamanistische Litanei über den Unsinn des Sinns mit Kinderrasselgeräusch und einem Murren als Gegensatz zur Kinderrassel./Artmann, der sich die Hand vor den zahnlosen Mund hält, und der sich den Mund abwischt, ehe er eine Frau auf die Wange küßt, sollte wohl witzig sein, war jedoch auch ernst, wegen Mundgeruch?/Dionysisch? Quatsch! Armselig./Das mechanische Lachen der Leute, darin eine unterwürfige Haltung heraussah, ein Wiehern, das aufdringlich laut sich drängte, vor allem beim Schweizer mit in die Stirn gekämmtem Haar, das bereits dünn war./Gut:die Einsicht, daß ich in Österreich nicht einmal Ferien machen möchte.

Meine Ausgaben vom Montag:Essen mittags 22 Schilling, Postkarten 35 Schilling (die Briefmarken erhält man an Zigarettenbuden!) Postkarten 14 Schilling, Briefmarken und Zigaretten 39.90 Schilling, Kaffee 13 Schilling, zwei Filme 42 Schilling, Abendessen 80 Schilling = 235.90 Schilling, etwa 35 DM.

Momente von tiefem Erschrecken über die säuische Art, im Forum.

Vergegenwärtigung meiner Lesung:muß schon seltsam gewesen sein, da geht jemand nach vorn, setzt sich, weißes Hemd, Schlips, schwarze Jacke, schwarzgraue Hose, beginnt leise zu lesen, der Text hängt in der Luft und dreht sich, geht nach 20 Minuten wieder weg, ohne etwas sonst zu sagen, setzt sich, bis die Veranstaltung vorbei ist, abseits, und ist verschwunden. Was war das? Eine Hieroglyphe?

Nach der Lesung hätte ich noch über meine Eindrücke sprechen sollen, auch eine Einladung zum Abendessen war darin, aber ich sah schon wieder endloses Verbalisieren, und habe es vorgezogen, allein zu essen und mir das Essen selbst zu bezahlen, mich selbst auch zu unterhalten, denn das stärkt alles und ist kein Verschwinden in einem Wust von Hin&Her, ohne Ergebnisse. (Der Kerl vom Rundfunk erzählte, wie Peter Handke hier als Student sich von seinem Vater losgesagt hatte, ohne Geld war, und nun in 5 Folgen Dostojewskis Schuld und Sühne dramatisiert hatte in Auseinandersetzung mit seinem Vater. Das ist eine Förderung gewesen. Na.)

Graz, Dienstag, 24. Oktober, 1972:wecken 9 Uhr per Telefon, Frühstück auf das Zimmer gebracht, doppelte Portion (damit ich für die Rückreise mir etwas machen konnte!), danach packen, Reisetasche, duschen, Scheißen, und rausgehen, der Zug fährt um 1/4 nach 2 mittags.

Auf dem Gang zum Bahnhof ein Fischertaschenbuch kaufen mit dem Theater über Massenbach von Schmidt./Bedeckter Tag, zwischen fahlem leblosen Grau und ausgewaschenem Blau, oben./Vor dem Bahnhof werden Beete angelegt, gespannte Schnüre, erdgraue Kordel, dicht über dem frisch gegrabenen Boden; ich überquere einen Rasen, und sofort fängt von den Arbeitern der Aufseher an zu murren und läßt Wörter hervorstürzen./ Schilling 49,30 für Karten und Zigaretten, Umtauschen des Österreichischen Geldes in italienische Währung. Bahnsteig nachsehen.

Die dicken Titten der Mädchen fallen mir auf. (Wie mir hier die starken Hintern auffallen.)

„Meine gewohnte Fremdheit auch hier." (:Und sie meinen im Durchschnitt, daß es fortschrittlicher wäre, sich in ein Denken und Verhalten zu begeben, das kritisch zum bestehenden Zustand ist, ohne zu sehen, daß eins durchs andere definiert wird und am Ende bloße Reaktion ist – bis nichts mehr übriggeblieben ist als bloßes Reagieren; daran bin ich nie interessiert gewesen.) Ich; ja.

Und was nützen mir historische Ruinen?:Ich möchte mehr Gegenwart!

Lernen, sein eigener guter Unterhalter zu werden, zu sein.

Auf dem Rückweg vom Bahnhof, zu Fuß, durch eine nichtssagende Geschäftsstraße, unter dem langweiligen verwaschenen Oktoberhimmel eines Dienstagvormittags, war unverhofft die Frage hartnäckig in mir (wie ein übergroßes Verkehrsschild, „Achtung Bauarbeiten!"):ob denn aus dem Vorhandenen, aus der unmittelbaren Umgebung nichts da ist, was ich möchte, was mir gefiele.

Die Auswirkung dieser Frage war Betroffenheit, in mir. (Gab es nichts, was ich mochte? Ein Haken, an dem ich hing, imaginär, durch meinen imaginären Bewußtseinskörper die Spitze durchgeschoben)/Mitten unter Leuten.

Wie? Da die Geräusche so waren, wie sie waren, die Leute so waren, wie sie waren, die Läden so waren, wie sie waren, die Straße so war, wie sie war! Wie konnte ich davon etwas mögen? Was hatte das Ganze, das Ganze, mit mir zu tun, als ich dort ging, mit dieser Frage, aufgehängt. Ich sah mich um. Da hingen gelbliche gerupfte nackte Hühnerleiber mit vorstehendem Knochen ohne Kopf in einer Reihe an der offenen Tür eines Lebensmittelladens. Daran befestigt ein Preis.

Wie? Da begriff ich, wie Eitelkeit, Mode, Aufmachung die Körper erstickte und taub machte. Aber Leben? Wie? Was daran mögen, wenn man überall die Steuerung sah, den Hundertsten, Tausendsten Aufguß einer Form?

Und mir fiel meine Erfahrung eines Erschreckens ein, als ich im Winter 1970, 1971 in Köln herumging: als ich die Leute sah, begriff, auf der Straße traf, mit Bekannten redete, daß sie alle nur noch in vorgeformten Funktionen sich bewegten, alle an einem langen Funktionsfaden aufgereiht waren, wie an einem langen Gummiband, daß sie dann, sobald sie selber hätten beginnen müssen auch nur eine Bemerkung zu machen, von diesem Gummiband ihrer eingenommenen Funktion zurückgeflippt wurden – das schäbige Spiel hinter den Kulissen ihrer Wörter und Ansichten, die sie äußerten, ihrer Erlebnisse, die sie berichteten, ihrer Freuden und Abirrungen, und das zu sehen, in welchem Ausmaß das stattfand, hatte mich total konfus und in Schrecken versetzt – was waren sie außerhalb ihrer geordneten Funktionen, ihrer Tüchtigkeit? Personen? Einzelne? Nichts, total nichts, verkümmerte Reste von vergangenen Träumen spien sie noch gelegentlich aus, verstümmelte Erinnerungen, in denen ganz andere Absichten und Einstellungen verfaulten. – Also was machte ihr Leben, ihre Arbeit aus? Eine soziale Stellung! Lächerlich! Aber kein Wissen, keine Leidenschaft, meinetwegen auch Besessenheit. – Waren sie noch Personen? Ein Zahnarzt, ein Lehrer, ein Lektor, ein Verleger, ein Rundfunkredakteur, ein Professor, ein Veranstalter.

Und jetzt wieder: Gab es nichts, was ich mochte? Doch, ja, alles, jede Einzelheit, aber so? In dieser Schnittmusterbogenwelt?

Ich sah die Verkäufer in den kleinen vollgestellten Läden zwischen den Regalen mit Dosen, ich sah die Schallplattenreklame, ich sah die Aufzüge ihrer Körper, die Gesten, die sie machten, das Zucken und das Verziehen eines Gesichtes, was ein Lächeln sein sollte, neben den nackten toten Hühnerleibern und einer Kiste mit Eiern und Flaschen.

Was hätte ich daran, in dem Augenblick, mögen können? Wirklich gut finden?

Ich hatte in dem Moment ganz von mir abgesehen, als sei ich gar nicht in einem Körper, trüge einen Anzug, ginge in Schuhen, habe Hunger und Durst, von tausend Kleinigkeiten des Tages befallen, sondern das war mir doch alles selbstverständlich, darum brauchte man doch kein Aufhebens machen, warum so viel Aufhebens darum machen? (Genauso wie ich gar nicht verstehe, daß man um Essen, Gemüse Aufhebens macht, Reklame verbreitet mit großen grünen Erbsen darauf, an allen Ecken diese Eßreklame und Hinweise, als sei das nicht selbstverständlich! Daß man aß, daß es Erbsen gäbe undsoweiter)./Und ich hatte völlig in dem Moment, da ich mit der Frage in mir dort ging, überhaupt nicht das Bewußtsein, ein ausdrückliches Ich zu haben im Sinne der Grammatik, ein Subjekt. Das war mir so selbstverständlich, daß ich es vergessen konnte.

Also gab es in dem Moment nichts, was ich hätte mögen können, gern?

Mir wurde bewußt, daß die Frage viel weiter ging als nur den einen Augenblick, in dem ich eine Straße zurück zum Hotel ging. Sie betraf einen viel weiteren Raum und eine viel umfassendere Zeit als dort den Moment. Sie fragte danach, ob man überhaupt etwas mögen könnte unter den gegebenen Umständen. War nichts da? Oder was war mit dem, das ich sehen konnte? Wer hatte das verkleidet, abgerückt? Entzogen?

Dem Hotel gegenüber stand, auf der anderen Seite des Flusses, eine Franziskanerkirche, an deren Seitenwand ein Süßwarenladen eingebaut war mit Mon Cherie Pocket Coffee 10 Stück nur 13 Schilling 50. Innen eine Grottenkulisse mit Heiliger Frau, hinter Glas ein pummeliges weißes Baby, neben dem zwei Neger in die Knie gesunken waren, und ein Mann, der sein rohes Herz offen in der Mitte auf dem Brustkorb trug. Gegenüber ein

offener Fleischstand mit bleichem ausgeflossenem Tierfleisch, Würsten, vollgestopften Därmen und weißen Scheiben Fett an einer ledrigen Hautschicht. Innen war ein zusammen-gesunkener Toter zwischen die Knie einer schleirigen Frau gesackt. Und eine ganze Wand mit Danksagungen:„Vielen Dank! Bitte hilf weiter." Dr. W. Und:Innigen Dank. Hedi. Und: 1000 Dank 1941 A. H. P. (was wie 1000 Mark klang), in Marmorplättchen geritzt und mit Goldfarbe ausgefüllt.

Gegen Mittag Sonne. Teuflisch dicht neben winzigem Trottoir fahren grüne Straßenbah-nen. Auf der Suche nach einem Geschenk für Rs Geburtstag, von halb 1 bis halb 3 sind aber alle Geschäfte geschlossen. So stand ich am Markt und fluchte. 1 Überschrift im Vorüberge-hen aus der Tageszeitung:„Lebensmüde Frau wollte in ihrer vielgeliebten Bergwelt ster-ben" und darunter ein Foto mit Schneepflug,„Der Wintereinbruch legt den Straßenverkehr teilweise lahm".

Wieder mal:Essen gehen./(Suchen!)/Ein Restaurant zu voll, in einem saßen an einem Tisch 2 Angestellte, sofort ging ich, eins hatte geschlossen./Restaurant Hotel Erzherzog Johann·(sah viel gewöhnlicher aus als
drinnen, da wars ein Hotel):Suppe mit Ei 8 Schilling, englisches Steak mit Pommes Frites 32 Schilling = Fleischlappen, nicht ganz durch, 2 Bier plus 1 Schnaps? Schilling./Kleine

148

Szene:an einem Tisch eine ältere Dame, die in der Speisekarte sucht – ein junger Kellner, ganz schon wie ein Alter, kommt und beugt sich aufdringlich nah zu dem faltigen Alleingesicht herunter, das sofort bei Seite rückt und, den Abstand vergrößernd, spricht/Ein anderer junger Kellner bedient in schwarzem Anzug, auf den Schultern Schuppen, über der Oberlippe dünner Flaum, der haut immer vor den Tischen die Hacken zusammen/Gesamtsumme:58.10 Schil.

Eindrücke, die überhaupt nicht zusammenpassen können, Erschöpfung daraus und ein unübersichtliches Muster an Einfällen, Reflexionen, gesehenen Einzelheiten, die sich in mir summierten.

Zurück zum Hotel, eilig. In die Straßenbahn gestiegen. Zum Bahnhof gerattert worden. Da steht der Schnelltriebwagen bis Bruck, das 1/4 vor 3 erreicht wird.

Letzter Blick beim Anfahren:braun-schwarze bewaldete Hügel und Berge, weißblaue Wolkenschichten, windzerrissen, falbe Baumbuckel und durchsichtige Kammreihen von Bäumen gegen den Himmel./still-gelegtes welkes Blättergeraschel draußen/stumpfe nackte Farben von Steinblöcken, winzige Nuancierungen, die den Blick reizen/springendes welkes Braun das im Blick flirrt/schnell sich einprägende Wegstücke, die leer waren/Stücke von Zäunen, dahinter die erstarrten Landwellen der Berge, einer nach dem anderen/ ausgebleichte Maisfelder, mit fasrigen, papierhellen Blättern, und winzige Wildnisse entlang dem Bahndamm, mit Spuren des 20. Jahrhunderts:Plastikflaschen, Scherben, Dosen, die in ihrer Verrottung bereits unsere Gegenwart historisch werden lassen, ausgestorben/ (:ein nachdenklicher Gedanke, sobald man den Zeitblick etwas erweitert)/dann:mulmiger

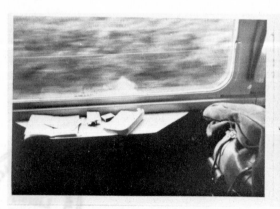

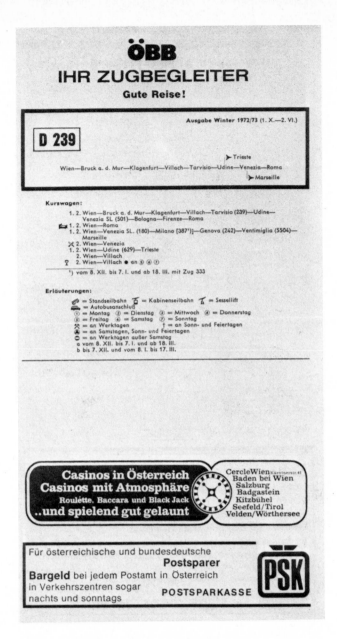

Dunst, nebelhaft, auf den hochgelegenen Lichtungen, den Kahlschlagflecken, weißer dünner Schneebelag, wo sich meine Gedanken ansiedelten und meine Fantasie:Schneelandschaft, weiß und still, da oben am Rand eines Waldes, zwischen den Stämmen geht:niemand, weiße Leere, ein weißes geisterhaftes Nichts, vermischt mit etwas Wind, ein kurzer Tagtraum, durch das Fenster in mich hereingefallen.

Unterbrochen von einer Stimmung der Verlassenheit (im Schnelltriebwagen mit den weißen Tüchern auf den Kopfpolstern der 1. Klasse Österreichischer Bundesbahn, eine Art Samba-Expreß, mit gehauchter Frauenstimme aus dem Lautsprecher, die bekannt gibt, daß in wenigen Minuten Bruck erreicht werde, da liest ein fetter gefühlloser Kloß von Mann in der Zeitung, und da zucken gefärbte Fingernägel in der Luft vor dem Fenster), die jäh da war:auf einer sandigen ansteigenden Straße in dem leeren 3-Uhr-Nachmittagslicht und der ereignislosen Stille eines abgelegenen einzelnen Hofes gehen zwei Mädchen, vielleicht 14

Jahre alt und eins jünger. (Um sie herum ist dieser ländliche, ereignislose Nachmittagsraum gegen Ende Oktober, eingesäumt mit welkem Laub und leeren Bäumen und grauem Gemäuer.)

Sex: die Erregung, die Aufgeregtheit beim Anblick entblößter anderer Haut, eine Welle von Zärtlichkeit, die stottern macht. Möglichkeiten, die auf der Stelle treten, anfassen, eine weiße nackte Stelle, vom Knie bis unter den Rock, Ausschweifungen der Gedanken, wortlos, was will ich sagen? Gesteigerte Momente voll gesteigerter Wahrnehmung. Und immer ohne Wörter. Tasten. Sich öffnen. Aufnehmen. Diese eine Stelle. Sammeln. Zusammenziehen./Wachsam bin ich dabei nie gewesen, ein aufgeregtes Pochen im Magen, eine Art Druck. Auch Routine nie bekommen, kein Hollywood-hartgesottener-Star aus dem Vorstadtkino.

Noch einmal Sex: daß nämlich der in einer Stadt gar nicht passieren kann, es sei denn als angeheiztes angestrengtes Geficke, blöde Geilheit, denke ich, blöde Geilheit, man kann es genausogut dann lieber auf dem Lokus machen als diese Grimassen, dieses Lügen, diese Verzerrungen und diese Verrenkungen mit Reden, Posieren, etwas bieten müssen, anstatt da zu sein, gegenwärtig, umgeben von angenehmen Gerüchen, „blau und rauschbereit", G. Benn.

Zitternd, Sex: im Gebüsch Schatten verteilt und zerrissen, Lichtgespinste an einem Nachmittag, ohne Koketterie, ist das nicht möglich? Das ist möglich. Was ist denn das? Anwesenheit, Gegenwart, hier und hier und jetzt, „der Büstenhalter ist im Kochtopf verbrannt", und die kleinen Haarbüschel der weichgeschwungenen Achselhöhle, aus der heraus sich die Erhebung einer Brust zieht. Ästhetik. Träumen. Unter sich.

Und weiter Sex: „Rote Beete im Einmachglas", rote Beete, die rot sind, Beete, Ginsterbüschel, Büschel, Schneeflockengespinste, ein gelbes Kornfeld, Geruch von Schweiß und Kamille, als wir eine Stelle im August gesucht haben, nachts, unter einem Vollmond, oder in Vorgärten.

Sex: „saure Gurkenzeit", die Entfernungen zwischen Männern und Frauen werden immer größer und unüberbrückbarer, das kann ich allgemein hier in Rom sehen, und damit ist eine weitere Möglichkeit der Entspannung, der ganz simplen Freude weg.

Sex: zitternd, weiter, noch einmal, Blöße, die keine Angst enthält.

(. . .) einer Stadt bereits vertan ist, obwohl die Stadt als Ort allermöglicher Kultur unentbehrlich ist.

Tiefe, stumme, aber nicht leblose Berührung, die Worte überflüssig macht, aber ersetzt blödes Tun die Sprache?

Helle Empfindung:Sex, eine Art hellsichtiger Wachtraum, sobald er bewußt geschieht./ Immer diese doofe unüberlegte Verwechslung: daß der Körper zu sprechen hat, aber das sind Drüsen, Säfte, Automatismen, die nur durch eine bestimmte Art Denken und Werte blockiert worden sind, was nicht heißt besinnungsloses Getue, so jedenfalls sehe ich es, sondern bewußte Anerkennung des eigenen Leibes, Körpers, mit Gedanken.:Und die Erwartungen überall gehen immer dahin, daß also wüst etwas im Körper passiert. Die Überwältigung liegt in der Sensibilisierung. Und das ist ein Akt des Bewußtseins, des Sich-Klarmachens, der Annahme./Mir erscheint das von überraschender Einfachheit zu sein. Und ich meine nicht die plumpe unsensible Einfachheit eines Pornos alla tedesca.

Eine nackte Frau tritt auf:zuck, springen die Schwänze hoch. Was für Vorstellungen werden aktiviert?

Gelbes Blätterlicht, fast fleischige Blätter, im Gegenlicht. Jede irrsinnig farbige Blume, die ihr Geschlecht in die Höhe schießen läßt (der Wurzelkopf steckt verschlungen und mit vielen zarten weißen Fäden in der Erde. – Aber ich bin keine Pflanze.) Nix da, Gewimmel. Hitze. Heiß, in aufspringenden Farben – aber grüne Synthetics?

Ich machte lange Gedankenausflüge beim Hinaussehen aus dem Fenster in einen Oktobernachmittag in Österreich.

Wie ich einmal unter der Sonne am Meer auf dem heißen Sand in den Dünen gelegen habe, links und rechts die schilfigen spitzen Stengel des Dünengrases, scharf gegen das glänzende leere Blau eines Meerhimmels im Sommer (ein starker Eindruck) und nach einiger Zeit mit der Hand in die Badehose tastete. Warum warst Du nicht da? Unbewußt war das ganz sicherlich nicht. Das Sperma trocknete schnell auf dem Bauch.

Auf den Bergabhängen kamen Sonnenflecken auf. Andere Bergteile waren total in schwarzgraue Nachmittagsschatten gesenkt.

Wieder das dürre ausgetrocknete Rinnsal eines Baches neben der Bahn. Gedanken und Fotos der Erinnerung bei Unzmarkt, kleiner Bahnhof-Trafik (das Wort Trafik kannte ich nur aus Krleža.) (Kommt es nicht auch bei Musil vor?)/Schon abnehmende Sonne. 1 Mann mit einem gelben Plastikhut und einer roten Fahne schlenkert herum auf dem Nebengeleise. Ein anderer turnt aus der Elektro-Lok.

Angesichts eines Rentners auf einer Asphaltstraße und eines rasenden Autos, das ihn überholt:wie hasse ich diese alten Rentner und die rasenden jungen Autofahrer, die schon jetzt den zukünftigen Rentner erkennen lassen.

Nichts als ein Stückchen entblößter Bäume.

Auf einer entblößten Wiese nichts als ein Stückchen nackter Baumgespenster eisengrau.

Fahren, Rattern, reibendes Metall, Biegen: jede Sekunde./Lücken:da werden Menschen in begrenzter Anzahl auf die italienische Grenze hingezogen./Der Zug schafft sich hoch./ Schneebedeckte graukantige Grate./Abhänge:Kulisse aus Löchern und Stämmen./Sonne, gelb, die von einem Zugfenster und einer Seite zum anderen Zugfenster auf der anderen Seite überwechselt. Halb 5./Blendende dünne feinziselierte Wolkenstreifen, der Wunschtraum eines Schmuckherstellers, damit das dann gefroren in Vitrinen und Panzerschränken liegt:abgebildete erstarrte Welt./Gelb flammt erledigtes Laub auf. Zwischen immergrünen Tannen. Und schwarze, glänzende einzelne Vögel, groß und ruhig in der Luft über dem gewellten Graswuchs./Hier der Fahrplan:

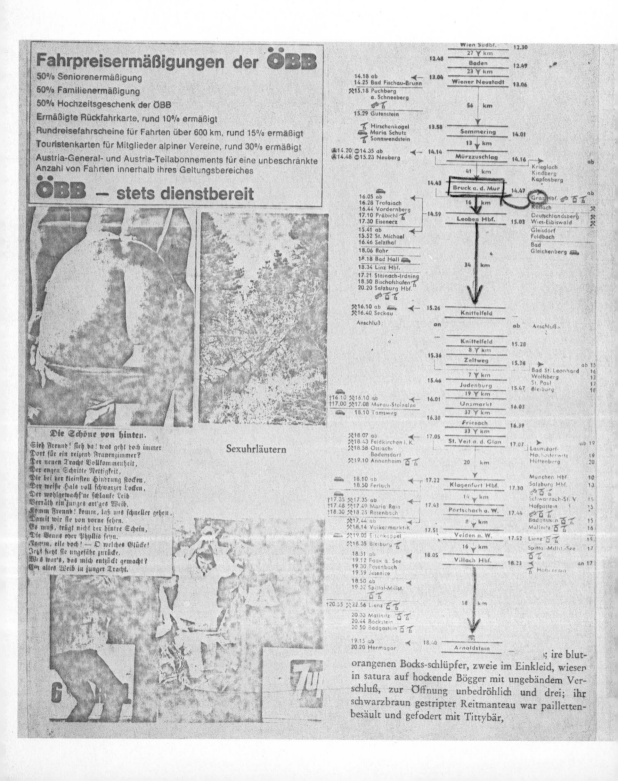

; ire blut-orangenen Bocks-schlüpfer, zweie im Einkleid, wieser in satura auf hockende Bögger mit ungebändem Verschluß, zur Öffnung unbedröhlich und drei; ihr schwarzbraun gestripter Reitmanteau war pailletten-besäult und gefodert mit Tittybär,

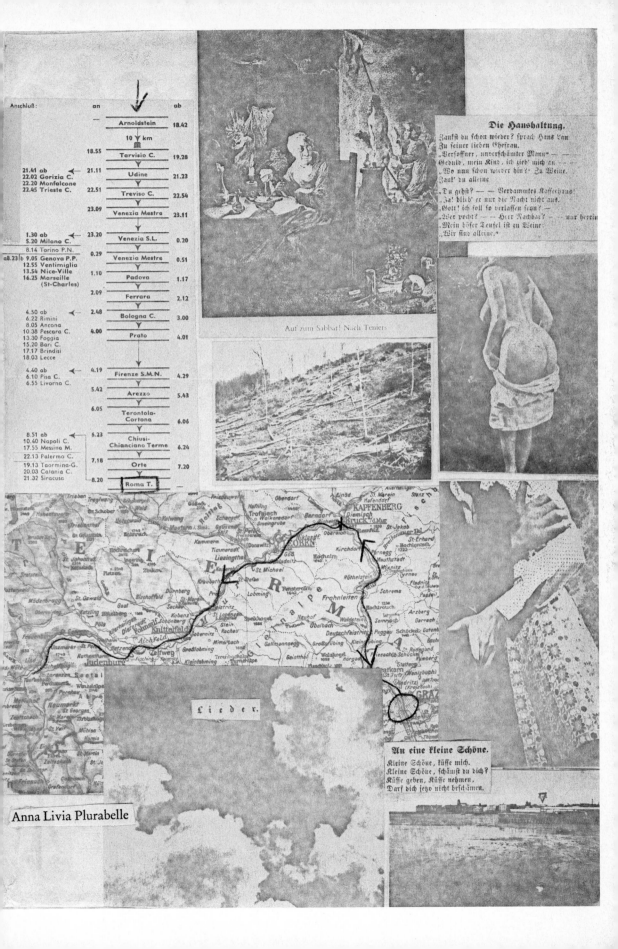

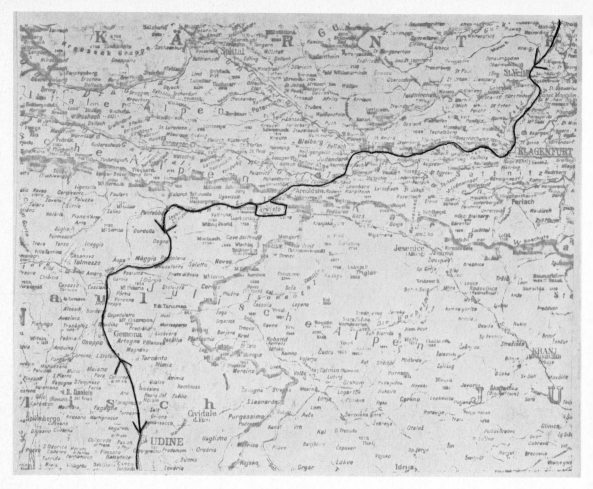

:und weiter!/5 nach Halb 5:Sonne sackt ab. – bläulichweißer Dunst kommt hoch aus den Waldflecken, mehr und mehr draußen Flecken, zu denen kaum ein Mensch hinkommt./ Gras wächst, trocknet, sprießt wieder./Detail:1 Düsenjäger zieht einen blitzigen-silbrigen Kondensstreifen hinter sich her hoch in einem hohen Blau (höher als die Wolken)./

Um Viertel nach 5 nachmittags ist der Himmel ein geschmolzenes Gold zum Ansehen, auch die Wolken haben flüssige Goldränder in der Luft.

Immer wieder schmale, abgeholzte Bahnen, die einen Berg hochziehen. Friesach Zehn vor 5 und ein Eisenbahnwagen voller Baumstämme.

Das Licht im Abteil geht an, Qualm aus den Gärten draußen, brenzlig und herbstlich. 5 Uhr:jetzt schon in einem blinden Abendgrau.

Die weiter entfernt liegenden Erhebungen sind in dem nebligen grau-blau verschwunden, nur ihre Ränder in einer tieferen Färbung heben sich ab und man kann sie kaum von den gezackten Rändern der dahinter sich hochdrückenden Wolkenschichtungen unterscheiden.

Wilder gezackt-geränderter Horizont.

In den tiefer gelegenen Senken schweben diffuse unbewegliche Nebel. Auf der anderen Seite stehen noch ein paar feuerrote Wolkenfetzen, da heizt jemand mit längst verschwundenem Sonnenlicht in einem gleichmäßigen blauen Grau.

„Katastrophe, jeder Schilling, Zinsen", solche Wortbrocken ragen aus der gestolperten

156

österreichischen Unterhaltung heraus (:es sind zwei Männer mit im Abteil, ein jüngerer und ein älterer Mann, ich sitze am Fenster und habe die Stiefeletten ausgezogen und die Beine auf das Polster des Sitzes gegenüber gestreckt.)

Unten, tiefer, auf einem Wiesenstück, treiben sie Kühe mit Stöcken unter bereits leeren Bäumen zusammen. Eine Frau mit Kopftuch macht einige plumpe Schreckbewegungen auf die Tiere zu.

Plötzlich hören die zwei Männer wieder zu reden auf. Es gibt nichts mehr zu sagen. Bis einer wieder nuschelnd und halb laut beginnt. Er wiederholt einige Wörter aus dem zuletzt gesagten, nur in einer anderen Zusammenstellung, was dem zweiten wie ein neuer Einfall dünkt.

„Würschtel, Goulaschsuppen", sie reden von zukünftigen Gewinnen. Sind sie Wirte?„40 Tausend eine Kaffeemaschine, joa kloar."

„Jetzt iss koamplett abgewirtschaftet",die Aussage steht wie ein Zementblock im Abteil, das sich mit Dämmerung füllt, und in dem das elektrische Licht gelber wird./10 nach 5:die roten Feuerfetzen werden staubig, aschiggrau. Ein großer Dunst.

St. Georgen am Längsee huscht vorbei. Im Abteil die Unterhaltung von 2 Mitteldingern aus 3 rohen Milliarden Menschen.

Einer verabschiedet sich: St. Veit an der Glan.„Also, servus, duu, grüssen's denn Reichsjägermeister." Und der Rest Mensch mit mir im Abteil schmatzt einen Apfel.

Da steht einer in Gamaschen auf dem leeren Bahnsteig.

(Ist bald nicht mehr zum aushalten:überall, egal wo, reden sie von Geldsummen, wenn zwei miteinander sprechen und zusammenkommen.)

(Das Geldgerede verwüstet die Gegend noch einmal.)

(Man muß sich doch einmal abgerückt so einen schmierigen, fettigen, mit grauem Fingerschweiß vollgesogenen Schein klar machen:da liegt so ein schweißig-graues dünnes Papierscheibchen vor mir auf dem Tisch.)

(Wieviel Finger daran gefummelt haben in wie vielen Situationen, und was hängt von so schmierigen Lappen ab? Daran sollte sich also die Fantasie entzünden? Und dieser dünne lappige graue Fetzen von Staatswegen steigert das Leben?)

(Geld ist wie ein Suchtmittel, der Anblick, und die Dosis muß ständig erhöht werden – da sehe ich den immer korrekt gekleideten Großvater nachmittags vor seiner schweren schwarzen Holztruhe sitzen und die kleinen Säckchen herausnehmen und die Münzen zählen – ich durfte nie zu nahe herankommen, dann wurde er ganz fummelig.)

(Geld = Familienfoto, verwackelt und schief.)

(Einmal hörte ich nachts in einer schäbigen Kölner Nachtkneipe wie einer sagte, „He, Tutti-Frutti, haste mal 'ne Mark?"/Und der sah auch so wie Tutti-Frutti gekleidet aus./Bloß den Muff-Jungs keinen Groschen mehr geben.)

Und ein Fabrikgelände mit Qualm./Jetzt ist ein großer Wolkenschub wuchtig zu einem schwarz-gebirgigen Rand geworden, unter dem sich der Zug in steifen, metallenen Schlängeln hinwindet./Und über den schwarzen gebirgigen Wolkenschub, in dem die davor gelagerten Berge eingetaucht sind, hebt sich ein äußerst zarter, fein-blauer Himmel:der Anfang der Nacht. Fast grünlich das Blau./Darunter, näher, aus dem Fenster gesehen, schwarz in schwarzer Formlosigkeit, Baumgespenster.

Etwas später:Halb 6 Klagenfurt.

Rote und grüne Lichtpunkte, Autoschlange vor heruntergelassener Bahnschranke, „Total"-Benzin leuchtet auf, eine Tankstelle, schnelle und schnell wegspringende Einblicke in helle Zimmerkästen/(darin das ganze Gerümpel zukünftiger Müllkippen)/1 Schornstein, aus dem Qualm kommt und der rot entzündet am Rand oben rhythmisch aufleuchtet/ Bremsgeräusche, das zischende Schleifen und hohle, leerbollernde Gerüttel des Wagens.

Vollgestopft:Die Welt!/(Man muß bald froh sein, eine Unkraut verwucherte Abfallecke zu finden, wo man kurz allein sein kann und aufatmen.)/Hahaha./Alles draußen Dunkel. Vorbei am See. Lichtpunkte.

Lese den furiosen, nachdenklich machenden Bericht über Christian von Massenbach und die letzte, vertane Chance, hier im Abendland in einem größeren, selbstständigeren Großbereich zu leben, 1790 bis 1970, alles vorbei.

Zitat:„Blaue Blusen werden sie tragen. Arbeitsblusen. Und in Mietskasernen sind sie geboren. Treppen hoch, wie damals im heiligen Jahr 89. Mit rostigem Dreck werden sie als Kind gespielt haben müssen, und die Uniformen der Väter auftragen."

Und jetzt taucht so ein Tutti-Frutti-Politiker aus dem Kulissendreck auf, faltig und greisenhaft, und trägt einen Zylinder und sagt, „jetzt wollen wir mal Politik machen" und das ist eine Tutti-Frutti-Müllkippen-Politik./Erinnerungen:wie ich eines Abends, Ende Sommer 71 allein herumtrabe durch die Kulisse Köln und im Eigelstein den Schwulen Klaus besuche über einer ramponierten Werkstatt, aus dem Fenster sah man die Gleise und ab und zu einen Zug, der vorüberfuhr, mitten in dem alten Gerümpel und Plüsch saß er in rotem Slip und war dabei, sich zu schminken, trank Cola mit Korn, im Fernsehwrack wurde eine Bundestagsdebatte übertragen, ohne Ton, dazu kam aus einem Radio ein amerikanisches Geschmalze von dem toten Neger Nat King Cole, pomadig-fettiges Triefen, während die Herren sich auf den Bänken räkelten und flegelten und einer mit ondulierten Wellen im Haar, redete, zugleich sah ich, wie auf dem sumpfigen Plüschsofa der schwule Klaus mit seinen dreckigen Zehen einem Jungen das Oberhemd aufzufummeln versuchte:und sofort enthüllte sich eins durch das andere bis zu dem totalen Zerfall, den keine Metapher mehr verkleiden kann:ich begriff die innere Struktur war zerfallen, das Reden auf dem Bildschirm nur noch lächerlich, die Szene im Raum gespenstisch, die Züge draußen und Schienen geisterhafte Vorgänge, darüber die triefigen amerikanischen Laute – alle zusammen in einem Augenblick ließ die innere Müllkippe deutlich zu Tage treten. Es war so unglaubwürdig fantastisch und doch nur konkret. Wohin hatte ich mich verirrt? Spuk, der aus veralteten Wortkulissen rinnt, und Spuk, der Gegenwartsanrechte für sich meldet.

Je mehr ich die Zusammenhänge begreife und sinnlich erlebe, desto radikaler ist mein Rückzug auf mich selber. Zu erwarten ist nichts mehr. – Nur berufsmäßige Hoffnungsprediger heizen mit Makulatursätzen die Leute immer noch an.

Einen Zusammenhang kann ich nicht mehr sehen. – Nur noch äußerst Einzelne und Vereinzelte. – Eine übergeordnete Idee ist nicht, oder sie ist faktisch verfault. (Nur daß diese in den Körpern abgelegten Ideen faulig aus den Menschen strömen, wenn sie reden.)

Solche Einsicht stärkt auch den Einzelnen, er hat die Hoffnung weg, sieht härter und klarer, ist auch rücksichtsloser angesichts des verschlagener werdenden faulen Wusels und Ideen und Vorstellungen.

Kunst:ist keine mehr. Brüchige Reste./Man hat nach dem Krieg doch nie wieder überraschende vitale Leistungen hervorgebracht, weder in Literatur, alles sehr brav bis in die Kritik am Zustand, weil sehr human, das verkauft sich gut in den öffentlichen Medien, noch in der Malerei, alles Fusch, weder in der Musik, blödes Gestöpsel von Stockhausen bis zu den dumpfen Kopien der Rock'n'Roll-Musik, noch im Film, versaut von didaktischen Ansprüchen, zuerst Heimatfilm und dann Abschied von gestern oder nun bayrische Tumb-

MASSENBACH: Die Natur, – meiner und aller Dinge Mutter – weiß nichts von Deutschland oder Frankreich. Sie machte mich zum Menschen, nicht zum Bürger: Aber um ein Mensch zu sein, mußte ich von Jemand gezeugt und irgendwo geboren werden. Das Schicksal wollte es, daß dies zu Deutschland und von einem deutschen Bürger geschehen sollte. Aber man wird nicht Mensch, um Bürger eines Staates zu sein; sondern man ist Staatsbürger, damit man Mensch sein könne. Das ist: damit man alles das sicherer und besser sein und werden könne, was der Mensch sein und werden soll. – Der Mensch ist also nicht, wie Sie zu glauben scheinen, dem Bürger, sondern der Bürger dem Menschen untergeordnet. Hingegen steht die Pflicht des Bürgers gegen den Staat und des Staates gegen den Bürger im genauen Gleichgewicht. Sobald meine Voreltern Bürger Deutschlands waren, übernahm dieser Staat die Pflicht, sie und ihre Nachkommen bei ihren wesentlichsten Menschenrechten und bei ihrem Eigentum zuschützen, und wir sind ihm für die Erfüllung dieser seiner Pflicht keinen Dank schuldig: denn: wir übernahmen dagegen die Leistung der Bürgerpflichten und der Staat ist uns ebensowenig Dank dafür

weitere Richtung an, »wie stellen Sie sich das vor: die Stelle, wo der Raum ein Ende hat?« Auch der Pfarrer

schuldig. Jeder Teil tut was ihm obliegt. Dieser Vertrag aber ist nichts weniger als unbedingt. Preußen versprach, uns zu schützen, sofern es kann; denn gegen eine große Koalition oder sonst eine überlegne Macht vermag es nichts. Wir hingegen müssen uns das Recht vorbehalten, mit allem was unser ist, auszuwandern, falls wir unter einem anderen Schutze sicherer und glücklicher leben zu können vermeinen: ein Vorbehalt, der überhaupt zu unserer Sicherheit nötig ist, weil zwar Preußen uns zur Erfüllung unserer Pflichten mit Gewalt anhalten kann, wir hingegen nicht vermögend sind, es hinwiederum zu dem, was es uns schuldig ist, zu zwingen.

Was mich selbst persönlich betrifft, so sehe ich meine Menschheit, oder was mir eben dasselbe ist, mein Europäertum, meine Weltbürgerschaft, für mein Höchstes und Alles an. Preußen kann mir, wenn es ihm beliebt – was vielleicht bald genug begegnen wird – alles nehmen, was ich in Preußen habe: so lange es mir erlaubt, ein freier Mensch zu sein, werde ich mich nicht beklagen. Meine guten Dienste glaube ich mit gehöriger Einschränkung jeder besonderen Gesellschaft, deren Schutz ich genieße, so wie allen Menschen, mit denen ich lebe, schuldig zu sein. Träte jemals ein besonderer Fall ein, wo ich meinem Vaterlande nützlich sein könnte, so würde ich mich schon als Weltbürger dazu verbunden halten (mit erhöhter Stimme): insofern nicht etwa eine höhere Pflicht – zum Beispiel gegen Europa; oder: nicht unrecht zu tun – dabei ins Gedränge käme. Denn wenn etwa Preußen die Lust ankäme, ganz Afrika und Amerika zu erobern, so würde ich mich ebensowenig schuldig glauben, ihnen meinen Kopf oder Arm oder auch nur einen Groschen aus meinem Beutel dazu herzugeben,

als ihnen den Mond erobern zu helfen.

RAUCH (noch einmal auf das vorhergehende Thema zurückkommend): – Und, Herr Obrist: Es gibt Ihrer Meinung nach kein anderes Mittel, – eine allgemeine friedliche Lösung dieser europäischen Verwicklungen herbeizuführen?

MASSENBACH (den Mund spitzend und den Kopf neigend): Oh – Rauch: es gibt eins – aber . . . .: Offiziell geregelte radikalste Geburtenbeschränkung, der sich natürlich alle Staaten anschließen müßten – ungerührt von kirchlicher Kasuistik – so daß die Menschheit nie mehr als hundert Millionen kultivierter, vernünftig verteilter Wesen übersteige. –

RAUCH (sofort abwehrend): das ist Utopie. –

MASSENBACH (ironisch): Völlig einverstanden, lieber Rauch! Aber Sie wollten ja das einzig andere Mittel wissen! – Daß jemals die Vernunft in der Welt siegen werde, ist leider Utopie: jede größere) Weltgeschichte (wird Sie unschwer davon überzeugen. – Nein, Rauch: wir sind ver . . . (von weither draußen Stimmen; – Massenbach die Stirn furchend): Was ist für ein Lärm unten im Hof (zu dem ihm zunächst Sitzenden): Oh bitte, Rühl

Und ihre Augen leuchteten wie die Scheiben brennender Irrenhäuser. Ich würde begrüßen, wenn die Menschheit zu Ende käme; ich habe die begründete

merlos; im Schlaf. Warum auch nicht. War nicht alles wie eine Erzählung geworden? Und hatten auf den Fliederblättern nicht auch damals tödlich fette Raupen gelümmelt; und die blökenden Buben hatten das stille Wasser gepeitscht, bis es zischte? War nicht meine Seele auch damals gequält gewesen, und das Dasein etwas, das besser nicht wäre? Wenn ich nur hätte schlafen können. Sehr schuldig war auch Nietzsche, der Machtverhimmler; er hat eigentlich die Nazi-Tricks gelehrt (»Du sollst den Krieg mehr lieben als den Frieden . . .«), der maulfertige Schuft; er ist der Vater jener Breker'schen Berufssoldaten, die, wenn man ihnen Felsblock und Keule nimmt, verhungern müssen, weil sie »halt weiter nichts gelernt haben«. Der und Plato waren große Schädlinge (und Ignoranten nebenbei: siehe Naturwissenschaften). Oh, des Morgen- und Nachmittagsgoldes im Aristipp. Und der Bart fing an zu stacheln; Wärme schien es zu bringen, wenn man ruckartig alle Muskeln im Körper

ins Gebränd: »Wie gut, daß es noch eine Unendlichkeit gibt – –.« Ein hageres, leidlich würdiges Gesicht. Aber sie hörte. Ich drehte mich langsam (ho, eindrucksvoll!); ich sagte zerstreut: »Sie irren sich; nicht einmal die Unendlichkeit gibt es. – Glücklicher Homer –.« Er krauste erstaunt und höhnisch die nackte Stirn im

tung unseres Sonderzuges: »Auch Sie irren sich; es gab einen Dämon von wesentlich grausamem, teuflischem Charakter, aber auch er existiert jetzt nicht mehr.«

»Buddha. Lehrt eine Methodik des Entkommens. Schopenhauer: Verneinung des Willens. Beide behaupten also die Möglichkeit, den Individualwillen gegen den ungeheuren Gesamtwillen des Leviathan zu setzen, was aber in Anbetracht der Größendifferenzen zur Zeit völlig unmöglich erscheint, zumindest auf der) Menschenstufe (der geistigen Wesen. Vielleicht löst sich die Bestie aber in) Diadochen (auf (christliche Andeutung in Luzifers Rebellion; umgekehrt will Jane Leade mit vielen Guten in einer magischen Kraft zusammen wirken und so die Natur paradiesisch erneuern – ist ein Ziel: Aufstand der Guten), und diese wiederum in immer kleinere Einheiten, bis endlich) Buddhismus (möglich wird und so das ganze Gebilde zur Aufhebung kommt. – Vielleicht sind noch heit. – So richtig zum Kotzen ist das Ganze, wenn man es überblickt von dem späten Lichtgeflunker oben in einer letzten Kneipe an der Nordsee bis zur vermufften Almhütte, eine einzige Rumpelkammer.

Und die sogenannte Politisierung:wie brav, wie entsetzlich brav, wie sie nur Konstellationen ändern wollen, wie sie von Gediegenheit reden, wie sie Blindsätze reden, die Sinnlichkeit töten./Und dann, das reale, konkret-leibliche Verhalten:Schlamperei, jeden mit Du anzureden.

(Auch hier:das macht jeden sofort gemein./So rede ich stur sie alle mit Sie an, bis – leider – auf den Born, das währt schon zu lange, und wie komme ich da wieder heraus? Weil er mal bei uns war, weil ich ihn einmal aufgesucht habe – nun zeigt es sich, daß man es mit verschlampten Formen erkauft hat. (. . .)/Da hatte er einen Besuch aus Berlin, ein Mädchen:und da sah ich wieder einmal, wie sich also deutsche Fotzen geschäftsmäßig-clever benehmen, frech und plump, ohne jede weibliche Eleganz, aber mit langen Haaren, Stiefeln, die Cordhosen aufgekrempelt und weite schlumpige Bluse – sofort keß war sie beim Du. Ich habe sie stur kurz mit Sie angeredet, das war's./Mir wird das immer unästhetischer – so wie bei Linda beispielsweise, in deren Verhalten nur noch Unästhetisches-Allgemeines herauskommt, oder bei der triefligen Schröders:was sind das für Abstiege! Höllenfahrten, aber wenn sie doch nur richtige Höllenfahrten für diese Leute sein würden!/ – So setzte ich mich hier Stückchen für Stückchen durch und ab. – Ein Zeichner aus dem letzten Jahr, ein Herr Knipp, der mir einen Druck schenkte mit Kühen auf der Wiese, die umzäunt ist von einem elektrischen Weidezaun, ein Augenblick aus einer norddeutschen Landschaft – das Blatt ist schön, und ich habe es für Dich herausgezogen, werde es Dir dann schicken in einer Rolle, ich meine, es müßte Dir gefallen, schwarz-weiß und realistisch und einfach, eben Kühe, in genauem Gras, die darin mit ihren schwarz-weißen Flecken in einiger Entfernung verschwinden – dafür müßtest Du einige Bücher im Austausch schicken an die Adresse in München aus dem Katalog – dieser Zeichner meinte dann, es sei wohl schwierig und schwer mit mir zu leben – aber bedenke doch mal, was das voraussetzt! Eine so undifferenzierte Allgemeinheit, die natürlich ein Zusammenleben leichter macht.)

(Noch kurz weiter die Unterbrechung aus der Gegenwart: Die deutsche Nuß hatte natürlich einen schlanken Yoghurt-Körper. Sie saß breitbeinig, die Hände zwischen ihren Schenkeln verschränkt. Die Haare waren blond und lang. Das Verhalten, in jeder noch so geringen Geste und Haltung, die sie einnahm, war, gerade wegen dieser betonten forschen Lässigkeit, so erschreckend stumpf und ich identifiziere das mit deutsch, was ohne weiteres gerechtfertigt ist:was haben sie denn gelernt? Was haben sie gesehen? Was haben sie an Wissen? Was an Träumen und Zielen? Ihre Bewegung war manisch beim geringsten Musikfetzen, ein zwanghaftes Klopfen mit den Stiefeln. – Nein, kein Sex-Empfinden ging davon aus, eher ein abstoßendes Empfinden, eine unsichtbare Häßlichkeit, die eben in dem Verhalten lag. – Das geht mir auch immer mehr auf:die Zunahme an Häßlichkeit überall; und sie ist bedingt durch verwahrlostes Verhalten, durch falsche Vorstellungen von Erziehung, von Geschichte, von Gegenwart, sie ist ein Teil der allgemeinen Entropie! Sie läßt sich nicht wieder in Energie umsetzen. – So werden mir die einzelnen Typen, die gar keine Typen sind, immer durchsichtiger, grundloser, lästiger, weil ekliger. – Und dabei das männliche Verhalten:sie suchen immer eine Stelle, um hineinzukriechen, immer ein Arschloch, worin sie sich verstecken können untereinander. – Und eigentlich ist ihr Verhalten der Frau gegenüber sehr winselig, dieses Winseln steigert den Wert Frau in einem Maß, das gar nicht stimmt, es setzt eine Frau nicht auf gleicher Ebene an und fordert, sie solle auch zeigen, was sie habe, dann werde man sehen, jeder legt seine Karten auf den Tisch – das ist meine schöne Vorstellung – nein, sie sind nicht einmal voll einer zitternden Erotik, sie können nicht einmal die Schönheit einer Leistenfalte bewundern und empfinden, die sanfte geschwungene Linie einer Achselhöhle – es ist alles quatsch und so pervertiert wie die Einstellung, „einmal gut essen gehen!")

MASSENBACH: Unendlichkeit: Ich habe vor kurzem durch mündliche Vermittlung eines Bekannten hierüber das Schärfste und Tiefsinnigste gehört, was Menschen je gedacht haben – *(er hebt erläuternd die Hand)*: Gauß in Göttingen – *(Olbers nickt: wer kennt ihn nicht!)* Ganz kurz: Stellen Sie sich vor: Unser Raumgefühl – oder wie Sie's nennen wollen: ich streite nicht um Worte – ist dreidimensional. Nehmen wir einmal an, es wäre nur zweidimensional, dann wäre eine Ebene wie diese Tischplatte unsere Welt, in der wir uns nur seitlich verschieben könnten – *(Bessel ist, einen Sextanten in der Hand, zögernd nähergetreten, und lauscht mit auf die Seite geneigtem Kopf)* Wenn sich diese Tischplatte nach allen Seiten hin unendlich weit erstreckte – *(er weitet andeutend mit der Hand ihre Fläche)* dann hätten wir Ihre ›unendliche Welt‹. Es gibt nun aber zweidimensionale Räume, die nicht unendlich sind: – wie dieser hier: *(er steht auf und überfährt die Wölbung des Globus mit den Händen)*: Hier!: Unbegrenzt wohl! Sie könnten, sich seitlich verschiebend, nach jeder Richtung reisen, ohne je ein Ende zu finden. – Aber nicht unendlich! Sie können die Größe dieser ›Welt‹ in Quadratzentimetern, ihren Durchmesser in Metern angeben. *(Bessel ist noch näher getreten und sieht den uniformierten Fremden fasziniert an: er wird diese Stunde nicht vergessen)*: Freilich setzt das voraus, daß ein Raum von höherer Dimension da ist, in den sich diese Fläche hineinkrümmen kann – eben unser dreidimensionaler Raum. *(Er spreizt eine unerbittliche Hand gegen Olbers)* Und nun übertragen Sie diese Gedankenreihe auf diesen selbst.

anders – *(er wagt das Wort)* – besser! erschaffen: wenn die Uhr schlecht geht, ist nicht sie schuld, sondern der Uhrmacher. – Es kommt Eins zum Andern: begrenztes Weltall, vom Leviathan geschaffen, Unfreiheit des Willens –

BESSEL *(von der mächtigen Persönlichkeit sichtlich tief beeindruckt, aber jugendlich spröde ind schwungvoll)*: Aber – wieso? Ich kann doch tun, was ich will!

MASSENBACH *(zuerst unwillig die Stirn furchend, dann aber wehmütig nachsichtig lächelnd)*: Das ist ja gar nicht das Problem, Bessel. Natürlich können Sie tun, was Sie wollen: Sie müssen es sogar. Aber die Frage ist gar nicht nach dem Verhältnis des Wollens zum Handeln, sondern von der Entstehung des Willens, der Willensbildung, selbst. – Sehen Sie: ein philosophisch roher Mensch – der dabei jedoch in andern Fächern ein großer Gelehrter sein kann – hält immer die Willensfreiheit für etwas so ganz Gewisses, daß er sie als unzweifelhafte Wahrheit ausspricht, und eigentlich gar nicht glauben kann, die Philosophen zweifelten im Ernst daran; sondern in seinem Herzen meint, all das Gerede darüber sei bloße Fechtübung der Schuldialektik und im Grunde nur Spaß. Stellt man nun solch einem Menschen etwa die Frage: kannst Du wirklich von in dir aufgestiegenen entgegengesetzten Wünschen sowohl dem einen als dem andern Folge leisten? Da werden Sie sagen: Vielleicht kann mir die Wahl schwer fallen, immer jedoch wird es ganz allein von mir abhängen, ob ich Eins oder das Andre wählen will, und von keiner anderen Gewalt; da habe ich volle Freiheit zu wählen, welches ich will; dabei werde ich nur ganz allein meinen Willen befolgen. Frage ich Sie aber: Ihr Wollen selbst: von was hängt das ab? So werden Sie antworten –

BESSEL *(selbstbewußt)*: Von gar nichts als von mir: was ich will, das will ich!

MASSENBACH: Und ohne sich des Unsinns – der Tautologie – bewußt zu sein! Immer wieder verschanzen Sie sich jetzt schon hinter das Wort: Ich kann wollen, was ich will – *(das schwierige Thema kurz endend)* Nun, Sie sind noch jung. Die wahre Antwort heißt: Sie können tun, was Sie wollen. Aber Sie können in jedem gegebenen Augenblick Ihres Daseins nur ein Bestimmtes wollen, und schlechterdings nichts anderes, als dieses Eine. *(Zu Olbers)* Ich habe längst durch Selbstbeobachtung festgestellt, daß sich, besonders in Träumen, die Zukunft unfehlbar ablesen läßt: also bis in jede Einzelheit festliegt: das ist der praktische Nachweis für die Theorie. – Sie wissen ja auch, daß Sie im März sterben werden! – So sah und hörte ich im Traum der vergangenen Nacht Glas zerbrechen – *(er leert seinen Kelch wiederum und setzt ihn besonders vorsichtig auf die weiße runde Decke; lächelnd)*: Nun, wenigstens dies wird es hoffentlich nicht sein.

OLBERS: Ich höre Ihnen mit Erstaunen zu. Auch mit Bewunderung. – Sollte nicht, wenn ein Mann wie Sie Einfluß auf die Großen

»Unbegrenzt; aber nicht unendlich. Eine Kugeloberfläche: ist auch unbegrenzt, aber nicht unendlich. Wir können uns zwar nur Dreidimensionales vorstellen (eine Folge unserer Gehirnstruktur), aber folgen Sie mir einmal zur Erläuterung ins Zwei-Dimensionale. Eine ›unendliche Tischplatte‹, zwei gleichgroße Pappdreiecke darauf: die denkenden Dreiecke? Diese Wesen können sich in ihrem Raum nur umeinander verschieben; wollten sie z. B. ihre Kongruenz nachweisen, müßten sie Winkel und Seiten messen und trigonometrische Folgerungen ziehen; wir heben zum Nachweis nur eins der Dreiecke in unseren, um eine Dimension höheren Raum hinaus, und decken es auf das brüderlich andere. – Diese Gebilde stellten unter anderem folgende fundamentale Sätze auf: Eine Gerade ist die kürzeste Verbindung zweier Punkte, durch einen Punkt zu einer Geraden gibt es eine Parallele; aus dem Parallelensatz ergibt sich die Winkelsumme im Dreieck zu 180 Grad.« – Hier schrie die Nutte hoch unkeusch und sagte: »Jetzt nicht!« – Ich sprach: »Ein weises Dreieck untersuchte eine in sich zurückgekrümmte, ebenfalls zweidimensionale Kugeloberfläche, und fand, daß dann die Geraden (d. h. die Linien kürzester Entfernung) Großkreise würden, es also keine Parallelen mehr gäbe, und die Winkelsumme größer als 180 Grad sei. Ein anderes fand, daß auf einer Pseudosphäre es bei Anwendung der gleichen Grundsätze unendlich viele Parallelen gebe (faßlich am Beltramischen Grenzkreis), und die Winkelsumme kleiner sei als 180 Grad. – Welcher dieser 3 möglichen zweidimensionalen Räume war nun der ›wahre‹; welche Geometrie galt? (Und übertragen Sie diese Gedankengänge auf alle n-dimensionalen Räume.)«

»Im endlichen Raum ist sparsam Materie verteilt; ihre Gleichartigkeit ist bewiesen durch Spektralanalyse und Meteoreinfang. Ebenso ist aller zerteilten Materie Gravitation eigen; d. h. Wille zur Vereinigung aller Atome. Beides deutet gemeinsamen Ursprung an. – Denken Sie im 2-Dimensionalen an einen aufgeblasenen Kinderballon: ähnlich wurde eine Quantität Materie und mit ihr unser endlicher Raum mit begrenzter Energie ausgebläht. (»Apropos, Blähungen –« sagte der eine Soldat, und ich nickte ingrimmig; wie wahr, mein Sohn, wie wahr! Anne lache ehern.) In den Fliehbewegungen der extragalaktischen Nebel mag sich noch diese ehemalige Ausdehnung unseres ›Alls‹ andeuten; vielleicht ist die Lichtgeschwindigkeit irgendwie mit der dehnenden Kraft zu verbinden. (Strahlungsgesetze, Ausbreitungsgesetze: Licht, Schall – und Kontraktionsgesetze: Schwere – werden beide durch das Quadrat der Entfernung geregelt.) Aber die Gummihaut will sich zusammenziehen: die Gravitation ist diese ›Oberflächenspannung‹ des Weltalls, der Befehl zur Einholung des materiellen Universums, der Beweis für die unvermeidliche Kontraktion. Die homogene, gravitationslose ›Endkugel‹, in der keine physikalischen oder chemischen Umsetzungen mehr erfolgen, die also ohne Kausalität und eigenschaftslos ist, wird dann für Wesen mit unserer jetzigen Hirnleistung sofort verschwinden, mit ihr der geschrumpfte 3-dimensionale Raum, auch unsere Zeit. –«

(Noch eine 2. Unterbrechung aus der Gegenwart:wieder ist Samstag, eine Woche ist vorbei/ich habe nachgedacht, mich auszudrücken versucht, meine Gedanken einmal zu präzisieren, hier, in dem Brief an Dich. – Ich will durch diese Gegenwart gehen, und ich gehe auch da durch, ich habe keine andere Zeit als die Zeit, in der ich lebe, und da will ich wissen, in welchem Zustand ich lebe, in welchen Augenblicken, und was diese Augenblicke enthalten, welche sinnlichen Eindrücke, und was sie enthalten – Es ist Samstagnachmittag:es ist ein verhangenes Wetter mit Regenwolken, und mit Windstößen, die plötzlich die Bäume und Blätter durcheinanderbringen – es ist ein Samstagnachmittag, der mich an bestimmte verhangene Momente in Texel erinnert, von der Stimmung her, da ich aus dem Fenster des Mietzimmers blickte – und dahinter öffnet sich verblaßt ein anderes weiter zurückliegendes Empfinden aus einer verblaßteren Zeit in der Gegenwart, da ich hier am Tisch sitze, Dir schreibe, die Flügeltür und die grüne Fliegentür geöffnet mit dem Kiesweg davor und daran anschließend das Gras und die kleineren Unkrautpflanzen durcheinander, eigentlich dürftig, denn bei Unkraut stellt man sich schon bereits einen üppigen Wald vor, eine üppige Vegetation – Flugzeuge donnern in Abständen darüber hin, so werdet ihr auch herandonnern, das denke ich immer, wenn ich es höre, und das mildert das Geräusch – der Wind ist naß und kalt, mit Autohupen durchsetzt – der Geruch pflanzenhaft:vormittags sichelte mit einer Sense der Gärtner in der Nähe herum, ein fetter Italiener, der nach seinen Bewegungen zu urteilen, eher Gelegenheitsarbeiter als Gärtner zu sein scheint (aber so ist es ja im Zeitalter der Demokratie und des kommenden Massensozialismus:jeder darf alles, weil man verkündet, jeder kann alles) – also Wind, dahinten ist eine Baumkrone bewegt, und davor der Baum steht unbeweglich – herbstblasse schaukelnde Blätter, enorme Blätterhaufen, die ein Baum abschüttelt, sich abschütteln läßt – abschütteln läßt?:Sex? – ach, ich denke meine Eindrücke in luftigen Hieroglyphen vor mich hin, merkst Du das? Liest Du überhaupt noch das? – So lang geht das – ein Spaziergang durch die Wahrnehmung und den Gedanken, he? – nimm Dir raus, was Dir gefällt!)

(Weiter eine Unterbrechung, Selbstbeschreibung:ich bin wohl doch ein Rauschkopf:meine ganzen Abschweifungen hier, meine Unterbrechungen, das gefräßige der Wahrnehmung, die jähen black-outs an manchen Stellen, und die Augen, die sich durch die Zusammenhänge fressen, wie Insekten?/Aus dem Dunkel der Kulisse:warum sind alle so sehr überzeugt, daß Leben offen zu Tage liege? Ich erinnere mich an den Satz bei G. Benn, den ich mehr und mehr begreife, je mehr ich aus der Umwelt sehe:„Entweder ist Leben unbewußt, oder gar nicht" – das kann doch nur heißen, daß alle Lebensvorgänge, überhaupt alle Lebensimpulse und die verschiedenen Ausprägungen dieses einen einzigen Lebensimpulses gar nicht gewußt sind – und daß es darauf ankommt, Stückchen für Stückchen dem zugänglich zu machen – mit Anstrengung, Beobachtung, Kombination: beobachten, auseinandernehmen, neu zusammensetzen – wenn jemand tatsächlich die totale Einsicht hätte, sähe es so aus, wie es aussieht? Im Einzelnen wie im Ganzen? – Also mehr versuchen, mehr Versuche, Beobachten, notieren, sehen, kombinieren – warum da von Stehlen reden auf dem Gebiet des Bewußtseins? Warum nicht denken in Kombination, Weiterverfolgen? He? Eh?)

Und weiter, und weiter, die Zugfahrt:zurück nach Rom.

„Wer allein ist, ist auch im Geheimnis" G. Benn./Ich war also allein im Abteil. Im Geheimnis. Mit mir. Im Kurswagen Rom./Zehn nach 6:Villach./Abendessen:1 gekochtes Ei, aus dem Hotelfrühstück von morgens und 1 Brötchen./Um halb 7 fährt der Zug weiter, kurz danach Paßkontrolle:lächerlich./Flashback:(Leben) Graz, vergegenwärtigte meine Anwesenheit und die Blicke dort mir selbst jetzt im ratternden Abteil:die historischen Bauten, auch in Rom:(& alle sprechen von der Aufgabe, historisch zu denken und zu sehen:

Liebe Maleen, Du hast Recht, wenn Du Dich weigerst Geschichte zu machen!/):(hackelige Impressionen aus meinem Innern):das Geheimnis des Zugfahrens und das Geheimnis der eigenen Anwesenheit in der Zeit, die durch die Gegend gezogen wird, jetzt:denn worin liegt das Bedrückende der historischen Erstarrung in Bauten, die einen umgeben, worin liegt das Bedrückende für den lebendigen Körper, den man dadurchträgt und der in ständigem Austausch jede Sekunde mit jeder Sekunde der unmittelbaren Umgebung steht?:und dieser Austausch ist bedrückend, wenn man die oberflächliche sight-seeing-tour einmal absieht!:/ :Erklärungen!/:Und die Bedrückung, die man psychisch erfährt angesichts und umgeben von den steinernen historischen Stücken – ganz im Gegensatz zu etwa anderen Lebewesen, einem Baum, einem Grasstück, einem Tier, egal wie gefährlich es ist und in welcher Gegend, denn da ist Austausch von Leben zu leben – Bewegung! Achtung! Aufnahme! Aktivierung! Was Du ja selbst ständig mit R. erlebst, und es hält Dich trotz aller Mühsal lebendiger als die Beschäftigung mit ja, eben Ruinen:– was also ist die Bedrückung? Es ist die unabweisbare, denn die Stücke Ruinen und Verrottung sind nicht wegzuleugnen – also die unabweisbare Deutlichkeit des Zerfalls! Der europäischen Verrottung, in jedem Moment, das:Keine-Zukunft-Mehr-Haben jenseits aller persönlichen Anwesenheit – das unabweisbare Gefühl des:Vorbei. – Es ist eine Auszeit hier:„denn's ist zu spät! Und daß Sie nimmer aufhören, Europa zu beweinen und Massenbach, sollen Sie's sehen und hören, wie stumpfe Bürger und ein stumpfer Staat das große Europa verhinderten", A. Schmidt über Massenbach – und? Maleen, denk doch nicht, oder mach Dich nur schnell frei von dem Gedanken, daß so etwas nicht seine Auswirkung hätte bis in die geringste, feinste Verästelung der sensibelsten und alltäglichsten Eimpfindung des Einzelnen, der sich hier herumbewegt, durch die Straße in Köln, durch eine Straße in Rom, während einer Zugfahrt jetzt.

Die Auswirkungen mögen gering sein, verglichen mit einem Tag Leben in einer Stadt, irgendeiner, aber angegriffen wird jeder davon, und so summiert es sich im Lauf der Zeit, bis hin zur Resignation:Dagegen rebelliert jeder, ganz kreativ, oder müßte jeder in jedem Augenblick rebellieren, bei jeder Wortwendung, bei jedem Geschäft – aber das heißt wohl den Menschen zu groß ansetzen. In 5 Tausend Jahren sind wir hier nur noch eine Kuriosität wie die Pygmäen in Afrika.

„Was habe ich mit 5 Tausend Jahren zu tun?"/:Du hast Anteil, egal wie die einzelnen Kräfte verteilt sind, mit jedem Mikrogramm der Energie dagegen konkret in jeder winzigsten Spanne Zeit anzugehen. (So sehe ich es, und „es" ist das Leben, daran jeder Einzelne Teil hat.)

Weiter:(weiter), wer bin ich schon?/Nun kam die Phase der Auflösung: erschlaffen, im ersten Ansatz, schummeriges Hin und Her, undeutliche Impulse, sitzenzubleiben, zu lesen, aufzustehen, zu sehen in die Dunkelheit, das Licht im Abteil auszumachen, wer bin ich? Da fuhr ich durch Gegenden, in denen Menschen lebten. Wie lebten sie? Wie Menschen, aber dann doch nicht wie Menschen, sondern wie Automaten, die von Menschen zu Automaten gemacht worden waren./„Gib den Leuten das Große Gefühl billig, und sie werden automatisch kleiner!" Ein Zitat von mir aus der Prosa über Gängster.

Weiter:draußen vor der Tür!/:„Ich hab auch mal Draußen vor der Tür 5 Stunden gestanden."/:Zerhackte Impressionen, Vermengung von Innen und Außen – na, hör mal, außen ist was?:da der Mensch kein geschlossenes System ist, obwohl er die Möglichkeit hätte, zeitweilig seinen sensorischen Kreis zu einem geschlossenen System machen zu können, steht er in ständigem Austausch mit seiner Umgebung (Norbert Wiener, so ähnlich):was ist die Umgebung, und in welchem Austausch befinde ich mich?:

Zerhackte Impressionen, Überlagerung von dem Milieu interne und dem Milieu externe – violettrot dünnfotzige spitzblättrige einzelne Distelblüte, bleigrünhelle Kakteenlappen mit schwarzrötlichen Stacheln. – Sehnsucht nach pflanzlicher Existenz?:wie muß mein Gehirn

163

verrottet sein. – Rrummsbumms, schlägt die Tür des Gartens zu (haha, der Garten Eden – jeder denkt einen Garten als Paradies, also Pflanzenhaftes!)/

Ich als Alleinunterhalter (auch hier? Beim Tippen? An Dich? Schöne Maleen? Mit einer Erinnerung an Deine Achselhöhle und die zarten goldenen Härchen und Schweißgeruch, dünn?):aber aus einer Tasche Kaninchen zaubern kann ich nicht, eher vermagst Du, aus meiner Hose etwas anderes herauszuzaubern.

Verlängerung:Wer bin ich schon?:gefesselt, zufällig, eingesperrt in der Gegenwart, die Rückwege habe ich mir bewußt selbst zugemauert, keine Vergangenheit mehr.

Verlängerung:ohne Geschichte und Geschichtsbewußtsein zu sein, anwesend in der Gegenwart, ein Glück, aber wie sieht die Gegenwart aus?

Verlängerung:Wer? Ich?(/Gedanken an meinen Roman, der mehr und mehr in Einzelheiten sich ergibt, ist eine kleine Unterhaltung, ihn zu schreiben, eine Reihe zwingender Einzelheiten:daß er spukhaft sein muß, ganz wie die Generation, aus der ich und Du kommen, schnell und hastig und mit Furcht zusammengefickt vor dem Krieg, unter den latenten Schatten einer kollektiven Bedrohung – sollte sich das nicht dem Sperma und der Aufnahmebereitschaft der Vagina mitgeteilt haben? Und das wuchs heran)

Und noch ein Roman:Die Erschöpfung, Auszehrung des Abendlandes durch den Amerikanismus, durch Überfremdung, durch Taumel.

Und noch ein Roman:diese Rückreise aus Graz, jetzt:Dunkelheit, dunkel, dunkel, und schwarz, das aufgeworfen, Verdunklung von Licht, Nacht, (:es gibt ja gar keine „objektive" Zeit – jetzt, zur gleichen Zeit auf diesem Planeten, wachen andere Leute auf und sind schon einige Zeit wach das, was man Geschäft nennt – wohin zielen die Geschäfte?Welche lang andauernde Zielvorstellung ist in ihnen vorhanden? – Es gibt ja gar keine Einteilung zwischen Schwarz und Hell, es gibt keine Zeit wie wir sie verstehen, es gibt keine Abschaltung, es gibt nur Dauer bis man verreckt.)

Bollernde Dunkelheit, rappelnde Dunkelheit, schwankende Schwärze in einem Abteil, schaukelnde Organe, von einer Hautform umschlossen, von einer früh eingelagerten und erstarrten Form bestimmt, die sich weiterdrängt:Auflösungen momentan, wenn man sich selbst vergißt, im Rausch, in einem größeren Gedanken, in einer Freude, im Sex, im Außer-Sich-Sein, wozu sogar die Krankheit gehört.

Dunkelheit, zerfetzt, Dunkelheit, schwarz eingesackt, Dunkelheit, ein psychologisches Schreckwort, Dunkelheit, ein verwirrter Sinn, Dunkelheit eine Metapher, Und Schwärze, eine verwirrte Dunkelheit in Metapher, und die Metapher schwarz-kotzig in Dunkelheit verwirrt: einmal hatte ich Lokomotiv-Führer werden wollen (:führen einer Lolkomotive = Steuern, meinen Zug, mich selbst, die Gedanken und Empfindungen:Lokomotivführer-:schwarze fettige Räder, ein flammender Feuerschlund in den schwarze Brocken versteinerten Lebens reingeworfen wurden mit großen Gabeln und Schippen).

Schwärze: ich erzähle Dir, dieses Schwarz ist eine Metapher./:Ich fahre gegen die Grenze, als sei das eine körperliche Barriere – jaja, so geschickt waren die Säue der Menschen, daß sie imaginäre Striche gezogen haben und dann den Leuten eine Menge Begriffe in den Kopf gesetzt haben, die sich nun in ihnen stauen, daß sie Land, das einfach weitergeht, plötzlich mittels Wörtern und dahinter Interessen abgrenzen und man denkt:Die Grenze, jetzt kommt was Neues, das mich überwältigt, haha, geschissen. Es geht bloß weiter. Aber irgendsoein Gebilde sagt:Grenze, und schickt Leute hin, bezahlt sie, damit sie ihre miesen Familien und ihre miesen ehelichen Ficks garantiert haben und ihr TV, so daß sie kontrollieren:Grenze.

sprach: »Eine Dreiecksmessung entschiede alles (theoretisch); aber bei der Kleinheit des uns zugänglichen Raumes ist diese Methode nicht brauchbar. Aber z. B. die Anwendung des Dopplerschen Prinzips (der Messung von Radialgeschwindigkeiten durch Linienverschiebungen im Spektrum) ergab, daß die Geschwindigkeiten himmlischer Gebilde mit der Entfernung von uns wachsen, bis an die Grenze der Lichtgeschwindigkeit; eine zunächst völlig grundlos erscheinende Abhängigkeit. Denken Sie sich aber – wieder im 2-Dimensionalen – an eine Kugel eine Tangentialebene gelegt, und die sich auf der Kugeloberfläche annähernd gleichmäßig bewegenden Lichtpunkte auf diese Ebene projiziert, so haben Sie Ähnliches. Es gibt noch andere gewichtige Gründe. Das Ergebnis ist: unser Gehirn entwirft vereinfachend (biologisch ausreichend!) einen 3-dimensionalen, euklidischen, verschwommen-unendlichen Raum, eben ein Stückchen ›Tangentialebene‹; in Wahrheit aber ist dieser in sich zurück und in einen 4-dimensionalen hineingekrümmt (denken Sie an die Kugeloberfläche im 2-dimensionalen Beispiel); also mit endlichem, in Zahlen ausdrückbarem Durchmesser, Unbegrenzt aber nicht unendlich. –«
Wind fauchte wie ein böses Tier am Klaff und suchte im

ner Ansichten geschöpft habe. Ich raffte mühsam zusammen, was dergleichen noch in den Ruinen meines Wissens herumlag. (Bilder Piranesis fielen mir ein: römische Ruinen in hellen und windigen Abendlichtern. Schlankgliedrige Bäumchen. Spitzhütiger Bauer treibt starkgebärdig ein Eselchen mit glatten Weinschläuchen. Kühle und Heiterkeit, Abendgold, aurum potabile. Die Natur – d. h. der Leviathan – weist uns nichts Vollkommenes; sie bedarf immer der Korrektur

durch gute Geister. – Vergl. Poe's Definition vom Wesen der Poesie. Leider sind sie in der verschwindenden Minderzahl.) Ich nannte aus erstarrender Müdigkeit – oh, die Kälte, die Kälte – das Wort Emanation; dazu: Gnostiker und Kabbalisten (verfinsterter Gott; Welt = modificatio essentiae divinae = Deus expansus et manifestatus. Lehre vom mundo contracto et expanso; Okens Rotierender Gott), Pseudo-Dionysius, Scotus Erigena, Almericus, David de Dinanto. Pause: die trunkenen Soldaten schlugen aus; keuchten, warfen sich bellend über die Nutte. – Ich sprach schamvoll lauter (daß Anne nichts hören möge – ach, sie hörte es ja doch!), ich nannte den verehrungswürdigen Namen Giordano Bruno (spatio extramundano), Spinoza, Goethe, Schelling, Poe Trismegistos (Heureka), die neuen Mathematiker und Astronomen, bis der Alte erstaunt und kränklich erfreut aus weißdornigem Munde lachte (es war ihm scheinbar wohler, so viel Autoritäten mit sich zu wissen. Von der Geborgenheit). Meinetwegen auch Nietzsches Physikalischer Witz von der ewigen Wiederkunft: was das manchmal für ein flacher Kopf war! Daß sein Macht-Leviathan begrenzt und »also« – ist das nicht eine exakte Begründung, so gut wie eine im Aristoteles?! – selbst sterblich sein müßte, hat er wohl gar nicht gedacht. – Die Religionen mit ihren ›Schöpfungen‹ und ›menschgewordenen Göttern‹ (obwohl sie alle dann den Fehler begehen, ihren Gott trotzdem

barsch: »Sie wissen aus Ihrem Schopenhauer, daß die Welt Wille und Vorstellung ist; er hält bei dieser Erkenntnis inne, tut den letzten Schritt nicht; aber am Ende wird dies beides in einem Wesen furchtbarer Macht und Intelligenz vereinigt sein.« Der Pfarrer hob lächelnd und heilig-erfreut den Kopf: »Gott«, sagte er nickend und beruhigt, »Sie kommen nicht um seine Tatsache herum –.« Ich wandte nicht einmal die Augen; ich sprach: »Der Dämon. Er ist bald er selbst; bald west er in universaler Zerteilung. Zur Zeit existiert er nicht mehr als Individuum, sondern als Universum. Hat aber in allem den Befehl zur Rückkehr hinterlassen; Gravitation ist der Beweis hierfür im Körperlichen. (Die 80 Kugelsternhaufen weit über der galaktischen Ebene, sind sie nicht Vor- und Beispiel? Vielleicht mögen sie allmählich in die größeren Sternwolken aufgenommen werden, aber als Ganzes; denn ihre Kontraktion dürfte weit schneller erfolgen); im Geistigen deuten auf solchen Zwang: die Tatsachen des Gattungsbewußtseins (allen gemeinsame Flugträume usw.; die beweisbar gleiche Raum- und Zeitvorstellung aller Lebewesen: gemeinsamer Ursprung), die Unfreiheit des Willens im Handeln (weiser Schopenhauer! Mit allen Konsequenzen: Möglichkeit der Zukunftseinsicht, etwa durch Träume – J. W. Dunne. Magie), im Tode Auflösung des Einzelwesens. (Wir wünschen unsere Perpetuierung als Individuen, und diese Wahlparole haben die Religionen – Christen, Mohammedaner –, deshalb haben sie Anhänger; eine Lehre – wieder Schopenhauer – die das Vergehen des Individuums im ›Allwillen‹ wahrscheinlich macht, kann nie populär oder geliebt werden, auch nicht von dem, der sie für wahr erkennt; sie hat immer vom Medusischen.) Die Akkumulierung der Intelligenz zu immer größeren Portionen – siehe Palaeontologie – spricht für diese Rekonstituierung des Dämons auch in geistiger Hinsicht (Möglichkeit ›übermenschlicher‹ Existenzen: Zauberer, Elementargeister – oh, Hoffmann – wieder die 80 Kugelsternhaufen).

Um das Wesen des besagten Dämons zu beurteilen, müssen wir uns außer uns und in uns umsehen. Wir selbst sind ja ein Teil von ihm: was muß also Er erst für ein Satan sein?! Und die Welt gar schön und wohleingerichtet finden kann wohl nur der Herr von Leibniz (›von‹ und siehe hierzu Klopstocks Anmerkungen in der Gelehrtenrepublik), der nicht genug bewundern mag, daß die Erdachse so weise schief steht, oder Matthias Claudius, der den ganzen Tag vor christlicher Freude sich wälzen und schreien wollte, und andere geistige Schwyzer. Diese Welt ist etwas, das besser nicht wäre; wer anders sagt, der lügt! Denken Sie an die Weltmechanismen: Fressen und Geilheit. Wuchern und Ersticken. Zuweilen ein reines Formgefühl: Kristalle, die Radiolarientafeln Haeckels (Boelsche meinte nachdenklich, es müsse da noch ein bisher unerkanntes Formprinzip in der Natur liegen, hoho); an sich liegt hier nur das technische Problem des Schwebens im Salzwasser vor, für welches sich die beste Näherung wohl rasch durch Selektion gefunden hätte. Andererseits: Molche, Schlangen,

Dämmerung, Dämmerung

Nichts berechtigt uns nebenbei, anzunehmen, daß unser Leviathan einzig in seiner Art sei. Es mag viele Wesen seiner Größenordnung und unter ihnen auch gute, weiße, englische, geben. Wir sind allerdings leider an einen Teufel geraten. Si monumentum quaeris, circumspice (steht auf Sir Christopher's Grab).«

Spinnen, Fledermäuse, Tiefseefische, Lachs- und Aalwanderungen. Auch Cesare Borgia hatte viel Kunstverständnis. Gewiß ist unsere Einsicht räumlich und zeitlich begrenzt. Dennoch bleibt der Leviathan, der seine Bosheit bald konzentriert, bald in größter Mannigfaltigkeit und Verteilung genießen will. –

Schwarz:Nacht:Dunkelheit:ich bin da./(Die körperliche Barriere liegt in den aufgehäuften Wörtern und der Sprache, wir müssen sie verlassen lernen!)/:Verdunklung.

(Schreck, 1943:ich, im dunkeln, in der Schwärze, wo bin ich? Alle Fenster verdunkelt! Alles Licht umhangen mit Tüchern! Alarm! Zu den Waffen! Ad Armes! Alarm! Dunkelheit! Ich, bin gerade 3 Jahre hier in der Gegenwart:Was ist los? Dunkelheit! Schwärze! Die Zimmer sind Kerker! Mund öffnen! Detonationen!:Aber das weiß ich gar nicht! Schwärze, von Blitzen durchzuckt! Erde und Torfmull rieselt mir in die Augen! Schwarzer Mann:unsichtbar, „Eia, popeia, schlags Küchelchen tot, es frißt nur das Stroh und gibt uns kein Brot":das ist die erste Lektion? Zerspringende Einweckgläser auf dem Regal im Keller! Angst! Schwarze Angst! Dunkelheit! Ruß! Und Tommies, in Frottierhandtücher geschissen:Platzbehauptungsdrang von Primaten, erobertes Gebiet, Wahnsinn, „Häv Juu Schokolätt?")

/(Und alles wegen so'n Österreicher?! Freudianer in höchster Potenz!):Hahaha, macht die Einsicht, so sind Menschen!/:Bellen!

Zugfahrt, fahren:1972:Ich./Und Du bist ganz woanders!/:DU? Ach, was ist das „Du" ein blödes Wort!/:zerhackt, durch Biografien „Du" zerhackt!/:

„Lady Madonna"!:rummst aus dem Stereo-Lautsprecher 1968 in London, farbige Schleier Licht dahinter, da sind wir durchgegangen.

(Einschub:Maleen, hörst Du mir noch zu? Flüstern! Wir unter uns! Bist Du noch anwesend?)/:Grauenhaft das Schweigen, das trocken und pulverisiert, nämlich pulverisiertes gelebtes Leben, aus den Menschen auf der Straße rieselt – ich kann gar nicht aufhören, von dem anhaltenden Schrecken und Erschrecken und der Angst zu erzählen! – (Laß Du Dich nicht dadurch betrüben:Du hast, was Du hast, ein Geschlecht, und damit verbunden etwas, was man gar nicht überblickt – warum gehen Männer zu Frauen?)

Ist ein Rückblick der Vorausblick, auf das was kommt?:Ist die unmittelbare Zukunft nichts als eine Verlängerung der Vergangenheit?:Sollte das der Fall sein, wäre es für jedes menschliche Leben besser daß das Sperma gegen eine Wand gespritzt wäre statt in eine warme fleischige Bauchhöhle einer Frau.

Zugfahrtgedanken, Kurswagengedanken:–:(innehalten, atmen): – aber diese Gedanken kommen durchaus mir nicht atemlos!

Atmen, einatmen, ausatmen:dasein:sehen, riechen, fühlen, begreifen:ins Dunkle tasten :denken – ich erzähle Dir, Maleen, alle Geheimnisse, die ich weiß. Und Du vielleicht längst weißt?

Atmen:ausatmen:sehen:mit dem Zug fahren, noch einmal!:(schaukelndes Eisen, schaukelnder Stahl, innen mit Polstern ausgeschlagen)/:

Lust:(„in the swamps"?)/:(/:lust englisch:last?)/:eine heulende Sirene der Verkehrspolizei?/:Platzbehauptung? Primatenverhalten physiologisch elendig verankert – dann sind enorme Zeiträume aufzuarbeiten! Wohin?

Anspannung, Entspannung:ganz einfaches Prinzip!/:Raussehen, nichts denken, träumen!/ :(Kann man überhaupt tiefe Träume in Wörtern ausdrücken? Bezweifele ich aber stark! Ist eine Aufgabe. Sehr menschlich).

5 vor 10 abends:Udine, Italien.

(Die Zwischenzeit?:ging weg.)/:Einen so langen Brief habe ich noch nie jemandem geschrieben!/:Bei H. Jahnn las ich vom Blutaustausch:Vielleicht sollten wir unser Blut austauschen, Maleen, einen Teil, von Deinem Blut, wird in meinen Körper übergeleitet,

166

und ein Teil meines Blutes wird in Deinen Körper übergeleitet (:technisch wäre das ganz leicht zu ermöglichen!:Und überlege einmal die Veränderungen! Was geschehen wird! – Man behandelt ja Blut wie ein Viehdoktor, was den Menschen anbetrifft, ohne es auf seine Persönlichkeit zu beziehen, im äußersten Fall so grob, und das ist bereits fortschrittlich, daß man Blutgruppen feststellt – aber was geschieht, wenn die Hälfte Deines jetzigen Blutes in mir ist, und die meine Hälfte bei Dir!!)/

Zugfahrt:(den ganzen Weg dieselbe Strecke zurück, den ich vor 3 Tagen genommen habe!)/ :Zeitverschiebungen.

Zugfahrt:5 vor 10 p.m. Italien:Soldaten, wieder mal, in oliv-grün. Manche sehen aus, Zitat:„kann weder lesen noch schreiben"/:dampfendes Zischen unter den Wagen hervor./ :Udine!/:In was für Tiefen reichen die Träume?:Man bedenke:Über 1 Millionen Jahre tief ist der Speicher menschlichen Lebens, was sich da alles angesammelt hat!/:

Was da alles versteinert, verkohlt, verfestigt, eingewöhnt ist!

Ein einzelner kann ja das gar nicht überblicken, und doch geht alle menschliche Entwicklung auf diese Vereinzellung:ein Idiot, ein Schwachsinniger, der das nicht wahrhaben will!

Und unter diesem Gesichtspunkt ist es wohl äußerst nützlich, Verhaltensforschung zu betreiben, Umweltlehre zu betreiben, Gedanken sich anzusehen wie eine Umwelt:denn da sind alle festgefrorenen Entwicklungen des Lebens zu sehen

(wahnsinniger Hochmut des Menschen: sich abzusetzen von einem alles umfassenden Lebensprozeß, entweder lebt auch die Pflanze oder ich lebe nicht, weder lebt das Tier, noch lebe ich – Leben ist überall! Nur in verschiedenen Graden!):(Das „Nur" ist schon zu beachten!)

Weg mit dem Anthropomorphismus! Her mit den Einsichtspanorama:Leben!

Unter dem Aspekt „Leben", und darunter verstehe ich jede geringste Regung, gibt es keinen Unterschied zwischen Pflanzen, Tieren, Menschen, wohl in dem Grad der Kompression!=verfeinerte Informationsaufnahme!

Ich entblöße hier meine Einsichten und Gedanken an Dich, Maleen. Ist doof, oder?/ :Zugfahrt, kann man sagen.

Zugfahrt:(ich verspreche Dir auch, keinen so langen Brief wieder zu verfassen/lieber Postkarten)/:„Nur".

Klärung:=Verein-Zellung:=Verein, d. h. Alle zusammen ein Anteil, Zellung d. h. Einzeln – also:Vereinzellung. – Im Großen als menschliche Sozietät, im Einzelnen als Individuum. /Und Anthropomorphismus?:Anthropos=Gr. Mensch, Morphisch:Das Weiche, Ungeformte – na, dagegen muß man wohl jeder für sich sein!/:Also, insgesamt gegen Philologie, gegen Begriffe, überall, lieber den Fakt ansehen./Blöde Idioten-Logik!

:So ist das – fragt sich nur was!/:Gedanken.

Und die Realität?:Den Teufel auch, die ist bestimmt durch jeweilige Einsichtsgrade, bestimmt in ihrer Form, das heißt:Angewöhnung.

Masse: Zug fahren! Nun in Italien – 5 vor 10 abends in Udine plus sichtbare Gegenwart in Form von blöden Menschen als Soldaten!

Ich gucke aus dem Fenster: 1 menschlicher weiblicher Vogel! Guckt auch aus dem Fenster auf dem Bahnsteig gegenüber im Zug, Gegenverkehr.

Ist das ein Vogel?:Das ist 1 Femininum, was anderes, Zwiwitt,& Bellen? Nee, ich nicht! Sehen:da guckt auch etwas aus dem Zugfenster.

Bin viel zu müde:(nach größerer Zeit der Übermüdung stellt sich ein Effekt ein wie im Rausch/das heißt:das Gleichgewicht ist verschoben/bei jeder Krankheit ist das Gleichgewicht auch verschoben – also sorgsam auf jede Bekundung Roberts achten:was sind da für Einsichten und Verlautbarungen zu erwischen! Nämlich über Leben überhaupt! – Die elende Fiktion, als hätte es jemals gesundes Leben gegeben als einen absoluten Wert – der absolute Wert wird durch die Weite der ausschweifenden Vorstellung bestimmt, und die findet sich nur bei einzelnen!)

Das war wichtig!(–)

Müde:schon durch Überanstrengung ein Grad äußerst gespannter hellhöriger, hellsichtiger, hellwacher/überwacher Sinnenaufnahme:

Müde:und wach./:(ich fahre ja noch gar nicht so lange/:bloß daß mein Aufenthalt in Graz ein dauerndes Wachsein war!)/:

Erkundungen (wie sollen die auch vor sich gehen, wenn man nicht äußerst feine Instrumente der Sinne hat, die – zusammengekoppelt nach möglichst vollständiger Information – mittels des Gedankens als sogenanntem 6. Sinn = Denkfähigkeit erst nun sich in der Ganzheit zeigen.)

:Das mag jeder abschätzig Individualismus nennen, was kümmert denn mich so eine Bezeichnung? Ich erfahre, was ich erfahre, deutlicher und deutlicher./Noch einmal, weg damit.

Rauchende Müllkippe der Gedanken eines aristotelischen Abendlandes. (Aristoteles schaffte die Begriffe heran, in denen wir, jeder, die Welt ordnen!)
Zitat (aus der Lektüre der Bahnfahrt)/A. Schmidt, Massenbach, eine historische Revue/:

Der Fichtenwald.

Hier war nun alles auf einmal so todt und einförmig — und Hartknopf wanderte ganz allein.

Es war Ebbe in seiner Seele geworden — die angenehmen Bilder standen tief im Hintergrunde. —

Er horchte auf den Tritt seiner Füße, und stand zuweilen still, und machte mit seinem Stabe Figuren in den Sand. —

Mit dieser Handlung begannen die fürchterlichsten Stunden seines Lebens — dieß war das Zeichen der gänzlichen Leerheit, der Selbstermanglung, des dumpfen Hinbrütens, der Theilnehmungslosigkeit an allem. —

Als er von dem Pächter Heil und seiner Schwester Abschied nahm, da war seine Miene noch heiter und froh — sobald er aber aus der Thür getreten war, und niemand mehr um sich sah, seufzte er: Ach Elias! und seine Lippen schlossen sich wieder. —

Er

wieder. Olbers in reifer ruhiger Schwärmerei) : Wie der beobachtende, freigewordene Geist dann durch die unendliche, schöngeordnete Welt schweifen wird .... (er senkt sinnend das Haupt)
MASSENBACH (die Brauen zusammenziehend) : Unendlich ? Und schön geordnet ?! – Etwas viel auf einmal, Olbers, finden Sie nicht ?
OLBERS (die Augen erstaunt weit öffnend, und mit der Hand um Erklärung bittend) : Ja, – wie denn ..?
MASSENBACH : Unendlichkeit : Ich habe vor kurzem durch mündliche Vermittlung eines Bekannten hierüber das Schärfste und Tiefsinnigste gehört, was Menschen je gedacht haben – (er hebt erläuternd die Hand) : Gauß in Göttingen – (Olbers nickt : wer kennt ihn nicht !) Ganz kurz : Stellen Sie sich vor : Unser Raumgefühl – oder wie Sie's nennen wollen : ich streite nicht um Worte – ist dreidimensional. Nehmen wir einmal an, es wäre nur zweidimensional, dann wäre eine Ebene wie diese Tischplatte unsere Welt, in der wir uns nur seitlich verschieben könnten – (Bessel ist, einen Sextanten in der Hand, zögernd nähergetreten, und lauscht mit auf die Seite geneigtem Kopf) : Wenn sich diese Tischplatte nach allen Seiten hin unendlich weit erstreckte – (er weitet andeutend mit der Hand ihre Fläche) dann hätten wir Ihre) unendliche Welt ‹ . Es gibt nun aber zweidimensionale Räume, die nicht unendlich sind : – wie dieser hier : (er steht auf und überfährt die Wölbung des Globus mit den Handen) : Hier ! : Unbegrenzt wohl ! Sie könnten, sich seitlich verschiebend, nach jeder Richtung reisen, ohne je ein Ende zu finden. – ›Aber nicht unendlich ! Sie können die Größe dieser › Welt ‹ in Quadratzentimetern, ihren Durchmesser in Metern angeben. (Bessel ist noch näher getreten und sieht den uniformierten Fremden fasziniert an : er wird diese Stunde nicht vergessen) : Freilich setzt das voraus, daß ein Raum von höherer Dimension da ist, in den sich diese Fläche hineinkrümmen kann – eben unser dreidimensionaler Raum. (Er spreizt eine unerbittliche Hand gegen Olbers) Und nun übertragen Sie diese Gedankenreihe auf diesen selbst.

Er eilte mit starken Schritten dem Fichtenwalde zu — und als er ihn erreicht hatte, und in sein heiliges Dunkel trat — fühlte er auf einmal seine Brust von einem großen Gefühl erweitert, daß aber eben so plötzlich sich wieder verlohr, als es entstanden war. —

Es war die große leblose Natur, welche er in diesem Augenblicke fest an sich schloß, und die sogleich wieder allen Reiz für ihn verlohr — weil das schimmernde zarte Gebildete das Große verdunkelte, und doch war das zarte Gebildete nicht stark genug, das Große in seinem Umfange festzuhalten, und es dem Liebenden zur Morgengabe zu bringen. —

Es entstand ein schrecklicher Kampf in Hartknopfs Seele — das Leere wollte die Fülle, das Chaos die Bildung verdrängen. — Nichts war der Mühe des Festhaltens, nichts des Fliehens, und nichts der Anschließung werth. —

Ohne Gedanken, ohne Empfindung, zog er noch immer Figuren im Staube, als sein guter Genius seine Hand leitete, und er auf einmal unwillkührlich den Nahmen Elias auf den Boden schrieb. —

C 3   Durch

Schon die Möglichkeit solcher Geometrie entzieht zum Beispiel dem erkenntnistheoretischen Teil der kantischen Philosophie jedes Fundament! (*Er bleibt stehen. Olbers hat Arme und Beine übereinandergeschlagen und verarbeitet, Massenbach starr ansehend, das schwere Gehörte. - Massenbach heftiger werdend*):
Und schöne Ordnung? Sie denken: Himmelsbläue, Frühlingsgrün, Sternenglanz, Abendröte, funkelnde Kristallgestalt?! (*Er nickt ingrimmig*): Haben Sie bedacht, daß auf einer blühenden Wiese in Wahrheit 10 Millionen winziger grüner Ringer sich ächzend ersticken? Daß Ihre Sterne nur scheinbar ruhig glänzen könnten? Sie sich nur einer von ihnen nähern, Ihr Ohr würde zerreißen, Ihr Leib verdunsten, Ihrem Auge grauen vor dem irrsinnig rasenden Feuerdrachen.
BESSEL (*der ihm atemlos gelauscht hat, schüchtern aber bestimmt*): Dennoch möchte ich in seiner Nähe wohnen und seine Natur erforschen! (*Das ist natürlich kein Gegenargument; ehrt wohl den Menschengeist, aber nicht den Schöpfer*)
MASSENBACH: Das haben schon Andre vorher gewollt, mein Junge. Schon vor 2000 Jahren Eudoxos von Knidos. (*Er geht mit gesenktem Kopf wieder zum Tisch, leert sein Glas und fährt abwesend fort*): Ende April ritt ich mit General Kleist an der windigen Emslandküste: alle Büsche sträubten weißgrüne Blätter vor uns. Zögerte Helle über die Wiesen; wich; verkroch sich auf grauen Knien hinter die Pappelreihen. Lag Nachts beim Bauern. Licht schlich hoch in Wolken, ging in Stunden vorbei, verwandte kein Gesicht von mir. Gegen Morgen erstarrte klar Milchluft und Pflanzengrün; man durfte nur mit gespreizten Gliedern und geweiteten Augen zwischendurch balancieren. Der Mond gerann ziegelrot überm Urstromtal; Tau wurde kalt. Das müßige Ohr wirrte sich selbst die Stille mit leisem Gebrause; — wie mögen Bakterien, die Tiere in unserm Innern, vorm Donner des Blutstroms zittern, wenn wir zürnen. - So blieb ich, bis mich fror, vom Kahlkopf bis in die Schuhe.
Unten war ein Fisch gestrandet, von zwanzig Fuß Länge, ein Fuß Höhe und drei Fingern Dicke, den bis dahin noch keiner der dortigen Fischer gesehen hatte. Sie nannten ihn Riemenfisch, weil sie ihn mit ihren Rudern verglichen. Die Schnauze war abgestutzt, das zahnlose Maul senkrecht gespalten, unheimlich starr sah mich das große Auge an. Auf dem Kopf trug das Ungeheuer eine zackige Knochenkrone. Auf langen beinernen Spitzen ruhte das Haupt. Totweiß der Körper; ein paar schwarze Striemen. Die schöne Welt, Doktor? (*Er schiebt die Unterlippe vor und bewegt verneinend das Haupt*): Nee! (*Er lacht kurz auf:*) Leuwenhoeck hat mal die Eier in einem Dorschweibchen gezählt: Neun Millionen Stück! Welch irrsinnige Verschwendung, nur wieder durch gleich irrsinnigen Mord reduzierbar! (*Er schüttelt noch einmal*): Nee, Olbers, glauben Sie mir: die Brigade Massenbach hätte die Welt

127

Tormentone, tormentato,
del « play-back » s'era scordato!

E si sfoga su se stesso
brontolando: «Sono un fesso!».

113

Im Entzücken schwimmen.

Ist es nicht Ausgehen aus sich selbst? Uebergehen in ein Etwas, das wir nicht sind? Ruhen in einer sanften Umgebung, mit der wir eins sind?

Hebt das Entzücken nicht da erst an, wo das Gefühl der eingeschränkten Ichheit mit allen seinen Qualen aufhört, und ein höheres edleres Leben seinen Anfang nimmt?

Hat die Sprache selbst einen höhern Nahmen für das Entzücken, als den, welcher auf dieß süße Ausgehen aus uns selber deutet: wo wir die Sorgen die uns drückten, auszuziehen, wie ein Kleid, und in erneuerter Jugend hervortreten

die sich selber nicht faßt, und ihre Götterkraft nicht kennt?

Aber die Stunde der Auflösung ist noch nicht da. —

Die Schildkröte zieht sich in ihr felsenfestes Haus zurück — der Igel in sein Stachelnest.

Des Gastwirth Knapps Pädagogik.

Knapp erzog seinen Sohn auf seine eigne Weise, und nicht nach der Weise Hagebucks des Welt-reformators.

Sobald er gehen konnte, setzte er ihm ein Ziel, und setzte ihm allerlei Hindernisse, als Blöcke, Stühle, und dergleichen, in den Weg, wodurch er sich den kürzesten Weg zum Ziele durcharbeiten mußte.

Wenn er ein Kartenhäuschen bauete, so hielt er ihn an, es immer wieder zu bauen, wenn es auch zehnmal umfiel, und am Ende belohnte er ihm seine Geduld mit einem wurmstichigen Apfel.

Als er etwas mehr heranwuchs lehrte er ihn die große Kunst, nicht zwei Wege nach etwas zu thun, das man auf einem Wege hohlen kann; oder, was man mit einem grausamen Sprüchworte nennt, mit einer Klappe zwei Fliegen schlagen.

Er

131

Der geheimste Kummer.

ist derjenige, welchen Liebende sich selber gern verschwiegen, gern vor sich selbst verbergen möchten: — daß sie dem geliebten Gegenstande das nicht zu seyn vermögen, was sie ihm zu seyn doch sehnlich wünschen. —

Daß immer qualenvoller ihr Zustand wird, jemehr sie sich zwingen wollen, noch immer das zu seyn, was sie nicht mehr sind. —

Wenn die regen Gefühle in ihrem zartesten Vereinigungspunkte mit einander uneins werden.

99

Er lehrte ihn fünf Weingläser in der Hand zwischen den Fingern tragen, und beim An- und Ausziehen lehrte er ihn zu gleicher Zeit beide Hände brauchen, so daß er sich mit einemmal beide Schuh aufschnallen konnte.

Sein Haar mußte er zuweilen lange unausgekämmt lassen, und es sich denn am Ende selbst auskämmen, wenn es ganz ineinander gerathen war — sobald er dann ungeduldig wurde, riß er sich und verursachte sich selber Schmerzen; wenn er aber geduldig einen Schopf Haar nach dem andern vornahm, und das Verwirrte auseinander zu bringen suchte, so konnte er den Schmerz vermeiden — auf die Weise mußte er sich in der Geduld üben.

Er lehrte ihn bei jeder Gelegenheit die Kürze des Lebens empfinden, und machte ihn aufmerksam auf den Seigerschlag — Er machte ihn allmälig mit dem Tode in der ganzen Natur bekannt, von dem kleinsten verwelkten Grashalm, bis zum verdorrten Eichbaum, und von dem zertretnen Wurme, bis zu den ehrwürdigen Ueberresten des zerstörten Bau's menschlicher Körper.

G 2   Und

(Unterbrechung:Sonntag, 12. November 72: hellglänzende, blendende Sonne, tief, so daß die Bäume große schwarze Schatten warfen, die lautlos in dem grünen Fliegengitter der Tür sich hin und her bewegten/grelle Hitze gegen Mittag/ich saß auf den Steinstufen vor dem Zimmer:ich wäre gern wirklich allein gewesen statt der Nachbarn, denen ich nichts zu sagen habe und die mir nichts zu sagen haben/es war ganz still/der Nachmittag verging leer, räumte auf, machte das Bett, wischte Asche fort, putzte die Schuhe, las/ich war auch in Gedanken in Köln, längere Zeit/dachte:sich keine Gedanken machen, dachte:an die Allee und den Kanal mit den Enten, sah es schön/dachte:daß ich einen Ort für mich finden muß, wo ich leben kann/kam zurück mit den Gedanken/abends ein Sichelmond, zunehmend, in einer klaren Kälte – Schattenrisse wieder, lautlose schwarze Gesten – „Tue das Gute und wirf es ins Meer!" fiel mir ein/jetzt ist wieder Abend.)

Sterne, die weißen Löcher in der Schwärze! (:Oder Kohlepapier, meins, mit den zu stark durchgeschlagenen Löchern gegen das Licht gehalten beim Einspannen eines neuen Blattes wie jetzt.)

Metapher(= Verkleidung)&Wirklichkeit:dekomponieren und zugleich 2 Schritte weitergehen im Ausdruck und der Form.

Geflecktes Bewußtsein und gefleckte sinnliche Aufnahmefähigkeit:

(Gegenwart:zack, fliegt so ein winziges Flügeltier gegen die elektrische Birne und fällt schwer betäubt, ohnmächtig, halb verbrannt runter aufs Papier:3 Milligramm Leben.)

(Gegenwart:1 Flasche Frascati Demominazione D'Origine Controllata Mennuni = rote Schrift, danach Bild mit altem Gemäuer, Turm und Unterstand, daneben kleine Hütte, rundherum Reben, davor 1 Karren:was die für eine „schöne gute alte Zeit aktivieren" =Viren! – darunter:Vino Secco F.lli Mennuni – Roma – Vino Prodatta Nella Zona Del Consorzio Di Frascati E Immbottigliato Nella Cantina (Hört sich alles an wie die reinste Mafia!) Dei F.lli Mennuni – Via Apolloni IG – Roma – Gradi 11,8&Chesterfield King Size herausragend aus Goldgrund, darunter in grünem schemenhaftem Umriß ein orientalisches Stadtpanorama, dünn und verwaschen, mit Minaretten und Torbögen und Vegetation darunter, die die Umrisse im Vordergrund verwischt = Vegetation als verwischende Empfindung? – Schnörkel:Cigaretten, weißer Zwischenraum, Liggett&Myers Incorporated)

(Preise für die zwei Details aus der Gegenwart:1 Flasche 250 Lire, 1 Packung 450 Lire)

Weiter:Fort./:Im Zug. – Gluck=gluck! Trinken! – Zigarette ausdrücken im kohligen Aschenbecher. – Beine verschieben. Die Füße sind schwitzig. –/:weiter! (Obgleich=obgleich:ich sitze.)

Fort:(wackeln mit den Schenkeln auf dem Sitz! Vom langen Sitzen.)/:einen Fuß wegziehen – gefahren, gezogen werden.

Zug: ein fahlbrauner Flügelmantel um einen Insektenleib. Fühler, die tasten, wie Buchstabieren-lernen! (Gehört dazu.)

Kurz:schweben./:Im Gezogen-werden durch Elektrizität./:Ist alles im Fahrpreis enthalten!

Also:sammeln, zerlegen, neu ordnen vermittels der beim Sammeln, und Zerlegen gewonnenen Einsichten = Gestalten, d. h. ausdrücken.

Im Zug:ich (wer bin ich?)/:fahre noch bis morgen früh!

Und fort:(Millionen Eindrücke, millionenfache Regungen, unbedeutende & weniger als bedeutende Eindrücke und Regungen:die Maschine des Körpers

In einer Maschinenwelt(:hätten sie andernfalls überhaupt 1 Maschine bauen können?)/ :schweben.

Schweben:wer denn? Ich? Etwas einer Fähigkeit in mir, mit mir:Wer ist das? Der Zweite? Dritte? (Alter literarischer Witz, der so geht:Wer ist der Dritte, der neben dir geht? Nach:T. S. Eliot, Waste Land)

Schweben:nach Müde-Sein./:aber weiterfahren.

Leere:in der Leere tauchen auf:(:Lernen:), ((Unter dem Lernen liegt die Biologie!)) – :Soldaten, in oliv-Grün, nachts in Udine, ein brackiges Bild für die geschärften Sinne:/Aufenthalt, durch den Soldaten gehen was ist das? Gegenwart.

„Warum fährt der verdammte Zug nicht endlich an?":allein in einem Abteil./Wahrnehmung:fette Frau, aufgeschwemmtes Fleisch, das gar nicht der Wollust fähig ist, weil zu geringer Informations=Sensoriumszufluß, gefiltert durch zu viel Fettgewebe, in denen jede Berührung versinkt wie in einem Fettmorast, lehnt im Fenster der 1. Klasse gegen ein weißes Kopfpolster der 1. Klasse auf dem Nebengleis in entgegengesetzter Richtung./:Der Blick in eins der erhellten Zugabteile, vor allem mit dieser Frau gegenüber, ist wie ein Blick in einen Puff:die ähnlichen Polster, 19. Jahrhundert (:das 20. Jahrhundert hat stolz erbärmliches Plastik!), die Schondecken in Kopfhöhe, das Apartmenthafte=Isolierung zum Zweck der eigenen Ausstellung des Körpers! (&warum stellt man den Körper aus? Weil zu geringes Bewußtsein davon in dem Einzelnen anwesend ist, es sei denn, er ist ein mieser Filmstar wie die weltweite US-Fotze Taylor oder die schleieräugige Virna Lisi auf italienisch:Bitterer Reis!)/:und sie stopft sich etwas in den Mund (Genauso, als ob der deutsche Dichter Wondratschek, das Würstchen, sich vor mir bezw. jedem nackt zeigt!)/:

Viel zu voll, die Gegenwart:der Zwang zum Ausgelöschtwerden nimmt in jedem einzelnen auf seine eigne Weise zu:das ist die Logik der bestialischen Natur! (Und die Natur=Kultur-Burschen&Mädchen sehen das nicht/mögen sie schnell verrecken:denn was ist das für ein widerlicher Zustand, in dem man vor den psychisch-blöden Normalleuten zurückgestellt wird, sobald man tatsächlich ernsthaft erkrankt ist und wegen der kulturellen Geschwüre nicht ordentlich behandelt werden kann, weil die kulturellen miesen Kacker die Orte füllen?)/:

Verschärfte Gegenwart:„warum fährt der mistige Zug nicht an?"/:Es ist 5 vor 10 abends in Udine.

(Schau auf der Karte nach!)/:Eine Atmosphäre wie im Krieg:Nur daß der Krieg auf psychischer, d. h. Drüsenebene abläuft:Wer heizt mit welchen fleischgewordenen Bildern was an?

1 Karren mit Postsäcken wird abgeschoben in ein technisches Loch/:

Ausgelaugte, verlebte Farben unter Neonlicht:1 Mann darunter mit Aktentasche schleicht weg./dahinter stolzieren zwei in Uniform auf dem grauen verblaßten Weg an dem Bahnhofsgebäude vorbei.

Der Wagen nach Triest wird abgekoppelt./:vor 1 Fahrplan 2 Gestalten in einem üblichen Aufzug./Ich schwitze im Gesicht (Das ist der Kreislauf:gleich = laufe im Kreis!)/:Stücke leerer staubiger Straßen; weg.

Flutlicht, Gegenwart:Rom, Villa Massimo, ich/(kleingeschrieben)/:auf einen leeren öden Platz fällt mein Blick/:nein, sie haben alle, die überwiegende=übergewichtige=schwere Masse, die sich niemals wieder in Energie verwandeln lassen wird und die anschwillt und anschwillt, zu wenig an ihre Träume von einem heiteren. leichteren Leben geglaubt, denn das heitere, leichtere Leben haben sie verwechselt mit technischem Fortschritt, und so übernehmen die Techniker auf allen Gebieten die miese Vorherrschaft:

Habe ich jemals eine solche bettelnde Armut an den Körpern bemerkt?

Ich fahre inzwischen durch einen Alptraum, denn die verblödenden Mythen einer 10 Tausendjährigen Geschichte des Menschen für diesen Teil macht sich breit und ufert aus in Kindersärgen, aus denen Geranien blühen.

Aber schnell weiter: 1 leerer kleiner Pappbecher schaukelt vor dem Fenster/ein Bild-:„Wien, Kunsthistorisches Museum – Die Freyung in Wien von Nordwesten 1759/69 von Bernardo Bellotto gen. Canaletto" – da kommt gerade 1 Prozession aus der Kirche, mit Baldachin und Priester plus Monstranz, voraus Fahnenträger, die Leute bücken sich, überall in der Leere auf dem Straßenpflaster verteilt, das Licht ist von einer bleichen, grünen Qualität über der Szene/gegenüber im Spiegel fahre ich mir mit der Hand durch das Haar/da kam ein verschollenes Bild hervor:

(Sprünge, und ganz lange Leerstrecken, die vom monotonen Zuggeratter erfüllt waren)

unter den Geldstücken, die in kleinen Säckchen in der Truhe aufbewahrt wurden, in Vechta, war auch eine Münze: „Gold gab ich für Eisen" – ich habe nie den Tausch verstanden, und als ich fragte, kam wirres Gestammel und sie wußten es selber nicht – und endlose Verwünschungen der Inflation – ich begriff, jetzt, vom monotonen Zuggerüttel taub geworden, was diese Sachen verrückt gemacht hatte.

Ein überheiztes Abteil.

Ich las: „Europa verfällt: seine Rolle ist ausgespielt! Da kommen Trümmer und Ödeneien: die Wüste Europas." (Fuhr ich nicht jeden Augenblick dadurch?) Ich sah nach draußen: schwarzes Rattern.

„Dennoch tut mir das Herz weh – Blaue Blusen werden sie tragen. Und in Mietskasernen sind sie geboren. Mit rostigem Dreck werden sie als Kind haben spielen müssen."

Und noch ein zerschlissenes Bild: (wie war denn der Anfang?), die geborstene Asphaltbrücke, grauschwarze zackige Massen, in einem kleinen Bachgerinne, 1947, über das da eine Holzbrücke führte. – Was ging von diesen zerrissenen Asphaltbrocken aus, die wahllos durcheinanderlagen? Was für ein lautloser Eindruck prägte sich ein und brannte Angst lautlos in das Empfinden? (Es gibt Schlimmeres, das weiß ich wohl.)

(: Aber so tappte man als Kind durch eine geborstene Kulisse aus Schrecken, der in zersprengten Straßen lag, in dem Aufzischen einer Phosphorbombe, einer Brandbombe, die sogar noch im Wasser eines Bombentrichters brannte und sprühend zischte – aus dem Bombentrichter wuchsen braune Schilffrüchte, die „Lampenputzer" genannt wurden.)

Eine stumme Kette von Eindrücken, namenlos und stumm für die Augen eines 6 jährigen Kindes, Flash-Backs.

„Garnierte Fäkalien, ist es das nicht, was sie Dir anbieten in Wort und Bild?" (fiel mir überhaupt ein.): (Nämlich zum Problem Hoffnung.): „Wie meinen Sie das?" – „Input And Output: auf der Straße – sie machen die biologische Grundlage kaputt, das Sehen, das Hören, das Riechen, das Schmecken, das Tasten – denn was taste ich, was rieche ich, was sehe ich, was schmecke ich eine beliebige Straße in der Gegenwart entlang?" – „Und die Schriftsteller? Ist das nicht auch Output, was Sie als Input erhalten?" – „Gerade sie aber haben mich überhaupt in die Lage versetzt, das artikulieren, überhaupt denken zu können! Immer Hinweise auf die Biologie, ihre Wohltat, ihre fesselnde Kraft, halb Determination und halb, ja was denn eigentlich? Aufbegehren gegen die eingelagerte Biologie, ihre spezielle Ausprägung – Was soll mir da das Prinzip Hoffnung?" – „Verstehe ich nicht." – „Na, Hören Sie mal, wenn mir jemand erklärt, ein Krach ist für uns eine ganze Symphonie – einen Tritt in den Arsch dem Typ – abstellen auf pure Reaktion! Als Ersatz dann ein paar verbale Hoffnungsnoten, he?"

(Maleen; ich beneide Dich in manchen Augenblicken um Deine kühle, vornehme und bewußte Distanz zur Umwelt.) (Sie, diese Haltung, wird immer seltener; aber nicht bricht statt dessen spontanes, eigenes Verhalten auf, oh nee, sondern undifferenziertes Allgemeines.) (Na, so weiß ich aber auch, was mich erwartet.): „Leben ist ein Hauch nur"?: Woher kommt draußen der Hauch? Riecht sehr nach draußen verstopfter Kloake. „Du spinnst!"

Auch nachdenkenswert das Verhältnis von Geruchssinn und Sexualität: nachweisbar nimmt der Geruchssinn ab in einem Stadtleben, zugleich ist festgestellt, daß bei mangelndem Geruchssinn der Sex reduziert wird (oder täuscht man sich, daß der Mensch, nicht so

determiniert wie ein Hund, keine Determination seiner Vitalität durch die Sinne, hier den Geruchssinn erfährt?) – also:künstliches Anheizen des Sexus, eine Dressur zum puren Reagieren. Was heißt da denn alles Gefasel von Spontaneität? – Und ebenso sehr nachdenklich:das Verhältnis von Lärmertragung und Intelligenz, die Doofen, Betäubten, Sonstigen vertragen mehr: ich würde sagen, Schöne Aussichten für den Durchschnitt in der nächsten Zeit. (Und für diesen Durchschnitt reden noch die intellektuellen Künstler? Anstatt sich endgültig und radikal für Intelligenz und die Stärkung der Intelligenz, die mehr und mehr abnimmt, einzusetzen?)/:Mir fällt das wüste Gelände hinter Köln ein, unsere Schiffsfahrt.

„Auf was für einem Trip bist du denn jetzt?":(Bald mag man draußen nicht mehr sehen, bald mag man draußen nicht mehr hören, bald mag man draußen nicht mehr riechen, bald mag man draußen nicht mehr tasten, bald mag man draußen nicht mehr schmecken, bald mag man draußen nicht mehr sein – und drinnen? Serviert, bedient der Staat, die öffentlich-rechtliche Anstalt, das Fernsehen.) „Und wo bleibe ich?" (Wer ist man?)

Selbstgespräche und Firlefanz in einem überheizten Abteil, bis nach Venedig nachts 1/2 Zwölf.

Rangieren, abkoppeln, Aufenthalt in Venedig, Freyend schrieb:„(:aber das habe ich erst 3 Wochen darauf gelesen!) 3. November, heute bekomme ich Deine Märchenkarte aus Venedig, sehr gut, ich stellte mir gleich vor, daß Du dort ungeheuerlich durch die verwesten Gassen gegangen bist, dann sah ich den Stempel vom 22. 10. und nehme an, daß Du dort nur rangiert hast" (Und Pieper schrieb, am gleichen Tag trafen die Nachrichten ein:„Lieber Rolf, ich habe neulich gelesen in der Zeitung, daß 0,5% aller Deutschen an gar nichts mehr Spaß haben (Übrigens steht das Familienleben an erster Stelle) Ich neige im Moment zu den 0,5%. Die große Kacke . . . Mach das Beste aus Rom."

Abkoppeln, rangieren, eine Stunde Aufenthalt in Venedig nachts (als ich hinfuhr, war es früh am Morgen, 6 Uhr)

Versunkenheit, in mich selber:Oder ich ging, mit blutendem Hinterkopf vorbei an Kaufhof nachts in Köln, den ganzen Sommermantel Ninoflex fleckig vom Blut, das aus meinem Hinterkopf tropfte und zwischen den Fingern und aus dem vollgesogenem roten Taschentuch tropfte, und ging einen langen Krankenhauskorridor nachts blutend entlang, streifte das geronnene Blut in einem leichten gallertigen Ballen an einem Tischtuch ab, „Machen Sie das auch zu Hause?" fragte eine doofe Nuß vom Nachtdienst (was hatte sie gesehen?)/ Und kam blutverschmiert mit einem Blumentopf morgens in die Wohnung zu Dir an und weinte und fluchte auf die gewöhnlichen Wahnsinnigen/Oder wälzte mich vor einem weißen Kittel des Frisörs mittags mit 4 auf dem Kopfsteinpflaster, weil der weiße Kittel des Frisörs mir alle Schmerzen im Krankenhaus vorher mit weißen Kitteln wieder in Erinnerung rief und ich spürte wieder die Schmerzen in meiner Einbildung und sie taten weh nach der Leistenbruchoperation/Und ich sah in einem fliehenden Schrecken 1952 die Bahren mit den darunterliegenden Körpern einen langen weißgekachelten Gang entlang geschoben werden, die Luft roch nach Karbol, während ich im Wartezimmer des Krankenhauses saß und darauf wartete, den Vater besuchen zu können, der dort wegen seiner Zuckerkrankheit lag/Oder ich brüllte viehisch vor Schmerz, weil ich nach der Operation der Vorhaut mit 3 Jahren nicht mehr pinkeln wollte in Erinnerung an den Schmerz gestauten Urins und heftiger brennender Schärfe beim Pinkeln/Und dann sah ich in einem roten, verwaschenen Faden aus einem Abflußrohr am Rückgartenstück des Krankenhauses Rotes in das schlammige, Ratten besiedelte Moorbachgeschlängel fließen/Und der Bruder erzählte: „Sie haben dann immer die Vorderpfoten gehoben und gepumpt und dabei kam jedesmal rotes Blut aus dem schlaffen Schweineleib, der im Hof lag."/Und ich weine fürchterlich, die ganze Furcht aus mir heraus in meinen Tränen, als ich einen toten Spatz in der Hand habe, den ich gerade noch flattern sah an der Dachrinne, und der dann von einer Flitsche mit Gummiweckringen und einer Astzwille kaputtgeschossen worden ist in einem sandigen, staubigen Sommernachmittag gegen das Rot der Dachziegeln und das Bleigrau der Dachrinne/Da gehen imaginäre Schmerzen/Und alles verkrampft sich in mir und ich spüre den Wahnsinn der schmerzhaften Verlassenheit, als Robert vom Tisch fällt im Badezimmer und schlägt sich die Zähne auf/Und da ist dieser eiternde Lappen, der Riß, wo jetzt die Brust fehlt, unter den gelben, von Eiternden Wunden gefärbten Mullbinden, die abgehoben werden und ich sehe 1956 diesen Teil eines Körpers, an dem ich früher gelutscht habe. Und der Teil ist nur eine brennende rot-entzündete fehlende Stelle/Und da nehme ich einen Finger aus Deiner Möse und der Finger ist schwärzlich-rot mit Menstruationsblut/Und da werfe ich mich in den Sand des Gartens hinter dem Haus, denn jetzt ist mein Knie total offen und roh-fleischig und blutet und ich wälze mich schreiend und grabsche in den Sand und werfe den Sand vor brüllenden Schmerzen in die blaue glänzende Sommerluft, denn ich bin gegen den Bult gerannt, einen Baumwurzelstumpen, auf dem Brennholz zerhackt wird/und ich halte meinen Kopf, denn jetzt hat der Vater einmal unberechenbar zugeschlagen, nachdem ich aus Ärger dem Bruder den Wackerstein auf den Fuß habe fallen lassen, mit dem ich Kugelstoßen vor der Weißdornhecke übte, und mein Kopf flog gegen die Türklinke des Korridors und heraus schoß etwas feuchtes, rotes Warmes, das in einem gelben Frottierhandtuch Indanthren versickerte/Und da liegt eine totgeschlagene Ratte in einem blitzenden Nachmittagslicht auf schwarzen Schlacken/Und ich sehe durch das Schlüsselloch der Leichenhalle in Vechta und gucke einen Ausschnitt eines gelben toten Gesichtes an/Und wo ist das Lebendige, wenn es so ganz von Verzweiflung, Schmerz, Tod, Verrecken umstellt ist?/Rote und weiße Fantasien. (Na, ich würde gern ein Künstler sein.)

Venedig!:in einer Nacht auf dem Bahnhof./:(wie lange braucht man, einer, um zu sich selbst zu kommen?)/:(ist man nicht bereits als hastig zusammengeficktes Menschenwrack geboren worden? Aus Furcht in den Leib einer Frau gespritzt in den letzten Tagen vor dem letzten Krieg, und geboren 1940!?)/:(ach wie elend, daß die Generation zu der ich gehöre, so stumpf ist!)/:stocken, auf dem Bahnsteig.

Venedig, ein nächtlicher Geruch von Verwesung?:1972, im Oktober, ich dort:

Selbstgespräche, soll ich oder soll ich nicht, dort übernachten?:

Ich habe es mir wohl und lange überlegt, ob ich dort bleiben sollte, war ja alles angeboten:brauchte bloß eine Nummer zu wählen:auf dem Bahnsteig

Denn dort ist eine große Tafel, auf der die Hotels und Herbergen stehen, der Anruf ist kostenlos./Enthüllungen:

(Und ich habe auch furchtbare Angst, ich habe so sehr Angst, daß ich sogar Angst habe vor meiner eigenen furchtbaren Angst zuweilen:das ist das Leben, die Anwesenheit, wer denkt schon darüber nach?)

Halb 12, Venedig:(trotzdem!)/Ob ich bleiben soll?:(sah vorher im Guide Bleu deutsch nach)/Nicht uninteressant – aber die Landkarte ist nicht der Ort – Korzybski/:also hinsehen, rausschnuppern, prüfen, Geruch/:

(Hatte schließlich eine Ganze Stunde Zeit!)

Gegenwart:Damals in Venedig/:überhaupt nicht minuziös; was Ihr alle damit habt!/:Minuziös:

(War mir sehr wohl der exakten Stunde bewußt! Soll ich? Bleiben?)

(Gepäck alles im Abteil gelassen)

(1 Stunde, Zeit um das rauszuholen)

Venedig, nachts:zuerst mal die Tafel mit Angaben über Hotels Et Cetera, man steht genau davor auf dem „Stop"-Bahnhof/Kostenlos, Touristik! Service, okee./ :Umherschweifen mit den Blicken! (=:Ausschweifungen, im Ausschweifen wittern für mich.)

(Ist alles eine Sache des Verhaltens plus Instinkt plus Konstitution, auch was einer so denkt! Obgleich das Denken maßlos sein kann und ist!)

Trotzdem:Venedig! (Der Mohr!)/:verfaulte Philologie samt Literatur!

Ich will Gegenwart:!/Dasein:Hörte das klatschende What The World Needs Is Love – Nix – What The World Needs Is Thought – All You Need Is Think! Look And See! –/„Das noch nicht festgestellte Tier."

Einzelne Wörter, die geräuschlos auftauchen:darunter liegt ein schwarzes Loch, in das man mit atemloser Schnelligkeit hineinfallen kann.

Das war so die Gegenwart:klatschend schlug Wasser gegen eine hölzerne Bootswand./ :Man durchquert eine schmale Bahnhofshalle, geht einige Treppenstufen hinunter zu einem schmalen, länglichen Steinplatz, der an einem breiten Kanal endet. Links, in einiger Entfernung, ein Landeplatz für Bootsfahrten, dahinter eine Brücke. Rechts ein Brunnen, darüber schwebt eine Heiligengestalt, eine Frau, die plätschert – vermutlich die Santa Lucia, modern aus den 50er Jahren.

Und Stille, darin, über der Brücke und dem hölzernen Kartenhäuschen der Rundfahrtstelle ein Mond.

In der Stille kam nun fast geräuschlos ein Boot vorbei, leise gestellter Motor./Am anderen Ufer, direkt gegenüber, schaukelte eine Gondel./Stille Vergammelung./Die giftig-farbigen Neonlichtreklamen trieben in verzerrten Formen auf der Wasserfläche, blaues und rotes Gezucke, von einem Hotel in der Ferne./Frontal gegenüber ein Kuppelbau, mit hohem Säulenportal – was will ich hier? Wieder alte Gebäude ansehen? Wieder verstaubte, touristische Traurigkeit? – Andrerseits, was erwartet mich in Rom? Das Suchen nach einem Anfang, das Hinter-sich-bringen von Zeit? Mein Überdruß kam hoch:an den Baudenkmälern, an Denkmälern, plus steinerner Wüste der Jetzt-Zeit./Dann also:weiterfahren.

Eine verschwommene Enttäuschung will sich ablagern:sind das nicht Ausflüchte vor mir selber? Geld für einen Aufenthalt hatte ich. Was will ich denn? – Trank in der Bar, ein großer neuer Raum mit langer Theke und dahinter Kellner, ein langes Buffet mit Süßigkeiten, und dahinter an einer Registrierkasse eine Frau./12 Uhr, leere Halle, die gefegt wird. 1 aufgedrehter Schwuler spricht mit einem Mann.

20 nach 12 nachts weiter:zurück in den Vorort Mestre, gelbe Campari-Lettern und Fiat-weiße Lettern spiegeln sich im Venedig-Wasser wider.

„Den südlichen staubigen Charm mag ich nicht." (Müde abwinken.) „Zauberhaft", sagt so ein Idiot. Gebrochene Vegetation kriecht umher.

„Der Teufel hat Hochzeit." Regen und Sonnenschein.

Und ich mache eines Nachts auf einer stilliegenden Seitenstraße einen entsetzten, flüchtenden Sprung voller Erschrecken, als unvermutet ein Wahnsinnsfahrer in die nächtliche Straße einbiegt, mit totaler Verwechslung einer Seitenstraße mit einer Schnellstraße im Kopf. Na, ich habe ihm einen Unfall gewünscht, bei dem er allein samt seiner Blechkarre

177

draufgeht. (Wäre wieder einer weniger.) Das sind so Wünsche und Gedanken, die man in der Gegenwart hat. Man muß sich schämen.

Plötzliche Sentimentalität:wegen der Einfachheit, die Genüsse waren, zum Beispiel Schmorkartoffeln, ungekochte Kartoffeln, in kleine längliche Scheibchen geschnitten, beinah wie Pommes Frites, die dann einige Zeit in der Pfanne schmorten – Pellkartoffeln mit gerösteten Zwiebelkringeln und etwas guter Butter, ein Buchweizenpfannkuchen, dünn, braun-weiß, mit Speck darin./Bei dem überheizten Zustand im Abteil, und keine Möglichkeit, die verdammte aufgedrehte Heizung abzustellen. Ich suchte in allen Ecken nach.

„Die große Welt“, dachte ich lange Zeit. Nun fuhr ich in einem Teil der großen Welt herum, wie sah sie aus? Wie schmeckte sie? Was hörte ich? Und wie roch das?

Ich döste, versuchte zu schlafen, wachte schwitzend auf, das ganze Gesicht war naß vor Schweiß, also Tür öffnen, erneute Versuche zu schlafen, lang ausgestreckt auf den Polstern, vor schwitzender Erschöpfung wurde ich ganz kindisch ab und zu, trieb wieder ab in verworrene halbe Labyrinthe und wurde zurückgespült in undurchschaubare Vergangenheit: Buchenblätter, vor Trockenheit in sich gekrümmt, huschten über roten Fliesen mit winzigem Schaben, ich hob das angefaulte Holzrost hoch, zwei platte Asseln mit langen einzelnen Haaren, flitzten weg, und ich machte mich klein und eng und kroch in den Keller, weißes Keimen der Kartoffeln im Dunkeln, irgendwie winkte ich auch einem vorbeidampfenden Güterzug nach und stand vor schwarz-verkohlter brandiger Böschung, da waren die kleinen verkohlten Äste, und wenn ich sie anfaßte, war nur schwarzer Staub auf den Fingern von der kleinen geringelten Ast- oder Zweigform von eben, Hunderte von winzigsten Eindrücken, durch die ich mich bewegte, aber war ich das noch, der sich da im schwitzenden, schweißigen Halbschlaf bewegte?

Morgens gegen 6 Uhr:(Mittwoch, Ende Oktober) eine taubengraue Helligkeit, die sich gleichmäßig verteilt hatte.

Da merkte ich, daß der Schweiß nachts kalt gewesen war, während ich das Gefühl hatte, zu heiß vom Körper eingehüllt zu sein.

Wie Vorzimmerlicht einer Hinterhausbüroklitsche die Stimmung, die von der Helligkeit draußen und dem Abteil mit den schlaffen Gardinen vor dem Fenster und der Schiebetür ausging. Jetzt brauchte nur noch so ein vertrocknetes Fräulein kommen und spitz Verneinen. Was eigentlich? Ist mir egal.

Und während draußen die mit dünn versprühtem Nebeldampf durchsetzte Morgenhelligkeit zunimmt, durchzogen von ungewöhnlich zarten rosa Streifen, in denen sich das Licht einer unsichtbaren Sonne verfangen hat und zu einem blassen schwebenden unbeweglichen Luftzustand geworden ist, treten darunter die nebelig-verschlungenen Obstgartenwirrnisse hervor, einzelne Bäume in einem flachen weiten Gelände, das eigentlich nicht den Eindruck macht, daß ich dort hinaustreten möchte.

Kugelige Baumkronen:ich habe keinen Zugang zu der italienischen Landschaft, durch die jetzt einer „Kaffee“ singt vor dem letzten Aufenthalt in Chiusi Chianciano Terme mit Vogelgeflirre überall in der Luft.

Sah in der Morgenfrühe Lastwagen an staubigen Straßenrändern entlang fahren, und in dem bleichen Morgenlichtraum kleine Fiats vorbei an schmutzigen Reklameschildern fahren./Sah einmal den Bau einer in die Luft gedrückten Schnellstraße, die auf breiten Betonsockeln stand und durch ein flaches Tal gezogen wurde, darunter dann die Wohnhäuser./Sah die zerhackten, aufgeteilten Gartenstücke, Bretterschuppen, die Öde eines Morgens, die in Fetzen von Licht um abblätternde, zugebaute einzelne Häuser stand.

178

Morgens 1/2 9 Ankunft in Rom Statione Termini:bon giorno? Ich fror etwas. Ein bewölkter Tag. Voll erloschenem toten Neon. Und Hunderte von ankommenden Menschen, die keinen appetitlichen Eindruck machten (ich war ja schon gar nicht mehr da).

Zuerst einmal am Bushalteplatz stehen, ringsum blödsinniges Autogehupe, jaja, es macht ihnen Spaß, ist südländisch, ramponiert./Hinter dem Baugelände, an dessen Seite stumpf Busse abgestellt waren, kam das mechanische Gebrüll (als hätten sie den Wahnsinn im Kopf, und der sagte ihnen, daß sich durch Hupen der Autostau auflösen würde?)/Viele kleine ödelnde Stinker von Fiats mit den bleichen Morgenleuten, dazwischen in stockenden jähen Sätzen und Sprüngen und darauf wieder betäubtem Schlendern die Einzelnen./Und immer neu das Autogehupe, zehn Minuten lang, eine Viertelstunde lang, 20 Minuten lang. Nur Autohupen, zwei und drei auf einmal, dann in ganzen Rudeln.

In dem bleichen, nüchternen Morgenlicht die Mädchen:sehen sehr ausgekotzt aus in ihrem Boutiquen-Kaufhaus-Nippes./Eindrücke von greller, irrwitziger Häßlichkeit, die sich durch den Blick schoben./(Man bekommt den Eindruck, morgens, um die Zeit, am Hauptbahnhof, als würden sich alle riesigen Gullilöcher der Vorstädte öffnen und herausgestoßen kämen die Menschen./Menschen?)/Witze, lebende, flache Witze!/

Langes Stehen auf einen imaginären Bus 6./Bleiches Regenlicht. Und weiter Stehen und warten auf den imaginären Bus 6.

Dahinten Gejohle mit Autohupen vermischt und Fingerpfiffe. (Konkurrenz der Einzelnen zu einer Autohupe.)

Kaute einen Fruchtbonbon, den ich in der Tasche gefunden hatte.

Comic-Bild:(aber lebendig diesmal auf der Straße)! 1 Bahnhofskerl in Uniform hockt auf einem Rennrad mit schmalen Felgen, hohem Sattel, tief nach unten in die tiefe Lenkstange gebeugt, den Buckel krumm gemacht und mit hochgekrempeltem Hosenbein, da ja das Schutzblech der Kette beim Rennrad fehlt. So holpert er über das Pflaster auf den Bahnhof zu.

Fliegende Händler bieten bereits Rasierklingen, Postkarten, vergoldete Nippesfeuerzeuge an, und Mini-Radios. (Wer kauft denn sich morgens vom Pappkarton weg so ein Radio?)

Auch häufig alte Weiber mit Hängetitten, schlaffe lange Hautfladen./Dazwischen gurken die Wagen rum.

179

Eine Nuß sucht sich die Zeit des Wartens damit zu verkürzen, daß sie ihren schwarzen Mantel nach Haaren absucht (ist schon ein Zoo-Bild!)

Kübelweise Häßlichkeit, in Rudeln Abfall, worin jeder einzelne verschwindet, denn das Gesamtbild ist so überaus häßlich und wirkt auf den einzelnen zurück, ganz abgesehen davon daß die meisten tatsächlich häßlich sind.

Denke:„Wahnsinn, wie Menschen sich auftakeln!" (Nach dem sie aus einer öden Nacht entlassen wurden.):1 kleine Nuß in italienischem Flugzeugdress stampft vorbei, klein, wirklich klein, und stampfend – bei jedem Tritt, den sie macht, schwappt vom fetten Knie in kleinen fetten Erschütterungen und Wellen das angesetzte Fleisch hoch.

Ich betrachte die Umgebung:(neben mir die Reisetasche, fröstelnd in dem braunen Ledermantel) 1 Zwerg lehnt am Kotflügel eines Wagens und liest in der Zeitung, der Kopf reicht gerade bis zur Kühlerhaube.

In der Leere:geht mir auf einmal das Wort „Kotflügel" lächerlich auf, man überlege:Kot-Flügel, Flügel, Kot, auf Kot-Flügeln davon.

Neuerliches jähes Kreischen und heulendes Pfeifen, hupendes Grölen mit Rufen, ein brackiger Schwall von Geräusch.

Warten, schon über eine halbe Stunde. Kein Bus 6. Der scheint eine Fiktion geworden zu sein.

1 Fotze bei dem bleichen Regenlichtwetter trägt eine große grüne Sonnenbrille. (Wer weiß, was die sieht?)

50, 60jährige Wesen:mit knallrot geschminkten Lippen. (Ihre Lippen sind gefärbt. – Auch das, wenn man es sich klar macht, lächerlich:Menschen, die sich ihre Lippen färben!)

Wackel-Ärsche weiblich in engen Jeans schuppern vorbei.

1 Slum-Mode-Larve stinkt in einer blaugrauen Abgaswolke auf einem zusammengeflickten Moped vorbei.

Eine Stimmung von Erloschenheit, die allgemein ist, keineswegs von Lebhaftigkeit, hängt über dem Platz.

Ich grinse höhnisch:das ist also dabei herausgekommen! (Zivilisation, Kultur, die Wertmuster und Bewertungen!)

Und diese Fressen! (Gibt es sowas?) Gesichter, aus denen das meiste eines lebendigen Ausdrucks erloschen ist. (Und man muß sie immerzu sehen.)

Morgenstimmung vor dem Hauptbahnhof Roms:warten, Stauungen, sehen.

Grüne Augenhöhlen in bleichen, blutleeren Gesichtern, in leblosen Larvengesichtern (was wird sich da im Einzelfall entpuppen?)

1 nach After Shave dünstender Crew-Cut popelt sich wartend groß in der Nase herum, ausgiebig, und rückt dann mit den Fingerspitzen seine Hornbrille hoch. Capriziöse Häßlichkeit rosa weicher Fingerkuppen.

Immer weiter warten. (Hätte dann auch zu Fuß gehen können.) Sehe die Schlange am Taxistand vor der Halle.

Und gleichgültig und bombastisch monoton sehen die toten Neonschriften Philips Fiat Aperol Osram von den Simsen der abblätternden Häuser auf die inzwischen größer gewordene wartende Menge.

Tummelei:hier sind drei Männer, offenbar vom Land, in knittrigen abgetragenen Anzügen, die verbeult sind oder zu eng, ohne Schlips und einer darunter mit Goldzähnen im riesigen Hauergebiß, taumeln abgerissen herum, klopfen sich auf die Schulter, lachen, schubsen sich.

Noch 1 rothaarige Nuß aus dem Nichts, aber mit 80 Centimeter weitem Schlag in der Hose friemelt vorbei.

Ist das nicht konfus?:Inzwischen sind alle möglichen Bus-Nummern vorbeigefahren, nur nicht Sechs.

Bastarde von Wagenformen mit Kettenantrieb, die aussehen wie selbstgebastelte Höllenmaschinen, die jeden Moment zerspringen könnten.

Braune Beinwürste, in braunem Kunststoffgewebe, und bläuliche Beine, tucken daher. Oder querrissig schwarz.

Die Leute haben ihre Zeitung ausgelesen. Aus einem Koffer hat einer vom Land sich bereits das Essen herausgeholt und kaut. (Er fraß aus dem Zeitungspapier heraus.) (Tauchte das Gesicht immer wieder in dieses Zeitungsgrau.)

Schließlich, eine Stunde später, wird die Ansammlung zu einem anderen Platz umgeleitet./ Ich sehe Bus 6 mitten auf einer Straßenkreuzung und werde, mitten im Rappeln hereingelassen. Fahrt im überfüllten Bus bis zur Piazza Bologna. Gestank, der nicht rauskann, jeder dünstet so gut er kann?

Und ich torkele dann nach einer Viertelstunde raus auf den Asphalt und blicke zuerst auf offenes Fleisch, bleiche Stücke Fett in einem offenen Ladeneingang, auf rote Keulen und weiße Sehnen. – Davor, am Straßenrand, ein Fahrradkarren, die Wände aus Coca-Cola-Reklame-Schildern gemacht, und in der Karre stehen Schirme zum Verkauf.

Vielleicht fragst Du jetzt, wie ich hier lebe? Was ich mache? – Nach der ganzen Vergegenwärtigung der Eindrücke und Umstände der Reise, bin ich eben aufgestanden, es war etwas nach 3 nachmittags, Montag, 13. November, ein lichtschwacher, Wolken verhangener Wintertag – oder spät im Herbst, was die Stimmung anbetrifft – Lichtrinnsale zwischen den Wolken, hier und da ein Stückchen blasses Blau darin, ständiger Wechsel der Helligkeitsgrade, kurze Regenschübe, trotzdem noch Vögel, nicht frierend, obwohl kühl. – Eine gedämpfte Stimmung – ich ging in die Küche und aß zwei Scheiben Brot, aus einer Cellophanumhüllung, Graubrot aus der Schweiz, bereits geschnitten – habe auch ein Päckchen Pumpernickel aus dem Supermarkt da, denn das Brot ist hier ungesäuert, fade, weißbrotig, und trocknet schnell (obwohl die großen runden Laiber schön aussehen) – eine Tomate, etwas Zwiebeln, vier Radieschen, zwei Scheiben Mortadella in widerlicher Kunststoffhaut, Mortadella ist billig wie bei uns Fleischwurst, ist auch derselbe Mist, dazu einen Brühwürfel aufgegossen. – Im Kühlschrank stehen noch eine Reihe Dosen mit Gemüse, was für eine Woche reicht, Erbsen, Linsen, Bohnen, 1 Glas Gewürzgurken, Ramadöschen, 3 Eier, eine Dose mit dänischen Würstchen. – Wenn man hier in ein Restaurant geht, so findet man immer saubere gestärkte Tischtücher und Servietten, aber man muß auch mehrere Gänge nehmen wie Suppe oder Gemüse oder Nudeln oder Antipaste und dann Hauptgericht, danach Käse, dazu Wein, und am Schluß einen Kaffee – na, ich störe mich nicht sehr an dem Kellnerzwang und Restaurantzwang, tappe also immer man rein in die Konvention, und rede ausländisch – das schafft immer wieder neuen Abstand, der ist gut, denn das Schlimme ist, daß sich doch schnell eine Vertrautheit einstellen will, die aber die Einzelheiten auch unpräzise und verwaschen macht. – In Roma do as the Romans do? – Warum?

Der Zwang zur Anpassung ist auch eine Verkümmerung. – Aber im Restaurant kostet es also auch gleich bis gegen 10 DM ein Essen, 6, 7 DM, und das will ich nicht. – Aber die Leute sind freundlicher. – Du siehst einen Bus fahren und rennst hinter ihm her und der Fahrer sieht es und hält mitten auf der Straße, was ich erlebt habe.

Lektüre:Bruno, Jahnn, Bilz/So viel Material, und ich will mich wieder neu ausdrücken lernen. Auch wissen./Und Notizen machen. Sehen.

Jetzt, um 4 Uhr nachmittags, muß ich das Tischlicht anknipsen, denn sonst ist es zum Schreiben zu dunkel.

Es gibt langsam so etwas wie einen Gemeinschaftsgeist der Villa Massimo, und da halte ich mich fern. Also ich bin sehr unsozial, denn ich kann eigentlich gar nicht mehr ertragen, wenn die Leute reden um zu reden.

Rasieren, Bett machen, auslüften.

In den Garten lauschen, zwischen den einzelnen Sätzen.

Vogellärm und diffuses Verkehrsgeräusch. (Wo liegt da noch der Unterschied? Als sei der Verkehrslärm inzwischen zur Natur gehörig.)

Waschen, baden./Abends Zwischenfälle mit Gedanken. Und durch Gedanken.

Einen festen Umriß habe ich noch nicht, wohl Arbeit. Muß immer wieder neu ansetzen und neu einsetzen.

An einigen Tagen hatte ich kaum etwas gegessen, morgens Yoghurt, und beim Schreiben getrunken, war abends betrunken, wegen des nüchternen Magens. Der weiße Wein ist hier billig. Eine Flasche kostet 1.50 DM etwa.

Pulverkaffee trinken.

Heute abend und die ganze Nacht ist wieder Mond's Lui unterwegs (sichelnd und zunehmend.) Schleicht zwischen suhlen fetten Wolkenweibern.

Eicheln fallen auf das Wellblechdach des Autounterstandes, ein lautes hartes, kollerndes Geräusch (vor dem ich mich anfangs erschreckte, als es unverhofft abends da war).

Beim Wechselgelderhalten fehlen oft 20, 30 Lire den Kassebesitzern:da kriegt man denn 3 Bonbons, oder bei der Post Briefmarken zurück oder sogar einmal kriegte ich eine Telefonmarke statt des Geldes. (Bald Steine, oder eine Plastiktüte oder Zigarettenstummel!)

Viele Hunde, die einen Plastikmaulkorb tragen.

Kleine Jungen, in Mänteln, ganz wie miese spätere Spießer gekleidet.

Enorme Entfernungen zwischen den Geschlechtern (und sofort eilfertiges Händchen-Halten des Jungen, wenn sie wieder auftritt, nach einem Gang ins Geschäft). (Daß so etwas Sinnlichkeit ist, kann mir niemand mehr verkaufen! Schiere Angst und Konvention.)

Mädchen, die nie einen ansehen, hellwach und direkt, immer der Blick verschleiert, von innen mit etwas Trübem zugezogen.

Die Wüste ist psychischer Art.

Um einen freieren Blick von Zeit zu Zeit wieder zu bekommen, muß man hochsehen, in einen Himmelsausschnitt, oder abseits auf ein liegengelassenes Unkrautfeld.

Eine Frau mit einem Hund:der Hund hatte die Vorderpfote dick umwickelt und darüber eine Plastiktüte, mochte gar nicht auftreten.

Kleine dunkle Knoten an starrem niedrigem Geäst:Früchte. (Muß sie noch einmal bestimmen.)/(Ich schlich schon einmal mit einem Pflanzenbuch hier durch, und sah, wie schwierig das ist!)

Die vornehmeren Leute sind mir einzeln genauso widerlich wie die armen Leute mir einzeln widerlich sind. Und schon lange als Masse in jedem Fall.

Heute nachmittag wollte ich die Einzahlung machen in der Post:nichts, und fuhr zum Hauptbahnhof. – Die Prozedur dauerte, ich sah auf die Uhr etwas unter einer halben Stunde, nur damit klar war, wie und was und wohin das Formular ausgefüllt werden sollte von einem jungen Mann hinter der Glasscheibe (überwies 699 an Dich, irgendwie gingen 20 verlustig, lösten sich einfach auf). – Nach einiger Zeit schimpfte ich auf deutsch, denn die Umstehenden lungerten körpernah um mich, es war denen ganz normal – sudeliges freundliches Menschengemeinwesen, am liebsten hätten sie mit dem jungen Typ hinter der Glasscheibe mitgeschmiert.

Kaufte Zigaretten, etwas Wein, Zeitschriften, und fuhr zurück.

Jetzt noch einmal anfangen zu kalkulieren, denn meine Kalkulationen gehen immer noch durcheinander.

Träume von Grünkohl, Pinkelwurst, Schweinerippchen und Salzkartoffeln, vorher eine Sternchennudelsuppe, nachher einen Steinhäger (wenn ich nur nicht dabei so dick würde, ich äße das schon einmal wieder gern, dann anschließend ein Gang durch frostiges Wintermoor mit Eis auf den tiefen Treckerspuren im Weg. Und oben die weiße Mondhelle. Dazu prima eingemummelt, Fernsehen steht im Stall. Der Hund bellt. Die Katze jagt nach Mäusen und kommt angeschnurrt. (Reibt, wie jede Katze, zuerst den Kopf am Bein, und hält dann das Hinterteil hin.) – Dafür würde ich gern ganz Rom eintauschen. – Und nachher flüstern. Lesen. Träumen. Schlafen. – Gibt es das nicht mehr? – Die Schönheit einer gelben Hundsblume.

Am Liebsten ist mir bisher geworden hier in unmittelbarer Nähe das leise klirrende nasse Plätschern der einzelnen laufenden Brunnen, wenn niemand in der Nähe ist (das ist so selten, und wenn ich stehe und lausche, und das kleine Becken sehe mit den Kieseln unter dem glasklaren Wasser am Eingang des Kiesweges, kommt bald einer und muß etwas sagen, wenigstens Guten Tag oder so, wie kann ich feststellen, was das wachruft?)

Heute, aus dem Busfenster heraus, sah ich ein Stück violettes Licht, hinter den graueren Regenwolkenschüben, die oben erstarrt waren. Post von hier aus:alles, größeres, per Einschreiben schicken.

Post, das Päckchen für R's Geburtstag, das ich vollkommen unbeholfen zusammengestellt habe (aber die Kitsch-Süßigkeiten wollte ich auch nicht schicken):mußte in einem kleinen Laden, „Cartoleria" also Papierwarenladen, zuerst mit Tesafilm an den Rändern geklebt werden, dann neu verschnürt werden, obwohl ich es auf deutsche Art mit einem festen Knoten verschnürt hatte und immer noch das Bild von deutschen korrekten Ämtern und öffentlichen Stellen vor Augen habe, was, in begrenztem Maß, stimmt, und dann kam noch eine Bleiplombe dazu.

(Siehe auch meine Verwunderung, als ich die Koffer anfangs holte, und sie waren verschnürt!)

Klauen, aufmachen, stehlen, entwenden, übervorteilen (ist nicht so wild, wie man sich das vorstellt), aber wird offenbar immer noch als ein „natürliches" Verhalten des Menschen in südlichen Breiten gesehen – es muß mit einem uralten anthropologischen Halb-Tier-Mensch-Verhalten zu tun haben, das nicht so übel genommen wird, aber auch noch nicht so subtil als krudes Geschäft auf gesellschaftlicher Ebene genommen wird wie in „zivilisierteren" Ländern – und nördlicher geht ja die Sage, daß kaum etwas gestohlen wird – eine Frage des Klimas?: Überlegung, daß südliches wohl zur Faulheit und müßigem Hinleben verführt, warum sich anstrengen, die Bananen wachsen einem in den Mund – etwa so, im Gegensatz zu der Kälte des Nordens, wo man auf eine offene Tür wohl angewiesen ist auf Grund der härteren Lebensbedingungen seitens der Natur. (Da wäre es ja auch eigentlich dumm zu klauen.) Das als ein dünner, dünn verteilter Hintergrund im jeweiligen Verhalten – und das steht auch in Beziehung zum Rauschmittel des Alkohols, hier immer Wein, schwach und dünn und ein Leben lang, also selten Betrunkene, also kaum eine allgemeine Gefährdung gegenüber etwa tiefer wirkenden Mitteln, Hanf, LSD, denn da müßten sie eine radikale Entzauberung und noch weitergehende Fesselung von Staats wegen fürchten – umgekehrt im Norden: Alkoholverbot, hohe Steuern – man stelle sich auch einmal die Erleichterung durch Alkohol im Norden konkret vor: sie würden ja viel zu viel schwitzen und hocken, aber ein Verbot vom Staat ist in jedem der Fälle kein Weg. (Bewirkt, auch das ein altes anthropologisches Mensch-Tier-Verhalten: das Gegenteil.)

Nebenbei: in dem Zusammenhang kann der W. Reich mit seinen Trobriandern und dem sonnigen Land mir gestohlen bleiben (Hing da seine frühe unbeschwerte Sex-Vorstellung auf in seiner politischen Zeit!)

Durchschauen: heißt, wie ich einmal bei Ernst Jünger verblüfft las: dahinter steht nichts. – Das Nichts ist natürlich Quatsch, aber es ist richtig: dahinter steht etwas, was den Aufwand des Durchschauens nicht gelohnt hat hinsichtlich der Steigerung der eigenen Existenz (das war eben ein Geistesblitz).

Aufpassen: gegen Ende der Überquerungszeit eines Zebra-Streifens blitzt grün in rascher Folge an der Ampel auf „avanti avanti" gehen, gehen, gehen – Befehle.

So also zerfällt bei mir das Gesamte und Panorama in lauter Einzelheiten.

Und je mehr Einzelheiten festgestellt werden, desto mehr kommt die Konfusität allgemein zu Tage, die wie eine üble Patina sich überall zeigt.

Einleben: als könne man das! Ich will lieber die Brechung der Leute an mir als etwas Fremdem erfahren: so erfahre ich das Unterscheidende besser. (Aber darunter, das weiß ich wohl, liegt eine grundlegendere Schicht, die vieles eint und gemein macht – doch dahin möchte ich eigentlich nicht zurück. Ich meine damit: nicht zurück in das Undifferenzierte, breite Menschliche einer immer bereits kulturellen Stufe!): Man soll sich doch nichts vormachen, weder in der unheimlichen Fesselung an Allgemeines, noch in der entscheidenden totalen Verschiedenheit jede Einzelnen – ich habe einen Daumen, nun gut, da kann ich all mein Denken und meine Sinne drauf abrichten, und immer wieder auf die Tatsache zu sprechen kommen, daß Menschen Daumen haben – aber jeder Daumenabdruck ist verschieden, und mir liegt das mehr – denn die Tatsache des Daumens werde ich nie vergessen. – So sehe ich auch Menschen an, und mein Interesse wird mehr gereizt durch die Seltsamkeit. Doch gerade die wird seltener und seltener. Und es wird schwieriger, sie in den eigenen Bereichen zu wahren. – „Ich will Ich werden, was immer das ist", war schon ganz früh mein Ziel. (Was nicht heißt ich könne nicht sumpfen und wüßte nicht darum.) (Viel zu viel weiß ich bei mir darum!)

So trage ich auch hier in Rom meine Existenz hindurch, und erfahre das Allgemeine einer mörderischen, verwüstenden Zivilisation und Technik./Und ich erfahre die Nachlässigkeit von Menschen, ich erfahre, daß sie Särge als Schmuck nehmen, ich erfahre, daß ein schöner Tisch mit holländischen Kacheln im billigen weißen Fliesenlokus steht – sollte er da nicht stehen? Doch, aber nicht unter diesen ohnehin schlampigen Zuständen. – So sehe ich durch die Einzelheit auch immer die Verwahrlosung eines größeren Entwurfs. – Es ist mir eher wie das sogenannte Anti-Autoritäre Verhalten:eine allgemeine Blödheit und das sofortige Du. – Das Einreißen der Distanz, was ja privat, intim, etwas so ganz anderes ist, nämlich Erfahrung – aber auch da stellen sich rasch Grenzen ein.

Ich will mich viel mehr auf das Schreiben werfen und mit der Ausschließlichkeit wie anfangs als ich es bisher verwirrt und durchaus in der Verwirrung ernst gemeint getan habe./Mich interessiert nicht mehr, ob die Literatur tot ist, mag sie sterben wie alles andere, ich arbeite darin. Auch mit meinem eigenen kleinen Wortschatz, und wenn ich jedes Wort nachschlagen muß. Was ist sonst Leben wert?/Aber Erfahrungen habe ich nun schon genug gemacht für jetzt, ich muß endlich an meine Erfahrungen herankommen./Schrecke auch davor noch zurück. Hemmungen. Konventionen. Sie haben mit Wörtern allerdings nichts zu tun – Leben ist ganz schön verlogen, daß einem übel wird. (Welchen konkreten Eindruck hatte ich dabei, als ich das schrieb?)

Ich bin gewiß schwach im Denken. „Ich, ich, ich, ich, ich". (Erinnerst Du Dich an den Danger Man der englischen TV-Serie? Ein guter Typ – und sehr ironisch gemeint die blöden Larven-Masken, als er anfing zu sprechen und „Ich" sagte und sie blöde das nachahmten, weil sie immer noch, diese Masken, auf dem blöden vertrottelten Anti-Ich&Sozialistentrip waren./Aber er hat weiter geredet, als ein Ich.)

Ich habe gesehen:Ich. (So verrottet ist man hier schon, daß man so sehr darauf beharren muß.)

In verschweißten Plastikhäutchen eingetütete Sex-Zeitschriften, mit schwarzen Druckerschwärze-Balken vor Schwänzen und Fotzen. (Geilt mehr auf, was!) (Und das Gegenteil ist die Verödung.) (Ohne Druckerschwärzebalken vor Fotos von Fotzen und Schwänzen, aber warum sind die Titten nicht auch eingeschwärzt?:Symbol der Fruchtbarkeit? Aber die Ursache wollen sie ausschwärzen? Und dann die Männer!:Alle liegen angezogen da – bis auf die schwulen Zeitschriften! Was für ein Spiegel des Staates!)

Sie, fast alle, sämtlich auch intellektuell, begucken sich alle möglichen Reize, aber besehen sie tatsächlich den Zustand der Gegenwart?/Man kann doch nur Realist sein, wenn man über die gegenwärtige Realität mal hinübergesehen hat. Und von da aus zurücksieht. Vor und zurück.

Schwirrung:ein junger Mann bringt sich um, er hat immer seinen Kot in Zigarrenkästen gesammelt, als es aufflog, weil er seinen Kot einmal verschickt hat (buchstäblich wohl als Liebesgabe, und sagte er damit nicht, jedenfalls so legte der Kontext nahe, was über die Individualität dieses einzelnen der Mensch alle zusammen genommen überhaupt ist? Das las ich bei H. H. Jahnn. – Verständlich, daß so eine Sicht verschwiegen werden möchte. Kulturell, denn das ist eine Ebene, die den Gestank der hohen reinen Gedanken nicht wahrhaben möchte.) (:Und auch daß er, H. H. Jahnn, ganz bestimmt ein radikaler großer deutscher Dichter, immerhin schrieb ich ihm einen Brief, und dann eine Karte, und als ich gegenüber einem Schrottlager lebte, in Essen, nach dem Lesen des Perrudja, eins der ganz wenigen, neben Benn und Schmidt, mich verändernden, nein, nicht verändernden, sondern intensiver, genauer machenden Leseerlebnisse die ich hatte bei dem ganzen vielen Zeug, das ich bisher gelesen habe, und da hatte er gerade wohl so ein Anti-Atom-Drama geschrieben, und seine Dramen, 2 Bände die viel Geld kosten, 78 DM, hätte ich so gern, antwortete auf die fusseligen Sachen, denn ich schrieb, ich sei Generationen später geboren worden, weil ich mir ausgerechnet hatte, mit 21 kriegt man möglicherweise ein Kind etc. – Alles Vergangenheit und romantischer Wirrsinn).

Eine Frau:ist bestimmt dem Leben näher, und Leben:ist kochen, gebären, austragen, alle Mühsal, ein Angewiesensein auf einen Mann, wegen des Geldes, was müssen da für Verhärtungen eingeprobt werden, was? Und immer das Geschlecht:aber eine Frau, jede Frau, wäre doch doof würde sie die Erleichterung durch das Geschlecht nicht annehmen./ Die „Gehirnbedrohung" liegt, einen Ausdruck von Benn abgewandelt, bestimmt vor in ihrer bio-positiven Grundhaltung dafür kann sie nichts, so wie das Pavianweibchen den Hintern ausstreckt. – Gut, und wenn jetzt das eine Frau weiß? (So wie Du!) – Was passiert dann? Das Döfste wäre, sie versuchte eine Konkurrenz zu den männlichen Eigenschaften, sie müßte weiblicher werden, und das ist eine große Sache und bestimmt – das heißt: die ganz alten Tendenzen der Arterhaltung in eine Lusterhaltung zu verwandeln verstehen. (Eigentlich gucke ich so eine Frau an.)

Nun weiter Einzelheiten, Fotos, aus Rom:

Ich benutze „Last" (:Last?) aus einer Packung als Spül- und Aufwaschmittel, „deterviso fine per stoviglie" (Foto Weinglas dahinter Glasteller, mit langfingriger Hånd, plus Zitrone, „al limone", nachdem ich mir eine Plastikflasche Lenor „Seonto L. 40 Solo L. 250" gekauft hatte, doch das dumpfe Gefühl bekam, daß es nicht das richtige Geschirrspülmittel sei – woher kannte ich Lenor?

Heute abend gibt es bei mir zum Essen: „Maxim's" piselli al naturale fini das heißt einfach nur eine große Dose Erbsen für 2 Tage plus 2 Würstchen „Tulip" Viena Salchichas Con Jugo Prodotto de Dinamarca aus Vejle – na, irgendso ein Großproduzent, der Abfälle verwertet – dazu in einem Aluminiumtopf, demselben, 2 Zwiebeln, kleingeschnitten, etwas Rama, und Brot, vakuumverpackt, vor und nachher Mennuni Frascati-Wein, weiß, –:ich lade Dich ein, und natürlich Sprechen über die einzelnen Punkte, angeregt, widersprüchlich, einig.

(Aber wenn Du hier bist, dann werde ich bestimmt Dir ein Restaurant zeigen, Pierreluigi, und wir essen viel besser da, alle Sinne auf das Essen konzentriert, wie es Mode ist, und nachher hole ich eine gute Flasche Wein.)

Weißt Du was, Maleen? Du? – Du solltest, sofort, hättest müssen, Dir eine schöne Bluse,

186

egal wie teuer, oder einen schönen Pullover kaufen sollen für das Geld, und wenn noch ein Rest da ist, sofort abholen und es tun, die Haare schön machen, duschen, sie anziehen, R. ins Bett gebracht schlafen lassen, einmal die PH und sonstwas vergessen, um halb zehn oder Viertel nach 9 zu der Gastwirtschaft Nuffer gehen, nichts erwarten, aber wissen:ich bestelle mir ein Abendbrot, nämlich eine Schnitte Ardennen-Schinken, plus zwei Mainzer-Bier, ein Dreiviertel vorher und ein Ganzes nachher, beim Zurücklehnen, Zeitung durchblättern, verdauen (nach 10 Minuten haben die Einzelnen aufgehört, Dich anzusehen), ein Schluck Bier in einem großen Zug ab und zu, auch das muß man können als Frau, und dann bezahlen, gehen, dasein, sich fühlen, schlafen.

:Weißt Du, warum ich weiter und immer nach Norden will? Weil da weniger Menschen sind. (Klingt bald so wie ein antiker Text.)

:Einen „Süden" gibts nämlich gar nicht, außer als geistig-verschwommene Vorstellung in den Zellen=ausbrüten?, denn der ist der Äquator, da möchte ich nicht hin, wohl in den Norden, Nordpol.

:Was die Menschheit insgesamt so mit sich rumschleppt! (Woher rührt das sogenannte „südliche" Wort bei Benn=Blau, und woher kommt der Klassische Süden-Zug? (Mythen!) (Undurchschaute Mythen!) (Bis nach Nord-Amerika literarisch zu verfolgen: Burroughs geht zuerst nach Süd-Amerika, und dann nach Tanger!:das sind doch keine Zufälle!) (Oder:Nietzsche, aber der ist im Süden ganz schön verrückt geworden, als er die armen Kreaturen sah plus Mensch, umarmte einen Droschkengaul – und das nimmt jeder alles so hin als pure Biografie? Zufälligkeit? Ohne zu fragen, ob sie nicht einer Mythe aufgesessen sind – dem sogenannten „südlichen" Wort Benns, das in jeder Zelle so vor sich hinschummert:immerhin ist im Süden, nämlich Afrika, Mittelafrika, dann der Mörder-Affe, unser direkter Vorfahre, entstanden:„Süden", unter der heißen Hitze der Sonne. – Ich bin so heiß, ich brauche Abkühlung!)

Entschuldige bitte diese ganzen enormen Abschweifungen:

(man hält mich bis jetzt hier für einen Schufter, weil ich ziemlich tippe, dabei sinds Briefe, dann hält man mich für einen unhumanen Typ, dann für einen unsozialen, dann für einen muffigen Typ, dann einen sehr empfindlichen, was soll das?)/(Aber auch das gehört wohl zur Situationsbeschreibung.)

Gerade habe ich Dich angerufen; gut; und jetzt sehe ich Dich, wie Du Tee aufgießt; gut. (Stilles und sicheres Bild.)

Draußen der schleichende Mond zwischen fetten Wolkenweibern, „Die" Wolken, nicht wahr? (Und der weiße tote Planet sumpft da rum, durchwühlt mit dem weißen Sichellicht scharf und spitz die Wolkendämpfe, während mein Finger nach Zwiebeln riecht.)/:Was sind das für „komische" Relationen, was.

Noch einige Einzelheiten, die mir aufgefallen sind:

(„Wer allein ist, ist auch im Geheimnis, immer steht er in der Bilderflut, ihrer Zeugung, ihrer Keimnis, selbst die Schatten tragen ihre Glut" Benn – bis auf die Schatten, die Glut haben:einfach schön. Einsichtig. Man kann sich als Einzelner danach richten.)

Einen so langen Briefbericht werde ich wohl nicht wieder schreiben.

Wichtig:Du sollst die Briefe aufmachen, lesen, aussortieren nach Wichtigkeit, es sind ja nicht viele, und die Wichtigen sofort schicken (AirM). Du solltest auch nicht vergessen, den einen Tag, an dem Du mir egal was vorgefallen ist und wie die Woche aussah, stur einen Brief schreibst (wär ja auch eine Übung für Dich, oder?)

(Und dazwischen, je nach Lust und Laune Deiner Ideen, Empfindungen, Gedanken, mir eine Karte schreiben oder Brief oder Karte – wie ein Durchatmen oder überhaupt artikulieren.)

Miehe schrieb mir:er hat die Koffer gepackt, fährt nach Norddeutschland, Husum etc. weil er eine Novelle von Storm bearbeitet hat für den Film, Drehbuch danach schrieb, die Prämie kriegte, 15 Tausend Mark, soviel hat Storm wohl nie auf einen Haufen gesehen, wie so ein Zweit-Verwerter, aber das nennt sich ja Fortschritt, wegen des Mediums Film, Bildverwertung – ich gönn ihm die Fahrt und das Geld wohl, er macht also als Regisseur einen Film, Heimatfilm a la Norddeutschland, ob der gut wird? Ich kanns mir nach dem, was ich von ihm sah und hörte und begriff nicht recht vorstellen./Wieder so ein Schinken. (Schinken? Nee! Schwarte)

Sein Roman kommt im Frühjahr. Kann man, darf man, soll man darauf gespannt sein? Er hätte sich irrsinnig verbessern müssen nach dem bisherigen, und das nehme ich ihm nicht ab.

(Schinken!=:Hintern?)

(Finger?=Reinstecken?)

(Reinstecken?=Wo?)

(Wo?=Verworren, hier und da, auf und ab, he, was? Haut.)/„Auf der Haut."/

„Die Katt dei krägt'n Schwanz, da löpt sei mit tom Danz." („Loot us nich tau lange stoon, denn wie möt noch wieder gohn!")

(Also hier nicht!)

Nuancen:(Hier kriegst Du sie fotokopiert)

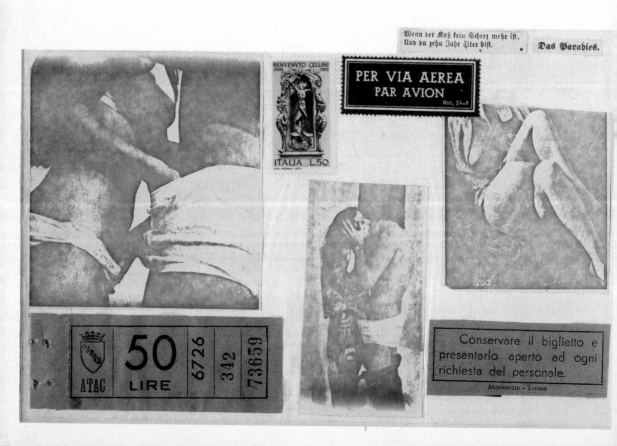

und Kriege zu beseitigen! Wäre es nicht der Mühe wert?"

„Man kann nicht", sagte ich, „es gibt keine Möglichkeit. Das Gesetz ist anders. Dem Geist stehen die Dummen im Wege. Die Schöpfung ist von allem Anfang an vom Fressen und Gefressenwerden besudelt. Die Sonne strahlt, gewiß; aber sie brütet den Hunger aus. Die Lüste sind leider nicht unschuldig. Wie wenig die Schöpfung von unserem Kopfe hält, kann man daran ermessen, sie läßt das Gehirn als erstes sterben, wenn der Körper stirbt."

„Die Freiheit des Fühlens und Denkens brauchen wir", sagte er, „die Erlösung von allen Bürokratien."

„Das Prinzip der Schöpfung und der Organismus der Staaten gleichen einander. Sie haben alles bedacht; nur das Sein des einzelnen vergaßen sie", sagte ich.

Wir kamen an kein Ende. Wie denn auch sollten unsere Gedanken endgültig werden können, da wir selbst kein Anfang und Abschluß, sondern nur eine ungewisse Spanne fleischlicher Zeit?

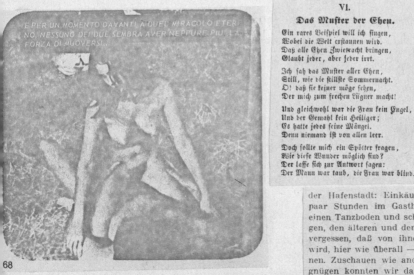

E PER UN MOMENTO DAVANTI A QUEL MIRACOLO ETERNO, NESSUNO DEI DUE SEMBRA AVER NEPPURE PIÙ LA FORZA DI MUOVERSI.

VI.
Das Muster der Ehen.

Ein rares Beispiel will ich singen,
Wobei die Welt erstaunen wird.
Daß alle Ehen Zwietracht bringen,
Glaubt jeder, aber jeder irrt.

Ich sah das Muster aller Ehen,
Still, wie die stillste Sommernacht.
O! daß sie keiner möge sehen,
Der mich zum frechen Lügner macht!

Und gleichwohl war die Frau kein Engel,
Und der Gemahl kein Heiliger;
Es hatte jedes seine Mängel.
Denn niemand ist von allen leer.

Doch sollte mich ein Spötter fragen,
Wie diese Wunder möglich sind?
Der lasse sich zur Antwort sagen:
Der Mann war taub, die Frau war blind.

Ein Kuß von meiner Schwester Liebe
Steht mir als Kuß nur so weit an,
Als ich dabei mit heißerm Triebe
An andre Mädchen denken kann.

Ein Kuß, den Lesbia mir reichet,
Den kein Verräther sehen muß,
Und der dem Kuß der Tauben gleichet:
Ja, so ein Kuß, das ist ein Kuß.

der Hafenstadt: Einkäufe. Zuweilen hockten wir ein paar Stunden im Gasthaus; seltener gingen wir auf einen Tanzboden und schauten den Paaren zu, den jungen, den älteren und den ungleichen. Wir wollten nicht vergessen, daß von ihnen die Menschenwelt errichtet wird, hier wie überall — daß wir eine Art der Verlorenen. Zuschauen wie andere tanzen. Was für ein Vergnügen konnten wir daran finden? Oder ging es uns nur um die Lehre? — Es war uns ein Fest wie den anderen. In der Kirche und in den Wohnungen wird dagegen geeifert. Man malt den jungen Mädchen die Gefahr mit frommen Ermahnungen und unfrommen Andeutungen. Aber sie wollen nichts anderes, als in der Gefahr der Liebe sein. Sie putzen sich mit unzureichenden Mitteln für ein mögliches Opfer. In einem Kasten

78.

verwahren sie einen unechten Schmuck, ein Spitzen-
taschentuch, ein Fläschchen mit Kölnischem Wasser
oder Parfüm. Sie rechnen die Tage ihrer monatlichen
Blutung aus und sind tödlich betroffen, wenn das Un-
wohlsein ihnen ein Fest zerstört. Es ist herzzerreißend,
wie sehr sie an die Liebe glauben, und wie entschlossen
sie bald nachher dem trockenen Dasein einer Ehefrau
zustreben. Nur weil sie fruchtbar sind, weil die Natur
etwas anderes mit ihnen vorhat. Und wie unbarmherzig
sie in der Ehe werden, wie nüchtern und lieblos, arbeit-
sam und begehrlich nach Geld, gefühllose Hühner-
schlachterinnen. Und wie es ihnen ansteht, die Kinder
zu erziehen! Die große Skala des Nützlichen und Unnützen ist den Jungen so geläufig wie den alten Vetteln.
Die Burschen gleichen vielmehr den Tieren. Sie kennen
die Liebe gar nicht, nur die Eifersucht. Sie wollen ein
Etwas in warmes Fleisch hineintun. Sie schämen sich
nicht, alle Versuche zu wagen. Sie sind zudringlich und
kindlich zugleich. Auch sie putzen sich mit bunten
Schlipsen und verwegenen Mützen. Aber ihre Hände
sind unsauber, und man weiß nicht, ob sie sich gebadet
haben. Sie lernen es nur langsam, Väter und Ehemänner
zu werden. Manche Greise mit Kindeskindern haben es
noch nicht gelernt. Sie sind das Oberhaupt der Familie
und sitzen am Ende des Tisches in einem Stuhl mit
Armlehnen wie auf einem Thron; aber sie besitzen keine

14

8

71

Der Umweg.

Er fühlte sich angezogen und zurückgestoßen, als
er den Thurm von Ribbeckenäuchen wieder vor
sich sah. —

Die Straße gieng durch das Dorf, ein Fußweg gieng vorbei — sollte er die gerade Straße
oder den krummen Fußweg gehen? —

Er gieng die gerade Straße nicht; denn sein
Innerstes war mit sich selbst im Streit. —

Hier war es, wo seine Lebensbahn aus dem
Gleise wich — auf diesem Fußwege um das Dorf
bildete sich im Kleinen ab, was Jahre hindurch
ihn quälen würde. —

Für ihn war die breite Heerstraße, welche
vom Aufgange bis zum Niedergange die Länder
durchschneidet, die von den Menschen nach ihren
Zungen und Sprachen benannt sind. —

E 4   Der

72

Der Fußweg um das Dorf aber vollendete
und verlohr sich in sich selber — und Hartknopf
fühlte durch diese sanfte Krümmung sich unwill-
führlich angezogen, von der andern Seite in das
Dorf wieder zurückzukehren.

Die süße Täuschung erhielt in seiner Seele
die Oberhand — das häusliche stille Leben stellte
sich ihm mit seinen reizendsten Farben dar —

das wirthbare Stübchen mit dem runden Tisch-
gen — der grüne Kirchplatz, dem Fenster gegenüber, und die spielenden Knaben des Dorfs. —

Auf dem krummen Fußwege, der sich durch
die grünen Saaten schlängelte, mahlte seine
Phantasie, das in sich selbst vollendete ruhige Leben aus, das kein höher Ziel als sich selber kennt,
und seinen schönen Kreislauf mit jedem kommenden Tage wiederholt.

So wie hier der Weg in die Krümmung sich
verlohr — verlohr sich seine Aussicht in das Leben im süßen Traum vom Erwachen zu frohen
Tagen, vom Genuß des Lebens und der Gesundheit bei dem harmonischen Wechsel der Jahreszeiten.

Das

73

Das Vermiedene stellte sich ihm nun so reizend dar, eben weil er es geflissentlich vermeiden
wollte — da rächte es sich an seiner Phantasie
mit den Farben des Morgenroths, worin alle
seine Gedanken und Bilder sich kleideten. —

Ob es gleich die schwüle Zukunftschwangere
Mittagsstunde war, in welcher er auf dem einsamen Pfade um das Dorf gieng. —

Dieser hohe Mittag lud ihn in die wirthba-
ren Schatten ein, wo sanfte Kühlung herrschte,
wo schon die Blicke ihn willkommen hiessen, die
ihn gestern so freundlich wiederzukommen baten. —

Alles war so stille auf dem Felde und im Dor-
fe — nur die summende Fliege weckte das Ohr
zu horchen, und leise Wünsche stahlen sich in die
Seele des Einsamen, der mit schnellern Schritten vorwärts gieng, je näher er sich am Ziele
sah. —

Am Ziele, das im Widerschein der Phantasie
sich dicht vor seine Augen hingezaubert hatte,
und bald, da er es fest zu umfassen glaubte, in
die ungemessene Ferne plötzlich wieder zurück-
wich. —

E 5   Aber

die Freiheit suchte, die so leicht zu erreichen schien.
Die Bewegungen des Insekts wurden wilder und ver-
zweifelter. Es stieß mit dem Kopf gegen den Boden. Es
schien die Umgebung nicht zu erkennen. Ich beugte
mich hinab und sah nun, daß eine Anzahl Ameisen der
Libelle Säure über die großen Netzaugen spritzten;
andere bissen sich mit den Freßzangen in eben diesen
Augen fest. Schnell griff ich zu, um das Tier zu befreien. Es war zu spät. Es war schon erblindet oder
teilweise erblindet. Es stürzte, flügelschlagend, zuboden.
Ich erkannte, aus den Augkuppeln waren winzige Tropfen ausgetreten. Das Tier atmete so stark, daß der ganze
Leib bebte. (Ich habe kaum geahnt, daß das Atmen
durch die Tracheen so heftig sein könne.) Es starb bin-
nen einer Minute an Überanstrengung, einem Herz-
schlag erlegen oder an unvorstellbaren Schmerzen der
Erblindung. (Ich habe niemals gezaudert, zu bekennen,
daß ich vom Dasein der Insekten, Lebewesen, sehr verschieden von mir, von ihren Sinnen, von ihren Begier-
den und Leiden wenig oder nichts aussagen kann. Man
kann einer reißenden schlingenden Wespe mit einem
scharfen Rasiermesser den Hinterleib amputieren; sie
merkt es nicht einmal, sie frißt weiter. Die Zahl der
Heuschrecken, Bienen, Ameisen, Fliegen, die fabrik-
mäßige Zahl, ihre Kämpfe, ihr instinktives Verhalten
scheinen mehr der Ausdruck einer Intelligenz als sub-
jektiver Gefühle und Erlebnisse. Man ist versucht, aus-
zusprechen, daß ihre Seele nur der Schauplatz ober-
flächlicher Ereignisse ist. Ihre Eiwerdung, ihre Geburt,
ihre Arbeit, ihre Süchte, ihr Gemeinschaftssinn, ihre
Kriege, ihr Tod scheinen sehr schematisch angeordnet.
Ihr Heldentum ist ausschließlich militärisch. Sie verlieren ihre Gliedmaßen und scheinen nicht zu leiden.
Halb zerquetscht schleppen sie die Ganzzerquetschten
als Nahrung oder Beute davon. Ich habe mir das Unvorstellbare oft wiederholt: die Skorpionenmännchen
werden nach der Begattung von den Weibchen zer-
pflückt und verspeist, den Drohnen werden die Eingeweide nach der Begattung ausgerissen. — Ihr Fressen und
Gefressenwerden ist so zahlreich und geht unter so
grauenhaften Formen vor sich, daß man es von sich

8

weisen möchte, dieser unbegrenzte Untergang könnte
von namenlosen Schmerzen begleitet sein. Die Gestalt
ist die von glitzernden Maschinen, die zermessern und
zersägen. Man ist bereit, dem Experiment zu glauben,
daß der Schmerz in dieser Welt des mordenden Spukes,
wo alles Getier das Skelett auf der Haut trägt, ausge-
schlossen ist. Man ist immer wieder versucht. — Und
doch — das Leiden trifft nie die Zahl, immer nur den
Einzelnen. Die Maus fühlt Schmerzen, das bezweifelt
man nicht. Sie ist recht wehrlos. Sie wird dennoch gequält und gefressen. Schließlich, der Schmerz ist nicht
genau genug definiert. Die Libelle hat Augen. Sie kann
die Umwelt sehen. Sie sieht sie anders als ein Mensch,
ein Löwe, ein Vogel, ein Pferd. Aber sie sieht. Sie erkennt Farben. Sie nimmt die weite Fläche des Wassers
wahr und den ungeheuren Raum voll Luft, in den
Pflanzen und andere Gegenstände hineinragen. Sie sieht
die Welt, ihre Welt. Diese Welt kann ihr durch Blind-
heit genommen werden. Das ist ein Verlust, ein schmerz-
licher Verlust. Doch nicht nur das Augenlicht kann sie
verlieren, auch andere Glieder, ihr Blut, den Inhalt
ihres Leibes hinter dem schimmernden Panzer. Es ist
beweisbar, die Ameisen verzehren ihn. Es bedeutet das
Auslöschen. Sie wehrt sich dagegen. Ist ihre Abwehr
nur ein Muskelreiz, durch Instinkte verursacht? Spürt
sie nicht die grausame Geißel des Schmerzes? Ist ihr
Flügelschlagen kein Schrei? Ist nicht der Schmerz des
Pferdes auch stumm? Und der der Fische? Habe ich
nicht gesehen, daß Fische im Netz von anderen Fischen
lebend von ihren Gräten abgenagt wurden? Reißen die
gierigen Haie nicht den Walen den Speck vom Körper?
Und sie haben doch keinen Schrei!)

Sicherlich, die Ameisen haben nicht eine überlegte Tat
begangen. Sie handelten aus Gier und Instinkt. Ihre
Schuld war nicht plötzlich, sie war als Nichtschuld
immer in ihnen. Man blendet Polyphem. Und er selbst
ist berüchtigt genug. In seinem Vorleben, als Larve in

Weitere Einzelheiten:

(merkwürdig, wieviele Leute kritisch mit der Vergangenheit beschäftigt sind, als könnten sie sie umstellen, die Vergangenheit verändern, damit auch die Gegenwart verändert würde und sie selbst; ich habe etwas gegen das Kritische; anstatt sich mit der Gegenwart genau auseinanderzusetzen; zuerst ist jeder doch der Erfahrende und Erleidende der Gegenwart, und ich mag noch so viele kritische Gedanken zur Vergangenheit haben, dadurch ändert sich der grundlegende Zwang nicht/:„die Vögel singen!" – sie können gar nicht anders, sie müssen! Und das ist ein gräßlicher Zwang, der mit dem Stoffwechsel, der Verdauung, dem Territorium zu tun hat):das dachte ich schwefelig und schmurgelnd ohne mir der Formulierungen bewußt zu sein, als ich in ein Cabinett der Wohnung von Chotjewitz eintrat – (:seitdem ich weiß, wieviel Zwang immanent in jedem einzelnen Körper ist, wie stark die Determination der Biologie ist bis in die Zellen hinein, jede für sich, Zelle um Zelle, wie sehr auch ein Verhalten und Ausdruck festgelegt ist, seither hat es mich zuerst geschüttelt vor Entsetzen darüber, dann die Wut, und dann der radikale Ärger gegenüber jedem, der von Revolution und sozialer Veränderung faselt!) – vor 14 Tagen rief ich einmal dort abends an und ging hin, mir die Umgebung, die Einzelheiten, den Zusammenhang dort anzusehen – (:aber man kann sich schon so vieles vorstellen nach dem was man weiß und gesehen hat, im TV, in der Literatur!)

Ein Durchgangszimmer zu dem großen, schönen Arbeitsraum, der abgelegen von dem übrigen Wohnteil der Wohnung ist, 500 DM kostet sie, er muß jede Woche 500 DM verdienen, hat 2 größere Kinder, die Ivan und ? heißen, sie bauten eine Eisenbahn von einem Zimmer über den Flurgang ins andere Zimmer, und kamen abends, um ein Experiment zu zeigen: eine Kerze, unter einer Glasglocke, in einer Schüssel Wasser:Luftverbrennung, Steigen des Wassers durch Unterdruck.

/:Etwas völlig anderes, was mir gerade einfällt:Warum schließt man beim Sexualakt die Augen? – Um die Gegenwart auszuschließen! – Aber was heißt dieser Ausschluß der Gegenwart und wohin möchte man daraus fortgehen?/(Alles noch ungeklärt!)/(:Geht man „zurück?" Wohin?/)

/(:Gegen Freud!:– und nur so kann man die ungeheure Revolte des Wilhelm Reich verstehen – der, entsprechend des österreichischen Apathie-Verhaltens, ich erzählte darüber schon in diesem Brief, also der Sterbens- und Todeslandschaft, den Orgasmus als „petit mort" bezeichnete, den Augenblick totaler Abwesenheit – aber warum das mit Tod? bezeichnen? – Sehr rebellische, rebellierende, Zusammenhänge, die nicht einfach so hingenommen werden dürfen! – So auch bei Reich:seine Auflehnung gegen das verbale Todesuniversum und das reale Todesuniversum! Wie kann Leben, Lebendigkeit überhaupt nur den Tod denken? Und sich danach sehnen? Ist doch Quatsch mit dem Todestrieb! Das könnte gar nicht ein winziges Fünkchen Leben aushalten!!!)/

Ich befand mich immer noch in dem Gespensterkabinett des Chotjewitz:

es war ein kleiner Raum mit einer rotbraunen Tapete, deren Muster altmodische Schnörkel hatte; in dem Raum, abgesehen von einem alten Tisch, Mahagoni oder so plus Stühlen, die man aber gar nicht wahrnahm und die auch gar nicht zum Sitzen gedacht zu sein schienen (obwohl solche Ausstrahlung von ihnen ‚Chotjewitz', dem Raum nicht zugestanden werden würde – da siehste mal, wie etwas an Kultur bereits wieder unbewußt geworden ist!)

Zwischengeschoben:überall verwechsele ich c und f = caldo und fredo:denn ich höre:caldo? und sage ja oder nein, je nachdem, und in mir ist der Laut mit kalt verbunden, denn daß es

192

sich um warm oder kalt handelt, ist mir bei den Fragen jeweils wohl klar, also denke ich:caldo=kalt dabei heißt es warm, heiß – und fredo=kalt, frieren=fredo, ist klar oder?/ Gespensterkabinett (mit Ideologie!):da in dem kleinen Durchgangszimmer hingen mindestens 100 gerahmte Fotografien, alles alte zum Teil schon tote Leute, „Die Gespenster – Die Vergangenheit", grinsten steif und starr, waren fein angezogen, oder Schnapp-Schüsse wie „Schnapp-Schüsse". (Chotjewitz setzt sich mit der Vergangenheit eben auseinander!) Die Fotos stammten alle zumeist von der Familie der Frau. (Warum das?) (Das wäre auch zu verstehen als Haß!) (Wogegen? Die Frau? Ihre Herkunft? Warum nahm er nicht seine und durchstöberte sie? Mit Haß! Und mit Verständnis?) (Das erinnert mich an den Maler Esser, der voll Haß immer wieder seine Frau in kotigen, brackigen, pastosen Farben und Manier malte! Was ist denn überhaupt los?)

Ich ging da durch, ganz „eiskalter Engel" = weißer Staubmantel, zugeknöpft bis oben hin, den Kragen etwas hochgeschlagen, stumm, und eben distanziert sehend, mit kühler Neugier.

Aber jetzt genau die Wohnungsbeschreibung:(danach die Situation, so objektiv ich es vermag, das heißt:sehr aus mir):/„Objektiv? Subjektiv? Alles Quatsch? Und Aristoteles! Abendland! A ist nicht Nicht-A!" Wer begreift den apodidiktischen Quatsch?/Entweder-Oder-Haltung, Zweidimensional.

Eingeschoben:Sehr gut ist, daß ich nicht alles in der italienischen Umgebung verstehe (die Körperausdrücke sagen mir ohnehin genug)./Überhaupt ist das Verstehen eine sehr schnittige scharfe Sache! Was wird da abgeschnitten?

Sie (Wohnung) liegt im Parterre eines großen Hauses, mit Pförtnerloge, Hotelartigem Eingang, Marmor, einem Käfigaufzug, der unverschalt ist.

Dunkle braune polierte Holztür:Messingschild mit dem Namen darauf. – Ein langer geradeaus führender Gang – rechts die Küche (in der auf dem Tisch mit Brotkrümeln Comichefte lagen) – links der kurze Gang zu dem Vergangenheitskabinett, und weiter in das Arbeitszimmer des Chotjewitz:

groß, hell, wenig Möbel – ohne Gardinen? Blick auf den Eingang des Hauses. Ein großer Schreibtisch, zurückgerückt an die Wand gegenüber den Fenstern – dahinter an der Wand :die Familientafel, Linie der Frau bis 16 Jhdt – man konnte sehen, wie Menschen sich ausbreiten, verzweigen, mehr und mehr. – in der Maschine:ein Dialog – Schläfst Du? Kannst Du nicht sehen? – Oh, ich habe meine Brille vergessen! – etwa so, irgendein Theaterstück. Rechts vom Schreibtisch 1 volles Bücherregal, ein Bord nur mit und für seine Publikationen. – Zwischen den zwei Fenstern 1 Poster von Karl Liebknecht? – Hinter der Tür links:ein niedriges Lager, mit Zeitschriften herum, Konkret, Spiegel, auch Comics, sehr wuselig durcheinander.

Weiter den schmalen langen Gang entlang mit Kunstwerken an den Wänden:Vostell, Grafik, Geschenke. – Dazwischen links Badezimmer und Toilette – verschoben davon nach hinten weiter rechts das Schlafzimmer (am Türrahmen ein handgemalter Spruch, etwa in dem Sinn:Lieber Dich und glücklich als Geld.) – (Auch vorne, am Eingang, Anfang des Ganges ein handgemaltes Pappschild mit Pfeilen:wie ein Straßenschild:Papa, Küche (Mama) etc.)

Der Gang stößt auf einen kurzen Quergang: zwei Zimmer für die Kinder, Eisenbahnschienen.

Am letzten Teil des Ganges, nach Schlafzimmereingang, an der Wand ein ovales Ölporträt, das ihn zeigte.

Nach rechts Eingang zu einem kleinen Raum voller Bücher, viel Abgestelltes, und von dort aus Eingang ins Zimmer der Frau, mit Tisch, Stühlen, Plüschsitzecke, einigen Büchern, Schallplattenspieler (aus dem irgendeine Django-Musik ertönte):in die Ecke gedrückt saß er mit Bart (er ist verhältnismäßig klein, fett, der Bart macht ihn häßlich.) – Mit ihm im Raum saßen:(ich dachte ich sah nicht recht) – der Comic-Muff-Typ aus Frankfurt, mit langen Yogi-Haaren, einem weißen Seidenen bestickten orientalischen Hemd, Pelzjacke, Kaninchen? Darauf ein großer Ansteckbutton:mit irgendso einem fernöstlichen Heiligen Krishna drauf. Und dazu der fette weibische Sohn von Melzer als Verleger. – Sofort fragte der Comic-Muff-Typ, „willsten Tee?"

Eigentlich hätte ich auf der Stelle gehen sollen. Chotjewitz seicht freundlich nach allen Seiten über nichts. Was ist gesagt worden (von mir nicht viel):small-talk, nur eben auf unterster Stufe, nix Genaues, reden um zu reden. (Eigentlich stelle ich mir Schriftsteller, Intellektuelle, immer anders vor, interessanter in ihren Beobachtungen, aufregender, in Bewußtseinssachen anregend – Themen, Entwürfe, Konzeptionen – doch nicht dies Gelaber, wollen sich möglichst einen guten Tag machen und haben sich ein paar Begriffe zurecht gelegt, nach denen sie dann ihre Wahrnehmung und Arbeit erledigen.)

Nach schneller Zeit wurde entschlossen, in ein Restaurant zu gehen und zu essen. (Dort erfuhr ich, daß die 2 Leute aus Frankfurt in Rom zwischengelandet waren, auf dem Weg zu einer Comic-Buchmesse in Oberitalien, wohin sie am nächsten Morgen weiterfahren wollten.)/Schwärmereien über eine Katzen-Comic-Figur:Carl, der Kater, mit Sex-Einlagen, glaube ich./

Gang durch ein bedrückendes Viertel, mit schmalen Gassen, holprig, düster, zerfallen, und darin ein kleines Schaufenster mit verschiedenen Fischen dekoriert, dahinter ein Eßraum – war ein Feinschmeckerlokal. – Ich habe mich mit der Frau Chotjewitz unterhalten, sie gibt Stunden in deutsch, klagte, daß es ihr selber etwas schwerfalle mit der deutschen Grammatik. Sie hat eine helle Stimme. Sie ist ein linker, etwas ver-männlichter etwas handfester Typ. Er ist einfach nur laut und flach. Er möchte gern „anekdotisch" wirken.

Vorbei an Kirchen, Steinen, Plätzen, Autos, Straßen:Trastevere heißt das Viertel, und irgendwo hat auch Göthe gelebt, als er sich aufhielt in Rom, von dem ich einen gar nicht „humanen" Ausspruch zufällig las, sehr vorsichtig, wie alles bei ihm ausgedrückt, aus einem Brief an Herder, aus Neapel, am 17. Mai 1787:„Ich bin freilich, wie Du sagst, mit meiner Vorstellung sehr ans Gegenwärtige geheftet, und je mehr ich die Welt sehe, desto weniger kann ich hoffen, daß die Menschheit je eine weise, kluge, glückliche Masse werden könne." – Hat er begriffen, daß es auf die Menschen nicht ankommt, schon lange nicht mehr (früher, vor 100000 Jahren, wohl, da zählte die Horde mehr, der einzelne nichts), sondern auf Einzelne, die viele werden sollten.

Eigentlich bin ich immer bei Begegnungen, Zusammentreffen mit anderen, neugierig etwas zu erfahren, zu begucken, für den Kopf, auch zu lernen, und da fällt man denn immer mehr herein jetzt.

Mich stank schon sehr das Aussehen der Frankfurt-Typen an, wandelnde Kaninchenfelle.

Das Restaurant war mittelmäßig, ich habe ein überfettetes Kotelett gegessen mit einem entsetzlich großen Knochen, das Fleisch daran machte etwa 1 Drittel aus, unverschämt. – Dazu Brot, und vorher eine Suppe, mit Toast und Käse darin. Zu Trinken gab es weißen Wein. – Beim Essen erzählte Chotj. von einer Auftragsarbeit für den Verlag K&W, ein Buch über die Mafia, für das er 1500 Vorschuß erhalten habe, das sei Geld für 3 Wochen, und die habe er bereits abgearbeitet, – schon die Lektüre sei viel und mehr geworden, das müsse er berücksichtigen, also mehr Arbeit, und dafür verlange er nochmals Geld – sonst

194

bekämen sie das Buch nicht:er lasse sie also warten, schicke vielleicht 20 Seiten hin und stelle dann neu Forderungen – die Einstellung ist ganz richtig, nur so wiederum auch nicht:denn der Begriff Geld erstickt dann auch die Impulse zur Arbeit, und er verhindert Ausdruck, und gibt auch ein gutes Alibi, wenig zu arbeiten. Außerdem kann man Bücher wohl gar nicht bezahlen. Und immer wieder:durch das Kleben an Geld und den Begriff verhindert man sich ja selber viel zu sehr. (Das als Grundeinstellung, und dann im einzelnen Fall fordern, erscheint mir vernünftig – nicht aber das gerissene Nuttenverhalten des Bewußtseins!) – Wenn ich das so sage, laut mache, klingt das jedesmal entsetzlich streng und moralisch – aber ich bin viel mehr an neuen Inhalten, überhaupt an Inhalten interessiert, nachdem die Inhalte ziemlich kaputt sind, ich meine die allgemeinen, also suche ich nach Inhalten für mich, nach Werten, die für mich gelten können und mir passen.

Da hörte ich, wie der Kaninchen-Krishna-Typ mich duzte auf die allgemeine Art, und ich wurde wütend. Überall wird die Distanz eingerissen und die hantierbaren Formen verwahrlosen.

Du hast Recht, Maleen, mit Deiner Ansicht, daß heute das Essen-Gehen und der Restaurant-Ausgeh-Fetischismus eine pervertierte Sache geworden ist.

(Ich habe mir auch das hier einmal klar gemacht, was Essen eigentlich mich anbetrifft, denn es widert an, sie alle über das Essen und die Restaurants sprechen zu hören, und sie geben sich Geheimtips wie beim Pferderennen – das erscheint mir übertrieben und lächerlich – es zeugt auch von keiner empfindlichen Einstellung – es hat etwas von Müllkutschern, die in einem großen Saal essen dürfen, an sich – und schließlich:ich bin daran weniger interessiert als an einem exquisiten Gedanken, einem exquisiten Einfall, wonach ich immer lüstern bin – die Attackierung des Gehirns geht mir vor, denn die Verfeinerung des Geschmacks kenne ich, – und was das Essen in der Gegenwart anbetrifft, kann man deutlich sehen, daß dem rapiden Ansteigen des Redens über Essen ein rapider Qualitätsschwund des Essens selber entspricht:das sind ganz bestimmt Zusammenhänge! – Was die Einstellung zu raffinierten Gerichten und einem verfeinerten Geschmack anbetrifft, so ist mir das eigentlich seit früh an geläufig, da ja die Mutter eine gelernte Köchin war und längere Zeit die Küche eines westfälischen Barons oder Grafen samt Schloßküche geleitet hat – ich erinnere mich da an erwähnte Einzelheiten, daß sie einen Hausdiener zur Verfügung hatte in der Küche, zwei Mädchen zur Hilfe, die anrührten usw. – und man muß auch bedenken, daß es die Zeit vor dem Kriege war, hinzukommt der in Westfalen durch Franzosenzeit eingeführte Geschmack, und da gebrauchte sie manchmal später irrsinnige verballhornte französische Wörter an bestimmten Punkten, das Essen betreffend und die Kleidung – in Erinnerung an ihre Vorkriegszeit und die zusammengestellten, ausgeführten feineren Gerichte, in Erinnerung an Wild, nach dem sie sehr versessen war, Fasanen, Hasen, Rehrücken, dazu Bisquits, Soßen, weiß der Geier was noch, bereitete sie dann die Mahlzeiten, bedauerte oft die fehlenden Gewürze, den fehlenden großen Herd, die fehlenden Fleischsorten – das sind bei mir frühe Eindrücke, und frühe Geschmacksausprägungen – ganz im Gegensatz zu den Braten der Großmutter, die kamen nachher, die ländlichen Genüsse – und von dem Anspruch und oft der Zubereitung der selbst einfachen Gerichte, immer durchmischt mit ihren Tagträumen und Erinnerungen – waren die Essen zu Hause in sehr früher Zeit nicht nur bloß „gut bürgerlich", was der Anspruch der Großeltern war – besonders durch den Großvater betrieben, der einmal im Jahr ein Schwein gekauft haben muß, und mehr nach Sonntagsbraten plus Pils-Bier verlangte, wenig z. B. mit sanfteren Arten wie Pilzgerichten, Pilzbeilagen, seltsamen Saucen was anfangen konnte – also nicht nur das Besondere, das dann bürgerlich mit einem Guten Sonntagsessen verbunden wird, also einmal die Woche, sondern mehr das Exquisite, eine Verfeinerung habe ich jedenfalls noch in Erinnerung – so wie manche komischen eingedeutschten und dann wieder fanzösisierten Laute wie eben bei einem Mädchen vom Land mit wenig formaler Bewußtseinsausbildung, aber der Haltung, arrogant, aus einem großen Hof zu kommen, viel Land um sich zu haben (alles Illusionen, denn das sind nur weite Äcker gewesen), sie auftreten – und deshalb finde ich das ganze spießige Verhalten zum „Guten" Essen-gehen übertrieben und abstoßend und vor allem lächerlich – – – vielleicht ist ein Impuls lüstern nach exquisiten und ausschweifenden Gedanken und Vorstellungen zu sein, von daher gespeist? – Ich meine nicht:entstanden, denn entstehen tut sehr wenig, was nicht bereits angelegt ist! Sondern eine Verstärkung des Impulses, der weiter geht und davor liegt und sich dann in ein Dunkel verliert! – Sowas wird ja in der Psychologie gar nicht mehr genau gesehen, sondern die verfahren ja durchweg kausal und machen das eine vom anderen abhängig!)

Einmal, am Tisch (Was nützt ein gestärktes weißes Tischtuch bei so unverschämt schlechtem Fleisch und so vielen Knochen!) wäre mir fast übel geworden, und ich habe einen spontanen Brechreiz unterdrücken müssen:als ich plötzlich den Nagel des kleinen Fingers an der Hand von Chotjewitz sah – er war weißlich und lang und war offensichtlich als „Anekdote" herangewachsen:bleiches Horn an einem rosa-weichen Stummelfinger, mit dem er sich dann kurz zwischen den Zähnen bohrte – nicht das In-die- Zähne-bohren wie bei Born war eklig, sondern dieser lange bleiche Fingernagel am kleinen Finger./So eklig wie das ungenierte In-der-Nase-popeln gelegentlich beim Freyend./Was sind das alles für Verhaltensweisen, welche Richtung, die in den unscheinbaren Details zum Vorschein kommen sekundenlang?

Kurz:nach dem Essen, ich hatte wieder einmal die allseitige trübe auf Hahas beruhende Einschwingung gestört (ähnlich wie einmal bei Freyends an dem Abend mit der Kiff-Zigarette, Wondratschek, Linda), ging ich.

Hatte gesagt:„Wenn Sie noch einmal mich schlampig mit Du anreden, werfe ich Ihnen den Teller ins Gesicht!" (Was so stark und direkt kam, als flöge bereits der Teller ihm ins Gesicht.)/Ich muß jetzt über die Szene lachen.

So gingen sie einträchtig, sich einen gemütlichen Abend machend, in der gar nichts mehr hergebenden Rede-Situation, vondannen, zum Trinken, zum Wuseln, zum „Leben".

Für mich war die Situation auch klar.

Einmal die Woche kommt eine Putzfrau und fegt und räumt auf. Alle 14 Tage kommt neue Bettwäsche und Handtücher.

Ein Gärtner sichelt Gras mit einer Sense.

Die Katzen müssen erst untersucht werden, ehe sie näher bekannt werden können (Hautkontakt).

Heute, Mittwoch, 15. November ist es draußen wieder Regen bewölkt, und eine kühle Luft kommt in das schmale kleine Zimmer, in dem ich sitze.

(Habe noch eine Menge Einfälle und Notizen, die ich Dir berichten wollte und möchte, Gegenwärtiges, Vergangenes – dazu reicht die Zeit nicht mehr und der Umfang des Briefes hier an Dich. – Morgen fährt Nicolas Born nach Deutschland, die trübe Nuß, und ihm gebe ich diesen Brief auf, damit er ihn bei seinem Aufenthalt in München per Einschreiben aufgibt, was mich weniger kostet und was schneller geht vermutlich, so müßtest Du ihn Anfang nächster Woche erhalten.)

Hier noch eine Beobachtung, in Erinnerung an die Erzählungen der Schröders, als sie mit dem Mädchen Ostern 71 hier war, erinnerst Du Dich der Erzählungen von Anfassen in Bussen, nächtlicher Autofahrt:

sie stellte es dar als eine vitale Angelegenheit, etwas Wünschenswertes; hier, nach einigen

Beobachtungen von Männern und Frauen und den Beziehungen, den Entfernungen, nach Einsichten in das Straßenbild mit rumlungernden Jugendlichen abends um einen Fiat oder Lancia, nach Beobachtungen des öffentlichen Verhaltens von Mädchen und Frauen, entzaubert sich für mich doch das Ganze (es ist ebenso kitschig wie nach ihrer Rückkehr aus Sardinien im vergangenen Sommer, als sie da auf der rauhen Kölner Straße mit Strohsandälchen ging und weitem sommerlich-südlichem Gewand – alles pervertiert, alles verwirrtes Verhalten, alles Wahnsinn und Marter und nicht mehr gewußte Qual – doofe Spinnerei und wüstes Gesudel):so, gegenseitig determiniert in Ansichten und Verhaltensweisen, Männer durch Frauen, Frauen durch Männer, müssen die vitalen Regungen und Bedürfnisse schlimm verbogen sein, kommen sie zum Ausdruck – schmalzige Paare abends in parkenden Wagen vor der Villa Massimo in der Seitenstraße, sie hingeplumpst, und er hält sie, hinter dem Steuer sitzend – auf schmalstem Streifen mitten im übelsten Verkehr kommt mir eine Boutiquen-Nuß entgegen und erwartet doch tatsächlich, daß ich ihrer Aufmachung Platz mache (da wurde ich ärgerlich und fuhr sie auf deutsch an!) – dann die überall am Sack sich kratzenden Typen – die ätherischen Gesichter der Mädchen, der Druck der Familie als Clan – die Grimassen der Gesichter beim Sprechen – und dann die Schröders, wie sie hier durchtaumelt und jeden Mist berauschend findet, war einfach nur eine Fickgelegenheit für sie, gut, das hätte sie sagen sollen – und ich kann mir denken, wenn ich das Durchschnittsverhalten sehe, nicht einmal eine gute. Mensch, das ist doch alles nichts.

Beschreibung einer Bar, die bis spät nachts, 12 Uhr, am Platz Bologna geöffnet hat:die Größe des Raumes eng:Hinter der Kasse 1 Mann, 1 Mann putzt immer die Bleche und Kaffeemaschine, 1 Mann schenkt aus oder drückt Kaffee ab, die Maschine dampft, 1 Kartenständer, 1 Süßwarenecke, 1 Ecke mit Schreibpapier, 1 Ecke mit Rasierwasser und Toilettengegenstände, 1 Büffet mit belegten Broten, 1 Gewichtswaage, 1 Vitrine mit Kuchen und Gebäck, darüber weißes Neonlicht.

Leute:je mehr sie sich drängen, desto mehr aufgeschwemmte Verwaltung (sie müssen beschäftigt werden, und jetzt beschäftigen sie einander mittels sinnlosem Papierkram)

Gartengerüche abends, die beruhigen.

Das Atelier, die Wohnung, die Abteilung ist doch eine Art Gefängnis, und es gehört einem eben auch nicht, man ist „Gast".

Die Reduzierung des Bewußtseins auf diesen „Gast"-Zustand, der allseits dankbar hingenommen wird, ziemlich devot – da wurde ich gestern abend, bei einer Besprechung, oben in der Wohnung des Direktors laut und ausfallend, und es hat mir nichts ausgemacht umstellt von den verblichenen Gobelins und umgeben von der tödlich-perfekten, lähmenden konventionellen Verhaltensweise zu schreien, daß ich mich keineswegs ausschließlich als Gast fühlte, ich sei ja nicht Gast meines Staates, in meinem eigenen Staat Gast (das haben sie also im Kopf!), sondern ich sei ein Bürger des Staates Westdeutschland und hätte als Bürger das Recht auch, nach der üblichen Aussortierung, hierzusein – was heißt da Gast?! (Und der Närrische Piwitt sagte:es sei ein ungeheures Geschenk hier zu sein, – meingott, in welchen bereits längst hingenommenen Machtlosigkeiten leben sie?! Und so empfinden sie auch: Konventionell, auf Milde Gaben angewiesen!) – Über das Gästeproblem wurde 1 Stunde diskutiert, die Hausordnung und das Statut ist alles sehr gummihaft auslegbar – nun dürfen in den Ateliers keine Leute wohnen, die nicht zur Familie des Stipendiaten zählen – zum Atelier gehört die Wohnung – da darf also angeblich nicht ein kurzer Besuch aufgenommen werden, man kann aber das so auffassen, daß nur das Atelier, der Arbeitsraum, die Hauptsache gemeint ist, hahaha, davon wollten sie nichts wissen – und außerdem:so streng abgeschieden ist es hier auch nicht – da wollten sie alle eine Entscheidung von Bonn, der Regierung haben, was mich mit ziemlichem Haß gegen die stumpfen Typen erfüllte, nämlich dieser Ruf nach mehr Staat, und ich sagte:„Sie werden noch alle an Ihrem Staat krepieren!" (Eine staatliche Entscheidung kann doch nur negativ sein, nämlich ausscheidend, ausklammernd, einengend, bestimmend!) (Immer, überall, in jedem Fall ist das so!) – Schließlich kam auch noch das Problem der Katzen herbei, die – das wäre nur vernünftig, von einem Tierarzt untersucht werden müssen vom Haushaltsetat der Villa, gegen Würmer, Bakterien, Amöben etc. geimpft werden, dezimiert werden auf eine vernünftige Zahl, dann langsam gewöhnt werden durch ständige Pflege der einzelnen Interessierten – und nicht zufällig und wahllos mal hier mal da mal heute und mal morgen nicht – außerdem weiß man genau, und ich habe das selber gesehen, daß sie ein festes Territorium, einen scharf begrenzten Lebensbereich haben und andere Katzen, von draußen, kommen nicht – vielleicht nur ein Kater, und das geht ruckzuck eine Viertelstunde zum Sperma hineinspritzen, dann muß er schon Leine ziehen, es ist nicht sein Gebiet – und als sie da wieder anfingen rumzureden mit ihren allgemeinen Ansichten, jeder darf ja zu jeder Einzelheit frech was sagen und die Sache versumpfen, bin ich aufgestanden, kalt und starr, habe „Vielen Dank. Auf Wiedersehen!" gesagt und bin gegangen. – „Wozu, zu wem spricht Herr Brinkmann eigentlich," meinte die schlaffe Direktorin, Angestellte des Staates. – Eine gute Frage!:Ja, sagte ich mir nachher, zu wem habe ich eigentlich gesprochen? Da war niemand anwesend. – Habe aber zwischendurch noch einen Vorschlag gemacht, den unter armen Verhältnissen lebenden 70jährigen Ernst Kreuder, Gesellschaft vom Dachboden, das zu lesen mir damals in der Gammel-Beatnik-Zeit Spaß gemacht hat, hier als Ehrengast 3 Monate zu holen, wird besser sein und nützlicher als so ein mieser Professor mit Professoraler zurückgelehnter Würde.

Ach, das mag Dich alles gar nicht interessieren, und mich interessiert es auch nur aus dem Augenblick – die innere Leblosigkeit der Personen ist schon ermüdend, und ich habe die Erfahrung gemacht, daß es furchtbar müde macht, zu Leuten zu reden, im Gegensatz dazu:einer.

Der furchtbare Zwang in den Vogellauten.

Halb 3 nachmittags:abnehmendes Licht.

Habe aber nun auch konkret, in einzelnen Situationen erfahren:daß mein zähes lernendes Lesen, meine Zeit, die ich darauf verwendet habe, die inneren Auseinandersetzungen, auch die Bewußtseinsauseinandersetzungen mit Dir, Deine genauen Attacken, Dein Beharren auf Genauigkeit und Dein Beharren auf Dir selbst, und weiter meine in der verstrichenen Zeit seit dem Schreiben des Romans 1957, gut gewesen ist und nützlich. (Ertauscht auch mit einem Grad an Vereinzelung).

Bin inzwischen durch alle Arbeitsräume gegangen, habe mir die Arbeitsweisen erklären lassen – was für ein enormer Aufwand für armselige Gedanken und Einsichten! Schweißapparate, Tonbänder, Kunststoffe, Sägen, Modelle – und das Ergebnis? Verquollene Gegenstände, na, Du wirst es ja mit Deinen eigenen Augen sehen.

(Es ist erstaunlich, wie abwesend sie aus der Gegenwart sind!)

Jetzt wollte ich Dir eine Überlegung sagen, die ich zu Deiner Arbeit und den Schwierigkeiten der sogenannten Überfülle gemacht habe:

Die Grundeinstellung ist am praktischsten in ihrem Ergebnis, wenn Du weniger liest als mehr – dafür das Einzelne, Wenige genau – also Konzentration auf einiges Wenige, das Dir überschaubar bleibt und wird.

Lesen:Das Ziel ist doch im Anfang wie am Schluß:das ganze Buch jeweils. Also mußt Du Dich daran gewöhnen, unabhängig von den verstandenen oder nicht verstandenen Einzelheiten und Details, das ganze Buch durchzulesen – nicht auf Einzelheiten, die enthüllen sich im gewonnenen Gesamteindruck oft nachher überraschend. – Auch nicht sofort repetieren wollen, was man gelesen hat – zuerst:den Gesamteindruck eines Buches eines Themas erfassen, dann die Einzelheit.

„In Case of Misunderständig, read on!" (Korzybski).

Das nicht vergessen, bei festgefahrenem Lesen bezw. Arbeiten. (dann lieber Buch weglegen, Pause, was anderes machen, kurz und endgültig, und da weitermachen, nicht zurückblättern, wo man aufgehört hat!)

„Weitermachen ist wichtig!" (Maleen).

„Er lehrte ihn, den kürzesten Weg zu gehen" (K. Ph. Moritz, Hartknopf).

Der kürzeste Weg heißt:durchkommen, mit dem Buch, mit dem Thema – nicht Umwege, nicht Einwände, nicht Zweifel, nicht das innere „Nein – Kann nicht". (Das innere „Kann nicht" ist ein künstlich eingebauter Mechanismus zur Ohnmacht des Menschen – so kann er auch künstlich wieder abgeschafft werden!)

Die Einzelheiten eines Themas, eines Buches treten oft erst durch die nach den eben genannten Prinzipien der Arbeitsweise gelesenen Einzelheiten eines zweiten Themas, zweiten Buches spontan auf und klar hervor.

So entstehen Beziehungen, Zusammenhänge.
Es gehört auch das Moment des Raschen dazu, des Hinter-sich-Bringens.

Wissen muß verfügbar sein:in Ordnern, Heften, Zitaten – sie zeigen die Einstellung zum Thema.

„Wer nur in dem Begriff Arbeit denkt und sie ausführt, bringt sich selbst um den Effekt." (Burroughs, so ungefähr).

Also über die bloße Zielvorstellung des Notwendigen und Nützlichen und Zweckgerichteten für sich geheim hinausgehen.

Praktisch heißt das alles:„Stück für Stück" – Tag für Tag der Gute Tag, Zen.

Stück für Stück heißt nicht:Zerstückelung.

Praktisch:das morgendliche Frühstücken allein nach Wegbringen von R. genießen, dabei interessiert nebenher in ein aufgeschlagenes Buch sehen, ohne Anspruch (1 Buch ist besser als 1 Transistor, der läuft)

Praktisch:nachdem R. zu Bett ist abschalten, „abwarten und Tee trinken" und die Lust am Tun kommen lassen.

9–12 abends/dann Schluß.

Du kannst so gut kalkulieren, Du hast einen so guten Überblick, jetzt mußt Du ihn auch gebrauchen und benutzen.

Dumm-sein:kannst Du gar nicht.

Keine großen Rückgriffe (auch im einzelnen nicht), also Rücksichtslosigkeit als Haltung gegenüber der zwanghaften Differenzierung.

Zu Ende kommt man nie, und fertig auch nicht (wäre ja lächerlich – und andrerseits der Zwang zur Fortbewegung!) „Morgen fangen wieder Tausend Tage an." – Das weiß man.

Erfahrung:oft ertappe ich mich dabei, daß ich nach dem Lesen eines Buch-Kapitels gar nicht weiß, was ich gelesen habe – aber dann, später, beim Weitermachen, stellt sich heraus, oft erstaunlich, wieviel ich davon behalten habe, auch gerade an Einzelheiten.

Es zerfällt schon, beim Weitergehen, in das für einen stimmende Muster.

„Weitermachen(weitergehen) ist wichtig." (Maleen).

Nicht viele Gedanken verschwenden an spätere Verwertung (als sei man eine Fabrik und alles, was einem unterkommt, fabrikmäßig):macht die Beschäftigung mit einer Sache, einem Buch, einem Thema nicht Spaß?

Macht das Weitergehen, kommen nicht Spaß? (Der Spaß, die Freude daran, sie betrifft zuerst einen auch direkt leiblich!)

Die Erschöpfung des Gehirns durch das Essen, die Beschäftigung damit.

Allerseelen:(Flash-Back):feuchte stille Nebeldämpfe, kalter Dunst.

Ich schlage mich herum mit mir selber. Warum? (Will nicht mehr rauchen, will nicht Alkohol nehmen, will schreiben – dabei habe ich in nicht einmal 4 Wochen über 100 Seiten Briefe notiert und geschrieben – Was fange ich damit an?) (Es hat mir im Tun auch Spaß gemacht.) (Übungen sehr praktischer Art.)

Beobachtung:sobald man sich direkt auf die körperliche Anwesenheit eines anderen im gleichen Raum zur gleichen Zeit konzentriert, beginnt diese andere Körperlichkeit zu zucken, zu erstarren, zu schlängeln. Was passiert da? Warum diese Verlegenheit vor der direkten eigenen körperlichen Anwesenheit?

Sah einen Streik der Bauarbeiter mit Versammlung:nichts als Verbalisierungszwang./ Übertragbar auf andere Streiks und Versammlungen.

Manchmal, in Erinnerung, die ganz unvermutet auf der Straße oder im Bus oder in einem Laden mich befällt, an die zerfleischenden, grausamen Szenen zwischen uns, werde ich traurig./Wie ist sowas möglich?

Die Direktorin, Frau Wolken, ließ mir durch den Sprecher des Jahrgangs berichten, daß sie keine Belehrungen wünsche durch mich./Da kann ich nur sagen, sie hätte diese Belehrungen dringlich nötig, doch sie ist ja fest beim Staat angestellt. – Belehrung hat jeder nötig. Ich wünschte mir oft einen guten Lehrer, der mich umsichtig und hart und exakt belehrt hätte. So habe ich und muß mich ständig mühsam selber belehren.

„Angst?"/nee, die hab ich nicht, wenn gedacht wird. – Bei Menschen heute muß man vorsichtig sein.

Wie sieht und erlebt man denn den Horizont? Die Weite? Gezackt durch Balkone an 10stöckigen Häusern, als starr geregeltes Rinnsal über der Straße, eingezäunt durch Kanten und Simse der Gebäude, erstickt durch die Geräusche, die der Nebenmann macht.

Ich ging abends durch die schwarzen Maschen der Äste und Zweige auf dem Asphalt:meine Hand vor mir wurde schwarz als ich sie in den Schatten tauchte, da war sie eine schwarze Hand, und weiß wieder im Licht./„Meine Hand?" – „Deine Hand?" – „I want to hold Your Hand?"/

Sah auch eine kleine Eidechse vor 14 Tagen zum ersten Mal in der Sonne liegen nachmittags auf dem Kies in Nähe eines Unterschlupfs und die züngelnde Zunge.

Maleen, das ist alles noch da!

Scharfe Schatten von Blättern. Scharfe Schatten von Ästen und Zweigen.

Starre.

„Was wollen Sie eigentlich?" – „Na hören Sie mal, wenn Sie mir verkaufen wollen, daß das Bewußtsein immer mehr zunimmt, während der Durchschnittsquotient der Intelligenz immer mehr abnimmt – Was heißt da Fortschritt!"/Alles ist eben relativ – auch der Weg nach unten, haha.

Erstarrungen beim Hören menschlicher Laute.

Und das innere Glühen vor Lebendigkeit.

Und Tod:der Schreck, als ich einmal eingezwängt im Bus stand und zum Hauptbahnhof fuhr und vor mir der rosa Himmel gegen schwarze Wolken war über einem Haus am Ende der breiten abfallenden Straße.

Ich duschte mich, zog mir ein frisches Hemd an und frische Socken, frisierte mich, band mir den Schlips um, aß meinen Erbseneintopf und ging zur Besprechung.

Für das Eichhörnchen mit Streifen gäbe es hier ein Nuß-Paradies:soviel zu knacken!

Und für Dich gäbe es hier hunderterlei Törtchen und bunte süße Dinger, daß Du es bald leid werden könntest.

Seltsame Bonbons, seltsame Süßigkeiten in Dosen, seltsame Süße.

Aus geschwärzten blassen Wolken jetzt dünner Regen.

Stacheln (neben mir vom Kaktus an der Seite der Tür) und eine schwarze Katze, die im Sandkasten der Kinder scheißt./Auch hier:dünner Regen am Nachmittag, Fernsehantennen, runtergelassene grüne Rolläden./Eisengraues leeres Ast- und Zweiggewirre zwischen immergrünen Baumgestalten./Der Blick in den kleinen schmalen Grünstreifen bis zur Mauer.

Man sagte:„Sie sind so ungeschickt."/Na wenn schon. Ich bin nicht durch irgendeinen und von irgendwas geschickt worden.

Heute ist Mittwoch, der 15. November:düsteres Regenlicht, gelbfahle Lichtlachen zwischen den Wolkenballen. Heute morgen war die Putzfrau da. Ich machte mir eine Tasse Kaffee, aß eine Schnitte Brot, gab der weiß-schwarz gefleckten Katze etwas sterilisierte Milch. Schrieb weiter an diesem Brief für Dich. – Es sind erst 11 Tage vergangen, seitdem ich hier angefangen habe, Dir in Bruchstücken von mir, von dem, was in mir ist, was ich gesehen habe, erfahren habe, Einzelheiten und der Blick auf das Gesamte, zu erzählen, es Dir aufzuschreiben. Jetzt wundert es mich, daß bereits 90 Seiten herausgekommen sind. – Diese 90 Seiten können eigentlich zum Lesen für Dich nur verwirrend sein. Bin ich von Höxchen auf Stöxchen gekommen? – Die Eindrücke ziehen so rasch vor dem inneren Auge vorbei, das stumm ist.

Als ich soeben rausging, Zigaretten zu kaufen, dachte ich: Daß ich viele Schwierigkeiten habe, die Häßlichkeit der gegenwärtigen Zivilisationswelt anzunehmen (Bin ich denn ein Masochist?) – Und mir fiel ein, daß ich deswegen nicht gehungert haben konnte, bloß um mir eine Schallplatte damals kaufen zu können, die ich abends allein in dem Dachzimmer, in dem im Sommer immer die Margarine zu einem geblichen fettigen seirigen Gemisch im Töpfchen sich auflöste, anhörte und an der ich mich beim Anhören berauschte und träumte von einer gesteigerten Welt und einem gesteigerteren Dasein – Thelonius Monk Lokomotive oder Pachelbel, sie habe ich niemals als einen Widerspruch ansehen können, oder Lennie Tristano und eine Orgelfuge von Buxtehude, oder sogar Fats Domino und einige Stücke von Jerry Lee Lewis und ein Lautenkonzert von einem Komponisten des 17. Jahrhunderts, Tamaso di Parma oder Garma, es gibt so einen Italiener, waren für mich keine Gegensätze – wohl aber dazu das Moderne, Stockhausen, Klebe, Kagel, die ganze erbärmliche abendländische moderne Avantgarde – sie haben mich durch Schönheit oder durch Rauschgelegenheit nie mitgenommen=ergriffen und fortgeführt so wenig wie die zeitgenössische Literatur – und nun sollte dieses Hungern, dies Kauen aus Zeitungspapier, diese billigen Ei-Brötchen als Hauptmahlzeit und dieses Schlürfen einer Maggi-Brüh-Würfel-Suppe umsonst, vergeblich gewesen sein? – Ich habe Schwierigkeiten, die ganze enorme Häßlichkeit der Gegenwart zu akzeptieren. – Bin ich dafür, nämlich das zu akzeptieren, Tag für Tag zu einem Schnellimbiß gegangen und habe für 90 Pfennig Bratkartoffeln und eine Frikadelle gegessen, und ließ mir immer einen Schlag Soße darüber geben – ich wußte ja die feinen exquisiten Geschmacksrichtungen, ich wußte und vergaß nicht, daß es sie gab – aber jetzt waren es exquisite Musikstücke, die 45er Platten wischte ich mit Rei ab, damit sie nicht so rauschten – und es gab Bücher, wilde Bücher, raffinierte Bücher, Bücher von großen Einzelnen, Céline, Miller, Schmidt, Benn, Jahnn, die ich las, kannte, liebte, die mich stärkten, die Stimmen von Einzelnen, die nicht einer seligmachenden Ideologie aufgesessen waren (wohl waren sie da hindurchgegangen, und sie sind fürchterlich enttäuscht worden) – und da leistete ich mir sonntags Thunfisch, Ei, Brot, das spielt nicht in grauer Vorzeit, das ist gerade 11 Jahre her – und nun soll ich die Häßlichkeit hinnehmen? – Nun soll ich für die Häßlichkeit sprechen? – Nun sollte ich mich der Sinn&Geschmacksverwirrung der Gegenwart anpassen und meine Hoffnung auf die unten setzen? Damit daraus das Licht aufsteigt? Oder ich sollte mich arrangieren mit denen oben? – Was hat oben und unten mit Einsichten in grundlegende Zusammenhänge zu tun? Und was mit der Fähigkeit zur Einsicht? Nichts, absolut nichts. – Ich müßte schwachsinnig sein, wenn ich meine Hoffnung auf irgendeine dieser wechselseitig sich bestimmenden Gruppen verschwendete. Und die Häßlichkeit bleibt.

Wir sind gewiß in ein häßliches, schmerzhaftes, wüstes Labyrinth von Welt geboren worden, von Anfang an. (Keiner will das wahrhaben!)

Und also Fragen lernen (bis jetzt habe ich mich nie geschämt, eine Frage zu stellen, egal wie banal sie war oder wie wichtig in einem Zusammenhang – denn Fragenstellen ist ein Vorteil!):

Jetzt erzähle ich Dir eine lustige Angelegenheit, die mir eben, als ich Zigaretten holte und dabei gleichzeitig zwei Plastiktüten mit leeren Wein- und Bierflaschen umtauschte, passiert ist:

da ist ein kleiner Laden voller Rauschmittel,

Flaschen mit roter Rauschfüllung, weißer, grünlicher, süßer, herber, billiger, kalter, warmer zitronenhafter und parfumhafter Rauschmittel,

ein winziger Raum, der vollgestopft ist,

und wo ich immer meine Bierflaschen oder billigen Weinflaschen bisher gekauft hatte, nicht viele, so daß sich die Flaschen aber im Lauf der Zeit angesammelt hatten, und ich sie umtauschen wollte,

ein kleiner, etwas, nur leicht bleich aussehender älterer Mann hantiert darin in einem schwarzen Kittel (der eigentlich eher an einen Totengräber in dem Kittel erinnert, wozu die Flaschen gar nicht passen wollen, und an der Wand versteckt hinter den Flaschen billige verblichen-bunte Heiligen-und Madonnenbilder, über dem Kühlschrank hängt sogar ein Bild mit blutendem Herzen, vor dem ein Lämpchen brennt, elektrisch, ist klar, – so leben Menschen im 20. Jahrhundert,

er hat mir sogar mal einen Flaschenöffner geschenkt,

Du kennst aber meine Wachsamkeit, ich bin so,

also zählte er durch und legte 500-Lire-Schein auf den Tisch, den ich mir ansah,

dann machte ich klar, ich wolle 5 Flaschen Bier haben plus 1 Flasche weißen Weins, für die nächsten Tage, die nächste Woche,

und jedesmal beim Einkauf fischt er sich einen Zettel und rechnet aus, was ich im Kopf mitmache,

da rechnete er 1200 Lire aus, zog etwas ab, aber weniger als die 500, auf einem Preisschild hatte ich mir die Preise für Bier angesehen, und ich dachte, das ist doch nicht richtig, wieso,

ich ohne italienisch, er ohne deutsch oder englisch, so ging das hin & her(ich hätte ja auch blöd die Schultern zucken können und abstoffeln wie ein nix-verstehender Ausländer, zugleich war die Angelegenheit auch billig und nicht des Aufwandes wert eigentlich, doch darum ging es mir nicht, ich wollte das verstehen)

noch einmal machte er auf einem hergefischten Zettel eine Rechnung auf, nix ich verstehe, da fehlt das Flaschenpfand für die Bierflaschen, er rechnet wieder, ich gehe hinter die Theke in den anschließenden Raum und zähle ihm die Flaschen einzeln vor, zuerst die Weinflasche, dann die Bierflaschen,

er versteht das offensichtlich alles (bin ich in der Kirche?) er versteht auch, daß ich nicht abschlurfe, wie ein trotteliger Nix-Capito-Ausländer, obwohl Ausländer aus „Tedesca", Germania, was weiß ich, er versteht überhaupt die Aktion, die ich meinerseits nicht ganz verstehe, ich verstehe nur meinen Impuls, andernfalls bringe ich nämlich die Flaschen nicht zurück, ist zu viel Mühe, (Bloß aus Gefälligkeit? So prima ist der Krämertyp auch nicht.)

ich zeige auf die ausgeworfenen Summen, er zeigt auf die eingepackten Flaschen, er redet italienisch, ich rede deutsch, wir meinen die Flaschen und das Pfand dafür,
also noch einmal die Rechnungen auf einem Zettel,

ich zeige auf ein gelbes Pappschild mit den Preisen, die mit der Hand darauf gemalt sind, und er nickt immerzu, „si, si" und multipliziert, während ich subtrahiere,

bis nach einiger Zeit mir klar ist, eine Flasche Bier kostet als angeschlagener Preis 190 Lire, aber darauf kommt noch Flaschenpfand, was er schon abgezogen, dann wieder draufgeschlagen hatte,

wir lächeln, (ich lächele ihn aus, er lächelt mich aus)

da reißt er den großen Kühlschrank auf und holt zwei kleine Gläser heraus, nimmt eine angebrochene Flasche und füllt sie mit einem öligen gelben-rötlichen Wein,
der Wein schmeckt süß, sehr angenehm, draußen ist Regenwetter, drinnen stehen zwei Leute und haben billig gerechnet,

eine kleine Taschenlampenbirne glimmt vor einer Heiligen-Blut-Postkarte

ich hab meine Sache durchgezogen, er hat seine Sache durchgezogen,

wir prosten einander zu, ich lasse mir die Flasche Wein zeigen, es ist ein Schluck aus einer 650 Lire-Flasche (vergleichsweise kostet mein weißer Wein 250 Lire),

er erklärt mir noch einmal Preise plus Flaschenpfand,

wir trinken, das ist es, ich lächele, er lächelt, ich gehe raus. Er verkauft weiter.

Auf dem kurzen Rückweg fange ich plötzlich an, als mir noch einmal die Szene klar wird, zu lachen:

da sehe ich zwei Leute billige Rechnungen auf Schmierzetteln machen, hin und her.

„Dolce"(:„Süß!" erklärte der Schwarzkittel mir, als er das Glas hob.)

Inzwischen ist Regendunkelheit.

„Sie sind nicht geschickt!" – „Nein, ich bin von niemandem und nichts geschickt worden!"

(Das Schwarzband der Schreibmaschine ist schon sehr zerrissen.)

Ich betrete einen Laden und sage (auf deutsch) „Guten Tag!"

(Gerne würde ich englisch sprechen/es ist so klarer und konkreter/mich darin täglich mehr üben, so mache ich Übungen anderer Art/man spricht im Durchschnitt hier eher französisch, und die Französische Sprache gehört hier zu dem halbwegs Gebildeten, etwa wie in Deutschland-West das Englische als Verständigungsmöglichkeit, gleichgültig wie gut oder wie schlecht.)

(Erinnerte mich sogar an Brocken alten Lateins, hatte in einigen Fällen Erfolg, in anderen nicht.) (:Sollte ich es mal mit Alt-Griechisch versuchen?)

(:Mir macht deutsch wohl schon Spaß!) (:Aber unter „Deutschen"? Nee!)

Liebe Maleen:hast Du einen kleinen genauen Eindruck gewonnen von der Umgebung? Stelle Dir das in Deinem Kopf nicht zu fremdartig und überraschend vor, denke daran, daß es Deine Träume allein dann sind, wenn Du das tust. (So wirst Du durch die schäbige Realität=Wirklichkeit=abgewrackter zerträumter Traum nicht sehr enttäuscht.)

Es wird nicht mehr lange dauern, bis hier das 20. Jahrhundert mit allen seinen Schrecken auch voll und ganz eingetreten ist.

Was ist der Schrecken des 20. Jahrhunderts?:Es ist die starke Automatisierung des Lebendigen:(Da Tiere sich schlecht automatisieren lassen, fallen sie der Technik und der technischen Ausrottung anheim wie die Pflanzen auch), ich habe es immer bezeichnend empfunden in Köln an der Ecke Ehrenstraße: „Der Sprechende Automat" sobald man das Geld in den Zigarettenkasten geworfen hatte und automatisch kam heraus/:„Vielen Dank!"

Und warum ist der Schrecken durch Technik so groß?:Weil er die Ausprägung der Vielfältigkeit verhindert – denn Technik schneidet ab und legt auf das Ja-Nein/Entweder-Oder fest. Sie verhindert die Individualisierung.

Warum sind Sie gegen Technik?:Ich bin nicht gegen Technik, aber wohl bin ich gegen Menschen, die Technik zur Reduzierung einsetzen.

Das ist jetzt ausgewichen. – Also noch einmal:So lange Technik in einem alten anthropomorphen und anthropologischen Sinn praktisch verwendet wird, so lange wird eine Steigerung des Menschen als Einzelnen durch Technik verhindert statt durch sie gefördert zu werden.

(Liebe Maleen, auch Du mußt die vielen Tipp und Gedankenfehler entschuldigen und mehr den Sinn sehen als die Formulierung, denn mir bleibt keine Zeit mehr, den ganzen Brief zu korrigieren.)

Hinweis:schicke doch bitte an die Adresse des Zeichners Knipp, der im letzten Jahr hier Stipendiat war und von dem ich einen Druck erhalten habe mit Kühen, (Tieren), den Du zugeschickt bekommst:aus meinem Reservoir von Freiexemplaren 1.) Was fraglich ist wofür/2.) Die Piloten 3.) Silverscreen. 4.) Ein Taschenbuch des Romans. – (Alles per Drucksache! Billiges Porto!)

Für Robert, wenn er im Frühjahr kommt, gibt es hier genug zum Spielen, mit kleinen weißen Kieselsteinen werfen, ein paar Goldfische kann er in dem Brunnenbecken gegenüber dem Haupthaus an dem freien Platz besehen, überhaupt die „Männlein" auf den Säulen, die zwei, drei immer fließenden Wasserrinnsale, er sieht die Katzen und kann an der niedrigen Steinmauer den Weg entlanggehen, sieht die großen blaugrünen Kakteen mit den stechenden Blattspitzen, die hier und da stehen./(Es ist wohl gut dann, nach getaner Winterarbeit. (Sowas gerät ja mehr und mehr aus den Fugen)/Meine gelegentlichen schaukelnden, schwankenden Zustände sind nicht wichtig.

Ich habe hier noch eine Menge einzelner Gedanken, Beobachtungen, Erfahrungen und Beschreibungen, Notizen, die ich mir unterwegs, beim Einkaufen auf der Straße, im Bus machte – Banales, Wichtiges, Billiges, wie es so überhaupt durcheinandergeht. Sie zu schreiben, dazu komme ich nicht mehr.

Noch was zur Post: sie geht hier durcheinander, manche Postsachen dauern 3 Wochen, und es wäre wohl wichtig, daß Du in Köln die dort für mich eingehenden Postsachen durchsähst und sie nach Wichtigkeit in einen Umschlag stecktest und per Luftpost, bei größeren Blättern, Päckchen, per Einschreiben machtest.

Zu Telefonieren lohnt sich von jetzt an wohl nur in eiligsten, dringlichsten Fällen. Also selten.

Für Robert zum Nikolaustag mach Du bitte in meinem Namen ein Päckchen. Es ist hier so blöde, größere Sachen aufzugeben, und es dauert zu lange, und manches geht auch verschollen.

Paß bitte freundlich auf das gestreifte Eichhörnchen auf und auf die Schildkröte, sprich ab und zu mit den Tieren, es tut ihnen gut und gibt ihnen eine behagliche Stimmung./Und vor allem paß Du auf Dich auf und auf Robert.

Gibt es sonst noch etwas Wichtiges zu sagen? – Ich habe das Gefühl, daß ich eigentlich gar nicht Dir Wichtiges geschrieben habe – was ist überhaupt das Wichtige? – Rom liegt Tausend Kilometer von Köln entfernt.

NS.

Liebe Maleen, – ich möchte noch etwas anhängen, was mich betroffen gemacht hat, nämlich als Du mir erzähltest, wie es Dir ergeht, ab und zu, wenn Du mit Leuten sprichst.

Du hast gesagt, daß Du um den Mund, das Kinn herum zuckst, und daß eine Traurigkeit da ist, als müßtest Du zu weinen anfangen.

Ich kann das verstehen, diesen Impuls, denn ich habe ihn auch bei mir gekannt, und kenne diese Traurigkeit – von daher kann ich auch nur etwas sagen, aber vielleicht meinen wir nicht beide dasselbe?

Ich meine, daß es mit etwas tiefem Unausgewogenem zusammenhängt – mit einer weit in einen hineinreichenden Erfahrung – die sich einem oft selbst entzieht – und nun trifft man auf etwas Oberflächliches, Leichteres, Freundlicheres – und da kommen die Unterschiede heraus, die Entfernung. Diese Oberflächliche Haltung möchte einen verführen. Und sie tut es ja auch. Sie zaubert eine Leichtigkeit vor, die aber ganz imaginär bleibt. Sie ist Täuschung.

Ich habe aber auch erfahren, daß in solchen Momenten es gut ist, sich des besprochenen Gegenstandes fester und härter zu versichern in seinem Gedächtnis in dem Augenblick, also an die Sache sich zu halten, um die es geht, und dann erfuhr ich, wie lächerlich die leichtere angenehmere Oberflächlichkeit ist – und auch wie dumm, auf wieviel hingenommenen Sachen sie beruht.

Ich habe auch die Erfahrung gemacht, daß man beim Sprechen an die eigenen Sachen stärker sich halten muß, die man selber will, und je mehr man das für sich tut (an Sachen, Themen, Einsichten, Problemen, Erfahrungen, freundliche und ernste, dringende, die einen selber angehen) und je mehr man sich für sich darauf in dem jeweiligen Moment konzentriert, desto stärker wird man selber, und die Stärke nimmt zu, je mehr man diese seine Sache auch vor dem anderen artikuliert.

Generell glaube ich nicht mehr an den Veränderungswunsch des Durchschnittsmenschen, er möchte sich nur zurücklehnen in einen Sessel und seine Meinung zu diesem und jenem und allem sagen, dabei Plätzchen in sich hineinstecken. Er möchte alle Vorurteile, alle halben Einsichten, alles nur Unterhaltung sagen und machen. Mir ist damit nicht gedient, und je mehr ich das erfahren habe, desto weniger bin ich interessiert.

Es gibt nur ganz selten Gelegenheit, bei einem anderen Menschen, den man getroffen hat, der die eigene tiefe Empfindung wert ist.

Es ist auch eigenartig, daß mir eine vergleichsweise ähnliche Stimmung und ein ähnlicher Zustand von Pieper erzählt worden ist, diese Traurigkeit, wenn er allein einen Spaziergang machte und vor einem grauen hohen einzelnen Baum stand, und dann seine Angst, wenn er einem normalen durchschnittlichen einzelnen Menschen in einer leeren Straße begegnete. Dieses Empfinden, als strömte dieser normale, oberflächliche Mensch, der da auf ihn zukam, eine Miesigkeit aus, die so sicher ist.

Und nun dazu eine Überlegung:denn alles, was ich an dieser eigene Empfindung als tief bezeichne, ist im Grunde und in Wahrheit eine so radikale Erfahrung und ein Leben in einer so radikalen Oberfläche, auf die es nämlich ankommt, während die anderen doch in trüben Tiefen sumpfen.

Nein, ich für meinen Teil, schaukele mich dann innerlich mit dieser Einsicht wieder ein, stelle mein Gleichgewicht her, indem ich einmal betrachte, was sie überhaupt als denkende Wesen von sich geben. – Die Freundlichkeit trügt. Sie legt herein. Und der Gewinn ist beim anderen, der sich gemästet hat.

Aber vermag so eine Einsicht das Symptom zu beheben? – Nur Erfahren und Ausprobieren, und unter Erfahren und Ausprobieren verstehe ich:an sich selber mehr halten und sich, seine Gedanken, so stockend sie sein mögen, durchzuhalten – Geschicklichkeit ist „geschickt", von wem und was in dem Moment geschickt – wer macht diese Person geschickt? Was für ein Interesse, das in ihm spricht? –

„Verfeinerung, Abstieg, Trauer" lautet eine Erfahrungskette bei dem Schriftsteller Gottfried Benn, und jeder, der diese Verfeinerung erfahren hat, steigt ab, und er wird mit Trauer erfüllt. – Aber lohnt sich oft das, was der andere sagt, diese geheime Empfindung?Sie macht nur die Entfernung klar, die besteht, und diese Entfernung ist nüchtern und klar zu sehen. – Intimität, offen sein, ist etwas ganz anderes, sie passiert doch immer, wenn man die Tür hinter sich zugeschlossen hat und unter sich, mit sich, ist, bei sich.

Draußen hausen die Wahnsinnigen. Und jeder ist davon angesteckt.

Gut, dann ist eben das Zucken um Deine Mundwinkel da, und es ist sogar Deins, es gehört niemandem außer Dir selber, es ist Dein Zucken um die Mundwinkel. Und es liegt an Dir, nur Du vermagst es, das einem anderen zu enthüllen. Es ist dann Deine Wahl.

Erinnere Dich an die abgelichtete Stelle aus A. Schmidt über unsere beschränkte Welt, nach Gauss. – Kurz danach heißt es nämlich weiter:(Fischertaschenbuch Seite 128):"

„Natürlich können Sie tun, was Sie wollen:Sie müssen es sogar. Aber die Frage ist gar nicht nach dem Verhältnis des Wollens zum Handeln, sondern von der Entstehung des Willens, der Willensbildung selbst. – – – Sie können tun, was Sie wollen. Aber sie können in jedem gegebenem Augenblick Ihres Daseins nur ein Bestimmtes wollen, und schlechterdings nichts anderes, als dieses Eine."

Hast Du, Maleen, nicht auch die große Beschränkung der Welt erfahren, die in ihr steckt, überall in jedem Lebewesen? – Was sollen da die hirnverblödeten und hirnverblödenden Ansichten der anderen?

Und je stärker man an das sich hält, was man selber ist, weiß, tut, will, ob mit Schlucken oder ohne nervöses Schlucken im Hals, desto mehr kommt man zu sich selbst. – Ehe man nicht zu einem Teil zu sich selbst gekommen ist, sich selbst angenommen hat, kann man auch nicht sich aufgeben bei einem anderen – Selbst-Aufgabe halte ich für einen der betrügerischsten Gedanken, der in der abendländischen Moral und Erziehung vertreten wird – man braucht sich doch bloß mal konkret und nüchtern zu fragen, wer ein Interesse daran hat, daß ein anderer sich selbst aufgibt? Und was er daran verdient, wenn ein anderer sich selbst aufgibt!

Vielleicht sagst Du jetzt, und wie steht es dann mit der Sexualität? Mit der Liebe? – Zuerst lasse ich einmal das Wort Liebe wegfallen, ich lebe in einer konkreten Welt, in einer Welt der Anwesenheit und Gegebenheit – und da kann ich mit Liebe mir nichts Konkretes vorstellen. – Was ist Liebe konkret? – Es ist Verlangen, es ist Erleichterung, es ist das Verlangen nach körperlicher Erleichterung in einem beschränkten Universum, zu dem auch das menschliche Universum, unsere tagtägliche Welt und Umgebung zählt, es ist die Freude bei der körperlichen Entspannung, es ist, wie Du selbst beschrieben hast am Telefon, als wir an so verschiedenen Orten, 1 Tausend Kilometer entfernt, zusammen in einem Augenblick onanierten, das Moment der inneren Öffnung, Du sagtest, jetzt werde ich ganz weit und offen, und dann, damit verbunden, die Ausscheidung

Ns/3

des sanften, seidigen, geschmeidig machenden Sekrets der Drüse, die Feuchtigkeit, die gläsern-durchsichtige Flüssigkeit auf der Spitze eines Penis, die (wahrscheinlich, ich weiß es nicht, ich habe es bei einer Frau nie betrachtet und gesehen, gleiche gläsern-durchsichtige) Feuchtigkeit im Innern zwischen den Schamlippen, unter dem harten, kurzen Haargekräusel. – Die Welt ist für uns konkret, und unsere Gedanken und Vorstellungen, betreffen alle das Konkrete und gehen davon aus – was doch gar nicht heißt: man müsse es sehen können und anfassen können – aber sichtbar machen können, das muß man jedes Konkret-Unsichtbare wohl – wie Elektrizität, die man auch nicht sehen kann, aber doch sichtbar machen kann, und man spürt die Auswirkung.

Eine Frau! Was denkt sie? Was fühlt sie? Bei all dem, was ich hier gesagt habe – sie ist ganz sicher anders als ein Mann – aber gilt für sie nicht auch diese Erleichterung, diese Entspannung, die konkret ist? – Man kann es nur einmal mit Gedanken beleuchten, aber das heißt nicht, man könne es total verstehen.

Und jetzt kommen noch die Voraussetzungen eines jeden Einzelnen zu diesem für jeden Einzelnen Gültigen, und da wird es sehr kompliziert, denn die Voraussetzung eines Einzelnen sind nicht identisch mit den Voraussetzungen eines anderen Einzelnen – sollte man sich dadurch aber von dem Drang zur Freude körperlicher Entspannung abhalten lassen?

Der Mann, ein Mann, kommt und das Sperma spritzt heraus – eine Frau nimmt es in ihrem Körper auf – nur eine Überlegung: damit die Werte sichtbar sind, werden, mit denen der ganze Körper eines Menschen zugepflastert ist, – sie nimmt das Sperma auf, eine Frau, aber plötzlich treten da Unterschiede hinsichtlich der Körperöffnungen auf – in die Vagina wohl, in den Anus nicht, in den Mund nicht, – sind nun Anus und Mund hinsichtlich der Aufnahme des Spermas weniger werthaft? – – – Dann sind Mund und Anus gleichgestellt in dem Moment. Aber der Mund ist nicht der After. „Ich bin doch kein sprechendes Arschloch!" (Na, manche Menschen wohl schon!) – – – Also auch ein Wertunterschied zwischen Mund und Anus bezogen auf den Sexualakt. – – – Merkst Du, wie Werte auch den Körper zerreißen und die einzelnen Körperteile eines Menschen gegeneinander ausgespielt werden!? – So kommt eine Zerrissenheit mittels Werten hervor.

Kann man das noch überdenken?

Ich bin jetzt soweit abgeschweift vom Beginn meiner Fußnote, der Anmerkung zu Deiner Beobachtung, die mich betroffen gemacht hat. – Betroffen deswegen, weil sie Dich auch gleichzeitig fesselt, die Beobachtung meine ich, und diese Fessel ist nicht nötig, sie ist durch Werte, durch Angst in einen hineingeschaukelt worden.

Angst sich zu zeigen; aber das heißt nicht, sich vor jedem nackt machen als Gegenteil. – Nach der Feindschaft zu Tieren und Pflanzen, nach der Hunderttausende von Jahren währenden Kampfzeit damit, jetzt die Kampfzeiten des Menschen gegen Menschen. – Ich bin für den Einzelnen! (Es gibt so wenige, die darauf bestehen, dann sähe es anders aus, die meisten vergessen ihre Erfahrung des Schmerzes, den sie allein zu ertragen haben und werden allgemein, sie werden kurz nach der Erfahrung sowohl von

Ns/4

Freude wie Schmerz, beides läßt sie sich allein erfahren, wieder die blöden stumpfen gefühllosen Allgemeinwesen. – Ich bin für den Einzelnen, davon gehe ich nie wieder ab!) (Deswegen bin ich auch gegen die Massendemokratie, die alle Formen und Bewußtseinszustände verschmiert – so bin ich auch gegen den Staat und gegen die Familie. – Heißt das, daß ich gegen Dich als Einzelnen bin, Maleen, oder Robert? Sind wir eine Familie? – Der Druck, der Zwang, eine Familie zu sein, lastet von allen Seiten darauf – es ist schon ein Druck und Zwang – doch habe ich es bisher nicht fertiggebracht, Dich als Familienfrau zu sehen – es war etwas anderes, was ich wollte und gesehen habe.)

Es gibt kein großes Auge, das einen überall beobachtet, kein großes Ohr, das einen belauscht – es gibt nur Gedanken und Werte, die sich als großes Auge und Ohr aufgespielt haben, und es nur deswegen konnten und können, weil so viele Menschen, zu viele, viel zu viele, da sind und die Idee vom Großen Auge und Ohr als Tatsache anerkennen.

Und wenn ich eine Kuh vom Melkschemel fickte, und wenn ich vor einem rostigen Stacheldraht weinte, es gibt niemanden, der hört, es gibt niemanden der sieht, es gibt nur andere, und die anderen sind viele gegen den Einzelnen.

So steht immer der Einzelne gegen die Vielen, und dieser Konflikt wird sich mehr und mehr, von Jahr zu Jahr, verschärfen, und es ist die Pflicht des Einzelnen für den Einzelnen zu sprechen, für sein Bewußtsein als Einzelner, und wo jemand allgemein Automatenhaft erkannt wird, ihn fallen zu lassen. – Schon der Anspruch auf Einzelheit ist kostbar und selten geworden in unserer Zeit.

Vielleicht hängt das auch mit der Traurigkeit, dem Gefühl, weinen zu müssen zusammen, bei mir ganz sicher, sobald mich in einem Zusammenhang dieses Empfinden ankam – anstatt sprechen zu können als Einzelner, anstatt zu sprechen, mich auszudrücken, mich ausdrücken zu können, war da das dumpfe, lastende Allgemeingefühl einer Runde, oder es strömte aus einem anderen in dumpfer Allgemeinheit hervor in dem, was er sagte und wie er sich verhielt.

Und ich habe auch so häufig, ganz erschreckend häufig die Erfahrung gemacht, daß es angesichts einer einzelnen Person, gar nicht mehr möglich war, diesen Panzer einer Allgemeinheit zu durchbrechen, und dann stand ich da und merkte, daß ich angesichts des Allgemeinen, was da aus dem anderen herauskam, angesichts seines Wertmusters, mich nur zu einem Faseligen Typ machen konnte und mußte. – Ich habe mich im nachhinein oft geschämt wegen meiner fantastischen, wirren, angeblich wirren euphorischen Momente – aber die Scham wurde mir von außen herangetragen, von dem stumpfen „Viel", was „man=viel" nicht tut.

Du magst es in vielen Abweichungen anders sehen, wirst das in vielen Abweichungen anders sehen, mußt es anders sehen, Dir bleibt gar nichts anderes übrig, und zugleich vermischt sich doch etwas, was gleich ist.

Mehr kann ich eigentlich gar nicht sagen.

Machs gut. Bleib gesund. Bleib eine Frau. Bleib Maleen. Ich fasse Dich an den Schultern an und streichel Deine Brust.

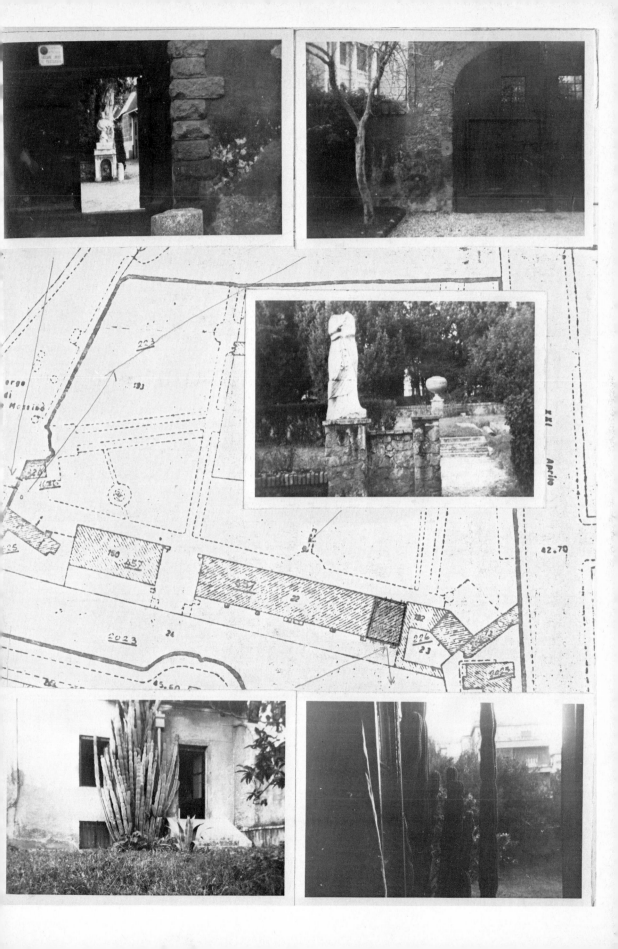

Roma - Piazzale delle Provincie

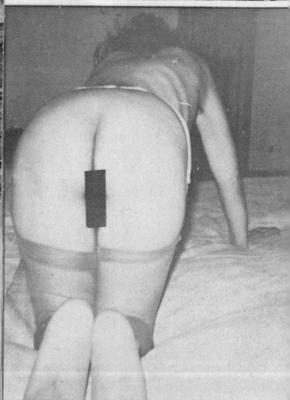

Roma, Fontana di Trevi, 16. Nov. 72, Postkarte: Lieber Henning, vielen Dank für Deine selbstgemachte Postkarte von einem Samstag in Köln (die Samstage in Rom sind abgesehen von der Luft des Himmels nicht besser) Der beschreibende Brief an Dich ist abgesendet, die Postverhältnisse in Italien, Rom, sind schlampig, rechne mit 3 Wochen Zeit. / Vor diesem Brunnen stand ich & fand ihn lächerlich. / Es gibt kein „zurück", es gibt nur das 20. Jahrhundert mit seiner Häßlichkeit – das zu erfahren & es so zu sehen, macht mich „über 30" – nicht die Fragwürdigkeit alles Gesehenen, wie Du schreibst, sondern die Beschränktheit & der biologische Zwang der Welt – Der fade Humanismus, die Blödheit & Unwissenheit der Revolutionäre ekelt mich an!/Warum läßt Du Dir nicht normal die Haare schneiden auf mich wirkt sowas inzwischen so abstoßend & blöde: ist alles, die langen Haare, nur noch häßlich + doof! So angeberisch wie Mode & genauso pervertiert, hier wie dort./Daß sie alle es nicht sehen!/Na, „gutes Verrecken!" an den gestanzten Maschinenformen!/Dein R. Ps: Italien kann mir gestohlen bleiben! Umbrien! Tumbrien! Kackien! Alles Ruinen! (Auch im Kopf!)

Rom: 17. November 1972: Via Vittorio Veneto (da hebt jemand ein Kleid hoch und zum Vorschein kommt ein dicker Arsch?) / Ansicht aus der Luft: die Basilica Santa Maria Maggiore ist mit einem kräftigen Frauenhintern verdeckt, er schwebt über dem Stadtteil, über den ziegelbraunen, abblätternden Häusern, über der Straße mit den kleinen Figuren, über die Innenhöfe, das verstaubte Grün der Bäume und Pflanzen: ein rausgestreckter Frauenhintern)/: Lieber Helmut, was Deutschen die dicken Titten sind, ist Italienern der dicke Hintern. Die männlichen Geschlechtsteile werden auf den Bildern alle eingeschwärzt (Verboten, interessant!)/ Momentaufnahme: auf Plakaten wirbt Hitler für 1 Serie unvorstellbarer Schrecken / häufig junge Leute an allen möglichen Ecken, die Comics lesen (1 stinkender Hänger an der Verbrennungsstätte des Giordano Bruno nachmittags mit Comic, als ich 2 Stunden später wieder vorbeikam, las er darin noch immer/modische Larvengesichter auf der Straße & verkrüppelte staubige Vegetation /nach totaler Entleerung von allen Inhalten im Lauf der Zeit, jetzt die totale Entleerung aller Formen durch die Demokratie der Massen / Das ist Logik, das ist Dialektik, das ist Kausalität, das ist Scheiße!/Bei einer Versammlung hier sagte ich laut: „Sie werden noch alle an Ihrem Staat verrecken!", als sie immer vom Gäste-Status redeten. / Ich ging. / Die Tage vergehen; Zeit – ich denke aber nicht wie Du, daß dadurch etwas bei mir grundlegend geändert wird, überhaupt glaube ich nicht an Veränderung so hin, hoffe nur, daß durch das Vergehen von Zeit das, was sowieso in einem steckt, stärker, deutlicher hervortritt. Das ist ein Unterschied. Grüße Dein Rolf/2. Karte, 17. 11. 72: Palast der Zivilisation nachts, und ein graues Zeitungsfoto, eine Frau öffnet ihren schwarzen Nuttenmantel und darunter ist sie nackt, sie hält ihre kleinen Brüste hin, mit den kleinen spitzen Brustwarzen und die Bauchfläche, ihre Augen sind mit einem offiziellen schwarzen Balken verdeckt worden, eine blaue Nacht, mit angestrahltem aufbäumendem Pferd, das ein Steinerner Kerl hält / Lieber Helmut: noch einige Momentaufnahmen – las bei H. H. Jahnn „Träume sind die Blutergüsse der Seele" das stimmt!/(Lese den Roman Fluß ohne Ufer – ein erschreckendes Buch, kenne niemanden, der einen Leser so durch das Grauen des Gehirns führt, weder in deutsch noch in englisch – Burroughs ist fimschig dagegen, aber ernsthaft! So ein Buch hat kein Land bisher!) (Schreibe Dir darüber in 1 längeren Brief demnächst ausführlicher)/Die persönliche Determination geht viel weiter als jeder wahrhaben möchte – so auch keine Hoffnung setzen, daß die Zeit allein etwas verändere – sie kann nur töten, abtöten, oder begünstigen, hervorbringen, was ohnehin da ist, das gilt für jeden, Dich, Monika, Maleen, mich, jeden; das ist auch schrecklich, & so hilft kein Verstellen & Putzen. / Aber sich entwickeln, das ist es! Gegen jeden!/Wirklich Winter Neuester Zeit/es ist: eine Aus-Zeit!/Hier gehe ich gegen 8 abends an warmen Autodünsten vorbei. (Vom Familienbild & von Familienvorstellungen verwalteter Sex: die Mädchen wollen alle geheiratet werden, oder sonst gucken sie weg./So geht die Freude an Entspannung des Körpers vom Lebensdruck kaputt!/Zum Ansehen ist auf der Straße keine Zeit, dann stößt man gegen einen anderen oder geparkten Wagen./

Grüße D. R./3. Karte, 17. 11.: RAUCHIG-feuriges Schwelen der Luft und des Lichtes über dem Kapitol und Araceoli-Kirche: Kupfertiefdruckhintern einer Frau, sie hat die Hose heruntergezogen und sie spannt sich zwischen den Schenkeln, die in Strümpfen stecken – alles eine Frage der Beleuchtung und Belichtungszeit/

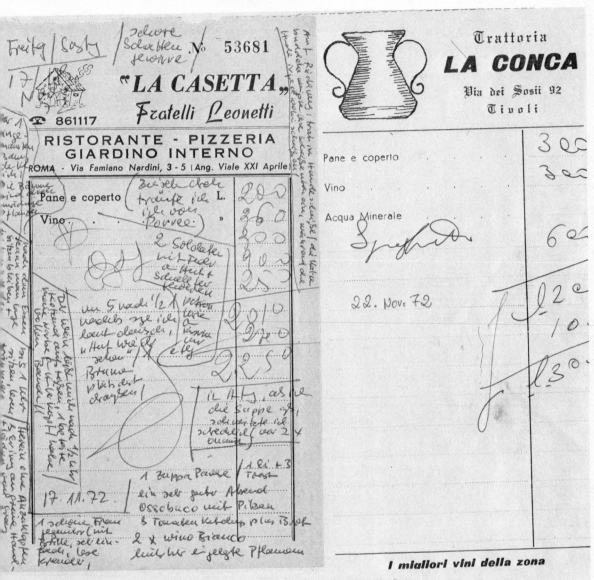

Am Volkstrauertag, Sonntag, dem 19. November 1972, findet vormittags um 11.30 Uhr auf dem deutschen Soldatenfriedhof in Pomezia eine Feier zur Ehrung der Gefallenen beider Weltkriege und der Opfer des Nationalsozialismus statt.

Für die Fahrt nach Pomezia und zurück stehen wie in den vergangenen Jahren kostenlos Autobusse zur Verfügung. Die Abfahrt von der Piazza Venezia (Parkplatz) ist auf 10.45 Uhr festgelegt. Plätze für den Autobus können bei der Botschaft - Telefonzentrale - via Po 25c, Tel. 860.341, bis Dienstag, 14. November 1972, reserviert werden.

Botschaft
der
Bundesrepublik Deutschland
beim Quirinal

278

Mittwoch, 22. November 1972 (Buß&Bettag)/:Postkarten-Republik Italien 50 Lire/:morgens Putzfrau in den Räumen, Yoghurt und Pulverkaffee – mit einem VW nach Tivoli, 31 km, 11 Uhr – Gestank von Schwefel, im Hintergrund die Albaner Berge – wie faule Eier – die Blöcke der Hochhäuser (fahre mit einem Architekten)/zerfetzte Landschaft, Unkrautfelder & Reklameschilder/(zuerst noch Kassettenfilm kaufen, 20 Aufnahmen schwarz weiß/:gelbe Steinbrüche – Travertin – direkt aus dem Boden gesägt – die Erdnarbe ist sehr dünn darüber/:gelbweiße Löcher, mit grünlichem Wasser gefüllt, Steinwände mit gelbrotbraunen, rosthaften Streifen darauf – Krangerüste, ineinandergekippte Gesteinsmassen, einzelne zarte Blumen, violette Distelblüten und gelbe Hundsblüten, blasse blaue zarte Blüten, alle sehr vereinzelt – Gerümpel, im Hintergrund schwarze Berge, von Regenwolken eingehüllt/alte Gummischläuche in einem Graben/der Autolärm auf der Straße:an einer Tankstelle die Reklame-Fotze:&Fahrt auf einem schmalen Weg seitlich den Berg hoch nach Tivoli – zerbröckelnde Bruchsteinmauern, blaß und grau mit schiefen hölzernen Türen zu beiden Seiten der Straße – Camping Villa Hadrian (heute geschlossen)/&auf deutsch fluchen/:zurück in den schmalen Weg bergaufwärts – eine Bar mit Postkartenständer und Kaffee Capuccino – ein zusammengefallenes Haus gegenüber einer antiken Ruine, Grabmal von irgendwem, vor dem jetzt ein Lastwagen mit Altpapierballen parkt/dünnes Licht über der Landschaft, verwaschen gelb zwischen Wolkenschüben, Risse darin

----

:gegenüber der Villa d'Este (heute geschlossen, auch morgen geschlossen):ein leerstehendes Haus, Unkrautbüsche, die aus den Fensterhöhlen des 3. Stocks in das Licht wuchern, aus Mauerlöchern brechen sich Bündel gelber Hundsblumen, grüne feuchte moosige Schicht über einer verzogenen schiefen Tür – und zartblauer Anstrich gegen verblaßten grünen Holzanstrich – schiefe Fenster, schiefe Türen, schiefe Torbogen:schwarze Wandstücke, Nr. 74, früher Nr. 128 auf einer geborstenen alten Kachel daneben – Gras und dürres, trockenes Reisig wächst auf den vorstehenden Fenstersimsen, dazu eine rotverwaschene Tür – ein Blick über das Eisengitter in den Park:schimmelig-grün überzogene pflanzenhaft-pelzige Steinmasken am Boden, aus denen Wasser sickert, skrofulöse Steingestalten – ein durchgehendes ansteigendes Bild allgemeiner Zerfallenheit, in dem einzelne blasse Farben auftauchen, abgelagertes, fast verkarstetes Leben in Form gebückter Gestalten, die aus den zusammengebauten Häusern hervorkommen und wieder in einer der schmalen, gewundenen Torwege verschwinden – eine Wellblechwand um einen Neubau, der voll Papierfetzen ist, zerrissene Plakate

----

(weiterfahren, im Auto, durch die schmalen Straßen):„Hier, diese schöne Treppe", sagt der junge Architekt neben mir, und bewundert Füllungen und Fassungen, „Die hat schöne Titten gehabt", sagte ich im selben Moment, als ein Mädchen aus einem Laden herauskam und sich vor dem Auto an die Seite drückte, schon vorbei.

:Säulenstummel sind in die Hauswände miteingemauert, alte Stücke von Fenstergesimsen, tauchen in einer Hausfront auf, Durchblicke in ansteigende Seitengassen, Blicke auf Madonnen an Häusern, „überhaupt nichts kultiviert mehr!" stöhnt der Architekt und kramt Stilmerkmale hervor – auch die Menschen sind schief, die hier wohnen, und schiefe Wäsche hängt an den Häusern//angefressene Grundmauern, große Stellen abblätternder Putz, und ein langgezogener Schrei aus einer Nebenstraße, „Mamaaa!" – Und gehen in der Innenstadt, Postkartenkaufen an einem Kiosk, Mittagszeit bis 1/2 4:die Läden sind alle geschlossen – gegen eine antike Ruine im Hintergrund steht ein Auto-Scooter, und winzige blaue Funken, die aufblitzen. – An einem Stand mit Nippes(:Aschenbecher mit Tivoli-Brunnen aus Kunststoff oder mit der nackten Venus, Tizian, wehendes Haar und die Hand vor die Titten gehalten (altes Wichs-Bild):2 Kodak-Filme schwarz-weiß gekauft, und weiter):ein Nippes-Stand nach dem anderen:Ledermasken werden verkauft, Keulen mit gestachelten Eisenkugeln, Heiligenbild und nachgemachte Statuen, Shawls und Lederhandtaschen – – – Nähe Eingang zur Villa d'Este – – – und jetzt nach 1 Restaurant suchen, möglichst billig, da:1 Vertragsrestaurant einer deutschen Reisegesellschaft, in ein Haus gebrochen ein Zeitschriftstand mit einer gekrümmten Alten, Sex-Zeitschriften und Madonnenbild an der Wand darüber.

Neonlichtreklamen, erloschene Lichtröhren gegen einen hohen, blassen Frühnachmittags-himmel:halb 2./Amerikanisches Negergehacke treibt durch eine Trattoria über Spaghetti-Teller und verschmutzte Tischdecken (:der Kellner, ein Junge, schaut übel, weil dem Spaghetti keine weitere Speisebestellung folgt, Spaghetti ist für ihn eine Vorspeise, für mich nicht.) Dazu ein trüber Wein. – Der Architekt erzählt, er sei ein Hypochonder, er würde seine Kinder dreckig erziehen, es ekle ihn vor Schmutz – die Toilette schließt nicht, das Handtuch fettig, Lokuspapier nehmen als Handtuch, die blaue Seife suppt in dem Seifenbe-hälter laugig vor sich hin, fleckiger Spiegel//::

(Und Postkarten schreiben:)/Momentaufnahmen/:Harlem-Musik schwülstig treibt durch die Trattoria über die Spaghetti-Reste blutig-rot verschmiert auf den Tellern ein röhrender Gesang von Liebe und Schwitzen und amerikanisch:/:ich zündete mir eine Chesterfield King Size an/:– – – –:(daß Bestecke, Messer, Gabel, Löffel aufgelegt werden, wird extra berechnet!/Sie denken vielleicht, man äße noch mit Fingern, fahre mit zwei gespreizten Fingern in die Spaghetti und wickele darin herum?/):(geht ähnlich wie mit dem Draußen-Sitzen, kostet auch extra, – für den Gestank in der Sonne genießen?)//::bunte Postkarte Piazza S. Croce e Via Trevio/:Viertel nach 2 mittags/der bleiche junge Architekt aus Ulm

"Piazza S.Croce e Via Trevio"

erzählt, er werde seit seinem Leberscha-den nie betrunken, und erzählt vom Stu-dium, wie sehr es ihn angeekelt habe, wenn jemand Gläser kaputtschlägt u. dann zu Boden fällt/ er sage nie etwas Sonderbares (hat das ganze letzte Jahr nur Wettbewerbe gemacht und keinen gewonnen, lebt bei seiner Mutter in ei-nem bürgerlichen Haus, seit seinem Stipendium in der V. Massimo sofort nach seinem Studium ging es bei ihm immerzu runter)/:er zeigte auf die Titelseite einer italienischen Illustrierten mit Farbfoto von Anton-nella Lualdi, die in Begleitung ihre Tittenansätze bei irgendeinem Glimmeran-laß zeigt(:er, ihr Titten-Ansatz-Begleiter, in Frack!), und der Architekt, der seine Pickel auf der Stirn durch seine in die Stirn gekämmten Haare verdeckt(:ich halte ihn für schwul, mit seinem manierierten Muttersöhnchen-Verhalten, aber vielleicht onaniert er auch nur heftig heimlich im Bett, im Bürgerhaus seiner Mutter), sagte:„schön."/:gelbe abblätternde Häuserwände, eine windige Trattoria, durch den Schnürenvorhang kommt Kindergeschrei und ab&zu ein monströser Bus, monströs im Verhältnis zur abschüssigen Straße, in die er einbiegt direkt vor der Trattoria/:Spaghetti-Reste und trüber Wein im Ferrara-Glas/:er will unbedingt noch einige Ruinen sehen und liest in seinem Auto-Führer nach, was es gibt – die Wasserspiele befinden sich heute hinter Gittern, geschlossen:Villa D'Este mit dem vieltittigen Weib, der die Nasenspitze abgeschlagen ist, überall kommt Wasser aus ihr raus, sie muß

"Brunnen der ephesinen Göttin oder der Mutter Natur"

einen Wasserbauch haben, – also dann zu einem anderen Wasserfall der vor der Stadt liegt (kommt später:110 Meter Fall, was für ein Beckenaustritt aus dem Berg)/:La Grande Cascata e Monte Catillo/:Gegenwart:1 Riesenbus, der zitternd und ratternd in die kleine enge Gasse sich reinschiebt/:bezahlen, aufstehen, gehen, den VW aufsuchen (:Der Wein ist mir gar nicht bekommen, ich stoße auf & fühle ein schummriges Hin und Her im Magen, wo sich Tomaten-Ketch-Up Speckstücke, Nudeln mischen mit dem trüben Wein!)/:und einen Ausblick auf das Land nehmen von dem Platz aus:Rauchstellen, 7 Stück, wabern Schwaden in die Luft, dazwischen klein, wie Spielzeugbauten, überall die Hochhäuser, „echt italienische Landschaft" – mit Blick rüber zum bestreikten Garten der Villa d'Este:nur Bäume und eine weiße Mauerumzäunung/:der Blick reicht weit, Luft klar wie Glyzerin, Wolkenschübe hoch darüber, auf dem Platz bolzen sie Fußball auf dem Kies zwischen Palmen/ :und weiter sehen. – Einzelne Pinien, einzelne Straßen, kleine Wohnblöcke//::(soll man sich jetzt als Riese vorkommen, der ins Land schaut auf die kleinen Häuschen, in denen Hunderte von Menschen jeweils gepackt sind und leben? – Ein Fernrohr, Groschenfernrohr ist rausgerissen, nur 1 Fragment steht noch davon, genauso eine Ruine wie ein antikes Gemäuer!)/:und starten.

50-Lire-Postkarten-Empfindungen?:zum Großen Wasserfall, der aus dem Loch des Berges Catillo kommt/:gewundene Asphaltstraße dahin, vorbei an einem Tor, völlig unmotiviert, mit 2 Steinwesen, die Vogelflügel haben, aber androgyne Typen sind, weder Junge mit Schwanz noch Mädchen mit Fotze, gegen den hellen Luftraum./:auch daneben, zur anderen Seite, eine Statue hoch in die helle Luft mit einem 19. Jahrhundert-Typ, geistlicher, Don Bosco, der'm Jungen seine geistliche Schwitz-Hand auf die Schädeldecke legt (:für irgendeinen heiligen Zweck, Wohltätigkeit, psychische Kastrierung der Waisen, ja)//::

:Immer gespenstischer wird mir der Zustand, was die Menschen alles in die Luft gehoben haben, weithin sichtbar, in weißen Figuren, – ein richtiges Halb-Affen-Verhalten, übelster Fetischismus bis ins 20. Jahrhdt::

(:anstatt sich mit der Landschaft, der Anlegung von Straßen zu begnügen, zu lehren, was man weiß, herausgefunden hat, Raum für Menschen, Tiere, Pflanzen zu lassen – – – da mußten sie überall irgendwelche Götter, Halb-Affen, mit Flügeln, Talar-Menschen, Heilige Frauen und Unbefleckte Empfängnisse aufrichten, in Stein, in Metall – – – oder aufspießende Gewehrleute, stürmende Arschlöcher, Halbbilder von Ordenbrüsten, Uniformen, metallene Schreie!)

:Die Gegenwart, in der man lebt, muß man sich sehr wohl deutlich machen&bewußt//Vorbei:an Eisenbahnviadukten darunter ein Schrottlager, abgewrackte Autos, Papier – und vorbei:an Viadukten, unter deren Bogen Abfälle faulen und stinken, dazwischen Wucherungen einer verkrüppelten Vegetation./:Ich balancierte eine niedrige Steinmauer die Asphaltstrasse entlang:zur einen Seite Asphalt, zur anderen Seite Abfall, der die Senke hinunter sich fortpflanzt./:Viertel nach 4:verschwindendes Licht oben – da kam einer mit baumelnden Beinen in blauen Hosen auf einem Esel dahergeschlenkert/:&La Grande Cascata:weiße Wasserschleier in langen Bahnen 110 Meter tief hängend in ununterbrochenem feucht-weißen Fluß aus einer gewölbten Bergöffnung jenseits der Abfallschlucht,

plätschernd in eine große Lache zwischen Gebüschen – – – etwas weiter, nach rechts, ein zweiter Erguß:diesmal schweflig-Uringelb, und fiel in ein gelbes Wasserloch tiefer./:Gegen den Nachmittagshimmel auf der kahlen Bergkuppe einzelne runde Baumkronen aufgereiht/:etwas außerhalb der Stadt/ :Spähen nach einem antiken Rest./:Sybill &Vesta-Tempel, irgendwo dazwischen- :Schachtelhäuser, Hotel-Reklamen, nicht zu sehen./:Eine Collage ist es, etwas total Zusammengesetztes, auf das ich blicke – – – auf dem Boden eine zertretene Zigarettenschachtel Marlboro, ein Architekt, der im VW einen Butterkeks ißt, dahinter eine kleine, niedrige Mauer, Wasserausflüsse, weiß und gelb, das Spähen nach einem Tempelrest/:unten die Außenmauern eines Schuppens, im Gras./:Tiefe?/:seitlich hoch ein Hotel./:Panoramablick auf die Stadt Tivoli, abnehmendes Licht – – – die italienische Landschaft./:woran dachte ich, was fiel mir ein, welche Empfindungen hatte ich?:ich wollte sehen, wo ich in dem Moment mich befand, Ort, Raum, Zeit/:dahinten, auf dem Berg, ein Kreuz.

Immer weiter suchen nach der Tempelruine:Vesta? Wer ist das? Mir fielen dazu Vestalinnen ein./:zurück in die Stadt./:Und Halt nach einer Brücke, parken:aussteigen, über die

"Vesta und Sibilla Tempel"

Mauer blicken:(notieren)/ist offenbar hier ein Busbahnhof, und direkt neben den:stinkenden heißen Gummireifen 3 weißgedeckte Tische, ohne Stühle, mit jeweils 1 Flasche in der Mitte darauf vor 1 Restaurant – eine Art Parkverbotsschild!/:1 große aufgeweichte Dash-Waschmittel Papptonne/:blickte hinunter in die

Schlucht, zwischen verkrüppeltem niedrigen Gesträuch ein bleiches Rinnsal von Abwässern,/:dies war nun tatsächlich die Abfallschlucht – dahinter erhob sich die antike Tempelruine der Sybille und der Vesta, Geräusch des Kloakengerinnsels stieg von unten auf,

rundum die üblichen Verschachtelungen und ineinander gebauten Häuser, bleich und steingrau, Zeitungspapierfetzen, Reklamefetzen, dreckige Plastiktüten, und immerzu der Blick auf die Ruine über die Mauer gelehnt/Kinder spielen/1 Lastwagen/geparkte Busse/in der Ecke des Platzes ein Gewürge aus grünem

"Ponte Gregoriano und Monte Catillo"

Plastik und faulendem Brot, Küchenabfälle die jemand hierher gebracht hat/:der Gestank ist eklig, Brechreiz hervorrufend/:schnell weg!/:darüber 1 Abendhimmel, blau-grau/in der Nähe ein kleiner Platz mit Bar Gelateria Reklame für Ice Cream und Juke Box, da stand eine alte Vettel in unscheinbarem Zeug, nur noch ein formloser rundlicher Fleischklumpen/ :den Wagen auf einem winzigen Platz abstellen:Piazza della Cittadella – Madonnenbild neben Plakat Vota Comunista plus Kindergeschrei, rosa Schlüpfer über den Hauseingängen zum Trocknen aufgehängt, schmale, steile Treppenaufgänge, die Eingänge mit grünem gewelltem Plastik überdeckt – ich sah in einen feucht ausgeschlagenen Keller, wo ein Mann in Gummistiefeln und Unterhemd zwischen Weinflaschen und Fässern hantierte, irgendeine namenlose Weinpanscherei – der Mann blickt mich an, ich sage auf deutsch „Guten

Abend" und verschwinde./:zertretene Plastiktüte einer Strumpfhose, aufgeweichte Dash-Papptonne/:enormer breiter Frauenunterleib auf dünnen Beinen stand herum und verschwand in einem Winkel.

:es war dunkel geworden/das Herumkurven in der Stadt, um noch einige Postkarten zu erstehen, wieder auf den Platz gekommen mit der Aussicht in das dunkelliegende Land:viele Lichtpunkte./Und fahren:

"Nazioni Unite Platz"

ich bin plötzlich nur müde, erschöpft, was hatte ich sehen wollen?:Ruinen, die in Abfällen vergammeln, zerstückelte Landschaften, das menschliche Leben verwüstet unaufhörlich den Ort, die Zeit, – ich vermag es nicht, eine winzige Einzelheit aus dem großen Abfallhaufen zu bewundern:das sind doch alles nur Entzückungen, die eine Vergangenheit betreffen, in der Gegenwart läuft ungemindert die Zerstörung weiter, weil die Ausblicke fehlen./:Ich betrachtete die nachcolorierte Karte vom „Saal gesagte der Philosophen" in der Villa Hadrian – mir schien, daß diese Karte den tatsächlichen Zustand unseres abendländischen, zerstückelten Bewußtseins recht gut wiedergab:das war also der Saal der Philosophen und so sah es auch im Kopf der Philosophen heute aus, dort

Tivoli - Villa Adriana - Sala detta dei Filosofi

gingen sie und dachten und führten zwischen Ruinen ein denkerisches Gespräch:man kann sie alle sinn-blinde, hirnverkrampfende Wörter gebrauchen hören./

231

Mittwoch, 22. Nov. 72, Liebe Maleen, es ist mittags 1/4 nach 2, hier in Tivoli, wohin ich mit 1 Volkswagen mitgenommen wurde von 1 Architekt, der hier in der Villa zu Gast ist, ein bleicher Junge aus Ulm. – Tivoli liegt 30 km von Rom entfernt, hier gibt es die Villa Hadrian (heute geschlossen) und die Villa d'Este (heute geschlossen), Wasserspiele also hinter Gittern/Tivoli:Bruchsteinmauern, schmale ansteigende Gassen, verfallene Torwege, verblichene Farben/Tivoli:halb auf 1 Berg, vorher gelbe Steinbrüche/bewölkter Himmel/esse jetzt Spaghetti, & der Kellner guckt blöde, weil das 1 Vorspeise ist, für mich Hauptspeise. Grüße D. R.

22. 11. 72, Liebe Maleen (3. Karte) Momentaufnahmen:1 Riesenbus, der in 1 winzige abschüssige Straße reinrutscht/ich balancierte 1 Mauer entlang:zur 1 Seite war Asphalt, zur anderen Seite war Abfall/1/4 nach 4:verschwindendes Licht/da kam einer mit baumelnden Beinen in blauer Arbeitshose auf dem Esel geritten/& weiße Wasserschleier die aus 1 Berg fallen, daneben gelb-schwefeliger Wasserfall (eben außerhalb der Stadt) einzelne Bäume auf kahler Bergkuppel gegen den Himmel/Abfall gährt unter Brückenbogen/milde Luft/1 Blick ins Land: Rauch treibt über Wohnblöcke & Hochhäuser, darin vereinzelte antike Ruinen/Agaven, Kakteen, der Architekt flötet Mozarts kleine Nachtmusik & ißt 1 Keks/Abenddunst, Autohupen, 1 Glocke läutet/gelbe Blätter & leeres Gezweig/ bleigraue Wolkendecke/

Mittwoch, abends, 11 Uhr, 22. 11. 72:L. M. – hier, auf der Postkarte, kannst Du sehen, wie verfallen der Saal der abendländischen Philosophen ist!/: soeben hat Freyend aus Köln angerufen, und ich erfuhr (habe ihn gefragt) daß H. Pieper + Monika 1 Kind, 1 Jungen, haben – Monika rief nach der Geburt dort an, protzig, wie F. berichtete./Ich schrieb eben an Pieper & sagte ihm, daß – da wir so oft persönlich redeten, erzählten – er ja halb verrückt sein müsse vor Schizophrenie, so einerseits zu denken und so sich zu verhalten, gegen Familie und er selber führt 1 illustriertenhaftes Familienleben und dazu seine Klagen. Sagte ihm, daß der Kopf ganz schön verrottet sein müsse & Schrott./Weißt Du, er ist 1 ganz flaues Arschloch, das durch die Gegend zieht./Plötzlich sah ich es in 1 grellen Licht./Mir tut's nicht mal mehr leid für ihn – so flau & mies & so bewußt doof sich zu verhalten mit Schweigen./Also, „hü-hott" man tau & weiter Grüße D. R.

Mittwoch, 22. 11. 72, (2. Karte) L. M., amerikanisches Negergehacke aus dem Radio zieht durch die Trattoria, vorhin sah ich Autoscooter – Blitze vor dem Hintergrund eines antiken Gemäuers/Gras wuchert aus leeren Fenstern, gelbe Blumenbüschel aus Mauerlöchern, grünschwammige Hauswände/1 große Stelle abblätternder Putz & 1 langer Schrei „Mamaaa!" aus der Seitenstraße/Der Architekt redet laufend, er sei 1 Hypochonder & erzählt von Rundbogen und Füllungen/zerfetzte Reklamewände. Schiefe Fenster & schiefe Türen, viele Nippesstände. D. R.

Mittwoch, 22. 11. 72, L. M. (4. Karte):hier im Vordergrund (nicht zu sehen) verläuft 1 Straße mit Steinmauer, dort balancierte ich entlang; man schaut in 1 Schlucht voll Abfälle/& dann winzige Gassen, Treppen, Wasserrauschen, verschachtelte bleiche Häuser, 1 große Dash-Papptonne aufgeweicht, Unterwäsche hängt über Hauseingänge, Madonnenbilder, alte Frauen wie runde Klumpen Fleisch, unförmige kleine Dinger/1 gehäuteter Hammel mit gefrorenen Blutbahnen hängt im Eingang 1 Ladens/grüne Holzjalousien/Vota Comunsta-Plakat neben Madonna-Bild/gelbes Abendlicht über dem Land, vermischt mit bleiernen Wolken/1 Paar dicke Titten plus Arsch auf dünnen Beinchen/& im Schneckentempo zurück, Autoschlangen, 1 Mann sticht mit Regenschirm auf den VW/erschöpft, müde, 6 Uhr in der Villa Mass./fuhren 11 Uhr vormittags los/wenn Ihr hier seid, fahren wir mal dorthin/(2x Wasserfall auf Karten, 3 + 4 was?) Grüße Dein R.

Mittwoch, 22. 11. 72:Lieber Henning, vielen Dank für Deinen Anruf eben, über den ich mich freute./Die Muff-Zeit ist vorbei, wenn auch ringsum alles weiter im Abfall schmurgelt & vor sich stinkt, sowohl in Gedanken wie im Äußeren./Sieh Dir bloß die vieltittige Nuß vorne an: unten zischt sie Wasser – ist eben 1 Göttin!/ (Wasser im Überfluß, haha!)/(& von unten!)/: Helgoland ist schneidend und rauh, sehr gut!/ Hier schauen mich Kellner übel an, weil ich nach Spaghetti nichts mehr bestelle, ist für sie 1 Vorgericht, mir reichts als Hauptgericht – & ich steh auf, rechne nach & sage deutsch „Vielen Dank"./Italien ist von Göttern und der kathol. Kirche total für Jahrhunderte verseucht, 1 Land, das nicht sterben kann!/„Lauschiges Italien?" Was ich davon sah, gleicht eher einem Abfallhaufen!/:Heute (Buß & Bettag!) waren Villen & Parks in Tivoli zu (Streik!) – Wie immer notiere ich, ich will wissen, wo ich lebe, & das ist gut! Bald wird 1 Roman von mir notwendig, das sehe ich für mich schon! Gibt es 1 bessere Voraussetzung?

22. 11. 72, Lieber Helmut, mit 1 VW nach Tivoli gefahren, um die Villa d'Este & Villa Hadrian zu sehen (beide geschlossen heute, irgendein Streik), amerikanische Negerlaute treiben durch die Trattoria über Spaghetti-Teller und gammelige Tischtücher, tote Mittagszeit zwischen 1–1/2 4, Unkraut wuchert aus Fenstern, feuchte grüne Hauswände, 1 Architekt, VW-Besitzer redet von Füllungen & Stilen, schüttelt den Kopf./Sanfte Farben an liegengelassenen Ecken, wohin niemand blickt. Der Anblick vorne auf den Filosofen-Saal als Gruß von hier. (Sehr zutreffend der Anblick).

Mittwoch, 22. 11. 72, abends:Lieber Helmut; soeben rief von Freyend aus Köln an, & ich erfuhr durch ihn, daß Du einen Sohn, 1 Kind, hast. – (Du machtest eine sinnlose sinndunkle Andeutung bereits in Deinem Brief. So mußte ich Dich fragen auch auf einer Postkarte.) – Als ich es eben hörte, – Monika, Deine Frau hatte wohl nach der Geburt dort angerufen (Mutterstolz?) – es scheint ja schon länger her zu sein – dachte ich, daß Du feige mir gegenüber gewesen bist, indem Du mit keinem Wort bisher das erwähntest, weder als wir zuletzt uns sahen & allerlei uns berichteten, auch Persönliches, noch in Deinen Briefen. – Schämst Du Dich vor der Vermehrung? Vor Deinen Gedanken? – Du führst doch 1 richtiges Illustrierten-Familienleben – & wie ist Dir, vor Deinen Gedanken & Äußerungen, die ich oft hörte, möglich diese gräßliche Schizophrenie zu ertragen. Du mußt ja bald halb verrückt sein, so Dich zu äußern & so Dich zu verhalten. Ja, vielleicht ist der Kopf eben Schrott (was ich nicht denke!) Und wie kann ich dann Deine Klagen verstehen? Nicht ernst zu nehmen? – Traurig! – Dein R. Brinkmann

233

22. November 1972 (Buß & Bettag), nachts/Nachtbild: „Dreh-Dausänt-Lieräh!" – Wicky: Fickie versuchte an der Nülle zu klimpern – (:Eingedenk meines Pickels an der Unterlippe?): Rom./Eicheln fielen mit hartem Knall aus den Bäumen. Die kranken Katzen der Gräfin Riccoti Algerische Botschaft lagen flach und zusammengerollt auf dem Asphalt unter dem Straßenlampenlicht zwischen Knochen- und Fleischresten, räudiges, struppiges Fell, glanzlos & der Polizist mit dem Transistor in der Dienstjackentasche mit amerikanischem Swing/später wieder der kühle frische Geruch aus dem Park der Villa Massimo. Ich schlug den Mantelkragen etwas hoch. – Weißliche Wolkenschwemme oben über den großen schwarzen Baumpflanzen mit einem kaum abnehmenden weißen Mond Ende November:ich ging durch die scharfe präzise Schattenzeichnung der Äste und dünnen Zweige./ :Ein kleiner Platz, eine Shell-Tankstelle mit zwei Zigarettenrauchenden, sich langweilenden Wärtern, weiter entfernt der Busbahnhof mit den lauwarmen, ausdünstenden leeren abgestellten Bussen, grünlich-verstaubt in dem Neonlicht. – Verstaubte Platanen und der dunkelliegende Eingang des Friedhofs auf der gegenüberliegenden Seite mit den leeren schwarzen Schattengerüsten der Blumenstände vor der hohen Mauer. – Heranfahrende Wagen und aufblendende Lichter, dann die roten Rücklichter der wartenden Wagen. Eine öde Reihe Mauern, hinter denen irgendwelche Fabrikgelände und stilliegenden Autoreparaturwerkstätten sich befinden./:Ich ging die Straße entlang und sah von Zeit zu Zeit schattenhafte Figuren, die einzeln an einem Holzkohlenfeuerchen standen im Schatten der verstaubten Platanen mit ihren verblichenen, sich abschälenden Rinden. Einzelne Stücke Körper tauchten auf, kurz angeblendet von den Wagenlichtern, ein Uhr nachts, große Oberschenkelstücke, weiß und abgeschnitten von dem hochgezogenen Mini-Rock, die Ansätze von Hintern und Tittenwölbungen, die dann wieder in den Schatten der Bäume zurückfielen, wenn der Wagen vorübergefahren war oder neu anfuhr./Sie standen in weiten Abständen die Straße hoch. Gegenüber, über die Mauer herausragend, waren die Häuser mit den Totenkammern, in Zementblöcke gelassene Schächte, und einzelnes Geflacker von Totenlichtern, was zusammen mit den verstaubten Bäumen, den erloschenen Reparaturwerkstätten und Fabrikgrundstücken und den Titten und Schenkeln, die im Autolicht sichtbar wurden, eine überaus schmerzhafte realistische Szene gab, leer, ohne Tiefe, und deutlich. Man konnte weder erschrecken über die Deutlichkeit, noch erschrecken über die realistische Leere noch über den grauen, ausgelaugten Moment hier in der Gegenwart, Rom, jetzt./Das war also die tote Bahnstation dieses Planeten:denn alles war zusammen, Sex, Geld, Tod, Autos, Reparaturwerkstätten, Nacht und erloschene Reklameschilder./ (Eine derartig schäbige und wirkliche Szene könnte man sich gar nicht allein im Zimmer ausdenken!)/Runtergekommen: das hockte in jeder Einzelheit und strömte nichts aus./Ich sah, wie an einem Rondell im Schatten einer Baumgruppe plötzlich zwei halbnackte Mädchenkörper aufflammten und gleich darauf wieder in der Schwärze verloschen. Dann, an einer anderen Stelle, stieg ein Mädchen in einen Kleinwagen, Fiat, und eng, der ein Stückchen weiterfuhr und dann im Schatten eines Gebäudes in einer Ecke vor dem Eingang des Werksgeländes hielt – da fingen sie wohl sofort an, Geld geben, Titten heraushängen, Hose aufknöpfen, Eier und Schwanz heraus und Hände, die fummeln, bis es herausgespritzt kommt, die Geschlechtsteile, verbogen in dem engen Wagen, zurück in die Kleidung gesteckt. Sie fuhren jeweils immer nur ein Stückchen weiter, parkten dann gegenüber den Zementkästen mit den Totenschubladen, die über die Mauer ragten./Es waren lustvolle Körper darunter, jedenfalls die festen, jungen und vollen Titten und Schenkel konnten eine Reihe lautloser Lustbilder und Befriedigungsvorstellungen hervorrufen./Und immer die kleinen roten warmen Gluthäufchen unter den Bäumen am Straßenrand, wo sie standen und hockten und Zigarette rauchten und warteten. Auf den nächsten Lappen. Im nächsten Auto. Und dafür die Bedienung zum Rausspritzen und die Zuckung des Körpers durch das Geschlechtsteil./(Die stehenden, geparkten Wagen im Schatten der Gebäude oder seitlich im Dunkel der Bäume, wo sie es sofort an Ort und Stelle machten, unterschieden sich nicht

von der langen Reihe der abends entlang der Mauer der Villa Massimo geparkten Wagen mit den Leibern darin, ineinandergeklemmt in einem winzigen, öden Blechgehäuse/:) – Als ich an einer Feuerstelle vorbeikam, hockte dort eine Frau breitbeinig und wärmte sich ihre Fotze. Die Glut war zwischen ihren gespreizten Beinen. Sie sagte irgend etwas, das ich nicht verstand, und ich sagte deutsch: Was meinen Sie?/Die Frisur war kurz, schwarze Augenränder, und es schien eine Frau um 36, 37 Jahre zu sein. – Sie redete weiter, sehr kurz, und hielt die Hände über das Feuer. Sie hockte am Straßenrand. Etwas vom Straßenlicht fiel durch die dürren Blätter des Baumes, unter dem sie hockte. – Ich sagte, nix capito! Und sie sagte dann, „wickie, wickie", und ich fragte: Quanta costa? und sie sagte: „Dreh Dausänt Lierä!" Ich fragte, „Drei Tausend Lire?" Und sie nickte. Ich hielt ihr 3 Finger gespreizt hin und machte eine Handbewegung, ich sah mich um, „wo?"/Sie zeigte in den Eingang einer schmalen, schräg in ein Gelände schneidenden Seitenstraße, die einige Meter weiter weg einsetzte. Gegenüber flackerten einzelne Totenlichter, und Autos fuhren vorbei. Ich sah im Eingang der Seitenstraße einen Wagen geparkt und dachte an wartende, aufpassende Loddel. Ein zweites Mädchen, jünger, in schwarzen Strümpfen, blauem Pullover mit kräftigen Titten und breiten Oberschenkeln kam vom Wagen und herüber und trank aus einem Pappbecher Kaffee. Dann fuhr der Wagen geräuschlos und ziemlich schleichend an, drehte und ich sah, daß es ein Streifenwagen der Polizei war, der geräuschlos wegglitt. Das zweite Mädchen hatte sich ebenfalls hingehockt und öffnete die Beine im Sitzen, der Straße zugewandt, den herankommenden Wagenlichtern, die ihr genau dazwischen leuchten muß-ten. Da ging ich weiter. Es gab nichts mehr zu sagen. Die Sache war klar. Ich hätte mitgehen können, brauchte bloß zu nicken, und sie wäre aufgestanden, um mit mir in die leere Seitenstraße zu gehen, mehr ein Weg, in den ich blickte, als ich vorüberkam. Ich sah eine Mauer im Straßenlicht, die in halber Höhe vom Urin angefressen war, gelbe ätzende verblichene Streifen, und eine schwarze Schlackenbestreuung. (Dahinten, einige Meter hinein, im Stehen, hätte sies dann gemacht, gegen eine Pißmauer, die Hose auf, Pullover hochgeschoben, oder in einem Verschlag seitlich davon rein, zum schnellen Ejakulieren, auf einem Hocker oder Stuhl. Bis ich eingenickt wäre und das Sperma aus mir in kurzen Schüben erleichternd herausgekommen wäre.)/Eine Gegend wie aus einer kitschigen Vor-stellung, die aus der Pubertätszeit zerfallen herübergekommen ist, eine Barackengegend, eine undeutliche, erloschene schäbige Gegend, auf der dann noch Sexualität eher vorzustel-len gewesen ist als in einem öden Wohnzimmer, in einem Zimmer der öden Wohnung.) = Ich ging weiter die Straße hoch, durch Wohnblöcke zu beiden Seiten, unten die dunklen kleinen Läden, an Tankstellen vorbei am Straßenrand, zwischen Gehweg und Hausfront, und dann sah ich, wie überall Polizeiwagen herumschlichen und Wachleute Türen nachprüf-ten, ein junger Mann stand auf der Straße und rührte an seinem Hoden in der Hose, ich hörte, wie jemand laut in der Stille rülpste, als er die leere breite Asphaltstraße vor mir überquerte, geparkte Wagen, staubige Farben, römische Nacht, „dreh-dausent-Liräh!" (Erloschene Kioske, an denen die Larvengesichter im Boutiquen-Dress auf Zeitungs & Illustrierten-Seiten schaukelten, das Bild Adolf Hitlers groß an einer Plakatwand, das für Dokumente unvorstellbaren Schrecken warb.)

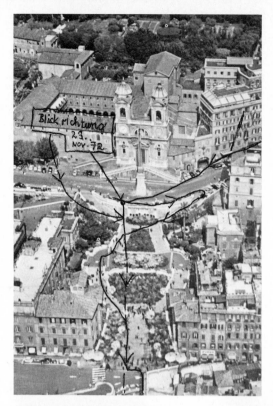

Blick richtung
23.
NOV. 72

Donnerstag, 23. 11. 72: Liebe Maleen, Du siehst, wo ich im Moment stehe, 20 nach 2 mittags – & blicke über weißgraue Stufen, einem Baugitter in eine blasse Stadt + Dachkulisse, Richtung Petersdom, dessen Kuppel ich von hier erblicken kann./Das Wetter ist windig und hohe Wolkenschichtungen und blaugraue Stauungen am Himmel – keine Sonne, Wind – soviel erinnert mich an einen Tag in der Nachsaison am Meer, Egmond/:das ist sehr eigenartig, wie durch Luft + Lichtwirkungen andere Zeiten in die Gegenwart eindringen – während ich eine schmale Straße unten dahinblicke./Gehe weiter jetzt bis zum Tiber/(vorbei an 1 Innenhof Fontanella di Borghese mit Mammut-Menschen, 1 hat Penis ab, der andere die Nase etc.) & komme zum Tiber/Grüße D. R.

Via Condotti

Die Barkasse

(2. Karte)/Donnerstag, 23. 11. 72:L. M. ich stand einige Zeit am Fluß, gelbes Brackwasser & wieder die hohen Mauereinfassungen, tief unten der Fluß, Grasflecken treiben vorbei, irgendwo hineingeworfen/Platanenzweige hängen über die Mauer nach unten, schon sehr leer, mit runden stacheligen Früchten an den dünnen, steifen Zweigen/Ich ging allein, jetzt war die stillste Zeit in Rom, mittags gegen 3 Uhr/es regnete etwas/handtellergroße braune Platanenblätter lagen auf dem Gehweg oben am Fluß entlang/überquerte die Ponte Umberto & kam direkt auf den Justizpalast zu mit 1 dicken Frau über dem Eingang & hochoben auf dem Dach wieder 1 Frau mit Pferdewagen, dazu diverse Männer, Kopf aufstützend etc./daneben, nicht weit, ist das Gefängnis, jetzt 1 Museum (heute geschlossen), die Engelsburg, 1 schmuckloser runder Backsteinbau, auf den 1 Brücke mit Flügelwesen, die Stäbe halten + an Kreuzen schleppen auf dem Geländer (unten 2 Plakate mit Foto

Willy Brandt + Scheel) gelber Lichtbrand & Wolken & weiter zum Vatikan. R.

(3. Karte) Donnerstag, 23. 11. 72, L. M. noch bin ich nicht zum Petersdom gelangt, habe kurz davor Halt gemacht, ruhe etwas vom Gehen aus & trinke 1 Bier (bleiche Nonnengesichter, Gestalten ohne Titten wandern schwarz vorbei): Zuerst mal 1 Laden Vatican Stamps Collection und Heiligen-Bilder-Kitsch, eine lange öde Straße, Du siehst es. 1/2 4, gerade als die Läden öffnen, blitzt Sonne auf, & schöne Wolkenschübe über den Dächern der Stadt hinter mir/1 Kino neben der Kirche Maria Soundso zeigt „Zeppelin" mit Elke Sommer/(trinke 1 kleines Bier, da ich auf dem Weg nur 1 Brötchen aß):alles sieht bleich aus, die Häuser, die Kuppel des Domes, die Lichtsäulen, die Figuren, wenn ich nach links sehe./Kaugummi-Kau-Mädchen schluffen vorbei & Busse./Ich stehe auf & geh. R.

(4. Karte) Donnerstag, 23. 11. 72:L. M., von solchen unverständlichen Bildern gefüllt, mußt Du Dir die Kirche vorstellen. Dazu kommen Mammut-Gestalten in Nischen und an Säulen./(In 1 Weite gestellt, Heide, Moor, Felsen, Meer, würde jede Einzelheit mächtig zum Lachen sein, hier macht sie nur benommen!) & fällt Dir auf, es gibt so wenig von dem ollen Mist an der Küste oder in der Heide, oder im Norden!)//(Es ist eben, bis auf die Kunstwerke der Alten:Pizza-Geschmack & Stil!)/:ich blickte mich um, dies war also der offizielle Mittelpunkt unserer (?) Kultur des Westens, der Mist?!/Billig & doof!/1 Messe lief gerade an der Seite, Parfumschwaden in der Halle & Leere/blasser Marmor & Riesige Männer & Fraugestalten im Halbdunkel (der reinste Wahn!), & ich begriff etwas mehr, was uns verkrüppelt hat, jeden im Einflußbereich dieser Kultur./Grüße D. R. (:tatsächlich, überall ist es ein totes Leben & Empfinden das aus den Einzelheiten einen anblickt!)/:& das passiert überall in der Gegenwart/ist Kultur kaputt? Das Gehirn 1 Schrottplatz? (:außer Boutiquen lebt nichts!)

(5. Karte):Do, 23. 11. 72. L. M., Zuerst, betritt man den Vorplatzbogen, das Halbrund:das erstaunliche Raumgefühl, man geht im begrenzten großen Freien/(es ist angenehm, sofern wenig Leute da sind, doch dafür wurde so ein Raum nicht geschaffen!):es ist Weite & doch begrenzt./Deutlich sieht man die Steingestalten ringsum in der Luft auf den Kolonnaden:zerfressene, von Abgasen verwischte, Figuren in seltsamen Haltungen, schief, gebeugt, zur Seite, gegen den Himmel, & dann stellt sich ein:wie Witzfiguren, die zu öde sind darüber zu lachen./Es war 5 vor 4./& Ansteigen zum Dom/In der Vorhalle:1 Stand mit Tonband-Ausleihe, „akustische Führung" (da laufen sie so mit Dingern rum & Stöpsel im Ohr!): herein kommt Autolärm & das Sirenengeheul des Unfall resp. Polizeiwagens:1 langer anhaltender Geräuschfaden/ Kitsch!/ Überall Reminiszenzen an Päpste./(= Ahnengalerie!):merkst Du, daß alles sowas nur noch billige Kulisse ist:ich meine Rom, eine abendländische Hauptstadt! D. R.

:L. M., 23. 11. 72 (& dann 1 historischer Flash-Back, nachdem man durch die abgetakelte abendländische Rom-Bühne gegangen ist: siehe Bild vorne/kein Moment z. B. unseres Ausflugs nach Vliehors, kein Moment z. B. unseres Aspirin-Dunst-Samstag-Vormittag-Fahrradtour-Ausflugs auf Texel versagt an Lebendigkeit vor dem angehäuften Kultur-Dreck hier./Ich sah auf die Skulpturen in dem Kirchenraum = vergl. Szene vorne! –:ich sah in dem sakralen Raum Männer & Frauen in starren Gesten & erkannte an ihren Gesten, Aufzügen, Kleidung & Haltung, wie stark über 2 Tausend Jahre Menschen in ihrer Gestalt verbogen worden sind! Verkrüppelt! „Hello Dolly!" dachte ich, als ich wieder vor so einer Stein-Mammut-Frau stand:Titten, Hüften:alles enorm, sie hatte 1 Kreuz in der Hand (1 schob sogar ihren Unterleib vor & war so versteinert) blöde Bart-Männer zeigten durch die Gegend (Raum), hierhin, dorthin!/Kräftige Oberschenkel! In Stein, in der Kirche. Von der Hüfte zogen sich viele Gewandfalten zur Fotze hin. Schön./ Das wars! D. R. (:stell Dir diese Szene bloß mal mit lebendigen Menschen vor!:geschah vor 2 Tausend Jahren!) Die Teppiche hängen jetzt im Museum!

(7. Karte):L. M., 23. 11. 72:& dann kommt die Gegenwart, sowas wie Sinnesverschlampung, die diese Karte ist./(Bist Du auf dem Ausflug bisher gefolgt?)/(& Du merkst plötzlich, in was für Szenen wir gestellt sind, jeder für sich, mit lebendigen, pulsierenden Körpern & weichem, verletzlichem, schönen Fleisch, mit weichen, sanften Körpern & Formen, steif & weich, offen & zu, & man sieht die Parasiten deutlich!)/(: man sieht sie, sobald man 1 längere Zeit, die Zeit unseres Bewußtseins erblickt!)/: als ich dastand, durch die steinerne Kulisse ging, dachte ich: „schnell weg!" (Alles an diesem Tag erinnerte mich an das Glück, an der See zu sitzen, in 1 Sandloch vor Wind geschützt, & für sich)/ „Der Norden!" das ist es für mich immer weiter! (Den Süden gibt es nicht!)/warum hat der südliche Raum soviel Todessymbole aufgespeichert?/Fragen, wissen! D. R./: Gehe in 1 großen Fremdheit des Verstandes hier durch!/(&: dieses ist nach 3 Tausend Jahren Kultur & Abendland & Dichten, Empfinden, Denken, Sehen, Spüren: die Gegenwart!)

Roma · Via della Conciliazione

8. Karte: 23. 11. 72, Donnerstag, gegen Abend: L. M., 1 Gang durch die Gegenwart, sehen & Denken: Rom/(: schwarze Balken Druckerschwärze vor den Geschlechtsteilen, Eingänge & Ausgänge des menschlichen Körpers zu, geschlechtliche Freude & Entspannung verboten durch Familie, Staat, Religion – hier war die Brutstätte: Rom/: Steinflügler auf dem Brückengeländer vor der Engelsburg, einst Gefängnis, jetzt Staatliches Museum/Gestalten, die zerfressen sind, ringsum in der Luft, hoch über mir, in verbogenen Haltungen – die Umgebung des Menschen! Aber schwarze Druckerschwärze vor Hintern, Brüsten, Hoden, Penis, Vagina – ich hörte zufällig in einer leeren Pizzeria, in der ich einziger Gast war, aus dem Radio einen neuen Schlager, dessen Melodie mich an ein Lautenmusikstück von Santino di Garsi Parma erinnerte, & ich sah plötzlich vor mir 1 italienische Landschaft – locker gefügt mit Bäumen, Steinbrüchen, sanften Hügeln und einzelnen Häusern, klar und durchsichtig, wie geträumt – und ich erinnerte mich an Abende in einer schäbigen, schrägen & engen Dachkammer, armselig & still, total ausgeliefert – während ich 1 Pizza jetzt aß, allein in 1 Raum einer Gartenstraße & draußen zischten Busse, Leute, weiße Gesichter blickten auf mich, während ich aß, sahen mir kurz zu, von draußen, dicht vor dem Haus, aus zischenden, ratternden grün verstaubten Blechkästen, & ich sah alles zusammen, damals die Dachkammer, 1 Abend dort, der Plattenspieler mit der 45-er-Archiv-Platte, die ertönte, den Sisal-Teppich, jetzt die ähnliche Melodie, wahrscheinlich geklaut bis auf die Instrumentierung, Laute, & das Wachstischtuch, vor mir die angebrannte Pizza, die bleichen Gesichter, die reinschauten, Sex-Zeitschriften mit Druckerschwärze vor dem Geschlecht: statt Lust – Schwärze, statt Gegenwart: verstaubt, & eine heftige Wehmut ergriff mich, wonach? Ich hätte es nicht sagen können/: alles verbaut?)/: Hier siehst Du, welchen Weg ich nahm heute Nachmittag, Vermischungen von Zeiten, jähe Einblicke, hellsichtige Augenblicke: Punkte, von denen ich Dir schrieb./Dabei hatte ich nur kurz zur Kirche an der Via Veneto gehen wollen, dort die Stuck-Arbeiten aus Menschenknochen, Fingerknöchelchen, Schulterknochen & Beckenknochen ansehen, die Perversion, schon im Film „Mondo Cane" gezeigt, jetzt „live" – es erzählte mir der Architekt-Gast gestern: aber geschlossen (es gibt auch 1 Gruft mit Einlege-Arbeiten aus Kinderzähnen! Alles katholisch! – Doch ich vergaß, daß auch die Mittagszeit 1–1/2 4 für Kirchen gilt: Geld & Religion immer noch, siehe: Schweizer-Garde, Vatikan: Schweiz = Geld & Vatikan = Religion = hat alles versaut!/Also wanderte ich herum, über die Span. Treppe zum Vatikan, immer geradeaus, vorbei an kleinen exquisiten Läden/Schuhe, Pullover/bis zum Tiber, Brücke Umberto/Es war 1 stiller Herbsttag am Fluß, (siehe weiter Karte 9)

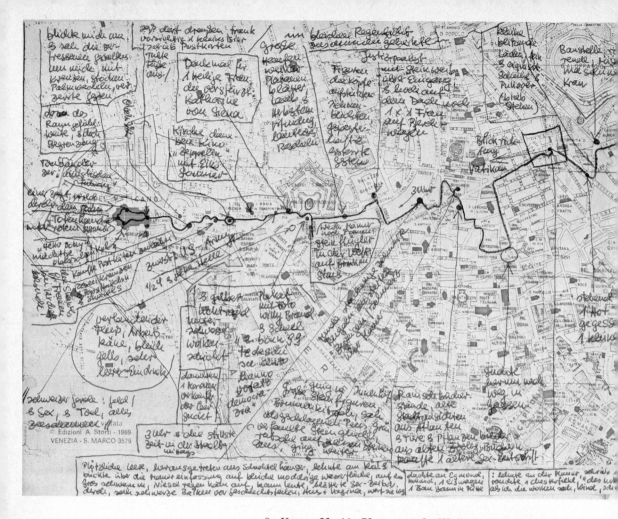

9. Karte: 23. 11. 72: →, große Wolkenschichtungen über den Häusern, Wind, etwas Regen zwischendurch, fast leere Bäume, grünlich-bleich gefleckte Stämme & handtellergroße Blätter, zusammengekehrt, dazu die schwarzen runden Früchte gegen die Luft/ich ging oben an der Mauer entlang, allein, für mich, etwas abseits/: hier siehst Du das Gebäude, auf das ich nach der Brükkenüberquerung stieß – & wieder fiel mir der Wahnsinn menschlichen Daseins, Lebens, der Gemeinschaft & des Staates auf: an den Mammut-Figuren (aber Mammuts sind längst ausgestorben/: sterben wir als Gattung auch aus?), wie der 1 Gespensteraugenblick, für mich, denn Schatten wanderten nicht unsichtbar mit mir mit & neben mir, keine stummen Gestalten, & das macht auch das Empfinden der Entfernung bei mir aus, auch das Empfinden der Furcht, wenn ich mich manchmal umsehe, wo ich mich gerade befinde – keine Rückzugsmöglichkeit für mich auf Ideen-Gestalten, kulturelle Gespenster, Fantasie-Wesen mitten in der Umgebung, da ging nur ich, stumm & sehend, in der Stein-Menschen-Umgebung./Nur das Licht, die Himmelsbewegung war 1 Ausblick & tröstend, es machte ruhig: ich sagte mir, ist doch alles nur Schutt, bloß daß dieser Schutt in Menschen noch lebendig ist!/Ich dachte an alle die anderen großen Städte, durch

10. Karte (23. 11. 72) die ich bislang so gewandert bin/alles Schutt, alles Spuk/aber wohin wollte ich? Ich wußte es nicht einmal genau & weiß es jetzt heute nicht: wer bin ich? Wer ist man, wenn man so geht & schaut?/Ich dachte, daß Rom die letzte größere westliche Hauptstadt sein könnte, die ich mir anschaute – sie gleichen sich, bis auf unwichtige Abweichungen, alle./Aber Leben? Lebendigkeit? Entspannte, angespannte, wache Menschen? Sah ich kaum irgendwo./Ich stieß durch 1 zusammengeharkten Haufen welker Blätter, ein altes Kinder-Vergnügen, Laub rascheln zu machen!/ (:ist 1 bißchen gespensterhafter, träumerischer Laut – das Rascheln von welken Blättern, die man aufstöbert, & man fühlt sich selber dabei wie 1 bißchen von windigen, gespensterhaften Wesen, das nicht sichtbar ist!)/Inzwischen schmerzen dumpf auch die Fußgelenke in den Schuhen vom langen Zu-Fuß-gehen auf dem Asphalt/: was für 1 Umgebung: Überall stehen sie rum, mit Flügeln & verbogen, schleppen Kreuze & Geißeln & Palmwedel, hoch über mir, die steinernen, wegtriefenden Stein-Menschen in der Luft, & dann Plakate mit großen Farbfotos, dasselbe, dieselbe Geste, dieselbe Einstellung, nur im Motiv verschieden, statt Heilige Frauen & Männer jetzt: rohe Fleischklumpen-Reklame, Käse-Reklame, 1 Riesenfrucht auf 1 Plakat: oder eben Unterwäsche, Hüfthalter mit Frau & rausgestrecktem Hintern ringsum

11. Karte (23. 11. 72): hat sich was grundlegend geändert? Ich bezweifele
es stark./Da kam ich an 1 Denkmal, wieder, vorbei, ehe ich auf die Piazza
Pia und der großen, breiten Straße „Via della Conciliazione": diesmal
zeitgenössisch gestaltet, Katharina von Siena/&: bog, durch rasenden
Verkehr, in die Zufahrtsstraße ein: vor mir der Blick auf Platz & Dom,
neben mir, sogleich am Eingang, in 1 Haus: „USO – For US Military And
their Families" – die Niederlassung der Militärmacht der USA. Anschließend dann: Laden mit Heiligen Kreuzen, Köpfen, Papstbildern, Vatikan-
Marken./Im Dom selber, dann, nach Rundblicken auf den Kitsch, der
kolossal in jeder Ecke steht, eben: Halb-Affen-Mythologie!: Steinge-
wandfalten zogen sich quer von den Hüften einer Riesin hin durch das
Geschlecht (: ich interpretiere da nichts rein, ist so!) plus überall Todessymbole: da greift 1 Toten-Skelett-Hand nach 1 Körper etc. – also wieder,
Sex, Tod, Geld – sagte ich mir: „schnell weg!" & schlenderte wieder
raus./(Durch Geruchszonen stehengelassen von Rentnerinnen, mieser
flauer Parfumart!)/Fette Priester, wirklich!, bekreuzigten sich! Ja, & das
war's./Grüße Dein R.

Freitag, 24. Nov. 72, L. M., ein windiger Tag, Regenbewölkung, bleich-graues Licht, Herbst. Kam nicht zum Arbeiten, und ging mir diesen Keller ansehen, wie bereits gestern vorgehabt./Stieg wieder an derselben Haltestelle nahe der amerikanischen Botschaft aus, überall wimmelte es von Polizisten, irgendein Protest gegen irgendeine der zahllosen Verwahrlosungen, die täglich auftreten, lief ab: als ich ausstieg, stand 1 kleine Menge vor 1 Haus und jemand sprach metallen durch 1 Megaphon/die Polizisten hielten sich abseits auf, sogar 1 Bus sah ich, in dem sie hergefahren waren – seltsame Zusammenstellungen von baumelnder Pistole an der Uniformjacke und 1 Säbel an der anderen Seite/ weiße Riemen über der Brust, rote Streifen an der Hose/3 ital. Jeeps bewachend vor der US-Botschaft (welche Botschaft, die sie vertreten müßte bewacht werden? Und was für ein Land, eine Stadt ist das, die solchen Botschaften Aufenthalt & Schutz gewährt: so geht alles weiter den Rutsch in eine unübersehbare Entropie, in den Zustand der Erstarrung – schon heute kaputt, was morgen zu leben ist?)/weiße Lichtlöcher, bizarres gezacktes Weiß in den fast entlaubten Platanenbaumkronen die Via Veneto hinab, fahl-grün-geschuppte Stämme/Windstöße, langes Warten vor 1 Ampel/(ich schlug den Mantelkragen hoch, fröstelte etwas)/: die Steinstufen hoch zur Kirche & rechts den Seiteneingang in die „Mondo Cane"-Gruft: 1 Vorraum zuerst, mit 2 rumlatschenden Capuzinern in Kutten & kahlem Kopf, dafür Bärte, sie schauten frech der Blick, das fiel mir auf, war zynisch-abgebrüht, keine Trauer, keine entsetzte Miene, keine leere Gleichgültigkeit, kein Interesse, sie bewachten & handelten mit einer Perversion – im Vorraum: Postkartenständer, Ständer mit Rosenkränzen, Papstbildern, Broschüren über 1 stigmatisierten Pater, & dazu: Totenköpfe in Nachbildungen, kleine Papstbüsten, Puppen (!) in Zellophankästchen zum Verkauf!/rechts der Eingang zu 1 schmalen Gang, gewölbt, an dem dann links jeweils die einzelnen Gewölbe liegen, rechts die Außenmauer./Das Licht ist düster, man muß mit den Augen tasten, & tastet mit den Augen zuerst eine Fülle als: Knochenfülle, & vielleicht macht es diese Fülle, die das Empfinden betäubt, stumpf macht, vergessen läßt, was man sieht – Stapel von Köpfen (→

2. Karte: 24. 11. 72) → Stapel von Beckenknochen, Stapel von Arm & Beinknochen, Stapel von Schulterknochen – alles getrennt, für sich – sortierte Menschenknochen/: ringsum gestapelt, wie 1 Todeslager, etwas, nein, nichts an 1 Ersatzteillager erinnernd./Das Grauen kommt langsam: ein Grauen über die Perversion, 1 Grauen an das Show-Tod-Business mit Toten, 1 Grauen über Menschen & Ideen, so etwas anzustellen, zu verfertigen – & 1 Ekel, über die Blödheit/Das Verlöschen des Einzelnen in der Totenmasse bis über den Tod hinaus – eine wahnwitzige Besessenheit guckt hervor: die Besessenheit der Idee, der Gemeinschaft/von allen Seiten dringen Menschenknochen aus dem stumpfen Licht auf mich ein: jede individuelle Regung, das spüre ich wohl, soll betäubt werden, runtergeknüppelt – der einzige schauerige Exhibitionismus, den ich kenne (wie traurig dagegen, 1 Zeiger im Park, der sein Geschlechtsteil dem Blick verstohlen, hinter einer öden Aktentasche anbietet, einen Exhibitionisten zu nennen – wo das nur verwirrt, vereinsamt, vor dem Erlöschen der sinnlichen Freude ist – ich begriff: jeder, der nur etwas gegen Sexualität sagt, egal in welcher Form sie sich äußert, hat unrecht, so etwa sagte es 1 × Adorno)/Da war der Tod zu Stukkaturen verarbeitet, da hingen Lampen aus menschlichen Knochen verfertigt – die langen Schienbeinknochen als Halter, muschelige Knochen als Gefäße/es waren braune, torfmullartige Flächen gelassen in den Grüften, worin einige Holzkreuze standen – zwischen gestapelten Gebeinen freigelassener Raum für ausgetrocknete Toten in Ketten, mit Draht an die Mauer festgebunden, da war ein Arm mit einem anderen Arm in 1 Kutte samt Hand zu 1 Kreuz stilisiert/winzige Gelenkknochen waren zu Bögen verarbeitet – hier hat 1 gewütet, der pervertierte vom Leben/ich beugte mich vor & sah aus 1 verstaubten Kutte faserige Gebilde herauskommen, zu einer verschwommenen betenden Gebärde gekreuzt – zusammengebunden mit Draht – ausgetrocknete Haut, die Hände ein wuseliges Gewirr der Zersetzung/von der Decke wollte 1 Gerippe runterstürzen/hinter mir redeten laut und ungerührt 1 holländisches Paar in ihrer puddinghaften Halssprache/sonst war niemand mit im Gang/von oben, aus der Kirche, kamen verwischte pumpende Harmoniumtöne/es roch nach nichts/

248

(3. Karte: 24. 11. 72): plötzlich, als ich einen grauen, porösen Kopfknochen sah, irgendeiner, fiel mir ein, daß wir 1952, 53 im Gebüsch an der Kirche zu Vechta, zwischen faulendem Laub, Fußball gespielt hatten mit einem derartigen Menschenknochen (fühlte ich da nicht 1 Grauen? Ich habe mitgemacht, ich wollte gern mitspielen mit anderen, es war 1 gute Gelegenheit: war es so?)/& ich erinnerte mich eines Schulausflugs in den Hümmling zu 1 Kloster, wo der Altar 1 gläserner Sarg war, man schaute auf 1 vertrocknete Leiche! & das sollte festlich sein, für Gottes-Feste! 1 unmenschliche Schweinerei ist es!)/: Nachdenklich, dieser wahnwitzige Todesfetischismus des Menschen – da ist ein grauer, vorzeitlicher Schatten bis heute, der die Freuden des Körpers verwesen machen möchte durch die Psyche des Menschen, sein Denken)/Fratzen waren die Gesichter: aus 1 vertrockneten Mund ragte 1 Zahn raus, die anderen waren alle weg, verbraucht – man stelle sich 1 x die notwendigen Putzarbeiten in diesen Räumen vor: täglich müssen Menschenknochen gerichtet werden, wohin jetzt mit diesem Zahn? etc./Das Abendland, jeder, der sich darin bewegt, jeder, ist besessen von dem Tod! Von der Idee des Todes! Mehr Tod als Leben./ & mir fiel auch wieder ein, daß über der Steinpforte des Kölner Melatenfriedhofs in Goldschrift steht „Sacer Locus" – Heiliger Ort – aber im alltäglichen Leben gibt es keine heiligen Orte: es gibt ja auch so viel davon,

(4. K.: 24. 11. 72), was?/& mir fiel 1 Szene ein, die ich hier abends bei 1 Rundgang durch das Viertel sah: nämlich abends, nachts, zwischen den schwarzen Baumschatten niedrig am Boden & dicht am Straßenrand die roten Glutstellen der Holzkohle für die wartenden Nutten, die dort standen oder hockten & sich wärmten, von aufblendenden Wagenlichtern jäh herausgehobene halb entkleidete Frauenkörper, die nach Abblenden des Wagenlichts wieder in den schwarz-staubigen Schatten mit der roten Glut unten zurücksanken in Einzelteilen von Schenkeln, Titten, Bäuchen, Hintern – während auf der anderen Seite der breiten Straße über eine hohe Mauer Zementblöcke ragten, vor denen kleine Lämpchen flackerten – die Miniatur-Hochhäuser der Gräber, der Toten, in die Luft gesetzte Schubläden Schubkästen – während in den Autos, sobald eine reingekrochen war, & die nur wenige Meter weiter in den Schatten eines Hauses auf dem Gehweg geparkt werden, die Titten herausgezogen werden, die Strumpfhose zwischen den Knien hing, die Hose aufgeknöpft war & herausgeholt das haarige Hautgebeutel, Sack & steifer Schwanz, & jetzt 1 vielgliedriges Gebilde geworden, mit Anblick aus der Blechkiste auf die Totenlämpchen: Sex, Tod, Geld, alles in eins, zu 1 Zeit, an 1 Ort./ Ich ging noch rasch mir oben die Kirche ansehen: düster, 1 Harmoniumgesuppe von

(5. K.: 24. 11. 72) → einem verborgenen Ort, aus dem trüben Halbdunkel, in dem mir die abgenutzte Schäbigkeit auffiel (: man bedenke doch 1x, wie viele Einzelknochen hier reingegangen sind & den Ort zerwetzt haben wegen ungezählter Miseren) (:& an den Miseren verdienen natürlich die Priester, jeder Pfarrer, jeder Religion, jeder Religionsart: wie Parasiten, die sich um Schmerzen, Wunden sammeln & davon leben, das ist ihre Berechtigung, konkret, alles andere ist Hokuspokus & Tempeltänzerei/man bedenke: 1 ganzer Berufsstand, der von Ausweglosigkeiten lebt, kann der 1 Interesse haben sie zu beheben?)/: Es gab da komische Stühle – Bänke, Reihen nicht – sahen aus wie falsch gesehen & falsch konstruiert: tiefe, dicht über dem Boden angebrachte Sitzflächen mit Bastbespannung, & oben an der Lehne ein schmales Längsbrett: bis ich in der Ecke einen Braunkuttigen sah & der so uneinsichtig zusammen mit den Stühlen 1 Gebilde abgab: der tiefe Sitz ist zum Knien, das Längsbrett zum Aufstützen der Arme: da hockte er Fleischmassig modrig auf dem Sitz tief & wölbte sich oben mit den Armen vor: er hatte sich einen 2. Stuhl rangezogen, das wars:/Ich ging rum & wieder raus: draußen latschte einer der Wächter raus & rein am Eingang, in Sandalen, der Rosenkranz schaukelte & schlenkerte/Regenhimmel, ich sah von der Treppe in die Bäume, die mit gezackten weißen Licht-

(6. Karte: 24. 11. 72) → flecken in den Kronen durchsichtig waren & die an dem Straßenrand standen/gegenüber dem Keller mit Menschenknochen als Schmuck 1 Parfumladen – daneben 1 Hotel, exquisit, Hotel Alexander, daneben noch 1 Hotel: (Projektion: die Oberkiefer halbrunde, die ich eben zu 1 Einlege-Schnörkel-Arbeit über mir an der Decke sah, als Verzierung in der Eingangshalle zu dem Messing & roten Läufern?)/ (:Touristen hatten auf der Schädelwölbung irgendeines anderen ihre Namen mit Daten geschrieben!)/: da wackelten die vollen Körper, alle geschlossen durch Ideen & Gedanken/(Der Eingang zum Leib, zur Wärme eines anderen: geschlossen)/Hinter mir, an der Kirchmauer 1 Tafel: Centro Cooperazione Missionario Cappucini – Cappuzino-Kaffee-Mission? Cooperazion mit dem Tod? Missionieren mittels Grauen?)/: gleich neben den gestapelten Menschenknochen, unten dran, neben dem Treppenaufgang: 1 Boutique „Unisex" mit Schildern von Diners Club & Fichel Club & Carte Blanche/Die Kirche war natürlich einer unbefleckt (vom Sperma unbefleckt = also Sperma gibt Flecken!?) Empfangenen geweiht „Immacolata Concezione"/: unten 1 Witz von 1 Schwulen: rost-

rotes Haar, weiche beige-braune Flanellhose/Busse stinken in die Plata-
nen/auf solchen Maschinen rasen sie hier überall herum, laut und stin-
kend/

(7. Karte: 24. 11. 72) → „sieht nach Regen aus", denke ich./1 runterge-
hendes Flugzeug über den Dächern/(: und sieh mal diese giftigen Flug-
maschinen an! Versprühen giftige italienische Nationalfarben, das Gift
der Nation/& kommen heulend heran, Tod, Tod, Tod, was sonst? ver-
breiten sie?)/(: das wird alles mittels solcher Karten unter die Leute
gebracht – & noch so viele Polizisten, überhaupt Uniformierte, sah ich
bisher in 1 Land wie hier in Italien!)//: da ging schon wieder einer dieser
Halbaffen-Kontrolleure in Uniform.//(kam gerade aus dem Bus, der
direkt vor der Kirche hält)//: 1 juckte sich mal wieder ausgiebig am Sack
durch die Hose, einer rülpste ungeniert laut, hörte das bis zu mir in Höhe
der Baumkronen/Rundblick: Scandinavisches Reisebüro, amerikanisches Fotzengegacker/Hotel Imperial/(gelbes Messing)/grün-bleich ge-
schuppte Baumstämme, düsterer Himmel/hatte etwas Kopfschmerzen/
es war gegen 4 Uhr/ich ging nachdenklich die abfallende Straße, das erste
Stück der Via Veneto hinunter bis zum Platz Barberini mit dem schwarz-
angelaufenen Brustkorb des wasserspeienden Tritonen, dahinter die
Baustelle vor der Metro Roma & rundum Reklamen: Disney On Parade/
Richard Burton als Barbablu (Blau-

(8. Karte: 24. 11. 72) → Bart)/& großes Hitler-Frontal-Bild in rosafarbe-
nen Wolken für Documenti Terribili/daneben eine Nackte hingestreckt
über das Panorama einer Stadt für Le Mille e Una Notte/: Mickey Mouse
zieht den Zylinder unentwegt/: fühlte ich noch was außer Wirrwarr?
Spürte ich noch mich selber außer permanentem Aufpassen auf den
Wagenverkehr?/: Schuhgeschäfte, Boutiquen, Pullover, Glas, Silber,
Zeitungsstände, Bars, nur zum Stehen/: da stand ich, 20 nach 4 unter dem
herbstlichen Rom-Himmel, mit gestapelten Menschenknochen (wie bei
Cannibalen, zur Erinnerung an vergangene Feste, so kams mir jetzt in dem
Verkehrslärm erinnernd vor: 1 protzen, was sie alle gefressen hatten in der
vergangenen Zeit, durch Jahrhunderte – & sollten sie auch nicht unentwegt
„Menschen fangen"? Abgenagte Knochen, also) hinter mir//: Rom ist
das!//(Mensch, geh mir weg mit dem Süden & den Halb-Affen!) – was
mich wundert, ist: sie, wir, Menschen, haben nun alles, schöne Kleider,
Geschäfte, Museen, Untergrundbahnen, Autos, Flugzeuge, sogar Sex
ohne schwarze Balken vor dem Geschlechtsteil: warum sieht denn alles so

(9. Karte: 24. Nov. 72) → unendlich weit ausgedehnt häßlich aus? Warum
ändert sich nicht das Straßenbild, was die Atmosphäre von Lebendigkeit
& Schönheit anbelangt? Sie tragen doch alle gute Kleidung, sie wissen
doch alle, daß es tatsächlich keine Druckerschwärzebalken (wie bei Ver-
brechern oder Razzia-Polizisten vor den Augen: ist das Geschlechtsteil
„sehend"? Ein Auge? Ganz bestimmt! Was die Behandlung, Tätigkeit,
Empfindlichkeit, Befriedigung, Freudeempfindung anbelangt – also doch
1 Auge) vor dem Geschlecht gibt: warum diese erloschene Atmosphäre,
was das konkrete Leben auf der Straße anbelangt (& sollte ich so dumpf
sein, mir etwa trügerisch vorzustellen, daß die Einzelnen, die ich mir
einzeln auf der Straße ansehen kann, ohne daß sie sich beobachtet fühlen,
sie also gleichsam im Zustand des Unbeobachteten, „live", erwische, für
Sekunden, sollte ich glauben, daß ihre Fröhlichkeiten, ihre Lebenslust
hinter geschlossenen Türen & in geschlossenen Zimmern erst richtig zum
Vorschein käme? Das macht mir niemand weis! Wie oft war ich auf
kleinen Zusammenkünften, & wie oft sah ich das, was jeder Einzelne
unter Lustigkeit ver-

(10. Karte, 24. 11. 72) → stand: die erloschene Atmosphäre rief bloß eine kindische Hysterie von Lustigkeit hervor, aber kein Behagen./–: Wenn ich das schon wieder lese & sehe: „Das jüngste Gericht", wird mir übel vor der Verlogenheit – ein jüngstes Gericht gibt es nicht, wird es nie geben, es gibt für den einzelnen Menschen nur die Gegenwart, & kein Kollektiv!/Da stürzen die nackten Leiber durch imaginäre Räume: sind alles Masochisten gewesen, die sich das ausgedacht haben & sogar gewollt haben!/Und so klebe ich 1 Foto aus der Gegenwart drauf & was ist der Unterschied?/: „die Rosinen mir rauspicken aus der Gegenwart?" Aus einem verfaulten, verfaulenden Lebensteig der Zivilisation & Kultur?/ Ich sehe, was ich sehe!/Schatten, die sich bewegen, überall, Schatten in den Menschen, Menschheitsschatten in den Nervenreaktionen, ich zucke zusammen./Draußen regnet Wasser aus den kondensierten Gasen & Dämpfen, schwarze Nachtdämpfe über den Häusern, sich biegende Bäume, schwarze, rauhe große Pflanzen/: das bisher eigenartigste waren total blattlose Bäume, an den kahlen Ästen & Zweigen hingen rote Früchte/:

(11. Karte: 24. Nov. 72)/→ ich denke, daß die Durchschnittsmenschen dermaßen zu sind („geschlossen"), daß sie gar nicht sehen, wo, in welcher Welt, welcher Zeit, an welchem Ort sie leben & was für Bilder, Eindrükke, die im abwesenden Zustand, während ihre Gedanken woanders sind, in sie eindringen wie Viren & sie zerfressen – oder sie wollen es nicht sehen, im Gegensatz zum ersten, und dann frage ich mich heimlich, was haben sie als Einzelne dagegen zu setzen? Da verbergen sie ihre Schätze, wenn es welche sind, und drucksen verlegen herum./Ich fühle mich manchmal ungeheuer leer, ohne Ideen, ohne Gedanken, ohne Vorstellungen: ich sehe mich um, was ist da, was ist los? Ich habe nur, das weiß ich, diese Gegenwart, in der ich mich befinde konkret zur Verfügung, diesen Augenblick & das Material, was darin ist – mehr nicht, aber doch, trotz dieser Beschränkung habe ich jedesmal eine viel größere Ansicht & Einstellung zu dem, was da ist, als das, was zu mir spricht aus dem, was da ist, 1 Zimmer, 1 Essen, 1 Straße, 1 Mensch, 1 Gespräch, 1 Idee, die geäußert wird – das ist <u>kein</u> Traumzustand, liebe Maleen, wie Du meinst, es ist <u>keine</u> Flucht aus der Gegenwart, deren Beschränkungen ich überall sehe, aber ich sehe auch die Verrottung, & immer ist in mir die weitere, hellere Vorstellung, & sie <u>muß</u> möglich sein,

(12. Karte, 24. 11. 72) konkret, andernfalls ich sie ja gar nicht denken könnte. Wie konkret? Alles genauso, Straßen, Menschen, Ideen, nur ganz anders./Vielleicht, mag sein, ich bin 1 Bauer – ich fürchte mich nicht mehr davor, ein garstiger Bauer zu sein, pflügen, reinsäen, sehen was rauskommt, sehr naiv. – Pah, was sind denn schon die anderen, mit ihrem Bewußtsein, ihren Formulierungen, ihren Aussprüchen? Man wird sehen. & ich beziehe auch Deine vielen Vorbehalte mit ein, Deine Vorbehalte, die Du oftmals, im einzelnen Fall, nur machen konntest auf Grund bestimmter Ansichten über Stil, Form-Abdrucks & Verhaltensfragen, auf Grund von <u>fleisch</u> (in Dir Fleisch) gewordener Zivilisationswerte./ (Ich meine die sinnliche Ausschweifung, ohne Absicherungen hier & da, ohne Vorbehalte – Vorbehalte, die riesenhaften imaginären Gestalten aus einer Vergangenheit: wie lächerlich sie hier auch gerade in Rom zusammenschrumpfen, besehe ich mir die Rückstände!)/(Zivilisation: hier auf der Postkarte hast Du sie – da fliegen Jagdbomber, Militärmaschinen, der Sonne entgegen!)/– Dagegen ist nur 1 Sinnlichkeit zu setzen, ohne Grenzen. Sonne! (wenigstens ihr Licht!)/Ich wünsche Dir Freundliches. D. R. Waren es zu lange nachdenkliche Gänge?

ROM – KAPUZINERFRIEDHOF – EINGANG

Der Friedhof besteht aus einem 40 m. langen Gang mit 6 Raümen.

Durch Verfügung des Papstes Urbans VIII wurde Erde aus dem Garten Gethsemani bei Jerusalem hierhergebracht. Pius VI hat den Besuchern des Coemeteriums einen vollkommenen Ablass für den ersten Sonntag im Oktober verliehen.

Im Friedhofe ruhen ungefähr 4 Tausend Kapuziner, die zwischen den Jahren 1525 und 1870 in Rom gestorben sind. Mehrere von diesen haben im Rufe der Heiligkeit gelebt. Die dort begrabennen Kapuziner gehörten den verschiedenen Nationen Europas an.

Die drei fast unversehrten Skelette, die im ersten Raum sich befinden, sind die Ueberrest von drei Neffen des Papstes Urbans VIII, der aus der fürstlichen Familie Barberini stammt. In der Grabkapelle liegt Fürst Matteo Orsini, der auf seinen Wunsch hin mit dem Kapuzinerhabit begraben wurde. Links ruht das Herz der Fürstin Maria Peretti, einer Nichte des Papstes Sixtus V, und grossen Wohltäterin des Kapuzinerklosters. In der Wand dem Altare gegenüber ruhen di Reste des Pietro Bargelini, Patriarchen von Jerusalem. Am Grabe, in mitten der Kapelle, sind die Zuaven begraben, die in der Schlacht bei der Porta Pia, im Jahre 1870, gefallen sind.

Der Ueberlieferung nach soll der Friedhof das Werk eines Kapuzinerpaters sei, der am Ende des 18" tahrhunderts aus Frankreich verbannt worden war.

Der Friedhof ist eigen in seiner Art. Viele Besucher gehen dorthin.

Die holzernen Kreuze, die sich auf den Grabstätten erheben, und die Ueberreste der Verstorbenen mahnen die Besucher an die Flüchtigkeit der Zeit und die Wichtigkeit der Ewigkeit. Ein Gebet sei den lieben Verstorbenen geweiht.

KAPUZINERFRIEDHOF IN DER UNTERKIRCHE
DER «IMMACOLATA CONCEZIONE»
ROM – (Piazza Barberini – Via Vittorio Veneto 27) – ROM

Dienstag, 28. November 1972

Der Schrecken und auch die Traurigkeit, der von den verstaubten, zerfressenen antiken Ruinen ausgeht (Säulenreste, Torbogen, Statuen, Amphitheater, Grundrisse) liegt darin, daß bis heute nicht weitergefunden worden ist.

Die schnurrende Katze auf dem Sessel, abends, schwarz-weiß gefleckt.

Mittags eine Blut verkrustete Katze im Sonnenlicht, tiefe Wunden an der Seite, und ein Auge, das ausgelaufen war. (Dazu eine weiße Katze mit löchrigem Fell, struppige kranke graue Katzen, und fette gelbe kräftige Katzen daneben, gleichgültig, sich im Sonnenlicht wärmend.)/Mich befiel beim Vorübergehen ein Grauen beim Anblick. Auch Mitleid.

Jahnns Fluß Ohne Ufer, Teil 2 ausgelesen (und plötzliche Schübe einer Traurigkeit, als ich in der Küche saß, ein rauhes, trockenes Weinen, worüber? Warum?/Auf dem feinmaschigen grünen Fliegengitter vor dem Fenster die Schattenzeichnungen der Blätter und Äste, dazwischen helle, blendende Sonnenrisse).

Öde und Gleichgültigkeit des Angestelltenwesens im Göthe-Institut. (Vertrocknete deutsche Beamten-Atmosphäre.)/(So stellen sie sich Kultur vor.)

Eintrittsgelder, etwa 10 DM, und Platzkarten bei katholischen Messen im Vatikan, die der Papst zelebriert (ekel als ich das hörte, und grinsen)/Fotografieren ist verboten/Billigstes Show-Business.

Fotografieren verboten: katholische Schulen und Halb-Verrückten-Asyle (wenn es mal brenzlig für sie wird, brauchen sie einfach nur diese Asyle zu öffnen und die harmlosen Irren auf die Straße schicken, zum Beweis ihrer Rechtfertigung mittels Schrecken), ebenso verboten in Nähe militärischer Kasernen und Anlagen zu fotografieren.

Die rumwühlenden Paare im Dunkeln der an der Seite der Villa Massimo abends geparkten Klein-Wagen (ein so häßlicher, grauer und muffiger Anblick, beim Vorübergehen, nicht die Spur Zärtlichkeit ist vorstellbar).

Winterliche klare Kälte, ein kalk-weißer Sichelhalbmond, Sterne, hoher Himmel, Erinnerungen an die lautlosen, und wie mir vorkommt, grenzenlosen ländlichen Winter in Vechta, sekundenlang, mit kleinen Atemwölkchen vor dem Mund.

Nachts durcheinandergehende Trieb-Vorstellungen, vom Sperma-Herausspritzen, Ejakulation, aber das war morgens, als ich mich wirr erinnerte, nicht erkennbar an irgendwelchen Flecken, im Bett, auf dem Laken, oder verklebtem Schamhaar (was hatte ich geträumt? Es hing mit Fotos zusammen.)

Die Erfahrung, wieder, allein zu sein, auch mit Schrecken durchsetzt, nämlich die totale Verlassenheit des Körpers in unserer Welt (die Solidaritätsfasler wissen nicht, wovon sie sprechen: Solidarität der Schmerzen, der Einsamkeit?)

Auch Empfinden einer hilflosen und heillosen Ungeschicklichkeit bei mir, in mir, die ich feststelle.

Mußte mir 5Tausend Lire leihen bis zum ersten Dezember (unangenehm).

Plötzliche Einbrüche: was weiß ich überhaupt? Was kann ich? (Nicht einmal die gepanzerte selbstverständliche Dickfälligkeit habe ich, ein Buch das geschrieben ist von mir hinzunehmen, oder einfach zu schreiben und es dabei bewenden zu lassen.)

Libber Brinkmann,ich habe kalte Füße. Das ist schon mal eine
Ortsbestimmung. Es ist eine winzige Wohnung,die ich inzwischen
gefunden habe, man steigt gewissermaßen aus dem Bett direkt in
die Closchüssel, sonst alles Schleiflack, bemalte Plastikvorhänge,
ein Heizstrahler brennt einem ständig von der Decke auf die
Birne, dabei kann ich dankbar sein; denn diese kleine Stadt,
Leamington, hat für mehr als 2ooo Studenten Platz zu schaffen.
Ich bin es sogar. Dankbar. Die Leute sind freundlich. Sie laden
mich zu Parties, wo wir uns zwei Stunden lang an einem Glas Rosé
festhalten und uns nach unserem Befinden fragen. Dann gibt es
Kaffee. Ich genieße das. Ich bin das deutsche Gewurzel und Gegrün=
del manchmal verdammt leid. Kürzlich schrieb mir ein Mädchen:
"Im Bewußtsein etwas Banales zu sagen: Wie geht es Dir?" Vielleicht
hast Du recht: vielleicht hilft da wirklich nur noch in den Hintern
treten. So kaputt waren wir nicht einmal unter Adenauer.
Wie geht es D i r? War es das, was Du Dir vorgestellt hast?
Vorstellen kann i c h mir Dich nicht in der Villa Massimo. Was
liefert Dir die Stadt? Und was nimmst Du Dir? In der'Zeit' las
ich einen Artikel über Rom; so ein Geflunker kann auch nur eine
Verwandte Mussolinis verzapfen. - Born? Du kritisierst die Rolle,
die Schnaps und Bier in seinen Gedichten spielt. Du machst hoffent=
lich keinen qualitativen Unterschied zwischen einem Schnaps-und
einem Drogenrausch? Ich nehme doch an, Du bist mit mir einig, daß
ein mit LSD abgefüllter Nixon höchstens sensiblere Bomben wirft,
aber bomben wird er weiter, auf jeden Fall. Also wir haben nach den
Ergebnissen zu fragen. Ob das Bier ,oder die Droge zum Thema wird;
und
oder das Gedicht in Mitleidenschaft zieht. In 'Acid', mehr noch
in'Silverscreen' gibt es ein paar wunderschöne Gedichte. Es sind
die,denen man am wenigsten anmerkt, daß die Droge unter Umständen
ihr Promoter xxxxx war. Ich erinnere dagegen ein Mescalin-Gedicht
von Michael McClure (erinnere ich richtig?). Höchst langweilig.
Von Nichts als dem All und dem Nichts die Rede. Dann schon lieber
Gedichte,wo die Schnapsflasche auf dem Küchentisch Initialzündung
ist. Hauptsache,die Reise geht nicht nach Innen. Das ist schon mal
was. Denn ich kann zwar von der Außenwelt etwas über die Innenwelt
erfahren, aber nicht umgekehrt. Und Rimbaud,den Du in diesem Zusammen=
hang herausstellst? Ach bleib mir mit den Genies vom Leib. Was an
sowas nicht Legende ist, ist meistens sehr mickrig. Genie, haben
die Schüler von Babiana gesagt, ist eine Mischung aus Faulheit und
Rassismus. Ich höre eben gerade Wagner,'Lohengrin': Welch ein Höhe=
punkt der Musik (wenn man die Entwicklung der Musik für sich betrachtet). Und welch ein Niedergang der Kultur,hochbezahlte Parasiten,die
sich mit gockelhaft geschwellten Kostümen den hanebüchensten Unsinn
an den Kopf brüllen. Und da bleibt dann auch von Wagner nichts mehr
als ein parfumierter Elite-Friseur. Der Theatermann Eduard Devrient
hat mal erbittert gesagt: Die großen Künstler sind ein Unglück für

Rom, d. 21. November 72
Villa Massimo

Lieber Piwitt,

zuerst zwei mir wichtige Sachen, die Du unter Deinen Brief setztest:

wie sieht die Möglichkeit aus, für 2 Monate, und dazu noch gut bezahlt, dort in England zu leben? Ich bin daran wohl interessiert, da ich von meinen Besuchen her es immer interessant und anregend empfunden habe, denke ich an die Aufenthalte in London. Es wäre freundlich, könntest Du mir Genaueres dazu schreiben. (Ich bat den Verlag, an die Universität zu schreiben gerade als ich hierher fuhr, und inzwischen ist wohl Nachricht gekommen, doch weiß ich nicht genau welche.)

(. . .) Der totale Zwang, alles und jedes sogleich in eine Nützlichkeit zu bringen, erschreckt mich. Soweit ist es gekommen? Ja, soweit ist es gekommen, daß jeder Schriftsteller, mit noch so einem armseligen Erfahrungshintergrund, sogleich an die Öffentlichkeit tritt. Die Verwertung, das sehe ich hier wieder deutlich, steht an erster Stelle, ohne überhaupt noch zu sehen, was verwertet wird, Hauptsache: es kann verwertet werden. Und so wird in den Kanälen reingestopft, was nur reinzustopfen ist, jede Hohlheit, jede Winzigkeit, jede Plattheit – und es ist das der Grund für die Langeweile der deutschen Literatur hier in der Gegenwart, die einen befällt, wenn ich sie lese, daß gar keine Erfahrungen gemacht werden, sondern Verwertungen geschehen.

Das bringt mich noch einmal zu „Das Auge des Entdeckers": welch ein Anspruch steckt schon in dem Titel, was verheißt er, Sehen, Entdecken, Aussichten, Einblicke, Erfahrungen, er verheißt auch Kühnheit, nämlich ausgefahren sein zu entdecken, er verheißt: da ist jemand, der nicht fortsetzt, sondern der entdeckt – und sogleich fallen mir Fahrten ein, Reisen, man kann sie auch heute Trips nennen, wohin? – In den grauen Raum, die Gehirnkammer, wie ist dort das Land? Welche Bezirke hat er durchstreift? Und was bringt er mit? – Und mir fällt auch ein, daß jemand nicht ein Handelsschiff besitzt, in diesem Fall das Handelsschiff Literatur, sondern Abenteuer, er betreibt das Geschäft des Entdeckens auf eigene Faust und auf das eigene Risiko hin – es steht hinter ihm keine Handelsgesellschaft, keine kulturelle Institution, keine Verwertungsgesellschaft Wort – er betreibt es aus dem gar nicht zu unterdrückenden Drang des Menschen zu wissen, kennenzulernen – meinetwegen neue Flächen, Räume zu erkunden, kartografieren, öffnen – und wo landet es in diesem Fall konkret?: In der Wiener Wald Atmosphäre, nebenan, „nebenan ist Wunderland?", nebenan ist Öde! – Nun trägt es sich gewaltig vor: nein, ich habe keine Lust in diesem Fall zu zitieren, Du kennst ja das Buch. – Hast Du einmal diesen Zusammenhang bedacht? Und hast Du einmal gesehen, daß – ich spreche nicht von Wertungen für Rausch und Drogen, obwohl dort tiefe Unterschiede bestehen – (es ist ja lächerlich, die Unterschiede leugnen zu wollen, die Auswirkungen der verschiedenen Mittel sind ja offen) – daß nicht eine Spur Verfeinerung der Einsicht in Rauschzustände vorhanden ist? Und dann ihre Beziehung zur Einstellung hinsichtlich der Realität? Was ist dort für eine Grobheit am Werk? Und das ist ein böser, fataler Geschmack. Er bleibt hinter dem zurück, was längst da ist und worin Einsichten bestehen. (Nein, ich zitiere nicht!) Ich meine, wenn jemand schon Das Auge des Entdeckers schreibt, dann hat er die Verpflichtung, auch Entdeckungen auf den Tisch zu legen – unabhängig vom nützlichen Aspekt, vom Wertungsaspekt, vom Aspekt des Gebrauchens nach den Maßstäben des Augenblicks, nach Maßstäben der Befangenheit. – Und da, auf einmal, sehe ich das Grauen, das auch so ein Elaborat darstellt, das es vermehrt, ich sehe die wahnwitzige Besessenheit nach Verwertung, ich sehe auch die Armut

jede Kultur'. Lies mal Lange-Eichbaum: "Genie und Irrsinn": Horden
onanierender Krüppel, verwöhnte Babies, mit einem Schwanz von Legenden=
und Maskenbildnern dran. O Gott, ich mag garnicht daran denken.
Was für ein Gesochs. Das einzige Stück Prosa, daß mich in den letzten
Jahren wirklich angegriffen hat, war der Bericht einer Frau, die
bei 'Iglu' oder 'Findus' am Band Fische verpackt hat.
Ich weiß, jetzt sitzen wir eigentlich schon wieder fest. Das heißt,
ich habe Deinen letzten Brief neben mir liegen, aber ich mag ein=
fach nicht streiten. Du widersprichst einer Menge von dem, was ich
im voraufgegangenen Brief schrieb. Du stellst dagegen, was Du selbst
für richtig hältst. Dazu die Mißverständnisse, die bei Briefen unver=
meidlich sind. Weil man nicht unterbrochen wird, sich nicht korrigieren
lassen kann. Ich würde diese Mißverständnisse nur vermehren, wenn ich
auf alles nochmal einge̲he. Sieh mal, natürlich könnten wir das mal
durchspielen: Ich mach den Marxisten, Du machst den, der glaubt, wissen=
schaftliche Erkenntnisse, medizinische, biologische, anthropologische,
seien nicht von den jeweiligen ökonomischen Verhältnissen konditio=
niert. Also, Du sagst, ich zitiere: "mein Eindruck ist, daß die Emanzi=
pation der Frau ein Problem ist, daß nach rückwärts verläuft, wie über=
haupt jeder allgemeine Befreiungsversuch von Klassen, von Nationen, von
Rassen". Gut. Dann sage ich: Das sagst Du nur, weil du konditioniert
bist von gesellschaftlichen Verhältnissen, deren Beherrscher an
einer gesellschaftlichen Emanzipation nach vorwärts nicht interes=
siert sind. Weiter: Du zitierst einen englischen Arzt, Grey Walther
(oder wie?) und einen amerikanischen Dr. Kamiya, die in den 6oer
Jahren auf 'evolutionäre Fortschritte', das Gehirn, das 'autonome'
Nervensystem betreffend, hingearbeitet haben.. Dann sage ich: Auf die
Idee, daß es darauf ankommen, das menschliche Nervenzentrum statt
die Nervenzentren der Macht in̲x̲d̲e̲n̲x̲G̲r̲i̲f̲f̲x̲z̲u̲x̲b̲e̲k̲o̲m̲m̲e̲n̲ zu kontrollieren,
konnten die nur kommen, weil sie in einer Zeit des Status quo, also
der weltweiten sozialrevolutionären Friedhofsruhe, glaubten, alles sei
so, wie es ist, soweit in Ordnung; nun brauche man nur noch den
Gehirnfunktionen, dem autonomen Nervensystem auf die Schliche kommen.
Also eine Konzession an das Schlecht Bestehende, an das , wie Marcuse
sagen würde, ödeste Realitätsprinzip. Mehr noch: eine schmutzige
Dienstleistung für die, die heute schon mein Unterbewußtsein und
meine Sinnlichkeit kontrollieren. Soll ich mir da vielleicht morgen
schon von dem Klosettpapierfabrikanten Hakle vorschreiben lassen,
wann und wie oft ich scheiße?
Weiter: Du zitierst einen deutschen Anthropologen R. Bilz, weiter
einen Adrian Kortlandt, wonach - ich vergröbere jetzt unzulässig -
alles Elend damit begann, daß die Schimpansen von den Bäumen in
die Savanne runter mußten. Gut. Dann sage ich wieder: Warst Du
schon mal im Springer-Hochhaus in Berlin, 16.Stockwerk, dem Allerhei=
ligsten, echt gotische Täfelung und so? Weißt Du, das ist ein
Gefühl wie mit Bananen-und Wasserproviant für 3 Jahre auf einem

des Blicks, die Energielosigkeit – wie soll ich da den Entdecker ernst nehmen? Wie kann ich die Inflation des Begriffs Entdecken hinnehmen?

Ich bin nicht für die Bescheidenheit, ich bin für Ansprüche, sie hängen natürlich mit dem Einzelnen zusammen, und so erlaube ich mir, den Einzelnen anzusehen, was hat er mir, einem anderen Einzelnen, zu bieten? Es ist schon ein Teil des allgemeinen Grauens, daß die Freude am Bewußtsein, die Freude an Büchern, am Lesen so sehr verneint wird (und das ersehe ich auch aus Deiner Haltung), es ist ein unsichtbares Ausrottungskommando am Werk, es arbeitet hinter den Wörtern und Bildern, die man spricht, es hockt in den Vielen. Und es zerstört die Genußfähigkeit an Künsten.

Das, diese Einstellung, trennt uns beide wahrscheinlich unüberbrückbar. (Und ich habe es erlebt, wie sie sich rühmten in das Rektorat der Universität hingeschissen zu haben, wie sie dort im Raum standen, Universität Köln, 1969, ich sah sie dort blind reden, und ich habe die Abwesenheit dieser Weltreformatoren physisch erfahren – ich stand am Bücherschrank, ich sah mir die Titel dort an, was stand darin, und ich habe keinen gesehen, der auch nur die Gelegenheit wahrgenommen hätte, sich darin zu orientieren, vielleicht 1 Buch zu entdecken, das er lange nicht erhalten konnte, das er vielleicht gern besessen hätte, worin er genossen hätte, fein und sensibel, er hätte es stehlen können, er hätte es stehlen können und damit etwas anfangen können, aber so? – Mich befiel ein wilder Haß auf diese automatischen Weltreformatoren, ihre Ansprüche, ihren Nützlichkeitswahn, ihre stupende körperliche Haltung – aber hingeschissen, wie Primaten, die von ihrem Freßplatz jäh vertrieben werden, dessen rühmten sie sich! Und diese Maulfürze – immerzu: Scheiße! – Maulfürze und mit dem Mund scheißen, vergammelte Platzbehauptung von Primaten! Auch da sah ich die Reduktion auf undifferenziertes Gewebe, auf das Verlöschen der Freude am Schauen, Lesen, Nachdenken, Wissen, an Stille – und es tut mir nachträglich leid, auch nur einen von ihnen mit diesen Blindblöcken und Blindbegriffen im Kopf durch die Wohnungstür bei mir gelassen zu haben. Enttäuschung? Nein, nichts da, eine Erfahrung!)

Jeder darf über jedes reden, das ist Demokratie, jeder darf sich frech erlauben, seine Ansichten breit zu treten, das ist soziales Verhalten. Jeder darf über jedes schreiben, ohngeachtet des Wissensstandes, das ist Kunst.

Und worauf läuft es hinaus? Auf den Traum vom Rentnerdasein! Ein ganzes Volk, Staaten nach Staaten, voll Rentner und Rentnerträume! „Wenn ich mal meine Rente sicher habe" – so schreibst Du. Ach, Piwitt, was kann denn daraus gutes kommen? „Rente im Herzen und Höhensonne im Bauch". – Rentnervisionen, Rentnerentdeckungen, Rentneransichten, Rentnerdasein als Utopie, Rentnerkarten und Rentner-Wurst! – Das ist Tod, das ist Entropie, das ist Grauen! –

„Vor den Latz knallen",: meinst Du daran liegt mir? Aber ich bin noch nicht so erschlafft, um Rentnerträume zu hegen, aus Rentnerträumen baut sich kein neuer Kanal der Wahrnehmung, der Lebensfreude auf, nichts Vitales, nichts Lebenswertes, eine Abrichtung durch den Staat, eine staatliche Glücksverheißung, wie arm. – Alle Träume sind verfault, alles Material zerträumt: so bietet sich das Rentnerdasein von selber an, wie ein fauler, stinkender Gehirnköder.

Und „vor den Latz knallen", schreibst Du: ich knalle niemandem vor den Latz (ist Latz etwa der Hosenlatz?: ich schlage nicht in die Eier!) – doch macht mich wütend, daß einzelne oft gar nicht wissen, oder wissen wollen, was sie sagen und wie die Zusammenhänge sind.

Da ist die Vision der Rente, des Rentner-Daseins, ein Maßstab im Hintergrund des Bewußtseins und für die Ausdrucksfähigkeit, die Entdeckerfreude? Dabei stellt sich doch nur folgerichtig der sentimentale Begriff des „Soliden" ein.

262

Affenbrotbaum sitzen,während unten der Leopard sich von Tag zu Tag
mehr zum Kotzen vorkommt. Marx hat mal sowas gesagt wie: unser Elend
rührt nicht von der kleinen Hütte her, in der wir leben,sondern vo n
der dreistöckigen Villa, die sich jemand neben unsere Hütte baut;
erst in diesem Moment werden wir bedürftig.-Du siehst,man könnte das
endlos fortsetzen. Aber es führt zu nichts. Bei Brecht, in den
Keuner-Geschichten, wird einmal ein Arbeiter vor Gericht gefragt:
ob er die weltliche oder die kirchliche Eidesformel benutzen will.
Worauf er antwortet: "Ich bin arbeitslos." Was heißt das? Angesichts
seiner Erfahrungen und Bedürfnisse ist die Frage des Richters
sinnlos. Sie entstammt einem andern System von Wirklichkeit. So geht
es uns. Ich habe ein System,ein Modell, nachdem ich meine Erfahrungen
und Bedürfnisse ordne. Und Du hast ein anderes. Das sehe ich schon
daran, wie Du Dir Deine Lektüre aussuchst. Die Frage ist nur: Welches
Modell ist praktikabel? Und wofur soll es praktikabel sein?
In der Naturwissenschaft wie in der Gesellschaft arbeiten wir mit
Modellen. Wenn das Modell der klassischen Physik ausgereicht hätte,
wäre es nicht notwendig gewesen,dem Mikrobereich neue Gesetze abzugewinnen,
die die Vorgänge in diesem Bereich erklären und praktikabel machen.
Brecht schreibt einmal: "Wenn es für meine Klasse (die bürgerliche)
noch irgendeine Möglichkeit gegeben hätte, die auftauchenden Fragen
gründlich zu lösen - ich bin überzeugt,daß ich dann nur wenig Gedanken
an das Proletariat verloren hätte". Was aber heißt dann 'praktikabel'?
Ich habe früher gelernt,daß Schwarze minderwertiger sind als Weiße.
Mein Vater erzählte mir,daß aus Mischlingsehen überproportional
Verbrecher hervorgehen.(Was stimmt;bloß nicht aus den Gründen, an
die er glaubte, will sagen,aus Gründen der Blutsmischung)Ich habe
weitergelernt,daß der Mensch ein Wolf unter Wölfen ist,daß das Kapital
'arbeitet', daß ein Mann seinen Mut beim Tiere töten zu beweisen und
ein Mädchen dazu zu kreischen hat. Du wirst zugeben,daß alle diese
'ewigen Wahrheiten',die man ruhig dem Modell Kapitalismus, und seinem
und dem dazugehörigen Syndrom Rassismus-Kolonialismus-Purita=
nismus zurechnen kann, unpraktisch sind, weil sie eine Unmenge unprak=
tischer Agressionen in die Welt und auf Dauer setzen. Wenn ich dagegen
lerne,daß es Klassen gibt,von Unterdrückern und Unterdrückten, Prole=
tarien und Produktionsmittelbesitzern so ist zwar auch das Teil
eines Modells,das Agressionen freisetzt, aber Agressionen von unten
nach oben, mit Hoffnung auf Befreiung. - Daß Weiße gegen Schwarze
kämpfen, in dieser Agression kann kein Sinn liegen,denn man kann
Schwarze nicht weiß machen.Ich kann aber einen Haziendado enteignen
und damit das Maß an körperlichen Leiden verringern -ich finde das
praktisch. Oder nimm das Sozialistische Modell vor Deiner Nase,in
Italien:es gestattet, wie Du etwa an Bologna sehen kannst,daß die

„Die bürgerliche Sittlichkeit, Gerechtigkeit, Oberflächlichkeit feiert Triumphe. Sie nennt ihre Standpunkte solide, und die Meinung ist: das Mittelmäßige bleibt, soll bleiben, wird bleiben." (H. H. Jahnn, 1932, ein großer Einzelner.)

Hast nicht Du eine Beruhigung erfahren beim Lesen der „soliden" Prosa H. Bölls und brachtest nicht Du den Begriff des Soliden dabei zum Vorschein?/Für mich ergeben sich daraus Zusammenhänge mit dem von Dir vertretenen Glauben an den, wie Du es bezeichnetest, „Leopard unten auf der Straße, der sich von Tag zu Tag mehr zum Kotzen vorkommt." (Ich spreche nicht für den da oben im 16. Berliner Stockwerk damit!) – Ich sehe mir den Leoparden, übrigens ein reißendes Katzentier, auf der Straße an: die amorphe Masse ist kein Leopard, und die Vielen sind nur viel, sonst nichts, sie sind zu viel. Das bringt mich wieder zurück auf den Einzelnen.

Der Einzelne: immer ist er unterdrückt worden, von Geschichte, von Tagespflichten, von der jeweiligen den Tag beherrschenden Verpflichtung, wie heute durch die Verpflichtung, an die Vielen zu denken und für sie zu sprechen. – Aber was verstehe ich unter dem Einzelnen? Ich verstehe darunter wohl schon den Künstler, Entdecker, Erfinder, Herausfinder, Beobachter – das Unverwechselbare an ihm und keine Vielen.

Täglich erfahre ich körperlich und peinigend den weiter und weiter werdenden Zwiespalt, den verschärften Konflikt zwischen mir als Einzelnem und den Vielen in Form des Verkehrs, der Wagengeräusche. – Und da sollte ich den gehirnlichen Masochismus aufbringen, für die Masse, die Vielen zu sprechen? – Mir scheint, daß es höchste Zeit ist für jeden Einzelnen, zunächst für den Einzelnen, die einzelne Leistung zu sprechen und nicht für den Durchschnitt. – Dieses Herabsteigen, dieses Sprechen für den Durchschnitt, diese allgemeine, offizielle Tagesideologie: sie erscheint mir in dem gegenwärtigen Zustand der Apathie, des drohenden Ersticktwerdens durch die Vielen, eben den Durchschnitt, der allgemein sichtbaren Reduktion des Bewußtseins auf ein Mittelmaß, wie ein Rasiermesser, mit dem sich derjenige, der außerhalb des normierten, allgemeinmenschlichen Durchschnitts draußen auf der Straße, die Kehle ritzt./Mir scheint das wie eine Selbstverstümmelung des Intellektuellen, zu der er durch die vielen Durchschnittlichen gezwungen wird.

Dazu fällt mir ein Moment ein, als ich 1965 an der PH Köln in einer Psychologie-Vorlesung saß und hörte, wie mit allen psychologischen Argumenten und Belegen gesagt wurde, es käme auf den durchschnittlichen Lehrer an, Extreme seien gefährlich, für die Kinder, das Lehren, das Lernen – jaja!)

Das Mittelmäßige, der Durchschnitt: das ist die zeitgemäße Ideologie, der Leopard, der nur ein ausgestopfter Leopard ist, der Brei.

Und von dort ist mir beim Lesen Deines Briefes Dein Schritt zur Formulierung „Horden onanierender Krüppel" bezogen auf die Genies, egal jetzt, was man darunter versteht, ich sage nicht: verstehen muß, auf jeden Fall aber immer Einzelne, auch ganz im Sinne Einzelne nach beispielsweise der Einsicht Giordano Brunos, den man hier deswegen, weil er für den Einzelnen geschrieben hat, elend verbrannt hat – aber er gönnte den Offiziellen nicht mal das Anhören eines Schmerzenslautes, als die Haut verbrannte, die Knöchel ankohlten, das Körperfleisch Blasen warf – und der schrieb:

„Wenn ich den Pflug führte, wenn ich eine Herde weidete, einen Obstgarten pflegte oder Kleider ausbesserte, würde niemand auf mich achten, wenige würden mich beaufsichtigen, selten würde man mich tadeln, und es fiele mir leicht, allen zu gefallen. – Da ich aber die Umrisse des Feldes der Natur abgrenze, für die Nahrung der Seele sorge, und, ein Künstler im Denken, bestrebt bin, den Geist zu pflegen – siehe, sogleich ist einer da, der mich ins

Städte wieder bewohnbar zu machen. Dafür macht es manchen, die
bisher von der Unbewohnbarkeit der Städte profitiert haben, das
Leben schwerer. Für sie ist es unpraktisch. Du dagegen hältst
es für praktisch, wenn wir es schaffen, unser autonomes Nerven=
system kontrollieren. Gut. Wunderbar. Warum nicht? Aber wenn
Du nicht gleichzeitig verhinderst, daß wir es nach den Programmen
von Hakle und JG-Farben kontrollieren, ist ein 'Fortschritt'
nur eine Bewußtseins-Guillotine mehr. Und noch mal Brecht,der
sagt: "man kann alles besser machen,-außer den Menschen.'
Daß Modelle früher oder später Knebel werden?- geschenkt. Ich
glaube zum Beispiel selbst nicht,daß der angewandte Sozialismus
noch länger als hundert Jahre praktisch sein wird, wohl allerdings
die kommunistische Utopie. Und ich sehe weiter, etwa bei meinen
Freunden von der Ewigen-Wahrheiten GmbH-Ost, wie Modelle die
Sinnlichkeit, die Phantasie, die Erfahrungsintensität knebeln,
immun machen überhaupt gegen Erfahrungen,die nicht ohne weiteres
auf Begriffe zu bringen sind, oder eben dazu verführen: das
ganze Leben auf einen Begriff zu bringen,der dann falsch sein kann.
Wenn etwas in der Gesellschaft nicht funktioniert, dann hat man
entwder die Gesetze falsch angewandt oder die Gesellschaft hat
sich so verändert,daß die Gesetze nicht mehr stimmen. Bei der ge=
ringen Reichweite der Schiffe im 14.oder 15.Jahrhundert z.B.
reichte es völlig aus, sich die Welt flach vorzustellen. Ebenso
'vernünftig' war es, sich Bäume und Seen belebt xxrxxxteikxxx zu
denken. Und solange noch die Mehrheit,jeder mit jedem, Handel trieb,
war das Modell des Marktes praktisch.
Also,das wollte ich doch mal sagen. Im übrigen interessiert mich
das als Schriftsteller garnicht. Ich habe es mir nur mal klarge=
macht, weil Du daran rumgebohrt hast. Mich interessieren im Moment
ganz andere Dinge: zum Beispiel etwas wie diese alte Geschichte:
Ein Chinese fragte einen Europäer: Was habt ihr?" Der antwortet ihm
"Eisenbahnen, Autos, Telefon" - Sagt der Chinese:"Es tut mir leid
Ihnen das sagen zu müssen: das haben w i r schon wieder vergessen."

Eins vielleicht noch: Du sagst,daß etwa"Ein Drittel aller
Einfluß nehmenden Faktoren auf die menschliche Entwicklung das
soziale Milieu ausmacht". Gut,das glaube ich Dir. Aber was hilft
das Dir.Noch dazu, wenn Du Dir überlegst,daß die andern Zwei Drittel
doch auch irgendwo hergekommen sein müssen. Daß Milieu-und Ernie=
hungseinflüsse genetisch fixiert werden und dann xxxx unter den
Zwei Dritteln Erbgut auftauchen. xxxx Also auch da steht doch
alles gesellschaftlich in unserer Macht, ohne daß man gleich an
der Biologie herumschnippeln muß. Von mir aus auch das. Aber ich
sehe in all der Schnippelei zunächst mal einen ungeheuren
gesellschaftlichen Eskapismus.

Auge faßt und bedroht, beobachtet und anfällt, einholt und beißt, fast verschlingt. Ja, nicht nur einer ist es, nicht wenige: Viele sind es, fast alle. Wollt Ihr wissen, warum das geschieht, so erwidere ich: Der Grund dafür ist, daß die Allgemeinheit mir mißfällt; daß das Volk, die Menge mich nicht befriedigt und ich sie hasse."

Im Februar, 1600, wurde er verbrannt, deswegen. – Und Du, mit der diffamierenden Einstellung der Horden onanierender Krüppel merkst nicht, wie sich der Zustand 370 Jahre später einfach auf Grund der überwiegenden Vielen verschärft hat? Und sitzt, selber ein Einzelner, plötzlich dort unter den Offiziellen und sprichst für die Vielen, die eine Verbrennung des Bewußtseins, ein Auslöschen des Bewußtseins verlangt – um was für einen Preis?

Aber ich bin ganz ruhig und schaue mir Deine Formulierung an: „Horden onanierender Krüppel, verwöhnte Babies" – so präsentiert sich für Dich die Gruppe der Einzelnen, deren Leistungen auf die Präzisierung, deren Einstellung dem Einzelnen galt und nicht der Masse (Du haktest Dich an Rimbaud fest, den ich erwähnte.)

Verfluchte verkuppelnde Allgemeinheit der Diffamierung: die Formulierung und Deine darin zum Ausdruck kommende Einstellung ist, ganz klar, total negativ: ich frage mich, was steckt an Einzelheit darin, wie sind die verkuppelt?: Da ist die „Horde", und es ist lächerlich von einer Horde Einzelner zu sprechen, jeder trabte wohl eher ganz verwirrt vom Druck der Allgemeinheit umher und strengte sich an, um ein winziges bißchen Mehr an menschlicher Erfahrung zu bringen und hinzustellen – da ist: Sex, in Form diffamierter Onanie: und diesmal ist es eher erschreckend als lächerlich, daß von Dir, einem Intellektuellen, wieder einmal ganz allgemein sexueller Ausdruck diffamiert wird, überhaupt die Erleichterung und Freude durch Sexualität, also die Entspannung des Körpers innerhalb eines lastenden, von allen Seiten beschränkten Universums – und dann speziell die Selbstbefriedigung, womit sogleich eine Wertung innerhalb der Sexualität geschieht, und das ist finsterste abendländische Unterdrückung, verrottetste Ideologie, profanisierter religiöser Wahn: schließlich ist, wie die Kopulation in den Anus, die Onanie ja sehr anti-sozial im weiten Umfang, keine Vermehrung des Menschen, keine Gemeinschaftsbezogenheit usw.: alles das wußten die religiösen Wahnsinnigen bereits auch bis in die puritanische Wüstenei des Bewußtseins in den nördlichen Ländern – mich erinnert dieser spezielle Punkt der Diffamierung an die katholische Beichte, in der man gefragt wird: wie oft hast Du onaniert? – Und so hat sich bis in Deine Gedanken und Dein Bewußtsein, das sich ja in einer derartigen Formulierung zeigt, diese ausrottende Religiosität puritanischer Varianz erhalten: Du müßtest doch selber davor erschrecken! – Und noch eins fällt mir dazu ein, und Deine Formulierung macht Dich mit dem Dreck der Linken Gesinnung gleich: oft hörte ich während der verworrenen Zeit zwischen 1965 und 1969 die linken Wahnwitzigen brüllen, sobald einer einen abweichenden Gedanken sagte, es sei ja Selbstbefriedigung „was Du betreibst ist ja Onanie", da war die gleiche Diffamierung gebraucht, während sie im gleichen Atemzug Wilhelm Reich zitierten – gar nicht mehr wußten, wahrscheinlich nie gewußt haben, was er darüber schrieb, um den Druck, der auf eine derartige Form der Entspannung lastet und Jahrhunderte lang aufgehäuft wurde, davon zu nehmen – und plötzlich, wieder, in Deinem Brief dieses Drohen, der Hinweis auf eine, inzwischen profaner gesehen, „Sünde" wider die Gemeinschaft, wider den verlogenen Begriff des zoon politikon, wider die Angst, denn mir kommt sowas nur als entsetzliche Angst vor, bei dem, der es so verwendet. – Und Krüppel, schreibst Du. Ohne zu fragen, worin die Verkrüppelung des Einzelnen, der sieht, der weiß, der empfindet, der entdeckt, der auf Grund seines Wissens, seiner Empfindung, seiner Entdeckungen, seines Bemühens, das zu artikulieren immer mehr vereinzelter wurde bis in das totale graue Gefängnis der Bewußtseinsisolierung – daß diese Verkrüpplung durch die Vielen, den Durchschnitt, das Solide geschehen ist.

266

Schreib mal, wie es Dir geht und was Du arbeitest. Von mir aus
kannst Du mir ja auch nochmal einen ungeheuer vor den Latz knallen.
Aber wie gesagt, ich habe einfach keinen Spaß am streiten. Ich
finde Agressionen immer blöder. Wenn ich mal meine Rente sicher
habe, werde ich überhaupt nur noch das Nötigste an Agression
ablassen. Und was Du da von der Lust am Ratten-Töten schreibst:
Tut mir leid, ich habe nie Spaß gehabt, Tiere zu töten. Und wenn
es irgendeine Diät gäbe, die einem nicht blöde im Kopf werden
ließe und vom Fleisch fallen ließe- ich würde mich langsam darauf
verlegen. Aber das bringe ich wohl in diesem Leben nicht mehr.
Schließlich, wenn sich nicht durch die Literarische Produktion
die Summe der Dummheit so erhöhen würde, es würde mir nicht einmal
Spaß machen, Bücher schlecht zu rezensieren. Aber jetzt kommt
gleich die Todesmelodie, merkst Du?
                    Alles Gute
                         Dein Piwitt

(. . .)

Und zum Schluß noch etwas, was Dich wahrscheinlich enttäuschen wird:
Diese Einrichtung hier, für deutsche Schriftsteller, läuft aus,
weil das Geld alle ist. Es gibt dann aber höchstwahrscheinlich
Möglichkeiten für 2 Monate, und gutbezahlte.

Was haben sie, die Einzelnen, getan? Daß man sie so verfolgte? Zertrat? Den Außenseiter so unbarmherzig verfolgte? Er paßte den Vielen nicht, er machte ihnen Angst mit seiner Freude am Ausdrücken, Entdecken, Darstellen, Fugen, Concerte, Gedichte erfinden – sie haben immer, zu jeder Zeit, bis heute mit dem Sozialismus und Kapitalismus, diesen beiden sich gegenseitig Determinierenden und Definierenden, wie der Reiche den Armen definiert und determiniert und wie der Arme den Reichen definiert und determiniert real im alltäglichen Leben und Denken, ihn – den Einzelnen, der gesagt hat, der Mensch ist Einzelwesen – zerschlagen, in einem wilden höhnischen Haß, sie haben ihn mit Philologie, mit Fräcken und Vernissagen, mit der „Gesellschaftlichkeit" in jeder Form erschlagen!

Und nun kommst selbst Du noch damit an, mit demselben alten Schmand, – und Du rottest die Freude, die Genußfähigkeit an einer Einzelleistung aus, an einem extremen Buch, an einer seltsamen Sinfonie, an einem Gedanken, mit natürlich sehr saloppen Bemerkungen: ich habe den Verdacht, daß Du gar nicht einmal mehr Dich selbst ernst nehmen kannst.

Dazu, als Abschluß kommt der Kalauer mit dem chinesischen Ausspruch: wieder dieses „hündische Kriechen der Intelligenz vor dem Politischen", wie G. Benn es ausgedrückt hat und wie H. H. Jahnn ausgeführt hat:

„Unsere Zahl (ich spreche mit Nietzsche) ist der größte Frevel. Unsere Zahl bringt keine Genies hervor, keine Führer der Menschheit, sie läßt sie verkümmern."

Und weiter (ich zitiere Dich nicht, ich sehe nur die Zusammenhänge von mir aus so): Hauptsache die Reise geht nicht nach Innen, schreibst Du, und Du schreibst: „Gesellschaftlicher Escapismus", und Du schreibst: Denn ich kann zwar von der Außenwelt etwas über die Innenwelt erfahren, aber nicht umgekehrt. – Und Du bedenkst gar nicht, daß die steinern gewordene Außenwelt, die Strukturen des Staates, der Gemeinschaft, des menschlichen Zusammenlebens bis in winzige Details und Formen nichts anderes sind als versteinerte Halb-Tier-Affen-Formen, grau & düster und den Einzelnen verfolgend, daß die Entsprechungen für das Außen sich in den Zellenreaktionen, dem Stoffwechselvorgang,

267

wiederfinden. – Eine graue, unförmige Zeit hat sich erhalten und ist über Millionen Jahre in der Grundstruktur eingelagert worden – lächerlich dagegen die 10 Tausend Jahre geschriebenes Wort und Kultur, wobei noch fraglich ist, inwieweit das in den Gen-Pool konkret übergegangen ist.

Und plötzlich: „Gesellschaftlicher Escapismus". – Da hockt die Angst, die Angst der Masse, eine wahnwitzige zitternde Angst der Abrichtung durch die Vielen, durch die jetzt wirklich, in dem Zusammenhang, stimmende Bezeichnung: Horde. –

Die Angst der Horde, eine fast irrsinnige Angst, jemand könne entfliehen & dadurch ihre lächerlichen Tempeltanzereien um den Begriff Gemeinschaft, Gesellschaft in Frage stellen – ihre verblödenden Riten, die sich menschlich nennen, ihre geschmacklosen Zusammenkünfte, ihre Bierabende. Es ist dieselbe Angst, die sich im religiösen Bereich früher gezeigt hat, und die heute profanisiert, dieselbe Einstellung besitzt –: die Angst vor Entdeckungen, die in das Tagesschema nicht passen, die nicht in hantierbare Begriffe gehen, die sich der allgemeinen Tagesordnung entzieht. – Es ist die Angst, jemand könne entfliehen, („Escapismus": Entzug, Entfliehen, nicht wahr?), und damit diese Diffamierung allen wohlschmeckt, hängt man daran „Gesellschaftlich" – das versöhnt jeden, der im Mief seiner abendländischen Gesinnung, die jetzt Chinesen und Afrikanern und wem sonst noch in den Arsch kriecht, sich wohlfühlt! Und „gesellschaftlich" ist ja auch human: sie verhindert, jetzt angefüllt mit viel zu vielen, was vor 60, 70, 100 Jahren bereits gewußt wurde, die Individualisierung – denn aus den Vielen wächst wieder der Zwang (ich sehe es an so einem Bewußtsein, wie Du es äußerst, das sich angesichts der Masse und Massenverhältnisse ja beinahe massakriert!) – doch ich halte die Sentimentalität des Soliden, auch die Sentimentalität des Humanen für total Inhuman, ich denke ich schrieb Dir das bereits. – Den Einzelnen, der begabt ist, zu opfern für die Vielen: Menschenopfer im Bewußtsein, altes, 1 Millionen Jahre währendes Horden-Ritual, es vollzieht sich neu: Das nenne ich Inhuman.

:„Gesellschaftlicher Escapismus", schreibst Du – als wäre es mir möglich, dieses Universum zu verlassen, bereits der Gedanke erzeugt Zittern, die Hintergründe des Zitterns habe ich oben versucht kurz zu skizzieren, es ist eine Angst, die sagt: „gesellschaftlicher Escapismus", die im Bewußtsein dessen steckt, der sich so formuliert – und es ist eine billige, schnöde Angst, es ist eine Babie-Angst, und auch hier stimmt meines Erachtens Dein Begriff, in diesem Zusammenhang erst, die in einem Erwachsenen steckt: es ist die Angst, sich formulieren zu müssen, sich auszudrücken zu müssen, seinen Schritt zu machen vor der Horde, gegen die Horde, gegen über 1 Millionen Jahre Entwicklung – es ist die Angst vor sich selber, denn da sind, in jedem viel größere dunklere Bezirke als die Abrichtung durch die Horde, als die Abrichtung durch Zivilisation, die schreit: „nein, nein, bloß kein gesellschaftlicher Escapismus!" – Und wie schön, wie aufregend, wie lebenswert wäre eine Kultur, die aus vielen Einzelnen besteht, aus einer Anzahl, die über dem Durchschnitt ist, die ihre Entdeckungen auf den Tisch legen kann, ohne die Verkrüppelung zu fürchten, die aufbrechen, jeder für sich, Bezirke zu erobern, Entdeckungen zu machen – wir haben nur noch den Menschen, den Einzelnen zu entdecken, und nicht die Vielen, den Durchschnitt bei Laune zu halten – wie sehr interessant würden Bücher sein, Filme sein, Orte, Fernsehen, wenn es viele gäbe, die sich der gesellschaftlichen Verpflichtung des Tages entzögen und aufgebrochen wären, die nicht jede Winzigkeit über den Leisten der gesellschaftlichen Nützlichkeit schlügen.

Mir ist schon klar, daß unser Abendland verreckt ist, und für mich ist es ein Jammer, fahre ich durch die Gegend und fahre ich durch Menschen, durch Orte, durch Situationen: eine „Frohe Botschaft", wie sie geäußert wird, kann ich nicht mehr erblicken, alles bloß Ramsch, einschließlich Marx. Einschließlich Freud. – Eben: Todesmelodien, human verbrämt. – Ich finde es für mich ein Jammer, inmitten des allgemeinen Verreckens zu leben, denn ich bin hier, im Abendland geboren worden, habe hier eine, wenn auch miese Erziehung genossen, die mich in die Lage versetzt hat, sie mir zum Teil unter viel Mühe und Geld & Zeitaufwand zu erweitern. habe es getan, weil es mir Freude gemacht hat, weil ich es aufregend empfinde, und nicht aus Verpflichtung.

Aber ich möchte mich auch nicht an einem Glas Rosé-Wein festhalten ich kann das Festhalten an ein Glas Rosé-Wein nicht genießen (die sparsamen Engländer, prima Stoffqualitäten, die nie ein zweites Glas einschenken, die formelle Höflichkeit, „how do you do?" – oh, very fine – I think – und ich höre den singenden Tonfall noch, beim Sprechansatz: nie haben sie das Ich = I kleingeschrieben, wohingegen Deutsche sich ducken, kriechen und winseln – eine Klugheit steckt in dem großgeschriebenem englischen „I" = Ich, es erlaubt dem anderen auch die Distanz!): und so eine Dankbarkeit aufkommen zu lassen? Sie zu stilisieren? (Ich spreche nicht von dem korrupten, gefräßigen Westdeutschen seit 1945!)

Mir ist erinnerlich, wie Du hier von Rom schriebst, es sei trotz allem ein ungeheures Geschenk – diese Einstellung ist mir unverständlich. Geschenk, Dankbarkeit – wofür? Daß Du aus dem Bett in den Lokus steigst? Daß Du hier Gast sein durftest?

Alle haben sie bisher hier bei den Zusammenkünften von ihrem Gast-Dasein gefaselt, sie konnten sich gar nicht genug daran tun, sich als Gäste zu begreifen, einschließlich des Born, sie beschworen wilde Rauschgiftgerüchte herauf, die nicht mit dem Gast-Dasein vereinbar wären, sie krochen sich gegenseitig in ein wundes Loch, sie tasteten sich ab nach einem Loch, in das sie gegenseitig sich verkriechen konnten in dem Parkett-Raum mit den verblaßten Gobelins an den Wänden und den Sesseln und dem roten Campari und Kuchenstückchen – angesichts einer staatlichen Direktorin: alles ist ihnen als Gast ungeheuer – als wären sie Gäste auf der Welt (Gäste auf der Welt? Von wem? Wer hält sie aus?) statt Bürger der Welt zu sein – als wären sie Gäste in ihrem eignen Staat, statt Bürger ihres Staates zu sein, als wären sie bereits an ihrem eigenen Staat verreckt!

So kann ich mich nicht an einem Glas Rosé festhalten, ich würde um ein zweites bitten, sofern es mir schmecken würde, oder gehen, ich bin nicht angewiesen auf eine Autofahrt, die kann ich mir selber bezahlen, mit Bus oder Bahn, ich bin auch bis jetzt nicht angewiesen auf die Barmherzigkeit des Klüngels, und mir graut – mir graut unheimlich davor, mir vorzustellen ich müßte im Krankenhaus angewiesen sein auf die miesen Durchschnittsmenschen, auf ihre Nerv-tötenden Ansichten, auf ihre Gemeinschaft!

Sollte ich da, unter dem Aspekt, noch Gesellschaft befürworten?/Und wie sieht Deine andere Gesellschaft aus, wenn sie sich nicht in jedem einzelnen grundlegend verändert? Und grundlegend heißt: Physiologisch, in den semantischen Reaktionen!

„Hier, auf diesem Totenschiff": das Totenschiff ist die Gesellschaft, es sind die Vielen, es ist der Durchschnitt, da mag man noch so viele Detail-Veränderungen vornehmen. (Wir werden uns noch gegenseitig stehenden Fußes ersticken: 4 Mann auf einem Quadrat-Meter, in Ruinen haben wir gelebt, das fremde weiche Einwickelpapier einer ersten Zitrone war für mich ein Rausch von Ferne und Fremde, wir werden in Ruinen leben!)/Und alles wegen der verfluchten Durchschnitts-Gesellschaft!

„Gäste!": Nun, Gäste sind devot, Gäste sind dankbar, haben sie als Gast nichts zu bieten? Und wer zwängt sie in den dankbaren Gastzustand? So entwickeln Gäste eine Geschicklichkeit. (Geschickt? Von wem geschickt?)

Sudelei, das die einzelnen Formen verschmiert, hier erzähle ich Dir ein Detail: da kommt so eine Berliner Fotze heran, Fotze ist erstmal Mädchen, also zeigt sie ihr Mädchen, aber wie, zum Davonlaufen! Es war die ehemalige Frau eines Berliner Schriftstellers, vielleicht verdirbt der Umgang mit Schriftstellern die Frau, in ihnen, wegen der sogenannten Aktuali-

269

tätssucht der Schriftsteller und wegen ihrer blöden Weltreformatorischen Ansichten – wie auch immer – da traf ich sie in einem Atelier, ich sehe ein Mädchen in einem Sessel hocken, die Beine übereinandergeschlagen (na, die Geste kenne ich: alles versaut, samt Aufputz: mal einen auf den Putz hauen? –), und sofort höre ich: „Du, wir kennen uns vom Bundeseck her." – Ich trete erst mal einen Schritt innerlich zurück: kennen wir uns mit dem Du aus dem Lokus der Volksschule her? Wo man sich die Geschlechtsteile gegenseitig zeigte? Du? – Im englischen heißen die Geschlechtsteile: Private Parts! – Und da sehe ich den Boutiquen-Muff-Dress (= Driss, Kölner Slang) plus das dazugehörige westdeutsche Emanzipiertengehabe, die Cordhose hochgekrempelt, die braunen Stiefel halb-hoch vorgezeigt, eine durchsichtige Bluse, das übliche lange Haar, und natürlich sofort: „Du"./Und ich sehe, begreife, mit meinen Sinnen den ganzen verlogenen spießigen Aufzug, „Teen-Age-Opera", ich sehe die Dickfälligkeit der vorgezeigten Emanzipation, ich sehe die sture deutsche Körperhaltung – es waren andere Mädchen anwesend, so fiel es mir wieder einmal deutlich auf: wie klotzig deutsche Mädchen sind, nämlich wie modern – und ich dachte in einer langen schweigenden Reihe von Eindrücken, wie sich mehr und mehr Männer/Frauen von einander entfernen und sich gegenseitig die körperliche Entspannung verbieten, obwohl sie einander sich permanent anbieten in dem Muff-Sackkratzer-Leck-Scheiß-Durchsichts-Hintern-Zeige-Aufzug: obwohl gewiß eine Zunahme des Geschlechtsverkehrs a la „short time" zunimmt, aber die Entspannung? Die Freude? Es wären ja auch zu viele Fetzen abzulegen, und hinterher kommt so'n oller Hipp-Körper raus, winzige Titten, winzige Scham, schmale knöchrige Knie, – ich sah das im selben Augenblick, eigene Erfahrungen und gesehene Körperhaltungen (: meine Aufnahmefähigkeit ist sehr verlangsamt, und erst hinterher erlange ich Einblicke, wenn ich sie zurückspule und mir das Gesamtbild in Details zerlege) – also: stur, eckig, dabei voller Gehabe, voll Show – der Musiker, bei dem es passierte, suppte in den Bässen auf dem Klavier rum. Ich ging rasch wieder fort.

„He, Kumpel Anton!": also, ich bin nicht gemeint – The Man On the Tight Rope?: Ist der Kumpel Anton nicht.

„He, Kumpel!": Streite ich? Lieber Piwitt, Du hast mir doch nicht auch bloß abwesend geschrieben!

(Literatur: Du verschmähst sie, und machst doch Bücher! Du verdirbst sogar die Freude vom Kopf aus daran. – Und eigentlich denke ich, daß Ihr doch ganz schöne Schlamper seid – eine seltsame Clique: Buch, Born, Piwitt, mit gegenseitigen Zitaten – doch teilt Ihr ja auch mehr oder weniger differierend die gleichen Ansichten. Die Schlamper: was meint das? Es sind private Bezüge, es sind Orte, es sind Gespräche, doch gab es mal eine Nachmittagssendung im Bremer Rundfunk: sonntags, „Hein und Fiedi övern Gartentuun". – Glaubt Ihr, nein, denkst Du, daß damit gegen die Todessüchtigen Österreicher anzukommen wäre? Mit Roro-Rotfuchs & Das Neue Buch? Dieses gegenseitige Wohlwollen, was hat es zum Hintergrund und wie liest sich das für jemanden, der aus einer Moorgegend auftaucht? Der durch Großstädte geschlendert ist, klick! macht mit seinem Instamatic-Apparat, schwarz-verkohlter Ginster im Hintergrund? Die Umweltlehre des von Uexküll, so beschränkt sie ist, was den menschlichen Bereich anbelangt, trifft doch in der Grundeinsicht zu: Was ist die Umwelt des Einzelnen? Und es sagt etwas über den Einzelnen aus. – Ich will Dir gar nicht verhehlen, daß mir diese ganze Berlinerei und Bezüge langweilig ist, was ihre nachprüfbaren Äußerungen anbelangt in der Literatur, denn ich mag immer noch Bücher lesen und halte sie, meinetwegen wie ein neuzeitliches Fossil, weiter für wichtig – also: kannst Du verhindern, daß man Deine Arbeit damit in einem Zusammenhang sieht? – Es ist wie eine schlechte Copie der 20er Jahre.)

(So: und jetzt: Wirre Blätterzeichen in Form schwarzer Schatten auf der grünen Fliegendraht bezogenen Tür, Pfiffe draußen, aus dem Transistor des Polizisten der die Algerische

Botschaft bewacht, kommt amerikanische Unterhaltungsmusik – was sind das für Botschaften, die die Botschaften vertreten, daß sie bewacht werden müssen, und was ist das für ein Ort, der diesen Botschaften Aufenthalt gibt?)

„Du machst den, der glaubt": schreibst Du in Deinem Brief, und begreifst gar nicht die Reduzierung, die in der Formulierung liegt.

„Du machst den, der glaubt": nee, ich mache nicht, ich sehe hin, versuche zu erfassen – zum Beispiel, ein Griff in den Nacken, mit Fingerspitzen das Althirn streicheln, sofort, bei jedem Tier, Schildkröte, Katze, Eichhörnchen, Pferd, beginnt eine Besänftigung: also, das Gehirn streicheln!

„Du machst den, der glaubt": schreibst Du über mich. Zuerst mal glaube ich nicht. Ich erfahre. (Vielleicht ist das der wichtigste Hinweis meiner winzigen Drogen-Erfahrung gewesen! Und er sagte, ganz im Gegensatz zu der von O. Wiener vertretenen Ansicht, daß eben nicht jede Erfahrung durch Wörter, Verbalisieren kanalisiert wurde: vor den Wörtern stecken die primären Erfahrungen! Jeder, der sich mit einem Gift gereizt hat, wird das bestätigen: die Aufnahme löst Brocken vor-wortlicher Erfahrungen mit auf!)

„Du machst den, der glaubt": gerade sehe ich eine Mausleiche auf den roten Fliesen, die von draußen hereingeschleppt worden ist von der schwarz-weißen Katze (es ist inzwischen spät abends).

:Ausgelöschtes Leben, das weiche fein-graue Fell der Maus, über die rauschhaft verzückt die Katze wirre, wahnsinnige Tänze macht, sie erscheinen mir wie die Worttänzereien der berufsmäßigen Intellektuellen über einen erledigten Gegner, sie erscheinen mir wie das zwanghafte Verbalisieren der linken Theoretiker, sie kommen mir vor wie Ballette des Gehirns – die Katze prustet, ich sehe einige feuchte Todesflecken auf einer roten Fliese.

Sex und Tod: Die Katze streicht zuerst, nachdenklich machende innere Wertung, nachdenkliche Rangordnung der Körperteile innerhalb eines so gefesselten Lebewesens wie das des Tieres: die Katze streicht zuerst mit dem Kopf um das Bein, dann wendet sie ihren Hintern, das Geschlechtsteil einem zu – nachdenkliche Stoßrichtung des Zärtlichkeitsbedürfnisses – nur die Pflanzen halten starr unermüdlich ihr Geschlecht farbig-schillernd in den Blüten in die Luft und vergraben wurzelig das andere in das Dunkel der Erde.

Und die Katze: springt, verzückt über den toten Mauskörper, ich sehe es vor mir, einen Meter entfernt, jetzt.

Eine Art Totentanz: Triumph, über das leblos daliegende andere Fellwesen, weich und grau und nässend, in winzigen Tropfen.

Sex und Tod: der steife Penis der Erhängten.

(Ich sah hier in einer Sex-Zeitschrift, auch das gehört zu einem Land, zur Öffentlichkeit und zum Selbstverständnis wie die Postkarten, die man kaufen kann – einen gezeichneten Witz: – schwarze Druckerschwärze-Balken vor den Geschlechtsteilen, vor allem den männlichen Geschlechtsteilen, die Penis-Spitze, die Kopulation, das Eindringen darf nicht gezeigt werden – interessant: ist hier der männliche Schwengel verboten?: Dafür abstruse Foto-Geschichten, zum Teil gestellt mit bekannten Filmschauspielern, wüster Sex, wüste Psychologie – ein lesbischer Agent, der durch die Situationen läuft – krude New York-Amerika-Foto-Stories, raffinierte B-Filme in Standfotos – und immer das männliche Geschlechtsteil „verboten": es ist zu dumm, daß ich nicht schwul bin, so kann man vieles von dem, was ich dazu sage, so mißverstehen – aber denkt man tief genug in sich hinein: wo sind die gravierenden Unterschiede in der Lust, in der körperlichen Entspannung? – also der Witz, er war gezeichnet: da tritt so eine Nuß auf am Abend, im Nachthemd, macht'n Strip vor dem daliegenden Mann, zieht sich aus, Stück für Stück: das heißt: Fetzen für Fetzen, nichts rührt sich am Geschlechtsteil des nackt daliegenden Mannes, die Frau wird sauer, verschwindet, der Mann liegt weiter schlaff da: sie erscheint und schlägt ihm mit einem Küchengerät über den Schädel, er ist tot: und zack! ist der Penis hoch, jetzt kann sie mit einem Toten ficken! :Doch das Entsetzliche ist: es stimmt sogar, nämlich der steife Penis im Moment des gewaltsamen Sterbens! – – – Hieße das, und ich taste überlegend an diesem dünnen Einfall entlang, daß im Moment der äußersten Lebensbedrohung des Einzelnen alle Wucht, alle Vitalität in das Geschlecht schießt? Wenn ja, ist der sogenannte Wohlfahrtsstaat, die moderne Zivilisation, Geschlechts-tötend, deswegen, weil auf den Einzelnen keine Herausforderung mehr lastet – eben die Rentner-Illusion ihn impotent macht, grob gesprochen, denn weiter daran entlang getastet, ist offensichtlich in der Vorwegnahme der Rentenaussicht, der Wohlfahrt, eine Erschlaffung verbunden, – ich kenne mich in den Zusammenhängen nicht aus, doch weiß ich wohl, von mir selber, daß eine Entsprechung zwischen Anspannung und Entspannung körperlich besteht, und welche widerliche naturhafte Eingriffssphäre offenbart sich in der Sex-gestorbenen Masse, weil eben zu viele da sind!)

Da liegt vor mir das Labyrinth: der Tod, eine kleine Mausleiche, aber tot.

Noch vor einer Viertelstunde hat es gezirpt, huschte schnell herum, aber nicht schnell genug, und dann kamen von oben (aus der Luft! Wie bei der Luftwaffe!) diese spitzen tödlichen Stiche alle auf einmal, Krallen der Katze.

(Erinnerst Du Dich, was ich über das menschliche Labyrinth-Empfinden Dir geschrieben habe? Lang, lang ist das her: bis heute anwesend!)

Und die Katze erhebt sich in bizarren Sprüngen über den Tod, den toten Felleib, über das Labyrinth – nämlich das ist es in diesem Augenblick für sie trotz des Triumphs – ein Labyrinth für das Lebendige, das in ihr klopft.

Die Übersicht will es: ein Sich-in-die-Luft-Erheben, ein Sehen von oben, Bedrängnis des Lebendigen und zugleich Triumph, und beides wie bunte Papierschnitzel in den Zellenreaktionen gemischt!

Ich sehe hin: mal kommt der rote Schnitzel zum Vorschein, wirbelt, der Triumph, mal ein weißer Schnitzel, Impuls, das Verlangen der Übersicht, ein weißer blendender stummer Schmerz der in dem Lebendigen pulsiert, und die Aussichtslosigkeit als treibendes Motiv.

Es sind nur winzige Regungen, und sie wechseln so blitzschnell: da springt die Katze hoch – will fliegen, erhebt sich, blickt von oben herunter – und das muß ein so vitaler, starker Zwang sein!

Und Triumph: in die Luft sich erheben, über das Tote, das bedrängt.

Und da ist ganz konkret das Labyrinth-Empfinden: drückt sich in dem stark an sein Nervensystem, an seine Drüsen gefesselten Tier aus.

(Und Du, lieber Piwitt, glaubst, es könne durch ein paar Begriffe getilgt werden? Entweder lebt auch der Mensch, und dann hat jeder Teil an dem Zwang, und das heißt: das Leben ist unbewußt, oder es ist gar nicht, dann tot.)

„Halt, mein Freund, wer wird denn gleich in die Luft gehen, greife lieber zur HB!": Sogar da ist dies verwendet worden! Und welch ein Zwang, was für ein Zurückziehen auf die schäbige Realität wird darin von Menschen betrieben.

„Triumph!": da vorne, auf den roten Fliesen, vor der offenen Tür in den ungepflegten, aber auch wiedrum nicht zu verwildert gelassenen Gartenstück, so daß also in jedem Fall die miese Normalität, der Durchschnitt gewahrt bleibt, da vorne passiert jetzt das torkelnde Leben.

(Ich bin nicht mehr so närrisch und denke, allein durch Wörter vermöchte sich etwas grundlegend zu ändern, obwohl ich annehme, das Verstehen, die Fähigkeit der Wörter, zu bestimmen, zu öffnen, ebenfalls angelegt ist – doch das Leben ist viel älter als es die Wörter sind – da, jetzt, passiert es doch vor mir! – Und das bringt mich zu Deiner Unterstellung, ich glaubte an die Erforschungen aus Medizin, Paläoanthropologie, Verhaltensforschung: bloß weil ich sie zitiert habe, Du hast den Kontext weggestrichen, mein Lieber, in dem ich sie zitierte: die Darbietung der Leute weiß ich wohl abzustreichen, dennoch kann ich den Fakt dahinter sehen, das Muster – und das zunächst einmal zu wissen, in einem kurzen Moment, erscheint mir jedenfalls wichtig – was haben Künstler früherer Zeiten versucht, herausgefunden, verarbeitet, untersucht – und jetzt: ein Wortfetischismus, pure Verbalisierung, nichts als das Rotieren der Begriffe, also, nee, bei mir nicht mehr! – nein, die Zitate verwiesen, die ich angebracht habe, auf das, was zu verändern wäre vom Menschen und an der menschlichen Welt – der blöde Brecht kann mir den Buckel runterrutschen, er hat sein Brot mit diesen Verlautbarungen verdient, was habe ich damit zu tun? – und was ergriffen auszunutzen wäre mit dem menschlichen Bewußtsein allerdings zu ganz anderen Zielen als es die Technik will, die den Schriftstellern weit voraus ist: siehe HB-Reklame!)

Und tanzt: die Katze über der toten Maus in der Luft. Man kann das alles sehen, man kann es wahrnehmen, nur die Wort-Abgerichteten, die Weltverbesserer, „Weltreformatoren", sagt Karl Philipp Moritz wegwerfend und verächtlich in seinem Roman Andreas Hartknopf (wehe auch, wenn so ein Idiot daher kommt und den Mann für eine soziale Revolution zitiert: er, Moritz, wollte wohl eine Veränderung an der Basis, die nicht total ökonomisch sich fassen läßt!) sehen diese konkreten Vorgänge nicht mehr.

Sind es nicht auch Sprünge, wie sie wiederholt werden bei den Sprüngen um den Marterpfahl? Sind es nicht Sprünge, sich über das Labyrinth zu erheben, das der Tod jäh und kraß offenbahrt? – Was sollen mir die Kalauer von einer sozialistischen Gesellschaft? Sie wird sich ohnehin anbieten, und ich sehe nichts Gutes darin.

(Um das noch einmal zu sagen: ich sehe auch nichts Gutes, gar nichts, im Fortbestehen der gegenwärtigen Gesellschaft.)/So falle ich zwischen zwei Stühle – ich habe keinen Glauben, keine Ideologie an eine heilsame Gesellschaftsordnung – und wohin falle ich? Ich kann nur auf mich selber fallen, das ist nicht das Schlechteste.

Wenn man durch die Gesellschaftsformen hindurchsieht, durch kapitalistische Strukturen und durch sozialistische Strukturen, wenn man durch Klassen hindurchschaut (um mal dies blinde Wort zu gebrauchen), wenn man durch die differierenden Rassen hindurchschaut – auf welchen Grund blickt man dann? (Vermagst Du diese Perspektive noch zu sehen?) In welche Zeiträume, die sich bis in die Gegenwart hinein in jedem komprimiert erhalten haben? In welche grauen, schrundigen, zerrissenen Angst-Landschaften sieht man, in welche matschigen Gründe? – Über 1 Millionen Jahre Entwicklung (man kann sie sich nicht konkret vorstellen, man kann gar keine Millionen sich denken und vorstellen) stehen 10 Tausend Jahre Kultur gegenüber!

Du hast nach meiner Arbeit gefragt, und indirekt, wie in den voraufgehenden Briefen, habe ich Dir bereits hier etwas von dem berichtet, woran ich mühsam arbeite und womit ich beschäftigt bin. – Ich sammle weiter Material, manchmal zerfällt es mir zu sinnfälligen Mustern, öfter ist es ganz disparat, und ich kann – ganz im Gegenteil zu Deiner Annahme, ich besäße eine Modellvorstellung, nach der ich ordnen könnte – vieles gar nicht in eine einheitliche Gesamt-Vorstellung bringen.

Und nach Rom fragst Du: Du könntest Dir nicht vorstellen mich in der Villa Massimo zu sehen?: Ich lebe abseits, vielleicht in dem verwahrlosesten Atelier (Du hast wohl im besten, angenehmsten für Schriftsteller gewohnt, in dem nun Born wohnt, – was beschwertest Du

Dich?), ich werde dafür vom Staat bezahlt (und nicht umgekehrt als Geschenk), daß ich mich hier 10 Monate aufhalte – und das Geld hatten wir dringend nötig, unsere finanzielle Situation war auf Grund meiner kleinen Studien, Versuche, Lektüre, Erprobungen ziemlich unhaltbar – denn alle eigene Arbeit bringt ja nichts ein, sofern man sich etwas erweitern möchte – und das bißchen Geld, zu dem ich nach dem Roman kam, vermehrt um eine kleine Erbschaft ist draufgegangen in meine Experimente mit 8mm-Filmen, in die Beschaffung enormen amerikanischen Materials, das ich alles selber bezahlen mußte und im Grunde hätte ich gar nicht die Arbeiten machen dürfen vom Geld her gesehen, da sie gar nichts einbrachten – abgesehen vom Acid, was auch nicht viel war, und das auch dann an Schulden zum Teil draufging – das Geld ging drauf in der Beschäftigung mit allerlei sozialistischen Gedanken, Dialektik, Politik – es ging drauf in der Beschäftigung mit Musik, Schallplatten, und es ging drauf in mengenweise Fotos, Zeitschriften und Bücher – und dann war Schluß, der Schallplattenspieler fiel vom Schrank, das TV-Gerät steht seit langem im Keller, die Bücherei ist verkauft worden, es brachte 1 lumpigen Tausend-Mark-Schein, die Schallplatten wurden verkauft – die wenigen Geschäftsverbindungen lösten sich auf – allerdings werde ich wohl nie mehr verkaufen, Bücher, Musik, vieles habe ich mir wieder erstehen müssen.

So bin ich hier, füge den Materialalben etwas hinzu, sehe mir eine weitere sterbende europäische Hauptstadt an, mache Notizen, sammele, – es gibt hier seltsame lichte Himmel, abends kalkweiße Monde zwischen schwarzen großen Pflanzen, Bäume. – Ich sehe mir das Licht an, das ich lange Zeit vermißt habe, wie lange das anhält? Weiß nicht. – Ich denke, nach der jahrhundertelang betriebenen Entleerung aller Inhalte, passiert jetzt überall die rasende Entleerung auch aller Formen – gut so, denke ich, das bringt jeden in die Notwendigkeit, seine eignen Inhalte und Formen zu bringen, bringen zu müssen, danach zu suchen.

Ich lebe hier ohne TV, ohne Zeitungen, einmal sah ich flüchtig in eine Zeitung, sie liegen oben im Bibliotheksraum aus, und schon beim Anlesen bekam ich einen flauen, ekligen Stoß ins Gemüt, da legte ich sie wieder weg, ins Kino gehe ich bisher selten, meist wird großkotziger bunter amerikanischer Mist gegeben oder alte Flimmerfilme oder entleerter Untergrund, das sagt mir nichts mehr.

Erwartet hatte ich vielleicht undeutlich eine stillere intensivere Atmosphäre, die Zusammenkünfte sind horrende dumpf, ein Platz, über den jeder mal alle 14 Tage über jedes etwas reden kann. Zwei Mal suchte ich die Bibliothek des Göthe-Institutes auf, bestellte einige ältere Werke per Fernleihe, das akademische-flaue Fluidum dort, die erloschene Luft, trieb mich rasch auch dort weg./So bummele ich ab und zu allein zu Fuß durch die Stadt, gehe unter kahlen Platanen am Fluß entlang, mittags ab halb 2 bis halb 4 wird die Stadt innen sehr still./Das Essen-Gehen ist mir gelegentlich verleidet worden durch die vielen Hinweise auf das Essen, und mir kommt diese Einstellung, das Betonen und Loben der italienischen Küche pervertiert vor./Einmal saß ich mit einem Berliner Maler aus dem letzten Jahr in einem Restaurant und nach 20 Minuten hatte ich furchtbare Kopfschmerzen von all den abstrakten Begriffen, die er benutzte (es ging um Gesellschaft und Revolution oder sowas.)/ Überall sehe ich die Steinbilder über mir in der Luft, das sind ja Horden-Fetische. Und die antiken Bauten, die Ruinen sagen immerzu, daß sich bis heute eigentlich gar nichts geändert hat, vielleicht ist das jenes dünn treibende Erschrecken, was von ihnen ausgeht./Wind treibt Abfälle über Ruinen, Wind treibt Abfälle über Straßenkreuzungen der Gegenwart./ Ich habe kein Radio hier, keinen Schallplattenspieler, ich vermisse es nicht. So lebe ich für mich. Ein Buch wird gewiß sich mehr und mehr anbieten, es zu schreiben, manchmal ordnen sich Szenen und Einblicke. (Was hat man gesehen? Was hat man erfahren?)

Grüße

Ns./Inzwischen ist dieser Monat zu Ende, die Bank Vom Heiligen Geist streikt, so kann ich den Scheck nicht einlösen, nicht Geld wegschicken, das ist blöde. – Der Brief hier ist liegengeblieben bis heute, 1. 12., Kälteeinbrüche und Regen, Wind, ich langweile mich nicht, wenn ich lange rausschaue, nach draußen. – Inzwischen habe ich auch Deinen Katalogtext gelesen, die Briefe, die Du zurückließest hier. – Ich las, erfuhr darin, daß Du seit 1958 Dich nicht mehr am Lesen eines Romans erfreuen konntest, ich las, daß Du Wilhelm Reich erwähntest – mir fiel dazu meine Bemerkung in diesem Brief wieder ein, es war dasselbe Erlebnis, das ich beschrieb. – Geht es mir darum Aggressionen los zu werden? Wie Du mir schriebst? Ich glaube nicht. – Schrieb ich von einer Lust am Töten von Tieren? Ratten? Ich brachte ein Bild aus einer lange zurückliegenden Zeit und wollte sagen, es ist so wie es ist, man geht dort hindurch.

Ns./2.

Lieber Piwitt, ich wollte noch etwas anhängen, damit Du mich nicht mißverstehst, auch nicht diesen Brief, oder wenigstens nicht ganz:

alles, was geschieht, trifft immer den Einzelnen mit voller Wucht, jeder Schmerz, jede politische Auswirkung, jeder Zustand,

inzwischen ist wohl doch die Lage sehr übel geworden einfach durch die Tatsache, daß innerhalb eines Zeitraums von 1850 bis 1960, knapp über 100 Jahre, die Bevölkerung von 1 Milliarde (bis 1850) auf 3 Milliarden angestiegen ist, und das Problem der Vielen, der Großen Zahl, wird immer dringlicher,

innerhalb der steigenden Quantität nimmt das Qualitätsgefühl jedes Einzelnen immer mehr ab, das ist ein Grund für die Apathie, die sich in der Atmosphäre von Straßenbildern zeigt, dieses graue langsame Verlöschen in einer großen Zahl, das Gefühl der Ohnmacht im Einzelnen wächst,

von der Zahl hängt wiederum auch ab eine verstärkte Kontrolle, je mehr Menschen, desto mehr Kontrolle,

das wiederum heißt: größere Wucherungen von Verwaltung, Bürokratie, was wiederum heißt, eine rapide weitere Abnahme eines Gefühls, daß Leben lebenswert sei (dieses Empfinden geht hin bis in die Gruppe der Intellektuellen),

zusammenhängt damit, mit den Vielen, ein unermüdliches Vollstopfen an Gütern, weiter die Abnahme der Lebenslust, diese wiedrum muß provoziert werden von außen,

ein Detail: nimm die Autos – es ist leicht gesagt, den Vielen, Massen, ihre Wagen zu entziehen (daß sie so darauf angesprungen sind, verweist auf ein Bedürfnis – man kann es nicht genau definieren): was würde man ihnen dafür denn anbieten? Bewußtsein?

Und dann, damit Du nicht denkst, ich sei ein wütender Theoretiker: ich weiß sehr wohl, daß die Begriffe, die Wörter viel stumpfer und klotziger sind als die Tat, die sie bezeichnen, das menschliche Tun.

Ist das Problem der Großen Zahl wirklich nur ein ökonomisches Problem? Sofort, bei größeren Zahlen, tritt Kontrolle auf. (Wer hat sie heute? Und einfach zu sagen, die Vielen sollen kontrollieren – da kontrolliert bereits real heute jeder jeden.)

Dieses, der verschärfte Konflikt zwischen dem Einzelnen und den Vielen, darin sehe ich das eigentliche Problem. Und ich sehe, daß er sich immer mehr verschärfen wird. (Man wendet sich an die Massen und verheißt Individuelles Leben – jeder stellt sich was anderes darunter vor, – dann: ist es nicht paradox mittels Vielen zu Einzelheiten, Einzelnen, Individualität zu gelangen? Irgendwo liegt da ein großer dialektischer Betrug vor.)

Und weiter: überlege mal, der geschwollene Kopf, der auf den Vielen sitzt, Stuyvesant oder Autos oder dergleichen, was nutzt es den abzuschlagen? Er würde auf die eine oder andere Art nachwachsen – weitaus besser wäre es, die Vielen von der Straße wegzukriegen, unten anzufangen, dem bleichen künstlichen Traumkopf die Basis zu entziehen, den Körper, die Masse, also die Vielen – dann stehst Du vor demselben Problem wie vorher: die Gaben sind unterschiedlich verteilt, wohin also mit vielen? Was tun? Was geben?

Es ist wichtig grundlegend anzufangen. Ist die Ökonomie grundlegend? Sind die Machtverhältnisse wie sie bestehen grundlegend? Die Tatsache, daß überhaupt so etwas aufkommt, aufgekommen ist, so lange Zeit, die sagt doch etwas, nicht die jeweilige Variante – und selbst wenn sie abgeschafft ist, was liegt dem zu Grunde? (Und sobald dort etwas zu ändern ist, muß diese Änderung jeden Einzelnen in seiner eingeklemmten Physiologie treffen. In seinen uralten semantischen Reaktionen.)

Zum Beispiel ist die Furcht viel älter als jede ökonomische Ordnung, sie steht auch im Zusammenhang mit dem Erleiden von Schmerz, das jeden, in der besten Gesellschaftsordnung allein macht und allein erleben läßt wie die Freude, die hochreißende Einsicht, das helle Erleben – auch das ist eine Sache, die jeden allein macht. (Hast Du es nie erlebt, wie Du eine Freude nicht übertragen konntest, während Du von ihr erfüllt warst?)

Die Tatsache, daß – und nicht das Drehen am Wie und die Veränderung des Wie, wie sind z. B. Machtverhältnisse und dergleichen – und diese Tatsache, daß: sie stimmt nachdenklich und sagt immer wieder, wie sehr wir physiologisch-semantisch noch im Steinzeitalter leben (ein Steinzeit-Mensch ist zum Mond geflogen worden: ich schrieb Dir diese Perspektive bereits.)

(Ich will Dir nicht verschweigen, daß mir diese Zusammenstellungen und die Fragen daraus viel Mühe machen – und eine Antwort habe ich nicht.) (wieder sind einige Tage verstrichen, der Brief hier liegt immer noch unabgeschickt auf dem Tisch, so kann ich noch etwas dranhängen, und Dir etwas über den Aufenthalt in der Villa Massimo, so wie ich es sehe, erzählen.)

Zuerst einmal stehen tagelang in einer Reihe Autos auf dem Kiesweg. Der Unterschied zu draußen, wo keine Unterschiede mehr zwischen Wagen und Menschen gemacht werden, besteht nicht. Es muß den Künstlern und Schriftstellern gut gehen. Sie können sich alle Wagen leisten, während es mir schwer fällt, meine Telefonrechnung bezahlen zu können. – Und was ergibt sich aus den Wagen? Seltsam treibende familiäre Zusammenhänge, von Haus zu Haus. (. . .) – Dein Freund Born glaubte tatsächlich, aus Sorge um den allgemeinen guten Ton im Namen einer nebulosen Allgemeinheit mir Vorhaltungen machen zu müssen auf Grund einer Erzählung der Frau des (. . .) Schriftstellers Poss, die ich in einem Satz deutlich und laut wegen ihres Blechkarrens, den sie permanent neben dem Wohnteil auf dem Kiesweg geparkt haben und über den ich stolpere, trete ich aus der Tür, gefordert habe – da kam sie sich beleidigt vor, sie schiebt immer den Kinderwagen, vielleicht hängt das damit zusammen, und Born tat großzügig allgemein. (Sprach für das Allgemeinwohl, und schon öffnet sich wieder das verschärfte Problem: daß der Einzelne wegen des Allgemeinwohls abgestellt werden soll) – sowas Mickriges, zum Kotzen, wie die Frauen-und-Kinder-und-Familienklüngelei – man, eben dieser Teil, sieht es als lange Sommerfrische an, Sonne, Luft, Gras, Italien, Villa – und so kommt es zu jenem seltsamen mittelmäßigen Niveau. – Da würde ich schon eher für strengere Abteilungen sprechen, Mauern ziehen zwischen den einzelnen Wohnabteilungen, wo ich für mich allein wäre oder es zu mindest sein könnte, ohne Einblicke des Nachbarn, frauliches Grinsen, „grüß Dich, Du", – solche kleinen Dinge machen ja den Tag aus. – Statt noch mehr Leute hierher zu holen wäre mein Vorschlag, nur

276

4 Leuten jeweils das Stipendium zu geben, bei gleichem Gesamtetat – und bei gleicher Konstruktion, Staat und Länder, – was für ein wichtiges Stipendium wäre es dann!: Mehr Geld, das doppelte, für jeden Stipendiaten, mehr Raum zum Gehen, intensivere, qualitativ bessere Kommunikation, Ausgewogenheit zwischen Abgeschlossenheit und Offenheit, zwischen Alleinsein und Sich-Begegnen – und wirkliche Publikationsmöglichkeit, ein richtiges Buch, am Ende, statt des läppischen Heftchens – man stelle sich das doch einmal vor: ein Buch, ohne scharfe Konkurrenz zum Buchmarkt gedruckt, ohne finanziellen Druck, der vom Verlag ausgeht, ohne Druck Gewinn damit machen zu müssen – es kann Volks- und Mittelschulen oder Gymnasien kostenlos in die Bibliothek gegeben werden – richtige unkommerzielle Konzerte, richtige unkommerzielle Ausstellung: so ist alles halb und Krampf. Also Reduktion statt quantitative Erweiterung – welche konkrete wichtige Stellung hätte auch psychologisch gesehen jeder der dann anwesenden Stipendiaten gegenüber der Verwaltung, der Direktion! So kämpft jeder um ein bißchen Vorteil, so kämpft jede Gruppe um einen Fetzen – ziemlich zum Anöden. – Ja, ein halbwegs noch empfindliches Gespür, ist bereits verlorengegangen, taube Körper, mit einem winzigen Gedanken, gespürlos gewordene Körper, West-Deutsche Körper, versackt. – Nachdenkliche Belichtung, die auf Leute fällt. (Katzen dagegen sprechen nicht, sie kommen, sie gehen.)

Heute, 6. 12. scheint heftige Sonne, Licht in leeren Bäumen, Licht auf den lackig-glänzenden Blätterbäumen. – Geht es noch um Konvention, um einen gesellschaftlichen Tonfall? Ist das der Maßstab, nach dem Gegenwart gemessen wird? Zuerst wird immer gesagt, aber der Tonfall, nein, so nicht – und kein Mensch blickt mehr auf das, was gesagt wird – der Tonfall liegt ihnen am Herzen, sie wollen ihr Gemüt beruhigen wie ein gesticktes bürgerliches Kopfkissen (und verdammt noch mal, die Schriftsteller dieses Jahrgangs sind alle erbärmlich bürgerlich-kitschig und stink-konventionell, sie haben Schnittmuster-Bogen des Bewußtseins an sich angelegt, sie schneiden es, was vorhanden ist, immer nach dem Schnittmuster-Bogen der gegenwärtigen Aktualität – die Konvention stinkt schon, die Verwesung ist zu riechen – aber vielleicht ist der Großteil der heutigen deutschen Schriftsteller schon selber am Verwesen.) – Ich sehe nach draußen, scharfes Dezember-Sonnenlicht mittags, hängt in den großen Pflanzen – Gedanken pflegen, die sich wie große, grüne Blätter ausbreiten – ist es ein Zeichen, gehört es dazu, daß Zwischenmenschliche Kommunikation heute um jeden Preis betrieben wird und betrieben werden soll – ist diese Kommunikations-Sucht, diese Sprechsucht, nicht wie Rabattmarkensammeln, billiger haben wollen, – was haben die Kommunikationssüchtigen denn zu sagen? – Ich sehe durch die offene Tür nach draußen in das grelle, weiße Mittagslicht – die Tür ist geöffnet, die Katze kommt, die Katze geht, die Sonne brennt auf der schwarzen abgeschabten Cordhose auf dem rechten Oberschenkel. – Dasselbe Stipendiums-Geld, eine aufgegebene Ein-Klassige-Volksschule bewohnen im Hümmling: das wäre auch etwas – für mich – 1 Jahr – ein Dorf von 500 bis Tausend Einwohnern abgelegen herum – das Göthe-Institut mit dem Baron kann mir den Rücken runterrutschen: alles gesellschaftlich verwest, leere Körper in guten Anzügen, und die Damen geben auch ihren Gehirn-Mist zum besten. „Eine Dame spricht jetzt."

So gehe ich durch eine abgetakelte Kulisse: leere Körper, Wortfetzen, die auf die Art zerrissener Bühnenbilder umherhängen.

Ich lehne mich zurück, ich schaue aus dem schmalen Durchgangsraum, den ich mir notdürftig zum Arbeiten hergerichtet habe, ins Mittagslicht.

Viel zu oft möchte ich ja gar nicht mehr sehen, schmerzt bereits das bloße Sehen auf die schäbige Gegenwartskulisse – abends ging ich über die Brücke des Bahnhofs Tiburtina: ich trat zurück – verkrüppelte Vegetation, Papierfetzen an Mauern und Häusern, Abfall, und die hohen Blöcke bedrückend in der niedrigen Helligkeit der Straßenlampen.

Keim Raum für Tiere, kein Raum für Pflanzen, kein Raum für Menschen: schmierige Aufrufe, von gestern, Solidaritätsplakate von vergangenen Ereignissen, Gesteinsbrocken und Zugpfiffe.

Manchmal ergeben sich mir rasche Zusammenhänge und Einsichten, öfter ist es ein Nebeneinander, es ist wie es ist – sogar das zeitgenössische Bewußtsein betreibt Entropie.

Ich lehne mich auf dem Stuhl zurück: es ist nichts, es ist ruhig, hier bin ich, in diesem Moment, anwesend. (Nachdenklich, wie durch Viele das Gefühl für einen selber abnimmt, und nicht sich steigert.)

(Gleich zurück zu meinen Büchern.)

Ns./13. 12. 72

:inzwischen sind wieder Tage verstrichen, Tag und Nacht, diese schwarzweiße Show. So kann ich Dir noch einmal einige Eindrücke hier schreiben, wie es geht. – Nämlich es ist doch schwieriger zu ertragen, in dem Gebiet der Villa Massimo zu wohnen, überhaupt hier zu sein. (Wenn nicht das verfluchte Geldproblem wäre, könnte man es leicht wegwerfen, dieses Stipendium, das mich ohnehin nur schwach, so gerade über Wasser hält.) – Zunächst das Gebiet der Villa selbst: mit den Leuten darin ist es doch sehr ähnlich einem abgewrackten Tierpark, jeder hat sein Häuschen, jeder hat sein Atelier, darum ist eine große Mauer, innen Wege zum Spazieren – Mauern müßten gezogen werden, damit man wenigstens etwas allein ist und nicht immer sogleich in das Gesicht von jemandem anderen sehen muß – und dann wäre auch etwas mehr Stille, und dann müßten einfach weniger hier sein – ich sagte es schon, vier Leute auf dem Gebiet – statt dessen Klüngel, miese deutsche Hauswirtschaftsart, Familienzusammenhänge, organisierte Kinderbetreuung (sofort haben die deutschen Hausfrauen wieder organisiert, obwohl es für sie sowieso nichts als ein Ferienaufenthalt ist – sowas zu sehen, nur winzige Augenblicke am Tag, macht blöde – und dann überhaupt Gruppierungen, gegenseitige Hausbesuche, Trinkabende, zum Ekeln, wenn es zur Dauer wird und man darin lebt und davon umgeben wird (sowas Elendes wie deutsche Künstler, gibt es das sonst noch? Dieses Sich-Zusammenklüngeln, diese Bierabende, diese miese Gemeinschaft, die auf Schnäpse und allgemeinem Guten-Einvernehmen beruht, das so hohl ist wie ein leergeblasenes Ei? Oder so kaputt ist wie ein abgetakelter schrottreifer städtischer Omnibus mit verschlissenen Kunststoffsesseln, aus denen rostige Spiralfedern sich drehen: so kommt mir die Gemeinschaft vor, die Form, die Art, der Inhalt – also so sieht es aus! Und was haben sie zu sagen? Was ist zu sagen? Nichts, nichts – Austausch von Speiselokalen, Austausch von Preisen, Tips für Verbilligungen (. . .) und dazu die trübe Bar am Platz Bologna, der zerfetzte kleine Park in der Mitte mit dem Loddel-Cafe, die erloschenen, verstaubten Farben der bedrückenden Hochhausklötze ganze Straßenzüge entlang, immer mit den Plakatschmierereien oder dem Sprühdosen-Geschmiere, gleich von welcher Seite aus, an den Hauswänden – und dann zurück in das Künstler-Tier-Gehege des Staates, demokratisch geordnet, Reihe an Reihe, der döfste Gedanke darf gesprochen werden und hat dieselbe Stimme wie der klügste – und dann wieder draußen die stumpfen, ausdruckslosen Fotzengesichter – der nichtssagende ätherische Ausdruck der Mädchen, sie blicken immer weg, sie wedeln mit ihren enormen Geschlechtsteilen über die Straße und dann kommt nichts – leere Körper, leere Gespenster, in Massen – abends hocken sie zusammengedrängt in kleinen Nödel-Blech-Karren und grabschen sich in dem geparkten Blechgehäuse an der Mauer des Villa-Bezirkes ab – miese verrottete Sinnlichkeit, man kann direkt ihre Gedanken vernehmen was sie sich so vorstellen vom Leben – ein fauler, stinkender Bewußtseinskanal – kaputte Bäume im Park, verrottete Wiesen, nie ganz verwuchert, so daß ein wenig zum Ausruhen des Auges und der Fantasie vorhanden wäre, alles sehr mittelmäßig, kleinkariert – und dazu das Gebarme der Ideen, das Gemäste der

Gedanken sogenannter Künstler am Leid anderer – sie werden fetter und fetter, je mehr sie fremdes Leid auftischen können – auch das ein Ekel, der hervorgerufen wird bei mir, genauso wie der Ekel vor den benutzten allgemeinen Begriffen – es ist schon für mich schwer zu ertragen. Physisch schwer zu ertragen und bewußtseinsmäßig ebenfalls, was die ausgestoßenen Unterhaltungen anbelangt, die Programme, die Formulierungen, da muß einen oft das schiere Entsetzen schütteln im Ohr, im Kopf, im Körper – hast Du es auch so erlebt? Oder bist Du sozialer eingestellt? Deine zurückgelassene Dokumentation läßt es vermuten. – Was ich nicht verstehe: da spricht jemand gegen die filzigen Klüngel und bewegt sich innerhalb eines genauso strukturierten Zusammenhangs, nur mit anderen Vorzeichen, was nützen da andere Begriffe und Programme, wenn die Lebensweise und Verhaltensweise nicht geändert ist? – (Wenn nicht einmal der Versuch dazu unternommen wird von dem Einzelnen?!) – Ich sah heute nachmittag, als Information, wieder einen neuen Katalogtext, diesmal von einem anderen Berliner Schriftsteller, und er fing an (ich muß bereits kichern) wieder mit einem Brief, diesmal als Gedicht herausgegeben, an einen anderen, diesmal hier anwesenden Berliner Schriftsteller – welche Verfilzungen, wie soll ich es sehen? Anders? Ist mir schlecht möglich – es hat für mich den Anschein der Horden-Struktur, der Verweise, der Deckungen, der Rückversicherungen – inmitten allgemeiner amorpher Masse tauchen Horden-Relikte wieder auf, diesmal bei sogen. Intellektuellen, bei Künstlern – aber nein, der Begriff Künstler stimmt hier nicht, er mag von dem Bewußtsein, wie ich meine auch sehr zu Recht, und ich meine das ist eine verschleierte Selbsterkenntnis, ja gar nicht angenommen werden, er wird ja verweigert – es stimmt auch traurig, diese Lebensbewegungen jenseits von Norm-Begriffen zu sehen – also Familienklüngel nebenan, von Haus zu Haus, Poss, die trübe Nuß, und der Berliner Lyriker – wie ist das möglich? Übertreibe ich? Nehme ich das alles zu ernst? Sollte ich es nicht ernst nehmen? Sollte ich Verhaltensweisen nicht ernst nehmen? Was dann? – ich sehe, was ich sehe, und nicht was ich sehen will – so sah ich vorher noch nie so viele baumelnde Pistolen, sie schlagen gegen die Hüfte, sie hängen am Unterleib – sehr interessant! – und dann gehe ich zurück, schließe das Tor auf und gehe an einer Reihe kaputter Bäume entlang – ich gehe an Autos entlang, beinahe jeder hat hier eins, (aber sie sind alle gegen Autos!), das ist doch bald schon normal gewordener Wahnsinn! – Und dann aufatmen, durchatmen, wenn ich hochblicke in ein Stück Licht, Wolken, ein langsames Verschieben – umgrenzt von den Häusern – zerträumte Körper, zerträumte Gegend, aber enorme Ansprüche überall, die sich auf läppische Kleinigkeiten beziehen („ich brauche ne Kaffeemaschine") – (Das sind so die Sorgen hier) – ich mag manchmal in die Fressen nicht mehr sehen. – Und dann ist da wieder der ummauerte Bezirk – aber nicht ummauert für jeden einzelnen, es wäre mir angenehmer – und so gehe ich umher darin, Ansprüche an das Bewußtsein, überhaupt an Wissen, ein Lernen, Weiterlernen stellt niemand mehr offensichtlich – und dann wieder das Arsch-Zeigen der Frauen, wie Paviane im Zoo, die irgendwas am Laufen halten müssen, es ist pure kleinkarierte bürgerliche Konvention (aber die Aussagen wollen dann ernst genommen werden, für eine kleine Abendunterhaltung, eh?) – eine Kulissenwelt diese Villa Massimo, falsch aufgezogen, gegen das schöpferische Bewußtsein, gegen den schöpferischen Impuls aufgezogen – der jungen Künstler Sommerfrische – ja, also was will ich hier? Ich erhalte das verdammte Geld, das ich benötige, um nicht zu verhungern oder wirklich Tankstellenwärter machen zu müssen – jeder möchte wichtig genommen werden, aber was haben sie, jeder, hier zu sagen? Bereits die Frage danach wird gar nicht mehr verstanden – stumpfes, taubes Schweigen und normiertes intellektuelles Ausweichen – kotzen müßte man, ins Gesicht erbrechen der so daherkommt mit dem tauben Schweigen, das nur noch Schnittmusterbogen der Tagesphraseologie von sich gibt – oder aber sich seitwärts in die Büsche schlagen, weggehen. (Ich werde vom Staat bezahlt, daß ich es ertrage. Ist das nicht ein Witz?)

Rom, den 2. Dez. 72

Liebe Maleen,

es ist Samstagabend, gegen 10 Uhr, auf dem Elektro-Herd schmurgelt und kocht ein Aluminium-Topf mit grünen Bohnen und Erbsen und vielen Zwiebeln vor sich hin, hineingetan habe ich einige Stücke kleingeschnittenen durchwachsenen Speck – das ist das Mittagessen für morgen./Die Katze streicht um die Beine, nachdem sie ihre gehackten Fleischballen aus der Dose mit etwas Soße gefressen hat – hinterher Milch, sterilisierte Milch, es gibt nur diese hier zu kaufen. Die dunklen tiefen Schnurrtöne sind sehr beruhigend in der Stille des Zimmers, wo ich nun angefangen habe, mit der Schreibmaschine zu schreiben./Sonst ist alles ruhig. (Wie immer natürlich, fern am Geräuschhorizont, dieses ständige graue dünne Rauschen und Flackern, ab und zu von einem durchdringenden Sirengeheul stärker hervortretend – sie fahren hier, Polizei und Unfallwagen, an einem durchgehenden hohen Heulton, an einem durchgehenden Geräuschfaden auf den Straßen.) Was die anderen Leute machen, ich weiß es nicht, kann es mir auch schlecht vorstellen: komponieren, sehr frustrierende, immer wieder abbrechende Musik, der Mann aus Delmenhorst, Norddeutschland, ein Sauberkeitsfetischist: ich sah mal in seine Wohnung, überall Flakons, Reinigungsmittel, Hautmittel, Haarmittel, eine ganze Batterie voll Fläschchen und Flaschen – er möchte unbedingt auch durchsetzen, daß 2 mal die Woche die Geschirrtücher, man erhält zwei pro Woche, und die Handtücher, man erhält hier 1 Badetuch, ein Handtuch und ein weißes Rasiertuch, gewechselt werden – oder jemand schweißt und hämmert an Kunst-Nippes, sprüht und ätzt in Laugen – sie sind hier alle erschreckend perfekt in ihrem Handwerk, und das steht in genauem Verhältnis zur Dünne ihrer Bilder und Musiken und Werke. Fleißige Schüler, ein wenig begabt, das andere macht dann ihr Verwertungshang und ihre Verwertungssucht – der Musiker aus Norddeutschland ißt kein Fleisch, wieso hat er dann so eine Wampe? Nur Salate und Mehl- und Eierspeisen, er erzählte mir, wie man Pfannkuchen macht, ich hatte es völlig vergessen, und dabei habe ich es so oft gesehen./Ich esse mäßig, meist koche ich einen Topf für 2 Tage, und morgens esse ich Joghurt, & trinke Pulverkaffee dazu, rauche 1 Chesterfield, das reicht bis in den späten Nachmittag oder bis abends, je nachdem wann ich aufgestanden bin. Ab & zu habe ich ein Lokal aufgesucht, da aß ich Pizza, sie ist billig.

Die Katze wollte raus: da mußte ich aufstehen und sie hinaus lassen: von draußen kommt ein kalter feuchter Lufthauch herein, schwarz und schwer und ganz Winter, naß.

Heute, vor einem Jahr, (es war damals der 4. Dez.), war ich in Longkamp: stand um halb 8 auf, feuerte einen kleinen Eisenofen an, draußen herrschte eine blau-grau-fahle frühe Helligkeit, und ich hatte sehr Angst, fühlte mich bedroht: nicht durch die Umgebung, obwohl sie mir immer als 1 Hinweis erscheinen wollte für die Bedrohung, die Existenz-Angst, die diffus in mir steckte. (Ich ging nachmittags in das zerfallene Dorf, telefonierte, es war nebelig, es gab einen draußen vor dem besseren Wohnhaus aufgestellten Lichterbaum mit elektrischen Kerzen, und ich versank oft in wirre Bruchstückhafte Erinnerungsbilder, die beziehungslos herankamen, auftauchten – Fr. aß immerzu, kochte dampfende Suppen, und hatte überall Hunger, er nahm zu, wurde dicker,: die Welt als nur noch etwas Eßbares zu sehen, ich erfuhr es später aus einem Aufsatz von Bilz, ist sehr babyhaft. – Ich trank roten Malven-Tee und sah ein kleines rothaariges Mädchen in Nähe des Bauernhofes, der in einem Matsch versunken war, allein zwischen den Baumstämmen herumtrödeln. – Abends rief ein Käuzchen, immerzu. Nachmittags schnitten die beiden Mädchen des Hofes Tannenzweige von einem Baum, denn morgen ist ja der 1. Adventssonntag – was wirst Du dann machen? Was werdet Ihr, Robert und Du dann machen?) – Tannenbäume stehen hier in einem Upim-Kaufhaus: aus Plastik, weiß mit rötlichen Plastikspitzen, oder schlaffe grüne Kunststoffbäume oder Zweige: sind sie zum Aufblasen? Sehen so aus. Davor, am Straßenrand auf dem Pflaster haben Fliegende Händler ihren Kitsch ausgelegt, Feuerzeuge, Nippes, Schallplatten, Kunstgewerbe-Handkettchen, oder Stände mit Nüssen, Oliven, sieht alles sehr armselig aus und schäbig, man möchte dort nicht kaufen. – Vor einem Jahr befand ich mich in einem engen, schmalen Tal, der Mond schien weiß und klar, es war winterliche Kälte, ich ging auf einem Acella-Bett in einer kleinen verrußten Kammer schlafen und stand morgens mit verrußtem Unterhemd wieder auf. – Jetzt bin ich in Rom, die Autos hupen in den schmalen grünen Gartenstreifen hinein, das Gras, die wilden Unkraut-Pflanzen sind immerzu grün und fest, – vor einem Jahr um dieselbe Zeit abends las ich in einem Stern-Heft eine Analyse über die Baader-Meinhof-Bande, und der Ofen bollerte, ich schwitzte – hier lese ich nachher weiter im Jahnn, Fluß ohne Ufer, Mittelteil 1. Band, über eine nördliche karge Landschaft, es ist das Kapitel „Dezember": Seit Tagen, so beginnt es, streicht ein eisiger Wind aus dem östlichen Raum über das Land. Er hat den ersten Schnee hungrig aufgeleckt. Der Boden liegt wieder nackt da. Die gläserne Kälte verwandelt die Kruste der Erde. Ätzender Staub klirrt über die Äcker ((: die Katze kam wieder jetzt geräuschlos durch die offene Tür aus der Gartendunkelheit herein, und sprang auf den Sessel, den ich an die Heizung neben der Tür in den Vorraum schob, wo sie sich nun leckt, das Hinterteil breit und fellig-weich ausgestreckt und den Vorderleib gelenkig aufgerichtet und zum Rücken gebogen, eine leichte Kälte streicht durch die Tür dicht über die roten Fliesen, sie kriecht unter dem verblaßten grünen Vorhang hindurch und herein und legt sich um meine Füße)) – Die kahlen Laubbäume schaukeln steif und leise klappernd. So ist es am Rand der hartgefrorenen Wiesen. Tiefer in den Wäldern gleicht der moosige weichtiefe Boden, plötzlich verwandelt, dem erhärteten Zement ((: das stimmt exakt, ich habe mich immer darüber gewundert, wie zement-hart der Waldboden werden kann: und jetzt sehe ich auch im Moment so ein Stückchen harten, zementhaften Waldbodens vor mir: da stecken Kiefern-Nadeln spitz drin oder sind darin eingegossen, und dann spüre ich auch wieder die feinen Unebenheiten dieses hartgefrorenen Bodens unter der Schuhsohle)) – Die Wurzeln der Pflanzen sind eingegossen wie in unerbittliches Gestein. Die Farben, die die Sonne gibt, sind von schmerzender Durchsichtigkeit ((: heute Nachmittag wieder bleiche Wolkenschübe, an den Rändern gezackt, über den Häusern und hoch in der Luft, dazwischen gelbliche Lichtlachen – davor die in einer Höhe stumpf abgeschlagenen starren Äste eines buschigen Baumes, und näher daran, an der Tür, so daß ich geschützt und versteckt bin, schmale stachelige Kakteen-Streifen)) – Die Schatten des Lichtes wie zurückgehaltene blaue Nacht, so endet der erste Abschnitt bei Jahnn, Dezember. Und dann weiter: „Wenn die Dunkelheit hereingebrochen ist, füllt sich der Luftozean mit Unbarmherzigkeit" – daher hatte also Arno Schmidt sein Wort: Luftozean! (Und jetzt bellt draußen in der Dunkelheit der Hund, der immer abends in einer Ecke hohl bellt, jenseits der Mauer, er hört plötzlich auf, und fängt plötzlich wieder an – dazu einige Fingerpfiffe, grell und scharf, und der Hund bellt weiter: die Dunkelheit ist mit elektrischem Licht gefleckt, das über die Mauer fällt, es sind starke Glühbirnen, ohne Glasmantel darum, einfach in Fassungen geschraubt, die an der Straße stehen und die Straße beleuchten.) (Auch ein ferner Zugpfiff ist jetzt zu hören.) „Mich beschlich das Gefühl des Todes", heißt es bei Jahnn ein paar Zeilen weiter.

Irgendeine Uhr schlägt, dünn und zinkend. Es ist jetzt Viertel vor 11.

Longkamp-Rom: welche Zusammenstellung, ich merke, wie auf einmal sie erstaunlich ist, und das Erstaunen betrifft auch mich, hier anwesend, und dann dort gewesen, und was ist in der Zwischenzeit alles an Einzelheiten, winzigen Ereignissen passiert? Was gesehen worden, was erlebt, was erschreckt erfahren gedacht, getan? Wohin gingen die Träume, Tagträume und Nachtträume? Ist das nicht alles, wenn man es einmal rasch und genau überblickt, erstaunlich und verwirrend und gar nicht in Begriffe zu fassen?

Jetzt trinke ich einen billigen etwas säuerlich schmeckenden Wein, Mennuni, die Literflasche zu 1.50 DM. (Darüber saust ein hochziehendes Flugzeug. Die Katze schläft eingerollt.) – Woher rührt das ständige Gefühl der Fremde und der Fremdheit, in der Stadt, auf dem Land? (In Abständen das Signal eines Zuges.) (Rangieren.) (Es muß wohl der Güterbahnhof sein, in Nähe des Friedhofes und der Straße mit den Nutten an den kleinen Holzkohle-Feuerchen zwischen den Bäumen: die Autolichter blenden auf, und dann zieht manchmal auch eine Frau, ein Mädchen ihren Mantel auf und darunter ist sie nackt, hat man mir berichtet – gegenüber, das sah ich selber, flackern Kerzen und Totenlämpchen vor den hochgebauten Betongräbern, die über die Friedhofsmauer stehen.) (Dazu, jetzt, das Geräusch eines runtergelassenen Rolladens vor einem Fenster: wieder ein schwarzes Viereck mehr in den Steinwänden!)

Woran denke ich, was empfinde ich (jäher Schrecken: die Suppe ist verkocht!) – (Ja, ich hab sie gerade umgefüllt: in einen anderen Topf, einen Teil kann ich noch gebrauchen, riecht gut: Zwiebeln, Grüne Bohnen, Erbsen – aber viel ist es nicht mehr, sollte für 2 Tage reichen: etwas Wein-Essig dazugeben, etwas, 1 Spritzer Milch, was? Mal sehen.) – (Die Katze hat ganz hellwach, ohne Übergang, aus ihrem Dösen auf dem Sessel aufgeblickt.) – (Das ist eine Sekundenbeschreibung.) – „Na, Du," sage ich und bewege den Arm in ihre Richtung, „hast ja noch nicht alles aufgegessen," um überhaupt etwas zu sagen, während sie mich blinzelnd ansieht, tatsächlich sind auch 1 halbe Scheibe Salami, Speck-Krümel, vom Verschnitt, auf dem Katzenteller übriggeblieben. – Meine Stimme klingt seltsam, wie in einem Selbstgespräch, zu der Katze hin, die nun wieder vor der geschlossenen Tür hockt und dann am Vorhang hochklettert. &: Einmal, abends, schleppte sie eine tote Maus an, die dauernd wässerte und näßte, und sprang verzückt und wirr darüber in die Luft, jetzt liegt das Mausgerippe ein paar Meter von den Steinstufen meines Ausgangs entfernt im Gras, und dicke, grünlich schillernde Fliegen haben sich bei Sonnenschein daran gemästet (sah ich einmal).

Rom-Longkamp/Hunsrück: ein Jahr ist seitdem vergangen. (Eine Reihe von Landschaften und Zuständen sind durch mich hindurchgegangen.) (Menschen haben in mich hineingesprochen, ich habe in Menschen hineingesprochen.)

Dazwischen kräuseln sich Tagträume, Erinnerungen, Gegenwartsbeobachtungen.

(Manchmal, abends, sitze ich hier und bin in Tagträume an eine norddeutsche Landschaft befangen, wenn alles ganz still ist, ich wach bin, niemand da, der spricht, man kann es wohl nicht trauriges Heimweh nennen, es ist wohl eine schöne Landschaft, und seitdem Du mir von Lüneburg erzähltest oder Göttingen, sehe ich ab und zu eine kleine norddeutsche Stadt, die abends still wird, wo man seiner Arbeit nachgehen kann, abends in eine Wirtschaft ab und zu geht, um ein Bier zu trinken, liest, wo die Dunkelheit wirklich eine abendliche Dunkelheit ist – in dieser total stillen ländlichen Dunkelheit, Vechta, Kuhmarkt, oben in dem Zimmer, waren dann sehr deutlich und klar der Schritt eines spät in der Dunkelheit draußen Vorübergehenden zu hören. – Sind das Wunschträume? Träumereien, die zu nichts führen? Es muß doch so etwas geben! Auch heute noch. – Und das denke ich jetzt während ich mitten in einer abendländisch-südlichen doch verrotteten Großstadt bin – Zugpfiffe, Rangier-Zeichen, wieder von draußen herein – vermischt mit Hundegebell, wuff, wuff, wuff, wuf-wuff. – Ich bedauere nicht, hierhergefahren zu sein es mir anzusehen, doch hier bleiben? Wohnen? Dasein? – Ich möchte, ich komme wieder darauf zurück, ich schrieb es Dir schon einmal, in den Norden: den Norden kennenlernen! Norden!) (Wieder der Klang einer schlagenden Glockenuhr: Viertel nach 11, Wochenende, Samstagnacht.)

Und ich denke auch folgendes: Daß ich mit den bisherigen Bekannten, sogar Pieper, der Bekannte, gar nicht mehr zusammenkommen möchte, nichts mehr reden, sie nicht mehr sehen, es abgeschlossen sein lassen – so viele Mißverständnisse, durch mich auch produziert, mein Verhalten, meine Neugier, die in den vergangenen Kölner Szenen mit den Leuten stecken. – Das bin ich nicht mehr, das war ich nur halb./Meine Sache sagen, sie schreiben, an die Erfahrungen herankommen, sich dahin heranarbeiten, die mir gehören, meine sind, die erarbeitet, durchgearbeitet sein wollen oder müssen, die ich durcharbeiten will, muß, will, muß, will, möchte. (Leichter Geruch des Angebrannten bis in dies kleine Durchgangszimmer, von der Küche her.)

(Ich habe, wie oft in der letzten Zeit, im letzten Jahr, kurz vor Longkamp, wie rasend geschrieben, notiert – das langsam ausfüllen, durcharbeiten, verwenden, keine Entropie, keine Schlacke, lebendig machen, schreiben, erzählen, ausdrücken, formulieren, Stückchen für Stückchen, weiter machen zu mir hin, dem mir gemäßen Ausdruck – verstehst Du das, Maleen?) (Gespenstergespräch? Du wirst es einige Zeit später erhalten. So ist das.) (Ich selber, ein Stückchen mehr, werden, weitermachen.)

An der Tür zum Schlafzimmer, rottig und abgeschabt, hängen Zettel, Notizen, Pläne, auf dem kleinen Tisch hinter mir, Zettel, Notizen, Pläne, alles nicht ausgeführt, nicht übertragen, immer noch Plastiktüten aus Köln mit Zetteln, geben lassen, und so hast Du auch noch nicht das Geld für den Monat erhalten, alles wegen eines Tarifs, wegen Angestellten, wegen Unterbezahlung, was wollen sie eigentlich erstehen? – Und die 10 Tausend gingen rasch drauf, es sind 25DM, für Essen, Brot, Dosen, etwas Wein, Zigaretten, Kitty-Cat, Obst, Postkarten, 1 Film, schwarz-weiß)

((Heute holte ich die gestern zum Entwickeln gebrachten Filme aus dem Geschäft wieder ab, es sind immerhin 14 Stück, seitdem ich die Reise hierher antrat, und sie müssen mal entwickelt und abgezogen werden – sonst häuft sich das, auch Graz-Impressionen sind dabei – sie haben hier alle verschiedenen Formate, nun muß ich ein Format 9 mal 10 nehmen, statt 9 mal 9, denn das kostet 70 Lire pro Abzug, während 9 mal 10 nur 40 Lire kostet, und da spare ich bei über 200 Abzügen eine Menge, aber das sagte mir der Typ des 1. Geschäftes nicht, oder ich verstand ihn nicht, wiewohl er clever sofort englisch sprach und meinte, ich sei bei der Großbestellung USA, da brachte ich heute einen Film zu einem anderen Laden, und dort ließ ich mir auch die Preise auf englisch erklären, es war ein junger freundlicher Typ, der erste war fett-italienisch clever, und erhielt sogar bei der Menge ungefragt Discount, mal sehen, wies wird, wieviel: also holte ich die Filme aus dem ersten Laden wieder stur ab und brachte sie zum 2. Laden – na, das ist doch richtig, nicht wahr?) (Auf solche kleinen Leistungen, an die ich gar nicht gewöhnt bin und die mir oft lästig waren und vor denen ich mich gedrückt habe, bin ich vor mir etwas stolz, wiewohl ich auch sehe, wie mißtrauisch ich bin – doch generell ist das eine gute Kombination: Mißtrauen plus Exaktheit, Genauigkeit – wir leben schließlich immer noch in einem rechten Steinzeitalter vom Verhalten her gesehen und von der Einstellung real zur Umwelt.)

//So habe ich mich, liebe Maleen, beim Tippen von Einzelheit zu Einzelheit etwas verdröselt.//

Ich habe soeben ein paar Schritte nach draußen getan: klarer Himmel, ein paar dünne Wolkenstreifen (weiß noch nicht einmal aus welcher Himmelsrichtung sie herziehen, Mist!) (Brauche einen Kompaß!)), schwarze Büsche, schwarzes Gras, schwarze Bäume, schwarze Mauer: dadurch oben, jenseits: ein Apartment in einem Fliesenbau: grelle Birne, ohne Vorhänge.

Ich habe irgendein paar Melodienfetzen geflötet, muß mir die Musik selber machen: und da merkte ich, daß ich nichts dieser kleinen Geräte vermisse, kein Radio, keinen Transistor, kein TV-Gerät, keine Illustrierten, keinen Film (es wird wiederkommen, und dann werde ich es mir als etwas Einzelnes ansehen, aber nicht als automatisches Verhalten!!): Und plötzlich erfuhr ich auch, gerade eben, als ich wieder eintrat und mich an die Maschine setze, Pläne, Notizen, Beobachtungen – dazu Zettel, Notizen, Einfälle, Material zu einer Chronologie: was habe ich wann wo und wie gesehen, erlebt, durch welche Kulisse ging ich?)

Vor mir, an der Wand, schäbig-bleich, abgenutzt, Zettel zum Hörspiel, Hinweise.

Auf dem Tisch, gegen die Wand geschoben: Lektüre, Bücher, Bruno, de Quincey, Bilz Gelpke: – und da sagen die Idioten überall, es gäbe nichts Interessantes mehr? Zu viel beinahe, man kommt gar nicht durch! (Wieviele Querverbindungen, Göthe: „Verbinden, immer verbinden!" – gibt es? Wieviele, die geknüpft sein wollen, müssen, möchten: die Überraschung springt heraus!) (Auch, bei Verbindungen, die Erkenntnis, Einsicht, 1 Stückchen!)

Was werde ich morgen machen?: Früh aufstehen, gegen 8 Uhr, hoffentlich, mir einen Kaffee machen, ein Joghurt essen, waschen, rasieren, das Bett machen, hinüber gehen in dieses Durchgangszimmer, weiter, nach 1 Woche Unterbrechung, am Hörspiel schreiben, (ausführen die Notizen und Einfälle), dazu Kaffee, Zigaretten, und ab und zu hinausstarren durch die Tür, mittags das Gekochte zu mir nehmen, Schluß machen mit Schreiben, mir einen Gang, Straßen also, aussuchen, auf dem Plan, wahrscheinlich den Friedhof, der seltsam sein muß, aufsuchen an der Straße Tiburtina, 20 Fotos schwarz-weiß machen, ansehen: die Rituale des Bewußtseins, die allgemeine Ebene, die Realität, (1. Advent), und zurückkommen (halb 5 ist dunkel) (Sonntags öde überall, ich hab auch kein Geld diesmal, die Bank Santo Spirito = Vom Heiligen Geist streikt, ich konnte Freitag, den 1. 12. den Scheck nicht einlösen, mußte mir 10 Tausend Lire vom Büro leihen (. . .)

dachte, daß es nicht einmal ein Verlust ist, kein TV zu sehen, keine Musik zu hören, keine Schallplatten – und plötzlich merkte ich, wie es sich auszahlt, daß ich lange Zeit damit schon gebrochen habe – ich sehe klarer, ich sehe auch genauer, ich nehme aufmerksamer die Gegenwart wahr, was los ist – ich spüre meine Bedürfnisse empfindlicher – und ich will genau und sparsam wieder mit Musik anfangen, einzelne Schallplatten, mit der Zeit, langsam, langsam, Rock 'n' Roll der Fünfziger, Orgelmusik, sehr frühe, Lautenmusik, das 17. Jahrhundert (war Renaissance, nicht, und davor die klobigen holzschnittartigen einfachen Töne! Ein bißchen neueres noch, 18. 19. Jahrhdt. – wie erstrebenswert mir das jetzt vorkommt, auch etwas Jazz, Lennie Tristano, Klavierjazz): und Bilder, TV, eigentlich gar nicht mehr, es zwar haben, wenn man wie ich, möchte, aber benutzen? (Deswegen habe ich den Apparat auch nicht verkauft. Doch vermissen tue ich die Show auf dem Bildschirm nicht, nicht einmal als Film-Wiedergabe, lieber allein dann im Kinosaal sitzen, im Dunkeln.)

Heute nachmittag bin ich wieder mal hinausgegangen, in dem Bezirk hier, habe eine weitere Postkartenaufnahme entdeckt, die zeigt, was für ein Viertel das hier ist, in dem der Bezirk der Villa Massimo liegt, wovon umgeben: (es gibt solche Straßenansichten, die gewöhnlich sind, fast gar nicht – daher wohl auch die Eigenartigkeit z. B. eines Schwimmbades aus Gronau, erinnerst Du Dich: plötzlich, bei der wenig gekünstelten Einstellung, doch breiten Weitwinkelsicht, erklärt sich der Ausschnitt – wo man sich befindet: und die wenigen auf der Karte vorgenommenen scheinbaren „Verschönerungen" sagen nur mehr über die tatsächliche Gegend!)

so habe ich begonnen, Dir noch einmal eine genaue Aufstellung zu machen, diesmal von dem Viertel, durch das ich bei den täglichen Besorgungen gehe. Wo etwas liegt, was da ist, was ich sah und woran ich vorübergekommen bin.

(Es war, heut beispielsweise nach dem ich die Sache mit den Filmen erledigt hatte, und immer habe ich mich bereits in den Richtungen der näheren Umgebung vertan, so habe ich heute anschließend nachgeprüft:)

(ich habe mich bereits oft in der Richtung getäuscht, wenn ich eine Abkürzung nehmen wollte, und einmal bin ich weit abgeraten durch das Gewirr der kleinen Durchgänge und Seiten- und Nebenstraßen)

Ich bin an dem Upim-Kaufhaus und den Straßenhändlern vorbeigegangen, bis zum Platz Porta Lecce, ging die Via Catania herunter: ein Hochhauswohnblock nach dem anderen, unten das Band der Geschäfte, oft im Souterrain gelegen, kleine 1 Mann-Betriebe, Handwerker, Schuster, Näher, Glaswände und darüber die Neon-Schriftzeichen, dann beginnen darüber die Wohnungen, alle gleich, bedrückend abends, wenn sie in einer Dunkelheit verschwinden, und man geht unten vorbei, umgeben von diesen Blöcken (siehe Postkarte),

an der Via Catania gibt es eine Markthalle (SPQR: Senatus Populusque Romanum – wie auf den Abwässerdeckeln): innen: ein Stand nach dem anderen mit Obst, Birnen, Kartoffeln, Zitronen, Bananen, Blumen, Pilzen, Fenchel, Salaten, grüner und roter Salat, dazwischen und darum hantieren kleine Männer,

und mitten zwischen Blumenkisten, Zitronenkisten, Pilzauslagen, Kartoffelhaufen, weißen Fenchel-Knollen, gibt es Handtaschen, Kopftücher, Schulhefte, und ich sah:

Reihen von enthäuteten Kaninchen, mit glatten, nassen Köpfen, weiße Kittel voll getrockneten Blutes vermischt mit Schmier, rote Fingernägel einer Marktfrau die in rotem naßblutigem Fleisch schnitt (sehr seltsam dies Detail!)

und dann Rasierwasserstände, weißer Fenchel, Kartoffeln, Bananen, weiße Pilze, Salat, Bohnen, Erbsen, Zwiebeln, Mohrrüben, von einem Stand zum anderen Stand, immer dasselbe, nur anders zusammengestellt, und etwas im Preis differierend.

Ich kaufte mir dort: 1 Kilo Bananen, fleckig, aus Somali-Land, (Zeichen: 1 jagendes Katzentier) Tiere, hießen die Bananen wegen der braunen Flecken, sie waren billiger, ich bezahlte 360 Lire (500 Lire etwa 5.50 DM) & ging, 6 Uhr.

(Durch was für eine Welt aus kleinkrämerischen Ständen und Kulissen torkelt man!) „Bevete Coca Cola": bibere lateinisch, fiel mir ein, als ich das Schild sah, trinken.

Rot in Rot: die rot-lackierten Fingernägel die in rotem Fleisch hantieren nahm ich als Eindruck mit.

Ich habe Dir auch auf den Auszug des Plans ein Bild aus den Illustrierten aufgeklebt (eigentlich, wenn man die Inhalte, den Sinn noch dahinter sehen kann, auch schön:=gut, gleich lustvoll, es hat keinen Sinn das in der Bedeutung jenseits der blöden Zeitumstände und der maschinellen Funktion zu verneinen!:)

(:aber in welcher Umgebung passiert das? Und das verkuppelt es mit dem pervertierten Sinn!) (Einzementiert, das ist wohl der Begriff!)

:und da tasten wir, jeder für sich, uns hindurch. (Enthüllt sich nicht so auch ein Stadtplan als pervertierte Kulisse für Leben, das wichtig ist?)

(:ich komme wirklich nicht damit zu Recht, manchmal zerbricht es mir, was ich sehe, in lauter Konfetti)/Splitter/

(:Wie kann auch einer das in eine Reihe, in eine Ordnung bekommen?)

Ich dachte beim Anschauen auch so: (maschinell gestanzte Funktion:) (aber sie haben auch wirklich diese breiten fraulichen Gesäße, auf der Straße)

diese Geste auf dem Foto, ihre Bedeutung, man kann darüber bei Ardrey nachlesen: wenn im Zoo 1 Primaten-Männchen wütend ist und schnaubt, hält das Weibchen ihm auffordernd den Hintern hin, und der wütend angeschnaubte Pavian vergißt darüber seinen Ärger –

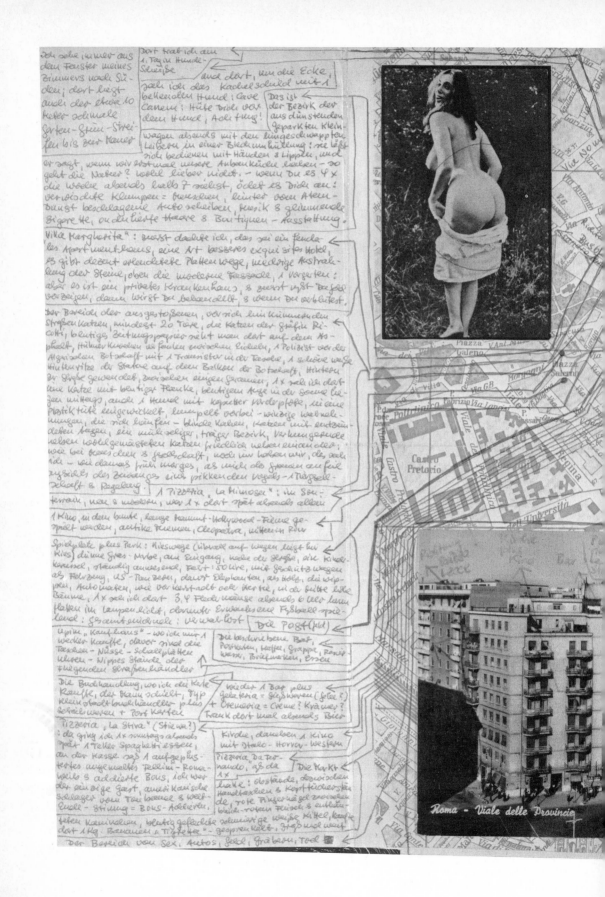

Ich sehe immer aus dem Fenster meines Zimmers nach Süden; dort liegt auch der etwa 10 Meter schmale Garten-Stein-Streifen bis zur Mauer. Dort hab ich am 1. Tag in Hundescheiße — und dort, um die Ecke, sah ich das Kachelschild mit 1 bellenden Hund: Cave Canem! Hüte Dich vor dem Hund, Achtung! Das ist der Bezirk der ausdünstenden geparkten Kleinwagen abends mit den hingeschwappten Leibern in einer Blechumhüllung: sie läßt sich bedienen mit Händen & Lippen, und er sagt, wenn wir zum letzten Mal unsere Autoschlüssel haben — so geht die Nacht? Wohl lieber nicht. – wenn Du es 4 x die Woche abends hallo 7 siehst, ödet es Dich an: verbistorte Klumpen = Fleischteile, hinter vom Atemdunst beschlagene Autoscheiben, Musik & glimmende Zigarette, du derbste theatre & Boutiquen – Ausstattung.

"Villa Margherita": zuerst dachte ich, das sei ein feudales Apartmenthaus, eine Art besseres exquisites Hotel, es gibt dezent verwinkelte Plattenwege, niedrige Ausstellung alter Steine, oben die moderne Fassade, 1 Vorgarten: aber es ist ein privates Krankenhaus, & zuerst sollst Du Geld vorzeigen, dann wirst Du behandelt, & wenn Du verblutest.

Der Bereich der ausgestoßenen, vor sich hin kümmernden Straßenkatzen, mindestens 20 Tiere, die Katzen der Gräfin Ricotti, blutiges Zeitungspapier sieht man dort auf dem Asphalt, Hühnerknochen die faulen zwischen Fideln, 1 Polizist vor dem Algerischen Botschaft mit 1 Traumstern in der Tasche, 1 scheue weiße Hinterkatze die Statue auf dem Balkon der Botschaft, hinter zu Füße gewendet, zwischen einigen Geranien, 1 x sah ich dort eine Katze mit blutiger Flanke, blutigem Auge in der Sonne liegen mittags, auch 1 Hund mit kaputter Vorderpfote, in eine Plastiktüte eingewickelt, humpelt vorbei – winzige welpenhungrige, die sich häufen – blinde Katzen, Katzen mit entzündeten Augen, ein milchseliger, träger Bezirk, Verwesungsgerüche neben wohlgemästeten Katzen friedlich neben einander, wie bei hier schlecht & fröhlich, wohl nur haben wir, die seltne – wie damals früh morgens, als mich die Fremdenzeit ausschüttet des Zivilisation eines pickenden Vogels – 1 Tagesschläfchen & Regelung. 1 Pizzeria "La Mimosa": im Souterrain, neu & modern, wo 1 x dort spät abends essen

1 Kino, in dem bunte, lange Stummfilm-Hollywood-Filme gespielt werden, antike Themen, Cleopatra, mittent in Rom

Spielplatz plus Park: Kieswege (überall auf Wegen liegt hier Kies) dünne Gras-Narbe, am Eingang, nahe der Straße, die Kinderkarussell, ständig amüsieren, fast + 50 Lire, ein Gerüst wegen als Felsberg, US-Panzer, dann Elephanten, es Holz, die weißen, Automaten, wie Werkstadt alte Herde, in die bitte hübsche Bäume, 1 x sah ich dort 3,4 Fledermäuse abends 6 Uhr beim flattern im Lampenlicht, eleganter Erwachsene eine Fußball spielen: Gesamteindruck: Verwahrlost

Die Post(fil) — Die kostenlose Bar, Postkarten, Koffer, Grappa, Ronitware, Briefmarken, essen

"Upim, Kaufhaus" – wo ich nur 1 Wecker kaufte, davor war das Taschen – Nüsse – Schnellpfeffer Uhren – Nippes Stände der fliegenden Straßenhändler

Die Buchhandlung, wo ich die Karte kaufte, der Mann schielt; Typ Kleinstadtbuchhändler plus Schulwesen + Post Kartel

wieder 1 Bar plus Gelateria + Gußwaren (feier?) = Cremeria = Creme? Kränse? Trank dort mal abends Bier

Pizzeria "La Stiva" (Stiva?): da ging ich 1 x sonntags abends spät 1 Teller Spaghetti essen, an der Kasse saß 1 aufgeplustertes angemaltes Fellini-Romweib & aufdiente Boxe, ich war der einzige Gast, auch Komische schlager vom Tonband & weltliche Kanibalen, blutig getupfte schmutzige weiße Kittel, kaufe dort 1 kg. Bananen 1 "Tigesse" – geopfert Veile, Tigesse weit Ende – Stimmung = Boxe-Adbleur

Kirche, daneben 1 Kino mit Italo-Horror-Westen Pizzeria, da Fernando, "as da" Die Markt 1 x: obstande, Heringsladen, Kopftücherstande, rote Fingernägel zwischen bleich-roten Fleisch & einhänt

Der Bereich von Sex, Autos, Sekt, Gräbern, Tod

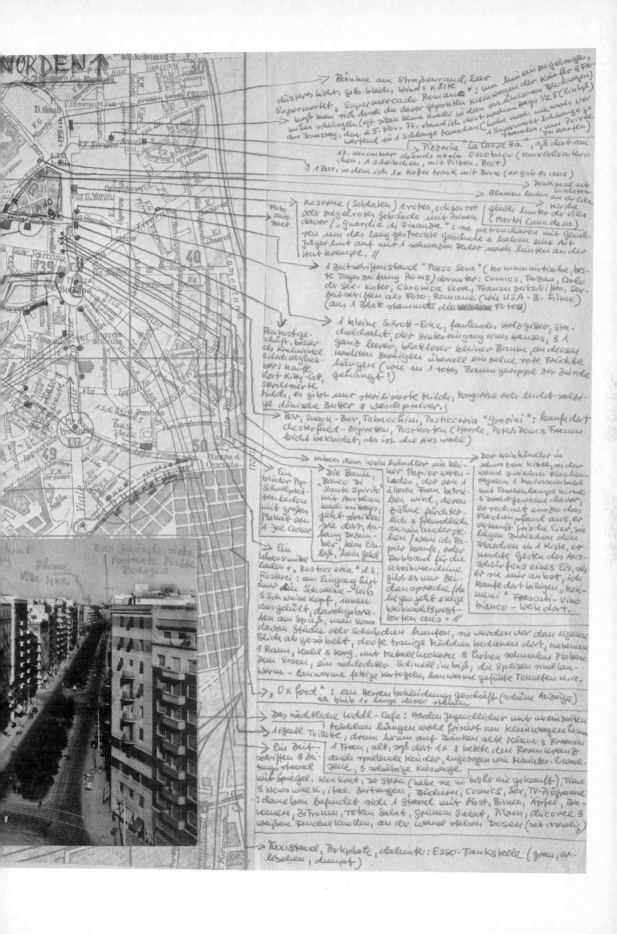

könnte man das nicht auch auf die menschliche Bewußtseinsebene anwenden mittels Anschauens dieser Gesten? Mittels Verbreitung dieser Fotos? Und könnte man nicht sagen: der Ärger im Kopf, die Wut eines Tages, im Bewußtsein aufgespeichert, egal aus welchem Bereich sie stammt, dem Bereich der Arbeit oder dem Privat-Bereich, soll durch das Anschauen eines hingehaltenen nackten Frauenhinterns wie auf dem Foto zum Erlöschen gebracht werden. Ist das die Funktion solcher Bilder? (Sie enthalten ja auch Vorstellungen, gedankliche Projektionen, diese Fotos, und der Hinweis, die Richtung die darin steckt?: welcher Wegweiser ist es?) (Selbst wenn es den Darstellern und Herstellern gar nicht so bewußt ist, was damit ausgedrückt wird, welche Richtung es anzeigt). – Zugleich, und das könnte auch ein anderer Teil der Funktion sein: muß die im Verlauf eines Tages geschehene permanente Entleerung und Erschöpfung aufgefangen werden, so daß eine künstliche Spannung erzeugt werden muß, ein künstliches Antreiben hin zur sexuellen Entspannung und Erleichterung, die – und das ist seltsam überall zu beobachten – ja immer schwieriger zu erreichen ist – verständlich, wenn man wieder zurück auf die Ansichtskarte schaut mit den Wohnblöcken. – Und ich dachte weiter: (von den Wohnblöcken und der Bedrückung, die von ihnen ausgeht, auf der Postkarte wie in Realität) daß die Bedingungen alltäglichen menschlichen Lebens sehr den Zoo-Bedingungen ähneln – eingesperrt in diesen Wohnungen innerhalb der klotzigen Blöcke und innerhalb einer Welt, die nur noch aus Geschäften besteht. – Ich hatte gelesen, daß Primaten im Zoo an nichts anderes denken als an Sex, wiewohl sie „sex-gestorben" sind meistens, die vielen./Tatsächlich sieht es auch so aus wie die Postkarte zeigt: (Die Wohnviertel und Straßenprospekte gleichen sich fast alle)

die Bedrückung abends, geht man unten entlang, zu beiden Seiten im Dunkeln verschwindende Betonklötze, – unten das breite Band der Geschäfte und Läden, oft im Souterrain und einblickbar in kleine 1-Zimmer-Handwerksbetriebe: Schuster, Schneider, Obsthändler – ein Band aus Fensterscheiben und Neonlichtschriften, darüber verdunkelt es sich bleich gelb, verwaschen, mit immergleichen Rolläden, grün-verblaßt, und grünen Holzgittern, hoch oben, am Rand der Gebäude die aufgestellten TV-Antännen, ein dünner Drahtwald oder wie Stacheln entlang des Dachansatzes.

Da bin ich überall abends entlanggegangen, dünne Bäumchen am Trottoir-Rand dazwischen Tanksäulen, und warm ausdünstende Geparkte Wagen. Ich bin in dem weißen Staubmantel dort hergegangen, den Mantel bis oben zugeknöpft, ohne etwas zu sagen, – ich kam mir oft überflüssig vor während des Gehens – und dieses Empfinden, man sei überflüssig, bedeutungslos, nichtig, rührt von der erdrückend gewordenen Quantität her, sie lähmt auch auf breiter Basis ganze Stadtteile, ganze Straßenzüge, ganze Bevölkerungen, – Tausende von Menschen eine Straße entlang, Hunderte in Zementblöcken und Wohnkästen untergebracht, eine Straße nach der anderen.

(:Draußen, vor der Tür, im Gartenstreifen das Schweigwerk der Bäume gegen einen dunklen Nachthimmel – ich las flüchtig eine Landschaftsbeschreibung und stieß auf eine seltsame Formulierung: „das Schweigwerk der Bäume", ich dachte, gut gesagt, es trifft zu, und sah noch einmal hin: da stand aber nur „das Zweigwerk der Bäume".)

Gestern, Freitagabend, 21 Uhr, gab es eine Einladung zu einem Abendessen mit italienischen Schriftstellern – in dem Haupthaus, mit der Direktorin, ihrem Mann, ein vergammelter Lyriker, mit Beatle-Haar, grau-silbern, fein angezogen, aber trieffligem Blick – dazu ein Baron, Marschall von Bieberstein, der Leiter des Göthe-Institutes, samt Frau (in langem karierten Schottenrock bis auf die Schuhe, dazu eine weiße Bluse – (. . .) zwei weitere italienische Frauen, von zwei italienischen Schriftstellern, deren Namen ich vergessen habe (Hausfreunde der Direktion, gesellschaftlicher Klüngel, nur noch gesellschaftliches Leer-Gerede, Sätze, die vor Entleerung einen totalen negativen Unterdruck im Raum hervorriefen – seltsam, daß nicht die Fensterscheiben wegen dieses negativen Unterdrucks zersprangen!), und ein stark kurzsichtiger, enorm fetter häßlich aussehender italienischer Kritiker, Theaterkritiker und Lyriker (seltsame Kombination) für Paese Sera, die größte kommunistischste Tageszeitung Roms. – Der erste italienische Dichter, ein Romanschreiber, mit vielen Romanen hinter sich, in Cord-Anzug, Lehrstelle an der Universität für deutsch, Theaterschreiber auch neuerdings, Preisträger, mit langem Backenbart, der zweite ein kleines zierliches Männchen, in grauem Anzug – weiß nicht mehr, was er macht, es interessiert mich nicht, nachdem ich es erfahren hatte – die eine Frau, schwarzhaarig, kurzgeschnittenes Haar, römische Hakennase, weißes Gesicht, grünes Seidenkleid – die andere nichtssagend, verblaßt. – Zuerst gab es Campari, man stand herum. (Ich denke, ich habe einen exakten Eindruck gemacht, weißes Hemd, gestreifter Schlips, Anzugjacke, graue Hose, Stiefeletten. – (. . .) So genau ich aussah, die Manschetten des Hemdes sahen etwas aus der Anzugjacke vor, ein weißer Rand um die Hände – so genau und böse und unversöhnlich habe ich dann später auch gesprochen, ich werde und will mir von niemand in keiner Situation mehr Flaues sagen lassen und anhören müssen.) – Dann gab es als Vorspeise: Spinat, mit Quark vermischt, in einem dünnen Nudelteigüberzug gebracht, warm, kleine runde Scheibchen – dazu Weißwein – anschließend Fleisch: 3 Sorten, ein Fleischklößchen mit Pilze-Topf, schmurgelnde braune Sahnesoße, auf einem kleinen Feuerchen – eine kalte Fleischplatte (Zunge, krustig, kalt, in kleinen Scheiben), dann wieder warmes Bratenfleisch, in dünnen Scheibchen – dazu Salat, Tomaten, grüne Bohnen, weichgekocht, kalt, eine italienische Frucht und Weißbrot. Man nahm sich selber auf, und ich habe tüchtig zum Fleisch gegriffen, denn das kann ich hier mir nicht machen – es war eine gute Gelegenheit einmal wieder Fleisch zu schmecken.

Dann ging es los, und ich habe kalt gesagt, man müsse doch endlich mal einsehen, daß mit südlichen Motiven, südlicher Sehnsucht, dem Hang deutscher Künstler und Schriftsteller nach Italien, nichts mehr los sei, das sei vorbei. – Es stellte sich schnell raus, daß keiner außer gesellschaftlichen Schnörkeln etwas zu sagen hatte – eine jüngere italienische Literatur ist nicht vorhanden, überall ist das Empfinden erstickt durch politische Ambitionen, viel übler als in der BRD, und dann: daß sie alle möglichst in Kategorien gesellschaftlicher Verwertbarkeit dachten – sie diskutierten den Ankauf, möglicherweise, des Verlages Feltrinelli, der links ist, durch Fiat-Auto-Werke – sie machten Schnörkel und Gesten in den Sesseln, die Beine übereinandergeschlagen – die zwei anderen deutschen Schriftsteller blieben dumpf bröselnd hocken – ich habe gefragt, was sie denn zu sagen hätten, ich habe dem Göthe-Leiter gesagt, daß er eine Verpflichtung habe, jüngere deutsche Literatur vorzustellen – da es sie, egal wie zunächst einmal, in der Quantität doch gibt (ich hatte es nicht so in der BRD gesehen – aber hier ist nichts): statt dessen kommen alle die alten Klüngel-Leute der 50er Jahre hierher und halten Colloquien ab, Höllerer, Bender, Johnson, Grass – sie mästen sich weiter und weiter! Da kommt ein Professor heran, Habermas, und doziert abstrakt – da werden Kinderspielplätze als Probleme vorgestellt – es ist zum Davonlaufen – da fragte mich jemand: „Kennen Sie Bakunin?" und hatte die Beine übereinandergeschlagen, capriziös – ich redete, ich meinte etwas, ich wollte etwas sagen – da schnaubte der Baron des Göthe-Institutes: „Eine Dame spricht jetzt!" als ginge es darum, daß eine Dame, es war seine weinerlich-gesichtige Schottenrock-Gesellschafts-Möse, spricht – und im Hintergrund Gobelins, Linke Revolution als Thema, und die Frechheit zu sagen: ich könnte ja eine Viertelstunde meinen Vortrag halten, dann käme eine Dichterlesung von Born – da begriff ich, ich habe gestutzt, da war für mich die Sache gelaufen:

vermöge gedrechselter Sätze, vermöge Sir-Herren-Parfums drehen sie jeder Tendenz, jedem Bewußtsein den Hals um. (Was habe ich bei den Gespenstern zu suchen?) Italien ist verrottet, auch kulturell, keine lebendige neue Tendenz, ein sterbender Kopf. – Der Stil ist der Stil des Salons und des Abendessens, der Kaffee-Stunde, der Herren-Anzüge. (Ein TV-

Gerät siehst Du nicht, es ist irgendwo in altes Mobiliar versenkt – wie die Bar. Und dazwischen wälzt sich ein schwarzer Hund, mit einem Fußball im Maul, er wälzt sich auf dem Teppich, und schaust Du runter, blickst Du in miese devote Hundeaugen!)

Verbindungen gibt es nicht, sie wissen auch keine, warum ist man hier? Es ist derselbe miese Horden-Klüngel wie überall. Die Leute sind's zu frieden, sie wollen ja auch nichts, sie haben – ähnlich wie bei Nevens – hinterm Haus mümmelnde Kaninchen, sie sprechen in leeren abendländischen Metaphern (Nymphen und so'n Kram, Zeus und Andromeda – sie sehen Schatten als Metaphern wie zu Großvaters Zeiten, mieses Bildungsbürgerpack des 19. Jahrhunderts, aufgemotzt mit neuen Ausdrücken: „so ein klein wenig poppig", sagte der Baron, so hätt's er.

Bewußtseins-Pack, Maleen, was sagst Du dazu? (Aber in die Pfanne hauen lassen, das geschieht bei mir nicht.) (Ich mußte sowas auch mal erfahren.)

Heute, Sonntag, 1. Advent, 3. Dezember, bin ich nachmittags in den Bezirk „Sex & Tod" gegangen:

ein milder Tag, mit rumlungernden Jugendlichen an jeder Ecke, Männern, die aus dem Transistor Sportreportagen hören, offenen schäbigen Bars mit Postkartenständern und ratternden Flipper-Automaten, offenen Gelaterias (Süßwaren und Kuchenläden) aus denen Männer kommen, die kleine verschnürte Päckchen haben (darin glasige Kuchenstückchen, alles gefärbt) – Sonntags ist ein Süßer Tag, Kunststoff-Kuchen-Stunde.

Ich habe gebadet, mit Badedas, grün, ausgiebig, ich habe mir ein weißes Hemd angezogen (aufgespart vom Gesellschaftsabend-Essen) ich habe den Film eingespannt – machte zuerst noch zwei, drei Aufnahmen hier: heftete an meine Eingangstür draußen ein Plakat mit Hitler in rosa Wolken schwebend für 1 Buch Documenti Terribili, Nürnberger-Prozeß-Akten, und fotografierte so meinen Eingang.

Ich habe die kleine, kümmerliche Ecke aufgenommen am Rand der Villa Massimo, Ausgang der Straße Ricotti, mit dem kleinen blattlosen kargen Baum und den roten Früchten daran, ging die Viale delle Proncie hinab (siehe Postkarte) bis an die Straße Tiburtina, an der der Friedhof liegt.

Offene Blumenstände, eine hohe Mauer: von außen sieht die Mauer wie jede Mauereingrenzung eines größeren Grundstücks aus – innen aber enthüllt sie sich als Mauer voll Toten, Gräber, etwa 50 Quadratzentimeter groß, in 5,6 Reihen übereinander.

Man geht einen schmalen Schacht entlang, zu beiden Seiten diese gestapelten Gräber, die Zementmauern, Reihe um Reihe, nach oben hin sich verlängernd, über einen hinweg – mit Laufschienen davor, an denen Treppen hängen – und auf den Treppen, die beweglich sind, klettern alte Frauen und stopfen hier und da Blumen in Kitsch-Vasen – es sind Zementregale voll Gräber, und davor überall kleine elektrische Birnen, die brennen, zum Teil roh, zum Teil mit Glasmantel in Form nachgebildeter Flammen umgeben.

Dann gibt es Blöcke, wieder mit übereinandergeschichteten Gräbern, immer 50 mal 50 centimeter große Quadrate, davor ein kleiner Sims, mit Nippes-Porzellan-Madonnen oder Heiligenfiguren oder irgendwelchen Jesussen – oder Silbervasen, während die Mauer sich weiter hinzieht und weiterhinzieht zur Außenseite.

In jedem Grabquadrat, an jeder senkrecht stehenden Grabplatte stehen die Namen und dann immer ovale Fotografien, der Toten, die eingerahmt sind.

(Ich ging nur diese Mauer entlang, der Friedhof muß riesig sein – Marmortürme, Tempelchen, Sarkophage, durchsetzt mit diesen Miniatur-Hochhäusern der Gräber, ein totales Durcheinander.)

Eine lange gebogene Mauer mit Toten: und in jedem Grabquadrat die Fotos der Leichen: ovale gerahmte Lichtbilder – überall sehen Dich Tote an – einmal lag ein nacktes Baby auf einer Decke auf dem Bauch, vergilbte Männer und Frauengesichter, Paßfotos.

Schönheiten aus dem Jahre 1934, Leute in Uniformen – sie sehen lachend aus oder angeberisch, streng und stolz, verzwängt, schön, abwesend und hochmütig, lässig oder erschreckt – damenhaft, ein Gesicht mit einem großen mondänen Hut darüber und schwarzem Schleier – Aufputz wie Filmschönheiten aus den
Zwanzigern – frisierte Gesichter, ondulierte Haare, Frisör-Frisuren, damenhafte und herrenhafte Gesten, matronenhaft oder ätherischer Gesichtsausdruck wie draußen auf der Straße in der Stadt die Mädchen – Quadrat nach Quadrat, eine lange Mauer entlang zu beiden Seiten – ganze Stadtteile, ganze Straßenzüge voll Toter – alle in der Pose des Fotografierens erstarrt, in den eingebildeten Zwängen der Zeit, des Berufs – es gibt keinen Platz mehr für die Toten, und so stapeln sie sie in die Luft, in Zementblöcken – ab und zu gibt es ein leeres Kästchen aus Zement, innen vielleicht 80 mal 50 centimeter, aus gelbem leichtem Ziegelstein. Und weiter das kleine elektrische Lichtgeflacker. Dahinter ist das Ende, ein gemauertes Kästchen, davor die Fotografien.

Dann außerhalb der Mauer: (ich war wieder, am anderen Ende hinausgegangen, und ging zurück, auf der Straße). Der Boden gefleckt direkt an der Mauer, unter den hohen Nadelbäumen, die in weiten Abständen stehen, voller Kondome – die ganze Außenmauer entlang, davor parken sie abends mit ihren Kleinwagen und sitzen in dem Blechgehäuse eingezwängt im Schatten, mit ausgestelltem Motor und ausgeschalteten Lichtern: Körperknäuel, die sich plump bewegen, und das Sperma spritzt in die Gummihäute, gleich neben der Mauer mit den Gräbern – Kleenex-Tücher und Zigarettenkippen. (Eine Stelle war jetzt von einem fliegenden Händler mit Weihnachtsbäumen in Plastiktöpfen besetzt. Stroh um die Wurzeln der Tannenbäume gewickelt, Sonntagsverkehr daran vorbei.) Und weiter die schlaffen Gummihäutchen der Kondome, in denen

das Sperma fault, Hundescheiße und ein Prospekt vom Piper Club Students Meeting – die Cellophanschnipsel der Kondomverpackung. – Der ganze Boden entlang der Mauer, vielleicht 1 km lang, ist mit Kondomen bestreut.

Gegenüber, dazwischen liegt eine breite 6 spurige Fahrbahn, stehen leere Platanenbäume und da stehen die Leiber abends: als ich dort einmal vorbeikam, sah ich wie Wagenlichter aufblendeten und die halbbekleideten Gestalten heraushoben aus dem Dunkel, in das sie dann wieder nach dem Abblenden zurückfielen: Piazzale Valerio Massimo, an einem kleinen Rondell, mit einigen Bäumen umgeben, gegenüber eine Holzhandlung und ein Fiat-Service.

Dazu kommen die niedrigen roten Holzkohlefeuerchen, an denen sie sitzen oder stehen und sich wärmen. (Sie bieten sich wie ein Stück Fleisch an – eine warme weiche Bauchhöhle, von etwas Haar umgeben.) Sie steigen ein, der Wagen setzt auf den Bürgersteig in den Schatten und es geht los.) Ich lese: Centro Prove Autoveicoli – und wieder überall das Kondomgeringel auf dem Boden, Schachteln von Durex Sensitol Lubrificato zwischen Marlboro-Zigarettenschachteln und Motta-Schokoladenpapier, und Kippen.

Man watet durch die vollgespritzten Gummihäute vorbei an Auto-Karosserie-Werkstätten, zwischen Kleenex-Tüchern und faulen Platanenblättern an stilliegenden häßlichen Auto-Wasch-Anstalten vorbei, jenseits die Gräber-Hochbauten, die über die Mauer ragen. Eine Straße, die in das Schuppen und Lagergebiet einbiegt, schmal und voller Pfützen und Schlaglöchern, heißt Via di Santa Ciriaca, von Urin zerfressene Mauern, sie sind auch bereit, es im Stehen zu machen. Stacheldraht auf Mauerstücke, Bretterbuden, eiserne Gitter und Rolläden, und immer weiter gegenüber die Mauer mit den Gräbern. Im Hintergrund einer schäbigen Durchfahrt wieder ein Häuserblock, entfernt, mit TV-Antennen in der Luft. (Jetzt wimmelt es wieder von Sonntags-Friedhofsbesuchern. Ich war zurückgekommen zum Anfang des Friedhofs. – Blumenstände, auf dieser Seite: eine Shell-Tankstelle, rot und gelb, und auf einem flachen Dach schwarze Autoreifen gestapelt über mir.)

Warum ist die Zusammenstellung in unserem Zivilisations- und Kultur-Zustand immer Sex & Tod? – Selbst Freud spricht vom Moment des Orgasmus als dem petite mort – und überall, in Filmen, Büchern, auf Bildern taucht es in der Kombination auf. – Es verwirrt mich, denn ich bin ganz anderer Meinung und meine Erfahrungen zeigen anderes, jedenfalls in den guten Augenblicken (die selten sind, das gebe ich zu): es, die körperlichen Momente, bedeuten Entspannung, Lust, Steigerung der Intensität – z. B. wenn alle Bedenken, alle Vorbehalte, alle Gedanken an andere Fragen und Arbeiten bei Seite geschoben sind – es war nie Geld & Sex & Tod, sondern Lust und Lebendigkeit (sie braucht nicht mit Wörtern etwas zu tun zu haben – jedes menschliche Tun ist viel leichter geschehen als es der Begriff sagt, schreibt einmal Jahnn, dasselbe sagte Burroughs, dasselbe Korzybski, und es ist immer dieselbe Erfahrung, die jeder macht, wenn er genau mit sich ist und sich genau Rechenschaft ablegt, was er getan hat: das Tun ist leichter geschehen als der Begriff, der wie ein Zementklotz an einem hängt oder im Kopf sitzt!)

Warum also dieser finstere trübe Bereich? Drückt sich darin die grundsätzliche menschliche Bedürftigkeit aus?

(Und was ist der Unterschied zwischen den geparkten Wagen vor der Mauer der Villa Massimo, an denen ich abends vorbeigehe, wenn ich einkaufe, und den geparkten Wagen an der Friedhofsmauer?)

Ich finde es wohl notwendig, daß jeder, der so etwas einmal gesehen hat und es begriffen hat, sich gegen diese trübe Kombination intellektuell wehren muß, die einem überall aufgedrängt wird.

Ich las bei H. H. Jahnn eine Bemerkung darüber: „Ich habe nun beobachtet und festgestellt, daß der Geschlechtstrieb der einzig leicht zu befriedigende ist, dessen Freuden höchst selten in Chaos übergehen. Er ist bedeutend unschuldiger als der Freßtrieb und ganz unvergleichlich milder als der Hunger nach Macht, Geltung usw. Wie konnte er in den schlechten Ruf kommen? . . . Da der Mensch das Pferd immer wieder beim Schwanz aufzäumt, so zog er gegen seinen unschuldigsten Trieb zu Felde und machte ihn zu einer verbrecherischen Kraft, indem er ihn ganz oder teilweise unterdrückte."
Stimmt das nicht, bis in Einzelheiten der individuellen Variante, die jeder erfahren hat, wenn er in die Erziehung, die er genossen hat, schaut? (Alles verkitschter bürgerlicher Ramsch.)

Du kennst ein Ficken im Auto, ich kenne ein Ficken im Auto – ist es das gewesen, was jeder sich erwartet hatte? Bei mir nicht, es zeigt auch die Dürftigkeit, die Verklemmung, in die dieser Trieb abgeleitet wird, und eine Entspannung, mit langer Zeit, ohne einzuschlafen, sondern mit einem hellen wachen aufmerksamen Bewußtsein, ist darin für mich gar nicht möglich gewesen. Diese Verbiegung des Körpers, das Stoßen gegen irgendwelche Blechwände, wohin mit den Beinen, der Geruch des widerlichen Motors, der gestaute Atem und die motorische Hast – die Orte: ein Blechgehäuse, ist das ein Paradies? Es macht mich wütend, andererseits ist es eine menschliche Welt. Aber es ist auch eine Ersatz-Wirklichkeit, und ich komme dauernd in eine Bedrängnis, sehe ich durch die Bilder, die Wörter auf das Bedürfnis, aber kehre ich vom Bedürfnis, das vorhanden ist, in die gegenwärtige Kulisse wieder zurück, sehe ich auch die Verdrehtheiten, die Öde, in der das Verlangen passiert. So schwanke ich zwischen totaler Ablehnung und zwischen grundsätzlicher Annahme dieser Zusammenhänge, der Fakten.

Vielleicht meinst Du das damit, dieses Schwanken, diese Zweifel (zwischen der totalen Ablehnung der Gegenwarts-Kulisse, der Orte, und der grundsätzlichen Bejahung der Tätigkeit, des Bedürfnisses), wenn Du meinst, ich sei eng? – Den Sprung in die totale Bejahung aller Geschehnisse, aller Kulisse, aller Ersatz-Wirklichkeit (das Auto als Ersatz für ein eigenes Territorium) habe ich bis jetzt tatsächlich nicht geschafft. – Was interessieren mich Möglichkeiten? Was kann ich mich mit der Veränderung=Erweiterung gleich=Entwicklung von einer Einzelheit zufriedengeben, wenn man sie mir als Beispiel unter die Augen zaubert, ich kann nur eine grundsätzliche Verbesserung anerkennen, alles andere ist Flicken.

Ich bin zurückgegangen durch die verstaubten Straßen, vorbei an dem bleigrauen Schlund des Autobus-Bahnhofs, in der großen Halle standen diese staubigen grünen Blechkästen, vorbei an den kleinen lärmenden Snack-Bars, in denen Flipper-Automaten ratterten und Kaffee-Maschinen zischten, aus denen wimmernde melancholische italienische Schlager kamen, vorbei an den Transistor-haltenden Männern, die hier und da auf dem Trottoir saßen – ich bin beim Gehen gefühllos geworden, was ich sah, das habe ich nicht mehr körperlich wahrgenommen, nicht mehr in Einzelheiten – es war die sonntägliche verordnete Öde überall, die überall gleich ist, unter kleinen kümmerlichen Bäumen, die leer waren, vorbei und vorbei an den geparkten Wagen, die lau-warm ausdünsteten, wieder hoch bis zum Platz de Provincie, von dem aus die Postkartenansicht gestellt worden ist Richtung Piazza Belogna mit den rumlungernden Jugendlichen, die alle vom Frisör frisiert sind, vorbei an den Kinoplakaten einer Telefonzelle: auf einem Plakat ist das vom Schreck verzerrte Gesicht einer Frau zu sehen, das mit blutigen Streifen durchzogen ist, davor ein Armstumpf mit eisernem stacheligen Ende – niemand schaut mehr hin, und dennoch nimmt jeder für den Bruchteil einer Zeit das in sich auf, der vorbeikommt, und es wird gestapelt im Nicht-Bewußten Bereich, zu Tausenden. (Ich kehrte zu meinen Büchern zurück.)

Es hat heute morgen geschellt und Dein Eilbrief ist gekommen. Vielen Dank. Der Gang hier zu einem Hausarzt wird noch kompliziert, sofern er nicht deutsch oder englisch spricht. Ich werde mich aber zu wehren wissen und das genau machen. – Die Karte vom Wald ist schön, ein ruhiger Blick, und ich kann mir die Gerüche vorstellen, feucht und tief und etwas modrig, blätterhaft (ich komme ja vom Land) angenehm und befriedigend. (Es ist so einfach.)

Kannst Du Dir bis jetzt ungefähr ein Bild machen, ich meine eine sinnliche Vorstellung, aus den bisherigen Aufzeichnungen und Briefen, die ich Dir geschrieben habe, wie es hier ist und was man sieht? Kannst Du Dir auch die Wege etwas vorstellen? Und wo etwas liegt? Konntest Du bisher etwas mit meinen abgelichteten und eingezeichneten Wegen anfangen? (Hole Dir doch für 5 Mark einen Stadtplan von Rom und stelle sie einmal für Dich, wenn Du Deine Arbeit unterbrichst und eine leere Viertelstunde abends 10 Uhr hast, für 20 Minuten zusammen. – So kennst Du vielleicht schon etwas von der Stadt hier und wo etwas liegt, wenn Du im Frühjahr herkommst. (Ich bin nicht gegen Romantik, aber auch für Realitätswissen.)

(Es sind ja Gänge und dabei Einfälle, Gedanken, zu dem, was man sieht, die ich Dir darzustellen versucht habe.)

Im Grunde genommen geht es mir aber immer noch so, wie es einmal im Anfang des Romans Fluß ohne Ufer heißt: „Ich sah viel, ich lernte wenig, ich erlebte nichts. Denn ich unterschied mich von den anderen. Ich war ein halbes oder schwaches Tier." – (Siehe oben, was ich dort sagte.) – Also hieße das eigentlich noch weitergehen als ich es bisher getan habe.

Und ich fände es wohl gut, wenn es mir gelänge, daß wir auskommen könnten miteinander, ich fände es gut, wenn wir miteinander auskommen könnten. (Ich denke, ich muß einfach weitergehen.)

Wie geht es Dir?: ich meine nicht, wie dies und jenes läuft, es läuft so oder so, ich meine: Wie geht es Dir? Geht es Dir gut?

Du fragst auf der Karte „Deines" Waldes, ob es mir gut geht. Das weiß ich manchmal gar nicht – und dann gibt es Augenblicke, abends, sehr spät, wenn ich ins Bett unter die Laken krieche, ich schlafe unter zwei Wolldecken, wenn ich einhalte und alles ist um mich herum ruhig, in denen ich eine Zufriedenheit und ein Einverständnis spüre – da liegt das Buch, in dem ich lese (bis jetzt 900 Seiten hinter mich gebracht), noch für eine Viertelstunde, es ist still, allerdings neben mir das zweite Bett, bezogen, mit Laken und Decken ist leer. (Ich habe mir mal vorgestellt, wie es wäre, wenn Du dort auf die Seite gedreht liegen würdest – ich hätte mit meiner Hand nach Dir, nach Deinem Rücken, nach Deinen Schultern tasten können, meine Hand unter Dein Nachthemd schieben können – und es ist eine angenehme, „bekömmliche" Vorstellung gewesen. (Hatten wir bis jetzt jemals diese Zeit? Und wer hat uns diese Zeit vorenthalten? Haben wir uns diese Zeit genommen?) (In einem Bett zusammen zu schlafen ist einfach nicht gut: kein Platz! Raum brauchen Menschen.) (Und dazu ich mit meiner kümmerlichen Literatur – na, ich werde sehen, rede ich mir selber Mut zu.)

Sollte ich mich nach Deiner Arbeit erkundigen? Meine Einstellung ist, Du kannst es gut machen, müßte ich mich also danach erkundigen? Wenn Du das Bedürfnis hast, darüber zu schreiben an mich, wirst Du es tun, denke ich. (So wie ich Dir diese Notizen über Rom schreibe, ein Teil meiner Arbeit.) (Ich will mich wieder ausdrücken lernen!)

Meine Träume gehen wohl in eine ganz andere Richtung als Süden, ich schrieb es Dir bereits. – Und es müßte doch eine Möglichkeit geben, in einer Landschaft zu leben, die mir erträglich ist und mir zusagt (Norddeutschland, keine Großstadt, nachdem ich viel hindurchgegangen bin und geschaut habe: immer Häuserfronten, immer Wohnblöcke, durch Kondome und altes Zeitungspapier gestolpert) – und es muß eine Möglichkeit geben, vom Schreiben zu leben für mich, für Dich mit, wenn Du Lust hast, und für den Robert. (Wie?) – (Das schwierige Problem der ersten radikalen Schritte, abseits von dem Klüngel durch den ich bisher gezogen bin und es stellt sich spätestens nach 8 Monaten für mich knall-hart.) – (Das weiß ich wohl.) – (Aber ich sehe auch mittlerweile sehr klar: daß es sich auszahlen wird, gering, in meinem Maß, daß ich versucht habe, neu zu lernen seit 2 Jahren – was haben sie, die Literaten meines Alters, meiner Generation noch zu sagen? Nichts, nichts. Was hat Pieper zu sagen? Und würde er es sagen? Bezweifele ich. Was hat ein Wondratschek zu sagen? Was noch sonstwer? Was haben sie zu sagen?) – (Also: weitergehen, immer weiter. Nicht haltmachen. Warum Halt machen? Warum nicht weiter. Ja.) – (Aber ein Bruch ist nötig, mit einem Ort, einer Lebensweise und Verhaltensweise, das ist mir für mich auch klar.)

Also: wie geht es Dir? Keine Zeit danach in Dich selbst hineinzufragen? Wer nimmt Dir dann die Zeit? + „Take Your Time!" sagte der Wild-West-Gangster Wyatt Earp, wenn es ums Schießen ging, bloß sich nicht determinieren = bestimmen lassen durch das Gegenüber (darauf hast Du ja auch wohl sehr exakt beharrt.) – Diese Bestimmung in der Zeit legt einen rein, überall.

Also: wie geht es Dir? Was siehst Du? Was machst Du? Was fühlst Du? Fühlst Du Dich? Gut? – Was machst Du? (Sollte, müßte ich mich nun nach Deiner Arbeit erkundigen?) (Ich erkundige mich auch nach dem, was Du darin siehst, wie Du darin Dich fühlst. – Und allein Arbeit definiert = bestimmt den Menschen im Gesamten nicht, obwohl es 3/4 der Zeit ausmacht: was steckt in der Arbeit für Dich, Maleen, drin? Wie geht es Dir.)

Ich tippe und tippe den Brief an Dich. (Die deutschen Sachen mochte ich gar nicht – als ich bereits einmal deutsch las, wurde mir flau im Gemüt, dieser Krampf des Tages, der Nützlichkeit, die einen reinlegen will.)

Wärest Du hier, anwesend, in diesem Moment, faßte ich Dich zärtlich, Deinen Körper, Deine Brüste, Deine Schenkel, Deine Knie, Deinen lieben Namen („Maleen"), Deinen schönen Hintern an.

Liebe Maleen,

heute ist Dienstag, 5. 12., die Sonne scheint heftig mittags, der Boden ist feucht und kalt./ Die Katze springt über nasse Grasbüschel hinter einem Papierball her oder wälzt sich auf dem Kies, und man sieht das dichte, glatte Winterfell, – sie weckte mich gestern abend um 2 Uhr auf, da sie kommt und geht, wann es ihr paßt, und kratzte an den Rolläden, da stand ich auf und ließ sie rein, so geht das, denn es ist abends bitter kalt. (Auch kein Mond mehr, duster).

Ich wollte aber etwas nur nachtragen zu dem Zitat aus dem Bilz, Umwelt, das ich Dir auf eine Postkarte schrieb, und zu dem ich heute einen weiteren nachdenklich machenden Punkt erfuhr:

(noch einmal Bilz-Zitat): „Eine Steigerung der Vigilanz (= Wachsamkeit) führt zu der überschießenden Gegenregulation, die man als Examenstupor z. B. oder gar als Übersprung-Einschlafen bezeichnet . . . Man unterscheidet in der deutschen Sprache zwischen einem wachen (= vigilen) Subjekt, sei es Mensch oder Tier, und einem wachsamen (= vigilanten) Lebewesen, das in einer Situation steht. Vigilität ist gleichbedeutend mit Wachsein. Vigilanz ist dagegen mehr als das, nämlich engagierte Wachsamkeit. Hierbei ist der oben erwähnte „umweltbezogene Aufmerksamkeitszwang" im Spiele . . . Vigilität (also Wachsein) ist Zustand, Vigilanz (also Wachsamkeit) ist Verhalten."

Dazu folgendes: Wachsamkeit herrscht vor, sobald ein Lebewesen in einer Situation steht. – Eine Situation beim Menschen besteht aus: Raum (in der er sich befindet, draußen, drinnen), Zeitpunkt (morgens, abends usw.), den anderen Menschen und den Gedanken (Thema, Rede, Problem, Einstellung der an einem Ort, in einem Raum, in einer Zeit befindlichen Leute) plus Dinge.

(Also beruhen Situationen auf Dingen, Orten, Menschen, Ideen und organisatorischen Struktur plus Zeitfaktor.)

Innerhalb dieser Faktoren einer Situation kommt Wachsamkeit als Verhalten auf (Vigilanz).

Das sogenannte Übersprungs-Phänomen kommt auf als Lösung zweier gegeneinander stehender Triebe, die unvereinbar scheinen oder oft unvereinbar sind.

Nehmen wir also das Übersprung-Einschlafen: welche Triebe, die in einer bestimmten Situation aufkommen und angereizt sind (von außen durch Signale und von innerem Zwang oder Notwendigkeit) werden dabei mittels Einschlafen als Problem-Lösung (nämlich das Problem: zwei gegeneinanderstrebende Triebe in Übereinstimmung zu bringen) von jemandem betrieben?

Da ist einmal der Trieb der Sexualität, der körperlichen Entspannung mittels sexueller körperlicher Tätigkeit, demgegenüber steht dann der Trieb der vorsorgenden Nestsicherung, mittels Vorbereitungen auf den nächsten Tag, das Aufstehen, Frisch-sein usw./Eine andere Situation, in der ein Übersprung-Phänomen aufkommt, kann so aussehen: Da steht der Trieb der körperlichen Entspannung mittels Sexualität gegen den Trieb persönlicher Absicherung – beides stößt aufeinander, es kommt zu einer übergroßen Wachsamkeit, die zu einem Übersprungsphänomen führt (es gibt deren viele: z. B. wenn jemand beim Faden-Einfädeln nach einer Zeit zornig wird und flucht und den Kram wegwirft = Übersprungs-phänomen)/Eine weitere Situation kann so aussehen, Examen: oder Leistung, die gefordert wird – und dann wird jemand buchstäblich doof (Examenstupor = Stupor ist Blödheit, Stumpfheit): was steht da gegeneinander – wieder einmal das Moment der Absicherung, der persönlichen Absicherung, der persönlichen Sicherung, denn man wird ja persönlich im Bewußtsein bedroht durch die Aussicht des Durchfallens durch das Examen, des Nicht-Mitkommens: also der Trieb der Sicherung steht gegen den Trieb des Wissens (beim Menschen ist gewiß ein Lerntrieb vorhanden in hohem Maß genauso wie bei Tieren) (man kann es auch sagen: es ist ein eingeborener Trieb beim Menschen zu wissen, zu erforschen) – und beide stehen in einem Konflikt, es kommt zu einer Steigerung beider Triebe im Bewußtsein oder im Nicht-Gewußtsein desjenigen, der in dieser Situation steht und eine Lösung bietet sich an, und zwar immer auf ganz vitaler-zwanghafter Weise wie bei Tieren, denn die kennen das sogenannte Übersprungsphänomen auch (man kann es dort beobachten), in Form eines Übersprungs = Stupor.

Wie ist nun das Moment der Angst zu erklären, das auch vorhanden ist? Worauf beruht Angst?

Angst tritt auf, sobald man ein fremdes Territorium betritt./Nimm mal jetzt eine Prüfung oder einen Vortragssaal. – Die Fremdheit einer derartigen doch menschlichen Situation liegt oft in den Ritualen, z. B. der Prüfung, des Vortrags, des Podiums, der Konfrontation: hier steht ein Einzelner vor Vielen (auch das ist ein ganz bestimmtes Phänomen: der Einzelne, der heraustritt aus den Vielen und sich zeigen muß) – Zugleich ist auch wieder, sobald der Einzelne hervortritt, er bedroht, jedenfalls auf der wortlosen vitalen Körperebene. Er muß sich sichern – so kommt es zu einem konventionellen Verhalten, das wieder die Vielen versöhnt.

In jedem Fall ist durch die Situation, die Umweltbezogene Wachsamkeit, eine Steigerung der Wachsamkeit bedingt.

Weiter zur Angst: die Konfrontation sieht aus: hier ist anonyme Autorität (denn man sieht ja nicht mehr 1.) den Menschen, der da sitzt, sondern nur die Funktion bzw. überwiegend die Funktion, die er vertritt, und dahinter das Amt, das entscheidet – 2.) Wird das Sach- oder Thema-Bewußtsein des Einzelnen, der vortritt, durch die übergroße Wachsamkeit gemindert (wiewohl er oft über das Wissen und die Exaktheit des zu behandelnden Themas, der gestellten Fragen, weiß.)

Also: Hier Autorität (und dies Autoritätsbewußtsein hat man früh eingeübt mittels Erziehung – man konnte dies Autoritätsbewußtsein aber nur deswegen einüben, weil es sich mit der Lebenssicherung, dem Trieb der Erhaltung vermengen ließ: z. B. Wie werde ich weiterleben, wie sichere ich meine Existenz usw. usw. – und diese Nest- und Existenzsicherung ist ein eingeborener Trieb, ein zwanghaftes Verhalten in jedem Lebewesen) und Hier der Einzelne – real sieht es so aus: Furcht in Form des Sich-Duckens, Buckelns gegen den Anspruch der Existenzsicherung – also gesteigerte Vigilanz, der Wachheit bezogen auf Thema, Problem, Stoff.

Ein anderer Hinweis in diesem Zusammenhang (ich kann hier nur so auf etwas, was passiert zeigen, keine Zusammenhänge mit generellen Lösungen sagen – überdies mache ich es mir selber nur langsam und mühevoll klar – und so eindeutig sind die Sachen und Zusammenhänge auch nicht als daß man eine Faustregel davon ableiten könnte):

Das Wechselspiel zwischen Autorität und Einzelnem sieht so aus: ducken und sich behaupten, ducken und sich behaupten, in einer langen Kette. (Es sind immer Ja/Nein-Verhältnisse: Ja, ich bin da – Nein, ich bin anders.)

Wird die Zeit zwischen diesen beiden Ja/Nein-Entscheidungen verkürzt und werden beide Pole (der Trieb der eigenen Existenzsicherung wie der Trieb der Selbstbehauptung – Existenzsicherung mittels ducken vor Autorität, die die Zulassung zur Existenzgrundlage vergibt, und Selbstbehauptung, Selbstbewußtsein, wofür sonst Existenz-Sicherung?) – werden also beide Pole Ja/Nein soweit einander angenähert, daß sie praktisch zusammenfallen in der Person, – z. B. durch verkürzte Zeit, durch kurze Zeiträume – dann bricht das Subjekt, der Einzelne zusammen. (Hitze, Kälte).

Auch das gehört in diesen Zusammenhang, der immer heißt: Trieb-Anspannung, Trieb-Abfuhr, Entspannung – es heißt weiter: Ich und Die Vielen, – es heißt weiter: Wachheit und Wachsamkeit.

Jeder Trieb hat in sich die Tendenz, sich vollständig abzureagieren. (Das ist die Bewegungsrichtung eines Triebes, einer Anspannung). – Stehen zwei Triebe gegeneinander (Existenzerhaltung – Icherhaltung, Fluchtverhalten – Behauptungsverhalten usw.) treten eben die Kalamitäten des Übersprungverhaltens auf –

das Subjekt versucht mittels eines anderen Verhaltens die Situation zu überspringen (Doofheit, Schlaf).

Vielleicht kannst Du doch etwas mit diesen Fingerzeigen anfangen, z. B. für Dich, indem Du einmal nachträglich Situationen für Dich zerlegst und nachschaust: wie waren da die Einzelheiten? – Und dann einmal die eigenen Trieb-Impulse zerlegst innerhalb dieser Situation. – Es ist manchmal sehr nützlich, das zu wissen und gemacht zu haben, für sich, hinsichtlich der besseren Konzentration auf das, was wirklich vorlag, also die Umwandlung der gestauten Energie im Wachsamkeitsverhalten in den Zustand der Aufmerksamkeit=
Wachheit bezogen auf die vorgelegene Themen- oder Problem- oder Fragestellung oder eben besseren Trieb-Entspannung.
Mag sein, daß Du die Zusammenhänge noch einmal mehr verbinden kannst. Ich wollte es Dir jedenfalls nachgetragen haben zu meinem damaligen Zitat.
Was ist nötig und was folgt daraus: zuerst einmal eine komplexe Situation zu zerlegen in die oben genannten Bestandteile – also Abbau des im Kopf festgesetzten Verhaltens – und dann Konzentration auf das Thema (und dahinter verschwindet dann sowieso das Ritual.) (Zumindest kann das Ritual so verschwinden, indem man durch die Leute hindurchsieht auf das Thema.) (Und sie verschwindet ganz sicher, wenn die gesteigerte Konzentration der Wachsamkeit umgewandelt werden kann in die Energie und den Energie-Abfluß.)

L. M.: Ich muß noch 'n Nachtrag machen./Nachdem ich Dir den letzten aufgeschrieben hatte, bin ich gegen halb 4 in die Stadt gefahren, das Geld für Euch zu überweisen, 370 DM, am Hauptbahnhof, da ja hier nur vormittags es an der Post geht, und da schaffte ich es nicht, heute./Bin mit dem Bus 6, der zwischen Papierwarenhandlung und Musik-Ecke hält, bis in die Stadt gefahren, am Hbf. ausgestiegen – der Himmel war blaß-rosa und dazwischen einige leichte grau-schwarze Wolken, ein Postkartenhimmel. (Auf irgendeine seltsame Weise verschwinden dabei, bei einer telegrafischen Überweisung, gegen 10 DM, wohin sie gehen, ist völlig rätselhaft – denn vorher rechne ich hier herum, und es ist immer etwas mehr.)/(Eigentlich fahre ich nicht gern in die Stadt, mich erschöpft das Durcheinander ebenso wie in Köln, und ziemlich gefühllos, mit einem tauben, duffen Empfinden im Körper kommt man zurück. So erging es mir eben. – Inzwischen habe ich eine große Dose Erbsen aufgemacht, kräftig Zwiebeln hineingeschnitten, ein letzter Rest Speck und einen Brühwürfel mit etwas Butter und zwei schmale Würstchen aus der Dose. Das kocht auf kleiner Flamme, eingestellt zwei, vor sich hin. Gleich werde ich in der Küche essen.)/(Heute morgen aß ich ein Töpfchen Joghurt und dazu eine Apfelsine. Danach Pulverkaffee.)/

Ich bin dann noch vom Bahnhof aus zu einer Kirche gewandert, um sie mir anzusehen, es ist nicht weit, vielleicht 5 Minuten zu Fuß. Von dem Gebäude hast Du sicher gehört, es ist: die Basilika S. Maria Maggiore. Und sie sieht so aus:

:weiter Platz, viele Treppenstufen, sehr kleine, ringsum Reisebüros (DER usw.) in dieser Kirche soll angeblich noch morsches Holz der Schafskrippe aus Palästina, Bethlehem, liegen. (Darüber erhebt sich dann eine Kuppel und auf 4 gedrechselten Säulen, mit Gold verziert, das aus Amerika kurz nach der Entdeckung eingeführt worden ist, ein Geschenk an irgendeinen Borgia-Papst war, verziert, ein marmorner Baldachin über einen Mess-Tisch.) Ringsum 40 Säulen, eine langgestreckte leere Halle, schöne Ornamentierung des Fußbodens, und Mosaiken an der Apsis, wieder in Gold ausgelegt, ein Gewimmel von Szenen.

:Hier hast Du den Innenraum in einer Postkartenansicht, sobald man den Tempel betritt. (Gleich neben dem Eingang wieder diese kleinen elektrischen Apparate, 100-Lire-Schlitz, und ein Telefonhörer, aus dem dann eine Erklärung kommt, die ich mir anhörte. – Vorher gab es einige Schwierigkeiten, ich hatte nur noch 2 50-Lire-Stücke, und ging raus, um sie mir in 1 Münzenstück zu wechseln, den ersten Mann, den ich ansprach und der wie ein mieser Pinkel, Büro-Pinkel mit Vorsteher-Ambitionen, dazu noch Römer, die blödeste und arroganteste Art und Kombination, die man sich denken kann, hielt die Hände auf den Rücken, während ich ihm die 2 50-Lire-Stücke hinhielt und klar machte auf eine Idioten-Art, daß ich gern 1 Stück dafür tauschen würde – er schaute drauf, sagte, obwohl ich merkte, daß er begriffen hatte, no capisco, nix verstähn, und ich fing wieder an: und der Typ in Kamelhaarbraunem kurzen Mäntelchen schüttelte wieder den Kopf, no capisco, bis ich ihn anschrie, ob er denn doof sein würde, immer mit seinem No-Capisco, er hatte ein geziertes Verhalten wie eine aufgetuckte 55jährige Dame der Gesellschaft, und vielleicht war er auch eine wer weiß das? Da ging ich zum pfeifenden Parkwächter, der die Kleinwagen vor der Kirche in Lücken einwies, ein abgetakelter agiler Straßentyp, alt, und da wars auch nicht möglich, obwohl er todsicher die Münzen in der Tasche hatte, so was Mieses ist mir selten passiert – bis ich einen jüngeren Mann ansprach, der gerade aus seinem kleinen gelben Blöd-Fiat ausgestiegen war und auf englisch erklärte, doch der hatte es nicht, zeigte mir seine eigene 50-Lire-Marke vor und erklärte es dem alten Pfeif-Kerl vor den Stufen, nix, nix, also verzichtete ich und ging wieder rein, wobei ich auf einen Küster stieß, der gerade aus einer Nebentür rausgeschlufft kam und der später, als ich dort mit dem Telefonhörer saß, ein vergammeltes Stück Brot und Serviettenpapier mit dem Schuh an mir vorbei vor sich her stieß, über den ausgelegten Boden raus.)

In dem Tempel-Raum, der mechanische Erklärer sprach auch selber vom Tempel, wurde von dem Papst Johannes 23. das Vatikanische Konzil eröffnet, und alle Tagungen und Reden liefen auch hier ab./Seitlich, hinter den Säulen, sind wieder Nebenaltäre, irgendwo lief eine Messe ab.

//: Hier, an dieser Stelle habe ich unterbrochen und bin rüber gegangen, durch den Schlafraum, schon vormittags gemacht, Lektüre auf dem Nachttischchen parat, und habe erstmal die Erbsensuppe gegessen, gut. – Die Katze hat vorher schon ihr stinkendes Fisch-Kit-e-Kat gekriegt und ist rausgeschlichen.//

Die Kirche steht auf einem Berg, dem Esquilinischen Berg, (Berg ist hier überall übertrieben) 432 bis 440 erbaut: auch auf Grund einer Heiligen Sage, die mit der Heiligen Jungfrau zusammenhängt, mit einem römischen Kaufmann und seiner kinderlosen Ehe, einem Traum, einer Erscheinung, die der Typ gehabt hat, und Schnee, den er an einer Stelle am nächsten Morgen finden würde: da sollte die Kirche hin, der Traum geschah am 5. August, vor 352. – Also Erscheinungen, Schnee im August, 4.tes Jahrhundert. – Die Kirche hat auch eine Heilige Tür (wer geht da aus und ein?) – na, jedenfalls hatten sie's hier immer mit der Jungfrau, die Gottesgebärerin ist, 430 als Dogma schon festzementiert, und diese Kirche ist eine der ältesten, alles neu natürlich im Lauf der Jahrhunderte umgemodelt. – Mosaiken aus dem 13ten Jahrhundert – überhaupt innen dann voll Mosaiken: eine ungeheure Arbeit, eine ungeheure Anstrengung – und wofür?? – Wieviel an Kraft ist in solche Ausbauten von verwaschenem Hirnsuppen-Quatsch gesteckt worden!

Ungeheurer Aufwand, ungeheure Kosten, irrwitzige Anstrengung: wofür??

Aber ein schöner Boden, schön ausgelegt, verblaßtes Braun, mit weiß. Und dann kleine Treppchen nach unten, kleine Grüfte, kleine Altäre. Und dann wieder monumentale Gräber von Päpsten, an den Seiten./Unter dem Altar in der Mitte mit den vier cannelierten Säulen ist eine Krypta, Miniatur-Kirche in der Kirche, und da unten steht eine riesige Figur, sie kniet, ein Papst.

Ich ging dann, „na, denn“, die Via Gioberti zurück zum Bahnhof: 20 vor 6 Uhr./: 1 verrotteter Nicolaus, zum Fotografieren, in rotem Anzug, neben einem Lastwagen mit Altpapierballen. – Man blickt in Frisör-Läden: da liegen sie schräg nach hinten in weißen Tüchern, und Hände wischen um den Kopf des Eingehüllten. – Kleine, junge einzelne Kellner jonglieren Tabletts mit leergetrunkenen Tassen und Gläsern durch den Passanten-Stau. – Leere, halbdunkle Restaurants, mit wartenden Kellnern innen, die auf das Ende der Geschäftszeit abends 1/2 8 warten, dann füllen sich die Restaurants. – Ein Nippes-Laden neben dem anderen. – Nutten streunen herum neben Snack-Bars und den Hotels. – Fliegender Straßenhändler: mit Kunstlack-Gürteln, Feuerzeugen, Radios, Uhren. – Quietschende Bremsen, erste Hupkonzerte, eine Ausdünstung von endlosen Wagenkolonnen. – Schlager-Musik aus einem Transistor an einem Lotterie-Stand. – Flutlicht vor dem Bahnhof, und darunter die gestauten Wagen. Zwischen Leuten niedrig hockend Maroni-Verkäufer. – Ein allgemeines verwaschenes Gesumme staut sich in der Luft – einzelne Geräusche verschwinden, sind nicht zu hören (man hört sich selber nicht) – jeder geht unermüdlich weiter.

Ich ging dann durch den Bahnhof weiter zur Piazza Repubblica, durch eine kleine verstaubte Anlage, wieder voller Fliegender Händler, an der einen Seite Verkehr an der anderen Seite stumpfe Bruchstücke einer Mauer.

Zuerst ist wieder eine Kirche da, Basilika Maria degli Angeli, also wieder die Jungfrau, diesmal von den Heiligen./: Sofort ein Postkarten-Nippes-Stand im Eingang. (Der Mann hustete laut und schleimig.) Innen groß und leer und breit – und ein monotones schnelles Metallgemurmel: über Lautsprecher Gebete, dazu stumpfer ein Chor tonloser alter Frauen. In der Leere des Raums, abgeschattet. – Schnell wieder weg. Daneben, sofort, ein Wachsfiguren-Kabinett, Eintritt 250 Lire, mit Hitler, Göring, Stalin, Churchill, Goya, Mussolini, Picasso, – alles durcheinander und muffig – wächsern und schäbig.

Der Platz ist groß, in der Mitte ein Springbrunnen, man kommt nicht ran, denn im Halbrund, vor den halbrunden Gebäuden mit Kolonnaden ist eine mächtige Baustelle: drehende Mischmaschinen-Laster, gelbe Kräne, ununterbrochener Wagenverkehr. – Fontane dell'Esedra (??) – Und viele, viele Autos. – Im Kolonnaden-Gang Zeitschriftenstände, Nippesläden, Kinos, Hippie-Muff ausgebreitet auf Tüchern. Die ganze Szene bietet sich dann so dar, tags und nachts:

Ich bin dann rasch zurück zum Bahnhof gegangen, habe gerade rechtzeitig ohne warten zu müssen den Bus 6 zurück zur Piazza Bologna erwischt, stand im Mittelgang und schaukelte permanent hin und her.//

Ich war froh und erleichtert, wieder zurück zu sein in der Wohnung hier. Erstens war es still, erträglicher, und dann taute auch langsam wieder das Gefühl für mich selber, von meinem Körper wieder auf. (Kaufte auf dem Weg noch zwei Flaschen Bier ein.)

Du hast mich gefragt, was ich Weihnachten machen werde: wie ich es verleben werde oder will. – Mir fiel das auf dem Rückweg wieder ein, als ich zur Villa Massimo ging. – Da wußte ich es auch plötzlich, beim Gehen, erschöpft, müde, lose zusammenhängend. (Wie kam ich darauf? Ahja, weil ich an einem Spielzeugladen vorbei ging, überhaupt weil ich viel an Läden vorbeigekommen war heute nachmittag.)

((: Gerade habe ich mit Dir am Telefon gesprochen. Deine Stimme hat auch hier ganz nah geklungen. Als telefonierte ich mit Dir nur zur nächsten Telefonzelle am Platz Bologna. – Oder als telefonierten wir innerhalb Kölns, vom Rudolfplatz – Platz Rudolf –, oder vom Sülzgürtel. Ich habe ein ruhiges ausgeglichenes Empfinden darauf. Jetzt ist wieder ein Augenblick, in dem ich bei mir bin, und in dem ich auch ein Einverständnis und eine Zufriedenheit, die sich behaglich in mir ausbreitet, verspüre. – Alle Negationen sind weit weg, haben sich in den Gedanken verloren, und aus dem Körper steigt ein ruhiges Empfinden auf und verbreitet sich. Draußen ist eine klare mondlose hohe Nacht, mit Sternen, und durch den klaren Luftraum unter den Sternen taucht hinter den schwarzen Bäumen das rote Licht eines Flugzeugs auf, hoch in einer gläsern-klaren Luft. – Es wird ein ähnliches Empfinden gewesen sein, als Du Dich durchfrieren ließt und vor dem Fernsehübertragungs-

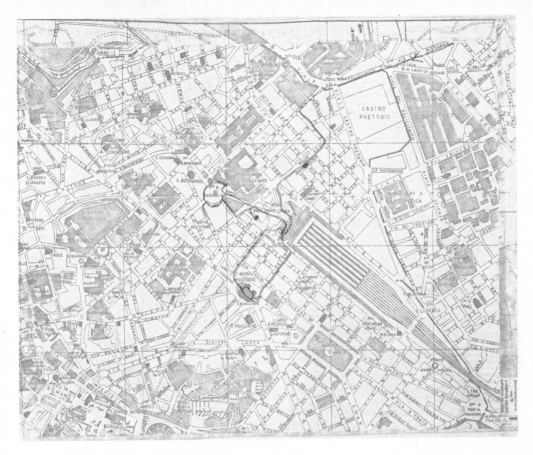

gerät draußen auf der Straße gestanden hast – es wird ganz sicher viel intensiver gewesen sein als wärst Du in den Film gegangen – ich habe das jedenfalls bei mir oft in Augenblicken erlebt: wenn ich irgendwohin gehen wollte, aber auf Grund irgendwelcher Umstände zwar da war, doch nicht hineinkam, wohin ich wollte, und ich den Plan abändern mußte und damit einverstanden war – nicht das ärgerliche Wegstürzen, sondern mit Zeit, die ich mir selber daraufhin nahm – so wie ich in Graz z. B. nach der Lesung weggegangen bin und ruhig, mit viel Zeit, durch die Straßen ging und anschließend ein Abendbrot aß. – Und die Erzählung vom Eichhörnchen, das schlaff war und dann wieder sprang, ist auch eine gute Geschichte. – Die Katze liegt lang ausgebreitet auf dem Sessel, der noch immer an der Heizung steht – das Kinn hängt an der Sesselpolsterrand-Rundung, die Vorderpfoten sind einwärts gebogen. – Was ist das Leben? Weniger als der Begriff Leben und viel mehr als der Begriff Leben oder eine Einzelheit, spüre ich plötzlich. – Und kaum habe ich es gesagt, ist es auch schon wieder kärger – also einfach nur zuerst hinnehmen, feststellen.))

Es erleichtert mich etwas, daß ich nicht Päckchen fertig kriegen muß zu Weihnachten, es ist auch hier unsinnig, es gibt mancherlei Süßigkeiten, bizarre, fremde, aber ist es das? – Etwas hilflos wäre ich auch mit Geschenken für Robert, denn die Kitsch-Süßigkeiten oder der Plastikkram ist doch nur die Sinne und die Empfindung verderbend, inmitten einer zuckrig-süßen, miesen, Plastik-Bonbon-Kitsch-Welt. – Schließlich sind wir auch wirklich arm – zwar nicht im Kopf, aber der Kopf macht sich nur selten bezahlt, vor allem macht er sich bezahlt, wenn man schön in der Konvention vor der Masse hertanzt – siehe meine Beobachtung von heute morgen – aber Armut finde ich nicht erschreckend, so lange sie nicht in der Gosse endet. – Mozart starb im Puff, Blutsturz, Herzanfall, Lähmung – da setzten ihn die Mädchen aus Angst vor der Polizei-Ermittlung in einen Pferde-Karren und schoben ihn ab. Nicht mal seine Frau kam zum Begräbnis. – Oder de Quincey, die Familie total verschuldet, immer auf der Suche, und Flucht vor dem Schuldturm. – Nur keine Angst, sagt August; Knut Hamsun. – Soweit ist das noch lange nicht. – – – Also, was werde ich Weihnachten machen?: Für mich sein, genauso wie heute essen, vielleicht kaufe ich mir 1 Stück Fleisch, wenn soviel noch da ist, und dann, nach dem Essen abends, wie immer, werde ich schreiben und werde ich lesen. – Vielleicht denke ich an die vergangenen Weihnachten, mit Grünkohl und Pinkelwurst und Steinhäger (im letzten Jahr war es ein warmer Tag, erinnere ich mich, sogar blauer zarter Himmel nachmittags über der Engelbertstraße und den Ölflecken – auch hier Ölflecken und Pißrinnen an den Ecken – so werde ich abends in diesem Zimmer sitzen, werde die Katze füttern – Katzen kennen keine Weihnachten – dann streckt sie sich wieder wie jetzt aus auf dem Sesselpolster – ich werde lesen. Ich werde vor mich hinträumen. Ich werde die Füße auf den Stuhl legen und mich zurücklehnen – was gewesen ist, ist gewesen und es gehört einem allein – und ich sehe darin keine Rührung, keine Traurigkeit, keine Sehnsucht, ich kann es sogar mit einer gewissen Befriedigung so sehen: denn schaue ich mir die nähere Umgebung an, diesen Klüngel, diese Autos, diese Fahrten, die sie unternehmen, dieses Ausgehen – und was haben sie zu berichten?: Nichts, nichts, ein paar blöde Allgemeinheiten – da greife ich lieber zu einem Buch, und erlaube mir, beim Lesen hin und wieder abzuschweifen, einzuhalten, und wenn ich neu anfangen muß – das Ausgleichen zwischen Verstehen-Wollen, also Lernen, und Abschweifen, daraus etwas vor sich hertreiben, träumen, still sein – vielleicht so werde ich Weihnachten verbringen – eine katholische Schau werde ich nicht mir ansehen, die habe ich oft genug erlebt: es ist der Letzte Dreck! – Also bleibe ich für mich.

Was wirst Du machen? Was werdet Ihr machen? (Und wenn Ihr wegfahrt, wohin mit den Tieren? Mitnehmen, Maleen, einfach mitnehmen, eingewickelt in Packpapier, und von Carl abholen lassen!) (Das übersteht schon so ein lebendiges Tier, wenns nicht ganz drunter und drüber geht.) – Also was?: Ich würde doch sagen, Ihr solltet – oder Du solltest die Gelegenheit wahrnehmen und Carl mit dem Wagen exakt und präzise bestellen, erinnere Dich an die Fahrt im Frühjahr – man kann halten – zwischendurch – und Carl gewinnt ja auch dadurch für sein blödsinniges Kino – und Du könntest eventuell gewinnen, indem Du für genau 8, 9 Tage – exakt geplant – aus Köln, aus den Büchern, aus der Arbeit verschwindest, nimm nur 2 Bücher mit: 1 kleines Naturwissenschaftliches, und 1 kleines Taschenbuch aus der Bibliothek – kleines Gepäck, damit reist Du, und Du läßt das Kochen alles der Großmutter, so wie Du das Schwätzen ihr überläßt – und dann morgens weggehen, durch klare kalte oder nasse Winterluft in den Füchtel, sammeln: Tannenzapfen, finden, Wege gehen, abseits, am Anfang des Füchtels, Krippen besehen, Luft riechen, Bäume angucken, Moosige Seiten der Stämme, und mittags essen, Braten, Grünkohl, dann anschließend ein Schläfchen, nach dem Spülen, ein kurzes Nickerchen, und dann 1 Tasse Kaffee, ein Leibwächter, und bis in die frühe Dunkelheit gehen, wieder, – könntest Du es Dir vorstellen? (Muß schön sein. Eine Frau trödelt allein mit einem Kind durch den Wald im Winter zwischen kahlen Bäumen.) – Und Rückkehr wieder Carl benutzen, genau, anrufen von der Post. Abholen lassen bis Münster. Dort übernachten. (2 Stunden Fahrt)

Kaufe auch Robert wenig, ein, zwei überlegte Sachen – und laß ihn überall teilhaben an der Vorbereitung, dem Aufbau der Sachen – allerdings, wenn Ihr bei der Großmutter seid, baut den Tannenbaum zusammen auf, und dann geht noch einmal raus in die Dämmerung an den Wiesen vorbei, trödelnd, hier was sehen und da was sehen – und dann kommt ihr wieder, und dann hat sie den Baum angezündet. Abends einen Punsch. Zum 23. Mal Fotos ansehen oder Fotos nacherzählen. Und schlafen. Es ist ganz ruhig und einfach. (Vor allem wenn ich mich erinnere an Robert beim letzten Besuch dort.)

Die moderne Welt ist eine Mist-Welt. Und da Du es weißt, wird es Zeit, für sich Konsequenzen daraus zu ziehen. (Ich meine, Du hast sie längst gezogen.) (Also, was rede ich vor mich hin.)

Laß Dir doch 1 Schallplatte von Vechta schenken, neben Geld, wenn es ansteht, und sage, sie sollte auch eine Flasche Steinhäger besorgen und Grünkohl, nach einem kräftigen, schmackhaften Grünkohl plus Braten zwei, drei Steinhäger, das ist ein genaues Körperempfinden.

(Ich stand, nach dem Einkaufen im Beamten-Einkauf, im letzten Jahr, 24.ten, gegen zwei vor der Haustür, traf auf den Freyend, ich hatte zwei Steinhäger-Flaschen dabei, wegen des Grünkohls, und darüber gab es einen blauen zarten Himmel, und wir redeten, und ab und zu nippten wir aus der Flasche.) (. . .)

„Kommt Zeit kommt Rat" – eine ferne Stimme – „Morgen fangen wieder tausend Tage an" – auch eine ferne Stimme – „Tue das Gute und wirf es ins Meer" – eine andere ferne Stimme – „Tag für Tag, das ist der gute Tag", japanisch – wieder eine ferne Stimme: nur keine Angst, sagt August; Knut Hamsun. – Also warum nicht? Gönn Dir doch diese 8, 9 Tage Landluft. (Träume ich?)

Weihnachten, deutsch: Grünkohl, Pinkelwurst, gekochte Rippchen darin, Bratenfleisch, Bratensoße, Kartoffeln, Salat, einen Pudding, Schokoladenpudding, mit gelber kräftiger Vanille-Soße, einen Kaffee (oder Tee, ja nach Wunsch) hinterher, dazu 2, 3 Steinhäger – draußen Stille und Dunkelheit, nichts zu tun, vor dem Haus eine Straßenlampe, die Asphaltstraße leer, die Vorgärten karg, Wärme im Zimmer, das Eichhörnchen schläft, die Schildkröte schläft, die Bäume schlafen, die Wurzeln der Gräser schlafen, (vielleicht ist Frost oder starre Kälte, vielleicht ist weicher Regen), – wenn es nicht gut geht mit dem Schlafen, kann man in Schäfers Hotel schlafen: kommt Zeit kommt Rat.

Stille sein: (mit Robert zu reden ist oft wie Stille sein. Man muß nämlich die einzelnen Dinge genau betrachten und sie ihm sagen.)

Mit dem Telefon haben wir uns jetzt selbst reingelegt: das ist nicht schlimm (viel übler wären Papiere, Verträge, Sachen, die man unterschrieben hat, aber wir haben ja miteinander gesprochen, das ist unsere Sache, so sehe ich es für mich.)

Jetzt ist es mitten in der Nacht. Morgen früh stößt wieder die Putzfrau hier in dem Zimmer als erstes herum, und ich wache auf, spätestens halb 10. Jetzt ist die Uhr halb 2 nachts. Morgen, nein, gleich in der Frühe, also heute, geht dieser Brief an Dich ab (liest Du ihn schon mal in der PH, im Essen-Raum? Sowas habe ich immer gemocht, es hat mich fortgetragen, Ausblicke, aber nicht in die Gesichter der Umgebung am nächsten Tisch.) – Gleich muß ich noch die Ausgaben von heute in ein Heft schreiben, mache ich jeden Tag, wozu?: Da sehe ich mal am Ende eines Monat, 1.) wieviel Dinge an einem Tag ich gekauft habe, denn ich numeriere die einzelnen Stationen des Kaufens durch 2.) Um einmal einen Überblick zu erhalten, was ich an Dingen konsumiere – 3.) Nicht wegen des Sehens, wohin das Geld geht – denn das geht weg. 4.) Wer bin ich?: auch das geht für 1 winzigstes Stückchen dann daraus hervor – 5.) der Versuch einer Selbstdisziplin. (Aber alles ist viel leichter als die Anführung der 5 Punkte.)
Paß auf Dich auf. Machs gut.

4. 12. 72: L. M., so sieht es überall aus, an jeder Ecke, wohin man blickt: nur, daß Du es Dir erloschener vorstellen mußt, die Farben leuchten nicht an der Hauswand, die Schatten sind nicht so tief, überall Leute, die sprechen, & dann ist dort in den erloschenen, verstaubten Stein hineingebrochen eine Bar, plus Gelateria=Süßigkeiten, nur zum Stehen. 1 Musikbox wimmert: südliches Land. – Und dann gehst du weiter, schlängelst dich durch Autos hindurch, die Füße fangen an zu schwitzen, man blickt hoch & dort oben ist eine feine Helligkeit: so wird man auseinandergerissen in winzigen Sekunden, & du denkst: aufbrechen in ein ferneres Land, das wäre schön & sehnst dich danach. So schreibst du 1 Postkarte & du schreibst Grüße, & du weißt, es gibt nur 1 Welt in der alles anwesend ist. So ergings mir gerade. Das war der Anlaß. Rolf

4. 12. 72: Lieber Helmut, die „traute Heimstimmung" ist mir wohl zuwider, auch ein Träumen bei Kerzenlicht mit Tee-Ritual, und ebenso unerträglich empfinde ich es, in Metaphern a la „Außerirdischer, der sich von Aquavit" ernähre, während es sich um 1 reales Baby handelt – alle diese Mystifikationen, diese Formulierungen & Verhaltensweisen sind mir wie der Mode-Boutiquen-Muff-La Donna-Stil-Scheiß schlechthin unerträglich. Es sind schlechteste Copien. Ich mag keine Durchpausen. Und auch kein „Doppelleben", etwas anderes zu denken, ganz anderes & sich doch familiär zu verkriechen. Was sollen mir da noch deine Einsichten & Erkenntnisse, wie Du sie bringst? Ist jedes beliebig? Sagt nicht mal Burroughs, sagt nicht mal Nietzsche. Ja, diese kleinen Dinge sind unter Vertrauten wohl wichtig. Alles andere ist Angeberei. Nicht-Eingelöstes, Gerede, von dem es zuviel gibt. So sehe ich es. Dein Rolf. NS. Deine Mutter interessiert mich 'n Dreck.

Samstag, nachts, 9. Dez. 72: Liebe Maleen,: (Hörer aufgelegt, befriedigt und ruhig, denn es war mir angenehm mit Dir zu sprechen, – ich telefoniere wie 1 großer Filmregisseur von Cinecitta, der'n Großfilm in Farbe, Technicolor, und Stereo-Stück, 4 Kanäle, für 2 1/2 Stunden mit tausend Darstellern filmen will – Telefonate von Rom nach Köln, Stunden – wie wird das am Ende aussehen – frage ich mich – ein guter Film, eigentlich, was?!)/: und hier schreibe ich Dir wieder auf der Rückseite eines Sonnenuntergangs aus Rom, die hier wirklich schön und milde sind, Du wirst es erleben, gegen 1/5 5 nachmittags, um diese Jahreszeit: ich saß heute nachmittag um die Zeit draußen im Liegestuhl, eingehüllt in 2 Deutsche-Akademie-Decken – sogar das Lokus-Papier erhalte ich 1 x wöchentlich vom Staat – allein, und sah, wie gelbliche Lichtflecken mitten in tiefer hängender Bewölkung langsam hinter den Häusern jenseits der Mauer auftrieben, mitten in bleicher hellgrauer Wolkenschicht und vereinzelt über das schmale Grasstück und über die abgehauenen Baumstümpfe sich schoben, ich roch die Pflanzen, ich hatte keine Gedanken, ich schaute einfach nur zu, hoch, in den Wolken-Luft-Raum: es war kühl, niemand sonst zu sehen, es dauerte 20 Minuten, dann ging ich einkaufen am Platz Bologna (Kitekat, Aufschnitt, Zigaretten für Sonntag, Postkarten) – so verdrängen. → 2

→ 2: vielleicht die Postkartenbilder und die Tagträume, die Du daran hängen und anknüpfen kannst, doch das tote Material über dem Spiegel in Deinem Zimmer – dann ging ich zurück, es war schon dunkel, 1/2 6 Uhr, und ich gab der Katze zu fressen, wusch die verdreckten 2 Untertassen der Katze dann auf, machte das Bett (zu spät) und setzte mich hin vor mein großes Rom-Album, Klebstoff, Bilderumschläge, Postkarten, Notizen – und arbeitete – beim Arbeiten schmatzt das Felltier: ich sah zu und hörte hin, es sind gute, befriedigende Laute, die beim Anhören einen guten, beruhigenden körperlichen Effekt hervorrufen – es schmeckt ihr, ganz Gegenwart, ganz konzentriert, und das kommt in den Schmatz & Schlecklauten zum Ausdruck und teilt sich mir, meinem Körper auf wortlose Weise mit/und ich überlege: es ist beruhigend dieses Fressen zu hören, es sagt mir ein Einverständnis mit Dasein, Leben, und das breitete sich in mir aus, ich dachte auch daran, daß Menschen immer mehr wollen – und schmeckt heute Menschen noch, was sie essen (mir ist häufig beim Essen fade & farblos und Hunger ist doch selten) und ebenso selbstverständlich wie das Essen geht die Katze vom Teller fort, beachtet mich nicht, putzt sich: zuerst hält sie die linke Vorderpfote unters Gesicht und leckt oft das Fell, feuchtet

(3) es an und reibt sich dann damit über die linke Gesichtshälfte, immer noch einmal, dann erfolgt das gleiche für die rechte Hälfte, dann geht sie ab nach draußen, später kommt sie wieder, springt auf den Sessel und rollt sich zusammen – spreche ich sie an, beginnt sie zu schnurren//: gegen 1/2 11 abends legte ich das Heft und den Klebstoff und Schere beiseite, rasierte mich, band mir einen Schlips um, ging essen – ich spreche den ganzen Tag manchmal nicht, was ich nicht vermisse, ebenfalls vermisse ich nicht TV, Zeitungen, Radio, Musik oder Film (es ist kein Verzicht, es fällt mir leicht, ich sehe, wieviel sinnlose Zeit damit verbracht wird, und ich habe es gelernt), ab und zu richte ich einige Worte an die Katze, wenn sie da ist, angenehm: sie antwortet nur mit Aufmerksamkeit, den Ohren, und prüft den Klang der Worte – auch habe ich hier keine Verflechtung mit anderen, so bin ich relativ frei für mich, gehe aber dafür raus und sehe Leute, sitze unter Leuten, und das genügt mir – so war es, als ich aufstand und rausging – es kommt vor, daß ich die ganze Woche nicht in die Stadt gehe, und auch ist das Essen auswärts nicht die Regel – vielleicht 1x in 8,10 Tagen und es kostet dann 6,7 DM.//Ich nahm ein älteres Merkur-

(4) – 4 Heft mit, in dem ein etwas flacher, doch informativer Aufsatz von Wolfgang Wieser, Die Verhaltensforschung und das biologische Erbe des Menschen enthalten ist – viel besser und genauer ist R. Bilz in jeder seiner Publikationen – merkwürdig ist die Tatsache, die in Gesprächen, die dieses Thema berühren: Tier, Mensch, daß immer von vornherein nicht ganz akzeptiert werden möchte vom Bewußtsein des Menschen, daß zuerst alles gleich ist und alles an Leben teilhat – das Primäre ist das Tier, dann erfolgt die Spezialisierung Mensch, und es ist zunächst, bevor man in Details geht, ungemein wichtig begriffen zu haben, daß Tier, Pflanze, Mensch Teil hat an dem Bedrückenden und dem Zwang, der auf dem Leben liegt – und das eint vieles, sowie dann enorme, unausdenkbare Unterschiede und innere schweigende Räume zwischen den einzelnen Lebewesen sind – ich sehe es an der Katze, ich spreche zu ihr, ob traurig oder befreit – es bleibt stumm, nur etwas ganz dünnes Grundlegendes kommt an – klar ist mir aber auch, daß Menschen vieles besser, schneller, leichter können als Tiere, was lernen anbelangt – ich erfuhr aus dem Aufsatz auch, daß – ich schrieb es Dir vor kurzem in dem

(5) → Brief – ein grundlegender Trieb zu lernen, zu wissen bei Lebewesen vorhanden ist mit entsprechender Triebbefriedigung: zu wissen, zu verknüpfen, sich auszukennen – der Trieb ist vorhanden wie der Geschlechtstrieb, Nesttrieb, Freßtrieb – ich erfuhr in dem Aufsatz noch einmal die Bestätigung meiner Ansicht und Überlegung, die ich erst jetzt langsam begreife, sinnlich, und vorher immer abstrakt wußte – überleg mal, wieviel in der Schule bereits von diesem Trieb durch Kitsch, mangelnde Anspannung, Forderungen gebrochen wird, das wirft 1 übles Licht auf Staat und Lehrer und gegenwärtige Situation, es macht wütend & so verstehe ich auch besser meine Wut auf den ganzen Kram und verstehe im nachhinein meine Lern- und Lese-Sucht die vergangenen Jahre hindurch bis heute –// also ging ich in die Pizzeria „La Casetta" (sieh nach auf dem Plan der Umgebung der Villa, den ich Dir eintrug) – saß an 1 Tisch allein und statt zu sprechen, zusammenzusitzen und zu schwätzen, unterhielt ich mich mit dem Lesen, unterstrich, notierte, während ich auf die Suppe wartete, trank 1 Glas Rotwein, rauchte, las, und ab und zu blickte ich mich

(6) im Raum um: sie erzählen unermüdlich, ohne Unterbrechungen, keiner ist stumm – nur um meinen Tisch ist Stille, ich lese und beobachte – mir fällt wieder einmal mehr auf, daß es nur äußerst selten Gesichter von Frauen oder Mädchen gibt, die interessant sind, wach, im Raum sind vielleicht 7 weibliche Gesichter oder 8 vorhanden, dazu 11, 12 Männer oder Jungen – von diesen 7, 8 weiblichen Gesichtern sehe ich keins, das interessant wäre, eigen ausgeprägt, sie sind alle in der durchschnittlichen fraulich-weiblichen traurigen Stimmung erstarrt – die Suppe kommt: Sternchennudeln (dazu fällt mir ein: daß auffällig ist die Abwesenheit jeglicher sinnlicher Regungen in den Gesichtsflecken der Frauen – und man sollte doch meinen, sie seien hierhergekommen zum Essen, Sprechen, Schmecken, zu hören, wegen des Behagens): zu viele winzige Sternchen aus Mehl auf dem Teller, als ich 1 Löffel esse, erinnere ich mich zuerst: mein Erstaunen, daß es Sternchennudeln noch gibt, ich hatte das vergessen – so fällt mir 1 Milchsuppe ein beim faden Geschmack der winzigen Mehlnudeln, die ich manchmal abends als Kind aß mit Nudeln, die Röhren waren, kleine Mehlschläuche, und durch die man die süße Milch hochsaugen konnte – ich schob den Teller fort, trank Rotwein und wartete auf die Pizza Capriziosa;

(7) – sah mich weiter um: in der Ecke, Eingang zur Küche, halb durch 1 Pfeiler verborgen, ein großer Aufbau „fürs Auge" mit Ananas, Birnen, Äpfeln, Apfelsinen, Tomaten, Salatköpfen, Endivien, Bananen, gelb zwischen grünen Büscheln, 1 großes Stück Käse, 1 angeschnittener Schinken auf Holzbrett, Würste und 1 Strauß Gladiolen, darüber 1 Reihe Flaschen – neben mir, abgeteilt vom Speiseraum mit blaß-blauen Tischdecken auf den Tischen und umgestülpten Gläsern an den leeren Tischen, wird die Pizza zubereitet auf 1 Marmortisch hinter der Barriere (ich kann von der Seite hineinsehen): 1 Häufchen weißes Mehl, 1 Schüssel mit Tomatenmarksoße, 1 Silberkännchen mit Öl, 1 Fleischwolf zum Durchdrehen des Käse, 1 Bäcker, der mit 1 Schieber hantiert (schiebt auf runden dünnen Blechen die Pizzas in das Ofenloch in der Wand) – zuerst rollt er den Teig zu 1 Kugel, stäubt nun wieder Mehl darauf, formt weiter an der Kugel, auf die er dann mit der Faust schlägt und die er dann mit 1 Holzrolle platt rollt (durch die vorherige Kugelform wird der Teig rund) streicht rotes Tomatenmark darüber, dreht Käse durch den Wolf, streut den Käse darüber, dann nimmt er aus 1 (unsichtbaren) Eimer 1 Handvoll dünner Pilzscheibchen, streut auch das darüber, dazu 1 Scheibe Schinken, gießt aus dem Silberkännchen

(8) → rasch schwenkend Olivenöl darüber, anschließend kommen an 1 Stelle 7, 8 Oliven (mit Kernen) darauf, und schiebt es in den Ofenschlund (nachher kommt 1 kaltes, gekochtes Ei auf den heißen gebackenen Pizza-Kuchen)//: gegenüber dem Auslage-Früchte-Salat-Tisch ist ein großer Kühlschrank mit Fleischbrocken darin//es ist Samstagabend, die Ateliers waren fast alle dunkel als ich rausging, der Brief an das Kultusministerium wegen Deines Geldes und das Geld für Robert ist geschrieben, es kann aber bis Mitte Januar dauern, hoffentlich nicht//Am Nebentisch sitzen junge Männer, uninteressant – um jeden belegten Tisch hängt eine unsichtbare Wolke aus Gemurmel und Lauten – auf meinem Tisch liegt das alte Merkur-Heft mit Kugelschreiber// ich lese über die Lösungen, wenn zwei Triebe in 1 Lebewesen gegeneinanderstehen, notiere ab und zu, unterstreiche, mache flüchtige Wahrnehmungen (wie gesagt, mein Tisch ist im Raum sehr still) – mein Blick fällt auf das Wort Kiebitz & schon fliegt ein unsichtbarer Vogel mit lautem unhörbarem Schrei durch einen unsichtbaren Luftraum, schwarz-weißer Blitz, aus einer kargen unsichtbaren Dünenlandschaft aufgeflogen und mich angreifend, so daß ich die Düne hinunter-

(9) → springe und mir einen Fußknöchel anstauche (Kiebitze greifen sogar Menschen an, & Du, unsichtbar jetzt ebenfalls im Restaurant-Raum hinter dem Wort Kiebitz, hast gesagt, ich solle doch zum Arzt gehen, so wickelte ich auf der Insel einige Male einen Verband um den Knöchel, humpelte etwas – siehst Du jetzt für Dich auch in einem unsichtbaren Raum, wie ich da sitze am Windschirm und den Fuß auswickele, alles wegen Kiebitz, unsichtbar) – ich esse langsam, trinke einen 2. Viertel-Liter-Rotwein, greife ab und zu beim Essen zum Kugelschreiber & notiere am Heftrand – ich sehe mich um – sieht man einem weiblichen Gesicht in die Augen, rollen und rutschen die bei Seite – was ist das? Angst, mit den Augen gevögelt zu werden? Kellner in weißen Jacken, „guten Appetit" sage ich zu mir.//Ich esse mit langsamen, groben Kaubewegungen, mit der Gabel picke ich mir 1 schwarze Olive aus dem Pizza-Arrangement, ich nehme 1 kräftigen Bissen aus Ei, dünne Scheibchen Pilze, Öl, Tomatenrot und angebrannten, dünnen Teig – draußen ist eine dunkel-

(10) – schwarze sternklare Nacht über der Stadt (unten in Sälen, die jetzt verschlossen & bewacht sind, füllen diese nackten Leiber auf der Flucht vor der Sintflut einen schweigenden Wandraum)//1 haarfeiner Sichelmond, zunehmend und niedrig//(ich sah ihn heute Nachmittag)//An der Wand mir gegenüber, auf der anderen Seite des Raumes ist ein großes Stück bunt bebilderter Tapete mit Goldleisten eingefaßt, zu mehr hats nicht gereicht? Die Wände sind kalkig geweißt, oder ist es ein Bild-Ersatz? Immer die gleiche Landschaft wiederholt sich in dem Tapeten-Rechteck an der Wand: im Hintergrund 1 Burgturm, vermutlich Ruine, davor Gebüsch, 1 Wasser, Gesteinsbrocken, einzelne Bäume – immer wieder eng zusammengedrängt//Das blaue Tischtuch & die Serviette ist gestärkt & frisch, dafür zahle ich 200 Lire später erst mal vorweg: „Pane e coperrto" heißt das, Brot & Besteck//Die Mädchen gehen hier alle in Hosen, egal wie mächtig ihr Hintern ist, oder sie tragen Fetzen von Röckchen, die bei leichtem Vorbeugen den Hinterbacken-Ansatz zeigen.//1 Fäßchen mit hölzernen

(11) → Zahnstochern auf dem Tisch neben dem Salzstreuer//„bagere prego" sage ich zu dem Kellner, der vorbeigeht – an der Kasse, verdeckt durch 1 Pfeiler, sitzt 1 Frau, die älter ist – gewöhnlich sitzen ältere Frauen immer an der Kasse – Frau, Geschlecht, und Geld, Abrechnen: ist das nicht anthropologisch, menschheitsgeschichtlich interessant? – Also: Kasse, Kassieren, und hinter der Registrierkasse ein paar Hängetitten, über die ein goldenes Kettchen baumelt –//ich zahle: Pane e Coperrto (Brot & Besteck) 200, 2 x 1/4 Ltr. Rotwein: 300, 1 Suppe 250, 1 Pizza Capriziosa 550, macht 1300, dazu Bedienung 150, also: 1450, etwa 8 DM – das war mein Samstag (Wochenende) Ausflug & Vergnügen am 9. Dez. 1972 in Rom//trete durch die Tür nach draußen in die Nachtschwärze 1/2 12: am Straßenrand 1 immerfließender Brunnen & großer schwarz-glänzender Feuchtigkeitsplacken herum, Flugblätter, Papier, leere Zigarettenschachteln, flecken den Asphalt//gehe etwa 50 Schritte bis zur Kreuzung, überquere die breite 6spurige Straße und komme zu 1 kleinen Platz. 1 Rondell. „Largo Ventuno Aprile" – Platz.

(12: So stellen sie sich hier öffentlich DEN MALER vor, sieh mal das Kettchen, das der Zeichner um den Hals hat – das Zeichen für „männlich"). → des 21. April – mit 1 Steindenkmal: Grün-Span. Kupfer-Kerle – Soldatengespenster, gepanzerte Kriegswesen, umgeben von ausgezehrtem Pflanzenkreis, und darüber der Raum mit Sternen – an der Steinmauer des Sockels: übergroße schwarze Eisengesichter, – die Gewehre stehen gegen den nächtlichen Raum, die Gesichter sehen starr aus dem Stein – rote, gelbe, grüne Lichter am Eingang einer schäbigen Bar leuchten in monotonem Kreislauf auf, innen steht 1 abgewrackter Flipperautomat und einige Soldaten öde aus der Kaserne gegenüber//ich gehe an 1 Pepsi-Cola-Schild auf der verblichenen Hauswand vorüber, auf der anderen Straßenseite ist der dunkel-liegende Blumenladen, eiserne Rolläden vor dem Schaufenster, hinter der eisernen Wand die zarten Blumen//und ich trete durch bizarre Kohle-Zeichnungen von Baumschatten, das Schatten-geflecht an der Mauer links neben mir, rechts das Schattengeflecht auf dem Blech geparkter Wagen – es sind schmale, dünne Stämme und dann aus einem kugeligen Kopf dünne weidenartige Zweige – daneben die elektrischen Birnen der Straßenbeleuchtung ohne Glasmantel,

(13) und niedrig an wieder nach unten gebogenem Laternenpfahl, zu beiden Seiten der Straße in gleichmäßigem Abstand – und ich gehe den ganzen leeren Weg an der Mauer vorbei durch die Zweigschatten, suche im Mantel nach dem Schlüssel, schließe den niedrigen Eingang der großen hölzernen Wagentür auf, steige hindurch und höre mich auf dem Kies knirschend in der Stille gehen (gleich rufe ich Dich noch an, denke ich)// (erinnere Dich, was hast Du vorher getan an dem Samstagabend?))//– drücke den Lichtschalter, neben mir schleicht lautlos ein weiches Fellwesen her, aus der Gruppe der Katzen, die vor dem Haus des protestantischen Pfarrer-Gastes herumlungern, Tag und Nacht//(die Bereiche der Katzen innerhalb des Villa-Geländes sind scharf aufgeteilt)//ich rieche einen brenzligen Brandgeruch, Qualm verbrannter Blätter und Zweige, die man nachmittags verbrannt hat – bläulich fades TV-Licht kommt in Längsstreifen zerschnitten durch die Rolläden des Pförtnerhauses – sonst alles still, gegen 12 Uhr, dunkle Ateliers (sie sind alle unterwegs wohl)// ich schlage mir kaltes Wasser aus dem Brunnengeriesel am Auto-

(14) → schuppen ins Gesicht, was mich frisch macht, ein frisches, kühles, nasses Gesicht aus einem hellen Mantel herausragend//und mit 1 lautlosen Schlag geht das Licht wieder aus – und schwarze Bäume schießen hervor ringsum//ich drücke bei Atelier 7, Born, noch einmal auf den Lichtschalter, höre die Heizung summen, die hier untergebracht ist, gehe an dem wilde Bienen- oder Wespenstock vorbei (sie haben bereits lange das Schwärmen eingestellt), wo ich heute nachmittag einen Mantelknopf verloren habe (er hat dieselbe blasse Farbe wie die Steine) – schließe auf, durchquere den Flur, gehe an der Telefonecke vorbei die 7 Stufen hoch, knipse Licht an – die Katze blinzelt auf dem anthrazitfarbenen Sesselpolster – ich streichel ihren felligen Leib einige Male, sie streckt sich, (sie ist die am wenigsten an Menschen gewöhnte Katze – sie ist noch sehr verspielt, noch sehr jung, sie ist scheu und sie ist schwierig, sie beißt und kratzt gelegentlich beim Streicheln/sie wird jetzt nachmittags draußen von der schwarzen Katze gelegentlich verfolgt & beschlichen und geschlagen, da sie, die schwarze Katze, hier vorher ihr Territorium hatte – so deute ich das Verhalten, es ist kein Spiel, es sind direkte Überfälle. Rache? Dabei ist die schwarze nun beim Musiker.) – Noch'n Schluck Rotwein, Telefonbüchlein holen, dann habe ich Dich angerufen, erinnerst Du Dich? Grüße R.

Sonntag nacht (2. Advent), 10. 12. 72,/: angesichts dieser fliegenden Kriegsmaschinen auf der öffentlichen Postkarte aus Italien – noch nie sah ich so häufig Polizisten, & noch niemals sah ich so oft im alltäglichen Leben baumelnde Pistolen an der Hüfte von Menschen – 1 guter Satz & 1 tiefe Erkenntnis aus H. H. Jahnn (könnte fast von Burroughs sein), Fluß, Mittelteil S. 237, Er nannte seine & meine Lenden: „Traumverließe unseres Körpers" – also dagegen Schlagen Schuß = Tötungswaffen (ich sah sie noch nie so häufig in 1 Land wie hier) –//beim Streicheln der mißtrauischen Katze (Brust, fest für den Winter & Kälte befellt) beim Streicheln dieser Brust, beim Kraulen der Ohransätze: schlag nach welche Zentren gestreichelt, liebkost werden müssen, welche Stränge berührt (zuerst immer der Kopf, dann das Geschlecht: bei der Katze) & sie beginnt zu schnurren, mitten im Schnurren öffnet sie den Rachen mit den Tötungszähnen, & macht 1 Geste des Zubeißens: jetzt, im Augenblick, bin ich selber so sehr entspannt, daß ich meine Hand nicht wegziehe dabei, & ich spüre, daß sie nicht zubeißt: & sie spürt, daß ich nicht Angst habe, wie ein seltsames Kulissenspiel – sie zeigt mir die verletzenden Eckzähne & ich ziehe nicht weg aus Angst: sie schnurrt dabei immer weiter (Wohlbehagen: und doch die Show des Beißens – fein beobachtet): dann kümmern wir uns, jeder auf seine Art, nicht weiter umeinander, (das habe ich oftmals in Deinem Verhalten gespürt mir gegenüber) (oder umgekehrt: Du mußt es auch verlangt haben) – also: welche Zentren muß jeder dem anderen gegenüber, von Einzelnem zu Einzelnem, bevorzugen?!/ Denkst Du dort in Köln ich würde spinnen? Es sind so sehr lebendige Erfahrungen: jeder verlangt, ob Tier, ob Pflanze, ob

(2)/10. 12. 72, nachts/(nach 1 Uhr)/: → Mensch nach einer Stärkung seiner Zentren der Energie – Lösung & des Wohlbehagens – viel mehr als nach Sicherheit: es ist doch so unsinnig, daß unvorstellbare Summen an erarbeitetem Geld = Wert für die sogenannte Sicherheit eines Staatswesens, 1 Gemeinschaft, 1 Stadt ausgegeben werden: & was ist die Sicherheit? Etwa eine Anbau-Küche aus billigem Holz mit Resopal bezogen? Etwa ein Papier-Servietten gefütterter Sarg? Etwa der miese Lärm der Autos in Köln oder Rom? Etwa die professorale Würde falscher Humanität in Stil & Form sogenannter wissenschaftlicher Formulierungen? – Das mußt Du selber einsehen & hast Du ja selber mittels der ungeheuer reduzierten Lebensform von Robert eingesehen, die so vielen Ausprägungen unserer kulturell-zivilisatorischen Ansichten & Meinungen überlegen ist (viel mehr als würde ich 1 Katze streicheln & sie schnurrt), weil sie grundlegender ist & auf Grundgelegtes immer wieder in jeder Einzelheit verweist, eingesehen – also was ist zu tun? Sich öffnen, sich seine eigene Bedürftigkeit eingestehen ohne an Stil, an Erkenntnis zu verlieren: die Katze greift mich an, sie öffnet ihren Rachen mit den spitzen Zähnen, die ins Fleisch dringen können & verletzen können, aber sie verletzt mich nicht, keine spitze Zahnschärfe dringt in das Fleisch meines ungeschützten Fingers – (ich habe Angst vor Blut) – (ich habe Angst vor Schmerzen: sie machen 1/2 wahnsinnig) –

(3)/10. 12. 72/ → (kannst Du den Gedanken hier folgen? Ja, gewiß) – während sie, ein anderes Lebewesen, das ein Fell übergezogen hat, zugleich schnurrt: wieder hast Du 2 einander widersprechende Triebe – der erste Trieb ist das Gefühl des Angenehmen (sie wird am Brustkörperteil gestreichelt – die Zitzen hängen am Bauch: ich meine unterhalb des Gesichtes, unterhalb des Halses, bei der Katze) & zugleich ist da der Wachsamkeitsbereich: eine andere Hand, ein anderes Wesen greift an ein anderes Wesen – das habe ich soeben, mitten in der Nacht, begriffen – prüfe es nach bei der harmlosen, Salat- (zarten Salat) fressenden Schildkröte, beobachte ganz genau, wann & wo, bei welcher Deiner Berührung sie, die ziemlich wehrlose Schildkröte (deswegen braucht sie einen so sicheren Panzer – das sagt doch etwas über allgemeine Lebensbedingungen auf diesem, unserem Planeten, aus)/(ratternde Motorräder sind eine ganz miese pervertierte Kopie)/zurückzuckt – oder nimm das höher=differenzierter organisierte Tier des Eichhörnchens: es beißt zu, aber Du darfst nicht wegziehen –: 2 Triebe kämpfen in dem Tier, das Du nicht bist & das Du doch „ja" bist, miteinander – gib einem Trieb, dem Primären, dem Ersten, bewußt den Vorrang, dem Trieb des Wohlgefallens plus Wachsamkeit. Auch das habe ich soeben erfahren & wollte Dir das berichten. Grüße Dein R.

(4)*NS*: (weißt Du, ich kann hier mit keinem so langsam & so schwerfällig, wie es meine norddeutsche Art ist, darüber reden, deshalb rede ich mit Dir darüber, weil ich sicher bin, daß Du das was ich erfahren kann (es ist begrenzt) verstehen kannst von Deinem Stil & von Deinem Bewußtseinspotential & von Deiner (immer so fürchterlich unterdrückten – von frühen Begriffen, Verhaltensweisen=Vorbildern unterdrückten verbogenen) Vitalität=Lebensdrang her – er wird so selten von einem zweiten unterdrückten, ebenso drangsalierten anderen Menschen begriffen – „ich ist ein Anderer" sagte Rimbaud: weißt Du, was das ganz ernst & ganz eine normale Existenz bedrohend heißt? „Ich" ist nämlich insofern ein „Anderer" gegenüber & angesichts der civilisatorisch-kulturellen (gleich total ruinenhaften) Konvention – so darfst Du Dir für Dich Alles, Jedes erlauben – zu jedem Augenblick & vor jedem: Leben, ein menschliches Tun ist leichter als der Begriff, das Wort (das ein Tun bezeichnet) davon// So, und nachdem ich mich Allgemein & speziell Dir gegenüber so artikuliert habe (1 Versuch, Du bist ja nicht doof) gehe ich 1/4 vor 2 zu Bett. Gute Nacht R.

Sonntag, 10. Dez. 72, Lieber Henning! Vielen Dank für Deine beiden Karten vom Ende November, die ich bisher nicht beantwortet habe – die Tage gehen hier wie überall auf diesem Planeten weg in einer Reihe aus schwarz + weiß, wie ein Film, nicht wahr? Eine schwarz-weiße Show aus Tag und Nacht, Dunkelheit + Licht, flimmernd für das Bewußtsein. – Jetzt ist wieder draußen 1 dünner, haarfeiner Sichelmond, zunehmend über dem Gras-Streifen hinter meinem Zimmer – und fern, am Geräuschhorizont zieht ein langgezogener Sirenen-Heulton vorbei, Polizei oder Unfallwagen, das ist keine Frage. – (Für die Katze, die neben dem Tisch, an dem ich schreibe, auf dem anthrazitfarbenen Sessel liegt, gewiß nicht. Sie denkt in Dösen, Strecken, Essen, ich muß 2x die Woche Kitekat kaufen, in Laufen, Gräser beschnuppern und Mäusefangen)

(2) → Draußen, vor dem Haus, ist die Luft mit naß-kalten Pflanzengerüchen, durchsetzt mit brandigem, schwelendem Rauch eines Feuers, ruhig. – Es ist keine Schande, wenn Du mit 31 Jahren an Deine Mutter schreiben mußt, wenn Du es mit Selbstbewußtsein plus unverlogener Freundlichkeit, die Distanz wahrt, tust, und es ist ganz sicher keine Schande, wenn Du wirklich 1 Ziel hast, zu malen, was sich gar nicht mit dem Verdienen z. B. Deines Bruders vergleichen läßt – nur nicht im Trüben schwänzeln, – und es ist auch keine Schande, wenn Du bedenkst, welche schlechte Ausbildung, nämlich gar keine!, Du für Deine Arbeit tagtäglich erhalten hast (Museumsspaziergänge mit 1 Vater sind kein Ersatz für exakte Materialtechniken) – Mir fällt immer wieder, besuche ich gelegentlich 1 „Bildenden Künstler" hier (sehr selten), wie ungeheuer technisch sie sind, auch wie fleißig – wie brave Musterschüler

(3) → und mir fällt jedesmal Deine auffallend grobe, plumpe Ungeschicklichkeit ein, was Technik, die Grundvoraussetzungen, anbetrifft: es wäre so gut, würdest Du bei einem guten Maler oder Professor eine Art Privatschüler werden können – sie alle hier, sind Dir haushoch überlegen, zum Teil sind sie sogar jünger – und sie sind Dir sogar mit ihren miesen ausgedachten Bildern, Spritzungen (Sprühpistole), Fotos machen, Motiv-Suchen, Entwerfen auf Zeichentisch (Bilder nach Maß), mit ihren Kupferätzungen (blaue Wannen und gelbe Wannen mit Lösungen) überlegen – es tut mir leid, darauf Dich hinweisen zu müssen – zu sagen haben sie nichts, oder sehr wenig, soviel wie das Schwarze unterm Fingernagel (ich habe gute Augen + 1 klaren Verstand, so sehe ich, nehme ich auf) – ich will Dir die Motive und Themen nicht

(4) → mehr schildern, es wäre nur Wasser auf eine falsche Mühle im gegenwärtigen Zeitpunkt für Dich – Du mußt unten anfangen, noch einmal, mit dem, was Du erfahren, gesehen hast, Du mußt lernen, Dich auszudrücken – bereits vom Technischen her, ohne Dich von Technik entleeren zu lassen, doch Du mußt es können – alles andere, bis jetzt, ist 1 Hängen und Würgen und Du kommst damit nicht weiter – laß auch die vielen Uhus + Klebhefte, konzentriere Dich auf Deine Arbeit, sie heißt (soviel ich von Dir begriffen habe und soviel Du mir gezeigt hast von Dir) Leinwände – studiere Zeichnen, studiere Farben, studiere Dich, studiere Anatomie, lerne die Techniken zu benutzen, vergiß die Originalitätssuche, – Du bist (Bewegung von 2 Fingern beim Zeigen) soo klein, was die erlernbaren Dinge + benutzbaren Techniken, Apparate, Ausnutzungen anbelangt, – Du bist ein, entschuldige – gemessen an Deinen eigenen Vorhaben – ein undiskutabler Schlamper – man schwankt permanent beim Ansehen Deiner Leinwandversuche hin &

(5) her: einesteils ist es frisch (ungewohnter Blick) & die Motive, Themen gefallen, andererseits wird man angewidert beim Näheren Hinsehen wegen der Sudelei der Bearbeitung – ich schreibe Dir nicht als Kritiker, ich schreibe Dir als jemand, zu dem man (Du) gesagt hast, das sind Bilder, Leinwände – also meine ich, daß Du Dich ausdrücken lernen mußt, – der Umgang mit mancherlei Leuten dort in Köln ist, gelinde gesagt, für Dich nicht bekömmlich gewesen – verlorene Energie (hier, in Rom, erlangst Du sie auch nicht wieder, das wäre 1 falsche Hoffnung, wie jede Hoffnung falsch ist) Ablenkungen, Geschwätz, das für 1 Moment stimuliert, dann kommt Leere – laß alle Show weg, fürchte Dich, das ist menschlich, heule wenn Dir danach zu Mute ist, das ist menschlich, fluche, das ist menschlich

(6), sei allein, auch das ist sehr menschlich – + lerne, geh mal in das anatomische Institut der Universität Köln, schau Dir Körper an – sieh Dir Leben an, zeichne Deine Notizen – habe keine Angst, als verrückt angesehen zu werden (das ist 1 Maßstab, der von außen angelegt wird – mach Dir wenig vor (einiges Ja!) – „Tag für Tag: der gute Tag" – Japan. Zen-Wort – schwitze, hab keinen Ekel vor Fäkalien, man (jeder) ißt – man kackt, man stinkt, auch das mußt Du kennen. Und versuche nicht clever zu sein & geschickt – Du bist, so wie es jetzt steht, unten und weniger als Dein Anspruch, den Du vertrittst (was interessiert Dich Kunstpolitik & Galerien?) So kann ich nur Dir wieder zurückgeben, was Du mir mit Deiner letzten Karte geschrieben hast „mach's gut" „sei guter Dinge" in dem Sinn, wie ich es eben zu (. . .)

Rom, 7. 12. 72

Liebe Maleen,

Du hast einen so schönen, ruhigen und überlegten Brief geschrieben mit genauen Beobachtungen, der mich beim Lesen in eine einfache klare Stimmung versetzt hat. Das ist für mich sehr erstaunlich gewesen. Und es hat mir gut getan. Ich sehe schon, daß ich mich anstrengen muß, ebenfalls so klar und ruhig zu schreiben.

Es ist für mich auch erstaunlich zu sehen, mit welcher selbstverständlichen Sicherheit Du von Dir geschrieben hast, und wie treffend Du Vorgänge beschrieben hast. (Von einem auch nur leicht diffusen Zustand habe ich nichts bemerkt.) Ich habe seit langem keinen derartig sicheren und sinnlich klaren Brief mehr erhalten. Das ist kein Kompliment, das ich hier her setze, um Dir zu schmeicheln, sondern es trifft zu. – Pieper schreibt wie immer in seiner ziselierten öden Art wenig, meist Banales, kaum von sich, als hielte er immer die Lippen zusammengepreßt beim Schreiben, so kommt es dann zu einem klug klingenden Satz, der aber oft nur wegen der Verkürzung klug wirkt und oft die alte abgestandene Tendenz zum Gaghaften hat, dahinter versteckt er sich dann, spart sich selber aus. Und Freyend schreibt durcheinander, auf eine Konfetti-Gedanken-Art, manchmal mit angestrengtem Kunst-Ausdruck und viel Programmhaftes – beide veranstalten eine Show, und es kommt auch immer etwas Eitelkeit durch, was bei Dir ganz fehlte. Das ist mein Eindruck, und es ist eigentlich unnötig, wenn ich Dir sage, daß es ein guter Eindruck ist. Ich wiederhole mich nur. – Erstaunlich ist aber auch für mich, warum Du nicht öfter Dich so ausdrückst, denn das ist mir unverständlich, bei der Klarheit und Einstellung zur Genauigkeit und bei dem ruhigen und sicheren Blick. Du solltest das nicht vernachlässigen.

Dein Brief hat in den Beobachtungen und dem Beschreiben Deiner Situation keinerlei Ideologie, das macht ihn angenehm, und die beschriebenen Situationen werden klar, sie sind deutlich. – Zutreffend und genau war Deine Beschreibung der Erschöpfung und der Leere nach einem Zusammentreffen mit Bekannten: mir geht es hier ähnlich bereits nach einer Zusammenkunft und einem Sprechen, einer Unterhaltung, die gerade eine halbe Stunde dauert. Ich empfinde danach, manchmal bereits während der Unterhaltung, während des Treffens, einen ungenauen Verlust, nicht im Kopf, sondern physisch, körperlich, ohne daß ich es näher lokalisieren könnte. Und mir kommt es vor, als seien die meisten, fast alle, gar nicht da, gar nicht anwesend, und so wächst das Empfinden, in ein Vakuum hineinzusprechen, mit einem Vakuum sich zu treffen, in dem jedes beliebig ist. Lediglich die Konvention, Sätze zu bilden, grammatikalisch das Gesicht zu verziehen, funktioniert. – Für Dich resultiert daraus eine Traurigkeit, ich empfinde meistens hinterher nur eine Erschöpfung und eine Leere, wenn ich in meine Wohnung zurückkehre, wieder bei mir bin, und es dauert einige Zeit, bis ich mich wieder gesammelt habe – Du beschreibst es ja ähnlich. Ich konzentriere mich dann auf die Lektüre, und nach einiger Zeit habe ich mich wieder in einen intensiveren Zustand gebracht. – Du mußt nicht traurig sein über diese Vorgänge, daß es so ist, wie es ist, sieh Dir doch einmal noch genau an, wie es ist: die vielen, meisten, nahezu alle, spüren ja gar nichts mehr oder so wenig, daß sie gar nicht mehr wissen, begreifen, was sie spüren, und wissen ist auch nur gering vorhanden – ich wundere mich oft, wie gespürlos sich Menschen verhalten, wie gespürlos sie sprechen, und wie gespürlos sie vorhanden sind, wie unempfindlich ihre Körper sind, gefühllose Blöcke. Es regt sie nichts mehr auf, es erregt sie nichts mehr, es ist ihnen kaum noch etwas wichtig und dringlich, man kann es aus der Art, wie sie sprechen, aus der Betonung, den Sätzen heraushören, dem Satzklang. Und wenn sie über sogenannte wichtige Probleme reden, tragen sie Ansichten, Meinungen vor, Variationen allgemeiner zeitgenössischer Klischees. Sie selber sind aber darin nicht anwesend. Tatsache ist, daß es ihnen durchweg gut geht, sie sind zufrieden, sie regen sich über das Unglück anderer auf, und je mehr sie davon auftischen können, desto besser geht es ihnen.

Ist es nicht gut, daß Du auf Dich selber nach solchen Zusammenkünften und Begegnungen zurückgewiesen wirst? Man teilt keine Ideologie, keine Meinung, die in der Luft liegt, mit anderen, man bildet sich selbst statt dessen, man erhält eine deutlichere Anwesenheit und das Gefühl von sich selbst, einen genaueren Umriß. Darin sehe ich gutes. Du prägst Dich ja selber aus. Das darfst Du nicht vergessen. (Man vergißt das leicht und schnell.)

Beim Lesen Deines Briefes war ich in Deinem Zimmer anwesend und habe die Musik mitgehört, für einen ruhigen Augenblick lang habe ich ein starkes angenehmes Körpergefühl gehabt, wie manchmal, in Augenblicken, wenn ich Dich dort getroffen habe (es ist Dein Zimmer, ich weiß es wohl.)

Du schreibst, „Denken bezieht sich nicht so sehr auf mein eigenes Denken, was ich sonst fast pedantisch tue." – Gestern oder vorgestern schrieb ich Dir noch einige Hinweise auf, die den Zustand von Wachheit und Wachsamkeit betrafen und das sogenannte Übersprung-Verhalten. Dieses „fast pedantisch": ist es nicht etwas von einer überhängenden Wachsamkeit im Geist? Und der Bezug auf das eigene Denken – steckt darin nicht Vigilität? Vielleicht aber kannst Du auch damit nichts anfangen, jetzt.

Du hast eine schöne gleichmäßige Ausgewogenheit verspürt, und die hat sich mir beim Lesen auch mitgeteilt. – Hast Du Worte und Wendungen von mir übernommen? Das sehe ich nicht. Und wäre das der Fall, so sind sie inzwischen längst Deine eigenen geworden, denn eine Kopie von mir, von meinen Briefen kann ich nicht erkennen, gerade daß es nicht so ist, war auch ein Teil des Angenehmen, von Dir zu lesen. – Sehr lässig, sehr frei Deine Bemerkung dann, die sich anschließt: es mache Dir nichts Schwerwiegendes aus, da Du nicht mit mir in Konkurrenz trittst. Gut. Sehr gut. Eine sehr gute Geste, die Dein Verfügen darüber zeigt. (. . .)

Einen ganzen Monat hast Du mir den Brief vorenthalten! Das ist unglaublich. Ich erstatte Anzeige bei Dir, sofort! („Ich erstatte Anzeige", was ist denn das) – Du bist so schön und klug.

Die postalischen Verhältnisse sollen hier wirklich schlimm sein: Postsäcke voll Briefe, Karten und Päckchen werden irgendwo gestapelt, und liegengelassen, vergessen, manchmal werden auch volle Postsäcke in den stinkenden, gelben Tiber geworfen. – Da schwimmen sie weg. („Rasche Erledigung.") – Einschreiben sind hier auch nicht das, was sie bedeuten: denn unterschrieben habe ich bisher keinen Empfangszettel, z. B. bei Deinem Brief – dennoch empfiehlt es sich bei größeren Sendungen immer. – Briefe am besten per Luftpost, da kommen sie sicherer an. – Die sicherste Post ist die Post des Vatikans, das ist eine Garantie in jedem Fall, wirft man sie in einen blauen Vatikanischen Briefkasten im Vatikan-Staat (ist das nicht bezeichnend?!) – Hast Du auch die Karten, die ich schrieb, alle erhalten? Manchmal habe ich zwei, drei oder 4 Karten gleichzeitig eingesteckt an Dich, auch an Robert die Tierpostkarten.

Rom, den 12. 12. 72, Donnerstag

Lieber Henning,
Sonne, die scharf hereinsticht, aber der Boden dünstet feucht und kalt aus, vereinzelte
Vogellaute in zum Teil kahlen Bäumen, zum Teil grünen Bäumen, eine verspätete kleine
Eidechse, die sich an der Hauswand sonnt, über dem Grasstreifen im Licht winzige blasse
Flugkörper, die in der Luft auf und ab schaukeln, es ist Viertel nach 2 mittags.

Habe eine zeitlang im Liegestuhl gesessen, mit Decke, und dabei Deinen langen Bericht
gelesen, ich habe mehrmals gelacht, es sind witzige und treffende Stellen darin./Ab und zu
tauchte die Katze auf, wälzte sich auf dem Kies, roch an Gräsern (eine Art vorsichtiger,
differenzierter Feinschmecker, der einzelne feine Blattgerüche wohl zu schätzen weiß,
dachte ich.)/Dann habe ich ihr erstmal weißen Magen kleingeschnitten, eine gummihafte
Hautschicht, mit Lamellen, glitschig und sehr dünn seltsam riechend, aus dem Supermarkt,
dazu aus einer Dose, Made in Germany, Kitekat, Fleischklößchen mit Soße, das hat sie
dann alles sehr selbstverständlich geschleckt und gekaut und ist dann wieder herausgeschrit-
ten, lautlos und zufrieden, jetzt sitzt sie wieder in der Sonne, als ich gerade nachsah,
blinzelte sie mit grünen Augen träge und sicher mich an, ich verschwand wieder in mein
Zimmer. (Zwei Mal die Woche kaufe ich diese Dose für die Katze, „alles für die Katz", die
auch abends neben dem Tisch an dem ich schreibe, auf dem Sesselpolster pennt. Sie kommt,
sie geht, ich habe damit wenig zu tun, obwohl es anfangs schwierig war, sie zu gewöhnen,
denn vorher war es nicht ihr Territorium. Es ist angenehm, sie sagt nichts, ich kann mit ihr
reden, sie antwortet keine Wörter darauf, es ist so, wie es ist.)

Sonne im Dezember, in Rom, vermischt mit Flugzeuglärm über der Künstlerkolonie, die
ein lahmer, abgestandener Witz ist./(Ich habe oft sehr deutlich das Empfinden, wie unsinnig diese Akademie ist, mit einer hohen Mauer herum, ringsum Straßen und stumpfe
bedrückende Wohnblöcke, die zwischen den Bäumen zu sehen sind und jenseits der Mauer
aufragen. – Zeitgemäß wäre eine reduzierte Anzahl der Stipendiaten, dasselbe Geld, in
weiten Abständen die wenigen Ateliers, den Park verwuchern lassen.)/Ich lebe, ich schrieb
es Dir schon, für mich – rasch haben sich Gruppen gebildet, es gibt Zusammenhänge,
Familienklüngel, gemeinsame Autofahrten, ich habe den Vorteil zu niemandem zu gehören, lebe am Ende der Atelier-Reihe, kann zu jedem hingehen, wonach mir wenig der Sinn
steht, träume von einer Mauer, die meinen Bezirk hinter dem Haus von den anderen
Bezirken trennte – wo ich herumgehen, herumliegen, stolpern, stehen, sitzen könnte wie es
mir paßte ohne eingesehen zu werden und ohne den mir überaus lästigen Zwang, selbst
Rudimente allgemeiner Höflichkeit einen Moment sagen zu müssen – was ich manchmal
auch nicht tue, andernfalls sehr höflich und das ergibt Distanz.)

Ich schrieb Dir auf einigen Postkarten bereits einige Gedanken und Erfahrungen, was
Deine Arbeit anbetrifft, die ich hier bei den verschiedensten Atelier-Besuchen erlebt habe.
Die Fülle des Materials, des Handwerkszeugs allein ist enorm, das sie alle haben, für
Tausende von Marken Plastikstoffe, Stichel, Spachtel, Papiere, Kunststoffe, Gips und
Tonbeutel, Kanister, Lösungen, Kupferplatten, Papier, Schweißapparate./Sie sind hand-
werklich erstaunlich geschickt, alles sehr technisch („ich kenn'n Trick und der ist sehr
technisch"), und sie sind sehr fleißig, sie sind brave, harmlose junge Leute, sie sind nicht
unfreundlich, sie wollen ein Amt, sie wollen eine Ausstellung, sie kennen Trends, sie
kennen den Markt, sie kämpfen um eine bessere Marktchance, sie sind eigentlich namenlose Arschlöcher – aber, und das schrieb ich Dir bereits, sie sind Dir bisher in jedem Fall
überlegen. Und zwar sehr präzise im Manuellen. Im Gerät. In der Handhabung. Und in
ihrem Selbstverständnis als eben „bildende Künstler". – Alles das mag man, magst Du bei
Seite schieben, mit viel Berechtigung, denn das ist es nicht, was zählt, aber es ist erst dann
bei Seite zu schieben, wenn es gewußt ist. (Bereits die Werte ihrer Ausrüstung, ihrer

Arbeitsgeräte, die Hunderte von winzigen Arbeitsmessern, Stiften, Pinseln sind, ich sah es mal bei einem, der in Kunststoff arbeitet, erstaunlich. – Und es ist traurig, wie Du mit Deinen vier ausgequetschten Tuben daherkommst. Und Deinen geklauten Pinseln. Hinterher, für das Bild, zählt das alles nichts, ich weiß, aber ich weiß auch, bei einigen ernsten Gedanken an die eigene Arbeit, wie deprimierend das ist – und so mußt Du es auch sehen und Dich nicht aus dem Gleichgewicht, Deinem Gleichgewicht bringen lassen durch übertriebene Ansprüche, denn sie verwirren einen auf eine schweigende Art und reiben den Kopf auf in einer Haltung, die nicht das Bild meint, sondern den Betrieb. – Ich kann es langsam und nach mühevoller Einstellung jetzt für mich stärker so sehen, und das ist ein Vorteil, der auf eine Bewußtseinsdisziplin beruht – also, mir kann keiner mehr kommen und erklären, was los ist, in Kunst, Bildern, Literatur, Leben, alles Metaphern, und die wuchern sich durch abendländisches faulendes Gelände im Gehirn wie erstickendes Unkraut.) „Ich bin hier in Rom."

Schön ist Deine Einstellung zu dem gemalten Bild von mir, nicht daß ich blind wäre, es schön zu finden, weil ich darauf bin. Sondern daß Du zum ersten Mal einen Menschen gemalt hast, und das selber interessant gefunden hast. (Hier traf ich einmal im Anfang auf den Zeichner Knipp, eine nicht unangenehme Person, und er hatte vor, mich zu zeichnen – er arrangierte mich in den Haltungen mit Fotos, Fotografieren, draußen, im Verlauf des Arrangierens begriff ich, was sich abspielte, nämlich daß er etwas von mir erfassen wollte – es gab eine Diskussion zwischen mir und ihm, über die Kontaktabzüge, von denen er mir am Ende keines überlassen wollte, er sagte es seien Skizzen, und bereits dies Arrangieren sei seine Arbeit, er würde Notizen, Entwürfe nicht weggeben – in Bezug auf Fotos und Abzüge sah ich es nicht ein, nur wenig, und so brachen wir das Unternehmen ab – ich mag nicht, wenn solche Sachen übereilt geschehen, ich kannte ihn gerade 14 Tage und fand ihn nicht unangenehm, auch seine Arbeiten waren für Teile bei mir in ihren Wirkungen interessant.)

Und dennoch, Henning, meine ich, daß eine Stufe bei Dir gefunden werden müßte, wo Du Dich selber ernsthafter nimmst und auch ernsthafter und tatsächlicher, was Deine Arbeit anbelangt, das Malen, für Außenstehende zu begreifen wäre. Was nutzen Diskussionen über Kultur? Alles blöder Schmand, was nutzen Diskussionen über Rauschmittel, sie sind nichts, sie veröden nur innerlich durch die verwendeten Wörter, – dieses „moderne" aktuelle zeitgenössische „modische" Leben, dazu ich auch diese Copien von Kiffen, Teestunden, Unterhaltungen zähle, diese Kumpaneien und Verbrüderungen, dies Ritual – mich widert es mehr und mehr an, ist mir nur noch lästig, ich für mich bin da durch gegangen und ich erfahre hier, mitten unter anderen, bei gelegentlichen Gesprächen, wie weit ich überhaupt dadurch gegangen bin – und ziemlich radikal. Also warum damit angeben? Ist es mehr nicht gewesen? Nicht mehr als ein Ritual? Eine Viertelstunde zufälliger Übereinkunft? Das wäre armselig. – Ich erlaube mir, auf Grund meiner geringfügigen Erfahrungen, den ganzen Kram, die ganzen Szenen also so stink-konventionell anzusehen, Musik, Pot, Tee, fehlt bloß noch eine Kerze auf dem Tisch und Matratzen auf dem Fußboden – diese schlechten, elenden Copien eines Hirtenlebens eines Zurück, dies Gefasel, mir ist es bereits körperlich zuwider, mich in derartigen Szenerien zu bewegen, auch nur für 10 Minuten – so wie mir jede Mode zuwider ist, die Tausendfachste Copie eines Boutiquen-Dresses (=Driss) und Boutique-Budikke, den Ausdruck kennst Du doch?

/(Die Katze sitzt in der offenen Tür auf der obersten Steinstufe hinaus in den Grünstreifen – sie schaut in das Pflanzengrün, sie sitzt reglos und wach, aufmerksam, – ich schnalze mit den Lippen, und sie schaut kurz herüber, hört mich auf der Schreibmaschine klappern – einen Brief nach Köln – und sieht wieder fort. Nachmittagslicht in den kahlen Bäumen, eine Seite der Zweige und Äste glänzt sonnen-lackig scharf. Aber bereits schleicht eine feste Kühle über den Steinboden herein.)/

Also: diese gehäuften Kopien, diese Schnittmuster-Bogen des zeitgenössischen Geschmacks, diese Kulissenwelt aus falschen Ansprüchen, diese schlaffe Empfindlichkeit, und diese groben Verhaltensweisen, das stumpfe Tun, mir sagt es nichts mehr – nach der Entleerung durch lange Jahrhunderte, was den Inhalt anbelangt, ist jetzt nur noch eine radikale, schnelle Entleerung jeglicher Form, auch der alltäglichsten, der Kleidung, der Speisen, der Erotik oder Sex, in Massen zu sehen./Was habe ich damit zu tun?/Sehe ich mir an, was überhaupt von zeitgenössischem Wissen und Erkenntnissen gewußt wird, ist es horrende wenig. Das ist die Lage: das Wissen ist auf den Inhalt der Abfalleimer reduziert, sollte ich mich darauf einlassen?

Auch erscheint mir lächerlich angesichts einer offenen Tür, eines stillen Moments, eines langen Schweigens den Tag über, was mir angeboten wird konkret als zeitgenössisch – sowohl im Verhalten, einer einzelnen Situation, mit einzelnen Leuten und dem, was sie denken, wie sie aussehen, womit sie sich umgeben, welche Probleme sie haben (alles Kulissenschieberei), wie übertragen auf die Gesamtsituation 1972, 1973 – es befriedigt mich nicht, das ist es, und ich für mich kenne befriedigendere Momente und Zusammenhänge, ich habe sie erlebt.

Deswegen sagt mir Wondratschek auch nichts, diese Gymnasiastenmentalität, diese Renommiersucht, diese erbärmliche Angeberei (ich war ja mal bei ihm, um es mir konkret anzusehen: von Studio keine Spur, Bildchen an der Wand, und ich mußte unter einem Fetzen von Vorhang schlafen, Matratzen auf dem Boden, und jämmerlich wenig Musik – das wars dann.) – Und was Du mir berichtetest von der Bemerkung über meinen Mund: es berührt mich nicht, denn er hat schlechte Augen – was soll das alles? Sich hochsteigern über andere, das mag westdeutsch clever sein, es ist auch nur öde. Ich kann keine Abfallwelt leiden, nicht mal bei Bekannten.

Ramsch: auch das ist es, was mich größtenteils umgeben hat und umgibt. (Und man hat darin gewühlt, als gelte es einen kostbaren Schatz zu finden, also, nee, bei mir nicht.)/Und wenn ich noch weiter ziehen muß, länger in eine unwegsame Fläche von Gedanken und Beziehungen und auch fast menschenleer, ich fürchte mich nicht davor angesichts der rotierenden Bewegung, die sich zeitgenössisches Leben nennt, samt ihren Show-Werten./ So fällt es mir auch sehr schwer, den Teil Deines Berichtes zu verstehen, der sich auf Deine Einlassung des Besuches bezieht – Schwaden von Rauch, schreibst Du, ich sehe den Mief von ungelüfteten Gedanken, und: Magie, schreibst Du, ich sehe nur Kaninchenfelle, lange Haare, ein fimschiges Primanerhemd oder verdreckte Samthosen, das also sind die Accessoires der Magie – warum damit noch reden, warum noch erwidern, das ist bereits zu mühsam und macht leer. Warum sich vor so etwas anstrengen, ich habe immer belebend empfunden, wenn die Wand möglichst hoch war, gegen die ich meinen Gedankenball werfen mußte – so erfuhr ich etwas über mich, zuerst, und dann über Höhe, und dann: wie es ist./„Ich bin hier in Rom."

:„Trefft ihr einen Schwarzkopf in grünem Mantel einmal auf der Erde, und zwar so, daß er den Hals gebrochen: so tragt ihn in eure Kirchenbücher unter dem Namen Giannozzo ein; und gebt dieses Luft-Schiffs-Journal von ihm unter dem Titel „Almanach für Matrosen, wie sie sein sollten heraus."/– Das ist etwas ganz anderes als der durchschnittliche spätvergammelte Pop-Muff der braven kleinkarierten Bürgerkinder, wie sie heute überall kurz über 20 rumlaufen.

(Ich traf einmal, beim ersten Mal, als ich den Muff-Schriftsteller P. O. Chotjewitz hier besuchte in seiner Wohnung, er hat einige gute Stellen geschrieben, die mich beim Lesen amüsiert haben, aber sonst – ein langer häßlicher Fingernagel am kleinen Finger, damit bohrt er sich in den Zähnen herum, einen Bart und Schnupftabak plus Dose mit Wedel, häßlich, daß ich eine Anwandlung von Ekel, den ich selten eigentlich spüre – tatsächlich äußerst selten bisher wirklich körperlich gespürt habe – nicht unterdrücken konnte, also traf ich bei ihm einmal abends einen fetten jüdischen Jung-Verleger und dann den filzig-haarigen Brummbär hier in der Chotjewitz-Wohnung, Trastevere, an: er, der Schriftsteller, hockte auf dem Boden, der obligate Tee wurde lasch angeboten, eine Wimmer-Platte lief ab, der jüdische Klein-Jung-Verleger und Muff-Kaninchenfell plus Samthose-Brummbär waren auf der Reise zu einer internationalen Comic-Messe, und hatten Zwischenlandung gemacht – da war der, den man Brummbär nannte, genauso dumpf deutsch wie der Name Gabi Larifari – alles sehr bezeichnend für das deutsche Selbstverständnis unter den jüngeren – nicht mal zum amüsieren! – in einem weißen fernöstlichen Seidenhemd, mit großer Plakette von einem indischen mehrarmigen Gott auf der Brust, und natürlich der Fellmantel – tja, und da habe ich wenig gesagt, was sollte es zu reden geben, bis zum Essen in einem Restaurant, als ich hörte, wie dieser Kaninchenfelltyp auf die moderne Art mich mit Du anredete, wieder einmal, als hätten wir zusammen gewichst früher auf der Schule, also das ist nicht meine Art und verbat sie mir beim zweiten Mal, als das Du kam, ebenso präzise, wie das Du muffig und angestaubt war, nämlich ich sagte ruhig und kalt, wenn er nicht aufhören würde, mich mit diesem sumpfigen Du anzureden, liefe er Gefahr, daß ich ihm den Teller samt Knochen und italienischem Driss ins Gesicht werfen würde – tja, und da war's Schluß. Ich ging bald darauf.)

Warum versuchst Du nicht einmal, ziemlich unverschämt, und ziemlich rigoros diese Nacht-Show abzustellen?/Draußen sichelt ein Gärtner einen Fleck Gras ab. Ich laufe mit einem Band durch den feuchten Grünstreifen, und in leichten, schwerelosen Sprüngen läuft die Katze dahinterher. Das ist kein sentimentales Bild, ich kenne Katzen von sehr früh auf, es verschafft mir Bewegung, und ich rieche das frisch geschnittene Gras./Dann zurück in mein schmales Zimmer.

((: Das obige Zitat stammt übrigens von Jean Paul, ein guter Schriftsteller, deutsch, der oft im Schlaf herumgeflogen ist, Flugträume.))

/Totschlagen hätte man diese ganze Rasse, schreibst Du – ich habe auch das manchmal gesagt – es ist radikal das zu denken, aber wo ist es besser? Es sind immer nur Einzelne. Ich mag Einzelne. Alles andere ist Ramsch. – Ich finde es gut, Wenn Du so zu denken vermagst, ich fände es schlecht, wenn Du Dich darin erschöpftest./

Und noch etwas: Deine Italien-Mentalität ist mir, da ich nun hier bin, äußerst schwer verständlich. – Da hockt ein Blinder abends im dichten Passantenverkehr und spielt deutsche Operrettenlieder auf dem Schifferklavier, während seine Musik über einen Verstärker und Lautsprecher, der vor ihm steht, elektronischen Klang erhält. – Oder eine Kolonne von 3, 4 Wagen, mit den Fahnen des italienischen Staates aus den Seitenfenstern gehalten, fährt vorbei, umkreist den schäbigen Platz Bologna, wo ich einkaufe, Musik über Lautsprecher, und dann das Gewirre von Handzetteln, ich hebe einen Zettel auf, es ist für einen Film, in dem die Geschichte des italienischen Königshauses berichtet wird – also, nee, sie müssen wohl hier noch mal eine Menge lernen, auf Ruinen stolz zu sein, gilt nicht – die Straßenverschmierungen sind durch Sprühdosen Slogans und Plakaten enorm, bedrückende Wohnblöcke im Viertel ringsum. – Und die Küche?: Du lieber Himmel, ich mache mir meinen sanften Porree, das Fleisch ist miserabel, und dauernd Pizzas? – Mein Sinn geht nach Norden, und so finde ich es gut, wenn Du nach Helgoland gehst – für 14 Tage, 3 Wochen, Skizzen machen, salzige Seeluft, die Playboys sind zu der Zeit alle fort – vielleicht kannst Du auch eine andere Insel abtelefonieren vom Büro Deines Bruders aus und eine Pension suchen, die Dir auch vom Preis behagt? – Und notieren in Bildern, Farben, Formen, Details, hübsch realistisch und genau. – Ich komme aus dem Moor, ich habe hinter schwarze verkohlte Bahnböschungen mir gelassen, früher Rock 'n' Roll darüber geweht, verbranntes

Stangenpulver, ein ausgebleichtes Kornfeld im Sommer mit hineingetretenen verwirrenden Gängen, den Geruch von blühender zerriebener Kamille, und ich bin durch Großstädte geschleift, ich bin in Urinlachen geschwommen und habe allerlei dunkle Dinge gesehen und habe einiges kurz davon gekostet – was also solls, was die „moderne" Welt mir zu bieten hat? Show-Business? So komme ich hier unter den Künstler-Show-Leuten auch seltsam aus, ich habe mir meinen Bereich abgesteckt.

Und „Sex" schreibst Du? Gewiß habe ich ein Interesse daran, immer, aber wie sehen die Umstände aus? Was ist jeweils dabei zur Seite zu räumen? Wieviel Wortkulissen, wieviel widersprechende Regungen, wieviel Werte? Wieviel an Civilisationsschrott? Und dann: welche enorme Anstrengung ist vorher zu tätigen in Bezug auf das Ergebnis? Eine verfahrene, eine verlogene Situation. (Was hast Du gemeint, da Du schreibst, „Ändere ich etwas da"? Und das Ich war unterstrichen. Das habe ich gar nicht verstanden.) (Wohin ging der Gedanke?) (Und wie könntest Du etwas ändern?) (Wie kann jemand überhaupt bei jemandem etwas ändern oder in einer Situation? Alles übertriebene Selbstansichten, die Determinationen gehen viel tiefer als der Verstand wahrhaben will bis in spezielle einzelne Situationen zwischen Leuten. Daraus kann keiner. Also was heißt Dein hieroglyphischer Satz? Mir nicht verständlich.)

Vogelgeschekker: aus einem Baum./Sex: schreibst Du. Bei Burroughs gibt es eine treffende Formulierung, über das, was wir heute im Durchschnitt über Sex verstehen: nämlich, daß es oftmals nichts anderes ist als ein rohes Streicheln bloßgelegter Nerven – warum nicht dann einen Elektrisier-Apparat nehmen? Und den bloßgelegten Nerv streicheln? Das Bedürfnis aber geht viel weiter und ist viel intensiver als die Mechanik. Auch des Sexes. „Sex you say and now we have Sex but where are we?" las ich einmal bei dem guten englischen Novellisten William Golding./Mechanik, Technik, die sich in das grundgelegte Bedürfnis nach Entspannung eingeschlichen hat – so heißt es heute auch immer nur „ficken". Dabei heißt ficken mittelalterlich: die reibende Tätigkeit – und wie das Mittelalter ausgesehen hat, da hätte ich nicht gern leben mögen.)

„Ich streichel nicht gern die rohen bloßgelegten Nerven einer Kuh": – das bezeichnet meine generelle Einstellung, und ich vermag immer noch über die Kleidungskulisse, hochgekrempelte Cordhose, die langen Stiefel sehen lassen, zeigen, durchsichtiges Hemd, ohne BH, einen Seidenschal um den schmalen Boutiquen-Körper geschlungen, spitze Knie, alles von Schwulen-Ästhetik verseucht, von Schwulen-Geschmack zerrüttet, von Wirtschaftswunder-Westdeutschland verrottet, lange Haare, rippiger Körper, kein Arsch, keine Titten, diese ganze Zerstückelung, die ich vor mir habe, wenn ich ein westdeutsches Mädchen oder eine westdeutsche Frau sehe, ich vermag immer noch über diesen Klamottenanzug hindurchzusehen und schaue auch kalt hindurch, und was kommt denn heraus, wenn man durch Nicht-Beachtung des Aufzugs so einer Nuß sie entkleidet? Fotokörper? Nichts Griffiges, nicht einmal ein Schnurren, nur Ansprüche – ich habe es oft genug erlebt. Auch das widert mich nur noch an. Ich kann es bei keiner Frau, keinem Mädchen mehr ertragen. Es wäre besser, sie gingen gewöhnlich, es wäre besser, sie würfen die ganze Schrott-Ausstattung weg. Es wäre besser, sie seien wie sie sind, und nicht dieser Schnittmusterbogen. (Begreift z. B. so etwas Linda? Begreift sie es wirklich? Oft denke ich, sie sagt ja, aber begriffen, das ist etwas ganz anderes.)

Weißt Du was, Henning, diese Klamotten-Nüsse können mir gestohlen bleiben und je weniger ich davon sehe, desto ruhiger bin ich, denn ich bin deswegen ruhig, weil ich nicht den Putz zu sehen brauche, die Kulisse, die man mir anstelle von Energie und Vitalität anbietet.

So schaue ich von hier, abseits, auch auf die Kulisse in Köln: wieviele Mißverständnisse hat es in Situationen dort gegeben, die mich betreffen, als ich dort war? Wieviele falsche Ansichten, wieviele unnütze Reden abends, in den Runden dort? Ich muß lachen, wenn ich daran denke – der Schwulen-Hokuspokus, der Pop-Hokuspokus (ich stellte mir darunter etwas sehr anderes vor als wie es sich gezeigt hat in den Auswirkungen, das betrifft auch meine Publikationen zu der Zeit – es hat mich ungeheuer erschreckt, als ich sah, welche Typen meine Bücher unterm Arm hatten oder bei sich liegen hatten – jetzt, da ich es sagen kann, ist es mir gleichgültig – damals wollte ich etwas damit, doch nicht den Abfall erreichen, die halben verstümmelten unfähigen Kerle, die sich modern gaben, – bedenke das auch, wenn Du etwas an den Sachen schön findest –)

Klaus, Rygulla, Peter Meyer, der fiese Eric, Ramona, Falko, Monika, Linda, John, der Schauspieler Fuchs, der Fixer Karp, der sich immerzu Talkum ins Haar streute, Gespenster des SDS, X-Screen, Musik, Underground, Exit, Kunst: was für Mißverständnisse, die meine Person betrafen in den jeweiligen Zusammenhängen (schlechte Kopien von Abendessen alla Familie, bürgerliche kleinkarierte Horrortrips) – sehr lange alles her.

Seit Tagen schmort ein brenzliges Herbstliches Blätterfeuer auf dem Grundstück hier und füllt die Luft mit dem rauchigen Geruch verbrannter Strünke, Blätter, Zweige./„Worüber schreiben Sie?" fragte mich auf einer Party hier ein englischer Maler, auf englisch, und ich antwortete: „About People in Germany who live within an dead european aerea."/

((Manchmal muß ich mir sagen, ich bin wohl mit den für mich falschen Leuten zusammengekommen, wo sind die für mich richtigen? Dann lieber allein bleiben.))/Es gibt soviel wie nie zuvor, was man an aufregendem Wissen heute kennenlernen kann. (Gegen die professorale Würde und die engmaschigen Tagesideologien.)

Der Abend, den Du vom vergangenen Sommer erwähnst, mit dem Fahrrad, nachts, und ein gelber Mond schob sich über dem Tiergehege seitwärts, langsam, während wir dort standen und redeten und tranken und Du von Deiner Vision eines imaginären Amerika, USA, erzähltest, bis morgens halb 4, ist ein angenehmer Augenblick, auch für mich. (Es gibt auch andere angenehme Augenblicke aus der Zeit vorher – doch das meiste war Schrott, für jemanden wenigstens, der herumsucht und etwas mehr vom Dasein hält als es die Zeit will.)

Überlege ich, wer etwas an Produktivität zeigte, wer denn? Das Überwiegende war Gerede, Gefasel, niemand schrieb ein Buch, niemand malte ein Bild, niemand machte einen Film, jeder scheute sich vor der Mühsal, es ist ja auch so leicht, von angenehmen Frühstücken zu denken.

Und dann, was ich gelegentlich bei Dir, Euch sah: welche dürren, nichtssagenden Gespenster, ein armer schwuler Junge, immer auf Reisen, ein bürgerlich-konservativer kleiner Filmstudierender mit Flugschein für Tunis von Neckermann, ein Panzergrenadier aus einer reichen Familie mit VW und Ferien in den Bergen, – was für ein Wachsfigurenkabinett, und zwar deswegen Wachsfigurenkabinett, weil sie bis in Einzelheiten ihres Verhaltens, in kleinste geringste Details bereits erloschen waren, was ihre eigene Ausprägung ihren Anspruch auf sich selbst betraf – bin ich denn in ein Kuriositätenkabinett gelangt? Was kann überhaupt daraus Wichtiges, Ernstzunehmendes kommen?/Gottseidank, hab ichs immer nur gesehen.

So zieht das in diesem Augenblick, da ich es aufschreibe vorbei: es wird draußen dunkel, die Post hat bis 9 abends auf, so kriegst Du hoffentlich noch den Brief, ehe Ihr nach Hamburg reist. Ich kann Dir auch nichts Zwingendes sagen, abgezogen von einer handfesten nützlichen Ideologie, die für cleveren Gebrauch zu benützen wäre – ich habe nur Eindrücke, manchmal zerfallen sie, manchmal ergeben sie Zusammenhänge, die sinnvoll sind, öfter stehen sie nebeneinander, noch öfter haben sie mit mir selbst bezogen auf Vergangenheit nichts zu tun.

Weißt Du, mir sind die Ansprüche über, die ich immer als von außen gesteuert erkennen kann – der eigene Anspruch, er betrifft eine einzelne Person, und er ist meist sehr verschwiegen.

Du streifst durch Köln, tags und nachts, die alte schwarz-weiße Show, Dunkelheit, gefleckt mit Neonlichtern, und Helligkeit voll grauen toten Neons, – Dein Bericht war konkret, realistisch, und vielen Dank dafür. (Ich hab mich, wie gesagt, an manchen Stellen sehr amüsiert – ich lag im Liegestuhl, kein Mensch zu sehen, außer der dösenden Katze in der Sonne mitten in Pflanzen, und Fliegen, die herumzuckten, ich habe gelegentlich laut lachen müssen) – jetzt frage ich mich, während die Blätter verstreut auf dem Tisch liegen: worauf kommt es denn an? – Fotografien von ländlichen Anwesen klebtest Du mir auf, dazwischen aus dem Zeit-Magazin Ansichten von Hamburg (ich ging durch diese Kulisse im letzten Frühjahr), Du hast Dich ausgedrückt, wie es Deine Art zu sein scheint – ein gutes Wort, das ich verwenden werde, war: der letzte Fickhafen – was sagt das über den elenden Zustand aus!: e-lend heißt ursprünglich: im Ausland – ex lande, Du kennst das aus alten Volksliedern und ihrer Interpretation während des Musikunterrichts. Gilt es immer noch bis heute? Offensichtlich, jetzt aber nur in psychischer Dimension./Ich fühle mich allerdings nicht im Ausland, nirgendwo, selbst auf den Neu-Hebriden nicht, was nicht heißt, ich würde mich nicht fremd empfinden – ich fühle mich fremd innerhalb eines reduzierten Universums, das durch den Vorrang von Technik reduziert ist auf Entweder-Oder, Ja-Nein, die alte aristotelische Masche, nämlich die Formel des Aristoteles: A ist nicht Non-A./(Das ist zu wenig abstrahiert! Das ist nur Zwei-Dimensional abstrahiert, begreifst Du?)/(Es hat mit lebendigen Vorgängen nichts zu tun, aber es hat mit unserem verbalen Ausdruck zu tun, so habe ich immer empfunden, daß anderer Ausdruck, wortloser Ausdruck, oft überlegen ist: Musik z. B. oder Bilder, aber Vorsicht!: da beginnen wieder alte mythische Vorstellungen und Motive sich auszudrücken (sie hast Du mit Deinem einen Bild vom Hemd, mit Deinem einen Bild vom Fenster, mit Deinem einen Bild vom Hotel, mit Deinem einen Bild vom Mann plus Hosenschlitz, mit Deinem einen Bild der Schuhe, und vielleicht mit Deinem einen Bild von einer blei-grau-weiß-schwarzen Wolken-Mond-Landschaft nichts zu tun.)/ (Also begreife gefälligst Deine Motive und Themen!) (Oder schlampe ab, aber wirklich!)/: na, dann weiter.))

So zerfällt noch einmal vor meinem inneren Auge das Gesamtpanorama: (die kurze letzte Zeit, zwei oder drei Jahre, die ich in diesem Augenblick übersehe und überfliege: auch viele Ruinen sehe ich.)//

Ich bin für das Nicht-A. (Ich bin gegen das A, das feststeht sowie ich gegen das Konträre des definierten A bin!): Was das konkret heißt?: ich sehe mich um, was ist da und wie ist es da? Und dann, über alle Fetzen hinaus sehe ich, es ist doch recht armselig – aber ich weiß auch, daß es nichts nutzt darauf hinzuweisen. (Der Zwang der Konstitution: man kann dagegen nur träumen oder Zeit verstreichen lassen, die Zeit entwickelt oder sie tötet, aber verändern tut sie bisher nichts!)

„Tut, tut!": (wer tun ohne zu gebraucht, nein das ist falsch, diese Regel, wer um ohne zu gebraucht: ich hasse ein Leben, das nach kausalen Verknüpfungen, den Verknüpfungen des Um-Zu vonstatten geht: schmierige gedankliche Nützlichkeit – doch das Gegenteil ist nicht Schlamperei, es ist bemühte Aufmerksamkeit – ich könnte Dir keine Zeile schreiben, hier, von dem, wenn ich mich nicht darum bemüht hätte, es so wenigstens vage zu erblicken. Zufallen „tut" mir nichts.)/Aber Henning, sumpfe nicht länger in diesen Abstraktionen herum, es sind Beschäftigungen mit Wörtern – beschäftigst Du Dich mit Wörtern? An Wörtern, Begriffen, verreckt jeder nur.

Draußen Katzenschreie: ich sah vor einigen Tagen eine blutige Katze, sie hatte die Flanken aufgerissen, sie saß in der Sonne, das Fell war von rotschwarzem Blut verkrustet, und sie versuchte immer wieder den nassen Augenfleck mit den Krallen abzukratzen, denn ihr Auge hing an einem langen Sehnenfaden aus der roten blutigen Höhle heraus. Sie lag in der Sonne außerhalb des Villa Massimo Bereiches.

Ich will und möchte Dich nicht bestätigen, es liegt mir ungeheuer fern, das zu tun, es wäre auch falsch, es wäre verlogen, wie kann jemand jemanden bestätigen? Und doch! Und nicht! (Erinnerst Du Dich des alten Hamburger Liedes: komm tau tu mie, gau weg von mie?)/„Volkskunde!": als läse man Toiletteninschriften. (Darüber, jenseits, bleiben die Bedürfnisse bestehen, immer weiter. –)

Auch ein Hund bellt, wie immer, gegen Abend, aus einem Grundstück. (Das Bellen klingt für mich schwarz: ist das eine Assoziation mit der angebrochenen Dunkelheit? Aber, überlege ich genau, klingt für mich jedes Hundebellen schwarz, dunkel./Ich bekam einmal fürchterlich Angst vor dem schwarzen Hundegebell in Frankreich 1958, als ich in einen Schuppen geklettert war und das schwarze Gebell fing an, ich konnte kein Wort französisch, ich kletterte wieder heraus und wickelte mich dürftig in Zeug ein und rollte mich in einen staubigen Straßengraben, tatsächlich, es war ein Graben, und ich lag gekrümmt an der leicht ansteigenden Böschung jenseits der schmalen Vertiefung neben der Autostraße.) (: Gerade war ich von der Schule verwiesen worden, ich habe niemals Griechisch erlernen können, ich habe mich innerlich total und absolut geweigert, und bin fürchterlich durch einen Text des Abendlandes gestolpert, der vom Zug der 10 Tausend zurück nach Griechenland handelte – „thallassa, thallassa" – draußen durchdringende Katzenschreie.))/: immer noch ist der 12. Dezember 1972, ein langer Tag – schwarz und weiß, er wird niemals wiederkommen (vor einem Jahr genau, am 12. Dez. – es war ein Sonntag, es war der 3. Advent – was'n Quatsch: wer wird denn noch erwartet? Warten auf Godot? Ist nicht für mich! – wachte ich morgens um 8 Uhr auf, heute gegen 11 Uhr – der Wecker hat heute gerappelt, ich las bis gegen 4 Uhr morgens gestern abend – Häher tschekkerten auf einem Spaziergang, wir fuhren abends ab, weil Linda eine ihrer bekannten psychischen Störungen hatte – sie war krank, sie hatte mit Dir telefoniert, Du wolltest weg, heim, zu der Linda, sehr verständlich, aber der Grund? Das von ihr angegebene Motiv? Alles Quatsch, alles verworren, alles verborgen, und was davon zu verstehen ist für einen Außenstehenden ist die westdeutsche Öde – die Verödung der Psyche, des unsichtbaren Körpers, die inzwischen längst konventionell geworden ist – und es erfüllt mich mit Wut, wenn ich mir klarmache, daß gemeinnützige Anstalten wie Krankenhäuser und Ärzte deswegen so schlecht behandeln, weil sie von Scharen sinnlos psychischer Kranker belagert werden und gefüllt werden während die realen, tatsächlichen Gebrechen darunter zurückstehen weil kein Raum, kein Platz vorhanden ist – also geht mir bloß weg mit irgendwelchen sinnlosen, überflüssigen Psychischen Dreh-Mist-Krankheiten: soll ich eine schwache, weinerliche Körpermaschine anerkennen? Also, nee, sowas nicht, nicht bei der Voraussetzung, die heißt: Leben ist prima, solange ich so und so aussehe – Mensch leck mich alle mit dem Dreck – also keinerlei Sentimentalität, Henning, was Longkamp anbetrifft: ich fuhr zurück, denn ich wußte nicht, wie ich das Zeug hätte zurückschaffen können – ich bin sehr ungeschickt in den Dingen – so schlugen wir am 12. Dez. 71 noch mittags 2 Tannen – und sammelten dicke Moospolster – und der Linda ermangelte es eigentlich an nichts, das muß sie mal einsehen um so'ne Show zu machen – da war ihre Mutter, da war sogar Maleen mit dem Essen kochen und rüberbringen, vielleicht war sie nur läufig und brauchte einen Fick verpaßt – keineswegs ist das hart ausgedrückt, an dieser Stelle, es ist so (mag sein) wie es ist – „Bloß keine Angst, sagt August", Knut Hamsun. – Aber Sentimental? Aber Verständnis für den privaten Muff? Der sich aufwirft als Weltenrotz, der wichtig genommen werden möchte? Der Aufmerksamkeit verlangt? Von mir?? Aber so nicht!!!/Kratzen an dem Fliegengitter draußen: ich stehe auf, öffne die

Tür, da streicht belanglos das Tier herein, kümmert sich nicht, streicht zu dem Sessel neben der Heizung, legt sich hin, das war's. (Eine Unterbrechung.)/Mies ist die kleinkarierte Bürgerlichkeit, die Konvention: ich mag sie nicht. Ich habe sie nie gemocht. Ich habe immer nur darunter gelitten. Das, was sich in der Breite als menschliches Gebarme anbietet, widert und ekelt mich an wie ein langgewachsener Fingernagel am kleinen Finger, mit dem man im Gebiß öffentlich rumpopelt oder sich am Sack kratzt. (Und ich kann nur darauf hinweisen, daß es damals so war? Ist etwa Linda gestorben? Daran? Woran?) Scheiß mit den verkrüppelten Großstadtpflanzen. (Auch den menschlichen Vegetationen der Nerven.)

(Es ist meine grundlegende Einsicht, die ich mir selber anerzogen habe die so redet.)

Gleich kehre ich zu dem Topf auf dem Elektroherd zurück: eine Dose Erbsen, eine Dose, kleine Dose Bohnen, viel Zwiebeln, dazu vorher gebratenes Hackfleisch (fade), das ich dazu gab, für 2 Tage zu essen. (Dazu salzloses Weißbrot.)

Halb 7 abends ist es über dem Schreiben dieser Gedanken und Klarstellungen meinerseits und dem Gespräch über die Schreibmaschine mit Dir geworden, Dunkelheit, wie immer, jetzt folgt der schwarze Teil des Schwarz-Weißen Filmes, draußen ein verwaschener Halbmond, ich habe das Fenster des Schlafraums soeben geschlossen, so ist es dort für das nachherige Schlafen kühl, Zigarettenasche ist im Umkreis des Aschenbechers verstreut (öde), ich habe einige Schlucke weißen Weins genommen (: Bier macht ungeheuer dumpf, es ist tatsächlich so, es ist ein schweres Rauschmittel, und Wein dagegen leichter: alles das sagt doch etwas, diese Mittel, über den Zustand des Universums, in dem wir durch unsere Körper zu leben gezwungen sind! Nur die Idioten des Bewußtseins und der Kultur verstehen das nicht – so bin ich auch der festen Überzeugung, daß z. B. Wondr. soweit ich sein Verhalten in der Berauschung erkannt habe, bloß spielt – es ist eine Konvention!)

Heute, bis jetzt, habe ich noch kein Wort laut gesprochen: so vermisse ich auch nicht TV (ich hab es mir angewöhnt) oder Zeitungen (ich habe nicht das Gefühl, etwas für mich Zwingendes verpaßt zu haben) und ich vermisse kein Kino (aber ich vermisse die tägliche Lektüre, ich hole sie nachher nach).

Ich sah mir die von Dir aufgeklebten Bilder an: deutsche Dorfstraßen, wohlanständig, geordnet, in jenem sterilen Empfinden, das als deutsch gilt. Ich sah die ländliche Öde daraus hervorbrechen (die in keiner Weise der Großstädtischen Öde unterlegen ist) ich blickte von den Tasten der Schreibmaschine auf und dachte ab und zu gar nichts. (Der innere Muskel entspannte sich). „Tag für Tag: der gute Tag." Erinnerst Du Dich der gelesenen japanischen Aussprüche in der dunklen Kammer der Mühle?/(Du wirst das wohl kaum noch einmal erleben.)/:draußen stand der Volvo, der Gestank verlor sich in den vielen Pflanzen und Bäumen und Blättern ringsum. Du hattest Deine Dir gehörigen Probleme, und ich hatte meine mir gehörigen Probleme – verschieden innerhalb derselben Zeit, und verschieden dadurch, daß verschiedene, unterschiedliche Wertkoordinatensysteme bestehen (das ist gut so!) – Also geh weiter und hab keine Angst vor dem, was Du gesehen hast und erfahren hast. (Egal wieviel das ist und wie wenig das ist, es sind Deine Dir gehörigen Sachen.)

„Die enorme Dummheit": worauf begründet sie sich? Im Allgemeinen?: Daß die Menschen nämlich wirklich unterschiedlich sind! (Das ist diesmal kein Wert, eine Tasse kann nur soviel fassen, wie sie fassen kann.)/(Wer aber mehr fassen kann, hat die Verpflichtung, es auszudrücken!)

Ich bin wohl, das merke ich gerade, sehr moralisch (trotz aller Verluderung, auf die ich mich eingelassen habe – hoffentlich ist sie mir nicht entglitten, ich glaube, nein, sie ist mir bisher noch nicht entglitten – also war das Dunkle, Unnennbare, bisher noch nicht so stark, sage ich mir im selben Moment – es hat, dieses Namenlose, Dunkle, Geheimnisvolle, Wortlose, auch das Abfällige, nämlich: nicht mehr Meßbare bisher noch keine so faszinierende Wirkung gehabt auf mich, was also das Dunkle eigentlich disqualifiziert).

/:es hat immer auf mich eine starke Wirkung und Faszination ausgeübt gegenüber dem meßbaren Wert der Welt und des Weltausschnitts, in dem ich geboren worden bin (vorher war ich nicht da und nachher werde ich auch nicht da sein) und durch den ich gehe (jetzt und jetzt und jetzt)//: die Abirrungen, die Seitenwege, die Umwege. Die Hauptstraße, auch der Gedanken, ist aus 6 spurigem Asphalt.

Ich denke immer, oft: man muß die ganzen Klamotten, die einem die Zeit, die Gegenwart anbietet, diese vergammelten Rituale, wegwerfen, von sich weisen, das ist ein schwerer Weg. Am Ende ist bestimmt Ruhe. (Ich bin gewiß sehr deutsch, indem ich so denke, und ich finde es sehr befriedigend, das zu sein.)

Also: rutscht mir den Buckel (ich hab keinen) runter mit der Gegenwart, rutscht mir den Rücken runter mit der Aktualität, rutscht mir den Buckel runter mit den Ansprüchen, rutscht mir den Buckel runter mit den Ritualen und auf gestellten Ordnungen, ich brauch ein anständiges Farbband, das nicht klemmt ich brauch auch eine anständige Schreibmaschine, die nicht streikt, (hier streikt zu jeder beliebigen Zeit in Italien alles) ich werde es mir und ich will es mir auch beschaffen. (Oben IBM und unten läuft die Pisse raus?: Das ist das zeitgenössische Bewußtsein, an dem bis in die Sinnlichkeit, den Sex und die Ausübung der Sexualität beinahe jeder teil hat.)

Mach's gut. Sei guter Dinge (ein wirklich guter Wunsch an jemanden) mach Deine Sachen wirklich und genau gegen alles und gegen jeden, mißtraue diesem Brief, mißtraue Dir selber was Deine Motive anbelangt, schau sie Dir mal an, diese Motive, und sortiere sie Dir mal aus – trenne Dich mal vom Trend der Zeit – so, und jetzt koche ich mir den Topf auf. Danach geh ich zur Post.

Rom, Dienstag, den 19. Dez. 72, Liebe Maleen; heute morgen erhielt ich Dein Luftpostpaket; (was mich beschämt hat, denn ich habe Euch, Dir + Robert, nichts geschickt, also dann muß ich mich anstrengen, im Januar), aber ich habe mich auch gefreut, und diese Freude war mir angenehm, sie hat mir wohlgetan – und dafür vielen Dank. Auch an Robert für das Blätterbild. Ich war erstaunt, ich habe gar nichts zu mir gesagt. Es war tatsächlich aus einer viel liebenswürdigeren & lebendigen Welt als die Gespensterwelt, mit der ich mich hier wohl herumschlage in meinen 4 Wänden. – Und der „Oude Jenever", 38 %, hat lange Erinnerungsfluchten und Spiegelkabinette in mir hervorgerufen – die Tischdecken in Amsterdam 1963, „Broodje von Kootje", die Pension am Kanal – Schwangerschaft, Dein angenehmer weicher Leib nackt unter Decken zum Anfassen & Streicheln & schlafen (in einer kalten, nassen Pension/) oder zuletzt auf Texel, der 1. Abend, als wir durch die Dunkelheit gingen u. später in dem Bumms landeten u. dem Song „Maidje mit rode Haare" – ich hätte mit Dir auf dem Weg sofort es tun sollen/– ich habe mir soeben Knorr-Risotto alla Contachina, 15 Min.-Reis gemacht, die Steinflasche entkorkt, mir 1 Schluck ins Glas dazu gegeben und daneben, auf der anderen Seite, Jahnn, Epilog aufgeschlagen und auf die 1. Seite geschaut: „Der Pferdehändler hatte die Haustür unsanft zugeschlagen. Ein paar Sekunden lang wartete er, auf den braunen Kalksteinfliesen des äußeren Treppenabsatzes stehend, ob dieser Ausschlag →

(19. 12. 72/2) seiner Heftigkeit eine Wirkung im Hause hervorrufen würde. Es blieb hinter der Tür still. Er schaute jetzt den Himmel an, von dessen grauem Gewölbe einzelne leichte Schneeflocken herabfielen." So fängt es an./Ich nahm einen Schluck Genever, der mir den Magen runterbrannte, ein weicher angenehmer, süßlich-brenzliger Geschmack. Draußen hat der Mittagsverkehr angefangen, kurz nach 3 Uhr, und drang herein in die Küche, Autohupen, rotierende Wagen, von überall her Wagensignale – und dazu auf dem grünen Fliegendraht schwache Schatten von Ästen und Blättern – davon würde ich Dir jetzt gern einige Augenblicke (Augen + Blicke) schicken – der Genever beginnt seine Wirkung in mir, nach 2 Schlucken – Dank für das Interview von Burroughs, Dank für die 2 Süßigkeitsschachteln – Dank für die Bücher & die Post (war nichts), beim Anblick des Express wurde mir flau und übel,

plötzlich stand Köln als Ort in der ganzen Häßlichkeit wieder da als eine trübe Atmosphäre: sowas widerliches an öffentl. Ausdruck, so was Stinkendes, Häßliches, ranziges, in miese Geilheit übergegangenes Leben, geile Öffentlichkeit, ranzig und krankmachend (schnell stopfte ich sie in den Papierkorb)/Heute vormittag erledigte ich über die Direktion der Villa nochmals die Geldfrage für Euch, die Nachzahlung ist sicher, ebenfalls 200 Miete für Januar + 250 für Dich + 62.50 für Robert gehen auf das Stadtsparkassenkonto. – Lasse jetzt den Tag verstreichen, Lektüre, Notizen, das

(19. 12. 72/3) → das ist die Arbeit, wohin sie läuft? Ich liege mit mir selber noch arg im Kampf – wogegen kämpfe ich? Irgendwelche vagen, vorüberhuschenden Bilder Schreckvorstellungen, Einschüchterungen, halbe Sätze aus längst zurückliegenden Situationen, losgelöst von den vergangenen Situationen mischen sich zu einem Karussell von Drohungen, Einschüchterungen, imaginären Grusel-Szenen/ich habe jäh wieder gewußt, bei unserem vorletzten Telefongespräch, als Du sagtest, ich solle diese Sätze nicht sagen, und Du meintest die negativen Programmierungen, die einen dann, sobald man allein ist und herausgefallen aus der Arbeit, im Kopf herumspuken wie 1 schlechtes Grinsen, wie elend und mies sowas ist, wie erledigend – Du hast Recht, ich spüre und erfahre das ja selber

hier abends, was für eine rasende Geisterbahn und welche Flitzefilme das auslösen kann, und ich lasse so etwas an mir selber, an anderen – es ist viel bösartiger als viehisch. Kein Wort also, Maleen, ist so wahr wie es zurückkommt in die Stille! Denk dran, in jeder Situation, wo Dir sich das wiederholen sollte./(Ich meine das ernst und wirklich hier.)/[Dies ist die letzte der eigen gemachten Karten. Gefällt sie Dir? Die Frau hockt sogar dort schön stark u. sinnlich. Würde Dich gern so anschauen! Und soll ich mich ausziehen? Wie in der Küche eines Nachts? Seltsame Situation.] [:nicht unangenehm, war wohl ungeschickt, was?] Ab 4 nachmittags mit schnell wegsakkender Sonne wird es verdammt kalt hier./Burroughs-Interview stachelte mich wieder unverhältnismäßig auf, reizt mich, und

(19. 12. 72/4.) → ich werde zuerst immer überwältigt durch etwas, was mir gefällt, ich verliere meinen eigenen Kopf, meine eigene Variante und meine eigenen Erfahrungen (an die mir heranzukommen bis jetzt, heute, furchtbar schwerfällt – ich zögere – vor mir selber – noch 1x durch die Gespensterzeiten und Orte gehen, und wie steht man selber da? Hereingelegt durch alle möglichen Wörter, Begriffe, Bilder, Vorstellungen, Werte – hereingelegt durch diese Schrott-Zivilisation, die gaukelnde Bilder produziert, die sich mit uralten Verhaltensmustern verbinden – zuerst zum gegenseitigen Nutzen Körper, Geist, Gegenwart, Unzeit – alles das ist ja in jedem auf eine Weise verflochten – und dann Parasitentum) – also, ich bin sehr korrumpierbar, verdammt noch mal – soll ich das jetzt leugnen, bekämpfen, verdrängen – jedenfalls im Kopf korrumpierbar, und über den Kopf dann ins Verhalten hinein – so geht's mir oft bei etwas, was mir einleuchtet. Darüber hinaus ist noch etwas da, das bin ich, schwerfällig zu erreichen./Reis, Genever, Zigaretten am Nachmittag, Postkarten an Dich – manchmal sehe ich Dich gar nicht (Du hast ähnliches von Dir aus gesagt) ich mag Dich, aber ich habe kein Gefühl von Dir, als sei ich blind oder taste mich durch 1 Dunst von allem möglichen, an einer Menge, Unmenge an Einzelheiten von Dir entlang, überwiegend interessante, reizvolle, fremde, auch vertraute, zarte Eindrücke, man ist, ich bin, zu sehr in mir selber befangen und meiner Annahme zu Dir anstatt mit Dir – Leben ist schwierig und kompliziert. Ich mag Dich. Rolf

Ich ging hier durch die Straßen abends, die Straßenlampen hängen niedrig, so daß die Häuserblöcke als permanenter dumpfer Schatten auf die Empfindung drücken beim Gehen (:aber Dein Auge des Entdeckers nahm das alles als gewöhnlich hin, das Auge des Entdeckers ging neben mir – na, es hatte mir nicht viel zu entdecken!): und ich dachte: nachdem ich also die vielen Elogen auf die Restaurants hier in Rom gehört hatte, (:für meinen Geschmack, ist sogar die Einstellung zum Essen pervertiert – sie sind das alles gar nicht gewohnt – ich kann da nur sagen, daß ich raffiniertere Genüsse des Essens gewohnt bin – sensible Geschmäcker, und nicht ein blödes hirnsumpfiges Entzücken vor Ossobuco plus Vino bianco, ach, die Demokratie in den Köpfen der Intellektuellen versaut die Gegend noch einmal!) – ich dachte: nach der jahrhundertelang betriebenen Entleerungen aller Inhalte kommt jetzt in rascher Folge als dialektisch-kausale Entwicklung die flotte Entleerung jeglicher Form! Gut so, dachte ich, so steht jeder, der sich ausdrücken will, vor der zwingenden Notwendigkeit, seine eigenen Formen und Inhalte zu bringen. (Daraufhin sehe ich mir wohl sehr exakt die einzelnen Menschen an!

Und du kannst Dir nicht vorstellen, wie ich in der Villa Massimo, in Rom, bin?: Ich habe noch nie das südliche Licht gesehen, die verschiedenen Himmelsschübe, rotbeleuchtete fliegende einzelne Wolken hinter abgeschabten gelben Häusern hochziehend, gegen 4 Uhr nachmittags, im November, und aus dem schmierigen verstaubten Bus in die Stadt zum Bahnhof, um dort eine Einzahlung nach Köln zu meiner Frau zu machen, die dort studiert, egal was rauskommt und egal was sich für mich daraus entwickelt, denn die Situation dort war finanziell wie ein Rasiermesser für jeden auf seine Art, für uns dort plus dem am Gehirn von einer demokratisch-versumpften Schlampe als Arzthelferin verstümmelten Kind Robert (aber Du würdest es nicht merken, wenn Du ihn ansiehst, denn er ist schön, ganz nach dem angenehmen ästhetischen Empfinden, das man in sich hat). (Riesige Kapitel eines Hasses auf die Gegenwärtige Welt, riesige Kapitel gegen die Humanität, und riesige Kapitel gegen die Verwertungssucht, lieber Piwitt!) – also ein rosafarbener Himmel ganz hoch über den gelb-kotigen Häusern, ich hatte so etwas noch nie gesehen, und ich hatte davon so oft gehört – das ist ein Teil meines bisherigen Aufenthalts in der Villa Massimo, – was kümmert mich die offizielle Verpflichtung?

((:Obgleich ich lieber mit demselben Geld in einer kleinen Wohnung im Hümmling sitzen würde, und das wäre effektiver! – Doch so füge ich meinem Material von Städten, die ich bislang aufmerksam ansah, etwas hinzu! – Benutze die Deutsche Bibliothek, um einige ältere Sachen nachzulesen, die per Fernleihe bestellt werden – na, und Rom ist eine Weltstadt des Abendlandes, ich mache mir Notizen.))

Gerade sehe ich eine Mausleiche auf den roten Fliesen:

ausgelöschtes Leben, das weiche Fell, über das rauschhaft-verzückt eine schwarzweiße Katze wirre, wahnsinnige Tänze macht (wie die Worttänzereien der Intellektuellen über einen erledigten Gegner, vor allem, wenn er nicht in ihr Konzept paßt) – die Katze prustet – einige feuchte Flecken auf den roten Fliesen von der toten Maus – die Katze streicht zuerst mit dem Kopf um die Beine und dann mit ihrem Geschlechtsteil (:ist das eine eingelagerte Wertscala? Ich weiß es nicht!) – Sprünge hinter dem Sessel, eine Art Totentanz!

Es gibt hier Himmelsfluchten, mit weißem Vollmond, den ich lange Zeit nicht mehr sah, Wolkengemuschel, in das hoch eine weiße Scheibe huscht, schwarze riesige Pflanzen, Bäume, am Eingang zur Villa zwei Kindersärge als Schmuck. (Hast Du es jemals bemerkt?).

Wo seid Ihr? Alle? Abwesend? Durch Wörter? Ja, eine Einsicht in Rauscherfahrung habt Ihr, Du nicht:denn sie sagt in der Tendenz keinesfalls die Vorherrschaft der Sprache über dem das Verhalten des Einzelnen (auch das ist ein gründlicher Einwand gegen O. Wiener! Und seine Sicht über Rauscherfahrung.), wie wohl jeder, der nicht einen Rausch bewußt erlebt hat (:Bewußtseinsräusche gegenüber Physiologischen Räuschen, ein Außer-Sich-Sein – die Katze, die über die tote Maus springt!) wie eine Marionette an den Wörtern zappelt – ist nicht meine Erfahrung – jeder intensive Rausch, jedes Außer-Sich(Ich)-Sein zielt über die verbale Stufe der Artikulation hinaus (was nicht identisch ist mit der Reduktion auf frühere Stadien!)

Wo bist Du?:das ist ein Gespenstergespräch, wie in der Romantik bei Tieck:der Teppich belebt sich, auf den man sieht, und die Schatten früh morgens wandern 4 Uhr mit Franz Sternbald mit:

„Wer ist der Dritte, der neben Dir hergeht?" (T. S. Elliott:Waste Land:Da haben Polarforscher immer wieder ihre Gruppe durchgezählt, und jedesmal hatten sie das Gefühl, sie zählten einen mit, der nicht da war – vergl. auch die Erfahrung in der amerikan. Sinnes-Entzugs-Kammer mit dem Erlebnis in dem weißen Kalten!)

Der Dritte?:Da ist Ich, da bist Du, da ist die Gesellschaft! (Nix, nix, nicht bei mir!)/ (Obwohl ich weiß, daß sich Viele immerzu dahin verfestigen!)

„Einen vor den Latz knallen?":gehe ich denn rückwärts? (Da haste Dich aber gründlich getäuscht.)

Worum gehts eigentlich? (. . .)

Worum dreht's sich denn jetzt?:„Denn ich kann zwar über die Außenwelt etwas über die Innenwelt erfahren, aber nicht umgekehrt." Schreibst Du, und bist Dir nicht einmal der Tautologie bewußt! (Das nenne ich Blindblöcke im Kopf!)/(:Auch gegenüber der täglichen Erfahrung, dem Austausch von innen nach außen und außen nach innen!)/

„Es dreht sich um Sich":na denn, weiter! (:aber „versilbern"?:Geld? Entropie! Auch schöne wüste Gegend, was, hä?)

„Rotzig!":das ist der richtige Ausdruck gegen die Solidität! (Die Mittelmäßigkeit!)

Um's klarzumachen:die Emanzipation der Frau, da müßte sie erstmal ihre Fohse begreifen. (Und „Staaten" sind für andere „Staaten" –:staaaten? starten? los? rennen? fahren? staaaten? – Fotzen, nicht?)

(Entweder leben wir in einer Welt von Menschen oder nicht!?)

„Wir, du, ich, sie, es": zum Teufel damit!

((Schwarze tiefe Schatten draußen, Nacht, ein Hund bellt, Dein Freund Born wohnt im prächtigsten Schriftsteller-Apartment, na dann, hühott! Dasselbe.

Plötzlich fügt sich das Muster wieder in einem Moment zusammen, nämlich als ich in einem Deiner Briefe, gemeint war wohl Herr Raddatz, den Du besprochen hast, Wilhelm Reich erwähntest. – Und plötzlich hatte ich auch wieder dasselbe Erlebnis, wie vor einigen Jahren:ich meine, die diffamierende Bemerkung über die Sexualität, wie ich sie oft bei Linken gehört hatte, während sie im gleichen Atemzug Wilhelm Reich nannten. – Ich hatte es Dir vorher, oben, im Brief als eine für mich total verwunderliche Erfahrung beschrieben – und jetzt muß ich sie auch auf Dich anwenden. Das ergibt im Moment, wo ich es begreife, auch ein Gefühl des Lachens über Deine Äußerung – es ist nicht das Verarschen, eine Vokabel auch gern von Weltreformatoren gebraucht, selbst Du gebrauchst es, „verarschen":ist das nicht den Arsch zeigen? Anstatt herzlich über einen Widersinn und Wirrsinn zu lachen? Da zeigen sie wie Primaten auf der Flucht ihre Ärsche in Form von einer Vocabel – da kann ich nur Kordtland recht geben (es ist das gleiche Verhalten, transponiert auf der Bewußtseinsebene! Ich meine:Sprecheebene!). Merkwürdig, wie man überhaupt eine Form der sexuellen Äußerung, egal welche, zum Zweck der Diffamierung in irgendeinem Zusammenhang gebrauchen kann! (Ich nehme an, Du wußtest gar nicht, was Du sagtest.) Offensichtlich, das muß ich Deiner Formulierung entnehmen, sowie ich es Deinem Hinweis in dem abgedruckten Brief entnehmen muß, wo Du Reich erwähnst, benutzt Du Leute, Namen einfach nur zu Deinem Konzept, ohne auf das, worum es ihnen ging, zu achten. Bei Reich, ich erinnere mich nicht wörtlich seines Konzeptes, doch das Bild, das ich hier wiedergebe, gebrauchte er: ging es darum, die Sexualität aus der schäbigen Hintertreppen-Atmosphäre an den Eingang zu schaffe, wo sie, dieser menschliche Ausdruck, dieser Ausdruck wirklich naiver Freude zu leben, mit einem anderen einzelnen umzugehen, eine körperliche Erleichterung und Befriedigung sich zu verschaffen, zunächst einmal frei ist von Scham, von Diffamierung, egal in welcher Beziehung. (Das hat ihm der Todessüchtige Österreicher Freud nie verziehen.) – Du magst Dir sagen, diese kleine Bemerkung bewerte ich über, dann antworte ich Dir kalt, Du nimmst Dich selbst nicht ernst, wie sollte ich es eigentlich.

Und das sollte ich, diese exakten Einzelheiten, die geäußert werden, nicht beziehen auf den breiten Hintergrund der Einstellung, links, sozialistisch, Marx? Das sollte ich nicht beziehen auf Dich mit dieser Theorie im Kopf?

Es ist nur eine Winzigkeit, ein kleines Moment: aber mir ist schon des öfteren aufgefallen, wie Du über Winzigkeiten, Einzelheiten mittels einer Theorie, einer alles auf einen Nenner bringenden Ideologie Dich hinwegsetzt – sollte ich da nicht glauben müssen, denken müssen, alles ist dieser Ideologie „wurscht"? Statt dessen eine Sentimentalität, Blumen und Bienen, Birds and Bees-Ideologie: the Birds do it, the Bees do ist, „sehen Sie sich", hat mir einmal jemand auf der Schule frech gesagt, „diese Blume an", und glaubte damit Vitalität, menschliche Vitalität erklären zu können!

Ja, bei Blumen, Knollen, Humus, Steckrüben, da halten sie sich auf, aber nicht beim Menschen, beim Einzelnen!

(Du kannst das Folgende ruhig als Teil einer Erzählung lesen!)

Was ist denn konkret los??: Ich habe manchmal, für blitzschnelle zuckende & sehr helle Momente begriffen, wie manchmal beim Lesen Deiner Briefe, nämlich körperlich, mit meinen Sinnen, sobald ich mir das Gesagte klar machte, oder sobald ich einfach nur einen Sprechenden sah, was das war, was sich als Weltreformator dort gab:

Doch während des Redens begriff ich, daß der sich mästete in Gedanken am Schmerz anderer, an einem Gedankenfett, daß seine Gedanken fetter und fetter wurden, je mehr Belege er häufte für den Unverstand und den Schmerz hier, in dieser Welt zu leben, und da war jemand, der redete im Namen von körperlichen Schmerzen, von unerträglichen Zuständen, von Eingeklemmtsein,

und ich sah ihn mir an, der da redete, was hatte er zu bieten? Wie sah er aus, der die Welt reformieren wollte? Da war eine triefige hängende Gestalt, eine verzerrte Eiferei, ein Wrack, das ganz von Wörtern und Begriffen innen in seinem Empfinden zerfressen war, und der pausenlos Wörter von sich gab,

da redete der im Namen von Tod, Schmerz, von Trauer, vom Zucken im Nacken, von trudelndem Kreislauf (hatte er abends vorher zu lange gesoffen?)

und ich habe immer in den Momenten nur die Schäbigkeit der Person begriffen, die so sorglos und sich mästend geredet hat.

Und dann dachte ich, wofür redet der eigentlich? Für wen? Für irgendwelche anonymen Massen. Und mir fielen nur Priester ein, profanisierte Priester, die wie Fetische statt einer

Hostie, Oblaten, den Begriff Ökonomie hochhielten. Ich habe oft den Eindruck gehabt von akutem Wahn!

Und noch einmal:wie sie sich in Gedanken gemästet haben am Unglück, und wie sie ihre einzige intellektuelle Berechtigung aus dem Unglück andrer bezogen haben! (Diese Frechheit setzte mich schon oft in Erstaunen!) Und was hatten sie als Paradies anzubieten? Rentenerhöhungen! (Da habe ich wieder die Schäbigkeit gespürt.)(Denn mir fiel die mit Eiter getränkte stinkende Watte ein, die um einen weggeschnittenen Körperteil gelegt war. Da redete er weiter von Ökonomie! Da war wieder das Wort Geld! Da war wieder Macht! Und da war wieder das parasitäre Verhalten!)

So einer wollte also die Welt verändern? Die Menschen? Die 1 Millionen Jahre Entwicklung? Den Druck unseres beschränkten Universums?

Ich erinnerte mich:da kam einer aus Berlin und wollte Geld für Schreibmaschinen für Nord-Vietnam – und ich hatte meine alte abklabusterte Maschine auf dem Tisch stehen, während der Oberbonze des literarischen Aufstandes eine IBM-leichte-fast-geräuschlose Maschine auf dem Tisch stehen hat, aber sein Name findet sich unter jedem Aufruf. Mir fiel auch ein, daß ich, um meine allererste Prosa überhaupt schreiben zu können, 1962, ich mir eine wackelige Maschine leihen mußte aus einem Schreibmaschinen-Verleih.

Ich erinnerte mich weiter:daß einer ungemein beschlagen, voll Zitate, die für Veränderung, Weltreformation, Revolution strotzten, bis in das letzte Detail logisch-kausal verbunden und mit rasanter Dialektik, die ungeheure Frechheit besessen hatte, angesichts eines am Gehirn durch irgendeine Schlamperei verletzten kleinen Kindes, zu sagen:es wäre doch gut, daß so einer nicht alles mitbekäme, was in der Welt passiere. (Er hat in einer gräßlichen Logik nur das vertreten, was überall läuft – Krankenhäuser vollgestopft mit blöden närrischen linken und rechten konservativen Durchschnittsbürgern, die an Neurosen leiden auf Grund ihres Wort-Wahns, während die konkret zu behandelnden Gebrechen keinen Platz haben.)

Ich erinnere mich:wie ein Schriftsteller seine grüne – nato-oliv-grüne – Regen-Sturm-Jacke anzog und auf einem öffentlichen Platz eine Rede hielt vor flammender Empörung, links, links, Sozialismus, und dann nach Hause gegangen ist, nach einem Bier mit Kumpels, und den Fetisch „Realität" weiter propagierte.

Ich erinnere mich:daß alles im Namen der Dialektik, der Weltrevolution, Marx, Veränderung, DDR, China, Südamerika, USA, im Namen unschuldiger Pflanzen, Birds and Bees, geschah.

Ich erinnere mich:an das Preisen hausmachener kleiner Stände, an die Wurstfinger der Schlachtersfrau, an die innere Gartenlaube, an Wörter, die sie nannten wie:solide, Natur, oder das Gegenteil:Civilisation, das Gebarme um eine werfende Katze (ich mag Katzen sehr!), aber den Sex verwarfen sie in einem Wahn, der doch zu dieser werfenden Katze geführt hatte.

Ich habe auch die Gier gesehen, mit der sie vom eigenen Elend und vom Elend anderer gesprochen haben.

(Diese Gier zuckte hinter ihren Visagen. Sie hat in den Wörtern und Argumenten gezuckt. Sie hat in ihrem schlaffen Gesicht gezuckt. Und sie hat in der totalen Verneinung von jeder Bewußtseinsfreude gezuckt!)

Es ist eine Gier gewesen, die ich in dem Moment begriff, nach mehr Elend, nach mehr Schmerzen, so erledigt sind sie von Schmerzen gewesen, und sie haben doch die ungeheure Frechheit besessen, von diesen Schmerzen zu reden, nach mehr zu verlangen, damit ihre Argumente besser würden. (Denn ihre Argumente waren ihr Job! Sie, die Argumente, die Gier nach Leiden, nach Todesmelodien, mehr desto besser, die sie vorbrachten, brachten ihnen ihren Lebensunterhalt ein!)

Ich sah – was heißt hier:sah? ich begriff mit meinen Sinnen, wie sie sich gar nicht genug im Selbstmitleid ergehen konnten, gekoppelt, verkuppelt mit dem Leiden, mit Schmerzen, mit körperlichen Verstümmelungen von Massen Einzelner, und sie haben nach mehr Massen verlangt! Sie haben die imaginären Massen heraufbeschworen wie bei einem indischen Seiltrick, und sie sind an diesen Massen hochgeklettert in einen Wahn-Bereich hinein.

Ich sah mir die Bier-Trinker an(ich selbst trinke gern hin und wieder Bier), Kneipen-Gewohnte, Boutiquen-Aufmachung, das Hemd an der Brust offen, es ließ ihren Körper sehen, der vor lauter Wörtern gar nicht mehr da war,

während sie von sozialem Wandel sprachen, von der Notwendigkeit eines sozialistischen Modells als Gegen-Modell zum Kapitalistischen,

sie haben mir eine Stadt vor Augen gezaubert, eine Stadt als sozialistisches Modell, und nicht einzelne Leute, eine Vielzahl einzelner Leute mit Raum um sich.

Sie haben die Plumpheit und den Wahnsinn besessen, die Freude am Lesen, an geistiger Entspannung, am Herausfinden, zerstören zu wollen.

Sie haben gesagt, ganz im Sinn einer Warenhaus-Kultur und eines Warenhaus-Empfindens, alles gehörte alle zwei Jahre zerschlagen.

Ich sah hin:ich hörte, wie sie, einzeln, an verschiedenen Orten und zu verschiedenen Gelegenheiten diesen Irren-Trick angewendet haben:es war die vermanschende, nichtssagende „Du-Kumpel-Art":und die ging so, anrempelnd, schließlich sitzen wir ja alle im gleichen Boot, was? Schließlich haben wir ja alle einen Daumen, was?:so sagten sie, „Du, hör mal, Dir geht's doch schlecht, was?" Pause, wobei dem anderen mannigfaltiges einfiel, bis er „ja" sagte, da sagten sie:„Überleg mal warum?" und dann zogen sie aus einem verschimmelten Zylinder-Hut den räudigen Wechselbalg der Ökonomie hervor, der Macht, der Gesellschaft.

Ich habe nie gesehen, daß sie etwas vom Wahnsinn körperlicher Schmerzen erfahren hatten. Von der Wut, die einem bei körperlichen Schmerzen befällt, von dem entsetzlichen Gefühl der Ohnmacht, das einem bei körperlichen Schmerzen in einem beschränkten Universum ankommt, von der Trauer, ganz einfach, von einer namenlosen Trauer. (Und dagegen stellten sie, immer wieder, alles einzelne, an verschiedenen Orten, zu verschiedenen Zeiten:eine solide Welt! Einen soliden Anzug!)

Und so wie sie nie Trauer, nie Körper reinbrachten, so brachten sie nie Freude hinein, Entspannung. (Dabei sind es 36jährige, wie es 21jährige sind! Zum ekeln.)

Über welche Erfahrungen verfügten sie? Haben sie einmal auch nur auf einen wegfaulenden Leib gesehen, noch während er lebte? Haben sie niemals geweint, weil eine Zeile, ein Gedanke, ein Musikstück, eine Einsicht sie bis ins Innere traf und sie hat alle Wörter, alle Begriffe vergessen lassen?

Sie reduzierten auf Ökonomie, auf Gesellschaft, als sei das menschliche Leben, das Anteil hat an Leben überhaupt und in demselben Unviversum lebt, wie anderes Leben, sie reduzierten Lebendigkeit auf eine Struktur – links wie rechts und die abwiegelnde, je nach dem zu welcher Seite abwiegelnde Mitte.

Sie kotzten mich nur noch an. Es hat mich geekelt. Ich war beschämt vor soviel Ignoranz. Ich bedauerte, zugehört zu haben.

Sie, jeder einzelne von ihnen, ich merkte es an der Art, wie sie sprachen und wovon sie sprachen wie ich es an der Art ihrer körperlichen Erschlaffung merkte, daß sie niemals Ausschweifung gekannt hatten, keinen Grenzbereich aufgesucht hatten, Puritaner waren, blöde, verkommen von der Seite gegen die sie sich verbal stellten. (Und das machte sie mit jener Seite gleich.)

Ich begriff:daß sie von dem Lebendigen in ihnen abgeschnitten worden waren und nun mit Kulisseneinreißen dagegen anstürmten. (Da sind sie darauf verfallen, Schwertlilien zu preisen und Krokusse und hatten Heimweh, wonach eigentlich Heimweh? Eine Schwertlilie zu werden? Ein Baby-Gehirn in einem Erwachsenen-Körper? Aber auf Rimbaud schissen sie, als ob der eine Kloake sei.)

Ich begriff:sie hatten gegenüber einem amerikanischen Präsidenten, den sie ironisch zitierten, nichts Eigenes zu bieten. Nicht einmal ihren Körper. Nicht das geringste Gefühl. (So bot sich ihnen ein Präsident an.)

Ich begriff:sie wollten massakriert werden, sie amputierten ihre Gefühle fortwährend, sie amputierten ihr Bewußtsein, sie amputierten ihren Ausdruck, sie haben in die Sprache geschissen. (Und das boten sie, ihre eigene Scheiße, als Argument an für eine bessere Welt, für eine Entspannung.)

Ich begriff gut:(in Briefen, in Gesprächen, an verschiedenen Orten, in der BRD und in der DDR, dieser Brei von kaputtem Anspruch, zu verschiedenen Zeiten, ich begriff bei der Lektüre von Dialektikern und begriff auf Versammlungen, ich habe begriffen in einzelnen Publikationen, die sich Dichtkunstwerke nennen, denn mir war alles sehr neu und verwirrend und ich war neugierig, ich habe das ganze Show-Business der Gedanken noch nicht durchschaut gehabt, ich war unerfahren im Show-Business innerhalb einer zerfallenen Ruine des abendländischen Bewußtseins, und auch gleich dazu morgenländisches Bewußtsein und chinesisches und südamerikanisches und Dschungel-Show-Bewußtsein!)

Also:sie kannten keine Ausschweifungen, oder es hatte ihnen einzeln nichts gesagt, sie kannten statt dessen nur Besäufnisse, – sie kannten keine Sinnlichkeit – das Entzücken bloßer Haut, das Entzücken einer bloßgelegten Achselhöhle, aus dem dünnes Haar sprießt, und sie waren niemals betroffen gewesen durch die heftige Schönheit eines bloßen Knies und eines weichen Kniegelenks – sie kannten statt dessen blödes Schnell-Geficke in einem Hotel-Zimmer, „kau mir einen ab", sagte der Typ, wobei es ihm gar nicht darum ging, es ging um den Ausgleich von Niederlagen, aber nicht um das Empfinden einer weichen Mundöffnung, die sich um einen Penis schließt – ich habe den Tonfall beim Erzählen gehört, er brachte anschließend das Gespräch auf soziale Veränderungen.

Sie wollten das Entzücken ausrotten (es hat sich in ihren schriftlichen Äußerungen gar nicht mehr gezeigt, sie konnten nicht einmal mehr eine einfache Nacht mit Mond-Gewölke beschreiben!)

Sie konnten nicht einmal mehr sagen, was sie, so wie sie vor mir saßen, einzeln, zu verschiedenen Gelegenheiten und an verschiedenen Orten und als unterschiedliche Einzelne empfanden, gespürt hatten, was sie entdeckt hatten.(Aber sie haben alles verneint.)

Ich habe erlebt, wie sie im Namen der Aufklärung, des linken Bewußtseins, im Kino lärmten, ich habe erlebt, wie sie die Entspannung durch Bilder und Bücher mittels blinder Begriffe zu töten versuchten (und dann erzählte mir einer, er könne nicht mal eine Ameise zertreten.)

Ich habe erlebt, wie sie nichts anderes denken konnten als den Begriff:„Geld" und immerfort Informationen austauschten, wieviel sie verdienten und womit sie das verdient hatten: mit der Darstellung des Schmerzes anderer. (Diese Schmierer.)

Sie waren besessen vom Begriff „Geld". Mit diesem Begriff zerstörten sie die letzten Reste, natürlich im Namen eines imaginären größeren Genusses, den sie gar nicht einmal wirr andeuten konnten, eines Genusses.

Immer fiel ihnen als Einzelnem ein grober Begriff ein, der Gegenwart verödete.

Sie waren, jeder für sich, links, ein Ausrottungskommando. (Dabei machten sie dieselbe Cliquen-Wirtschaft und denselben schummeligen Klüngel. Sie kannten immer noch einen Kanal, in den sie ihre Unlust reinschieben konnten.)

„Oblomow", dieser faule, verschlafene Pelz, war ihnen ein Vorbild. (Am liebsten den ganzen Tag schlafen, anschließend über das Elend der Welt reden, dann über Eigenheime sich erregen, die die Gegend – kein Zweifel – zerstören, dann beieinander hocken in einer Kneipe.)

Das war:die westdeutsche, überhaupt:deutsche Weltreformation. (Marx sang auf seinen Wanderungen mit den Kindern sonntags:Oh du schöner grüner Wald auf der Hampsteader Heide.)

Aber was, fragte ich heimlich und sah hin:was hatten sie denn zu bieten? Welche erregenden Abenteuer? Welche Herausforderung von Können? Welche lustvolle Anspannung?:Die Linken, Sozialisten, Marxisten wie die Rechten, Konservativen, Kapitalisten? Was boten sie an? Was hätte das Abenteuer sein können? Was die Lust? Nichts, sie stanken wie die Great Old Ones.

Nichts:keine Freude, kein Genuß, kein Buch, keine Musik, kein Bild, das sie anpriesen, weil es sie in einen anderen Zustand versetzte – und sei es auch nur für einige Sekunden – ihnen, den Linken wie Rechten, war alles Jacke wie Hose, und so sah ich seltsame Gebilde herumlaufen, die statt einer Jacke eine Hose oben angezogen hatten, und in einer Jacke als Hose seltsame weltreformatorische Gesten und Sprünge machten.

(Jede hier erwähnte Einzelheit kann ich mit genauer Situationsbeschreibung weiter spezifizieren!)

Was waren sie? Schriftsteller, Studenten, und weinten beim Bericht einer Fische eindosenden Frau (ich fand diese Sentimentalität geschmacklos, hatten sie mehr nicht zu bieten?)

Was wollten sie?:Rente. (Was leisteten sie dafür vorher? Einzahlungen.)

Was hatte sie bis in ihr Knochenmark gerührt? (Der Bericht eines fremden Leidens.) (Als kennten sie nicht die gräßliche Vereinsamung desjenigen, sobald ihn körperliches Leid überfällt). (Und das ist grundsätzlich).

Was sagten sie?:„Sei nicht so aggressiv!" ohne zu fragen, daß diese Aggressivität ein vergammeltes Denken und Aussprechen betraf, nämlich ihr's, und nicht die Vermehrung von Schmerzen, die gerade ihrem Dasein eine Berechtigung zu denken gab.

„Sei nicht so aggressiv!":Aber sie zertrümmerten oder versuchten es zumindest, das Konkrete, die Reste davon, zu zerstören, Tabula Rasa, war ihnen eine Wonne, triefligen Auges, das sich Entdecker-Auge nannte, wie bei den sagenhaften Berserkern das Ziel.

Sie gingen in einer Abwesenheit der Begriffe, ich meine:durch Begriffe hervorgerufen, umher, auf diese Begriffe konnten sie alles bringen wie eine IBM-Maschine:oben Registrierkassen, unten läuft die Pisse raus.

So zogen sie, versprengt, ein Klüngel im Geist, umher. (Soffen sich an.)

Und sie verlangten von mir, ich solle nicht aggressiv werden bei der schmierigen Zertrümmerung, die sie vornahmen. „Für eine Kultur, die sich vom Kollektiv her definieren muß (was habe ich mir konkret als Menschen unter anderen Menschen darunter vorzustellen? Das Kollektiv mit der Fleischersfrau? Was gibt es für eine Interessengleichheit und was gibt es für gleiche Ziele? Sie soll mir anständige Wurst verkaufen, ich gebe ihr anständiges Geld). Aber die Fleischersfrau soll auch noch mitzureden haben bei den Methoden wie ein Parlament auszusehen hat? Wie eine Erziehung auszusehen hat? Und meine Stimme gilt nicht mehr, wiewohl es mein Beruf ist, damit mich zu beschäftigen nach besten Kräften und nach bestem Wissen so wie es die Aufgabe des Fleischers ist nach seinem besten Wissen zu arbeiten? Nee, nix da! Kein Kollektiv! Sie sollen ein Fleischer-Kollektiv bilden – obwohl ich bezweifle bei der derzeitigen Lage der Erziehung, daß dann etwas Gutes dabei herauskomme – die Katze will am Kopf zuerst gestreichelt werden wie jedes Tier – also am Verstand, ist leicht nachzuprüfen!) – wenn wir überhaupt überleben wollen", – ja, soweit ist es gekommen mit der verfluchten, wahnsinnigen Idee vom Zoon Politikon, daß diese Zoon Politikons einander ersticken!

Wovon sprachen sie (abstrahierte ich die vielen Situationen, die ich erlebt hatte mit den Weltreformatoren):von der Masse, vom Kollektiv.

Was stand dahinter als nächste Abstraktion?:Möglichst viel, möglichst groß. Also die Quantität, das Mammuthafte, Gigantische (je mehr Elend sie in ihren Worten belegen konnten, auftischen, hieß es deutsch, desto besser für ihre eigene Position – wie ihre Gegenseite).

Diese erbärmliche schwarz-weiße Show:begriff ich, während einer redete.

Einmal, ich erinnere mich an eine nebelhaft-verschwommene Erzählung, hatte einer geschrien „schieß mich doch übern Haufen, los, schieß mich doch weg", eine Granate hatte gerade sein Bein weggerissen, da hielt er seinen blutenden Stumpf vor sich. (Alles Ökonomie, was?)

(Lieber Piwitt, ich denke, daß wir uns nach diesem Brief kaum noch etwas zu sagen haben – ich habe Dir noch immer keinen vor den Latz geknallt, wie Du schreibst, ich meine wohl den Zustand, vielleicht meinst Du Ideen – sie, die bestehenden Ideen, gehen mich nichts mehr an. Es ist mir gleichgültig, ob Du das als einen Weg nach innen bezeichnest – ich meine eher, daß Du nach einem verfälschten Innen gegangen bist – und außer einem ehemaligen Frühstück, das mir in diesem Zusammenhang bald schon wie eins der Plakate, die Essen anzeigen als sei es nicht selbstverständlich zu essen, vorkommt:was ist noch da?)

Gesellschaft als Mystifikation:dahinter verschwand Lebendigkeit. (Links, rechts, in der Mitte). (Als ob es ein Bauzaun wäre, und wenn der Bauzaun des Bewußtseins weggerissen wird, kommt das gleiche Gebäude zum Vorschein).

„Wurscht!" ist ihnen alles an Einzelheit:als ob sie essen wollten, Quantitäten, und dann reden sie von einem Aufenthalt bei ihren Eltern (wie der Nippesrahmen um ein Familienfoto).

Dann ist Schweigen gekommen, nämlich das Schweigen, nachdem alles durch Wörter leergebrannt gewesen ist, und ich sah mir noch einmal den Menschen an, da vor mir. (Hatte ich verstanden? Nein, ich hatte gesehen).

„Na, denn, hü-hott!":(Beim Aufstehen fiel mir noch ein, ein kleiner Witz:daß er die ganze Zeit von Massen gesprochen hatte, Kollektiv, die er Wölfe nannte und denen es um eine funktionierende Wasserleitung ging – völlig zu Recht – und wegen dieser nichtfunktionierenden Wasserleitung hatte er jede Ausnahme, jeden Einzelnen, der über den Durchschnitt ging, verhökert, zugleich – das fiel mir ein – hatte seine Rede vor den Vielen so geklungen, daß jeder in dem Gefühl nach Hause gehen konnte, auch er werde, wenn er sich nur zu möglichst Vielen zusammenrotten würde, ein Einzelner werden, der beliebig – je nach Laune, mal ein einzelner ausgesuchter bester Zahnarzt sein könne, und mal ein bester weitreichendster Dichter mit ausschweifenden, entdeckerischen Augen, mal ein exquisiter Schlachter – so mußte jeder nach der Rede an die Vielen des Weltreformatorischen Typs, wohlgemästet an den unterschiedlichsten Verzweiflungen und Leiden des menschlichen Daseins, und im Bewußtsein, auf der richtigen Seite zu stehen, nach Hause gehen – im Ohr die allgemeine Todesmelodie, sie stimmte ja, also Individualität, Ididuum mittels Masse, na ja, das war Dialektik, die ganz schön berauschte und wuselig machte – der Redner hatte seine Befriedigung, er hatte geredet, die Massen hatten ihre Befriedigung, sie kamen sich als Masse einzeln und individuell vor:das hieß:nicht mehr teilbar – in Zukunft – mittels Gleichen, es war ein Abend im Abendland). Die Sonne ging blutigrot gefärbt über einer brachliegenden Unkraut-Ecke plus Ruine unter, Papierfetzen von Flugblättern verwesten bereits im Straßengraben, die Häuserwände waren mit Sprühdosen-Geschmiere voll. Gute Nacht. Der Weg ging zurück, zurück, zurück.

Rom, den 30. November 1972

Lieber Helmut, heute habe ich Deinen Brief mit den zwei Fotos darin erhalten. Da ich das Datum in dem Poststempel nicht lesen konnte und Du nie ein Datum benutzt, weiß ich nicht, ob sich unsere Post, meine Karten zuletzt und dieser Brief von Dir, nicht überschnitten haben. So mag ich einige Gedanken wiederholen. Es macht nichts.

Ich bin sehr erstaunt gewesen über die Tatsache, die mir über Freyend zufällig übermittelt worden ist, daß Ihr ein Baby bekommen habt. (So läuft wohl die Natur ab.) – Ich bin erstaunt gewesen, daß ich über diesen Umweg es erfuhr und nicht von Dir selber. Ich erinnerte mich unserer Unterhaltungen, die wir zuletzt in Köln führten, Deiner Erzählungen, Anmerkungen, Deiner Sicht auf die Umwelt und den Zustand dieser Gegenwart, und es ist ein Leiden daraus hervorgekommen, das mir nicht unverständlich geblieben ist. – Es war eigentlich nicht so, daß ich den Eindruck hatte, alles Erzählen, Deines wie meines, der Gedankenablauf jenes Nachmittags am Samstag, Ende September, sei zufällig und beliebig gewesen – ebenso wenig hatte ich den Eindruck, die Unterhaltungen der vorherigen Male, es waren wenige, besäßen die Beliebigkeit einer Familien-Abendbrottisch-Unterhaltung, schließlich war oft persönliches erwähnt worden, von Dir und von mir. So haben mich Deine sinnlosen sinnverdunkelnden Andeutungen, dieses kleine Zeigen mit einer Metapher wie in Deinem heutigen Brief, du empfingest einen Außerirdischen, der sich von Aponti 1 ernähre, eigentlich auch lächerlich berührt. Das Verstecken zwischen Leuten ist mir oft nur blöde vor allem, wenn sie sich ein wenig genauer kennen und sich gegenseitig ernst nehmen. – Mir fielen manche Deiner geäußerten Ansichten ein, mir fiel Deine Bedrückung ein angesichts von Menschen, mir fielen Deine haßvollen Bemerkungen über Familie und Familienleben ein, Deine zynischen Bemerkungen über Vietnam und Kinderläden hier, daß man sie als Protest anzünden solle (es war an einer schäbigen, ausgeleerten Kölner Straßenecke abends, auf dem Weg zu einer Wirtschaft), mir fiel das geäußerte Entsetzen ein über die filzigen Zusammenhänge von Verwandten, Müttern, Vätern, die Abhängigkeiten, die einen einzelnen halb erwürgen können, und Deine Bemerkung, daß alle Wörter so häufig, die man spricht, gar nicht einem selber dienen – auch der verständliche Wunsch nach Alleinsein, die Eifel, die Gegenwart.

Mein Erstaunen betraf auch das Gehirn, das Nachdenken, die Verwirrung, die sich in den Wunschvorstellungen äußerte, ist jedes beliebig? Taugt nicht einmal mehr das, was einer für sich allein denkt und träumt? Und warum dann außen das Posieren mit einem grellen Gedanken? Das Hinstellen einer Einsicht vor einem anderen? Diese Zwänge der Selbstbehauptung mittels exquisiter Äußerungen? Dem gegenüber sollte eine Teestunde bei Kerzenlicht abends nach Einbruch der Dunkelheit mit Blick auf die vielen Fenstervierecke eines Hochhauses gegenüber stehen?

340

Mein Erstaunen betraf ebenfalls die geäußerte Hoffnung, daß Du in 4 oder 5 Jahren Dich von Deiner Frau ernähren lassen möchtest, sie als Volksschullehrerin. (Dabei möchte ich Dir nicht verschweigen, daß ich mir sie eigentlich gar nicht als Volksschullehrerin vorstellen kann – wäre es ratsam? Und stellte ich es mir vor, aus den wenigen exakten Malen der Anwesenheit, in der ich sie sah, waren es raschelnde Boutiquen-Taschen, „der Mensch und seine Umwelt", die sie umgaben - es ist vorbei. Vielleicht ist das unwichtig? Aber es sagt etwas aus, ein winziges Stückchen, über Werte und Lebensvorstellungen – ich persönlich kann diese schmierige, schlechte Kopie eines „besseren" Lebens nicht mehr ertragen – sie ist mir lästig. Eine Vogue-Welt empfinde ich inzwischen ebenso häßlich und abstoßend, ebenso leer und doof, wie die Gegenseite in einer Anbau-Küche. Wäre es ratsam bei der verschärften Lage die Mittelmäßigkeit zu vermehren? Ein zynischer Einfall, und ich denke, daß selbst Burroughs, den Du schätzt, sich gegen den opportunen Zynismus sehr wohl abgesetzt hat in seinem Buch, The Job. – Siehe das Motto, die vorangestellte Anekdote des Buches, als ein Junge gefragt wurde, wohin er ginge, was er vorhabe, antwortete er, sehr moralisch – wie die ganze Anekdote moralisch ist und sehr profan moralisch, „doing the job!" Gefragt, was er darunter verstehe, antwortete dieser Junge, zur Schule gehen, lernen! – Ist dieser Job überhaupt noch im geringen Umfang für einen kleinen Jungen, der lernen möchte, möglich bei einer beliebigen Einstellung zur Tätigkeit des Lehrers? – Was ist denn erfahren worden? Was gedacht worden? Welche Bilder und Werte werden gelebt? Welche Vorstellungen beherrschen den Körper? – Die mir langweilige Erzählung über die langweiligen Verflechtungen hinsichtlich eines Schranktransportes sind mir eigentlich noch im Ohr, so ein dünnes schwaches Rauschen. – Sollte ich das nicht als bürgerlich empfinden in jenem übelsten Sinn, den Du auch intensiv gebracht hast und negativ definiertest, eine lange Kette von Ereignissen, kleinen Situationen, Gesprächsthemen und geäußerten, von anderen geäußerten Ansichten, auf die Du gestoßen bist im Lauf der Zeit? – Aus einiger Entfernung, und die ist nun schwach bei mir ja tatsächlich vorhanden, 1100 KM, dazwischen Bergmassive, kommt mir doch so ein Verhalten fragwürdig vor. – Erstaunlich ist, wir haben einmal darüber gesprochen, daß Menschen einzeln alles mögliche denken können, doch auf sich wenden sie weder das Negative ihrer Ansichten noch das Positive an, sie versuchen es nicht einmal – erinnerst Du Dich des Staunens bei der geäußerten Ansicht, das dabei aufkam?)

Das bringt mich eigentlich zurück auf den Anlaß des Schreibens, hier, meiner Äußerungen: sie betreffen einen Gehirnzustand, der mir fremd ist. – Wir haben oft miteinander gesprochen, also kann ich auch Dich fragen, wie Du es fertig bringst, diese Schizophrenie, etwas anderes zu denken, einzusehen, und zwar mit ziemlicher Kraßheit, als das konkrete Verhalten darstellt, und etwas anderes im Verhalten zum Ausdruck zu bringen, als es sich gedanklich äußert, zu ertragen an? Und nicht bloß zu ertragen, sondern eigentlich sich darin auszubreiten, nicht nur mitzumachen (so läuft wohl Natur ab), sondern es auszuprägen. – Doppelleben, dieser Mumpitz-Begriff, kann gar nicht mehr ziehen. „Äußerlich ein Earl, innerlich ein Paria!" G. Benn, ist doch sehr lächerlich, er stimmt ja nicht einmal.

Ich wende mich an Dich, nicht an Monika, nicht an das Baby, ich versuche hier etwas auszudrücken, das ein anderer mit seinem Kopf erfaßt (das wichtigste Organ, über den nur eine Veränderung stattfinden kann – wir haben darüber oft gesprochen, und eigentlich waren wir uns darin einig, daß die Parasiten im Kopf sitzen. Mind Parasites und die stinken Great Old Ones, mittels Bildern, Projektionen, Spiegelsälen unkenntlich gemacht, die sich oben eingebaut finden –)

Was ist also los?:Teestunde am Abend, Hoffnungen auf den Verdienst der Frau, das Schreiben an irgend etwas, ich kenne es nicht näher, so sage ich unbestimmt irgend etwas, Außerirdischer als Metapher für ein konkretes Baby, Gehörschutz über den Kopf gezogen, um nicht TV zu hören bei offener Tür, da der Hund überall freien Zugang hat, mir sehr unverständlich, in dieser Kombination, durch Wald und Feld streifen à la Thomasmann, „Herr und Hund"? Bemerkungen über einen drittrangigen Film und die Bauern überhaupt, was gehen sie mich an, dazu ein Trombone-Jazz von Jack Teagarden=Hans Teegarten aus dem Transistor für die Nerven, vielleicht auch etwas Wehmut dabei in Erinnerung an die „Golden Fifties"? Idyllen, und ich meine auch sehr eigenartige Idyllen, nicht einmal „künstliche Paradiese", so etwas wie gerahmte Familienfotos, mit Goldbronze-Anstrich. – Doch Aufschwünge, meinetwegen: „Wallungen", ferne Träume? Wie vermöchten sie mit diesem Bewußtseins-Accessoire gedeihen? – Das ist keine Ironie, Helmut, es ist eine aufrichtige Frage. – Hörte ich es von einem anderen, hörtest Du das von einem anderen, was dächte ich und was empfändest Du?:es hätte bei einem anderen dieselbe ernste kitschige Realität, also was ist mit Deiner Einstellung dazu?

Ich kann nicht verhehlen, daß mir vieles daran, sobald ich es zu den gedanklichen, mündlichen Äußerungen in Beziehung setze, ausgeträumt erscheint, eine Art Rotation des Kunsthandwerks, jetzt aber „life", jeden Tag, gerade ein Begriff, den Du exakt negativ benutzt, mit Fellen, schwarzen Rahmen, Herr und Hund, – wäre ja lächerlich, wenn ich das als Vorwurf meinte, jeder lebt sich, doch schaut auch jeder zu – Gehörschutz, Wald und Flur, Kerzenlicht. – Und in welcher Beziehung stehen dazu Klagen? Das Erleiden der Gegenwart? Der Vielen? In welcher Beziehung steht dazu ein doch größerer Anspruch? Details, die Du äußerst? Erhebst Du Dich nicht darüber? Und doch der Gehörschutz.

Gewiß kann ich nicht sehr gut denken, aber ich habe gute Augen, bis jetzt noch, ich halte das Sichtbare, Konkrete für wichtig, und die Verwirrung beginnt durch Schnittmusterbogen des Bewußtseins, die übernommen werden, auch in Formulier-Tricks, dialektischen Weisheiten, über die ich eigentlich nicht verfüge und die ich mir auch verbitte von einem Gegenüber, höre ich, daß er sie benutzt.

Was ist los, konkret? „Wie ist die Lage?":schäbig./Schrieb ich, daß die Zeit alles kaputtmacht? Nein, ich schrieb, daß die Zeit nicht verändert im Sinn des Erhofften (:das Erhoffte ist meistens 1 Schnittmusterbogen des Bewußtseins), sie vermag hervorzubringen, etwas mitzuentwickeln helfen, was in einem steckt, oder sie vermag das, was in einem Einzelnen steckt, zu zerstören. (Dazwischen liegen mannigfaltige Variationen.) Und die Zeit, das ergänze ich hier, Zeit als qualitativer Begriff, nicht als Quantität von Tagen, die sich hintereinanderreihen zu Wochen und Monaten, dieser Kalender-flache Begriff, reduziert auf sture Addition, spielt mit vielen Schattierungen, jahreszeitlichen Färbungen, Färbungen der Orte, der Bewegung auf den Nerven – sie ist, Zeit, eine doch gar nicht durchschaubare Größe, wie Du sie benutzt hast in dem Argument, sie mache alles kaputt, „aber woran liegt das?" Nicht an der Zeit, schreibst Du, „sondern an den Nerven". – Die Umkehrung ist mir unverständlich. (Sie erhält eine anklagende Färbung, indirekt, Du klagst Dich selber an, Deine Nerven. Wie das?)/(Mir scheint das ein allgemein verordneter Masochismus zu sein, die eigenen Nerven anzuklagen, daß sie nicht besser seien. Sie reichen biologisch wohl in jedem gut aus.)/

Was meine ich überhaupt?:Ein wenig mächtiger, stärker ist wohl jeder als der erdrückende Zivilisations-Schrott samt Vogue, samt Jazz, samt Hund, samt Geld, samt grünen Samthosen, samt einer Kopf-Haar-Wäsche und das Handtuch über die nassen Haare gezogen, samt Teestunde am Abend, als daß er sich darin erschöpfen könnte – „erschöpfen" ja, erschöpfen: das ist es oft in den Dingen.

Und dann frage ich mich:Du bringst den Begriff „Traum", und was hat das mit den zeitgemäßen Bewußtseins-Accessoires zu tun?

Ich sitze hier in einem Atelier, das mir der Staat 10 Monate bezahlt, ich lebe abseits, abgesehen von zufälligen Unterhaltungen, und dann zeigt sich rasch, wo die Unterschiede liegen, indem ich Zeit habe, klärt sich vieles an Einzelheiten, und die Einzelheiten, die sich blähen, fallen bei mir dann weg.

Das äußere Bild:für mich ist es wichtig, und so hirn-verblödet bin ich nicht, einzusehen, daß eine Äußerlichkeit zu der Person gehört, die sich darin zeigt.

Und deshalb, sehe ich mir die Einzelnen an, sehe mir die einzelnen Orte an, die einzelnen Situationen, die auf Zeit, Ort, Menschen beruhen, die sich darin zusammenfinden.

Der Boutiquen-Look an den Mädchen und Frauen hängt mir zum Halse heraus:es ist auf dieser Ebene, egal ob in Köln oder in Rom, oder in Boston, bloß noch Nippes, der die Person dekoriert – reißt man den Nippes weg, und seis auch nur mit Blicken und Wörtern, indem man sich darüber hinwegsetzt und das Hervorkehren dieser Sachen nicht beachtet, was kommt dann? Es hat mich selten interessiert. Ein blöder Schattenriß von einer Frau, die ihre Möse nicht mal weiß. Oder vor lauter emanzipiertem Gehabe einen in die Eichel beißen würde beim Verkehr, im Moment der Entspannung.

(Mir fällt es deshalb auch schwer, die Geschichte mit einem Schrank ernst zu nehmen, mir überhaupt anzuhören, wie es mir schwer fällt, jemanden, ein Mädchen, eine Frau, auf einem Stuhl sitzen zu sehen, die ein Seidentuch um den Bauchnabel geschlungen hat und an einem kleinen Schmuckstück von Sekretär sitzt – ich kann dieses Posieren, diese Auftakelung nicht mehr ertragen – dieser Tausendfache Aufputz und die Millionste Variante der Kleidung. Diese Beschäftigung, dieses Show-Business, – ich bin noch in der Lage, den Einzelnen zu sehen, der Einzelne interessiert mich, nicht aber der anspruchsvolle Klamottenaufzug.)

Draußen gurgelt naß Regen, in einen liegengelassenen Gartenstreifen, fällt in einen grünlich-bläulichen ausgebreiteten, scharf-spitzigen Kaktus, in abgeschlagene Gebüsche: die Aststümpfe sind, amputiert, ins Licht greifend. Ab und zu kommt eine Katze und rollt sich zusammen, eine von vielen halb wilden Katzen des Villa-Massimo-Gebietes:da sehe ich oft wie erschreckend streng das Verhalten ist, doch niemals so verletzend wie unter Menschen, in gewöhnlichen Situationen.

Ich lese, ich notiere, manchmal zerfallen mir die Beobachtungen, dann sind nichts als Einzelheiten da, oft ergeben sich dann auch wieder weite Einsichten in Zusammenhänge.

Ab und zu suche ich eine Straße in Rom auf, in der Stadt, mache Fotos, suche umher, empfinde einen Platz, sehe mir Geschäfte an, erfreue mich an dem Licht, das hier gegen 4 Uhr nachmittags anfängt zu spielen.

Vor diesen Ereignissen, vor dem Schlag einer Katzenpfote im Gras, vor der Färbung eines Himmels 4 Uhr über der Mauer, vor Momenten einer Stille, sogar vor Momenten einer Langeweile, erscheint mir der gegenwärtige Putz, gedanklich wie kleidungsmäßig, bloß doof. (Alles zerfetzte Körper, auseinandergesprengte Leiber, sinnlos sich zusammenfindende Ansprüche, banale Beschäftigungen, eine erbärmliche Entleerung aller Form, so sehr man sich darum bemüht, körperlich konkret vorhanden auf der Bühne einer Straße, eines Zimmers:die Entleerung jeder Form der Entleerung jeglichen Inhalts, gut so, auf die Dauer vermag niemand sich wirksam zu verstecken.)

Die ganze Mischpoke:Gespräche, Orte, Hirne, der Aufzug, Bekannte, Klüngel und Schonung aus gesellschaftlichem Verhalten heraus, während ich nur sagen möchte, wie blöd das ist, was mir, meinen Sinnen, meinem Auge geboten wird, Köln, die Jahre zurück, Zimmer und Wohnungen, Illustrierten und Fernsehen, ein durchgehendes Mißverständnis, was meine Figur darin betraf. (Ich war neugierig, ich bin es immer noch.) Schriftsteller und die Gegenreden gegen diese Schriftsteller, auf die man traf, Ansichten, was soll das?:Geblieben sind reale Körper, und wie produzieren die sich? Nun? Gestern? Morgen? Zufällig? Beliebig? (Mag es manchmal den Anschein gehabt haben, ich sei weggetrudelt – es waren nicht meine mir gemäßen Maßstäbe, nach denen das bewertet worden ist.) „Das Facetten-auge der Menschheit sieht die Schöpfung", O. Wiener – da muß wohl jeder was auf den Tisch legen, eine Klamotten-Figur, „Plünnen" sagte man im Norden Deutschlands, eine zeitgemäße Vogelscheuchenfigur ohne Titten, ohne Unterleib, ohne Süchte, ohne Sex, ohne Empfindung, nix da. (Diese Angst vor Sex, diese Angst vor körperlicher Freude und Erleichterung! Mieses abendländisches Pack, das sich durch die Gedanken wälzt mittels industrieller Kommerzialisierung des Äußeren:Oben immer das Rattern der imaginären Registrierkasse, IBM, und unten läuft die Pisse raus – womöglich noch auf dem Abort vergoldete Blumen, das ist Stil.)

Ich sitze hier, ich bin eigentlich gar nicht da:ich schaue und dann staune ich, und dann befällt mich Verzweiflung über den Wahnsinn dieser Karnevals-Aufzüge und des Karneval-Le-bens, über die Bütten-Reden-Gedanken=Witz=Ironie, und dann wende ich mich auch ab, ich habe es oft getan, schon auf der Schule, es ist lange her, dann ging ich lieber morgens über eine weiße Eisfläche, im Winter.

Kann man noch reden? Können wir noch miteinander sprechen, Du zu mir, ich zu Dir?: es gehört auch eine gewisse Glaubwürdigkeit dazu, andernfalls ist es bloß ein Rühren im Papierkorb, und das liegt mir nicht.

Ich meine, daß Du Dich nicht wirst verstecken können, so wenig wie ich mich verstecken kann, und Du wirst es noch nicht einmal im Ansatz können, sobald Du Dich schreibend ausdrückst, so wenig wie ich es vermag, in den Wörtern mich zu verstecken, jetzt nicht, morgen nicht, gestern nicht. Vielleicht sieht der Wusel daraus hervor, die Verwirrung, die Schizophrenie, das wundhafte Auseinanderklappen, es sehen die Werte hervor, die Absich-ten, die Bestrebungen eines jeden, die Welt ist sichtbar, man kann sich nicht verstecken. (Oft hatte ich den Eindruck, daß Dein ganzes Leben dahingeht, sich zu verstecken. – Wer bin ich, der das sagt?)Es ist dumm, wenn das geleugnet würde.) Und es sieht auch das Unvermögen hervor, die Last, die Anstrengung wie die Freude, die Entspannung und die Varianten eines jeden. Auch seine Angst, sein Schmerz, seine Verzweiflung:egal ob Benn oder Burroughs, ob Jahnn oder A. Schmidt, oder Swift oder Moritz – von den kleineren gar nicht zu sprechen.

(Vielleicht merkst Du etwas aus dem Tonfall, mit dem der Brief hier geschrieben ist, wie es mir hier geht:hochgepeitscht gewiß nicht, wie ich es gelegentlich machte.)

Du wirst Dich ausziehen, auf die eine oder andere Art, wenn Du schreibst. Und auch dieses Sich-Entblößen wird man sehen und anschauen. (Ich hab's gemacht)

Sturm winselt jetzt in den Türritzen, pfeifende Luft:sie ist mit einigen guten Gerüchen gemischt./Eine Schreibtischlampe brennt, vor mir, um mich herum, die Papierseiten, auf einem Wrack von Sessel mit abgewetztem roten Überzug der ausgestreckte Fellige Leib eines Tiers, das Gesicht entspannt, die Fell-Füße weggespreizt, der dünne rote Schnitt des Mauls, unbehaarte Haut./

„Sicherlich geht mit der Zeit auch vieles Miese ein", – Du hast recht. (Mies nur gemessen woran? Nach welchem Koordinatensystem? Nach welchen Werten? Leben ist wohl'n bißchen älter als eine Stilfigur und ein Aussehen.) (Wiewohl Stil und Aussehen seinen jeweiligen Körper auch determiniert, ich meine den Einzelnen, der sich in dem Stil und dem Äußeren äußert.)

Ich bin gerade draußen gewesen, ich habe einen schwarzen, warmen Sturm überall in den Büschen, Hecken, den Bäumen greifen sehen, schwarze abendliche 9-Uhr-Luft-Bewegungen in den Blättern, ein bewegtes unruhiges Schwanken, schwarz in schwarz, und eckige Luftstöße, die um die Gebäude-Kanten stoßen, schwebende, schnelle Luftstürze von den Dachflächen herunter, ein Kiesweg voll großer Regenpfützen, darüber weiße Wolken, zerfetzt, in einem schwarzen Raum, der mit Sternen vollgesteckt ist plus Heulen eines Flugzeugs, wie eine riesige nachgeschleppte Masse das Geräusch in einer klaren Luft, ich habe die Wärme überall an mir gespürt, während ich durch die Bewegungen ging, denn die Luft ist warm, ich habe das Knallen herabfallender Eicheln auf das Wellblechdach des Auto-Unterstandes gehört, ein Polizist mit einem Transistor in der Manteltasche an der Algerischen Botschaft, der in einem verblichen gelben Torbogen stand, hat mich nicht interessiert, jetzt flattern Vorhangfetzen vor der offenen Tür zum Garten hinaus, die Katze zerreißt den Schonbezug des Sessel-Wracks, ab und zu stürzen Wind-Kerle in durcheinandertreibenden Körperformen in den kleinen Raum, in dem ich sitze und der vollgesteckt ist mit Zetteln, Notizen, Einfällen zu den unterschiedlichsten Details (Schreiben, Rom, eigenes Verhalten, Pläne) – Hemden, die ich aus der Waschmaschine zog, träufeln an den Fenstergriffen des Schlafraumes nebenan und des Küchenraumes, Socken hängen zum Trocknen über Heizungskörper – draußen regnet es und gleich neben der offenen Tür hängt ein Regenrohr, in dem es bollert (da fließen die nassen Luftkerle ab, sobald sie darein gelangt sind, in kleinen Wirbeln.)/Man kann das auch natürlich anders sehen, als sei nichts belebt!/Gerade hangelt sich das Katzentier an dem grünen Vorhang hoch, hängt über mir. Irgendeine Neugier=Gier vermischt mit Langerweile. (Die Katzen kommen, die Katzen gehen:man kann sie nicht festhalten, ich wollte das auch nicht.)

Ich sitze zwischen zwei Stühlen, rechts und links, was die Gedanken und meine Einstellungen betrifft, ich falle natürlich dazwischen und wohin? Auf mich selbst, das ist nicht das Schlechteste, was mir geschehen kann. Ich schaffe es noch nicht einmal zu einer einheitlichen Perspektive, einem Ordnungsschema./Ich esse wenig, sparsam, habe auch Geldmangel, obwohl das Essen hier billig ist, doch der Mangel stört mich im Moment nicht. Ich esse morgens Joghurt, trinken einen Pulverkaffee, rauche eine Chesterfield-Zigarette. Ab und zu gehe ich für 3 Mark Salat und Pizza essen, der Wein macht gelegentlich Durchfall, der Haarschneider ist teuer, ich rede überall deutsch, was die Leute zur Aufmerksamkeit veranlaßt, ebenfalls mich selber zur Aufmerksamkeit ruft, möglicherweise halte ich im Göthe-Institut einen Vortrag nächstes Jahr, morgen abend ist bei der Direktorin ein Abendessen, nur für Schriftsteller, mit italienischen Schriftstellern, alles auf Kosten des Staats-Etats der Villa, zu der auch Gärtner gehören, die Eicheln sammeln für die 20 Kaninchen der Wolken-Direktorin. Abends mache ich mir manchmal eine Suppe, Linsen mit Zwiebeln, Porree, mittags esse ich nichts. Von 1 bis halb 4 ist Mittagsstille, die Stadt innen wird ganz ruhig, so ging ich lange Zeit am Tiber her, unter dürren Platanenzweigen. Dahinten war Peters Dom. Meine Anzugjacke ist am Futter eingerissen, zerwetzt. Die Schuhe sind hier billig. Die Busse stinkend voll Menschen. Ruinen, die erklären:daß bis heute kein Schritt vorwärts gemacht worden ist, seit 2 Tausend Jahren, give a little take a little.

Unsichtbare Windpratzen:Hände von unsichtbaren Riesen, fegen Staub, Papier, Blätter zusammen./(Durchsichtige Luftkörper, Gas-Gemische, formen und verformen sich durch die offene Tür gesehen.)

Ich mag kein TV mehr sehen, es macht mir keinen Spaß(es gibt hier eine Bibliothek, die nicht aufgesucht wird, wo das Gerät steht.) Ich mag keine Musik mehr hören, es macht mir keinen Spaß, (alles das empfinde ich positiv:daß mir diese Sachen keinen Spaß mehr machen wie vorher, es sei denn exakt und genau, und dann ist nur das vorhanden für meine Aufmerksamkeit), ich mag keine Zeitungen deutsch mehr lesen, sie liegen alle im Bibliotheksraum aus, München, Hamburg, Frankfurt, Der Spiegel dazu, ich habe einmal hinein-gesehen, und mir ist ein schlechter, flauer Geschmack im Gemüt entstanden, bereits bei der Formulierung, da brauchte ich gar nicht weiter zu blättern oder auf den Inhalt zu achten, es macht mir keinen Spaß (positiv gesehen), gehe nicht in Filme, es gibt hier nur die miesen Amis, es macht mir keinen Spaß, ich spreche manchmal den ganzen Tag kein Wort, es macht mir Spaß, ich lese bis tief in die Nacht, es macht mir Spaß, Jean Paul, hineingesehen, Die Unsichtbare Loge, K. Ph. Moritz, Andreas Hartknopf (auch ein böses Pamphlet gegen Weltreformatoren), durchgelesen, H. H. Jahnn, dabei, Burroughs, The Wild Boys, bei Seite gelegt, Bilz, Psychotische Umwelt, außerordentlich anregend, Giordano Bruno, Dialoge, sehr gut, alte Meiner-Ausgabe, dazu zufällige Schwarten um 1800, 1790, 1810, einige Bestellungen alter Bücher über die Deutsche Bibliothek, Rom, per Fernleihe, Johannes von Müller, Wieland, Herder, Nachholbedarf, bei mir. (Die deutsche Literatur ist schön!) Nachts Anfälle grausamer Vorstellungen, einmal sah ich ein Pferd eine Asphaltstra-ße gehen, es ging auf Oberschenkelstümpfen, die buschig umwachsen waren, sehr witzig auch. Ich beobachtete territoriales Verhalten der Katzen-Clique zwischen Unkraut:da schlich ein dicker fester Kater aus dem Bezirk außerhalb der Mauer heran zu zwei Katzen gleich neben meiner offenen Tür, die auf der Mauer draußen in der Sonne saßen:sie waren hellwach, ich sah es an den Ohren, doch das Verhalten gleichgültig wie ihr Blick, bis sich schnüffelnd das andere Tier nahte, da fauchte die Katze aus dem Bezirk hier und dabei war sie glatt unterlegen, kräfte-mäßig, doch die andere zog Leine, schnell.

Ich trinke Wein, er ist billig. Ich wußte nicht, daß Mozart im Puff umgekippt ist, Herzanfall, Blutsturz, und die Nutten ihn dann in eine Kalesche gesetzt haben, wegen Furcht vor Polizeilicher Ermittlung, der Wagen zog ab. Rom hat 30 Tausend Nutten. 1820 hatte, einem Reisebericht aus London zur Folge, die Stadt 70 Tausend. Sie stehen an kleinen Holzkohle-feuerchen eine lange Autostraße gegenüber dem Friedhof entlang. Die Mädchen sehen ätherisch aus, ich möchte sie gar nicht „behandeln", sie erwarten von mir, ich sollte ihnen allein auf Grund ihres Mädchen-Frau-Verhaltens auf engstem Weg ausweichen, möglichst mich von einem Wagen schrammen lassen (haha, nicht bei mir).

Zwischendurch, manchmal, wird mir auch einiges aus meiner eigenen Vergangenheit klarer, das ist gut so. Die Gegenwart ein rechter Fetzen. (Wegen der verlogenen zugepack-ten Konsum-Mist-Seidenhose-Ästhetik-Leute.) Ich habe daran wenig Anteil.

Manchmal mag ich gar nicht, was Du, Monika, Ihr, an Verhalten zeigt und wie ihr denkt, wie Ihr Euch gebt, verhaltet, sagt, womit Ihr Euch beschäftigt. Es kommt mir unlebendig vor, die unterscheidenden Wertungen beziehen sich auf eine bürgerliche Welt im schlechte-sten Sinn, das Capriziöse, wofür ist es ein Ersatz? In dieser Ersatzwirklichkeit. Ich mag diese Winzigkeiten nicht, in denen sich ein Anspruch zeigt, der doch gar nicht real eingelöst wird./ Sollte ich deswegen durch verschiedene Privat-Höllen gegangen sein, um weiter den Blick bei mir zu unterdrücken? Nippes, mir sagt es nichts, die Nachahmung eines vergangenen bürgerlichen-konservativen Lebensempfindens und Lebens-Stils, durchsetzt mit Bouti-quen-Weisheiten, mit La Donna-Ästhetik, ich muß hier, wenn ich an den Laden denke, gerade lachen. Sollte dort ein Wertmaßstab verborgen sein für Lebendigkeit? In jener abstrusen Mode-Ästhetik? Und wie es sich ins Verhalten schleicht?/So mag ich vieles eben nicht, es fällt mir immer schwerer, das zu ertragen – Kulissen-Schieberei, hin und her, „beautiful people"? Nix, nix. Und so sind viele Sätze überflüssig gewesen, weil sie aus einer Konvention kommen. (Es ist auch traurig, das nachträglich sagen zu müssen, es sich einzugestehen – die Verrottung ist ja nicht nur draußen, in der Umwelt, sie betrifft auch vieles am eigenen Verhalten, die ganze Erziehung, die einer genossen hat, die ganzen abgetakelten Werte, die er darin übernommen hat, der Lebensstil, die Ansprüche.)

346

Manchmal meine ich, Du würdest mich immer noch wie den Rolf Brinkmann aus 1964 oder 1965 sehen (aber die Vitalität hat wohl damals allen gefallen, selbst wenn sie stotternd und stockend war). Ich meine, Du schriebst mir immer noch und drücktest Dich mir gegenüber immer noch auf die Art aus:„Lieber Brinkmann, ich sehe Dich dasitzen, mit hängendem Gesicht" – also aus der Haltung eines Überblickens, von oben herab, ein wenig, wobei ich das oben bisher an keinem feststellen konnte./Kam ich vom Land? Ja, ich kam vom Land. Hatte ich was gerochen? Ja, ich hatte was gerochen. Der Brei der Zivilisation, der Stadt, ist faulig und verworren. War ich bedacht auf Gedanken? Ja, ich war auf Gedanken bedacht. Wie sollten sie sein? Neu, überraschend, von dem geprägt, der sie sagte (schließlich mußte ich auch lernen. Das macht mir heute noch Spaß.)/Die Möglichkeiten der Mißverständnisse sind immer gegeben und so ist es kein Trost, sich darauf zurückzuziehen.

Warum klein weiterlügen? Warum sich was vormachen? Wem nutzt es? (Die Bedürftigkeit hockt auch und kommt auch aus einer grünen Samthose in einem beheizten Raum mit Stilmöbeln.) So mag ich nicht geistvolle oder gag-hafte Formulierungen, die nicht eingelöst werden können von dem, der sie sagt, ich mag nicht eine Identifikation mit einer gesellschaftlichen Schicht, die – sehe ich genau hin, aus einem Mann besteht, der mit Seilen in dem Koffer reist von Moskau bis Philadelphia oder Tokio, weil er Angst hat vor Hotelbränden, ich mag keine Aussichten aus einem Wochenendhaus am Wörther-See oder sonstigem See, und ich mag keine Hoffnungen, die sich auf ein paar Äcker, Feld, Wald und Flur beziehen, ich mag keine 20jährigen, die Arzt werden wollen, noch haben sie einen chicen Vor-Ort-Bart, weil dieser Beruf ihnen viele gute Honorare verspricht und so die Lebensangst, die schon mit 20 in sie reingespritzt worden ist, eindämmen könnte – ein Sich-Mästen an körperlichen Gebrechen, an körperlichem Schmerz anderer (was ist das für eine Einstellung?), ich mag nicht das hündische, formelle gesellschaftliche Kriechen vor Erwachsenen, vor der eigenen Familie, wie ich auch keine ästhetisch-häßlichen, geschmacklosen Plastik-Teller-Untersätze geschenkt bekommen mag wie einmal bei uns geschehen, als Monika vor 2 Jahren einmal ankam – hat sie nicht gesehen, wie häßlich diese Dinger waren, regelrechter Abfall, als seien wir blöde und besäßen keinen Geschmack – und ich finde mein eigenes Verhalten beschämend und es macht mich nachträglich wütend, aus Konvention freundlich gegrinst zu haben und etwas Doofes gesagt zu haben (sie mag jetzt ruhig darüber böse werden – jetzt, da ich es schreibe, ist es vorbei); ich mag auch nicht, daß jemand auf einen Zimmerteppich pinkelt wie ich es nicht mag, wenn jemand mir irgendwelche Familiengeschichten erzählt und sich mit witzigen Bemerkungen davon zugleich distanziert und darüber erhebt (was sind das für Theateraufführungen des Bewußtseins?), wie ich es nicht mag, auf eine Einstellung zu treffen, die keine Leder-Minihosen tragen mag, weil sie gerade alle tragen, und dennoch sind sie erstanden worden, werden sie besessen, und ich mag auch nicht ein Erzählen, daß jemand sich einen Gehörschutz kauft und damit in einem Nebenzimmer liest, bloß weil das TV-Gerät im anderen Zimmer an ist und der Hund freien Zugang zu allen Zimmern hat – was soll ich anderes tun als das als einen Gag hinnehmen oder es dumm finden oder dann aus Konvention grinsen, und ich mag auch keine Erzählungen von einem Hundekauf wegen eines Stammbaums, aus Wuppertal, ich kann diese latenten Wertungen, die im Erzählen stecken, nur noch schlecht ertragen, am liebsten gar nicht mehr ertragen, denn diese Kopien eines vergangenen Lebensstils, was enthalten sie noch? Baut sich darauf eine Person auf? Ist das Sublimation? Verfeinerung? Es scheint mir nur westdeutsch tüchtig und leer zu sein als Verhalten. (Es zeigt sich ja im Sprechen, das Verhalten.) Ist das nicht das alte Brackwasser der abendländischen Psyche, das jetzt im Einzelnen steht und schimmelt? – Ich habe es lange Zeit so lalala ertragen, ich bin einfach darüber hinweggegangen, warum weiter? Sollte ich? Müßte ich? Nein.

(So denke ich, im Moment, hier, jetzt, in Rom, in einem Park voll verstümmelter Menschenfiguren, zwei Kindersärge als Schmuck am Eingang einer großen Villa mit verblaßten Gobelins oben in einem gelb-gewachsten Parkettraum und unten einem schönen, einfachen, klaren holländischen Tisch, mit eingelegten Kacheln, auf dem Lokus – sollte ich davor zittern? Angst haben? Danach streben? Mein Bewußtsein verstecken davor?)

Vielleicht ist manches zu lange her, Einzelheiten. „Sieh mal, da oben, Du erinnerst Dich, habe ich auf dem Teppich gepinkelt. „Unten verkauft eine miese Geschäfts-Hausfrau vergammelte Eier zu teuren Preisen, Bizarre Zusammenhänge, privat und nach außen gewendet.

Ich mag keine Welt aus Abfällen (magst Du sie?): und was sollte ich denken, wenn jemand mir gegenüber äußert, er verstünde gar nicht, wenn Leute etwas von sich geben, was wertvoll sei anstatt es heimlich für sich zu haben – es bezog sich auf Erkenntnisse, Einsichten, Kunstfertigkeiten – darin kommt Entropie zum Ausdruck, erstarrte Energie, Schlacke, nicht mehr umzusetzen, und die Bewußtseins-Entropie nimmt zu und erstickt alle. (Man kann es auch unsensibel nennen – so wie Rygulla einmal einlud und zuerst die festen Fleischbrocken sich nahm und den Rest Fett übrigließ – es war eine intime Runde – Mensch, was sind das für Einstellungen zum Besitz, zum Haben, Steinzeit-Verhalten. Und was haben sie zu sagen gehabt? Nichts, nichts.)

Also, ich mag auch nicht mehr Abfälle von Bekannten haben, und das ist es, was ich sagen wollte.

Ich hatte den Eindruck, seitdem wir neu miteinander zu sprechen begonnen haben, bestünde eine Übereinkunft, wir könnten miteinander sprechen, wenigstens als Haltung, und viele Deiner Einsichten schätze ich, ich meine, daß ich es Dir auch klar gemacht habe und habe wissen lassen – warum dann ein Versteck-Spielen? Warum Stilisierungen? Eigenartig ist es gar nicht, eine Eigenartigkeit stelle ich mir sinnvoller vor, auch härter, oder klarer. So könnte man sprechen. Doch Stilisierungen? Berichte des Transistor-Abendprogramms und TV-Programms? Es ist schwierig. Es ist auch überflüssig.

Beleidigen oder verletzen wollte ich Dich nicht, doch das berichten, wie ich es erfahren habe, wollte ich auch.

Liebe Maleen,

heute ist Donnerstagabend, kurz nach 9 Uhr, der 21. Dezember 1972, und ich muß mir ab und zu die Hände reiben, in die Hände blasen, ich sitze mitten in der abendlichen Kälte, auf einem roten Steinfußboden, um mich auf dem Stuhl Decken, an einem leeren breiten Tisch, Richtung Süden, im mittleren großen Aufenthaltsraum eines Hauses in Olevano, das sich Casa Baldi nennt und von einer Frau, die Rosa heißt, und dann kommt ein komplizierter italienischer Name, verwaltet wird, die Familie wohnt unten, sie hockt jetzt ganz sicher vor dem TV-Gerät, und ich sitze darüber, um mich verschiedene kleinere Zimmer, alle mit Schlafgelegenheit ausgestattet, es erinnert an Ferienwohnungen, auch die karge und etwas simplifizierte Ausstattung. („zomerhuis")/(:Das ist bereits das 3. Mal, daß ich Dir gegenüber von Holland erzähle in einem kurzen Hinweis, während ich in Rom bin, und so kannst Du daraus entnehmen, daß die Eindrücke der Aufenthalte dort mir, über die ungenauen Einwände zur aktuellen Zeit hinaus, viel gesagt haben.)

So, und jetzt merke ich bereits, wie ich mich langsam erwärme, beim Schreiben des Briefes, die Füße werden warm, der Rücken ist warm, ab und zu nippe ich aus der Flasche mit Alkohol. (Dazu ein Schluck Bier. Es ist gut gewesen, das vorher zu besorgen. Denn es herrscht Kälte.) Inzwischen sind mir die Finger glühend geworden, so wie nach tiefem Frieren bei längerem Hantieren mit Schnee im Winter und mit Eis, und dann beginnt der innere Heizungsprozeß anzulaufen, nachdem die Glieder durchgefroren sind.

(Bereits bin ich wieder so in einen Gedankenzug gekommen, daß ich mir eine neue Zigarette anzünde, während die andere noch ruhig halb angeraucht links von mir im Aschenbecher liegt. Sowas Nachlässiges. Wirklich.)

Zuerst muß ich Dir einen schönen Augenblick berichten:

ich stehe auf, durchquere den Raum, der Kamin für Holz ist mit einem braun gestrichenen Brett verdeckt, gegenüber stehen rotbezogene Sessel und ein rot-leinernes bezogenes Sofa, und trete auf einen winzigen Balkon, kaum einen halben Meter breit und sehe

:Schwärze unter mir, durchbrochen von begrenzten hellen Stellen, um eine Straßenbeleuchtung herum, wieder nur eine Glühbirne, in einem Halter, an einem gebogenen Eisenstab, und dann einige Hausflächen, mit Fensterandeutungen, Türeinbrüchen, helles Grau in Schwarz mit Weiß vermischt, hier und da verteilt, und dazwischen große schwarze Stellen, abwärts fallend,

auch einige beleuchtete Straßenstücke unter mir, gebogenes Asphaltband,
rechts eine größere erhellte Fläche, die Busstation (wo ich ankam), mit einer Bar, aus der jetzt kein Laut heraufdringt (aber als ich kam, hingen dort Jungen und Mädchen in Scharen herum und die Musikbox schleuderte laut die üblichen traurigen melancholischen Todesmelodien alla Italiano heraus, links verschiedene, gehäufte helle Flecken aus Straßenbruchstücken und Häuserbruchstücken, dann kommt eine Biegung um den Berg, wo ich mich aufhalte, und die Kleinstadt verschwindet,

darüber aber kommt der beruhigende, aber auch total indifferente (gegenüber eigenen Beschwerden, Sehnsüchten, Träumen, Leiden, Freude absolut indifferente) wolkige Raum,

schwammige Wolkenschichten, die über den schwarzen Rändern der umliegenden Bergketten treiben (in denen es hier und da, unregelmäßig verteilt, elektrisch funkelt), darin, in den schwammigen Wolkengebilden, verfließende bleiche Mondhelligkeit, zerlaufene Rinnsale,

einzelne Autogeräusche mischen sich mit dem Bellen von Hunden aus den einzelnen, Richtungen

(vorher sah ich einen nahen, vollen Mond, der sich durch die Wolkengebirge tastete, richtig schleichend, aus einem schmalen Straßenkanal gesehen, durch den ich wieder heraufging in dies Zimmer)

/:gerade frage ich mich, warum man eigentlich eine wortlose Beruhigung durch eine derartige Naturlandschaft erfährt, still und ganz weit hinter den Augen, obwohl doch das, worauf man sieht, so ganz und gar gleichgültig ist gegenüber dem, was man selber empfindet und worin man steckt, also, was jeder zu der Zeit empfindet, in welchem Zustand er sich befindet – also warum diese merkwürdige und für mich jedenfalls erstaunliche und ganz ungeklärte Befreiung für Augenblicke? – Heißt das, daß unser gegenwärtiger Kultur&Zivilisationszustand noch viel bedrohlicher geworden ist? – Mir fällt dazu ein, was ich Dir schrieb, als ich im Zug von Graz zurück nach Rom auf ein verwuchertes, liegengelassenes Stück am Bahndamm sah – wie gehört das alles zusammen? Welches Muster ergibt sich daraus?)

/:liegt vielleicht die innere, wortlose Beruhigung darin, daß man sich an viel stärkere Bedrängnisse erinnert, die weit vor der eigenen individuellen Zeit liegen? Und sieht man sie im Bewußtsein, daß man auch da durch gekommen ist, nicht einzeln, aber als Gattung? Ist es tatsächlich ein Zurückfallen auf ein kollektives gattungsverankertes Selbstbewußtsein?)

Und nun, gegen 10 Uhr abends, heult der Wind um die Ecken des Hauses und des Raums, worin ich Dir schreibe, in längeren Schüben, und darauf wird draußen alles wieder still, es kommt wohl „schlechtes Winterwetter"?/Jedenfalls zuckte ich zwischendurch beim Überlegen einige Male auf, weil es an dem Fenster hinter mir gerappelt hatte, (auch heulte), und dann kurz einige Male in der Stille schlug, hölzern, gegen die Mauern, bis ich aufstand und nachsah, es war der Wind, der auf diesem Hügel saust und um die Steinecken heftig flitzt und dabei die hölzerne Sonnenblende bewegte und gegen die Mauer schleuderte(ich hatte vergessen, sie in die Halterung einzuschlagen).

(saß soeben einige Augenblicke still, ohne mich zu rühren, ohne zu schreiben, tippen, und hörte zu:windiges Heulen rundum, ziemlich scharf, vermischt mit blättrigem Geraschel, über Steine, auch wieder ein zackendes Klappern, hatte noch eine Sonnenblende zu schließen vergessen, und dann ist wieder Stille, und in der Stille fühlt man nur sich selbst anwesend, ein wenig zweifelnd, ob das auch gut ist, so in der Stille bewegungslos dazusitzen, von Windgeheule umgeben, in einer Dezember-Kälte, durch die entfernt Straßenlichter blitzen.)

(:stand auf, aß ein Stückchen Käse, nahm noch einen Schluck Alkohol, rieb mir die Finger, rundum luftiges Geheule, Stille, einige Unsicherheit, bei mir, ich bin dem sehr entwöhnt, und eigentlich schwächt der Umgang mit beliebigen Menschen tagtäglich mehr als daß er stärkt, geht das nicht mit Deiner Erfahrung überein? Was das Treffen mit Bekannten anbelangt? Und erinnerst Du Dich der Ergebnisse aus dem Ökologie-Kurs, – ich meine, es war ja in dem Zusammenhang, daß Du mir davon erzähltest, – daß mehrere Einzelwesen, Menschen, wieder einen Gesamtzusammenhang bilden, der mehr ist (egal zunächst, ob positiv mehr oder negativ mehr) als das einzelne Bewußtsein? – Tatsächlich heult der Wind überall, es knackt um mich und knarrt und schrumpft an verschiedenen Stellen, kleine Laute in der Stille des Raums, und sehe ich auf, ist durch die Fenstertür gesehen in der Schwärze draußen ein heller Lichtkern der Straßenbeleuchtung und darüber im Schwarzen zwei bleiche Fensteröffnungen voll Licht weit weg. Was ist das für eine Situation? Entspannt gesehen, ohne den Orientierungszwang nach Geräuschen, Licht, sonstigen Phänomenen, eine gute, befriedigende Situation: allerdings noch für mich befriedigender mit Wärme im bollernden Ofen, die wird erst morgen in Form von Kohle kommen und Holzscheiten, und dann mit Dir darin und Robert – und immerzu bellende unsichtbare Hunde im weiteren Raum draußen ringsum./Auch huschen jetzt harte, tote Blätter draußen rutschig über glatte Steine, ein winziges Hasten und Scharren ist es, auch etwas zischelnd.)/

Längst über 10 hinaus:(der Wind möchte die hölzernen Sonnenblenden vor dem Fenster eindrücken habe ich das Gefühl) (:ab und zu Gerüttel!)

Ich bin nachmittags nach 3 aus Rom abgefahren:ließ die Rolläden in meinem Teil herunter, verfütterte noch den Rest Whiskas an die Katze, (die jetzt draußen schlafen muß, oder aber im Gerümpelraum hinter dem Atelier, unter der Wohnung, für den ich das Fenster aufließ, so daß sie von draußen herein kann, na, ist wohl'ne römische Katze und Streunen gewöhnt, mal hier, mal da, ist nicht gut), machte das Bett, räumte auf, packte die bereitgelegten Sachen in die Reisetasche und entschloß mich rasch, noch heute hierher zu fahren, von dem Ort hier hatte ich nach einigen Fotos und nach dem Erzählen anderer eine völlig falsche Vorstellung, ein wenig mehr ähnlich wie Longkamp, abgelegen, tatsächlich ein Dorf, mit wenigen Einwohnern, die in Bruchsteinhäusern wohnen würden, die ineinandergeschachtelt wären – was sie zu einem Teil auch sind, doch zugleich gibt es auch, ich sah es im Vorübergehen, eine offizielle Touristik-Stelle, also kein derartig abgelegenes Dorf, mehr wie eine Kleinstadt (werde mich mal erkundigen, wieviel Einwohner sie haben, mindestens gegen 10 Tausend, an die 10 Tausend, also eher Kleinstadt, aber erst im Beginn einer Kleinstadt, vieles erinnerte mich an Vechta aus der Zeit kurz nach dem Krieg, und zwar dessen älterer Teil, doch nicht ganz so) – die überwiegende Mehrzahl der Menschen, die man befragt, können gar keine genauen Angaben machen, das fällt mir immer mehr auf, wieso nicht? Weil sie nicht mehr sehen können, bloß noch im Tran ihrer eigenen Vorstellungen gehen und möglichst viel „schön" finden, aber bereits was „schön", das vermögen sie nicht mal in stammelnden Hinweisen mehr zu sagen, also eigentlich gar nichts, bloß daß sie mal da gewesen sind, das genügt ihnen bereits für das „schön" - (nun bewege ich etwas in den Schuhen, die Zehen, Decke über die Knie gelegt, Zirkulation des Blutes beschleunigen)

:schloß die Küche ab, wohin ich die Materialbücher brachte, und habe das Atelier zugeschlagen, schleppte Tasche und Maschine zum Bus und fuhr bis zum Castro Prätorio, das eine offizielle Rekrutenanstalt ist und von einer hohen kargen Mauer umgeben ist, an der an einigen Stellen Madonnenbilder mit elektrischen Glühbirnchen angebracht sind, das doofe „Ave Maria", und irgend'n Prälat hat's dann eingeweiht, seitdem ist's öffentlich!

(Die Abfahrtszeiten hatten sie im Büro der Villa nicht herausfinden können, mehrere Telefonate blieben erfolglos, so bin ich auf gut Glück heute zu der Abfahrtsstelle gefahren.)

/:so, und nun gehe ich noch mal raus und runter in das Dorf-Stadt-Zwitterwesen von Häusern, Lichtern, dunklen schmalen Straßen, gehe einen unbeleuchteten Weg hinunter, um den Hügel herum, bis ich auf eine Asphaltstraße stoße, alles sehr italienisch, das heißt also sehr alt und ausgelebt, fettige Türeingänge, denn Hunderte von Händen und Menschen und Augenblicke haben sich für Sekunden darin niedergeschlagen, abgelagert, wie fettige Stellen an einer Wand, woran man oft den Kopf gelehnt hat, blank glänzende Farben, verblichene Farben, bröckelige Farben von Wänden und Türen, blank gewetztes Kopfsteinpflaster, ich bin diese kleinen schabenden Windgeräusche leid, dies Plinkern und Zinken und Rascheln ringsum, ich geh raus und nehm es nochmals gewöhnlich auf. Na, denn!)/
Raus, gehen/(Blei)

:ich trete auf den Balkon, in meinem braunen Ledermantel, sehe über die Häuseransammlung südlich, und an dem Eisengitter des Balkons neben mir steht der dünne Stab der Fernsehantenne (unten alles dunkel, dörflich, doch jetzt wieder). (Gegen 11 abends dunkel, nur Straßenlaternen.)/

:(ist wirklich wie ein Zomerhuis, mit den primitiven Einrichtungen, dem kleinen Schrank mit Geschirr, zu dem man sich alles noch selber an Wasch&Spülmitteln besorgen muß, den Pritschen mit Decken, den Räumen, möglichst viel unterzubringen, und Ihr müßt kommen, und dann leben wir hier allein, im Frühling, da die Luft wärmer ist, und gehen herum, trödelnd, wie schön ist trödeln, wieviel sieht jeder dabei, diese Ecke und diese Schattierung und dieses Gebilde – schönes Trödeln, das ich erst wieder lernen muß – obwohl ich früher viel allein getrödelt habe, vor mich hin, in den ersten Lebensjahren, und später, als ich auf der Schule war und schwänzte – trödeln ist eine Form des Abhauens aus den Zwängen, die genormt sind, ich sah das, als wir in Texel das schwarze männlich dumpfe Schaf am Stacheldrahtzaun eines Vormittags lockten und kraulten und herumgingen bis zum Mittag, allerdings gingen wir auch an einem einfach in den Graben vor einer Wiese gefahrenen und stehengelassenen Chevrolet vorbei – und dann hockten wir später an einem Gehöft im Graben, etwas vorm Wind geschützt, und tranken Sprudel – das ist trödeln, durchatmen, sich stärken – vielleicht sagt das Robert? Bestimmt sagt er das, denn was hat er denn noch mit der genormten Gesellschaft zu tun? Nichts, nichts, absolut nichts, schon bereits wegen seiner Behinderung, also dann:was sagt er auf Grund dieser Behinderung? Welche viel tiefere Ebene macht er begreiflich (durchbrochen von natürlich den Gegenwartsreizen und Wünschen) – ich kann es so sehen, und das Sehen, dieser Hinweis macht mich nachdenklich – es hat mich sehr verwirrt zu Anfang – (siehst Du, so schweife ich ab, das meine ich mit Aus=gleich Ab-Schweifen!:Was heißt denn Aus-Schweifung? Es ist ein AB-Schweifen aus dem Normalen innerhalb der Zeit und den Gewohnheiten, die jeden Einzelnen umgeben und zu bestimmen drohen (siehe: das zeitbedingte Kollektiv-Bewußtsein, siehe Hinweis oben, siehe:Dein Hinweis vor einem halben Jahr einmal) – also Ab-Schweifen verstehe ich unter Aus-Schweifung!))

:(und angezogen, noch im Mantel, wieder nach dem Spaziergang zum Tisch gehen und das soeben Geschehene Dir erzählen)/:(bin gut durchgefroren und warm, glühe wieder in den kleineren, zarteren Gliedern – also Zehen und Händen, Fingern)/

((:letztlich, wenn ich es genau mir besehe, schreibe ich Dir, Maleen, statt verglühender Liebeserklärungen und Beteuerungen, statt stammeln der Artikulationen meiner Sehnsucht nach Dir in diesem Moment, nach Deiner Realität, Deiner Gegenwart in diesem späten Augenblick hier in dem vergammelten Bergdorf Italiens, etwa 40, 50 Kilometer von Rom entfernt und meiner Herberge dort, überhaupt wegen meiner Vorliebe für Dich konkret – weiß wer alles, was Du bist! Wer weiß das genau! Viel mehr! – und Du bist entweder jetzt, um diese Zeit in Deinem schmalen Mittelzimmer in Köln, sitzt über Deinen Büchern und Deinen Beobachtungen Robert betreffend vor der Schreibmaschine, oder Du packst die dummen Sachen für Weihnachten um, vielleicht wirst Du auch geködert von Deinem Körper und Deinem Sex, vielleicht hast Du Dir eine Platte aufgelegt, die Dir angenehm ist und hörst nebenbei ruhig in diesem Moment zu, während ich im Mantel in diesem Moment am Tisch sitze, gerade von einem 3/4 stündigen Gang durch den Ort zurückgekehrt, mit dem tickenden Wecker neben mir, immer weiter noch im Mantel, eine leere Flasche Bier auf dem Tisch rechts neben mir, und eine 1/4 volle Flasche daneben und davor der Notizblock, aus dem ich Dir gleich noch erzählen möchte, bevor ich mich nebenan in eine der vielen leeren Kammern in Decken wickele – seltsames Leben zur gleichen Zeit, nicht?! – was hast Du tatsächlich gemacht jetzt? Erinnere Dich mal an den Moment, etwa 10 nach 12 Mitternacht am 21./22. Dez. 72 in Köln – vielleicht hast Du auch schon ganz beruhigt zu Bett im Schlaf gelegen mitten in der Stadt dort, in Deinem Zimmer dunkel mit dem Kind – was also? Erinnere Dich mal, wenn Du dies hier genau an dieser Stelle liest – halte ein, vergegenwärtige Dir einmal den Moment, was war? – ich stelle mich Dir in Deinem Zimmer am Ende einer Beschäftigung vor, still und entspannt und müde – ich gieße im selben Moment noch etwas Bier vom Rest aus der Flasche neben mir in das Glas nach, noch immer im Mantel, zugeknöpft – der Wind hat längst nachgelassen, die Tür ist abge- schlossen, Blätter häufen sich auf dem Tisch neben mir – es ist bereits der 22. Dez. 72, und ich habe kein festliches Empfinden, eine festliche, stille Einstellung überhaupt nicht, denn ich habe soviele blitzende, flimmernde, kitschige elektrische Girlanden gesehen, daß ich an alles andere denke, nur nicht an einige Tage, die jeder zurückgezogen auf sich verbringen wird, was ich, sobald ich genau daran denke, dann doch vermisse – ist das sentimental? Ich erklärte Dir diese meine Einstellung und Erfahrung bereits gestern Nacht am Telefon:einer- seits die enttäuschten Wünsche, was Dinge anbetrifft, andererseits nachträglich die Erfah- rung, wie Leben, Dasein ruhen kann, wie man aufatmen kann, welche Atmosphäre der entspannten Bereitwilligkeit sich andeuten kann, des Zurückgezogenseins auf sich selbst – mit so wenigen Dingen, nach der Enttäuschung durch die Dinge (wieviel ist von den Geschenken rasch in dem Abfalleimer gelandet, überall, woran erinnerst Du Dich, an welches Ding, an welchen Gegenstand, der Dich, Maleen, ganz heimlich und nur Dich betreffend, hat wirklich jemals vom Geschenk an Dich weitergetragen? Waren es viele? Und was? – Also bleibt doch nur die Erfahrung einer Minute, eines Augenblicks, einer Bereitschaft, eines Einverständnisses – das ist es, was jeder egal wie rudimentär, erfahren hat – aber: mechanische Leuchten, rote, gelbe, blaue Glühbirnen, aufblasbare Tannenbäu- me aus Plastik? – Ach, vielleicht bin ich auch nur zu sehr deutsch und „rauschbereit“, gleich – siehe oben – abschweifungsbereit.))/

:also gebe ich Dir statt verworrener Liebeserklärungen einige Notizen von meinem Gang soeben durch das 11-Uhr-nächtliche Olevano-Dorf-Stadt ja, was?:

(:auf was fällt man denn, auf was kommt man, wenn die angebotenen, geschenkten Dinge einen enttäuscht haben?/Man kann dann an den Schenkenden denken, an seine Aufmerk- samkeit, die sich an dem geschenkten mißlungenen Ding, der daneben gegangenen Sache, aus welchen Gründen auch immer daneben gegangen (was den eigenen sehnlichen Wunsch betraf) auch kann man also sich auf die Betrachtung der Geste verlegen – und das rührend sehen, aber was davon ist nur aus Konvention geschehen, wie vieles – und welche Industrie hat daran ihren Gewinn gehabt – gräßlich das zu denken – sowas habe ich Dir gestern abend am Telefon nicht sagen können, ich kam nicht darauf, wiewohl das darin war, was ich sagte, als meine Einstellung – als jemand, der Bescheid weiß, hat jeder wohl die intellektuelle Verpflichtung, in diesem Fall, Du, Ich, keinen Quatsch zu veranstalten – was nicht heißt, überhaupt sich gar nicht zu kümmern – doch auszuwählen, – und die Wahl wird immer geringer bei der Zunahme des Kitsches heute, das macht mich sehr wirr)

/(:also auf was fällt jeder, wenn die Enttäuschung sich einstellt, die an Dinge gegangen ist? Ich meine auf sich selber. Ist das nicht das Beste, was einem passieren kann? Und plötzlich sieht man, für Augenblicke, wie wenig wahrhaftig differenziert die Gegenwart ist – denn man träumt doch von viel differenzierteren Genüssen und Anwesenheiten, oder??)

//::jetzt gehe ich also nach draußen:gehe 14 Treppenstufen nach unten, aus dem Raum, in dem ich schreibe, heraus – schließe die Tür unten auf, schließe sie ab und muß um eine Ecke des Hauses biegen – westlich die Breitseite des Hauses auf einem schmalen Kiesweg entlang gehen, komme an die Südseite des Hauses, die Längsseite, gehe am Eingang der Familie Rosa Soundso über eine Terrasse entlang und vorbei, biege östlich um die Ecke des Hauses und gehe eine abschüssige Fahrt hinunter bis auf den Weg – zu einer elektrischen Laterne – gehe weiter einen abfallenden Weg, einen Weg außerhalb des Ortes, hinunter und der ist dunkel – sehe Mondmolke und geronnenes Weiß wolkig vermischt über mir, links eine

Steinmauer, undeutlich, rechts Hecken und vereinzelte Häuser, an einem abschüssigen Hang, ich gehe in einem halben Bogen – und komme auf einen winzigen Platz mit verschachtelten Bruchsteinhäusern.

Der Schatten von ausgehängter Wäsche an den schmutzigen, zerfressenen, abblätternden Außenwänden der Häuser.

(In jeder Bruchecke steht ein kleiner Fiat geparkt.) (Fiat:Blechgehäuse.) (Inmitten von Bruchsteinecken und Schatten trocknender Wäsche.) (Südliches Land.) (Ist das nördliche besser? Ins Weiße, Unbeschriebene hinein. Ein alter Traum.)

Da gehe ich, unbehaust, wild, grimmig, mit lässigem Auge, runter:(eine ziemlich stille, schweigsame Gestalt, die lächelt) (manchmal, höflich)/:

((Die Gegenwart, die jeder wahrnimmt, ist sie nicht wie eine Erzählung von etwas Vergangenem? Wie kann man das verstehen?? Das weiß ich selber nicht!!))//:Das alte Labyrinth-Empfinden, ja, weiter, hier.

Hier, in Olevano:(es heißt:Olevano Romano):

(Unbehaust, bis jetzt)/:(ich)/:(weiter)/:(Du! Maleen, bist schön!)/:(Und, verdammt, so wie ich Dich sehe, bist Du keineswegs ein liebliches imaginäres Gespenst! Für meine augenblickliche Kälte, im Mantel sitzend!)/:

((Was habe ich mich verknotet in diesem Gedanken; schließlich, was habe ich davon, wenn ich mich in solchen Gedanken an Dich verknote, was hast Du von diesen Verknotungen, lieber einige Skizzen, die ich machte, als ich vorhin rausging, die Du betrachten kannst, nicht?!)/:

(Geschmack von Bel Paese-Käse weich im Mund, Rachenhöhle, sagt man, Rachen und Höhle, Fressen und Geborgensein und Abschirmung, der Mund)/:

(geklauter 40% Russian Vodka, aus dem Supermarkt Romano, in Rom an der Via 21. Aprile/warum, trotz Import aus Rußland – „Ruß"? Land? Ruß?? Kaminruß?? = Ruß – Land? – diese amerikanisierte Beschriftung, trotz Steuerzettel an der Flasche vom italienischen Staat? Blöde Verfilzungen? Wer verdient daran? „Raschjen Wodtkaj":Russian Vodka, american Language!)

(Player's Navy Cut – mit dem bärtigen Matrosen im Rettungsring, im Hintergrund links ein Segelschiff, alt, rechts ein Dampfschiff, neu, Finest Virginia Tobacco)

(Aus Hunderten, Tausenden von winzigsten Hinweisen und Richtungsweisern besteht die Gegenwart der Dinge und wir, die uns umgeben!)

/:(muß Alles weg! Aber tatsächlich!):ich gehe

jetzt eine Olevano-Straße abends hinunter, und mir fällt als erstes auf die Stille,

diese Stille ist angefüllt mit Sprechen,

das Sprechen kommt aus den Zimmern, (:aus dem Mund – aus dem Körper!),

(also!?:Menschen, die sich unterhalten? Gegenseitig? Zusammensitzen und sich austauschen?!)

die Sprechgeräusche kommen aus den Fenstern und fallen in die Straße, (es ist auf der abschüssigen Straße still),

(aber die Körper, der Mund, der spricht, ist gar nicht da, gar nicht wirklich in dem wirklichen Zimmer!)

:Empfindungen beim Gehen durch die leeren Straßen und den Sprechgeräuschen, den Unterhaltungen, von Leben, Lebendigkeit, Körpern, die sich ausdrücken – – – – denkste!!:(alles Show!)

denn kein Mensch spricht tatsächlich in den Räumen,

es sprechen Televisions-Fantome, ausgestrahlt von einer Stelle, (und die ist staatlich, amtlich, von jedem mit Gebühren bezahlt, damit andere sprechen – – aber wer spricht da? Tatsächlich imaginär?)

also zuerst Stille, dann Sprechen, ein Dorf, denke ich, sie unterhalten sich, aber dieser mechanische Klangraum??!:

TV! Alles TV!::

(Antennen! Am Dachrand! Um besser empfangen zu können! Auf dem Balkon neben mir! Um besser empfangen zu können! Elendes Um-Zu! Miese Kausalität!)

(Und weil das so ist, wird die Gegenwart gespenstischer und gespenstischer, aber ist das endgültig?! Abwarten – – und persönlich erstmal weggehen daraus – – auch Dein TV-Gerät steht ja im Keller, das sagt doch etwas! Von Dir und Deinem Vorhaben – – gut, nicke ich, jetzt.)

(Sie, die meisten, wollen immer nur empfangen, „empfangen", passiv, sie sind die Empfänger, wie bei Postwurfsendungen, passiv, weich geschrubbt, „ich bin massiert", ich bin masagiert, ich bin massakriert, so ähnlich, also sie wollen immer nur empfangen, gut so, wer aber sendet? Also, ich sende Dir jetzt das hier, was ich mir klar mache – – immer noch im Mantel (Hahahaha.) (Und draußen heult statt Wind jetzt gegen halb 2, am 22. Dez. 72, nachts, in diesem rotgefußbodeten Steinraum, draußen ein Hund, schwarz und Huhuhuuu-huu!) (Gehuule!) (Geh:!Huule!/Hulen = gleich Heulen!?!) (Norddeutsch.) (Sowie:Water-Cunt gleich:Wasser-Fotze! Gibt es Water-Prick?:Wasser-Schwanz?!?)/

:ich bin in Olevano Romano. (In den Bergen, 40 Kilometer -:Kilo? 2 Pfund? Prometer jeder Meter schwer getragen? Heißt das? Vielleicht auch!) (Von Rom weg.)

(Ich kam schaukelnd abends durch Palestrina, sah nichts davon. Kommt daher Palestrina? Die Musik?)/(Dann wäre es, es ist dieser Ort, wegen dieses Einen, der die Musik gemacht hat, ein ehrwürdiger Ort, nicht wahr, Maleen? Magst Du die Musik von Palestrina? Ich erinnere mich sehr intensiv daran. Was sonst der Ort ist, das sind Geschäfte. Ich habe mir vorgenommen, sobald ich es hier aushalten kann, mit dem Bus nach Palestrina zu fahren – schon allein um 1.) Postkarten zu holen, Ansichten & 2.) auf dem Katasteramt eine genaue Karte zu erhalten, wo ich bin.)/

:(daran dachte ich soeben als ich ging, nicht, aber das war auch darin, in mir, als ich ging und mich umsah):

Wo bin ich?:(Notizen; bleibe manchmal stehen unter einer Straßenlaterne & schreibe in den kleinen Block, den ich aus der Manteltasche ziehe samt Schreiber, einmal fiel mir der Kugelschreiber weg, und ich suchte auf der Straße umher, bückte mich lange, kroch um eine Blechkarosserie herum, und da lag der Kugelschreiber, unter dem Motor-Blech-Ding.) (Eben passiert!):

((:Unterbrechung/ich habe wenig Vertrauen in die jeweilige Umwelt, also Welt, in der ich mich befinde; warum? Wieso? Immer noch Krieg? Unter welchen elenden psychischen = gleich atmosphärischen Bedingungen ist man ja auch aufgewachsen?! Verdunklungen, Schwärze, lichtarme Abende, zusammengezogene erwachsene Körper – kann man es ihnen verübeln, daß sie zusammengezogen da saßen abends am Tisch unter verhängter Lampe?

Bei der Bedrohung? Und da zur gleichen Zeit tappt so ein 4 Jahre oder noch weniger Jahre auf dieser Welt unter derartigen Bedingungen lebendes Menschwesen heran!&die Einmachgläser klirren zu einer anderen Zeit wild um es herum, und die Erde dröhnt, und sie wackelt, und zu einer anderen Zeit ist ein enormes Loch im Vorgarten des Hauses, der Oberwohnung, und dann schleicht der Hausbesitzer um das Haus und sieht, ob noch eine Ritze Licht ist, und dann gibt es grobe Basaltbrocken, die aufgerissen sind für einen neugierigen 6jährigen Blick – Ruinenkinder, Bombensplitterkinder, ja, Todessplittereisen haben wir, jeder auf seine Art, gespielt, und die frühe Kulisse waren aufgerissene Straßen, abgedeckte Häuser, brennende Ruinen – lange her und in der ersten Zeit des Lebens, des Sehens, der Neugier, der ersten halbbewußten Wahrnehmungen versiegelt, eingeschlossen, nämlich was?:Trümmer, zerrissene Häuser, Betonbrocken, Brandphosphorbomben und blaue Narben am Körper eines Spielkameraden – wie sieht das bei Dir aus, Maleen? – Nichts? Das weiß ich, daß es nicht stimmen kann – Du hast mich an den realen Eindruck der zeitungspapierumwickelten Schuhe im Bett gebracht – Mist, das ist es, was sich als erste Lebenskulisse ergab, unter dem nicht näher faßbaren Druck und der Bedrohung der Vernichtung – das ist unsere Generation, eine Gerümpel-Generation, hastig und mit Angst vor dem Krieg oder in den ersten Kriegstagen zusammengefickt – ein verworrenes Motiv: ehe der Mann in den Krieg zieht, macht er der Frau noch ein Kind – „ich bin nur da, weil es einen Krieg gab" – und was ist dann Kindheit und Jugend? Nichts als eine einzige Entschuldigung, daß man überhaupt da ist, „entschuldigen Sie, daß ich geboren bin" – und wie sieht denn die erste Zeit des Aufwachsens aus?:Was ist denn der Zustand eines Kindes?:Schuld, dazusein, schuldig, dies oder das getan zu haben, nichts als immer wieder Schuldbekenntnisse abgegeben zu haben – Raummangel, beengtes Leben in verdunkelten Zimmern, Rücksichtnahmen auf den Hausbesitzer, den Vermieter, die Schwiegereltern, Angst um Verlust der Wohnung, Bombenbedrohungen, ausgebombt, zersplitternde Fensterscheiben – und dann in Erdbunkern oder Zementbunkern stehen, zusammengedrängt, aus dem Himmel fallen brennende Tanks, zerrissene Metallstücke – auch brennende Menschenkörper fallen aus der Luft – kleine Männchen an aufgeblähten Seidenschirmen sinken herab, und sie sinken auf dem inneren Bildschirm noch einmal aus der Höhe herab – und danach, als es zu Ende war? Da waren wir 5,6 Jahre alt – Schichtunterricht, nachmittags in die stinkende Volksschule gehen, der Bretterfußboden stank nach alten Schuhen und Staub und war ganz schwarz – man saß zu zweien in engen zerschnitzten, zerkratzten Holzbänken, vertrocknete Tinte um die Tintenfässer in der Schreibfläche – und dann rutschte man rauf oder man rutschte runter, je nach Leistung:eine Reihe rauf, eine Reihe runter – sinnlose Verschiebungen, erneute Angst – und das psychische Gesamtklima? Jetzt herrschte die dumpfe Atmosphäre einer Kollektivschuld, jetzt kamen die Grauenbilder, nachträglich dünn in der Gesamtatmosphäre eingelassen, Juden, Tausende, die verbrannt waren, tauchten erneut auf – Judenschaukeln, zerbrochene Knochen, Leichenhaufen drangen in die Vorstellung ein – also danach kam keine Entspannung, kein Weichen des dumpfen Drucks – das hat keine andere Generation bisher erlebt als unsere Generation hier in dem kaputten Deutschland – alle anderen Landstriche konnten etwas abladen, sie hatten etwas erduldet, ertragen, jetzt hatten sie auch den Schuldigen – und was hast Du damit zu tun gehabt? Was habe ich damit zu tun gehabt? Nichts, absolut nichts – aber der Druck war da, mal mehr, mal weniger – und dann wieder der kollektive Wahn:von außen verhängt – so, jetzt arbeitet mal als Volk die Schuld ab – jetzt leistet was – jetzt leistet Wiedergutmachung – voran! tüchtig! schuften! leisten! mitkommen!abarbeiten!los!voran! wenn nicht, bleibste hängen! los! los! – und da entstand ein neues altes Klima der Bedrückung – jedes andere Volk konnte sagen, jede andere Generation konnte sagen, vorbei, und konnte auf jemanden zeigen als Schuldigen – jetzt kam also das Schuldgefühl von außen und schwebte als rauchige trübe Atmosphäre über dem Aufbau-Wahnsinn, die Besessenheit durch Leistung wettzumachen – – – – – kannst Du jetzt durchsehen, in welchem Allgemeinklima wir, jeder auf seine Variante, aufgewachsen sind und was sich in die Erfahrungen und Lebenseinstellungen unserer Generation heimtückisch eingeschlichen hat? – – – Es ist ja viel mehr kaputt gegangen als Häuser, es ist ja viel mehr erwürgt und eingegangen als die Toten des Krieges – ein Großraum, eine intellektuelle Landschaft ist abgestorben und verwüstet worden, so paradox das klingt, mitten im wilden wütigen Aufbau ist die Zerstörung heimlich und lautlos noch einmal geschehen – – – und das sollte kein Ergebnis haben, an dem auf irgendeine Weise jeder für einen winzigen Teil hängt? – – – Wie ist da noch Vertrauen möglich? In die Umwelt? In den Gang der vielen Bewegungen ringsum? In Entwicklung? – – – so kommt es dann zu dem modernen Krampf zeitgenössischen Ausdrucks:ein Krampf wird stilisiert))/

(:nie hat man uns Entspannung gelehrt, immer nur Anstrengung, doppelte Anstrengung, wo Leben überhaupt anstrengend ist – zuerst der dumpfe Druck der Bedrohung, dann der moralische Druck, keine Freude gelehrt, immer nur ödeste Nützlichkeit – bis heute!)

Also:da kamen Stimmen überall aus den Wohnungen, lebhafte Geräusche, aber eben Fernsehen.

Ich sah in einen abgedunkelten schäbigen Bar-Raum von außen, und innen saßen im Halbdunkel, das verräuchert war, alles Männer, ausgerichtet nach einer Stelle, wo der Fernsehapparat stand. (Ausgerichtet nach der Quelle)

In der Stille war dann das Surren der Neonbeleuchtung zu hören und das kurze Klappen eines Zigarettenautomates. Darüber tauchte ab und zu eine bleiche Himmelslandschaft auf, zwischen den aufgestockten, aneinandergebauten und ineinandergeschachtelten Häusern. Ich spüre wieder die winterliche Kälte an meinen bloßen Händen, und um die Knie herum. Der Mond hat einen milchigen kleinen Hof.

Ich gehe an einer Autoschule vorbei, die „Furia" heißt – ist das nun Furie oder ist das Fuhre? Furiose Fuhre? Wird dort gelehrt? Und das Weinen eines Kindes dringt um 11 aus den zugeklappten Sonnenblenden eines Fensters.

Die Gebäude erinnern in ihrer Gedrängtheit und mit ihren vollgestopften Menschen darin an Miniatur-Hochhäuser, dörfliche Hochhäuser, Hochhäuser aus Bruchstein, alt und verwohnt und vollgestopft mit menschlichem Leben, jede Kammer, jedes Eckchen ist ausgenutzt, zusammengedrängtes Leben wie in einer Stadt, jetzt an einem Berg.

(Und gewaschene Pullover, gewaschene Bettlaken und Hemden schaukeln leicht über mir an den Hauswänden. Einige Bäume sind noch voll Blätter, doch die Blätter sind alle erstorben, in sich zusammengerollt, geschrumpelt.– Das ist ein eigenartiger Eindruck: eine Baumkrone voll toter Blätter, dicht damit besetzt.)

Durchgänge, Treppen, die steil nach unten führen, zwischen den Häusern hindurch, 20 Meter, 30 Meter abwärts. Unten dann ein gelbes Lichtgefunzel.

Ich stoße kleine weiße Atemwölkchen aus und gehe in Serpentinen abwärts./In Abständen sind an den Ecken der Häuser Lautsprecher angebracht, wohl wie früher die öffentlichen Ausrufer, die durch eine Ansiedlung gingen. «Fanicchia» steht an einem Lautsprecher (??).

Winterliche Farben, Dezemberfarben einer Ansiedlung in den Bergen:südlich Roms, bleiches Grau, verblichene Ockerflächen dazwischen, eisengraue Steine. Und weiße Wäschestücke.

Dürre, magere Hunde streichen herum!/An einem immerfließenden Brunnen steht ein Pappschild, daß das Wasser nicht trinkbar ist. «Acqua non potabile» – ein winziger Platz herum, Piazza Umberto.

Die Via San Martino:das Haus an der Ecke hat ein zugemauertes Fenster, aber auf der Mauerfläche sind zugeklappte Sonnenblenden aufgemalt. Darunter klebt in Kopfhöhe ein Plakat, auf dem steht: . . . italiano regalato all' America . . . governo Andreotti Malagodi I parti italiani siano porti di pace via le basi atomiche alla dall'Italia» – und eine A-Bombe fällt senkrecht auf die Insel La Maddalena und Caprera – etwas zur Seite geschoben und höher ist ein Altar in die Außenfront des Hauses gebaut worden und darin ein Madonna-Bildnis. (Komische Zusammenstellung, aber sie ist dort. – Und die Via San Martino ist eine abführende Treppe, ausgetreten und steil, die seitlich am Platz Umberto mit dem Acqua Non Potabile nach unten führt, nichts als eine Treppe. Gleich hinter dem kleinen Platz Umberto sackt das Gelände nach unten weg.)./:rechts auf dieser Postkarte ist das Gebäude, im Vordergrund, anschließend der Treppenabstieg, dann der kleine Platz mit dem Brunnen. Ganz oben, auf dem Berg, über der geschachtelten Häuseransammlung, kannst Du sehen, wo ich mich im Moment aufhalte, und zwar im oberen Stockwerk des freistehenden Hauses, auf einem Hügel, der zu allen Seiten hin wieder abfällt, also ein Buckel, unten wohnt die Familie Rosa:

:Olevano ist, wie die Karte sagt, 571 Meter über dem Meeresspiegel, vorherrschend Stein, der verblichen grau ist, dann schwaches Gelb hier und da, einige zarte Farben, etwa rosa oder regenverwaschenes Rot. Ringsum an den Hügelketten sind Weinstöcke zu erkennen. Der Platz, in den Du auf der Karte schaust, erscheint groß, doch die Aufnahmen, jede Fotografie lügt, macht alles schön, tatsächlich ist der Platz eng und klein. Rechts vom Blick in die Via Roma aus fällt hinter einer Häuserzeile das Gelände wieder ab, tief nach unten, links steigt es an, nach rückwärts, unsichtbar beginnt ein unvorstellbar enges, verschachteltes Gewirr von Steigen, Treppen, steilen äußerst schmalen Gängen, auf und ab, alles verwinkelt, denn weiter als bis zu dem Platz Umberto führt die Straße nicht (World's End:beginnt dann, und da, am Ende der Welt, drängt es sich und siedelt es in Steinkästen und Steinschachteln, in lichtlosen Winkeln wüst durcheinander.)

An jeder Ecke stehen dann die geparkten Kleinwagen, Fiats, ich sehe im Straßenlicht lackig-schwarz glänzende fettige Ölflecken auf dem staubigen Asphalt an der Piazza Benedetto Greco, und lautlos drückt sich eine Katze an der Hauswand entlang, die ganz zernagt ist. An der Piazza Benedetto Greco sehe ich in der Wand Brunnen; fließendes Wasser, Tag und Nacht, Du kannst die Bruchsteinmauern erkennen, aus dem hier fast alles gemauert ist, manchmal vermengt mit gefundenen Ziegeln, und die unverputzten Mauern geben Dir einen Eindruck, wie hier gelebt wird, gelbe sandige Steinbrocken treten kahl hervor:

Olevano Romano (m. 571 s. m.) - Piazza Benedetto Greco

:ich gehe die Via Roma zurück, die in einem halben Bogen um den Berg läuft, immer rechts eine schmale Häuserzeile, danach der Abhang, und links ansteigender Berg, Mauern, darüber Häuser, in die Mauern sind Gewölbe gebrochen, kleine Lebensmittelläden, Reparaturwerkstätten, Obstläden, immer nur aus einem Raum bestehend und gewölbt.

Die ganze Straße lang waren tiefe schwarze Schatteneinbrüche. Ich komme an einem Gebäude ohne Fenster vorbei, offenbar das Kino, und auf einem bunten Plakat läuft ein rothaariges Mädchen in weißem Bikini vor einem Jeep her, in dem Männer sitzen, Blätter um die Stahlhelme, ein Lustspiel: Katia Christine in „Venga A Fare II Soldato Da Noi", und das wird mitten in dem überalterten Ort projiziert. Es ist kalt. Und da blickt man auf einen nackten Frauenkörper. Wie reimt sich das zusammen? Ich bin auf der Via Roma, in einem Bergnest. Es ist nachts. (Ich will damit sagen, daß mich für winzige Augenblicke die Fremdheit befallen hatte.)/(Da ging ich durch diese schummerige Kulisse.) Danach kam rechts eine Mauer, hinter der Mauer ein Abhang, aus dem Bäume, Pinien, schwarz hochgeschossen waren. In einem schwarz-grünen Geäst hing ein abgeschlissener Fahrradreifen.

Jetzt, um 11 abends, sind die gespenstischen Fernsehgespräche aus den Wohnungen verschwunden. Es ist offensichtlich Programmschluß.

Ich bin an die erloschene Bar gelangt, wo eine Asphaltstraße schräg abzweigt und den Berg hochführt. (Dort bin ich vorher, als ich ankam, hochgegangen. „Casa Baldi"?:sagte ich. Nix capito, zuckte jemand die Schultern. Ich schleppte die Tasche und Schreibmaschine weiter. Casa Baldi? fragte einer. Ist das 'ne größere Firma? Casa Baldi, da oben, sagte ein anderer, aber da sah ich nichts. Dann ging eine Frau mit einem Jungen, der eine schwarz-lackige Kunststoffjacke trug, mit mir den Weg hoch. – Es ging immer steil hoch, um Kurven, Ecken, verwirrend, und dann lag da ein Stück dunkler Weg und hinten hing eine Lampe, „da", reingehen, abbiegen, hochgehen, „Casa Baldi".)

Ich bewege mich durch abgeschabte Häuserwände, die niedrigen Türen sind unten angefressen, wackelige Treppenstufen, die links und rechts steil angebaut sind und in Wohnverschläge führen. Die Straße heißt Via Cavour. Sie macht Bogen, es gibt keine Bürgersteige, nur eine Asphaltdecke, daran grenzen Häuser. (Hier hast Du das ganze Panorama, oben rechts, kurz angeschnitten, müßte das Haus sein, in dem ich wohne.)

(Wie dumm ist die Sache eingerichtet worden von uns, daß wir immer alleine, jeder für sich, herumfahren müssen, der eine fährt vor, der andere kommt nach, Mißverständnisse, neue Orientierungen, es ist nicht gut, und ganz gewiß lag das zum großen Teil an meiner Einstellung, die gar nicht Reisen mitenthielt, jetzt begreife ich auch von Dir und Deinen Aufenthalten zuerst konkreter mehr. Abende in einem gemieteten Zimmer, inmitten provisorischer Möbel, längst nicht so angenehm wie ein Hotel, es wird dunkel, man hat gegessen, man blickt sich in dem Zimmer um, nichts ist vertraut, aber kein Teil ist auch reizvoll, vielleicht auch ein Erstaunen streift einen, für einen Moment, wenn man das Motiv wegschiebt, warum man gerade an diesem Ort ist, zu diesem Augenblick, unter diesen Umständen. Man gähnt. Man geht zu Bett. Man denkt an eine bessere Möglichkeit, zum Beispiel, wenn jemand da wäre, der einem angenehm ist.)

Ich biege, immer unter einem schwammigen Mondlicht, das zwischen den Ecken und Lücken der Häuser auftaucht, von der Straße, die Via E Giugno 1944 heißt, in eine schmale, ansteigende Straße, die Via XXiv Maggio heißt, ein Kopfsteinpflaster, abgewetzte Häuser im Dunkeln, funzeliges Licht und steige hoch, lasse die Hausverschachtelungen, Treppen, Straßen zurück, gehe ein Stück dunklen Weg, zur einen Seite wieder abfallend, zur anderen schattenhafte Steinflächen unter schattenhaftem überhängendem Pflanzengewirr, am Ende ist die eine Straßenlaterne, wo ich wieder abbiege und einen steilen Weg zum Haus hochgehe, über die Terrasse, die ein wenig dürftig ist, an der Längsseite des Hauses vorbei, dem Eingang der Rosa-Leute, wieder um die Ecke, vorbei im Dunkeln an einer Regentonne, tastend zur anderen Hausecke, wo die Eingangstür ist, aufschließen, Licht anknipsen, 14 Treppenstufen hochsteigen, halbe Wendung zur Seite, die Tür in den mittleren großen Aufenthaltsraum öffnen, der sich nach Süden mit Blick auf die Bergsiedlung öffnet. Da bin ich in dem Raum. (Hier noch einmal ein Panoramablick, sogar das Licht stimmt auf der Postkarte, wo war es Donnerstag, als ich ankam, abends, statt Sonne eben das Mondlicht, mit Wolken. In der linken oberen Ecke steht das Haus. Es scheint so, als läge es mitten auf einem Höhenzug, das täuscht. Hinter dem Haus, wo die Straße entlang führt, senkt sich das Land wieder und steigt dann erst wieder zu dem Höhenzug auf, der sich auf der Postkarte wie eine Fortsetzung anbietet:

Ich bin am Donnerstagnachmittag abgefahren (fast hätte ich es um einen Tag verschoben, denn ich stand erst spät auf, nachdem ich mich nachts kurz habe zu einigen Unterhaltungen korrumpieren lassen, als ich vor meinem Atelier stand und in die Luft starrte – da kam eine Fotografin vorbei, die Frau eines ehemaligen Stipendiaten, die seit 3 Jahren hier in Rom hängengeblieben ist, geschieden von einem Schriftsteller, wieder verheiratet und fotografierend, die Nuß gab an, machte auf modern, entwickelt in dem Arbeitsraum der Villa ihre Bilder, so war sie da und die ließ ich mir zeigen, sie zeigte stolz ein Foto von Paul Getty Junior, den sie aufgenommen hatte, Sohn des reichsten Mannes der Welt, ein braves amerikanisches Jungengesicht mit feinem Sternchenhemd, gepflegtem langen Haar, der malt und ausgestellt hatte, so ein richtiges leeres Arschlochgesicht, und weitere Künstlerfotos kamen dabei zum Vorschein, alle groß abgezogen, wie die Unterhaltung endete, vermagst Du Dir ja vorzustellen, kalt und frostig zog ich ab, die Frau, gekleidet im miesen aufgemopften Westdeutschen Boutiquen-Stil, war „kommunikationssüchtig", sie wollte immerzu „kommunizieren", sie gab an, sie nähme viel am gesellschaftlichen Leben Roms teil, was kann man da noch sagen? Nur aufstehen und gehen, nachdem eine zerkratzte Doors-Platte abgelaufen war, „This is the End my friend", im Atelier des ebenfalls saloppen modernen Architekten, der nur zerkratzte Platten hat, aber sich gibt, als würde er Musik mögen – draußen beim Gehen zurück, traf ich dann den triefligen Born, der gerade von einer Sitzung mit einem derzeitigen Gast kam, mit dem er Essen war und anschließend zusammenhocken, trinken, der Gast ist ein Redakteur, Säufernase, und schreibt elende Gedichte (. . .) und wohnt erstmal 4 Wochen wieder umsonst in Rom. So geht das. Wahrscheinlich steht er in geschäftlicher Verbindung mit dem vergammelten Lyriker Wolken, dem Mann der Frau Direktorin, und nimmt seine vergammelten Routine-Besprechungen ins Programm, ich nehme stark an, es hängt auf diese Weise zusammen. Ein einziges Geknödel und gegenseitiges Geschlabbere, Verfilzungen, da kann man nichts machen. Es entwickelt sich aber danach auch für einen selber ein Abseits. Ja, denke ich, noch weiter daraus fortgehen. Denn es widert wirklich an, auf welcher Ebene des Einverständnisses sich diese Ereignisse und Treffen abspielen, und es widert an, daß diese filzigen Formen genommen werden, was kann denn an produktiver Arbeit, an produktiven Zusammenhängen daraus entstehen? Wohl immer nur das, was bereits da ist, als noch einmaliger Aufguß – (. . .) Ich saß eigentlich nur da und hörte zu. Es war das 3. Mal, daß ich ihn innerhalb von 8 Wochen einige Zeit sprach. Später trank ich noch vom Oude Genever. Las im Roman von Jahnn einige Seiten weiter. Es war spät geworden. So schlief ich länger. Hatte die Sachen zum Mitnehmen schon vorher bereitgelegt.)/:Nachmittagssonne draußen, ich bin durch die Wohnräume gegangen, ich ließ nochmals nach den Buszeiten anrufen, ich saß und konnte keinen Entschluß fassen. Dann habe ich gepackt, die Rolläden heruntergelassen, abgeschlossen, und bin zum Bus am Platz Bologna gegangen. (Vorher noch 2 Schachteln Players eingekauft; ich hatte ja noch immer das 1 Tausend-Einwohner-Wildnis-Dorf im Kopf, von einigen Fotos und dem Erzählen. Dabei gibt es hier übergenug Geschäfte, einen Modeladen, verschiedene Bars, ein Restaurant, Wein-Trinkhallen, andauernd Schlachtereien, und gebaut wird ringsum auch.)

Also:Rolläden runtergelassen, Rest Katzenfutter verfüttert, Sonne in leeren Bäumen, die manchmal dreckige Plastikfetzen tragen, 15 Uhr 44 war ich an der Abfahrtsstelle, kaufe eine Tüte Erdnüsse, trinke noch einen Kaffee, esse ein belegtes Brötchen (hier grundsätzlich ohne Butter, was?), frage einen jüngeren Mann nach dem richtigen Bus nach Olevano, und er ist freundlich, er fährt auch dahin, „Casa Baldi?" fragt er. Er trägt eine Plastiktüte aus einer Boutique. Abfahrt halb 5. Eine frühe bleiche Abenddämmerung schwebt über dem Verkehr. In den offenen Obstbuden hängt schon elektrisches Licht:durchsichtige Plastikhäute voll Nüsse, Plastikeimer voll Oliven, Kürbiskerne, schwarze Dörrpflaumen, gelbe Bananen, orangenfarbene Mandarinen, braune rauhe längliche Birnen, Äpfel, Datteln, Feigen, Erdnüsse, und ringsum schleifende Wagenbremsen, und dann erste Stauungen, erste Hupkonzerte, näher, ferner, ich schaukele auf grünen Plastiksitzen, neben mir die volle Reisetasche und Schreibmaschine. Auf anderen Sitzen farbige Boutiquen-Tragetaschen, Mini-Boutique, orange und grün. Ich fühle mich ein wenig wackelig, nicht sehr frisch. Die Luft im Bus ist ausgelaugt und riecht nach warmem Kunststoff. Ich sehe durch völlig staubig beschlagene Fensterscheiben nach draußen, Häuserblock nach Häuserblock, hinter dem grauen diffusen Schleier. Wieder Hupkonzerte, verschiedener Klang, näher und ferner, wirklich wie ein letzter öder Rummelplatz, ohne den Zauber eines Jahrmarktplatzes. Der Schaffner tastet sich durch den Mittelgang von Sitz zu Sitz und knipst. Ruckweise geht es vorwärts aus der Stadt heraus. Der Preis ist 340 Lire.

Schnell war der Bus überfüllt. Der Gang in der Mitte vollgestopft. Eine Karambolage wegen meines belegten Sitzes, aber das Gepäcknetz ist zu schmal, und der Platz vor mir ist auch zu schmal. Ich wollte ein zweites Billet, was der Schaffner verneinte. Also irgendwie räumen, aber der Kerl, der sich setzte, stand bald wieder auf, und ein Kind kam statt dessen dahin, das kurz darauf einschlief, nachdem es an meiner Tasche gefummelt hatte und sich ausgiebig in der Nase gebort hatte und den Popel zerkrümelte. Also im Bus eng, und der Blick raus ebenfalls verbaut. Immer mehr Leute stiegen zu. Schrottlager, Autowracks, darüber eine ausgebleichte Dämmerung, grau staubig verhangen. Einzelne bunt-kitschige Tannenbäume. Draußen. In dem Grau. Kuchenpakete werden in den schmalen Gepäckstreifen gedrückt. Im ganzen Bus verteilt Geschwätz, unermüdliches Reden. Dann im Buslicht die bleichen ausgelaugten Gesichter, die an hochgereckten Armen hängen, um die Haltestange verkrampft. Wären sie besser nicht?

Schwarze Bergketten, ein einzelnes Hotel mitten im Leeren, und darum einige Steinbauten, im Rohbau, darum angesiedelt.

Müllkippen, dürres Wintergras, fahles Abendblau. (Mir ist ganz flau im Magen.)

Frisierte Kopfhaare haben sie aber alle. Viele gelegte Locken.

Pinien am Weg, zischender Bus, runde Kugeln, Husten, Fina-Tankstelle.

Dann verlor ich das Interesse zu notieren, draußen war alles schwarz geworden, es ging in Kurven und Schleifen weiter, gedrängt voller Bus.

In Palestrina, nach 1 Stunde, stiegen die meisten aus.

Dann wieder aufatmen, sich ausstrecken, schaukeln, Lichter draußen im Dunkeln, nichts denken, fahren, schaukeln, weiter.

Nach Palestrina dauerte die Fahrt etwa noch einmal so lange, eine weitere Stunde, in kürzeren Schleifen und Bögen. Sehen konnte ich nichts mehr. Im Bus dösten sie auf den Sitzen verteilt von der Fahrt erschlafft wie ich. „Olevano?" – „Si!» – Und dann die Tasche und Schreibmaschine nehmen und zum Ausgang vorrücken. Am Ziel. Was ist das Ziel? Ich bin in Olevano. Das erste, was ich wahrnehme, ist ein Betongebäude, das neueren Datums ist, also häßlich, und dann Mond und Dunkelheit und Flutlicht, so:

Olevano Romano m. 571 · Viale Vittorio Veneto Autostazione · Notturno

mich an jemanden wenden, Casa Baldi loslassen, da oben, ich sehe nichts, und eine Straße ansteigen. Aber vorher noch ein zweiter Eindruck, der seltsam ist, nämlich ein großes Tunnelloch, gleich neben der Busstation:

Ich kam gegen halb 7 in dem Ort an, und in der Dunkelheit wird alles eng, nah, klein, und ich hatte das Gefühl, als tastete ich mich voran, durch holprige Straßen, Steigungen, Winkel, Treppen.

Zuerst, als ich unten in den Raum trat, sah ich den angestellten Fernsehapparat, auf dem Bildschirm bewegte sich übertrieben gerade eine Comic-Tier-Figur, vielleicht Werbung, und am Tisch in der Mitte des Raumes mit Steinfußboden saß ein Junge und schaut zu dem Kasten hin.

Ich gab den Brief ab, an die Frau Rosa, vom Sekretariat der Villa, der die Erlaubnis enthielt, mich hier aufhalten zu können, ein jüngerer Mann las und las noch einmal, als ich den Briefumschlag behalten wollte, auf dem die genaue Adresse und der Name stand, weigerte er sich entschieden, selbst der Briefumschlag galt noch ihnen. Daraufhin zeigte er mir den Wohnteil, der im Obergeschoß liegt und voller Kälte war. Heizmaterial war nicht vorhanden, mußte am nächsten Tag besorgt werden. Das Haus sieht so aus:

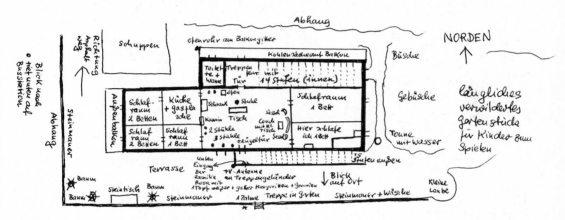

Dann ging ich noch einmal runter in den Ort. Ich sah zwei Jungen in dem Hauseingang des Zahnarztes sitzen und beim Licht der Straßenbeleuchtung in Comicheften lesen. Es war gegen halb 8 Uhr abends. („Halb 8 Abends Comic-Lektüre? Unter dem Straßenlicht? Kommste mit?")/Aus einem Kellergewölbe, mit einer schweren hölzernen Tür verschlossen, das Holz ist angefressen, wo an der Decke Reihen von Schinken hingen, kam amerikanischer Beat. („Amerikanischer Beat und Pop kroch aus Kellergewölben und Schlachtereien des zerfallenen Bergdorfes hervor.")/In einem kleinen Lebensmittelladen, wo ich zwei Flaschen Bier kaufte, lehnte ein älterer Mann allein über dem hölzernen Tresen und sah in eine Foto-Romanze. („Foto-Romanzen werden aufgeschlagen in Steinbrüchen und ältere Männer sehen durch starre Körper auf Liebeszenen in Hotels. Sprechblasen hängen in der Luft.")/Mond und Wolken, durcheinander, über Abhängen und steilen Treppenstraßen./Schnelles Bildgeflicker huscht durch karge Steinräume, Koksöfen, Madonnenecken./In einer Autowerkstatt, nur ein Raum und gewölbt, hockt ein Junge ölfleckig unter einem Wagen mitten in Transistor-Musik, unter einem gelblichen verwaschenen elektrischen Licht, nackte Glühbirne, die von der Decke hängt./In einer anderen Werkstatt, der gleiche Raum, das gleiche Gewölbe, steht ein älterer Mann und hämmert Blech gerade, mitten in den Eisenstücken und Geräten steht ein winziger Tannenbaum./Buona Feste und Buona Notte ist mit Kreide unbeholfen an den Fensterscheiben der Frisörläden und kleinen Krämerläden gekrakelt./(Im Vergleich zu Longkamp dreht und bewegt sich hier alles in jeder Ecke durcheinander, weil so viele Menschen zusammengedrängt wohnen, im Gegensatz zu der fast lähmenden apathischen Stille des verlassenen und ähnlich zerfallenen Dorfes Longkamp.)/Bunte flitzende Lichtketten, automatisches Geflicker hier über einer Tür des

Lebensmittelgeschäftes./Nichts ist sei Jahrhunderten zerstört worden, so scheint es, nichts seit Jahrhunderten neu dazu gekommen, immer nur geflickt, hier ein Stück Mauer ausgeschmiert und da ein Stück Fliesenwand angeklebt, und da ein neues Fenster eingesetzt – nur der Busbahnhof und der Tunnel sind neu angelegt und außerhalb des Ortes Neubauten, und in den grau-fahlgelbverblichenen Bruchsteinhöhlenhäusern schimmern Bildschirme neben Madonnenbildern, aus den grau-weißlichen Verschachtelungen der Häuser ragen TV-Antennen auf (für Augenblicke hatte ich die Vision, daß es doch eigentlich noch Steinhöhlen sind, ich gehe durch einen Steinbruch, in dem sie zusammengedrängt leben, und in diese Steinhöhlen reingemischt der ganze Kitsch des 20. Jahrhunderts, Kuchenpakete, Süßigkeiten, gepflegte lange Haare, TV und Fiats, und Plastikflaschen, Plastiktüten, bunte flitzende Neonlichter:„Sie leben in Steinhöhlen . . .")/:Sieh Dir mal diese merkwürdige Zusammenstellung an, die ich wieder in dem Kartenständer einer Bar fand:

Ältere Frauen trugen Bündel Brennholz, Plastikkanister und Eimer auf dem Kopf und gingen dahin, schwarz gekleidet./Dann fielen mir die vielen Frisörläden auf, die ziemlich gut besucht waren:fahl grün gestrichene kleine viereckige Räume, die eine Wand mit Spiegeln besetzt, davor 2 Rasierstühle, gegenüber 4, 5 Stühle, keinerlei Schmuck, keine Ausstattung, keine wilden Parfumerie-Vitrinen, nichts Elizabeth Arden (gibt es überhaupt Salons für Frauen, Damen? Mir fällt gerade ein, daß ich keinen Damensalon gesehen habe, alles nur für Herren!), und das grelle Licht in den kargen, schmucklosen Räumen mit den 2 Frisierstühlen und der ausgebleichten Wandfarbe, wo sie auf den Stühlen an der Wand aufgereiht sitzen, erinnert an die Atmosphäre von Wartesälen 3. Klasse (doch die Preise sind teuer, aber jeder leistet sich das Rasieren, das Frisieren, Dauerwellen, sobald er nur kann!)/„Barbierieri"/Auf dem Rückweg traf ich auf einen Pfarrer, in schwarzem glänzendem Filzhut und in schwarzen weiten Gewändern. Er stand auf der Straße, neben der Kirche, an der ich vorbeikomme, gehe ich vom Berg herunter, gehe in einem Bogen von der Nordseite des Berghügels, auf dem das Haus steht zur Westseite und dann südlich, wo der Ort ansetzt. Die Kirche heißt San Rocco, sie sieht so aus:

(:rechts gehe ich vorbei/eine Winteraufnahme, Schneefetzen und wie immer hängt draußen Wäsche an den Häusern)/„Chiesa di S. Rocco":Rocco und seine Brüder, erinnerst Du Dich des Films?/Zurückgekehrt:die Frau möchte meinen Namen wissen, ich verstehe nur suo Papa, ich ziehe meinen Notizblock aus der Tasche & gebe ihr, der Signora Rosa, den Kugelschreiber, & sie schreibt „Papa suo come etiamare", und ich schlage nach in dem kleinen Langenscheidt-Wörterbrch, – „Wörterbruch", vertippte ich mich gerade bereits, nicht schlecht:ist ein Wörterbuch nicht auch ein Wörter-Bruch, da werden einzelne Wörter aus dem Sprechberg herausgebrochen! – (oder ist das:Wörter-Bruch, ein Bruch durch Wörter? Wie Leistenbruch, Armbruch, Beinbruch, Genick-Bruch? Den Körper durch Wörter gebrochen? Die Sinne?) – ich blättere in der gelben Plastikbuchhülle und finde kein „etiamare", meine aber, sie meint meinen Nachnamen, also schreibe ich in Blockbuchstaben:Brinkmann. Sie nickt./"il nome!" – „si!"/Und was ist mit la legna? Nachschlagen, aha:Holz, Brennholz, si, plus carbone, also Kohlen, si! Domani, aha, morgen, wann? Nix capito. Wir stehen da und lächeln uns an oder aus und verblassen. Dann rührt sich jeder etwas. Buna notte! Jaja./Oben ist es im Raum kalt. Ich wickele mich in Decken, beginne zu schreiben, an Dich.

(wieder ist die Nacht tief und schwarz geworden und spät, ehe ich in das kalte, klamme Bett gekrochen bin. Nahm noch einen Schluck aus der Flasche zum Anwärmen. – Erinnerung an die Pullen, die Wasserflaschen, gefüllt mit heißem Wasser im Winter 1946, 1947 – auch erwärmte Ziegelsteine kenne ich, die mit einem Frottiertuch Indanthren umwickelt wurden – und dann die warmen Stellen im Bett, Höhlen, und schlafen – ist lange her – damals waren Stromsperren – silbrige eisige Farne an den Fenstern, Eiswälder, Eispflanzen, Eisblumen, in denen weiß Mondlicht sich verfing – man hauchte daran, und diese eisigen Blumen auf dem Glas tauten ab – ich sah durch diese Eisblumen – dahinter lag eine Kopfsteinpflaster- straße – alles vergangen – jetzt schmeckt oft nicht einmal mehr das tägliche Essen, der Geschmack ist aus den Speisen geklaut worden, wer hat den Geschmack entwendet? Wer die Farben aus den Dingen genommen? – imaginäre Wälder, Farne aus Eis, sie wuchsen von den Rändern her über die Glasscheibe – langsam, die ganze Nacht hindurch – lautlos bis zum Morgen – und die Gedanken und Träume tasteten sich darüber hinweg – und dann gehe ich noch einmal lautlos über eine kalte glitzernde Fläche, in der Gras, Ried, Sträucher und Steine eingefroren sind und die Fläche knirscht leicht, große Luftblasen sind in die harte eisige Schicht eingelassen, und die Fläche wird blauschwarz und darüber liegt ein milder, kalter Glanz, der von oben aus der Luft sich herabgesenkt hat – und ich gehe noch einmal morgens endlos weit über die kalte leere Fläche, aus der trockene Büschel Gras sprießen, fahlgelb, und schlenkere mit der Schultasche, nachdem ich aus der Schule abgehauen bin und gehe immer weiter fort von den Häusern über die blendende weiße Fläche, auf der das grelle Licht einer Wintersonne liegt, lasse die lateinische Grammatik, den pelzigen Lehrer, dem Haare aus den Ohren sprießen, die vertrocknenden Butterbrote hinter der Heizung und die drohende nächste Klassenarbeit hinter mir – wieder dehnt sich lautlos ein leerer, weißer Wintervormittag vor mir aus, ein ausgebreiteter blendender kalter Raum, in dem starr Strauchgespinste eckig herumstehen in der kalten, klirrenden Stille – das Klirren hört man nicht – da, hinter mir, sind sie alle nun beschäftigt, in Räumen, in Bänken eingezwängt, umgeben von Möbeln, Rechenmaschinen, Aktenschränken, während ich weiter gehe über die vereiste ausgedehnte Fläche – was hat mich dazu getrieben? Welcher Eindruck? Wel- ches Ziel? Aber dieser Vormittag, weiß und leer und kalt, ist bis jetzt, in diesem kalten Dezemberzimmer mit den roten Fliesen, hier in den Bergen, nachts, intensiver und erleb- nisreicher gewesen und geblieben als meinetwegen eine gelungene Klassenarbeit, ein erreichtes Ziel, denn ich ging da hellwach und aufnahmebereit hindurch, fort, für zwei, drei Stunden, bis zum Mittag – fast träume ich schon halb, jetzt, in dem Licht der Lampe neben mir auf dem Nachttischchen, habe die Socken angelassen, 4 Decken über mich gezogen – splitterndes lautloses Klirren von Eis, das eine Pfütze bedeckt und durchgetreten wird – wohin geht der Klang? „Nach Norden, fort!" – zurück in die Zeit – draußen heult Wind um die Kanten des Hauses hier auf der Anhöhe – jetzt bin ich allein – stecke tief in der Nacht – und Wind saust um die Kanten des Hauses, fasert in den hölzernen Sonnenblenden vor den Fenstern – trockenes Knacken – ein Gesicht hinter eisigen glänzenden Blumen, ist es eine Fratze? – ein verzerrender Schrecken, vor Kälte verzerrt und schief geworden? Und was sagt es? – überall trieft Mondlicht herum – Schatten wuchern durcheinander – Stein und Pflanzenschatten, die sich vermischen – kalte schwarze Flecken und kalte weiße Flecken – eine winterliche Kältefratze hockt hinter den gläsernen Eisfarnen, aber es ist nichts, es ist nichts – ich bin nur ein verstörtes, aufgestörtes Kind, das einschläft – ist lange her, schon gar nicht mehr wahr – – – – – jetzt bin ich allein, mit mir, ging durch schmale, steile Treppenwe- ge, abblätternde Häuser, Fernsehgeräusche und amerikanische Musik, durch kleine Le- bensmittelläden, Postkartenläden, Bars, durch Steinräume, in denen Menschen saßen – – – – jetzt bin ich allein, es ist schon spät, es gibt Tage, da ist die einzige zwischenmenschliche Kommunikation auf das Einkaufen in den Läden beschränkt, und was sich darüber hinaus ergibt, befriedigt nicht, ist ein haltloses Einverständnis, ohne Grund – ich muß an Dich denken, Du fällst mir plötzlich ein, („Du fällst in mich hinein, Du bist in mich eingefallen?"), aber ich spreche nicht zu Dir, jetzt, da ich an Dich nachts denke, ich sehe Dich, das ist etwas anderes als ein Sprechen mit Dir, ich betrachte Dich, (draußen Hundegebell, das ringsum in den Bergen widerhallt, dunkles, schwarzes Bellen) – ich sehe Dich vor mir, ich staune, daß es Dich gibt, daß es Dich so gibt, wie es Dich gibt, und ich staune, daß ich Dich kenne (daß man jemand kennt, das ist das Erstaunliche, und das ist auch das Wichtigste, das weitere ist sekundär), ich merke plötzlich, daß ich noch immer an einem Staunen über die Tatsache befangen bin, daß es Dich gibt, konkret, wirklich, anfaßbar, berührbar, als ein Gehen, eine Betonung beim Sprechen, die Wendung des Körpers, eine Körperhaltung, ein Beschäftigtsein, als nackte Teile und bekleidete Teile, als ein Gesicht, eine Frisur, als das Haar in den Achselhöhlen, die leichte Vertiefung zwischen Oberschenkel und Bauchansatz, mit Schamhaar, mit einer Handbewegung, einem Verlassen des Zimmers – als eine lebendige Bewegung und nicht als ein Bild, ein Foto./Träume ich?/(Ich habe die Kälte vergessen, das Heulen des Windes und Fingern zwischen den hölzernen Rippen der zugeklappten Sonnenblenden, dieses Zimmer, in dem ich liege, dick angezogen unter Decken. Da ist noch ein Tisch, da ist noch eine Kommode mit einer Plastikschüssel darauf und einem Spiegel darüber, an die Lampe sind zwei vergilbte Papierblumen gesteckt, ein Überbleibsel von irgendeinem Budenzauber.)/(Karger Raum.)/(Träume ich?): schöne Möglichkeit zu leben! – und dann bist Du nackt, und Du gehst durch das Zimmer, und ich sehe, wie sich Dein Körper bewegt, den Umriß Deiner Schultern, den Umriß Deiner Hüften, und Du gehst ganz einfach, ich sehe, daß Deine Brüste leicht schwingen bei jedem Schritt, ich sehe Deine schmalen Arme, ich habe sie immer als schmal empfunden, ich sehe Deine angenehm breiten Hüften und Oberschenkel, und dann sehe ich Deinen Rücken, der glatt ist, und den weichen runden Ansatz des Hinterns, ich würde gern mit Dir flüstern, und mein Penis ist steif und zitternd, und ich taste über Deinen Körper, was mir wie ein lautloses Flüstern vorkommt, und Du bist ganz offen und weich und ich bin ganz offen, und ich merke, wie Deine Finger über mich tasten, und Du riechst angenehm, und wir bilden seltsame Formen aus Händen und Haaren, weichen gleitenden Schwingungen, einzelnen deutlichen Stellen, die über das Bewußtsein treiben, klar und genau, und niemand schaut zu, es gibt keinen, der noch da ist, da bist Du, da bin ich, kein lauerndes aufpassendes Auge, das sich nicht schließt und starr guckt, das ist nur eine öde starre Empfindung, die in einem installiert worden ist, wie ein ständiger Aufpasser, Wächter, aus Worten, Verboten – es gibt keine wirklichen Wächter! Es hat sie niemals wirklich gegeben! – und ich sehe Dich weiter, wie ein Flüstern, das ohne Wörter ist, ohne Sprechen – und ich kann Dich anfassen ((:nein, das kann ich jetzt nicht!))

/(:es wäre auch viel zu kalt! – Also habe ich an ein ganz anderes Zimmer gedacht, ich habe an das Zimmer in der Engelbertstraße gedacht)/

und was dachte ich noch?:(es war spät, mindestens gegen halb 4 nachts)

daß Du gern an den Schultern angefaßt werden magst, und ich dachte, daß deine Schultern ebenso lieb zum Anfassen sind wie jedes andere Teil von Dir und an Dir, und ich dachte, das ist Maleen, ich sah Deinen Namen, „Maleen", und ich sah Dich dazu weiter, Dein Gesicht, das sehr fein ist, ich kann mich nur damit wiederholen, indem ich das Dir sage,

und ich dachte an Deine eigenartige Haltung manchmal, das Störrische, ich sagte, das ist sie auch, störrisch und fein und sexy, (klingt nicht so schwer wie sexuell, was?), was ist dieses Störrische, ein Ausdruck, also was will sie dann immer in dem Moment anderes sagen und daß sie dann erstmal als Störrisches zeigt? „Maleen". (Deinen Namen sage ich gern, Maleen!)

Und ich dachte „ihre Schultern", also die Schultern! (?)/(Als Kind, jedenfalls sofern man ein Junge ist, wird man gewöhnlich an den Schultern angefaßt, auch auf die Schultern geklopft, an den Schultern berührt, wenn einer ein Lob einem zukommen lassen will und ausdrücken will.)/(Und eigentlich dachte ich gleitend über die Schultern bei Dir weiter: über die runde Kuppe des Gelenks in die zärtliche, mit dünnem Haar bewachsene Achselhöhle, eine überaus sanfte Mulde, und dann fort, weiter, langsam zur Brust.)/ Deine Brustwarzen sind groß und braun, und wenn sie angeregt sind, ziehen sie sich ganz zusammen und die braune Haut wirft winzige gekräuselte Falten um die Spitze, die steifer wird, und ich habe es aufgeregt empfunden, und schön.

Draußen saust und schärft sich der Wind. Ich liege in dem Zimmer, der Atem gefriert ein wenig, und ich denke an Dich, an Deinen Körper, über die vor mir liegende aufgeschlagene Seite eines Buches hinweg. Es ist viel zu spät und zu kalt, Licht aus, Decken hochziehen, einschlafen, ohne zu träumen, ich träume wohl am Tag zwischendurch genug, wenn ich schlafe, dann schlafe ich, selten träume ich dabei, und wenn, dann sind sie mir nicht bewußt, oder andernfalls sind es Schreckträume, die aber in langen Abständen und somit selten sind.)

Und schwerfällig aufwachen, starr, in eine starre kalte Luft hinein.

In einer kalten Freitagvormittag-Bergluft aufwachen:das Wasser, das aus den Hähnen kommt, ist eiskalt, und die Haut wird sofort frisch und klar, das kalte Wasser ist mehr kühl, und die Qualität des Kühlen schiebt die Hautempfindung in die Richtung des Frischen, Klaren und nicht Fröstelnden, Klammen und Unangenehmen. Die Haut, die Hände, das Gesicht werden schnell durchblutet, röten sich, wie nach einem Gang durch diese Luft.

22. Dez. 72: Zuerst das Licht! Ich habe lange hingesehen, über das Tal hinweg, die ansteigenden Häuser, in die Wolkenschichten, durch die gelblich-weißes Licht wanderte. („Alles in Ordnung!")/Schon spät am Vormittag. Verdammt./Heute gibt's Kohlen und Holz! Wann? Nur noch ein Rest Gas in der Gasflasche. Das dauert lange, ehe der Kessel mit Wasser kocht. Um Pulverkaffee aufzugießen. Hunger habe ich keinen in diesem Zustand. Mich wieder warm einpacken. Knipsen. Das Licht! (Davor steht eine TV-Antenne!)

Und dann das Land näher, eindringlicher mir ansehen, vom Balkon aus, der aus dem Wohnraum nach Süden hinausgeht, und von dem eine Treppe links, ist man herausgetreten, also nach Westen hinunterführt auf eine Terrasse, die sich vor der Wohnung der Signora Rosa befindet.

Rauch! Mindestens neun rauchende, qualmende Herbstfeuer verteilt in der Landschaft unter mir, südöstlich vom Ort, weit hinter der Ortschaft.

Laub wird verbrannt, und weißlicher Qualm steigt in dichten Schleiern auf und füllt das ganze Tal, je nachdem, wie der Wind gerade kommt, rieche ich den brenzligen Geruch verbrennender oder besser: verschmorender Pflanzen und Blätter./Und dann wandern stundenlang große helle Lichtflecken über die Hügel, verschieben sich je nach Wolkenschichtung, wandern über Weinhänge, Straßen, Häuser, steinige Landschaft, langsam und beharrlich./Der ganze Nachmittag ist erfüllt mit diesem wandernden Licht, das in einer rauchig-blauen Helligkeit geht. Der Rauch überlagert die tiefer gelegenen Landflächen. Nachmittags 3 Uhr, ein winterliches grau-helles Licht, in dem gelbe wilde Flecken eingelassen sind, langgezogene Sonnenlichtungen./Nach 3 Uhr:die ganze Landschaft ist mit diesem Herbstfeuerrauch angefüllt. Das Licht erlischt langsam. Die brackigen Häuser gegenüber treten jäh hervor, gelblich-moosig verblichene Dachziegeln, mit dünner gelblicher Flechte besetzt, und von irgendwoher das Geräusch einer Kreissäge.

Der Qualm in langen weißen Wolken und das Geräusch einer Kreissäge, die Holz durchbeißt.

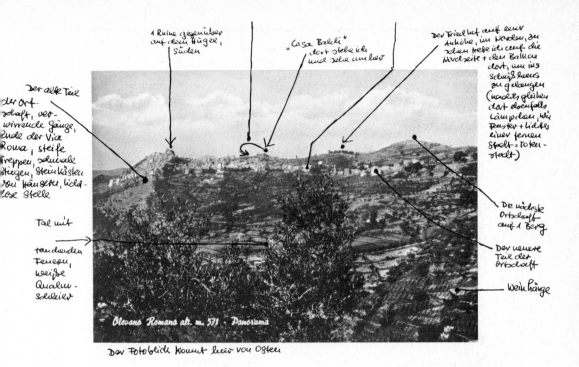

Handwritten annotations around the photograph:

1 Ruine gegenüber auf dem Hügel, Süden

"Casa Baldi" dort stehe ich und sehe umher

Der Friedhof auf einer Anhöhe, im Norden, zu dem trete ich auf die Rückseite + den Balkon dort, um ins Schwitzbett zu gelangen (nachts gleichen dort ebenfalls Lämpchen, wie Fenster + Lichter einer fernen Stadt = Totenstadt)

Der alte Teil der Ortschaft, verwirrende Gänge, Ende der Via Roma, steile Treppen, schmale Stiegen, Steinkästen von Häusern, lichtlose Stelle

Tal mit wandernden Feuern, weiße Qualmschleier

Die nächste Ortschaft auf 1 Berg

Der neuere Teil der Ortschaft

Weinhänge

Der Fotoblick kommt hier von Osten

Olevano Romano alt. m. 571 - Panorama

Dann klopfte es an der Tür vorn, der Junge der Rosa sagte was von Legna und Carbone, und drei halb volle Plastiksäcke mit Koks und ein Sack mit Brennholz lagen unten am Weg.// :Das Heizproblem dieses Sommerhäuschens hatte ich in Rom von Nicolas Born immer nur in Form von Würstchenbraten am offenen Kamin gehört – „dann kann man nur Würstchen braten, und er frißt viel Holz, ist teuer" – ich bezahlte 3500 Lire für die Fuhre, und der Junge half mit, raufzuschleppen, wofür ich ihm 100 Lire gab, die er still wegsteckte, nachdem er sie lange in der Hand gehalten hatte, noch bis unten im Wohnraum der Rosa, wo ich nach Preis und Bezahlen fragte. – Dann verschwand die Münze geräuschlos in der Hosentasche des Jungen, nachdem er gewiß war, sie würde nicht erwähnt, war schon vergessen, „basta" – Aber Du kannst auch sehen, wie andere die tatsächlichen Dinge begreifen:als Würstchenbratproblem! (Auf seinem Berliner Balkon briet er abends als ich da war, unterbrochen von langen Erzählungen über die Riesen-Steaks, die er in Amerika gebraten habe, über uns flogen PanAm-Maschinen und BEA-Flugzeuge niedrig zur Landung heran, fette starke Buletten auf einem winzigen umständlichen Holzkohle-Grill, so Camping-Grill und Camping am Mai-Abend auf dem Balkon in Berlin-Friedenau, ogott!) (Ist alles in der Gegenwart drin!) – Die Familie Born war bereits sogleich hierher gereist und hatte 4 Tage oder 5 Ferien im Oktober, oder war es November-Anfang gemacht. (. . .)

Frau Rosa, in schwarzer Trauerkleidung (total ohne Sexualität, man denkt ab eines gewissen Alters bei den Frauen hier überhaupt nicht mehr daran, und das Alter ist kurz nach 30! Man sieht sie zwar immer noch als Frauen, aber nicht mehr als begehrenswerte Körper, man sieht sie als Hausfrau, als Frau, die arbeitet, Wäsche wäscht, die Wäsche aufhängt, Brote zurechtmacht, dem Mann das Essen kocht, aufräumt, Kinder versorgt – nie sah ich bisher auch hier Frauen oder Mädchen in einem Café oder Bar, nur als Kassenfrau, und die Mädchen, sehr kräftig, hüpfende Hintern in Jeans oder Cordhosen und wackelnden Brüsten warten darauf, daß sie das Leben dieser Art fortführen können, lediglich mit ein wenig mehr „Tout Komfort", Transistor und TV und Anbau-Möbeln, – und doch ist der Großstadttyp keine Alternative dazu! Nicht diese elende Emanzipiertheit, die sich emanzipiert überall beweist, und nicht das Verstecken einer Frau hinter ihrem Wort Frau, sowie sich Mädchen hinter ihrem Mädchen verstecken – die Alternative ist wohl eine Frau, die Frau ist und selbstbewußt und das kann).

Frau Rosa in schwarzer Trauerkleidung machte mir das Feuer an, mit dürren Weinreben, Papier, „Fidibus", darauf Holz, und erklärte den Trick, eine Lage Holz, anbrennen lassen, dann Kohle darauf (:kenn' ich, Mädchen!), nachts eindecken, morgens rumoren und stochern, Holz drauf, Kohle, den Tag glimmen lassen. /Ich rückte den Tisch an den Ofen, Stuhl dran, mit dem Rücken zum Feuer, notierte, da wurde mir bald wohler./ Kochte mir auch eine Knorr-Zucchini-Reis-Suppe, schlug mir ein Ei hinein, machte mir Kaffee, ging hinunter in den Ort, etwas einkaufen.

Jäh fiel Sonne ins Zimmer, schräg, und verschwand auch schon, weggedunstet.

Noch einmal durch den Ort tasten, sich orientieren, Treppen rauf und abwärts, abends in der Dunkelheit, 5, 6, 7 Uhr, die Hauptgeschäfts- und Arbeitszeit, lebhafteste Zeit, denn zwischen 1 und halb 4 ruht jeder, (nur Hunde und Katzen streichen herum und Hühner scharren in Abfällen)/:da sah ich die Foto-Romanzen lesenden älteren Männer in ihren kleinen Krämerläden, (Foto und Romanze:!)/Aus Ofenrohren, die aus Häuserwänden kamen, schwelte Rauch, schwiemelnd und flockig. Oder aus gebogenen Ofenknien./Männer und Esel, die Fässer schleppten und über Steine mit Hufen tasteten. In einer frühen Abenddunkelheit./(Sie kamen von unten herauf, aus dem Tal, und von den nächsten, umliegenden Anhöhen, wo sie wohl wieder die Weinstöcke zubereiten müssen für April.)/ Frauen tragen auf ihren Köpfen 20-Liter-Kanister Wein, oder Bündel Brennholz, oder Kartons, und sobald sie diese Lasten freihändig, ohne sie mit einer Hand zu stützen, tragen, sieht es schreitend aus./(Daneben dickärschige junge Mädchen in Jeans.)/Die Lastesel traben durch Fiats./(Sie fahren hier viel mehr mit Gefühl für Fahren und Raum als im sturen, plumpen Deutschland, wo sie klobig fahren, wie eine Axt im Menschenwald!)/Ich sehe immer weiter; von Ecke zu Ecke; und an jeder Ecke hat sich menschliches Leben irgendwie niedergeschlagen, abgelagert, Vergangenheit, immer weiter zurück, die aufspringt in Rundbogen, verwitterten Holztüren, alten Weinfässern, winzige Treppchen, aus den schwarzen Schatten.

Ging zu dem Ufficio Vigile Urbano Informazioni wegen einer Karte, es muß das amtliche Büro sein, vielleicht auch sowas wie Städtisches Wachtamt der Kommune Olevano, dort traf ich einen älteren Mann mit goldenen Knöpfen an einem amtlichen Mantel, der in einem kleinen Raum hinter einem Schreibtisch, auf dem nichts war, döste. Im selben Raum, neben ihm, war ein Motorrad abgestellt. Daneben, der Raum in der Mitte des Gebäudes, war das Telefonamt, und dann daneben, zur anderen Seite sowas wie landwirtschaftliche Genossenschaft./Ich wollte einen Plan, Katasteramtskarte holen. Erst nach Weihnachten. Das Büro hat geschlossen.

Aß ein Stück miese heiße Pizza con funghi, mit Pilzen, die man abgewogen kaufen kann, und aß sie neben dem Brunnen mit Acqua non potabile, aus dem in langen Zügen ein Esel soff. Blickte hinunter in das bläulichdunkel eingefärbte Tal. (Was fühlte ich da? Wie war ich in dem Moment? Ärgerte mich etwas über das teure Stück Pizza, das nicht einmal schmeckte, lehnte an der Mauer und sah hinunter in die rauchige Abenddämmerung, wischte mir den Mund mit dem Rest Einwickelpapier.) Und dann schlenderte ich durch „worlds end", ich denke mit der älteste Teil der Ortschaft, eine arme Gegend, und reich zum Sehen, immer neue Brechungen von kleinsten Straßen, schmalsten Treppen, verwinkelt und steil, einige Durchgänge nicht breiter als einen halben bis einen Meter, und davon abbiegend wieder schmale, steile Stufen, die zu irgendeinem Steingeviert, das noch irgendwie an ein anderes schmales Steingeviert angesetzt ist, führen – finstere Rundbogen, schattige, lichtlose mit armem Gefunzel ausgestattete Abkürzungen, ein Labyrinth, direkt am Berghang, es geht immer abwärts, in das der Wind dann noch den Koksrauch wieder hineindrückt./Und da spielten noch irgendwie Kinder schreiend Fußball.

Ich sah einen Mann mit einer Schrotflinte, doppelläufig, umgehängt heraufsteigen, und einen Patronengurt umgehängt, mit den Schrotpatronen. Ich sah wieder Esel, die sich über das holprige Pflaster heraeftasteten. Ich spürte keine aggressive, dumpfe Atmosphäre, nichts von Brutalität, nichts von einer Atmosphäre, die einem an die Gurgel greift, sondern ich spürte ähnliches, wie das, was ich sehe, wenn ich in Rom an den lungernden Katzen vor der Algerischen Botschaft vorbeigehe – ich sehe eine tierhafte, apathische, aber auch bewegte Szene, in der jedes Lebewesen innerhalb einer Gruppe=Kommune=Gemein-schaft:bestehend aus ein und demselben Ort und einundderselben Zeit, lebt:armselig neben reichlichem, wie bei den Katzen, wo auch die halbverhungerte Katze, die nie einen Brocken kriegt, sondern nur noch die Reste, die keiner mehr will, neben dem fettesten Tier friedlich in der Sonne sitzt und verhungert, mitten in der Sonne, aber sie verhungert langsam, nicht plötzlich, und so merkt sie es nicht. (Aber ich kann sehen. Man kann sehen. Ich weiß. Man weiß.) Ist es so schlimm? Nein! Es gibt zu reden, zu schwätzen, beieinanderzustehen, in den Arbeitsklamotten, mit dem Plastikbündel unterm Arm.

(:tatsächlich ist mir bislang der Teil des Ortes am aufregendsten erschienen/vielleicht ist das bei mir falsche Romantik/aber die Formel von eben stimmt: der ärmste Bereich, am meisten zu sehen/ich bin weit davon entfernt, diese Menschen als besonders anzusehen, auch weit davon entfernt, mich für diese Menschen zu engagieren, sie kommen ganz gut auf ihre Weise zurecht, etwas anderes würde nur stören – aber sie sind mir nicht fremd, auf eine seltsame Art und Weise, denn sie sind mir total fremd in ihrer Lebensweise, sie sind mir total fremd in ihren Bedürfnissen, in ihrer Freude, in ihrem Beieinanderstehen, in ihren Plastik-beuteln, alles das kann ich nur als interessant mir beschauen, aber dann kommt ein Verstehen, das so äußerlich ist und so intensiv, daß es wahrscheinlich den Anlaß des Verstehens, eben diese Menschen, total verschrecken und erschrecken würde, begriffen sie es, dieses Nicht-fremd-mir-sein bezieht sich auf einen Gesamtzustand der Menschen, auf eine grundlegende Ebene, wofür die äußerliche Armut, die äußerliche Schäbigkeit nur ein viel zu schwaches, aber doch vorhandenes Zeichen ist, ein Fingerzeig, wo man noch immer steht – denn psychisch reich werden sie nicht sein, auch nicht kreativ-überschwenglich, die Differenzierungsbreite ihres Daseins dürfte gering sein, ein paar Klötze Inhalt, ein paar Gewohnheiten, aber was stellen dagegen die vorhandenen Differenzierungen denn tatsäch-lich dar? Für jeden persönlich eine hübsche Sache, eine angenehme Entfernung – doch eine tatsächliche Erweiterung=Freiheit=Verfügung?:Das ist meine Begründung und mein Standpunkt gegenüber den schäbigen Weltreformatoren, die sich mästen am speziellen Elend anderer und das Elend, die „Tatsache, daß" nicht sehen können vor lauter Program-men./So gehe ich dadurch, mir hat keiner derjenigen, die ich über Olevano befragte, davon erzählt, mir hat niemand – und sei es nur stammelnd – von seinen Eindrücken erzählt, sie haben erzählt, schön ist es da, und das stimmt auch, teils, und dann haben sie eben Rostbratwürstchenprobleme am Kamin. Oder verlogene Hochglanzfotos in großem For-mat, auch das sah ich in der Villa Massimo bei Künstlern von diesem Ort. – Sie haben mir nicht erzählt von dem Koksrauch, der in den engen Gassen interessant steht, sie haben erzählt, jeder ballert hier rum auf jeden winzigsten Vogel, der sich rührt im Herbst – erinnerst Du Dich der Geschichte bei Cendrars, Wind der Welt, von dem Tal und der sonntäglichen Vogeljagd, die er, Frederic Sauser=Blaise Cendrars, dort als Kind miterleb-te, so stelle ich es mir hier vor, und das Tal stimmt sogar für derartiges Knallen! – Ach was, sind eben „Künstler der Bundesrepublik"! Also mies! Weg damit. – Sobald Ihr hier seid, können wir den ganzen Tag herumspazieren, nehmen etwas Essen mit, der Robert kann überall hineinschauen, kann alles anfassen, vielleicht wollten wir nur in Olevano bleiben – es ist viel interessanter als Rom, in dem abgetakelten Künstler-Gehege wie'n abgewrackter staatlicher Künstler-Zoo, wo alle 10 Monate die räudigen Tiere wechseln, räudig wohl im Kopf, na, da nehme ich mich aber schwer aus, – fühle ich mich denn da bisher wohl? Nee! Du weißt es.)

Kaufte etwas ein./Sah ein buntes großes Foto eines Fußballspielers neben einem Madonnen-Buntbild (diese Madonnen hängen mir zum Halse raus, sie sind wie eine faulende Nachgeburt, die sie seit 2 Tausend Jahren mit sich herumschleppen! – Und die Farben dieser faulenden 2 tausendjährigen stinkenden seelischen Nachgeburt sind schiefrig-bläulich wie Aas! – Oder wie die bunten Fußballspielerfotos! Auch bläulich angelaufen und lackig wie Aas! Man trifft sie überall, sobald man in einem Raum den Blick herumschweifen läßt – Volkskunde! Sind das nicht auch Toiletteninschriften, diese Bilder? Und noch ein Gedanke dazu: nach einiger Zeit Aufenthalts in Italien und nach einigem exakten Hinsehen – das heißt:nämlich sehen, was man sieht, und nicht sehen, was man sehen will, auf Grund der eigenen Prä-Okkupiertheit von Ideen und Motiven! – begreife ich den nackten Irrsinn der Unterdrückung der sexuellen Entspannung, die vor allem bei dem weiblichen Geschlecht mittels unserer abendländischen Kultur und Zivilisation und den ganzen christlichen Ramsch-Werten so verwüsteten Hintergrund angelegt hat, als ganz zwanglose, und daher bis heute nicht bemerkte Folge aus den Notwendigkeiten der Art- und Gruppenerhaltung, wo Sex nur dazu diente, überwiegend, die Art, die Gruppe, am Leben, am Überleben zu halten – und das uralte Verhalten hat äußerst geschickt die christliche Religion aufgegriffen, modifiziert, in eine sinnleere Mythe alla Kultur gebracht und in die Erziehung geträufelt, egal ob katholisch oder protestantisch oder sonstwie auf den abendländischen Ramsch bezogen – über das Denken, über den Kopf, über die Kopfprogramme ist die Physiologie und die Entspannung des Körpers, die Freude besetzt gehalten – als Ersatz dienen dann Unbefleckte Empfängnisse und damit zusammenhängende oder abgeleitete Werte und im weiteren Umfeld die Auffassungen von Stil, Gutem Geschmack und so weiter. Der reinste Wahnsinn!/Also da klebte wieder so'n Bild!)/(Und immer, von unten, aus der Stadt egal wo man ist, kann man die zwei beleuchteten Fensterchen oben auf dem Hügel sehen, wo ich sitze und schreibe.)/(Es sind wohl eher Notizen, die ich Dir schicke, Maleen.)/(Skizzen? Fotos! Schnapp-Schüsse! Keine Schüsse, nein.):

(Wenn ich bedenke, was alles über Italien geschrieben worden ist, vor allem auch in deutsch und von Deutschen, und wenn ich bedenke, was sie tatsächlich gesehen haben, nimm den Göthe, ein blöder Kerl, fand alles gut, gewann jedem noch etwas Unverbindliches ab, eben Künstler? Da stimme ich dann wohl Burroughs zu, der in seinem Bericht Rückreise nach St. Luis, ist im Acid drin, aber nicht weil Rygulla das kannte, den Teufel auch und verdammt nochmal, der kannte gar nichts! Nur die Show! Verfluchter Dreck. – also:ich stimme dann Burroughs zu, der schreibt, daß ein Gang um den Häuserblock einen ganzen Roman füllen könnte, wenn man sähe, was man sähe!)

Fußballspieler, Papstbilder, vom guten Johannes, Madonna („Mama mia!"):dazu Frisöre, Obstläden, Gemüse. (Könnte ich besser kochen!) (Könnte ich überhaupt kochen!)/Frauenschreie, hoch und durchdringend in den schmalen düsteren Gassen (ist Mittelalter)/ (übertreibe nicht, ich war durch nichts abgelenkt, ich konnte sehen und hören, was sich begab:Frauenschreie)/Immer wieder Abzweigungen/Kaufmannsläden, die alles führen, vom All-Waschpulver bis zum Cornedbeef/(nebenher auch noch 6 Uhren und 2 Sorten Gummibänder)/(:aber Sex und Ausschweifung und Vergnügung und Flitter ist hier nicht, nix da!)/(Wind heult um die Ecken.)

/(:gerade fällt mir auf, daß ich mich hier besser fühle, angenehmer, trotz primitiverer Einrichtung, keine Zentralheizung, Ofenheizung, kalter Schlafraum, unruhig weil undeutliche Geräusche ab und zu, die ich nicht lokalisieren kann, irgendwas knackt ja immer, kühle klare frische Luft, kaltes kühles Wasser, einen großen Schreibraum, eine kleine Schlafkam-

374

mer, hinter mir ein zischender Wasserkessel, in der Ecke ein schlaffer Kokssack und ein Holzsack, in der eiskalten Küche nebenan drei Eier, 2 kleine Salcice-Würste, 2 Knorr-Suppen, Pumpernickel, Nescaffee, alles sehr provisorisch, zum Pinkeln und Kacken über einen Außenbalkon, also angenehmer als in dem Ateliergehege in Rom, Wind, Mond, Stille, Knacken, Geheule, Hundegebell, überschaubares Material, Lektüre, nur 3 Bücher :Bilz, Jahnn, Wieser, Papier, Kohle, Holz, für 1 Woche, gut, gut!)/
Und weiter den Gang am Freitagabend (prima, Weihnachtsgefühle hab ich hier nicht, ist doch zwei Tage vor dem Fest, zum ersten Mal in meinem Leben setze ich aus, Streik, bei mir, nicht mal das, ich notiere zu viel, sehe, bin hier):

(Wenn ich erstmal, in bestimmten Momenten, immer den Hang andere herbeizuholen in die Situation, in der ich mich gerade befinde und die mir etwas sagt, aufgegeben habe oder darüber hinaus gekommen bin, beginnt eine leise Verzauberung in mir sich zu regen, die sehr klar ist – so erging es mir zwei Tage vor Abfahrt nach hier, als ich spät abends noch durch das staatliche Künstlergehege ging, knirschend! –– ((denn unter den Schuhen knirschte der Kies, hahaha!)) –– und, mit der Flasche Oude Genever und 1 Fl. Bier sowie den Printen, mich an das Blätterfeuer setzte, das seit Tagen in dem Grünstreifen hinter den ersten Ateliers brannte – ich warf einige Baumstümpfe dazu, und das Feuer loderte, ringsum 12-Uhr-nachts-Kälte, ich saß dort im Mantel, trank etwas, sah in die Glut, darüber war Vollmond mit einem riesigen Hof herum in der klaren, kalten Nacht – der Mond mit dem weißen Hof tastete sich langsam durch eine hohe ausgebreitete Zeder in der Nähe – niemand da, knacken und prasseln und saugendes brennendes Zischen – ringsum alles still, über die Mauer standen die nackten Glühbirnen der Straßenbeleuchtung, später die Katze, die dazukam und herumlauerte und sprang – ich saß dort lange, wälzte noch ein Stück Baumstamm ins Feuer – war wie ein Feuer in der Wildnis, mit dem enormen weißen Mond darüber in den schwarzen Ästen und Zweigen und dem weiten großen Ring (Trapper-Romantik? Wildnis-Romantik? Das Gefühl für Raum) –– ich fühlte mich wohl, ich war darüber weggekommen, auf diesen Zustand des Wohlseins irgendwen hinzuweisen – und genoß es, dazusein und in das Feuer zu sehen, wie einzelne glühende Stückchen in die Luft wirbelten und dort verlöschten, käferhaft oder wie herausgeschleuderte Gedanken, fiel mir dazu ein – und ich saß dort über eine Stunde, bis dann Wagen aus der Stadt zurückkamen, vom Essen, Trinken, Herumsuchen, und da war die Verzauberung vorbei. Jeder redete wieder.)

/:hier folgt noch eine Unterbrechung in der Gegenwart, und zwar ist das fast eine Anekdote, könnte ich Anekdoten des Bewußtseins erzählen: – ich stand auf, trat auf den kleinen Nordseite-Balkon, ging in die Toilette, ich mußte kacken, nahm W. Wieser's Buch mit, schlug das 1. Kapitel auf, las, dann schlug der Wind die Tür hin und her, alles total still, also laut, im selben Moment las ich:Um vom Allgemeinen zum Besonderen zu kommen, Komma, da schlug die Tür wieder und das Geheule eines fernen Hundes mischte sich darein, während ich da in dem kleinen Raum saß, der blau angestrichen ist und eine enge Sitzbadewanne enthält und einen stehengelassenen Kindertopf voll abstehender Pisse, sah ich:Um vom Allgemeinen zum Besonderen zu kommen, hörte, und dabei hat der Kerl seinen Aufsatz, in dem er das sagt, sich derartig formuliert:"Die Entwicklung der Biologie als ein sprachliches Ereignis" genannt, und dann mir das, Um vom Allgemeinen zum etc., da schlug die Tür, der Wind schob sich rein und raus, fern das Geheul eines Hundes, und die Artikulation eines Menschen – ist das nicht witzig? Ich habe dagesessen und gelacht!)/

Ständig offene Schlachtereien, und da hingen an den Haken der Wände rings um die enthäuteten Kaninchen, glasige bläuliche Leiber, rote enthäutete Köpfe, in denen noch die Augen steckten, und aus dem länglichen roten Schädelknochen kamen die Ohren heraus, die noch Fell, Haare trugen. Sie wirkten tatsächlich „ausgezogen", blutig ausgezogen.

Auch Puter, am Kopf aufgehängt, Haken durch die Hälse, hingen in den kleinen Räumen (es fällt alles wohl so sehr auf, da die Läden winzig sind) mit gräßlichen großen Löchern, den Einstichlöchern, in den langgezogenen Hälsen, und aus allen Ecken ist Gemurmel von Stimmen zu hören.

Kaufte Klebstoff, einige Ansichtskarten, verwitterte Männergesichter, immer schäbige Jacken und darunter schäbige Wollpullover. Kleine verwachsene Frauen, die kurz zu sehen sind, dann wieder rasch in irgendeinem Steinbruchverschlag verschollen gehen. Viele Kinder.

Aus einem Laden kam ein amerikanischer 50er-Jahre Schlager, an den ich mich genau erinnerte, (plötzliche Verwandlung der Szene, 15 Jahre zurück, lautlos und in einem ganz anderen Raum, während ich durch diesen abendlichen italienischen Bergort gehe, südlich Roms:)The Platters, Only You, hohe Falsett-Stimmen, hohe weiche Negerstimmen, langsam und zu süß, die Süße einer Schallplattenmusik, die sich vermischt mit den vagen Träumen und Vorstellungen eines 16jährigen Jungen in einer norddeutschen Kleinstadt, abends, wo nichts geschieht, niemals etwas geschehen wird, niemals etwas geschehen kann, in der Stille eines nassen leeren Frühlingsabends mit den verlassenen, liegengelassenen kleinen Gärten, die in Nässe versinken, mit den leeren Straßen, mit der Angst vor der kommenden Griechisch-Arbeit, umgeben von den Gespenstern eines banalen, leeren anständigen Lebens, und umgeben von Verboten, Drohungen, von mangelnder Aufklärung, von kitschigen humanistischen Gedanken, und diese süßlichen negroiden Schallplattenstimmen vermischen sich mit der Pubertät und den Sehnsüchten eines Jungen in der Pubertät, es muß 1956 gewesen sein, jetzt ist 1972, draußen blaue Abenddunkelheit über Abhängen und bröckeligen Treppen und den stufenhaft ineinandergebauten Häusern, die Jungen und Mädchen des Ortes gehen, wie überall, getrennt auf der Straße bummelnd und untergehakt, in kargen Zimmern sitzen Karten spielende alte Männer und mechanisches buntes Leuchten blitzt an abblätternden Häuserwänden über die Eingänge von Findus-Lebensmittellädchen auf, und dann dazu gemischt die hohen schwerfällig-süßen Negerstimmen mit Only You Can Make The World Seem Wright Only You Can Make The World Seem Bright, weiß der Geier, wer dieses You=Du ist. Ringsum in den Bergketten verteilt Lichterketten und Hundegebell. Und feuchte Kühle steigt die Abhänge hoch, schleichend und lautlos, und wischt über Steinfußböden und kriecht an Mauern entlang. Noch glimmt bleich schwelend ein wenig Tageslicht in den Wolkenschichten, sehr fern über den nahen schwarzen Schattenbrüchen aus abzweigenden Treppen, Hauseingängen, Rundgewölben. (Was dachte ich damals?:wahrscheinlich etwas ziemlich Melancholisch-Auswegloses, umstellt von Menschen in einer kleingärtnerhaften Landschaft, ihren Sorgen wegen Geld, ihren zerfallenen Träumen, ihren vagen Hoffnungen, auf ein vages Besseres, das noch kommen würde – aber ich war ziemlich bereit für heimliche ausschweifende Gedanken, aufnahmebereit für Räusche – ich versank in dem großen Raum ringsum, sobald keine Häuser mehr da waren und keine Menschen – wo kommst Du her? Und dann log ich ungeschickt. Wo war ich gewesen? Hatte mich herumgetrieben, harmlos mit zwei, drei Schulkameraden, – da log ich ungeschickt, ich hätte bei irgendwem Schularbeiten gemacht, während wir durch die Vorgärten oder Gärten hergetrampelt waren oder in einer schäbigen Wirtschaft, in die garantiert niemand, den man kannte, hereinkommen würde, weil sich in ihr meistens ungelernte Arbeiter aus irgendwelchen Baracken oder zusammengestückelten Häusern am Stadtrand aufhielten – sie siedelten an den Ausfahrtstraßen, oder in dem zertrümmerten Flugplatzgelände – wovon träumte ich damals?:wovon träumt man, wenn man 16 Jahre alt ist? Erzählungen von Händen, die an Mädchenbrüste gefaßt haben, Erzählungen von Mädchenbrüsten, Erzählungen von Büchern und verworrenen Ideen aus Büchern, Erzählungen von Kein-Geld-haben-fürn-Bier, aber sagen, was man träumte?

Wozu man bereit war? Ich habe oft gedacht, daß man die Erwachsenen totschlagen müßte – und ich habe oft damals gedacht, daß ich nie so erwachsen werden möchte, wie ich sie um mich hatte – eine sinnlose Rebellion, in die man gehetzt wird, eine sinnlose und ergebnislose Verklammerung, die viel Energien verbraucht – ich habe den Lehrern Knochenbrüche gewünscht, ich habe ihnen das Dreckigste, was man sich vorstellen kann, an den Hals gewünscht – ich bin von Krüppeln erzogen worden mit Krüppelvorstellungen! Und ich mußte mich gegen eine Überzahl von Krüppeln verteidigen, zur Wehr setzen! Ich mußte mich gegen vertrocknete, saftlose Fotzen zur Wehr setzen, gegen schlaffe, sinnlich-leere tote Frauenkörper, aus denen irgendetwas Biederes, Mieses kam, gegen Wohnungen und Krüppelvorstellungen und trockene, pulverisierte Angst, die aus den Körpern kam und aus den Sätzen rieselte, mußte ich mich wehren, um nicht zu ersticken, vielleicht kann ich so verstehen, was es heißt, daß Träume die Blutergüsse der Seele sind!)

Ich ging mit diesem alten sentimentalen Schlager im Kopf durch den Ort, den „Boulevard" der Ortschaft am Rand des abfallenden Geländes entlang, die Via Roma, vorbei an dem fensterlosen Haus eines ausgestorbenen Kinos, das Smeralda heißt, vorbei an einem Kriegerdenkmal, mit schweren niedrigen Eisenketten umzäunt, und an den vier Ecken jeweils als Schmuck und Befestigung der Eisenkette, der aufgestellte Stahlmantel einer kleinen Bombe!

(:übrigens, warum mögen Kinder und, ist man selber zu sich ehrlich, auch Erwachsene viel lieber Kitsch?:ich meine, daß in dem Kitschigen noch viel mehr unausgeträumtes Material steckt, unausgeträumte Ecken, Stellen, die man selber noch mit etwas anderem als mit Denken füllen und austräumen kann! Man sollte doch nicht so arrogant sein wie bei Intellektuellen oft geschehen und immer nur Vollkommenes, total Gestaltetes verlangen – eher Hinweise, „zeitlos sieht dich die Vollkommenheit an" oder so ähnlich, wie es bei Benn heißt, und dabei konnte der sich gar nicht genug an Postkartenbildern laben und davor träumen, sie genügten ihm als Material mehr als das Anwesendsein an der betreffenden Stelle. Und daß Schlager, daß Filme so ankommen, diese Tatsache sagt doch etwas, viel mehr als der Hinweis, ob es nun gut gemacht ist oder nicht und einen akzeptablen Inhalt besitzt. Also ist ein Traumverlangen vorhanden, eine Traum- und Rauschbereitschaft. – Entzückt sie sich am „Formstillen", am Ausgearbeiteten? Da bleibt real nur noch wenig.)

Trat in ein winziges Gewölbe, die Tür offen, am Eingang Holzkisten mit grünem Salat, mit Mandarinen, mit Fenchel, mit Äpfeln, innen war die kalkweiße Farbe mit schwärzlichen Flecken Feuchtigkeit durchsetzt und an einigen Stellen leicht grün verschimmelt. Eine Glühbirne hing kahl an der elektrischen Schnur von der Decke, ringsum wieder Regale voll Obst und Gemüse, Zitronen, Apfelsinen, Mandarinen sind noch mit Blättern an Stengeln vom raschen Pflücken. Draußen trabt ein mit struppigem Holz bepackter Esel vorbei. Ein buntkitschiges Madonnenbild hängt natürlich auch wieder an der Wand in Nähe der Kasse./ Der Verkäufer macht eine Mandarine auf und gibt mir eine Hälfte zum Probieren, die andere Hälfte ißt er selber. Ich kaufe ein Kilo und noch ein Kilo Äpfel, zusammen für 400 Lire./In die Tasche gibt er noch mir unbegreiflicherweise 2 Mohrrüben und ein Bündel Grün dazu./Eine Frau kommt die Via Cavour heruntergeschaukelt und trägt einen 20-Liter-Kanister Wein auf dem Kopf./In einem Fleischladen sehe ich von Blut getränkte Hobelspäne, die auf dem Fußboden des Ladens liegen unter geschlachteten, an den Wänden aufgereihten Hammeln. Wieder große Löcher seitlich am Hals, die Einstichlöcher./ Auf der Straße hoch, Via Cavour, in Serpentinen bis zur Kirche Rocco, spricht mich vor einem Gewölbe, in dem Fässer stehen, Pfützen auf dem unebenen Steinboden, Schläuche, Flaschen, ein Mann an, der mir in Comic-Sprache mit viel Wuumm und Puuff eine Flasche Spumante (= Schaumwein), selber abgezogen, verkauft für 400 Lire. Ich habe mich überreden lassen und es hinterher bereut, denn obwohl der Typ die Flasche gegen Licht hielt und die Klarheit seines Produkts zeigte, war sie nachher trüb. Es hat zwar Puff und Wumm gemacht beim Öffnen, aber es schmeckte auch so nach wumm und puff. Da war ich reingelegt./Seltsame hohe Frauenschreie in den Straßen oder aus den Zimmern gelegentlich. Nah klingt alles, das eigene Gehen, das Sprechen, das aus den Häusern kommt, fernere Geräusche, aus weiter weggelegenen Gevierten sind nah zu hören. (Bergort.) Lautlos schleichen Katzen an zernagten Hausfundamenten und zernagten schweren Stalltüren vorbei.

Zurückgekommen ist angenehme Wärme im Zimmer./Den ganzen Tag habe ich den brenzligen Herbstfeuergeruch gespürt. Er hängt schwer in der frischen Kühle der Luft, zieht nur mäßig ab.

Ich sah die Plastikkanister in verschiedenen Größen ausgestellt und nahm mir vor, morgen, am Samstag, einen 5-Liter-Behälter zu erstehen und nach einem Händler mich zu erkundigen, der guten Wein zieht./„Questa sera io", und zeigte herum, machte die Frau Rosa, als ich dann fragte.

Sie leben hier von Weinanbau und Olivenölpressen. Viele arbeiten wohl außerhalb, fahren mit den blauen staubigen Bussen nach Rom(?).

Wieder fällt mir auf (und gefällt mir), daß die Tage hier sehr lang sind, und ebenso die Abende, es ist hier noch Zeit vorhanden, eine Qualität, die in der beschleunigten Rotation der Großstadt verloren geht. (Zumindest hat man das Empfinden – das macht nachdenklich. – Hier kann ich schreiben, lesen, Besorgungen machen, mich umschauen, und der Nachmittag ist noch immer nicht vorbei – in Rom geht das bei einem Gang zur Post oder Lebensmittelkauf bereits drauf./Zu viele Eindrücke, die Energien fordern, in Form von permanenter Aufmerksamkeit beim Gehen draußen, zu viele Dinge, die man nebeneinander betreibt, statt sie, was nur klug und rational ist, jeweilig ganz abschließt./Hier ist trotz der Kargheit das meiste auf Rationalität beschränkt – allerdings kommt dann für die Leute, sobald sie herausfallen, aus ihrem Arbeitszyklus gewöhnlich nichts, sehr weniges./Bereits die vielen Bilder, Eindrücke, Zeitschriften, Angebote in der eigenen Wohnung und dann draußen, dieser rasende Wirbel, entwendet sinnlos Zeit, indem das von einem Beachtung fordert oder möchte. – Damals in Longkamp, ist mir das schon aufgefallen, wie lang ein Tag ist, wie lang ein Abend ist, wie lang eine Nacht – es sind weniger Geräusche da, es sind weniger Reize da, es sind weniger Vorgänge da, es sind weniger Ablenkungen, die das Gehirn weich machen, in dem sie den Blick verwirren – und am Schluß ist der Tag futsch, der Abend futsch, man ist leer. Das sind die Gehirnparasiten, die sich an einem festsetzen. „Von Symbiose zum Parasitentum ist nur ein Schritt.")

/:und wieder ist schwarze nächtliche Dunkelheit um mich, wieder ist die Nacht tief und spät geworden. Ich blicke durch den Raum vor mir. Rechts ist die Tür zu der Schlafkammer, daneben rechts, nach Süden raus, die Flügeltür, und nach links daneben verschoben ein Fenster und davor stehen zwei Stühle, mit festem Bast bezogen. Auf dem einen Stuhl liegen Äpfel, auf dem anderen Stuhl die Mandarinen, „Gäste". (Sagen nichts.) Ich lege Koks auf, stochere die Asche durch den Rost, Stille. In der Stille das Geräusch der Schreibmaschine. Mitten in der Nacht. Hundegebell natürlich. Keiner da. Ich sage laut, „Keiner da". Keiner da. Niemand. Ich gehe durch den Raum. Was ist? Nichts. Niemand. Keiner da. Warum bin ich unruhig? Es ist wie ein kleiner Krampf innen, der mich in mir selber festhält und einsperrt. Mich gehen lassen, denke ich. Ist doch alles in Ordnung. Warum diese Unruhe? Hier ist der Raum, mit dem roten Steinfußboden. Dort strömt der Ofen Wärme aus. Es tröpfelt zwar aus dem längs der Wand bis zum Kamin gelegten neuen Ofenrohr und stinkt etwas nach öligem Talg, das wird aber verschwinden. Also was ist? Hundegebell, das widerhallt. – Stünde ich nun irgendwo unten im Ort und blickte ich hoch, würde ich die zwei erhellten schmalen Flecken sehen (das Haus ist von überall, aus jeder Richtung einzusehen), mitten in der Nacht zwei erhellte Fenster. Hinter diesen zwei hellen Fenstern bin ich./ (Gegen das Licht gehalten, sieht das schwarze Blatt Kohlepapier mit den durchgeschlagenen Stellen darauf, wie ein nächtlich schwarzer Himmel voll winziger Sternpunkte aus.)/Es ist doch manchmal eng in der Brust, als sei nicht genug Platz dort vorhanden./

Und Samstag, der 23. 12. 72:aufwachen in einem kleinen Raum, neu in die Kälte steigen, sofort am Ofen rumoren, Glut anblasen, in dem gestreiften Nachtanzug vor dem Ofen knien, nach Koks greifen, Holz auflegen, kaltes frisches Wasser auf der Haut, die sich rötet, anziehen, Wasser kocht, Kaffee aufgießen, etwas essen, am Tisch sitzen und hinaussehen in den späten Vormittagshimmel, darunter, vom Tisch nicht zu sehen, die Steinhäuser./ Überlegen, was ich eigentlich benötige für 3 Tage, wenig. Etwas Aufschnitt, ein Stück Käse, Kaffee, Brot, Eier, eine Dose Erbsen, Zigaretten, ah, der Kanister für 5 Liter. (Jetzt ist Mittagszeit im Dorf, bis 3 Uhr, halb 4, alles zu, verlassene Straßen, nur stumpfe Steinwände, hellbeige, bis schwarz, das zarte gelbe Moos, die zarte gelbe Flechte auf den hellen, sandfarbenen verblichenen Ziegeln bewundern, blaß und sandfarben und leicht gelbe Stellen darin, einige Streifen Ziegelfarbe, und ich stehe auf dem Nordbalkon, Blick auf Weinhänge, Friedhof, Baumreihe oben auf dem Höhenzug, links neben mir drei Plastiksäkke Koks, rechts, am Ende des schmalen Balkons ragt schräg ein rostiges langes Ofenrohr, am Eisengitter des Balkons befestigt, von unten auf und raucht. Ebenfalls rechts, davor, die kleine Toilette mit einer Sitzbadewanne (und irgend jemand hat einen vollen Kindertopf Urin als Erinnerung dort im primitiven Schränkchen, das sich nicht schließen läßt, zurückgelassen.)

Ich gehe hinunter, diesmal zur Nordseite, vom Ort weg. Einige Neubauten, Betongerippe am Straßenrand, ich laufe direkt auf ein Haus zu, vor dem ein Mann sitzt in der Sonne, blauer Arbeitsanzug, neben ihm zwei dunkle Toröffnungen. Ich sehe hinein. Große Weinfässer. Quanta costa un litro? frage ich. 200. Ich rieche die säuerlichen Fässer. Alt. Grau. Mit Kreide Zahlen drauf gemalt. Ich kehre um (mache 1 Foto:niemand mehr dort vor dem Haus, eine verlassene Mittagsstelle, mit dunklen Türöffnungen, in der blassen Sonne, und ein Reklameschild./Da oben ist die Wohnung. Jetzt wieder eine lange Schleife gehen? Hochsteigen, durch blaugrüne niedrige Olivenbäume, geschnörkelten knolligen und kriechenden Weinstöcken, im Zick-Zack, einer sieht mir aus einem Wohnhaus gegenüber zu, da kraucht einer durch ein Stück Hang, denkt er, ist hier fremd, hat „klick" gemacht.)/ (Menschen sehen dich an.)

Was mache ich eigentlich hier? „Grenzen", denke ich. Und ein langer Zug eines Gedanken beginnt:ich sehe auf die Häuser, ich sehe die abgewetzten Treppenstufen, ich sehe die blankgescheuerten Steine und die blankgescheuerten Stellen Holz an den Türen, tausende Male hat da jemand angefaßt, tausende Male sind Füße über die Treppen gegangen, Hunderte von Menschen haben sich hier durch bewegt, haben gesprochen, sich unterhalten, Kindergeschrei und bucklige schwarzgekleidete verwachsene Menschen, jeses Jahr weiter, eine Epoche nach der anderen Jahreszeiten auf Jahreszeiten folgten, und eigentlich sind das hier Ruinen, denke ich, und nach dem kurzen Aufenthalt hier in Italien und dem, was ich sah, den Resten der Vergangenheit (Ruinen) und Fragmenten der Gegenwart (Ruinen), von Straßen, Häusern, Geschäften, Autos, Menschengesichtern, begreife ich, wie überaltert real, konkret nachprüfbar, Europa ist, der Erdteil, in dem wir geboren sind und leben, überaltert an Mythen, überaltert an Ideen, überaltert an Lebensformen und überaltert an Werten, überaltert im Denken und Verbinden einzelner Fakten (denn dieses Verbinden von Fakten – Zitat, das mir eingeleuchtet hat: „Die Sprungstellen des wissenschaftlichen Fortschritts liegen dort, wo beziehungslose Einsichten miteinander verknüpft werden und zu einem neuen Modell von der Wirklichkeit zusammengefügt werden", W. Wieser, Genom u. Gehirn, S. 66 – also dieses Verbinden von Einsichten, von Faktensplittern wird immer noch von einer Wertscala und von Mythen der Vergangenheit bestimmt, die beim Verbinden wirksam werden) – und ich denke, „Grenzen", was müßte nicht weg, was könnte denn noch tatsächlich bleiben? Wir tasten herum in geistigen Ruinen, nachdem wir in wirklichen Ruinen herumgetastet haben und in Bunkern aufgewachsen sind und mit Bombensplittern gespielt haben und darauf nach Wertmaßstäben eines Krüppellebens und von Krüppeln erzogen worden sind – und nun kommt der Dämmer von Stilisierungen in Filmen, Büchern, Kunst, Erkennen – neuer Schrott – ist es das, was Du empfunden hast, Maleen, als Du mir schriebst, Du stießest überall an Grenzen? – Ich sehe die Bekannten vorüberziehen, viele Szenen in Köln, mit verschiedenen Leuten, sie waren alle mit einem Abendessen und mit einer neuen Schallplatte auf die eine oder andere Art zufrieden, nach mehr, nach etwas anderem verlangte ihnen in ihren emotionalen und geistigen Ruinen nicht, in denen sie sich häuslich niedergelassen hatten. Weg damit. Das hinter mir lassen.) „Grenzen". (Merkwürdig, im Großen und Ganzen ist die Beschäftigung mit Vergangenheit vorherrschend, gerade auch bei Schriftstellern, sie wissen viel über die längere und kürzere Vergangenheit – statt sich darum zu bemühen, neue Kanäle nach vornhin zu finden.) (Selbst ihre Projektionen in die Zukunft hinein beziehen sich und gehen von Vergangenheit aus.)/Ich sehe einen roten Vogels, auf der Streichholzschachtel abgebildet, in Ermangelung eines tatsächlichen roten Vogels, den ich in diesen Brief packen könnte, schicke ich Dir diesen (aber tatsächlich möchte ich auch keinen lebenden Vogel in den Brief packen, ich würde lieber einen, viele

rote Vögel draußen sehen, jetzt. Also hier kommt zu Dir der rotgefiederte Gedankenvogel. Eine Unterbrechung. Für Dich.) /:Ging dann ins Dorf, Kleinstadt? Was denn? Und kaufte mir einen Fünf-Liter-Plastikkanister für 250 Lire./Schlenkerte damit hoch, und die Frau in Schwarz sah draußen, als ich kam, nach den Geranien, die in einer Menge rostender Dosen hier herumstehen. Schickte den Jungen mit zum Weinhändler. Der wohnt gerade 2 Minuten weg. In einem Neubau, der an dem Weg liegt, der sich nördlich am Hügel entlangzieht bis zum Friedhof auf der Anhöhe, der Gegenstadt.

„Mario", der Weinhändler und Weinbauer, ein kleiner Mann, runzelig, in verwaschener blauer Leinenjacke und mit Gummistiefeln, tappte weiter den schlängelnden Asphaltweg hoch bis zu einer Steinhütte, dem Weinverschlag./Ein dunkles feuchtes schwarzverschimmeltes Gewölbe am Hang, in dem kaputte Fässer standen, gefüllte Fässer, und wieder der feuchte, schimmelig-säuerliche Geruch war, der nicht unangenehm ist. Zuerst einmal probieren, nach dem Preis fragen, un litro 200 lire vino rosso sauer, 250 rosso dolce, die Gläser werden in einem Wassereimer, der rumsteht, ausgespült. Mario, verwittert, in seinem schimmeligen, feuchten, säuerlichen schwarzen gruftähnlichen Gebäude, bückt sich und saugt an, ein kleiner Schwups vorher auf den Boden spritzen, er hat ja den Schlauch im Mund gehabt, und in das Glas fließen lassen, „dolce", und ins andere den sauren Wein. Ich nehme den süßen Wein, bon, und eine Flasche sauren zum Mischen. Zigarette anbieten, er nimmt sie sehr höflich, er schenkt mir noch ein Glas ein auf Kosten des Gewölbes, wir rauchen, lächeln uns an, ich werde bereits, mit dem wenigen, was ich gegessen habe, angetrunken. Noch etwas reden. Sind das Oliven? Ja, das sind Oliven. Alles aus dem Jahr 72 die Fässer hier. Ja. Wo arbeitet er? Da und da. Zeigen in die Gegend. Ich sage, Auf Ihr Wohl. Er nickt, lächelt und verbeugt sich, grazie, und raucht, sieht mir beim Trinken zu. Auf Wiedersehen. Grazie. Ich ziehe mit dem gefüllten Kanister ab, der jetzt neben mir steht. (Gluck, gluck.)/Der Wein ist schwer und süß. (Als ich nach Graz fuhr und abends in Rom mir ein Abteil suchte, stieg ich über diese 20 oder 25-Liter-Kanister. Sie nehmen ihren Wein jeweils mit, wenn sie ihren Ort, ihre Gegend verlassen. – Ich denke wohl, daß sie hier in Italien sich betrinken, Trinker sind, allerdings Gewohnheitstrinker, sie sind es gewöhnt, und es ist bestimmt ein Anregungsmittel anstelle von Amphetaminen in der sog. modernen Konsumgesellschaft. Warum? Was hätten sie sonst, ihr Leben zu ertragen?) (Die Tage zu ertragen, die endlose immerwährende Wiederholung zu ertragen, Tag und Nacht, Jahreszeiten, Arbeit, das Strampeln nach Lebensunterhalt – eine in jeder Hinsicht bisher armselige und schwere Welt.)

Und danach die Lebensmittel einkaufen. Auch um zu sehen, was ist, wie es hier am Wochenende zugeht./(Aus Ofenrohrknien kommt Rauch.)/Verhandlungen im Laden mit TV-Geräten./Hämmern beim Klempner./Buntes Licht bei Findus-Lebensmittel./Von der Via Cavour, der Serpentinenstraße, kürze ich mit einer steilen Treppenstraße nach unten zur Via Roma ab. So:

Olevano m. 571 . Scorcio panoramico

(unten an der Straßenbiegung, das Eckhaus, ist als Ristorante bezeichnet, aber eine Bar und ein kahler grünlich gekalkter Raum mit Wartezimmermöbeln, darin ein Fernsehgerät und ein Flipperautomat, ist alles. Rechts um die Kurve gehts zum dumpfen Ende, Piazza Croce und Acqua non potabile, links hinter der Mauer der Treppenstraße, kommt man an dem Kriegerdenkmal vorbei und läuft auf den Busbahnhof zu, wo dann die Via Cavour in Serpentinen hochsteigt.)/(Langsam habe ich den Ort im Kopf, kenne auch Abkürzungen, steile schmale Wege, bin trepp-auf und trepp-ab gestiegen im Ort, rauf und runter.)

Abends, gegen 23 Uhr stieg ich noch einmal hinunter. Wollte sehen, wie es ist, am Abend vor dem 24.ten./Da sah ich, wie das Mittelalter überall aus den Ecken hervorkam, schrundige, unverputzte Steinwände, burghaft, mit einem gelblichen Gefunzel, der Rauch wurde in die schmalen holprigen Gassen gedrückt, steile karge Mauern, tiefe schwarze Schatten. Glänzende Pfützen. Armut, die nasse Flecken hinterläßt, abfließt in schwarzen ungenauen Rinnsalen./Abends sah ich noch am Eingang des Tunnels, der durch den Höhenrücken führt zum Nordende und über den ich zum Weinbauern ging, in einer langen Reihe pralle Plastiktaschen an der Betonmauer aufgereiht, vorgerückt, am Straßenrand, als hätten sie damit nichts zu tun, standen Männer und warteten auf den Bus. An der kahlen Betonmauer hingen bunte Kinoplakate. Da lief auch wieder das Bikini-Mädchen vor dem Jeep her.

Der Samstag war wie immer:bis halb 8 Geschäftsöffnung. Dann verliefen sich alle Menschen in verschiedene Richtungen, verschwanden in dem Steingemäuer.

Das ist die Ortschaft im Überblick, von Südwest her gesehen, „Visto dalla Torre", das Tor steht gegenüber auf einem Hügel und überragt die Häuser, (also eine Ruine überragt den Ort!)/Links oben der Friedhof, ein wenig darunter das Haus, in dem ich Dir das hier schreibe, rechts hinter dem Baum davor liegt der Wohnraum, in dem ich jetzt sitze, links in der Mitte des Bildes der neuere Teil, unten rechts die Treppe, die auf die Via Roma trifft./ Ein einfacher Ort, doch labyrinthisch durch Treppen und Winkel. Die Treppe verbindet Via Cavour, oben, mit Via Roma, unten. Ich muß nach links hochgehen und dann, außerhalb

der Ansicht, um den Hügel gehen bis zu dem Haus. Nach rechts, vom Haus waagerecht verlängert, liegt das Weingegrüfte. Die Weinhänge sind nicht wie vom Rhein her bekannt, durchgehend, sondern immer nur teilweise, in Bruchstücken, dazwischen Brachland. Die Ortschaft, mit dem Haus, in dem ich wohne, liegt ungefähr so (ich bin kein Kartograph, habe es mir ungefähr zurechtgeortet):

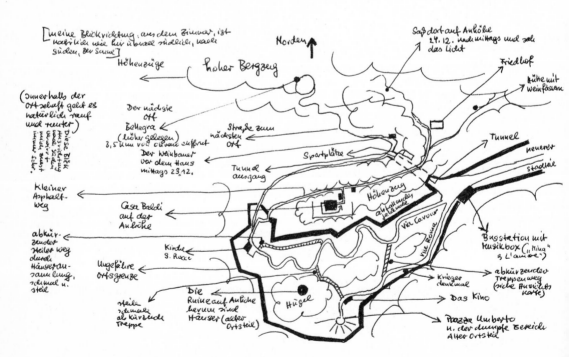

Die nachstehende Ansichtskarte („Panoramablick") ist von Südosten aufgenommen worden (es ist darauf Winter, Schneefetzen auf Dächern und in Gartenstücken, links oben die Ruine, rechts oben Casa Baldi, (hört sich an wie Waldi), zum linken Rand, Mitte, abwärtsfallend der dumpfe, enge Bezirk.):

Hier die Skizzen und Notizen, die Gedankengänge, die ich am 24. Dezember machte:

der Blick auf gelblich-verblichene fahle Dächer, aus den Schornsteinen kommt Rauch (ein friedlicher Anblick, zugleich auch ein zerfallener Anblick, alt)./Weit in der Ferne ziehen Wolkenschwaden in langen, schleppenden Bewegungen wie Matten aus den Niederungen vor einer Bergkette her, und vermischen sich langsam, in zeitlupenhafter Trägheit mit den höher gelegenen Wolkenschichten, die hellgrau oder blaß und schiefrig-blau gefärbt sind, von langen, breiten gelblich-blendenden Lichtbändern durchzogen oder weißen Lichteinbrüchen./Nässe überall./Über Nacht ist der Ofen erloschen. Kniete in dem gestreiften Schlafanzug davor und griff mit den Händen die nicht verbrannten Koksstücke heraus, stocherte und rüttelte die Asche durch den Rost, die ich in eine Plastiktasche schüttete. Papier, kleinere Holzstückchen, anzünden, warten, und erste Kokslage auflegen, dann waschen. Etwas essen. Am Tisch stehen und nach draußen sehen, wildes Licht, in Regenwolken eingebrochen.

Dann wieder der Panoramablick, über die Ortschaft, über das Tal, über Gartenstücke und Baumgewirre, Fragmente von Straßen, darüber gelb-schwefliges Mittagslicht, feucht verhangene Hügelzüge, kleine schlängelnde Asphaltrinnsale dazwischen tief unten, die plötzlich einsetzen und plötzlich aufhören, und immer weiter darüber die langgezogenen gelben Lichtschichten in einem bleichen schweren Grau.

Ein einzelner Vogellaut in der nassen bleichen Mittagsluft, ganz nah. Im Vordergrund eine Palme, stummelhaft, gegen den klaren Luftraum. Auf dem abfallenden Gelände hinter der Steinmauer der Terrasse die niedrigen, unregelmäßig stehenden grünlich-bläulichen Olivenbäumchen und eine rostende Blechdose, in dem eine halbvertrocknete Geranie steckt.

Aus dem Ort, zwischen den Häusern herauf, vereinzelte Kinderrufe, die hohl in der Luft klingen, klar und doch nicht zu verstehen. Und vereinzelte Menschen unten auf den kurzen Straßenstücken, die zwischen den Häusern zu sehen sind. Sie gehen und dann sind sie verschwunden.

Zuerst und immer anwesend ist eine Stille und mit der Stille das Licht.

Die Helligkeit wechselt beständig, langsam, anfangs war es schummrig und schleichend, und dann bricht ein heftiges Glänzen durch, und die nassen schlängelnden Asphaltstücke in der Ferne glänzen grell auf.

In breiten Bahnen fällt stärkere Helligkeit weit jenseits des Tales und der Ortschaft herunter und läßt die hochziehenden Dampffelder als ein weißliches Schweben aufleuchten, schneidet es aus dem breit hingezogenen Schweben heraus vor einem aufgelösten Höhenzug.

Überall, an den Gräsern, Blättern, auf den Steinen stehen die glasigen Wassertropfen, runde durchsichtige Kugeln (müßte man auflesen können und zu einer Kette aufreihen, kühl und klar).

Grünes tritt nass und intensiv hervor, sehr nah.

Sonne sticht jäh blendend durch und das ganze Tal darunter ist in einen treibenden bleigrauen rauchigen Dunst getaucht, aus dem das Gebell eines Hundes kommt, und auch dann, nach einiger Zeit Stille, das Geschrei eines Hahns, und der weißlich-bläuliche feuchte Rauch, der aus den Ofenrohren und Schornsteinstummeln kommt und durch die Luft kriecht, niedrig, von dem wenigen kühlen Dezemberwind südöstlich weggetrieben, über die Talsenke hin.

Vor mir der zum Ort hin abfallende Garten, durch den ich gerade gegangen bin: in unregelmäßigen Stufen angelegt, und unregelmäßig mit den niedrigen Olivenbäumchen durchsetzt, wucherndes Gras, und dazwischen unregelmäßig umgegrabene Stücke Beete, hier ein Beet, da ein Beet, mit rotem Salat, grünem Salat, Bohnenpflanzen, Kohlstauden. Schmale Pfade ziehen sich hindurch, der Boden ist fahl-lehmig, klebrig. Eine schwarzkohlige Brandstelle, und da liegt ein nasser Comic-Klumpen Papier, ein aufgeweichtes Comicheft in der nassen Stille mittags am 24. Dezember 1972.

Der Atem dampft leicht, während ich dort herumsteige, knipse (diese Grautöne gegen das grelle Gelb, weitschweifige Wolkenzüge, langhingezogen, und wieder Lichtstreifen, durch Baumgeäste gesehen, schwarze wirre Zeichen vor mir, über mir, vor einem weiten Luftraum, ein starres, breitgezeichnetes Gewebe, steif und vor einem weißen Glanz, die einfache Ästhetik, in der Luft, vor mir)./(Vielleicht sind das alles ja auch einsame Zeichen.)/Und trotz der Kühle und Nässe der Luft tanzen winzige einzelne Mücken das bizarre Auf-Und-Ab-Ballett, kleine dezimierte Schwärme, Wintermückenschwärme, in dem Garten. (Was dachte ich da?) (Manchmal bin ich ganz stumpf.)

Am Eingang der Hausverwalterfamilie, unter dem Treppenabsatz vor der Flügeltür meines Wohnraums, stehen zwei große Blechtonnen mit blühenden Margeriten, hochstielig, ein Bündel gelb, ein Bündel weiß, und eine Unmenge Dosen mit Geranien (tritt man in den Wohnungseingang, hat man das Gefühl, man würde ungeschickt gegen sie stoßen, so viele sind es.)

Dann taucht bereits wieder weit in der Ferne ein rötlich-braunes Licht auf, breitet sich hinter einem Bergstreifen aus, großflächig, unterhalb einer dichten Wolkenschicht, auch etwas braun-angestaubt.

Und wieder Lichtveränderungen, Helligkeitsverschiebungen, grelle weiße Wolkenbrüche, blendende Lichtsäume um das Wolkengekräusel, dampfende große Wolkenblätter, blitzende Ränder, dünn und fein um graue stumpfe Klumpen./Nebliges Sprühen, diffuse Verteilungen von Schleirigem, Undurchsichtigem in der Luft, das stillsteht, bewegungslos. (Vielleicht ist das schleirig Diffuse die Bewegungslosigkeit?) Darein fällt Sonnenlicht, aus einer unsichtbaren Sonne./Und davor stehen bizarre kahle Astmuster, exakte Kohlezeichnungen, dreidimensional, in kalter frischer Luft./Und der von Helligkeit, Licht dampfende Himmel über dem Tal.

Immer neu, nach einiger Zeit, findet das Sonnenlicht Löcher in den Wolken, reißt sie zu klaffenden, großgezackten Schlünden auf, zu luftigen scharfkantigen blitzenden und grellen Öffnungen inmitten träger, dichter Wolkenballen./(Aber die Sonne wärmt jetzt nicht. Der Atem dampft.)/Und grelle Helligkeit fällt scharf und stechend heraus.
a5.5Und danach ist die grelle Helligkeit wieder jäh erloschen, diffus abgeschwächt, von schwammigen, dichteren Luftgebilden, versackt in dem Wolkengrau (:es ist jetzt gegen 3 Uhr nachmittags)./(Meine Hände sind rauh und rissig geworden vom vielen Koks-Greifen.)

Heute ist der 24. Dezember, denke ich./Unten erhalten sie Sonntagsbesuch, schwerfälliges, langsames, grundiges Männertappen, das aus dicken hochgeschlagenen Wintermänteln kommt, die schwarzgeputzten Schuhe an den Seiten streifig mit gelblicher Erde. (Um mich kümmert sich niemand, ich bin der Künstler aus Germania, der scrivere macht.)/ (:Und wieder, wie so oft, weiß ich, daß ich einen eigenen Ort brauche, wo ich leben und arbeiten kann, ein Haus, ein Stück Land, abgelegen, wo ich sicher bin, auf keinen Hausbesitzer angewiesen, keiner kann mich rausschmeißen, und wenn ich die Strom- und Lichtrechnung nicht bezahlen kann, gibt es noch Kerzen und Petroleum, und im Sommer wird es sowieso früh hell, und wenn ich die Koksrechnung nicht mehr bezahlen kann, gibt es genug Brennbares, was herumliegt, und das man sammeln kann, und wenn wenig zum Kaufen ist, dann kann ich Kartoffeln wieder ziehen und Mohrrüben und Kohl anpflanzen, und es bestünde die Möglichkeit, im Keller zu arbeiten, auf dem Dachboden zu arbeiten, in einer hergerichteten Bretterhütte zu arbeiten, in den gemieteten Räumen befällt mich Unsicherheit, wo bin ich da überhaupt? – Und ich kann sehen, mich bisher überblicken, wie sehr provisorisch alles war, sogar bis auf die Möbelstücke behelfsmäßig vom Trödler – und vieles an täglichem Leben ist ein Mund-Zusammenpressen, Weitermachen gewesen – und wie häufig habe ich das, was ich zusammengetragen hatte über eine Zeitspanne wieder zerbrochen und verworfen, vernichtet – diese Gedanken bewegten sich vor einem großen Hintergrund einer Frage, die wie eine große Leinwand in meinem Kopf aufgespannt ist:warum bin ich hier? ––– Was will ich hier? ––– Bin auch abgehauen vor einer Reihe Fragen und Problemen und das erste Problem ist die Einstellung zu meiner Schriftstellerei, meine Einstellung dazu:immer wieder habe ich mein eigenes Schreiben durchgetreten, zerbrochen, weggeworfen, ramponiert, sogar meine eigenen Bücher hatte ich nicht mehr und besitze sie zum Teil auch nicht wieder – was ist das? Diese kleinkrämerischen Zweifel? Bin ich ein Schriftsteller? Bin ich kein Schriftsteller? – Und dieser bereits einige Zeit heftig in mir tobende Zweifel, weiterzumachen oder nicht weiterzumachen – dazu mein Abscheu und Ekel vor dem besinnungslos weitermachenden anderen Schriftsteller, sobald sie nur einen Zipfel eines Gedankens, eines Einfalls erwischt haben oder selbst, wenn sie keinen Gedanken mehr haben, keine Vorstellung, machen sie weiter, besinnungslos, hemmungslos, ohne Zweifel und mache ich weiter, wie denn? Da stehe ich mitten in den Einsichten, Notizen, Zusammenhängen, angesammeltem Material, in den Überlegungen und den mir selber zum Teil noch sehr unklaren unformulierbaren Erfahrungen – aber ich habe sie gemacht! das weiß ich – und kann nichts damit anfangen. Noch einmal alles wieder vernichten? Alle Materialhefte, weg damit, die ganze private Ansammlung? Die collagierten Versuche? Alles in den Ofen stecken? – Weg müßten sie schon! Mir aus dem Kopf, vor den Augen weg ––– die USA-Dinger hätte ich gar nicht machen dürfen, und tatsächlich war das antreibende Motiv, daß ich sie herausgab, damit ich sie selber einmal lesen könnte, auf deutsch, ist das nicht lächerlich? Aber so ist es wirklich gewesen, als ich damit anfing – und dann, je mehr ich davon sah, kennenlernte, desto mehr habe ich mich auch erschrocken, was meine eigene Umgebung anbetraf, das literarische zeitgenössische Umweltfeld hier auf deutsch – wie steril, blaß, leblos, entsinnlicht, unlebendig das ist – wie Anbau-Möbel, Prosa nach Schnittmusterbogen gefertigt, Erfahrungen, die so klein sind, ein Lebenshorizont, der nur noch dumpf und eng ist – auch die herzlose Art der Fertigung, das Verschwinden eines Selbstbewußtseins – was laufen denn überhaupt für Figuren in den Büchern herum? Zum Davonlaufen, wenn man es liest – So bin ich doch ziemlich deprimiert und aufgeschreckt am Ende gewesen und habe mich davon abgewandt und stand dann da – was ist hier denn? Gut, O. Wiener, als Haltung, Einstellung, gut und rabiat und stark, aber was erzählt er denn und stottert herum? Abstrakt – aber wer sonst noch? Den ich gern lesen würde und der mich, mein Bewußtsein erregte? – dabei habe ich sie wirklich wohl alle gelesen, auch sehr aufmerksam und neugierig – da bin ich also weiter umgekehrt und habe ältere Schriftsteller, deutsche, hervorgesucht, die ich bereits kannte, und sie noch einmal in diesem Jahr gelesen, aufmerksam und neugierig und bewußt – da sind eine Menge überraschender Einstellungen und schöner träumerischer Sachen – Benn, Schmidt, Jahnn – Döblin ist sehr, nach nochmaligem Leseversuch, flach (aber ich las in der Villa Massimo seine Briefe und erfuhr, wie grauenhaft er in Hollywood und darauf lebte: war angestellt bei irgendeinem Filmkonzern, zu schreiben gab es nichts, er saß die Zeit ab, kriegte gut Geld, dann mit seiner Frau, als alter 60jähriger Mann, wars aus, wurde gekündigt, konnte Wohnung nicht mehr bezahlen, zog mit seiner Frau in ein kleines Zimmer, nur unterteilt durch einen Vorhang in zwei Räume, mit z. T. geliehenen oder geschenkten Möbeln – verstehe ich nicht, da gab es doch reiche, angesehene Typen aus der deutschen Literatur, aber die gaben ihm Abfälle, was sie nicht mehr brauchten – und er pofelte an einem neuen Roman – später zurück in Deutschland: ein totaler Reinfall, krank, ohne Verlag, erledigt, auf ein freundliches Gnadenbrot angewiesen, in einem Sanatorium der Steiner-Clique konnte er nicht mehr bleiben, weil eine dumme Steiner-Nuß reinwollte, also auch miese Anthroposophen, alles Dreck!) also Döblin doch sehr fern, flach, uninteressant, auch sehr gekünstelt, ausgedacht, angestaubt in dem euphorischen Lebensgefühl vom „Leben" – Kreuder, las ihn auch noch einmal hier in Rom, platt und nichts als Sonnenschein und Polemik, Gärtnerei und Sommers Einsiedelei – nicht mehr zu lesen – Andersch, von einigen angenehmen wirklich chicen guten Stimmungen abgesehen, lasch – und Walser, Enzensberger, Grass, Hildesheimer, Wellershoff, Richter gar nicht zu ertragen wie gar nicht der dumme humane Böll zu ertragen ist – sowas Abgestandenes ringsum, sowas Trübes, das sich breit gemacht hat, sowas Uninteressantes bis nach Born, Buch, Piwitt – bei den Linken Brüdern ist sowieso alles flau und flach, da braucht man gar nicht erst nachzusehen – und Chotjewitz? Geschwätzig und banal. Und Brandner? Verdreht, wuselig. Ach, das macht doch gar keinen Spaß. Also mich abwenden. – Bilz, von Hentig, der Gangster-Kriminologe, sie vermögen interessante und überraschende Einsichten seitenlang zusammenzustellen, eigenartige Schreiber, die soweit über ihr Fachgebiet hinausgegangen sind, sie lese ich gern – und nehme mir auch von ihnen. Sonst ist mir die ganze zeitgenössische Szenerie, die ich seit Vechta, Essen, Köln kennenlernte, doch rasch und gründlich entzaubert worden – der deprimierende R. Ardrey, nützlich und gräßlich deprimierend in der Perspektive – immer nur Vergleiche zwischen Tierverhalten und Menschverhalten, ganz bestechend und zwingend, ich mag es nicht mehr – und W. Reich? Total, absolut, überredend, überraschend, gaukelnd und projizierend und weit voran – und Burroughs? Immer Jungenschwänze, die abspritzen – was resultiert für mich aus all dem? – Ich zögere gräßlich, ich taste mich durch mein eigenes Labyrinth voll Schrecken und Angst – ich packe den Ansatz nicht oder täusche ich mich selber vor dem Ansatz? (Ich weiß inzwischen, daß mein Roman ganz gut im Ansatz war, er hat viele genaue Stellen, viele schöne Stellen, warum habe ich ihn verworfen? So sehr, daß ich nicht darauf zurückkommen kann!) – Und dann Angst zu sterben, der Buckel auf dem Armrücken – Angst vor Schmerzen, die ganz imaginär bleiben und mich manchmal abends überfallen – diese Bedrohung, endgültig, ein für alle Mal ausgelöscht zu werden, das kann doch keiner überhaupt sich vorstellen –): so sind die Gedanken eine lange Zeit nachmittags hingezogen,

386

ganz schnell, ganz intensiv, dich aufeinanderfolgend, und es schien mir eine lange Zeit zu sein.

Ich habe nach draußen gesehen, ich habe diesen Zug der Gedanken abgestellt und dann sah ich nur nach draußen. (Unter mir die Ansammlung von Häusern./Zappeln, und dabei ruhig dastehen, Mist, Mist, und stumm sein./Ist schon vorbei. Ich kehrte ruhig zu den Gedanken zurück:

der erschreckende und bestürzende, nicht wegzudenkende und wegzuredende Stoß durch Roberts Gehirnschädigung – und wie er an Hand- und Fußgelenken im Krankenhaus gefesselt im Bett lag, wie ein Käfig über sein Bett gestülpt wurde wegen dieser miesen, mittelmäßigen, hundsföttischen Krankenhausgehilfinnen, ihrer kruden mechanischen Art, ihrer Trockenheit, ihrer automatenhaft beschränkten Kenntnisse – aber sie können ja immer wieder den humanen Trick herausziehen aus ihrer Klamottenkiste, der ja auch stimmt, nämlich ihre schlechten Arbeitsbedingungen, aber sie wollen ja auch gar nichts anderes, sie wollen ja nur einen besseren Wagen, eine bessere Wohnungsausstattung, und sie sind froh, daß sie diesen miesen humanen Trick immer wieder vorbringen können, andernfalls an sie selber tatsächliche Anforderungen gestellt würden – und dann in dem Krankenhaus wedelten sie abends mit Leitungswasser durchs Zimmer, wo Du Robert geboren hast, anstatt mehr zu wissen und bessere Augen zu haben und enorm vorsichtig und gespürsam zu sein. Da haben sie lieber Leitungswasser durchs Zimmer gesprengt, über das irgendwo ein Kerl, der nicht einmal einen Anzug richtig trägt, der nicht einmal irgendetwas Genaues weiß außer Wortspielereien und Verwirrtricks und unsinnige Mythen, irgendso lateinische Brocken gemurmelt hat – mich schüttelt wahnsinnige, rasende Wut und ein irrwitziger Haß denke ich daran.

Das sind nur zwei Eindrücke, die mit R's Leben zu tun hatten, zwei Umweltsituationen – mit einer Brechstange reinschlagen müßte ich in diese Visagen, die immer im Recht sind, immer rein in diese Fetzenhafte Kulisse, in der Lebendiges weiter verstümmelt und massakriert wird – zuschlagen in diese lebendige Scheiße, ich verfluche diese Fetzen von Menschen, diese dickfellige allgemeine menschliche Haut! Oh, mich schüttelt wieder so ein wilder Haß auf diese Umwelt!

„Eindrücke gewinnen": fiel mir ein, blödsinniger Ausdruck. Verlogene gehobene Umgangssprache, wo man Eindrücke gewinnt. Wie bei einer staatlichen Lotterie, wo jedes Los gewinnt, so stellt man sich angestellten und beamtenhaft das vor: permanentes „gewinnen".

So denke ich vor mich hin, 24. 12. 72, nachmittags, ich bin allein mit mir, die Gedanken kommen, gehen, wie Tiere? Katzen? Und schlagen krallig zu? (also ich habe keine Gedanken wie streunende Katzen, keine Gedanken wie Haustiere). (Aber manchmal kommen Situationen, da überwuchern mich Gedanken und Eindrücke auf eine pflanzenhafte wuchernde Art, große, üppige Blätter, die sich ausbreiten, und dann muß ich mit einer Machete mich hindurcharbeiten – nein, das Bild stimmt auch nicht, schon verworfen – also wie? Wie Stimmen manchmal, die einen raschen, rasenden Wirbel bilden, ein Strudel? Auch nicht – lieber behutsam weiter.)

Ich dachte daran, immer weiter in der Stille des Zimmers nachmittags hier, an die Zeit, während ich in einem Rausch (war es ein Rausch? Aber es war wohl eine heftige, hektische Zeit, in der ich steckte) saß, wie Du durch die Straßen gewandert sein mußt in Sülz, wie Du weintest, als sie Robert in der Universitätsklinik vorführten (was tat ich an dem Morgen? und daß ich es wohl sah, und immerzu dachte, nicht nachgeben, weitermachen, durchhalten, sonst rutscht alles aus und weg, bricht alles zusammen – wie ich zu Dir das ständig sagte und mich selber auch damit meinte – und dann die Abende spät in der verwahrlosten düsteren Wohnung bei Rygulla saß, hortete, sammelte, redete (alles vergeblich gewesen),

Kiff-Meyer und der laichhafte John, die aufgetakelten jungen Motten der Pfeiffer-Mädchen, die von mir unsinnig ernst und wirklich genommenen kratzigen Zusammenbrüche, weil Rygulla nebenan einem Jungen (. . .) an die Eier ging, die mir heute lächerlich erscheinenden Kopien von familienhaften Abendessen, das Rumschwenken der 8 mm-Kamera, das Geld aus der kleinen Erbschaft, die Verwirrung durch meinen kleinen Roman-Erfolg, die Lektüre W. Reichs, nie hatte sich was tatsächlich Greifbares ergeben, die Mädchen hockten rum, da wurde Tee gebraut, da wurden Platten aufgelegt – es war doch sehr billig und armselig, klamottenhaft, eine Hintertreppenoper:bunte Fetzen, – also dachte ich auch (die Eindrücke hier kamen ganz schnell hintereinander, sprangen rasch über meinen inneren Bildschirm, klare aber ganz schnelle Szenen aus der Zeit zurück), nicht zeigen, wie gräßlich der Schlag ist, wie hilflos man davor steht, und ich habe zu Dir gesagt, weitermachen, und ab und zu ist dann doch das Entsetzen hervorgekrochen – und mit Dir zu schlafen, ficken, zärtlich sein, war in der Situation gar nicht mehr möglich, wir sind, jeder wohl auf seine Weise, ziemlich abwesend herumgegangen, so scheint es mir heute – eine körperliche Erleichterung, eine körperliche Entspannung war also da noch weniger möglich als zuvor zwischen uns, – Du warst oft müde, hast oft gegähnt (kein Luftmangel, sondern Zeichen für Streß), und ich habe ganz verrückt an dem Haken gehangen – Du warst total durch die bewußte, jäh bewußt gewordene Gehirnschädigung jeden Tag in Beschlag genommen gewesen, den Kot aus den Windeln und Plastikhosen waschen, R's dauerndes taumelndes Hinfallen – es gab für uns gar keine Möglichkeit – und ich habe das alles sehr bewußt gesehen, ich habe mich dagegen gewehrt, dagegen getobt – und weiter mich in diese amerikanischen Sachen verloren (es war eine enorme Anstrengung mit meinem lang zurückliegenden, nur 4 Jahre gelernten Schulenglisch, und eine enorme Anstrengung mit Leuten zu arbeiten, die sowas noch nie getan hatten, endloses Nachkorrigieren, Vergabe von gerade herausgefundenen neuen Artikeln, Texten, endloses Nachkorrigieren, etwas Stil oder Ausdruck hineinzubekommen – Wahnsinn!) – irgendwie habe ich mich dann auch verloren. Und dann war das völlig ungelöste Problem jeden Tag da, in der Wohnung, die klein ist, eng, beschränkt, mit den provisorischen Trödler-Möbeln, kein warmes Wasser, auf dem Herd steht der Einweck-Topf voller Plastikwindeln – (:ich erwähnte vor kurzem bei einem Telefongespräch mit Dir meine Scheu vor diesen ständig im Badezimmer damals aufgehängten Plastikhosen und Windeln – ich habe mich total mißverständlich und falsch ausgedrückt – geekelt habe ich mich vor Kot nie – es war mir wegen anderer Leute gelegentlich unangenehm, und das ist dumm gewesen, es ist billig gewesen und ängstlich und klein – ich habe mich anstelle anderer geniert! Sowas blödsinniges, mache ich es mir klar heute – und ich muß Dir auch sagen, daß ich langsam begreife, welche ungeheure Arbeit Du verrichtet hast, permanent auswaschen, 3, 4 mal am Tag, permanent rumlaufen wegen Medizin und Behandlung, hindurchstolpern durch bruchstückhafte Informationen und hindurchstolpern durch bruchstückhaftes Berichten, was ich tat – blutende Wunden bei Robert vom Hinfallen (seine Zähne!) – irgendwie war an jedem Tag ein kleiner Schrecken vorhanden – tatsächlich hast Du niemanden gehabt – nachträglich stelle ich das aber für mich auch fest, obwohl es damals getäuscht hat durch Musik, Betriebsamkeit, Leute – und dann habe ich auch alles bei mir im Zimmer vernichtet, aufgegeben, ein Jahr später, keine Musik mehr, keine Filme mehr, keine Leute mehr, einige Zuckungen noch, schließlich war der Raum kahl – ich war hereingefallen, ich sah, wie lügenhaft, flitterhaft, schamlos-gierig, geil – ich mag keinen geilen Speck, hast Du es mal gesehen, dieser Stich ins Ranzige, diese gelbliche Färbung? Und die blöden Schwulen sagten immer, „geil", ich höre noch, wie Rygulla übertrieben hat dabei, stieß er auf derartige Sex-Stellen, die Luft feucht durch die Zähne einsog, es hat mich für einen winzigen Moment angewidert, ich bin darüber weggegangen – geil nach Unterhaltung, geil nach Selbstbestätigung in ihrem abgetakelten Flitter-Muff – und die andere Seite? Die ernsthaften?

Sie hatten jeder gute rationale Gründe für ihren uninteressanten Zustand, zuviel Arbeit, zuviel Labor, zuviel, keine Zeit, „wenn ich Zeit hätte, würde ich auch gern das Buch lesen", Geldverdienen, jobben, aufbauen, „das Leben ist hart", und mit dieser Einstellung haben sie ihren Teil dazu beigetragen, Leben weiter härter zu machen (ich erinnere an den Zahnarzt). Pack, soweit ich es sehen kann, – sie brachten sich in Sicherheit, in die kleingedruckte Sicherheit eines durchschnittlichen Lebens – wenn das nicht zum Anwidern ist, zum Ekeln, was dann? – Und dann die Vermögenden, der Verleger, die Angestellten, Intellektuellen dieses bubihaften Vermögenden – ihnen war auch alles Unterhaltung.– Was hatte ich erwartet? Eine Einsicht? Eine Wandlung? Eine Veränderung? Eine Erweiterung? Menschen verändern sich nicht, nur geringfügig erweitern sie sich manchmal innerhalb ihrer Grenzen, das habe ich erfahren – Da waren sie alle irgendwie sicher, Zahnärzte, Ärzte, Volksschullehrer, Redakteure, jeder hatte seinen Posten und kam ab und zu ein wenig auch sich im Kopf unterhalten zu lassen – so sehe ich es heute – wirkliches verlogenes, spießiges Pack – also war bei mir im Zimmer alles ausgeräumt, was ist da noch mir geblieben? Ich war durchgefahren, immer schneller – jetzt war das Zimmer, in dem ich saß, leer, Du hattest Deine Beschäftigung, Deine überreichliche Arbeit – ich habe gräßliche deprimierende haßvolle Stunden erlebt in dem kahlen Zimmer vorn – ringsum alles stattete sich aus, Wohnungen, Frauen, der ganze miese Ramsch einer Lebenseinstellung, die ich längst verreckt geglaubt hatte (und sie hatten immerzu genickt!) – was hatte ich nicht begriffen? Welche Erfahrungen hatte ich außer acht gelassen? – naiv war ich – versponnen und jetzt saß ich eingeklemmt, am Ende, um mich Gerümpel in meinem Zimmer – und dann saß ich eines Nachmittags leer und hohl auf dem kleinen Stühlchen neben dem Schrank in der Küche, die schäbig war, Putz blätterte ab, große Feuchtigkeitsflecken, zerschlissener billiger Fußbodenbelag, ohne Ausweg, ohne Einfälle, ohne Vorhaben, und Robert kam angetappt und ich sah die Umgebung und den Jammer und Geld war nicht da, was konnten wir noch einander sagen? – da bin ich lautlos zu weinen angefangen, und R. stand davor und sah nur, wie etwas vorging, was gar nichts mit ihm zu tun hatte, mit seinem Befinden, seinem Zustand, in dem er in dem Moment war, und ich sah noch, wie er erstaunte und dann abtappte – Bruch, Stücke, ringsum:daß ich dasaß, redete, und jemand hörte den Projektionen, Gedanken, Überlegungen zu, nickte, kam sich geehrter, beachteter, wichtig vor, und dann gab er Geld für ein Go-Cart – warum habe ich das Co-Cart nicht wieder zurückgeworfen, denke ich jetzt (und Du hast natürlich den realen Gegenstand gesehen) dann hätte R. eben etwas später ein anderes bekommen – ich war ganz sprachlos darüber, ich war zugeschlagen, ich lasse mir nichts schenken, so jedenfalls nicht! (und doch ist es angenommen worden, lahm – war es so wichtig? Daß der Apparat sofort ersetzt werden mußte? Und was bedeutet es jetzt für heute? Es ist wohl nicht wichtig gewesen, das Angenommenhaben und das Denken daran hier) – Beschämung, Angst, verworrenes, widersprüchliches Grauen, das durcheinandergestürzt ist. (Es ist nutzlos, sich zu wehren?)

/:ich habe Holz aufgelegt, Kohle aufgelegt, und ich bin nach draußen gegangen. Ich ging rechts ab (nicht links auf dem Asphaltweg, also nicht ins Dorf), sah rechts hinunter auf die Busstation, links hinunter auf 2 Sportplätze und den Tunnelausgang, der unter diesem Höhenrücken hindurchführt. Von unten, aus den abgestellten Bussen heraus, kam ein wimmerndes melancholisches italienisches Pop-Musik-Gewimmer, breitete sich über der ausgezehrten kargen und staubigen Dezemberortschaft aus und kroch zwischen Bäumen und Büschen und gelegentlichen Felsbrocken hoch. – Ich dachte noch einmal über die Gedankenzüge nach, die durch mich hindurchgelaufen waren, als ich im Zimmer gesessen hatte, schaute sie mir in einem panoramahaften Überblick an:da begriff ich, daß wir, Du, ich, jeder für sich, am Rand eines sexuellen, sinnlichen Absterbens gestanden haben und durch sehr unwirtliches, graues, steiniges Geröll uns bewegt haben – es ist vorbei jetzt, dachte ich auch, die Zone ist verlassen worden. (Sex-gestorben sind die meisten)

Ein klarer Nachmittag, sehr still, ich knipste das Licht, noch einmal, durch Schatten von Ästen, an einem Stacheldraht entlang, hinunter auf die Ansiedlung./Ältere Männer gingen herum, in Jacken, darunter Wollpullover, ausgebeulte Hosenbeine an den Knien, streifige Schuhe. Man kennt sie aus dem Straßenbild in Köln. Und so, wie sie aussehen, ist auch jetzt im Winter die Landschaft, ausgebeult, karg, streifig, beige und farblos („nach Grüner Farb mein Herz verlangt"?) in dieser kargen Zeit. – Aber das Licht oben, die Helligkeit glänzt, und die Luft ist frisch und klar.

Ging vorbei an dem Verschlag des Weinhändlers Mario (säuerlicher Geruch, modrig auch und etwas feucht, einige Fässer kaputt, Gummischläuche, eine ölige Presse, schwärzliche Bottiche und ein feucht-schwarzes Gewölbe, große schwarze Placken Schimmel und Nässe, die den Kalk und Stein verschmiert haben), bog weiter um eine Ecke, links jetzt ein rötlicher brandiger Streifen, überall sonst die bleiche nasse Helligkeit, und in der Stille hörte ich meine eigenen Schritte.

Lautlos, ohne ein Wort zu reden, im Raum verteilt, den Blick auf das Tal gerichtet, standen einige Männer an einer Baustelle und bewegten sich nicht. (Ich sah sie an, sie sahen mich an, Figuren in einem Nachmittagsballett, ländlich und öde, dolce far niente?) (Auch sehr tierhaft unbeweglich, nichts, kein Laut, keine Bewegung, erstarrt, neben hochgezogenen Grundmauern, Ziegelsteinhaufen, Sandhaufen, hier einer, da einer.)

Kam am Friedhof vorbei (die üblichen Massengräber, kleine Quadrate, mit Fotos auf dem Stein, und kleine elektrische Lämpchen davor) und der übliche lasche Friedhofsgeruch nach verfaulenden Blumen und Nässe. (Ein flauer, lascher, süßlich-faulender kitschiger Geruch.)/Zwischen den weißen Marmorgräbern und Statuen kramen einige wenige Leute./ Ich ging schnell wieder.

Als ich mich umsah, hatte ein einzelner junger Mann sich hoch oben auf die breite Friedhofsmauer gestellt und zündete sich eine Zigarette an. Seine Figur war sehr scharf und klar in die Nachmittagsluft gezeichnet, aber völlig bewegungslos wieder und lautlos stand er dann auf der Mauer und sah hinüber zum Ort. (Ringsum sonst nichts, keine Bewegung.)

Sah den Kamin des Hauses rauchen, in dem ich wohne, Stille, ein kleines einfaches Bild?:Dort drüben. – Ich roch das nasse Gras, schlaffes Wintergras, nasse Erde, nasse Zäune, nasse Anhöhen, bleiches Nachmittagslicht.

(Irgendwo unten heult ein Fiatmotor auf:was die alle Leben nennen! Möglichst viel Krach, Motorensausen, Flipperautomaten, Dauerwellen, mit Gliedern zucken, Neonlicht, kaufen, bezahlen, dahinflitzen, in engen Hosen die Säcke und Schwengel verschieben, eine Platte der Musikbox drücken, Fernsehen anschalten, Gesten machen, Illustrierten durchsehen, neuer Krach.)

Wieder brach heftig Sonnenlicht durch die dicken schweren Wolkenschichtungen und riß ein klaffendes blendendes Loch in das graue Gewölk, kalt und reißend, winterliches blendendes grelles Glänzen gegen das matte duffe graue Blau./(Ich sah immer weiter dorthin.)/Braune, trockene schlaffe Blätterfarben, verblichener Farn, erschlafftes Gras, kraftlose Büsche./

Versprengt zur einen Seite gelblich-bleiche geschichtete nackte Steinbrocken, darüberhängend Gräser, zur anderen Seite Rosenkohlstauden auf einem schwarzen Boden, und die kriechenden, krüppelig-knorpeligen Rebenverzweigungen, die an längsgespannten niedrigen Drähten sich entlanggetastet haben, vor mir ein langer, in die Länge gezogener Schatten, das bin ich, quer über den inzwischen ungepflasterten fahlen Steinweg geworfen.

Der Weg bog sich in Kurven die Anhöhe weiter hinauf, hier war niemand mehr, nur Stille eines Winternachmittags, die frisch ist, kühl und klar. Darin sind winzige spitze Vogellaute, und dann, wie eine klumpige riesige geballte Faust türmt sich Graues jenseits des Tals auf, schweres Gewölk, in mächtigen wolkigen Flocken. Irgendwo, sehr fern, läutete eine Glokke. Leise geringe Windbewegung, in Gräsern, Zweigen, tief am Weg, über die losen kleingefahrenen Steine, durch Baumkronen, vollbesetzt mit welken Blättern, vor mir, während ich weiter ansteige, langsam, immer wieder stehenbleibe, diese Gegenwart aufnehme (Gegenlichtaufnahme). Auch dürre länglich-spitze zähe Ginsterfäden über mir, feine dünne grüne Flechte an Steinen, Moos auf dem Geröll, winzige unscheinbare Stellen, die mir auffallen, dazwischen struppige Grasbüschel und krüppelige furiose Eichenbüsche, lange stachelig-besetzte Stöcke ragen hervor, wieder schwarzes Geäst im Gegenlicht vor mir, trockene hohe Schilfstauden, die lang hochgewachsen aus einem steil abfallenden Einbruch hervorstehen, an manchen Baumstämmen, über die rissigen borkigen Eichstämme war dicht Blättergeranke (Mispel) gezogen, kriechend und den Baum würgend bis hinaus in die Baumkrone, neue erloschene fahlbraune Blättermassen, dicht, Blatt an Blatt, gekrümmt, farblos, leblos. Höher, weiter oben am Weg, steht in leeren Fenstern einer Hausruine gleichmäßiges Blau.

Ich merkte, nach einiger Zeit, daß ich allein war, allein dort ging, nicht gut, nicht schlecht, aber ich stellte doch fest, daß ich allein dort ging.

:„Das Unbefriedigtsein stieg mir wie Wasser bis an die Seele" (H. H. Jahnn, Fluß ohne Ufer, Die Niederschrift, Teil 1):war es so?/Weniger, nicht so und doch auch.

Ich ließ mich wieder auf die Umgebung ein, durch die ich durch die Feststellung, daß ich allein ging, allein hier war, auch später mit keinem sprechen würde, wohl kaum jemandem diesen Weg beschreiben würde und gar nicht könnte, er würde mich unverständlich angesehen haben, ist eben nur ein Weg, der sich die nächste Anhöhe hinaufzieht, herausgerissen worden bin. (Ist es eine Pflicht mit Menschen unter allen Umständen zusammenzusein? Das wird einem ja durch die bedrückende Fülle von Menschen überall nahegelegt, und es stimmt nicht, es ist nicht wahr.)

Jäher rötlicher flammender Himmelsstrich im Südwesten, spätnachmittagsbraun und rot, breit hingestrichen, und darüber breites klumpiges Wolkenmischmasch, ein riesiger duffer graublauer Abfluß, die Ränder blendend hell entzündet, weißlich grelles Gewusel, flüssige Lichtmassen, die in der Luft hingen, ein grob aufgerissenes Lichtloch, riesig und schiefriges Blaugrau herum, hoch in der Luft, fern, über den Ansiedlungen, den Höhenzügen, in der klaren regenwäßrigen Durchsichtigkeit. (Ich stand unbeweglich und sah hinein, stehengeblieben, in das grelle Durcheinander. Hatte mich auf dem Weg umgedreht. Und stand da und sah.) (Ich hatte diese wuchtigen Bauten aus Helligkeit und Dampf in der Luft lange nicht mehr gesehen. Ich sah reglos dahin./Sahen das auch die einzelnen starren, unbeweglich in der Nachmittagsluft stehenden Männer am Weg vorher?) (Kostenloses Kino, Breitwand, Panoramablick, Vista-Vison, besser als Kino war das hier, live!)

Wolken, flüssige und doch unbewegliche Lichtbrocken: windzerrissenes, scharfkantiges Loch, darum schuppten sich andere Flächen, aus blauem Grau, glatt, (und wieder ein Stückchen weitergehen, stehenbleiben, mich umdrehen, sehen), da stürzten lautlos und langsam die Lichtblöcke in der Luft ineinander, und zartes, fein grünlich-blaues Licht kam in dünnen Streifen und Flecken auf, still, kaum erkennbar, während gleichmäßig feucht nebliges Hellgrau aus den Tälern hochkommt und die Umrisse der Hügel und Bergketten langsam verwischt. (Die zernagten Häuser, die verschachtelten Baukästen, verwinkelten Treppen verschwanden überall darin.)

Der zu Ende gehende Tag:Licht, Helligkeitsreste aufgetürmt, grelle Rinnsale, weiße Adern, Helle zwischen stumpfgrauen Blöcken, schmerzhafte Grelle, scharf gerändete Dampfschollen, mildere Abtönungen daneben, aber nicht schlaff, sondern angespannt, zartes Sanftes darein gemischt, weiter davon entfernt, (es macht überhaupt nicht einsam, das sich anzusehen), Ausschweifungen von Licht, kalt und dezemberhaft, menschenleere Weite, ist es ein prä-historisches oder ein post-historisches Empfinden? Die Grenze, ein Grenzland aus Lichtschattierungen, Lichtfärbungen, verschobenen Formen, Lichtgeröll und Wolkenbrocken, berserkerhaft und voll Nuancierung, die reinste Verschwendung, ungehemmt, bruchstückhaft, wortlos. (Darunter das Gerümpel von Menschen.)

An der Grenze:da tastet mein Blick entlang, jetzt, ich hatte mich hingesetzt, schaute direkt das breite ausschweifende untergehende Licht an, das lautlose Stürzen, die lautlosen Bruchstücke grellen Glanzes, die kalten fernen Lichtbrüche (vor mir eine Senkung, ich saß in nassem Gras, am Wegrand, mitten in einer Stille), keine Sonnenscheibe, nichts als eindeutige Lichtquelle Konturiertes, sondern Verteilung, die grell und blendend war, weiß und gelblich, wieder blendend, so daß der Blick daneben tastete, an schrundigen Zackungen hin, sanft und gewalttätig, in dem lautlosen flammenden Poltern.

Prähistorische und posthistorische Landschaften, fern, in der Luft, im Rauch schwebend, und die Augen dringen weiter in den abenteuerlichen großen Raum ein, der menschenleer ist, (da wohnt niemand), zerbrechende Formen, unbehauene Formen, aus Licht, ohne Wörter, ohne Sprache, ohne Sätze, ohne Verbote, Stürze von Helligkeiten, fern im Raum. (Lautlose Entrückung beim Zusehen, Aufnehmen, jetzt bewege ich mich darin, fern, umher, dringe weiter ein, tiefer vorwärts zwischen den Lichtmassen.) (Ich saß da am Abhang, in meinem braunen Wildledermantel, ein stummer Betrachter.) Neuerliche Entrückungen, Schauen.)

Immer kippten die Wörter weg, immer wieder finde ich gar nicht Sätze, Wörter, dafür. (Ich habe dagesessen und geschaut.) (Die Feuchtigkeit des Bodens ist langsam durch den Hosenstoff gedrungen.)

Natur:? Berauschung?:immer sieht man schmale, aus dreckigen Rinnsalen von Straßen heraus, oben Rinnsale der Jahreszeiten, Rinnsale von Helligkeiten, dieses bißchen.

Ja, weiter, hineingehen:in die flammenden Höhlen, fern, vor mir. Röchelndes Licht an einigen Stellen, abseits, weg von der grellen Höhle, die tief nach innen in den Raum gestaffelt ist, schreite und stöbere darin herum, immer weiter, das nimmt gar kein Ende, neue Zacken, Vorsprünge, vorgeschobene Wände, hell glänzend, herum ist das Diffuse, Abendliche bereits, weit ausgeschwungen, ein bißchen schwiemelnd, zerstäubt, schwelend.

Variationen von Licht, Variationen von hellen luftigen Formungen, stehen im Raum:(über den verschwundenen Dächern, über den ferneren verschwundenen Tälern, den Städten, den Neonlichtreklamen, den Zigarettenkippen, den Wichsecken, den Bretterzäunen und Neubauten, über zärtlich tastende Finger auf nackten Körpern, über abgeschlagene Bäume und bellende Hunde, über Comics aufgeweicht im Rinnstein, über den Büchern, den verschlossenen geheimen Dokumenten, über abgekartete Spiele, über einen Schwanz, der in ein After dringt, über onanierende Jungen, über Schulbücher und Laboratorien, über Kokosnüsse und Kartoffeln, über tiefgefrorenes Fleisch und tiefgefrorene Fischleiber, über Bücklinge und IBM-Hochhäuser, über den braunen Bücklingen, in einer Holzkiste, über Rogen, über Kunstdünger, über geborstene Plastikschüsseln unter faulendem Herbstlaub und über Straßenenden, Fahrstühle, Rundfunkanstalten, Fernsehstudios und Interviews, über die letzte politische Pleite und das letzte Handelsabkommen, das sowieso danach in die Binsen geht, über Binsen und verkohltem Ginster und rostende Eisenbahnschienen, über Krüppel, Krebskranke, Spuckende, Tote, Lebendige, über abgestempelte Fahrscheine für die Straßenbahn und über kaputte Treppenstufen, über Brüste, Hoden, über Schamhaare, über ein Tempotaschentuch, das das Sperma von der Bauchfläche wischt, über mathematische Grenzwerte, über Gehirnverstümmelte, Gasherde, Rabattmarken und Karzinome, über platzende Kastanien in einer Schlackenallee und verstaubte blaue Busse zur nächsten Großstadt.)

Stürzendes goldiges Weiß:(fernere Glut darein gemischt), vor mir. Liebe Maleen, flammende starre Luftbrocken stehen in dem Raum, brennende, glühende Wolkenscheite, und feurige kalte Wände, ein starres Glosen hängt fern in der klaren Luft, (unten hupt ein verstaubter ankommender Bus), gewölkte luftige Glut weit weg, Lichtlitzen um graue stumpfe Wolken./(:Einmal schlief ich in einem Zimmer ohne Möbel auf einer bezogenen Matratze umgeben von Äpfeln auf dem Fußboden ausgebreitet für den Winter.)/(Tanzmusik kam aus dem Bordlautsprecher einmal über mir, in einem Flugzeug, das in einer Schleife abwärts nach London einflog. Bitte stellen Sie das Rauchen ein und schnallen Sie sich an. Wir werden in wenigen Minuten landen.)/:ich saß da an dem Abhang (das Futter der Anzugjacke ist ziemlich dahin, aufgerissen, muß es immer beim Anziehen der Jacke wieder hochzupfen) (ein Bad benötigte ich auch), inmitten eines Schrott-Italiens, die Unterkünfte mit Pappwänden verkleidet, manche wohnen in Neubauten, die nicht zu Ende hergestellt sind, manche wohnen in Ruinen, die zerfallen sind (Überschneidungen von Zeit, überall kriechen Kinder herum), es war der 24. Dezember 1972, spät am Nachmittag./(Was mache ich hier? Was habe ich hier zu tun? Herumsehen, notieren, wissen, wieder abfahren. Mir nutzen die zerträumten Gegenden nichts!)/Und weiter in der Stille hoch in dem Luftraum mich herumtasten:

Struppiges, Zerfasertes, Ausgebleichtes als Kulisse ringsum, krüppelige Eichengebüsche, zerfetzte Landschaft, (Müllkippen), (Thema:Die Landschaft als öffentliche Müllkippe, der Zwang des 20. Jahrhunderts, das zu Ende geht, da hilft auch kein romantisch-vergammelter Blick mehr!)

Winterlicht, 24. Dezember-Licht:Landschaften, Weite, unbegangen und unzersiedelt, die weit draußen im Raum entsteht, ungeschichtlich, unmenschlich, das bricht durch und herein in meine Augen, während ich dasitze,

:„das Unbefriedigtsein stieg mir wie Wasser bis an die Kehle"/:„meine Gedanken, die Rosse, die schnell an allen Orten sind und ihre Hufe nicht in die Zeit setzen, sondern in das Moos der Träume, stoben davon" (las ich später bei Jahnn)./Hier im Ort sah ich kleine magere Pferde und Esel, deren Fell dürr und struppig war, und an manchen Stellen, wo immer das lederne Zaumzeug und der Lastsattel scheuert, war das braune oder schwarzdunkle Fell bis auf die Haut abgescheuert, und es waren nackte, bläulich-schwarze Stellen des Tierleibs zu sehen, während das kleine Pferd oder der Esel hochtrabte, zwischen den Kleinwagen hindurch, bepackt mit dürren, abgeschnittenen Weinranken, gebündelt zu Brennmaterial. (Das Ende des 20. Jahrhunderts in einem italienischen Ort, „buon natale", fröhliche Geburt!) Und in der Abenddämmerung treiben in mechanischen Leuchten bunte Lichter vor den Geschäften an Nässe zerfressenen Hauswänden. (Eine Traurigkeit befällt mich angesichts derartiger Details nicht, keine Spur von Rührung, ich müßte ja mittelmäßig sein, gerönnen mir derartige Eindrücke zu einem humanen Gewinsel gegen die Erfindungen und gegen die Technik; ich denke eher, was noch an konkreten Verhaltensweisen, an semantischen Reaktionen bei jedem einzelnen Menschen aufzuholen ist, wenn er überleben will inmitten der von ihm selber fabrizierten Umwelt; auch denke ich daran, neu träumen zu lernen, das ist eine Erziehungsaufgabe, welcher Lehrer egal wo, auf welcher Stufe er arbeitet, denkt schon daran?/Aber das ist alles zwar an Einstellungen in mir, doch denke ich das nicht, während ich dort am Abhang aufgestützt sitze.)

„Ohne Grenzziehungen":weiß ich, während ich dort hinüberschaue, in den Raum über die verblaßten Höhenzüge, wo kalte flammende Dezemberlichtblöcke stehen, kalte, wortlose, aber blendende und leuchtende Teile, flüssige Helligkeitsmassen, weißblendend entzündete Ränder, vor Licht lichtloses Wolkengewusel, hingestrichen, verrutscht.

Noch furioseres flammendes Lichtgewölk, scharf gestochene Ränder, zackig und in leichtere Risse übergehend, zu einem milchigen milden Luftflaum abgetönt und vermischt mit düsteren schwärzlich gezupften großflächigen Fetzen kondensierter Feuchtigkeit./Und Laub verfault ringsum, ein kleiner präziser Windstoß reißt ein ausgetrocknetes Blatt von einem Zweig über mir, das hellgrau lautlos vor der flammenden furiosen Lichthöhle durch die regenklare kalte Abendluft schaukelt, die einzige Bewegung im Moment. Das kreiselnde Schaukeln hat jetzt jede Zeit, und ein lautloses Drehen ist es geworden, kurz über dem Boden./Schwärende drückende Bergpulke, hochgeschobenes verblichenes rötliches Braun als gefärbte Lufttücher, die hochgezogen sind./(Das hört nicht auf./Und ich gucke immer weiter und länger.) /Lichtschleier fließen abwärts an Wolken entlang, dickflüssige und zähe Feuerflüsse, und mein Blick, meine Augen, wandern herum in dem roten Goldgewölbe, den hellen roten Höhlen, weiter und weiter (die Zeit vergeht unendlich verlangsamt) (wie die Zeit eines lange Zeiträume überdauernden Reptils? Jeder hat Rudimente eines Reptiliengehirns oberhalb des Nackens, am Kopfansatz, das Althirn.)/Jetzt bleicher, schwächer werdend, ein geräuschloses rasches Abnehmen, ein jähes Weniger, von einem Moment zum nächsten, die menschliche Zeit setzt wieder ein:Abend, und verschiedene Notwendigkeiten, die zu beheben sind.

Noch abfließende Lichtflüsse, versickernde Rinnen Helles, Schwereloses, Luftiges, und wegrückendes feuriges Lichtlabyrinth, mit umherliegenden einzelnen Lichtbrocken, abgeschattet./(Momente, die aufhören.)/Unten begrenzte winzige Lichtkerne zwischen kohligen, rußigen, Schatten. Und Mauerbruchstücke (da beginnt wieder das Mittelalter). (In dem Mittelalter sind Fernsehantennen installiert, man könnte auch sagen, in den Steinzeithöhlen liegen aufgeweichte Comics herum und flimmern TV-Geräte.) /:Schwefeliger gelblicher Dunst, rußiges Rotbraun hingemischt, und klumpige Höhenzüge, die erneut hervortreten, bleicher Dunst über abgetakelten Gartenstücken, und das Hundegebell (ein Hund bellt immer irgendwo)./Da kommt, aus einer langhingeflossenen Wolkenschicht der grellrote Sonnenball heraus, sackt schräg in einem Kreissegment nach unten und frißt die Umrisse der Berge und Wolken augenblicklang weg.

Um mich her ist jedes in ein kaltes rötlich-glimmendes, aber scharfes Braun getaucht, die Bäume, der Sand, das Geröll, Gebüsche, Gras./(Letzte weiße Grelle die nachstürzt.) /(Wegzischender Glanz, der sich über die Blätteroberflächen und Grashalme, von Halm zu Halm, zurückzieht, mit einem trickhaften Leuchten.)/(Und huscht auch noch einmal trickhaft verschwenderisch über die Linsen der Augen, die lautlose Netzhaut.)/(Stokken.):Ist alles nur ein Lichttrick? Bestimmt nicht./:zarter blauer Luftraum hinter mir, als ich mich umdrehte, jenseits der Anhöhe, gegenüber dem durchschauten Lichttrick der wegsackenden Sonne. (Fernsehgeräte schimmern über Kothaufen.) (:Es ist die Pflicht jedes Menschen, der bisher Erziehung genossen – genossen? geschmeckt? – hat, also lesen, schreiben, sehen, hören, riechen kann, jede Formulierung radikal in Frage zu stellen.)/ :(merkwürdig, sobald man weniger ißt, wird man zu einem Feinschmecker!)/:(je weniger man kommuniziert, je weniger man konsumiert, desto feiner werden die Sinne!)/:(Das ist eine Erfahrung, die ich mache).

:„Ein Abtrünniger. Abtrünnig auch dem tierhaften Wohlergehen." (H. H. Jahnn)

:träumen, die Sinne schärfen (:träumen, ungestört, heißt die Sinne schärfen für die Gegenwart, in der man lebt, Du, ich)/:

der geborstene, regenverwaschene, kleingesplitterte fahle Weg zurück, abwärts, wo ich gesessen hatte, (kleingerollter Tuffstein, sandvermischt, an den Seiten geschichtete Steinfelsen),

:alluviales Gelände, über das in dünner verrottender Schicht die Zivilisation geschleppt worden ist (rote leere Plastikhülsen von Schrotpatronen am Weg),

(nähere mich den Resten des Mittelalters und den Resten des 20. Jahrhunderts wieder/ bis zum Friedhof ist die Asphaltstraße gezogen)

24. Dezember 1972, Olevano-Romano (das kaputte Bergnest):

(:Gedanken an Dich, Gedanken an Robert, ab und zu, zwischendurch, beim Gehen, zurück, 1200 km weit weg, in Köln, in einer Seitenstraße, im 4. Stock eines Mietshauses, was macht Ihr jetzt?:)

((:da unten ist die Texaco-Tankstelle und Wagenwäscherei, als ich abfuhr, das Taxi winkte, lagen braune welke Platanenblätter im Rinnstein, und durch die Bahnhofshalle fuhr eine Reinigungsmaschine, die den Staub aufwirbelte und verteilte/da auf dem staubigen Bahnsteig hast Du in Deinem kurzen schwarzen Samtmäntelchen gestanden und gewinkt, neben einem erloschenen Stand, ich fuhr durch die dreckige Westdeutsche Nacht und Du bist zurückgegangen durch die dreckigen Kölner Straßen/ jetzt ging ich diesen Schotterweg hinunter))

:der Ort vor mir ist zu einem Schatten geworden, aus dem Autolärm kommt.

Das Moos, die feuchten Blätter, die nassen trüben Äste am Wegrand riechen dünn, ihr Geruch hat sich mit dem Geruch nassen Schotters vermischt. Und das glühende Luftloch ist zugeklappt, nur ein stilles Fließen von beleuchteten Weiten, noch, aber man kann wahrnehmen, wie schnell die Helligkeit jetzt abnimmt und überall das flache, bleiche Abendlicht steht, aus dem ein breiter, ausgefächerter Strahl fällt, längst verschwundenes Licht, von weit her auf eine Wolkenbank projiziert. Die starren, rauchigen Gebilde nehmen zu, färben sich kühler, schwärzlicher, grauer, ein paar zärtlichere grünlichblaue Streifen darübergelegt, weg.

Jetzt sind es steppenhaft-bleiche fahle Weiten geworden, die ausgebreitet liegen. Das Hupen eines ankommenden, um die Kurve biegenden Busses hallt wider. Vögel schnattern jetzt mehr, zirpen und kleine hornige wetzende Geräusche, oder ein helles, schnelles Scheckern, in dem kalt gewordenen Ringsum. Man sieht keinen dieser Vögel, man hört sie nur. Ich rutsche auf dem Geröll etwas aus, lehne mich beim Abwärtsgehen leicht nach hinten gegen die Luft zurück. Schwarzgrün, schwarzblau, schwarzes Silber in Form gespreizter und gerollter und gewellter kriechender Gebilde am Abhang. Da fangen wieder Glocken zu läuten an, und ein Wagen jault auf in einer unübersichtlichen Kurve./Auf dem Friedhof brannten bereits die elektrischen Glühbirnen (und abends oder nachts, vom schmalen Nordbalkon aus gesehen, wenn ich noch einmal zur Toilette muß, wirken sie in der Dunkelheit wie ferne Hochhäuser mit dem gleichmäßig übereinandergestuften kleinen Licht/mir fällt aber auch oft ein depressiver früher amerikanischer Gangster ein, irgendein Gyp the Blood oder so etwas, der bei von Hentig erwähnt ist, der seine nächtlichen Versammlungen immer auf einem Friedhof abgehalten hat.) /Es war eine Unsitte damals, daß vor der Bescherung („schöne Bescherung") am Abend des 24.ten in der Dämmerung zum Friedhof gegangen wurde und dort auf das kleine Totenbeet ein Strauch Tannengrün, behangen mit Lametta und vielleicht einer rot-seidenen Schleife und einer Kerze, hingelegt wurde, die Kerze wurde angezündet, überall auf den anderen kleinen Totenbeeten flackerten ähnliche Lichter, und es wurde gesagt, „so, jetzt können die Toten auch Weihnachten feiern" oder etwas in dem Sinn, und beim Fortgehen von dem Grab mit dem lamettabehangenen Tannengrün und der Kerze wurde mir für einige Augenblicke das ganze Weihnachtsfest gespenstisch. Da feierten also viele eine Gegenweihnacht, es hat sich in meiner Fantasie festgesetzt, und in der zumeist nassen, manchmal schneeigen winterlichen kalten Abenddämmerung, da fast niemand mehr auf dem Friedhof war, dachte ich an eine vor Nässe triefende kalte stille erdige Bescherung, etwas makaber. Für wen haben sie das eigentlich gemacht? Irgendeinen Teil, der in ihnen mit Tod ausgefüllt war, wollten sie beruhigen. Oder sie wollten vielleicht vorsorgen, für später, wenn sie da lägen? So haben sie oft die Toten mit herumgeschleppt in ihren Gedanken und Sätzen. (Ist alles längst vorbei.)/Von unten, der Busstation, dringt wieder stereophones psychisches melancholisches Gewimmer aus der Musikbox herauf, es ist gegen 1/4 nach 5, halb 6, und Kinder schreien in den Straßenstücken (Mit dem Markt&Straßen-stehn-verlassen ist hier nichts.) Die Musik bricht ab. Die nächste Münze bitte. Einwerfen. Und dringt herauf.

Als ich um die Ecke des Hauses biege und über die Terrasse gehe, bemerke ich wieder Fetzen eines Fernsehlichts im Fenster. Oben im Zimmer ein zischender Wasserkessel auf dem Kohleherd und ein warmer Raum.

Mußte mir einen Dosenöffner ausleihen (machte mir Erbsen mit einer kleinen Wurst und etwas Cornedbeef dazu) und sah am Garderobenhaken einen Ledergurt mit Schrotpatronen hängen neben einem schwarzen Stockschirm. Vor dem flimmernden Fersehen am Tisch packte der Junge gerade ein Geschenk aus, etwas Nützliches, in einer dünnen durchsichtigen Plastikhaut, Pullover wahrscheinlich, und ein älterer Mann stand angezogen im Mantel daneben am Tisch. Auf einem der Stühle lag das gleiche blöde armselige und kitschige Kinderspielzeuginstrument, wie es einmal in Köln ankam, ein Miniaturschifferklavier aus Blech, Holz, Plastik und mit 5 Tönen, die man rauskriegt, wohl ebenfalls ein Geschenk – als Kind will man wohl Traummaterial geschenkt bekommen, Rauschmaterial, etwas Unnützes, für seine Entzückungen und Sehnsüchte und mit dem man fortgehen kann, für sich, während man damit spielt – die Erwachsenen essen, trinken, träumen (meist als Wiederholung von irgendetwas Vergangenem), strecken die Beine aus, sprechen ja auch dann nichts unmittelbar Nützliches. (Immer Socken, Schlips, Oberhemd, die SOS-Anordnung, Socken, Oberhemd, Schlips, später.)

6-Uhr-Dunkelheit:bollernder Kohleofen hinter meinem Rücken, mit dem langsam kochenden Topf darauf. Nachher werde ich noch einmal mir den Ort anschauen, in welcher Atmosphäre er ist. (Bunt?)

Was kann hier bunt sein?:Farben, gestrichene Holzwände, gestrichene Türen oder Fensterrahmen gibt es nicht, das meiste ist weißlich ausgestrichen, vielleicht noch schwach mit einem grünlichen oder bläulichen Schein durchsetzt. Die Fensterläden sind fast alle grün. Sonst herrscht ein bleicher, verwitterter Farbton vor, eigentlich eine Abwesenheit von Farben, bleicher verwaschener Stein, staubfarbene Wände, roh und ungeschickt verputzt, dennoch wirkt das Ganze nicht hart, eher enorm weich, nachgiebig, vernachlässigt (keine schönen Ölfarbe gestrichenen grünen Türen wie im Norden, keine blau gestrichenen Bretterwände um ein Grundstück, keine frischen leuchtenden Hausanstrichfarben.) (Die sichtbare Verwahrlosung hat den Anschein des Lässigen, let it go, die Sonne arbeitet umsonst.)

Ich könnte das romantisch finden, mich an den zernagten Türen delektieren, an den kleinen verwackelten Innenhöfen, den verwinkelten schlecht gepflasterten Treppenstraßen, an den schwarzen Feuchtigkeitsflecken, die an den Häusern die dünne Farbe weggefressen haben, an diesen Übergang aus verschiedenen Grau und Schwarztönen, an den über die Straße oder an den vergammelten Hauswänden aufgespannten Wäschestücke, an den vielen Plakatfetzen, die in halber Höhe überall angebracht sind, kann ich es wirklich? Ich weiß, daß diese Nachlässigkeit, dieses Lässige überall ebenso den Planeten, die Landschaften, die Bäume, die Tiere heruntergebracht hat wie der fanatische Verwertungsdrang von ratternden IBM-Köpfen und Registrierkassen. Ich sitze wieder zwischen zwei Stühlen: es ist entspannend, sich hierdurch zu bewegen, da spielen Kinder auf dem staubigen Asphalt und ein Auto biegt um die Ecke. Ich sehe gespannt hin, was passieren wird. Kein Hupton, die Kinder kriechen weiter herum, rücken etwas zur Seite, der Wagen macht einen Bogen. In der BRD hätten sie sie totgefahren. Aber als eine Erleuchtung, eine Beflügelung von Ideen empfinde ich diesen Zustand nicht, dafür ist er zu alt und ausgelebt. Und die andere Seite? Wonach sie ja mehr oder weniger schielen, bis ihnen die Augen verdreht im Kopf stehen, und das heißt die Sinne konfus gemacht sind? Auch da fühle ich mich nicht wohl, in der die Vorstellungen tötenden Nützlichkeitswelt. Zusammen paßt kaum noch etwas. Ich lehne mich über das Balkongeländer an der Nordseite des Hauses und blicke einen kümmerlichen Abhang hinunter, der gleich am Haus ansetzt: leere Sträucher, in dem einen Strauch hängt ein Fetzen von grauem Lappen, im anderen Strauch Papier, eine umgekippte liegengelassene Schiebkarre ist neben einem unbeholfenen Kohlbeet zu sehen. Steine, verblichene Papierfetzen, Weggeworfenes, das dringt zu nah in den Blick, sammelt sich beständig herum. In einiger Entfernung dann die Anhöhe mit braungrauen Bäumen.

Der Nachmittag war so vorbeigegangen./ Als ich in den Ort gestiegen war, mußte ich mich zuerst darauf besinnen, daß der 24.te war, ein Sonntag, 4. Advent und der Abend mit Geschenken, etwas Zurückgezogenes, die Geschäfte haben zu, sie sind erloschen, keine Dekorationen leuchten, jedenfalls die meisten nicht, (es hat einen langen stillen Nachmittag in Köln gegeben, mit etwas dünnem wäßrigem Schnee, 1964, und ich sehe diese dünnen, wäßrigen Schneeflocken um die karge Ecke am Vorplatz des Domes treiben und über den Bahnhofsvorplatz, und ein graues bleiches Licht war da, durch das wir zum Bahnhof gegangen sind, warum eigentlich? Zeitungen kaufen? R. lag in der Wohnung, in seinem Wäschekorb, der bezogen war, rotes kariertes Leinen, und ein Verdeck, mit geriffeltem Saum./Als wir zurückkamen, gegen 6 Uhr, brannte das Weihnachtshuhn schwarz kohlig im Topf, und die Wohnung war voll Rauch./Mir fällt ein gutes Weinachtsessen ein, ein Brathuhn, das Du mit Erbsen, Möhren, Spargeln, Äpfeln gefüllt hattest, oder war es eine Ente? In dem großen schwarzen ovalen Aluminiumtopf. Auch Porreestückchen wurden in der Soße mit angebraten. Und Grünkohl. Und Kartoffeln. Und Pudding./ Im Geschäft an der Kirche, einem Fernsehgerätladen, verhandelten sie, auf einen Flimmerkasten gelehnt. In dem Laden stapelten sich die Glotzen. – Davor der Lebensmittelhändler bediente zwischen Besen und Spaghettipackungen. – Jeder Laden hatte geöffnet./Draußen sind Plastikkanister für Wein aufgestellt. Eine schwarze alte verbogene Frau trägt ein Paket Waschpulver aus einem Laden. Es ist 1/2 7 Uhr abends.

Ein Mann in blauem Arbeitskittel, eine Frau in felligem schwarzem Pelzmantel, die Vini-Kaschemme ist gestopft voll mit alten nutzlosen Männern, die im Tabakrauch sitzen. Blicke in kümmerlich erhellte Treppenaufgänge. Von den Wänden blättert Farbe und Mörtel. Der Schuhladen hat geöffnet. Koksrauch hängt an manchen Straßenstücken zwischen den Häusern. In einem Fleischgeschäft, wo sie an roten Klumpen herumsäbeln und schneiden, geht ein kleiner Tannenbaum, eingetopft, an und aus. Das Schaufenster eines Bekleidungsgeschäftes wird ausgeräumt und umdekoriert. In einem zweiten Bekleidungsgeschäft probiert ein Mann eine Jacke an. Kinder spielen „Zorro" Wild-West mit vor dem Mund gebundenem Taschentuch und Pistolen, sie verschwinden in einem unglaublich verlotterten Haus. An einer Hausecke, ehe ich die steile Treppe von der Via Cavour zur Via Roma hinuntergehe, steht ein Stuhl draußen und auf der Sitzfläche sind 2 Kohlköpfe und etwas Grünzeug ausgelegt, ist das ein Geschäft? Ein Witz? Nichts als ein Stuhl mit dem Gemüse.

Der Typ mit dem Comic-„Wummwumm"-Spumante-Gepantsche spricht mich an, ich mache ihm klar, daß er mich beschissen hat, no claro, nix, nix, grinse ich direkt zu ihm hin, und er macht wieder „wumm-wumm", das ist das einzige Qualitätszeichen für sein mieses Zeug.

Selbst der Laden mit Türklinken, Fenstergriffen, Scharnieren hat geöffnet.

Einer kommt aus einem Ladenverschlag und kippt gegenüber Müll auf die aufgestellten Plastiksäcke.

(Ich kaufe mir für 500 Lire einen kleinen Weinachtskuchen, Panettone, der „Lord" heißt.)/ :18 Uhr 29. Ich bin bis zur Bus-Station unten gelangt. –

Musik aus Musikbox:(sie ist nach draußen gestellt worden, vor dem Gebäude, in dem sich eine Bar befindet), Mädchen in langen Mänteln gehen zu zweien, dreien untergehakt langsam herum und kauen Kaugummi./1 Plakat an der Fensterscheibe mit 4 Larven-Männern „The Green Flowers" für ein Feste Danzati Eintritt Männer 700 Lire Eintritt Frauen 300 Lire und unten klebt die abgestempelte Gebührenmarke (für jeden Aushang, jedes Zertifikat, ist sie nötig:eine Art Briefmarke, abgestempelt), 1 anderes Plakat für ein weiteres Feste Danzati im Istituto Technico Statale di Palestrina mit 6 Larven-Männern „La Fiaba delle Tre Contee"./Um die Musikbox hängen die Jugendlichen, Jungen mit frisörge- pflegtem längeren Haar, die Mädchen säuberlich davon getrennt. Sie wackeln mit den Köpfen und Händen./(Ich gehe jetzt runter, in einen größeren Aufenthaltsraum, im Kellergeschoß der Bus-Station.):wieder Musik, negroides stereophones James-Brown-Ge- röhre, überlaut, in einem Raum, der vor abgewetzter Kargheit und Schäbigkeit mich erstaunt. Eine Dekoration zwischen verjährtem Silvester und stehengelassenem ausgelaug- tem Tannenbaum, mit grauen Watteflocken auf den Zweigen, buntem Nippes, an der Bar.

Der Raum ist groß, langezogen, schmucklos, eine Musikbox und 3 Flipperapparate, an denen Jugendliche rumbolzen. Mehrere Tischtennisplatten, ein ausrangierter erloschener Flipperapparat./Nebenan, in einem ebenso schäbigen, doch abgetrennten und kleineren Raum wird Billard gespielt. (Ich stehe an der Bar und trinke einen Kaffee, die blasse Plastiktüte mit dem Kuchen am Arm.) Hinter der Bar bewegt sich ein enorm breiter strammer Mädchenhintern in schwarzer eng um das Gesäß sitzender, unten breit und schlabbrig auslaufender Hose. (Ich denke, die Form des Hinterns da ist groß und mächtig, angenehm draufzusehen.) Sonst überall Öde. In die überlaute Musik hineingeschriene Unterhaltungen (Wirklich ohrenbetäubend laut, dazu der Widerhall des öden Raums.) Das ist der öffentliche Aufenthaltsraum für Jugendliche, schäbig wie alles Öffentliche./Wieder hochgestiegen, wimmert in der kalten Abendluft draußen die Musikbox. Und ich stehe dort jetzt davor in der Abenddunkelheit und sehe hinüber in den Schlund aus Beton mit den harten Neonlichtkernen, während die Jugendlichen an der Musikbox sich rumschubsen vor lauter Öde. Dicke, staubige, abgestellte Busse stehen herum. Figuren vor dem Centro Mode Jacis neben dem Tunnel:

und aus der Musikbox rinnt immer weiter eine „Mina" (Schlagerstar) und der Atem dampft, und schwarze glänzende Ölflecken liegen auf dem staubigen Asphalt, und was steigt aus der Musik hervor, welche Vorstellungen, eine chice stereophone Traurigkeit, Geigen vermischt, geschickte Rhythmen, sowas Großstadthaftes, Fernes, das es nicht gibt, Frauen und L'Amore, Körper, in coloriertes künstliches Licht getaucht, eine Villa, ein Strand, Sonne, oder was ist das, was aus der Musik, aus dem Gesang hervorgekrochen kommt und in der kalten Abendluft über dem verstaubten, ölgefleckten Asphaltplatz sich ausbreitet, unsichtbar, irgendwelche Illustriertenträume, vermischt mit realen Wünschen, durch die die Jugendlichen, voneinander getrennt, herumschlendern, entlang dem Betontunnelloch, vorbei an den verstaubten blauen Bussen. (Dann springt die Nadel nicht weiter, immer dieselbe Stelle wiederholt sich, im Kreis, und ein Stoß gegen die Musikbox bringt den Schlager zu Ende.) In der plötzlichen Stille höre ich das Scharren von Füßen und das brockenhafte Reden der Jugendlichen. Darauf folgt etwas Südamerikanisches, mit Bongo und Conga, und der Blick fällt auf die hellen Fenster der Modeecke, wo hinter Glas Brautkleider und Mäntel an Puppen hängen. (Der Tunnel daneben ist 298 Meter lang.)

Ich stehe herum und nehme diese Szene auf:vor mir, um mich im Halbkreis, vor einer fleckigen Glasscheibe, hinter der Flaschen und Kuchenpäckchen aufgehäuft sind und in weißer kreidiger Farbe unbeholfen Buone Feste geschrieben ist./Die moderne Olevano-Öde./. An der gebogenen Betonwand am Tunnel-Eingang läuft wieder die rothaarige Bikini-Katia vor einem Jeep her. Daneben das krampfhafte Gesicht, so groß wie der Bikini-Körper, des Amerikaners Steve McQueen, als Kampfflieger verkleidet. (Filmplakate). Und weiter schaukeln die südamerikanischen Rhythmen herum über den ziemlich leeren, öden Platz, der in ein weißes Neonlicht getaucht ist./Da wurden die metallenen Rolläden vor dem Centro Moda Jacis heruntergelassen. (Neuer trauriger chicer Klavier-Pop./Das ist wie mit Fotografien:selbst ein stinkender rostender Schrotthaufen, selbst die schäbigste, verpißte Holzwand wirkt auf ihnen schön und ästhetisch. Da stimmt doch was nicht?)/

Sehe mir die Aushänge, jeweils für eine Woche, wieder mit Gebührenmarke und abgestempelt, hinter dem fleckigen Glas an:was läuft denn hier?/In San Vito Palestrina Cinema Principe, in Genazzano Cinema Bramante, was? Le Calde Notti del Decamerone – Die heißen Nächte des Dekamerone? Liegt ein nacktes Weib herum, und Le Notte Dei Diavoli – Die Nächte des Teufels, wieder so 'n Vampir und 'n Weib, und Le Grande Rapina Di Long Island, was Amerikanisches, Der Große Raub auf Long Island./ Und da springt auch bereits ein Song von Bob Dylan in die feuchte abendliche Kälte „Half of us are Prisoners & Half of us are Prisoner Guards" breitet sich vor der Bus-Station aus. (Neben mir rotzt ein Junge in schwarzer Kunstlederjacke.) 13, 14 jährige Mädchen schieben ihre Titten und Hintern vorbei durch die staubige erloschene Öde. (Ich habe kalte Füße vom Stehen und gehe gegenüber in die Bar neben dem Mode-Zentrum, ist das nicht größenwahnsinnig:Mode-Zentrum, hier, in dem vergammelten Ort, neben dem starren Betontunnel? Alles Show-Bussiness. Enorme rotzige Frechheit./Und trinke im Stehen ein Bier./Gehe.) Den „Boulevard" der Ortschaft entlang, Via Roma.

(Da oben, siebzig bis 80, 90 Meter höher, auf dem Hügel, steht das Haus.)

((:Parco Privato di Proprieta della Accademia di Belle Arti di Bonn.))

Lungernde Jugendliche, in Gruppen, und Pfeifen auf Fingern. Am Rand geparkte Wagen. Düstere Hauswände in der Dunkelheit noch düsterer. Ein kleines Mädchen ging frierend mit etwas Eingewickeltem, Goldlitze verpackt, in der Hand und sah sich um. Eine Katze nagt an dem Sillerflitter innen in einem Laden und wird mit der Hand verjagt. Das Kino Smeraldo hat geöffnet, die Neonlichtschrift an dem dunklen Gebäude ist angeschaltet worden. Aus dem Projektionsraum kommt das flache Celluloid-Sprechen und innen tanzen imaginäre Gestalten im Dunkeln in einer imaginären Weite. Der Soldatenschwank wird gezeigt. Der Aushang wird bereits gewechselt, morgen, am 1. Weihnachtstag huscht Dustin Hoffman als Little Big Man in Olevano durch den Kinosaal. Gegenüber ist eine Bar und draußen, davor, stehen viele ältere Männer. Auch die Farmacia (Apotheke) hinter dem Brunnen Acqua non potabile strahlt in rotem Neonlicht aus, daß sie geöffnet ist. Lange lehmige Nässefäden rinnen die Straße vom Platz Umberto hinunter. Ein Pfarrer kommt schwarz herangewedelt, und gibt den heraufsteigenden Vigili Urbani-Männern in schweren schwarzen Wintermänteln mit den Goldknöpfen die Hand. Die Leute beginnen sich in den Treppenstraßen und Häuserbrocken zu verteilen. Am Ende, vor dem verschachtelten düsteren, dumpfen Bereich, Piazza Benedetto Croce, schreiben die zwei Städtischen Wächter geparkte Wagen auf, und ich stehe hinter ihnen und notiere dieses Bild. Steige noch ein paar Stufen in dem düsteren Bezirk herum: Verschläge, das sind es, mit trübem Gefunzel, auf und ab, schief, zusammengestückelt auf wenig Raum. Aus allen Ecken kommt Rauch. Rasende Armut, die in unfaßbare Apathie umgeschlagen ist. Bruchstein, Nässe, Rauch, Flecken, Menschenstimmen, Gefunzel, sinnlose Hölle. In einem winzigen Verschlag, der abblättert, einer Schneiderei, mit karger nackter Glühbirne und Schnittmuster aus Packpapier an den Wänden, steht eine verquollene pummelige Frau und wird gemessen. Eine schon lange stehengebliebene Uhr an einer Hauswand zeigt permanent vier Minuten vor Elf.

Olevano Romano - alt. m. 570 - Via Roma

Zurück die Via Roma, an dem Kriegerdenkmal vorbei, den aufgestellten Stahlmänteln von Bomben als Kettenpfeilern und sie verabschieden sich überall auf der Straße mit „buon natale" und es ist gegen 20 Uhr, leichte Regentropfen fallen und dann nicht mehr, „still erleuchtet jedes Haus"? „Wie ist der Schrott jemals von diesem Planeten wieder wegzukriegen? „Sinnend geh ich durch die Gassen, wie so weit und still die Welt?" (Aber diese stille und Weite gibt es auch.) „La Vie della Pace" stand in dem Steinsockel, an dem ich vorüberging, und gegenüber eine Bar, schäbig, und (vieles wäre besser nicht, das meiste) eine Versammlungsstätte der Assoziatione nazionale Combattenti e Reduzi Sezessione di Olevano Romano (Oben im Haus ein leerer bleicher Raum)./Die Blumengeschäfte, die Obstgrüfte, Autoschule, Bars schließen, haben geschlossen. Da komme ich wieder an dem abgetakelten kümmerlichen Platz mit den grauen verstaubten Bäumen vorbei, der am Anfang der Via Roma liegt, und wo den Abhang hinunter Schutt jetzt geschüttet wird, über den runtergeschütteten Schutt geht der Blick weit in das Tal hinaus./Schatten von Lastwagen und abgestellten Autos stehen unter den wenigen Bäumen gegen den verdunkelten freien Raum dahinter. (Links, am Rand biegt dann die geschlängelte Straße ein, rechts hinter den Bäumen ist der Betonbau der Busstation.)/Es gibt auch eine automatische Uhr an dem

Olevano Romano - Giardini

Stationsgebäude, und ich sah, daß ich mich total verschätzt hatte, meinte, es sei spät, gegen 20 Uhr, oder darüber hinaus, aber ich stellte fest, daß es erst 19 Uhr 34 war, als ich dort anlangte. (Die Zeit geht hier langsam herum, lange Tage, lange Nächte, eine Stunde ist sehr lang.)/Ich trinke noch ein kleines Bier in der Bar neben dem Modezentrum. Hinter der Bar, aus einem anderen Raum, kommt Stimmengewirr, dort ist eine Art Abstellraum und Männer drängen sich um Tische, an denen Karten gespielt wird.

Eine riesige tiefe Schwärze ist ausgebreitet über dem Ort und eine stille klein-funkelnde Sternenmasse hängt darin. (Ich sah darin hoch und ging noch einmal in den Kellerraum der Busstation.) Große Löcher waren in die Pappwände an der Seite der Treppe gerissen, und ein rotes, gelbes Girlandenlicht hing niedrig im Gang hinab. Ich trank unten noch ein Bier. Der Mädchenkörper mit dem breiten Hintern in der schwarzen Hose sang den Schlager, der gerade lief, mit. Und ein kleiner Junge schreit hoch./Jungen ramponieren an den amerikanischen Flipperautomaten herum und im Nebenraum wird immer noch Billard gespielt, und mir ist bewußt, daß der 24. Dezember heute abend ist, während ich da stehe, (ich denke, daß man hier vielleicht nicht so viel verinnerlicht hat, aber ist es besser? Nein.)

Irgendwie, während ich in dem Raum herumblicke und die Billardspieler im Nebenraum durch eine aufklappende Schwungtür sehe, den fleckigen Baum mit den Wattetupfen darauf, einige ramponierte Tische und Stühle stehen herum, in der Ecke diese kleine Bar mit Kaffeemaschine und dem Mädchen dahinter und einem Mann im Anzug, klein, unrasiert, und das spielende Kind und die Musikbox, fallen mir amerikanische Gangster ein, Itakker, die ausgewandert sind, und ich begreife diese US-Gangster, wie sie alle protestantische, calvinistische Biederkeit krude und hemmungslos ausnutzten und ausnutzen konnten und vom Tisch fegen, die säuertöpfische Geschäftigkeit, nämlich mit diesem Ramsch, mit diesem erbarmungslosen Kitsch, mit der Frisörhaften Eitelkeit (die Frisöre haben immer in diesem kleinen Ort zu tun), und ich begreife auch, wie sie sich in einer derartigen Slum-Stadt wie Köln ungeniert ausbreiten können, es sogar noch wohl finden, Könige des Drecks, Könige im Verwüsten, Könige im Verleben und Verwohnen,

eine Weisheit sehe ich nicht in diesem Dasein und in dieser Lebensweise, ich sehe nur eine wahnsinnige Verrottung, und eine jahrhundertalte Gewöhnung dieser Verrottung (wie gedrückt, wirklich ausgestorben und zerfallen war dagegen Longkamp, das Hunsrückdorf, und wie sauber, gepflegt selbst die ländlichen Anwesen in der norddeutschen Wüste,)

und ich trinke das Bier in kleinen Schlucken, stehe da weiter mit dem Weihnachtskuchen am Arm, und ich begreife, daß es tatsächlich ein Drecksvolk ist mit ihren Kellnern und Frisören, mit ihren Verhaltensweisen, die arrogant sind, wenn sie sich bedienen lassen können, mit ihrer kleinkrämerhaften Agilität, ihrer Comichaften Unruhe, ihrem Kinder-Fetischismus und ihrem sogenannten „leichteren" Leben, das nichts anderes heißt als verwohnen, zersiedeln, auswohnen, mit ihren Papst- und Madonnenbildern, mit ihrer blödsinnigen römischen Vergangenheit, die nichts als Ruinen sind,

und mir wird das alles an winzigen Einhelheiten klar, an den großen Löchern in den Wänden aus Pappe an der Treppe und den geschniegelten Frisuren derLeute, „dolce far niente" am Arsch,

mir wird es klar an Fiats oben, an dem wahnsinnigen Matriachat im Hintergrund, der erbärmlichen Doppelmoral, an der zerfetzten Landschaft (und wie muß es erst weiter südlich sein?), ein Drecksland Italien, die sogenannte vielgerühmte Freundlichkeit geht auf Kosten der Ausbildung, sie geht auf Kosten der Verwüstung der Landschaft, sie geht auf Kosten der Veränderung,

jahrhundertelange Gewöhnung an Rauschmittel Wein (was ist denn, wenn man ihnen den entzieht?Ein ganzes Land voll Süchtiger plus Madonnen und Päpsten und Gegenpäpsten und Gegenreformation, und ein Schwachsinn der Reformation, die das verändern wollte, ein einziges Durcheinander, sehe ich plötzlich vor mir entstehen, während ich an der Nickelbar lehne),

und ich sage mir, so ist das, den Rücken kehren, bloß keine Touristiksehnsucht und Ansprüche und Verklärungen, Schrott, so ist es,

und ich stehe da in der schäbigen Halle, es ist Weihnachtsabend, ich betrachte diesen Augenblick, ich bin ganz still, die Eindrücke ziehen in klaren einzelnen Fakten vorbei,

und gleich darauf steige ich wieder auf die Anhöhe in das warme Zimmer, steige durch die von Menschen fettig und speckig abgewetzten Straßen, durch das Mittelalter in der Gegenwart, und über mir ist der riesige schwarze Himmel gespickt voll Sterne,

und da läuft der breite Hintern in der schwarzen Hose hinter dem schreienden Kind her und der Mann lehnt an der Kaffeemaschine, zählt seine fettigen Lirä-Scheine zusammen,

und ich bin entspannt, ich will nichts, mich zwingt nichts, ich werde nicht in dem Moment von irgendwas getrieben, und ich trinke noch ein Bier, das in etwa unserem Glas Bier entspricht, eine kleine Flasche,

und Hawaiiklänge sind in dem billigen Raum, und ich denke an Dich, Maleen, was Du jetzt machst, und ich empfinde meine Situation, daß ich da stehe, in der Umgebung gar nicht faßbar, und ich denke an Robert und seine augenblickliche Vorliebe für Elefanten, das ist auch gleichzeitig, zur selben Zeit da, während ich das Bier trinke, immer weiter den Kuchen in der Plastiktasche am Arm, zur gleichen Zeit seid Ihr auch da, über Tausend Kilometer weg, während hier eine Musikbox dröhnt in einer kargen Halle, und der kleine Mann mit dem Sonntagsanzug hinter der Bar Gläser zu spülen beginnt und Glanzpapierschlangen und Girlanden durch den Raum hängen, sowas Verrücktes,

ein Ping-Pong-Ball tanzt durch den Raum auf dem Zementboden,

der Gedanke an Dich, meine Vorstellung von Dir, von Robert, da, war klar und wie klares, frisches Wasser, und so einfach, sehr deutlich umrissen und schön und ein ruhiges Bild, das eine Zärtlichkeit ausströmte.

„Der liebliche Süden":ein Autofriedhof. Dann Steine, Wäsche, was sonst noch? Elektrische bunte Lichter, die mechanisch an und ausgehen. „Bene?" In Ruinen sind amerikanische Automaten installiert. Was geht das mich an, ich bin für die Verrottung nicht verantwortlich, ich habe auch keinen romantischen Blick dafür. Ich hau ab. Davon hab ich genug gesehen.

Oben hat inzwischen die Musikbox wieder zu spielen angefangen. Der Platz davor ist total leer. In der staubigen, von weißem Neonlicht beleuchteten Leere stehen die klotzigen blauen Busse. Und auf den leeren Platz in das weiße Neonlicht hinaus dringt die Musik, und das ist so unwirklich und arm und zugleich so deutlich vorhanden, als sei ich in eine perfekte Filmkulisse geraten für einen Film ohne Menschen.

Es ist ein ausgeleuchtetes Standfoto:24.12.72, der leere Platz, der Blick in den Tunnel mit der Neonlichtkette, die Busse, an der Musikbox stehen einige frierende Gestalten, ein Soldat ist darunter, und das Musikstück, das gerade abläuft, ist Jimi Hendrix Purple Haze. Da ist die Stimme und die Musik eines Toten, der in einem Londoner Hotel an seiner eigenen Kotze erstickt ist, der mit der Zunge die Saiten zupfte, in der kühlen, stillen Nacht ausgebreitet, inmitten eines zerfallenen, verwahrlosten Bergortes, die Kälte strömt unablässig aus der Sternenmasse herab, aus dem Dunkel, das hoch darüber ist, der Betontunnel voll Neonlicht, vorn, einige ausgeräumte Platanenbäume, die metallen blinkenden Rollläden neben dem Tunnelloch, und die abgestellten Busse, das Ganze wird eingehüllt von elektrischen Gitarrenklängen, die in der kalten Stille sich zusammenziehen und ausschwingen, Purple Haze, der psychische Bilderwirbel, hier, am Abend, zwischen den Bussen, unter dem schwarzen Sternenhimmel, in der Kälte. Das Ganze ist von einem kalten traumhaften Charakter, der wirklich geworden ist.

Hier kam ich vor einigen Tagen an, ebenfalls Abend, trug die Reisetasche und Schreibmaschine hoch, jetzt war es am Weihnachtsabend, leichter Benzingeruch in der Luft, der Soldat in oliv-grünem Wintermantel, er klatscht in die Hände, ich denke, daß es auf dem leeren Platz widerhallt, aber ich habe mich getäuscht.

Olevano Romano m. 571 · Viale Vittorio Veneto Autostazione · Notturno

Ich stehe und schaue in das Traumbild, es ist ein kaltes, karges leeres Traumbild, das so etwas sagte wie: die Welt, dieser Platz, ist die letzte Absteige, was?Es war in den Bussen wirklich geworden, in der Musik wirklich geworden, in dem leeren Tunnel wirklich geworden, dem Platz: eine Busstation am 24. Dezember 1972 in Italien, Olevano Romano. Aber zugleich hatte diese Szene für einen Film ohne Menschen in dem Augenblick eine eigenartige Deutlichkeit und Eindringlichkeit, denn sie war so armselig, karg, von der Kälte durchzogen, die in so einem Bergort abends herrscht, das sich nichts mit Bedeutung aufladen konnte, nichts, kein Detail, war mehr als es war:eine Musikbox draußen in der Kälte, ein Platz, abgestellte, einige frierende junge Leute, darunter ein Soldat. Worauf warteten sie?Ich hatte nicht den Eindruck, daß sie auf etwas warteten. Ich hatte aber auch nicht den Eindruck, daß sie nichts zu tun hatten und sich bloß die Zeit vertrieben. Alles war einfach so wie es in dem Moment war. Und die Szene machte den Eindruck, daß sie bis in alle Ewigkeit so stehenbleiben würde. (Alles darin war ausgedacht, Musik, Busse, Leute, jede Einzelheit, und stand da.)

Durch steile leere düstere Steinstraßen hoch, hinter mir Musik, die bis in die engen düsteren Straßen drang, und dann aufhörte./Tannenbäume und Fernsehen in den Zimmern, und Töpfe und Pfannen an den Wänden, Kinderlärm/und dann das längere Stück Weg, das dunkel liegt:

Schattengebüsch und Schattensteine, hochgetriebene schmale Schwärze, die sich bewegte, schattenhaftes Abfallpapier, schwarze Stille, und links, tiefer nach unten zwei Straßenlichter, mit zwei Stücken von Häusern und der Straße, aus der schwarzen buckeligen Ferne Hundegebell, und im Norden, zusammengedrängt in vielen Lichtpunkten um einen schwärzeren Schatten, die nächste Ortschaft Bellegra, höher gelegen als Olevano. Darüber der riesige winterliche Sternenhimmel, aus der eine schwarze Stille kam.

Immer das Aufatmen, sobald der Raum etwas größer wird, keine engen Häuser mehr umherstehen, keine Straßen, in denen man eingezwängt geht, und der Blick weiter fassen kann. (Nein, ein Aufatmen ist es nicht, aber eine Einzwängung hört auf, eine Beruhigung setzt ein, es gibt so viele Richtungen, wohin man sehen kann, größere Verteilungen, ein Raumgefühl setzt ein. Und das beruhigt mich. Ich spüre es körperlich. Die Organe entspannen sich, dehnen sich aus.)/Völlige Stille, das Hundegebell in der Ferne, das aus den schwarzen Hügeln kommt, ohne mit Lichtpunkten durchsetzt zu sein, stört die Stille nicht. Ich pinkel am Wegrand. Ich blicke dabei hoch in den Sternenraum, einen derartig vollen, großen Himmel hatte ich lange Zeit nicht mehr gesehen. (Einmal sind wir unter solchem riesigen Sternenhimmel am Meer herumgegangen.)/Und während ich weitergehe, dorthin auf das eine Licht zu, wo ich die steile Auffahrt zum Haus hin einbiegen muß, fällt mir auf, daß der Gedanke, gleich wieder in ein Haus zu treten, mich eng macht und etwas Furcht rieselnd in mir auslöst. Warum? Machen mir Häuser, Zimmer Furcht? Hier draußen kann ich mich bewegen, meine Arme schlenkern, stehenbleiben, an den Wegrand pinkeln, in den schwarzen Sternenraum hochsehen, zur Seite weichen, vom Weg abbiegen, weitergehen, im Haus sind Zimmer, es sind nicht meine Zimmer, ich habe gerade nur dort meine Sachen abgelegt, das Haus macht mich unsicher. (Das Kuchenpaket schaukelt am Arm. Meine Hände riechen nach Koks.)

Ich setze mich gegen das Unbehagen zur Wehr:denn es ist ganz unsinnig. (Aber Zimmer sind auch Käfige. Bin ich zu oft in einem Zimmer eingeschlossen worden? An das schwere klobige Tischbein gefesselt worden? Keine Fluchtmöglichkeiten gehabt?–Was ist?:)/(Ich wanderte fast eine ganze Nacht lang einmal herum. Ging durch nächtliche Waldwege. Dachte in einem Schuppen außerhalb der Stadt damals zu schlafen. Kehrte zurück in die Stadt, mit einem wüsten chaotischen Gefühl. Es gab keinen Ort, wohin ich gehen konnte, oder wohin ich gern gegangen wäre. Bei den Schulkameraden konnte ich zu der Zeit, weit hinter ein Uhr nachts, nicht mehr anklingen. Ich war sehr verworren. Bruchstücke einer sinnlosen Auseinandersetzung fielen mir wieder ein. Geschrei und Brüllen, das im Haus stattgefunden hatte. Auch weit dahinter der silbergraue Schatten eines Soldaten im weißen Gegenlicht eines Vormittags am Fenster, der sich umdreht, und etwas zu mir sagt, was ich nicht mehr hören kann. Der Soldat dort weit zurückliegend in der Zeit an dem Vormittag im Krieg hatte kein Gesicht. Er stand neben dem Radioapparat, als er sich umdrehte. Und dann ringsum der Ort, mit den Menschen darin anwesend, die den Ort zu einem Gefängnis machten. Vom Fenster des Schulraums sah man auf den starren roten Ziegelbau des Gefängnisses, und manchmal gingen morgens auf der leeren Straße, vor der Häuserreihe, aus deren geöffneten Fenstern weiße wulstige Betten oder Kissen hingen, zwei Figuren vorbei, die eine Figur in einer grünen Dienstjacke, die andere Figur in einem Anzug. Sie waren an den Handgelenken aneinandergefesselt und kamen vom Bahnhof. Sie gingen zu dem breiten Block des Gefängnisses. Dieser Eindruck führte mich augenblicklang aus dem Klassenzimmer fort und aus den stammelnden Übersetzungsversuchen. Ich wanderte durch Seitenstraßen, und schlief dann einige Zeit in dem Fahrradschuppen der Schule auf einem Heuballen. Ich erinnere mich an das zirpende Geräusch von Mäusen.)/Dieses Mißtrauen vor Räumen: (denke ich), ich muß immer erst mal sehen, was darin ist, was sich darin angesammelt hat, daraus geht etwas von der Person hervor, die darin lebt, mehr als er von sich zu erklären bereit ist oder imstande ist zu erklären – die Bilder, die Bücher, die Dinge, so komme ich in ein Zimmer und schaue mich um./Ist es ein Wildheitsmerkmal?:(in dem Sinn des allgemeinen umgangssprachlichen Ausdrucks) „ich suche das Weite"? (Später las ich bei R. Bilz, Psychotische Umwelt, Stuttgart 1962, einen interessanten Satz: „Es ist uns im Status der Zivilisation und in einem überbevölkerten Land nicht leicht, uns vorzustellen, daß auch die Weite an sich schon rettende Weite sein kann." – Und die Traummöglichkeiten? Sind sie immer nur Fluchten? Der Traum: eine Flucht aus der Zivilisation in eine größere Weite?In eine Freiheit?)

Eingebogen, hochgestiegen, kommt über die kleine Mauer der Terrasse aus dem tiefer gelegenen Talgelände, vom Busbahnhof her, eine Schlagermusik, klar und seltsam in der abendlichen kalten Stille. (Was ich versuche, ist einzudringen in mich. In meine Zeit, sie mir in einigen Einzelheiten anzuschauen. Dafür ist der Aufenthalt hier in der Casa Baldi auf der Anhöhe gut geeignet./Damals, vor einem Jahr, in Longkamp, in der Mühle mit den fast Meter-dicken Wänden, der früh einfallenden Dunkelheit, war mir grausig zumute./Entzieht man sich einmal den Reizen der Umwelt, reduziert man die Umwelt, an die man angeschlossen ist wie an einer riesigen Schalttafel=Großstadt, deutet sich ein Effekt an wie in der Sinnesentzugskammer, dem absolut dunklen, schalltoten Raum. Wenigstens etwas./ Was dabei herauskommen soll? Was ich mir erwarte von meinen Versuchen?„Durch ein Loch in der Zeit entwischen"? wie Burroughs sagt? Ich möchte wohl einfach mehr wissen, erfahren. Nicht zuletzt von mir./Ich habe einmal eine Erfahrung gemacht, die sehr eigenartig und nicht genau bis jetzt in Wörter zu fassen ist, nämlich als ich Theater gespielt hatte, begriff ich, daß ich mich selber auf der Bühne nicht hatte sehen können. Ich begriff das so klar, daß ich verwirrt war. Wie kann man denn anders einen Abstand gewinnen, wenn man sich nicht sehen kann. Und durch die Umwelt, das hast Du ja selber erfahren, Maleen, und hast es auch einmal so ausgedrückt, selbst im Umgang mit näheren Bekannten, erfährt man sich nicht mehr. Die Spiegel sind trübe geworden, aus einer Furcht, aus einem Mißtrauen, aus einer Engheit, was weiß ich.

Wird das unter der zeitgenössischen Verlassenheit, der Zivilisation, verstanden? In diesem Zusammenhang muß ich eine Beobachtung erwähnen, die sich auf das lose gruppenhafte Zusammenleben in der Villa Massimo bezieht. Bei den Zusammenkünften oder bei der jetzt länger währenden Zeit des alltäglichen Aufenthalts dort, ist mir die rasche, schnell erfolgte Verbindung der verschiedenen einzelnen Leute aufgefallen, ihre rasche freundliche Haltung eines Einverständnisses untereinander. Eine derartige Haltung ist ja sehr erstrebenswert. Aber sie ist eben ein Ziel. Und es gehört schon sehr viel an Persönlichkeit und Stärke und auch einfachem Mut dazu, sich derartig zu verhalten. Es gehört auch die Wahrung einer persönlichen Distanz dazu, oder das Gespür für Distanz und Freiraum. Dieser Freiraum wird jedoch, soweit ich das feststellen konnte, permanent durch Reden, das keinen Inhalt, kein Thema, kein Erfahrungsaustausch in sich hat, sondern nur aus dem Zwang zusammenzuleben und an ein und demselben Ort sich zu befinden, kommt, auch aus gelegentlicher Langeweile. Weiterhin kriegt man aus dem Tonfall der Gespräches, aus den Lücken der Unterhaltungen, den Unterschlagungen des Ausdrucks während eines Gespräches schnell heraus, daß es eher Angst voreinander ist, die Leute zusammenbringt als Freude aneinander oder Erwartungen aneinander oder interessierte Neugierde ein Interesse, das macht doch stutzig. Was ist passiert? Ein Zusammenhocken aus einer latenten Furcht voreinander und nicht auf Grund einer angenehmen Erwartung, denn andernfalls müßten notwendig die Unterhaltungen rasanter, interessanter, die Ansichten breiter, exakter, freimütiger kommen. Auch daß sie fast alle nicht mehr allein mit sich sein können, sagt etwas. So entsteht etwas Lauerndes, Beobachtendes, ein Großstadtverhalten. Ist nicht auch das Sich-Zusammenballen von Menschen in einer Großstadt aus einem Motiv latenter Furcht voreinander zu begreifen. Sich aufhalten in Nähe des Anderen? Der Andere ist was? Man kennt ihn nicht. Ich weiß, daß in den seltensten Fällen Leute zueinanderkommen, weil sie einander angenehm sind oder faszinieren oder interessant finden. Nach der feindlichen Umwelt der Natur jetzt die feindliche Umwelt, die Menschen heißt? Die Ballungen, das gepreßte Zusammenhocken allein bedingt schon einen derartigen Zug.)/

Ich hatte mich auf die niedrige Steinmauer gehockt, zündete mir eine Zigarette an, ließ die Füße über die Brüstung baumeln, gleich hinter der Mauer fällt das Gelände ziemlich steil ab, ein schmaler Fußpfad führt etwas tiefer noch davor her. Ich sah in der abendlichen Schwärze diesen verlassenen Platz vor der Busstation, auf der die Busse herumstanden und von der die Schlagermusik hochkam, überall in den Bergketten weit weg flickerten kleine Lichtpunkte, die Luft war schwarz und kühl, in jeder Richtung verteilt in der Landschaft lagen diese Bergorte, in denen angehäuftes menschliches Leben sich duckte, verkümmerte in engen, steinigen ausgetretenen Straßen, zwischen Autowracks, die neben den Steinhütten verrosten, scharren Hühner, von irgendeiner Station weit weg empfingen sie Bilder und Töne jetzt, die ihre Zimmer füllten, fremde Witzfiguren, die auftauchten und herumblödelten, dazwischen geschoben Koksrauch und Holz nachlegen in die Öfen, ich dachte, daß dazusein gut sein könnte, angenehm, ich fühlte mich wohl, den Berg herauf waren einzelne Straßenstücke zu sehen, Teile von Hauswänden mit den dunklen Schatten der Fenster darin, die kalte Luft machte mein Gesicht frisch, und die kühle Frische drang in mich ein, ich saß still auf der Mauer und lauschte in die Nacht hinaus. (Ich fühlte mich sowohl bei mir selber wie außer mir. Ich war da und ich war nicht da, hatte mich vergessen, und konnte beliebig, in jedem Augenblick zu mir zurückkommen, meiner Anwesenheit dort auf der Mauer, eingehüllt von der Stille, mit dem Blick hinaus in den Raum, wo die schwarzen Schattenzüge von Hügeln und Bergen unter dem irrwitzigen Karussell der Sterne bewegungslos aufgehäuft lagen./Der Blick, der weit fortgeht: eingetaucht in den luftigen schwarzen Raum. Ich dachte daran, wie ich im Anfang unseres Zusammenseins, nachdem ich Dich getroffen hatte, fasziniert war von dem Blick in Deine Augen, ich hatte das vorher noch nie erfahren: ich konnte immer weiter in sie hineinschauen und kam nie an einen Grund, an ein Ende, ich konnte darin auch nicht lesen, nichts erkennen, es ging nur immer weiter in einen Raum hinein, in dem ich mich verlieren konnte. Ich hatte schon oft vorher jemandem in die Augen gesehen, aber dieses Endlose Weiter, hatte ich nie vorher gesehen oder begriffen. Keine Trübung war darin, aber ich begriff auch, daß man darin verschwinden konnte. Für mich war das erstaunlich, verwirrend und ich wurde eigenartig davon berührt. Vielleicht hast Du manchmal in einem kurzen Ruck gedacht, was das Hineinsehen sollte. Ich war fasziniert./Fast alle, mit denen ich aufgewachsen bin, hatten schlechte Augen, waren kurzsichtig. Der Großvater tastete sich später am Rand der Erblindung hin und mußte sich mehrmals operieren lassen. In seiner schweren bedrückenden Eichentruhe, in der er seine Drucksachen und Geldsäckchen aufbewahrte, die er manchmal nachzählte, wenn er nichts zu tun hatte, wobei er wahnsinnig erregt wurde, näherte ich mich ihm dabei, er verlor dann buchstäblich den Überblick, gab es auch viele Kästchen, Zigarrenkästen mit verschiedenen Brillengläsern, verschieden dick, dutzende von Brillengestellen. Später erhielt auch die Mutter eine Brille zum Lesen. Ich denke aber, daß sie immer gute Augen hatte, sie war auf dem Land aufgewachsen. Und dann die Bekannten, Pieper z. B. mit seinen schlechten Augen und der Eitelkeit, keine Brille zu tragen. Elisabeth, die Freundin damals, trug eine Brille. Ging sie ohne diese Brille, kniff sie immer die Augen zu schmalen Schlitzen zusammen. Manchmal dachte ich, daß meine guten scharfen Augen mir nur hinderlich waren beim Umherblicken, denn jede schäbige unbedeutende Einzelheit mußte ich auch sehen. Dasselbe ist mit den Gerüchen und dem Tastsinn./Vielleicht zwingt eine Störung des Sehsinns zu schärferer gedanklicher Verarbeitung? Quasi als ein Ausgleich? Denn das genaue scharfe Erfassen der Gegenwart mit den Augen sperrt den, der sieht, auch mächtig in die Gegenwart ein.)/

Eine Zeitlang blieb ich unbeweglich auf der Steinmauer sitzen. Neben mir stand ein kahler Baum, griff in die Schwärze der Nacht, zwischen den leergeräumten Ästen und Zweigen zuckten Sterne. Im Haus unten war alles dunkel. Jedenfalls sah ich kein Licht, das nach draußen drang. Einige Wäschestücke hingen an einem Draht. Vielleicht war ich einsam in dem Augenblick, ich hätte es aber nicht sagen können, denn ich hatte für die Qualität kein Empfinden. Während ich dort saß, ließ ich mich treiben. Keiner erwartete mich, niemand verlangte etwas von mir, ich selber hatte kein Verlangen und war ohne Vorhaben. (Ich wollte sehen, wie es hier war, ein anderer Ort.) Ich nahm diese Stelle in mir auf und diesen

Augenblick. Es gab nichts als diesen einen Augenblick. Daß ich da auf der Mauer saß, und hinunterblickte. Jetzt war ich hier, saß in der Dunkelheit, hörte die Musik, einen Schlager von unten heraufkommen, das war es.

Wohin blickt man, wenn man in „die Ferne" blickt? Will man tatsächlich das ferngelegene Dorf, die weit weggelegene Siedlung, das einzelne Haus sehen und erkennen? Oder ist es nicht vielmehr der weite Ausblick, den man in sich aufnimmt, das Empfinden, daß nicht alles begrenzt ist wie der kleine Hof mit dem Autowrack oder der Tankstelle unten und dem Scharren von Hühnern.

Benn schrieb einmal zu diesem Problem oder zu dem Thema: (etwa so, sinngemäß) was kümmert mich der Weltraum, wenn die Tasse mir vom Tisch fällt und zerbricht, so trifft mich das mehr. So ein Idiot mit dieser polemischen Aussage. Die zerbrochene Tasse muß man aufkehren und die Scherben in den Abfalleimer schütten. Das ist alles. (Das ist Deutsches Geistesleben.) (Das protestantische Pfarrhaus: so'n Quatsch.)

(:besser wäre gewesen, es hätte weder protestantische noch katholische Pfarrhäuser gegeben, beide haben genug Verwüstungen angerichtet. Ich hasse inzwischen jede Religion.Die Religion, in der ich aufgewachsen bin, hat mir genug Zeit gestohlen.Und heute ist ja der 24. 12., also auch Gelegenheit, einen solchen Gedanken einzufügen.) (:lange Zeit, wenn ich mich in ausweglosen, mir jedenfalls subjektiv erlebbaren Ausweglosen Situationen befand oder argen Bedrängungen und Bedrückungen, weder vorsah noch zurücksehen konnte, buchstäblich in der Gegenwart eingeklemmt, hatte ich als einen Reflex in mir die Zuwendung zu einem nebulosen über alles hängendem Wesen, eine Fetisch-Maske aus Neu-Guinea ist ebenso schlimm, denn Menschen waren ja nicht da, man konnte mit ihnen reden, aber das Reden half nichts, das habe ich jedenfalls erfahren, nach dem Reden kam die Bedrückung nur um so klotziger wieder zum Vorschein, denn ich stellte mir vor, wie jemand anderes nun zufrieden in seine Kulisse trat, bis dann seit längerer Zeit ich begriff, wie unsinnig auch das ist und seitdem ist es ein ziemlicher Kampf, bin ich für mich wieder in einen dieser eingeklemmten Zustände geraten, der billige Ausweg, der manchmal eine innere Stille schaffen kann – wie häufig habe ich gehört, daß total unreligiöse Typen plötzlich in einen Kirchenraum gehen und dort für ein paar Minuten still sitzen, denn es ist darin ja immer still, habe ich nicht mehr, und ich frage mich jetzt, ob ich ihn jemals tatsächlich hatte. Da ich jetzt, im Moment des Aufschreibens, sehr schamlos bin, kann ich auch eine wirklich komische Begebenheit hineinfügen, die ich etwa mit 15 oder 16 Jahren hatte und die mit dem Beichten zusammenhängt: denn da habe ich in dem dämmerigen staubigen geruchslosen Gemurmel eines Beichtstuhls ziemlich selbstbewußt erklärt, ich könne gar nicht an sowas wie den Herrn, Gott sagte ich wohl, oder Herrgott oder wie sagt man? ich glaube man umschreibt das wohl eher – herankommen, das sei mir zu weit weg, sehr fern – ich habe irgendeine Erklärung erhalten, man müsse darum ringen – wie'n Ringkämpfer, was? – aber man ringt doch nur mit Phantomen, und das ist ja auch das Ziel, daß man mit Phantomen ringen soll, so sieht man nicht, was man sieht – etwa so ähnlich wie Du mit dem eingebildeten imaginären Auge, das sich nicht schließt und überall zuschaut – und wie ich wütend und heftig geflucht habe, als ich eines Samstagnachmittags mit der Freundin in den Füchteler Wald gehen wollte und sie anfassen wollte und küssen und sie dann vorher zur Beichte ging, ich kam mir vor wie unter der Bedrohung einer Kastrierung. – Aus irgendwelchen Ecken zaubern die meisten noch immer heimlich für sich einen Gedankenfetisch hervor, der zwar verstaubt ist, aber er ist da, oder sie haben das Bewußtsein von der verstaubten Fetisch-Ecke in sich. Selbst wenn sie niemals daran bewußt denken.Und das ist das Übel. Dann brechen sie in einer wahnsinnigen Schizophrenie hervor und die IBM-Addiermaschinen rattern wie verrückt. Das hängt zusammen.Ich bin sicher.Es ist unsere Zivilisation.Egal wie rudimentär sie heute ist.Erst wenn alle sichtbaren Merkmale des Schreckens, der Religion, tatsächlich verschwunden und zerfallen sein werden, dann erlöschen auch ihre Wirkmale in den Menschen. So lange das nicht geschehen ist, so lange gibt es das unsinnige Geschlängel, das Nicht-mehr-Gewußte, das Halb-Bewußte. Ich denke daran, wieviel Zeit noch bis dahin verstreichen muß! Auch deswegen verstreichen muß, bis die profanen Gegenstücke, die Versammlungsräume von Parteien, verschwunden sind, oder von Gewerkschaften. Sie alle teilen denselben wahnwitzigen Glauben!)

Im Zimmer angenehme Wärme, glühender Koks im Ofen, zischender Kessel. Ich schrieb Dir einige Postkarten. Ich habe die Erbsen gegessen, etwas Wein getrunken, Zigaretten geraucht, meine Eindrücke notiert, nachgeheizt.

Dann fingen im Ort Glocken zu läuten an. Ich habe mich mit der Uhrzeit vertan; der italienische Plastikwecker rast zu schnell an den 24 Stunden entlang, die deutsche Armbanduhr ist stehengeblieben. Ich goß mir aus dem 5-Liter-Kanister Rotwein in das Glas nach. (Bild des Weinbauern, der den Schlauch ansaugt und den Schluck auf den Boden speit.)

Ging runter in den Ort, neugierig, schaute in die Kirche San Rocco, wo der Maler Horny aus Weimar begraben liegt, ist hier gestorben an Lungenkrankheit, da, rechts kommt man in die kapellhafte Kirche, ist er in die Wand eingemauert (dahinter, etwas tiefer gelegen, befindet sich angebaut der Fernsehladen des Ortes) /(:ich habe nachgeschlagen, wer dieser Maler war, lieh mir einige Bücher von dem Architekten oder Ingenieur des Ortes im Gemeindeamt, wo ich nach einem Meßtischblatt gefragt habe, das aber nur in Rom zu erhalten ist, und wo ich einen genauen Plan des Ortes erhalten habe, feststellte dabei, daß meine Zeichnung reichlich genau gewesen ist, Orientierungszwang? Wie ein Tier, das erst mal wittert?)

Franz Theobald Horny: geb. 23. 11. 1798 in Weimar, gest. Ende 1824 in Olevano (gerade 26 Jahre alt), unterrichtet auf der Weimarer Zeichenschule und mitgenommen nach Italien von einem Freiherrn von Rumohr nach Italien, 1816 in Rom, unterrichtet von J. A. Koch, der eine Cassandra ((Kassandra!!)) Rainaldi aus Olevano geheiratet hat ((vielleicht wegen der breiten festen Gesäße und der eigenartigen Nasen der Mädchen hier? Die Nase geht oft von der Stirn ab, ohne deutliche Vertiefung)), und seit 1819 war F. Th. Horny in Olevano. Malte Pflanzen, Ansichten der Landschaft, Frühromantiker ((auch Tieck war hier in Olevano, der beste Typ wohl, der den Ort hier besucht hat, und der sogleich flott ein Gedicht geschrieben hat mit dem Titel «Olevano», sonst alles zweitrangige romantische Mischpoke von Künstlern)), also da verschimmelte der junge Maler, und seine Bilder hängen in der DDR in Weimar ((hat Göthe nicht auch was über den fallengelassen? Ein paar Sätze??)) – Die Inschrift ist natürlich italienisch: Francesco Theobaldi. Ich trat in die Kirche: bereits voll, und in irrwitziger Lächerlichkeit hockte ein kleines Mädchen allein vor dem Altar und sprach monoton in ein Mikrophon (das, mit den Lautsprechern, völlig für die kleine Kirche überflüssig war, aber vielleicht können sie es den öffentlichen Lautsprechern, die an allen Ecken hier im Ort angebracht sind, anschließen? Wäre ja Wahnsinn, aber gewöhnlich hier.) Da ging's mal wieder um Ave Maria. Ich schnell wieder raus. Einige Schritte weiter, über einem Haushaltswarenladen, gab es einen Raum, in den oft Männer verschwanden und der erhellt war, an die Fensterscheiben, ohne Gardinen, war Buone Feste geschmiert. Da bin ich hinaufgestiegen und kam in einen kargen öden Saal, der voll Männer war. Sie hatten sich an Tische gehockt und spielten zu 10, 12 Mann Karten, um Geld. In der Mitte lag eine Untertasse, die voll Geldscheine war. Der bis zuletzt gereizt hatte, konnte den Unterteller mit grauen fettigen Lirä-Scheinen kassieren. Das Prinzip war sehr simpel: einer mischt den Kartenstoß, verteilt jedem, der einen Einsatz von 500 Liräää macht, 2 Karten (will er mehr, muß er weitere 500 Liräää bezahlen), die meisten scheiden rasch aus, werfen die Karten, unaufgedeckt, auf den Tisch (nachdem sie ihre zwei erhaltenen Werte überschaut haben) und haben die 500 verloren. Zwei bleiben übrig. Sie reizen, manchmal kauft jemand der zwei noch für 500 eine Karte dazu, dann müssen beide aufdecken, einer hat gewonnen, der wiederum mischt, verteilt. So geht das stundenlang. Glücksspiel. An der Wand hängen zwei große farbige Plakate von Fußballstars. In einer Ecke wiederum eine Bar. Dann noch zwei Billardtische. Nachdem ich begriffen hatte, ging ich zur Konkurrenzkirche im alten muffigen Teil des Ortes. Dort erlebte ich den verblödeten Wahnsinn direkt.

Zwei rote Heizstrahler schienen gegen die versammelten Leute in den Bänken. Die Frauen hatten miese Kopftücher auf. (Rosenknollen in Seide.) (Folklore!!)/Und ein mieses jämmerliches Geheule setzte mit einem asthmatischen Harmoniumgewimmer ein, das der hockende Pope (Popel) in wedelnder Handbewegung dirigierte. Männer und Frauen saßen grob getrennt. (Eine protestantische Kirche ist nicht im Ort vorhanden. Die Gottflucher und Kommunisten und Sozialisten und sonstige waren wohl oben im Buone-Feste-Schmier-Raum beim Kartenspiel um 5000 bis 6000Tausend gleich 27 bis 30 DM-Gewinne auf dem Unterteller. Stell Dir vor, Du machst einen Verlust von 6000 Lirä, gleich 30 DM ehe Du Dich hinsetzt, das heißt den Einsatz hast Du abgeschrieben, bevor Du zu spielen beginnst, dann kannst Du 10 mal Dein Glück versuchen. Ein ganz simples Spiel.) Dann kam der nackte Wahnsinn ungehemmt, Punkt 12 Uhr:Glocken wurden geläutet, jemand zog an einem Strick, und über dem Altar, bisher durch Tücher verhüllt, kam eine größere Bakelit-Puppe zum Vorschein, in seidige Rüschen gehüllt, „Christuskind", fröhliche Weihnachten, denn die hatte ich plötzlich nach meiner ersten winzigen Bestürzung, (wärst Du auf so was vorbereitet? Im Zirkus führen sie wenigstens richtige Tiere vor!Die sich drehen und tanzen! Zauberer holen Kaninchen aus Zylinderhüten, Fakire gehen über scharfe Schneiden von langen Buschmessern, das Fernsehen stanzt wild grün und violett mehrfach übereinander, dreifache Bilder gemixt, und so weiter, die Brooklyn-Brücke ist mit enorm dicken Stahlseilen vertäut, Wilhelm Reich hat den elektrischen befriedigenden Orgasmus-Output an Penis und Vagina gemessen, Blinde können durch Gehirnsonden sehend gemacht werden, in 32 Spuren wird raffiniert einfache Musik auf Stereo gemischt, IBM rattert verzückt wie wahnsinnig in Digital-Rechnern Ja/Nein):also da oben thronte Folklore-Weihnacht. In Form einer Puppe. Ich bin so schnell wie nie kichernd wieder rausgegangen. (Auch etwas entsetzt, daß es so was noch gibt.) Da ich sowieso an der Rocco-Kirche vorbei mußte, schaute ich noch einmal dort hinein. Im Vorraum balgten sich schwänzende Jungen um ein hübsches Mädchen (geht sicher außerhalb der Ortschaft zur Schule, und sie stießen Comic-Schreie aus, die sich mit dem wimmernden Frauengeheule eines mischmaschigen Gesangs vermischte. Stille Nacht, Heilige Nacht auf italienisch hörte ich noch, dann weg. Schnell. Entsetzt, Grauen, lautes Gelächter in mir, da oben war wieder die Gliederpuppe.

Ich stieg zurück auf die Anhöhe, den Ort kannte ich jetzt, heizte kräftig ein, aß von dem Kuchen, der zu dem süßen Wein mir gut geschmeckt hat, trocken und gelb und mit Rosinen, schlug das Buch von Jahn auf und verkroch mich im Sessel lange und habe gelesen.

(Eigentlich bin ich immer noch nicht dort, habe ich mich noch nicht an den inneren notwendigen Schnittpunkt gebracht, wohin ich kommen will, nämlich mich zu formulieren, und nicht nur zu beschreiben, was ist. Es muß mir möglich sein./Liebe Maleen, Du hast ja langsam und beharrlich Dich vorangetastet in einen Dir ganz neuen Bereich, der zwar mit dem alltäglichen Mühen mit R. zusammenhängt, der aber doch Dich in Deinem Interesse über R's Zustand hinaus in einen ganz ungeklärten Bereich geführt hat, in dem Du zögernd mit eigenen Beobachtungen herumtastest, ein winziges Stückchen nach dem anderen zusammenträgst – das verfluchte Geldproblem hält uns alle auf, mich hält es auf und Dich hält es auf durch die Beschränkung! das ist elendig! – so ist es im Moment, und wenn Du ((was ich unbedingt Dir zutraue, die selbstbewußte Kühle gegenüber den Lehrmeinungen – siehe: Moritz, siehe Zöller – aufbringst, auch gegenüber der PH und den Professoren, bist Du bereits längst durchgekommen./Ich schlage mich noch fürchterlich mit mir selber herum, tappe in alle möglichen Fallen, Gedankenfallen, stöbere durch die äußere Gegend und durch die innere Gegend. Stürze durch gräßliche Wortkulissen des Bewußtseins, wie durch verstaubte Bühnenkulissen, die leer herumhängen, aus dem abgetakelten Bühnenhimmel des europäischen Denkens./Filmschnitt/:Zärtlichkeit)

----

12 Uhr Mitternacht auf italienisch-katholisch:Enthüllung einer Puppe, Strip-Tease, aber die Bedeutung (und jede Bedeutung, = Verlängerung des Realen, Sichtbaren in die Gedankenmuster hinein ist überflüssig, Schrott – Korzybski hat da ganz recht!):es wird ein Bambino, ein Kind gezeigt: den Frauen, damit sie bloß noch mehr zeugen. Diese Gliederpuppe ist ein Kontrollinstrument auf niedrigster Ebene. Und hier in diesem Land, was ist dagegen gesetzt?:Ständer = Erektion durch Vorenthalt. Ständer ist wohl aufrechtes Dasein. Lust. Die Kopien dieses Daseins sind hier irrwitzig: enge Hosen (= Mittelalter mit herausgearbeiteten Hodensäcken in den bunten Hosen, also 500 Jahre zurück:Show-Business, die Schneider haben dran verdient) und Sack-kratzen. Andrerseits: soviel Erektion gibt es im zeitgenössischen Dasein gar nicht. Also holt sich der miese Angestellte, der jeden Tag Zahlen sinnlos addieren muß und Zettel abheften, eine enge Hose! Das ist der soziologische-volkskundlerhafte Hintergrund. Kopien von Ständern, Kopien von Erektion, die durch die Straßen getragen werden. In Erinnerung an tatsächliche Erektionen macht mich das wütend.

Am Montagabend ging ich nachdem ich lange hier meine Einfälle notiert hatte in Form dieses Briefes an Dich(:kleine Skizzen, Impressionen) hinunter ins Dorf. Ich ging in Schlangenlinie durch die bruchstückhaften Häuser und hörte sehr Seltsames: von Ecke zu Ecke setzte sich in der Stille das gerade laufende Fernsehprogramm in den Geräuschen fort. Hier ein Musikeinsatz, der einige Schritte weiter, bei einem anderen Haus fortgesetzt und dann, wieder einige Schritte weiter, zu Ende geführt wurde. Ein Gespräch, das an einer Stelle, während ich durch die Straße hinab ging, begann, tönte mehrere Schritte weiter entfernt für mich aus. (Pferdegetrappel und Gelächter einige Schritte davon, aus einem anderen Haus.)

Vor mir begann jähes Wassertröpfeln: oben hing eine Frau nasse Wäsche auf einem Balkon auf, und unten klatschten die Tropfen auf einen Kleinwagen, der vor der verwackelten fettigglänzenden Haustür geparkt war.

Erst jetzt begann für mich etwas länger dauernde anhaltende Stille ringsum: (Läden zu, Leute weg). „Markt und Straßen stehn verlassen, Fernsehen leuchtet laut im Haus, für mich geh ich durch die Gossen, alles sieht so öde aus": denn die Straßen gleichen in vielen Teilen breiten Gossen.

Schnell wieder hochgehen in das warme Zimmer auf dem Hügel./Und schreiben, das hier.

:„die muffige Gottbetrachtung" (Jahnn) – ist vorbei./(Wir leiden nur noch die Nachwehen dieser gräßlichen Epoche, die so lange gedauert hat.)

:weißt Du, Maleen, was ich jetzt gern mit Dir tun würde zusammen? Mit Dir ficken, meinen Schwanz, Penis, steif, zwischen Deinen Schamlippen, in der Fotze auf und ab bewegen, in Dir langsam reiben, und dabei Dich anfassen, Deine nackten Brüste anfassen, ihre Form spüren, das Weiche und die härter gewordenen steifen Spitzen, Deinen Rücken entlangtasten, und dabei meinen Penis zwischen Deinen sanften und vollen Hautfalten hin und her bewegen, dazwischen reiben, während ich Deine Hände auf meinem Rücken streicheln fühle oder im Nacken oder am Hintern. Und ich würde Dich gern auch über die Hinternrundungen streicheln und meine Finger über Dein Rückgrat tasten lassen. Ich würde jetzt gern

411

spüren, wie Du Dich bewegst, daß Du die Bewegung auch gern hast und die Reibung hinein gern hast, und keiner sagte etwas, ich nicht, Du nicht. Und die Hemmungen sind weg. Ich würde gern Deine Hände zwischen meinen Beinen spüren und herumtasten fühlen wie neugierige zärtliche vielleicht etwas scheue zarte Tiere (Fingerspitzen und Finger), ich würde gern Deinen prüfenden Griff dazwischen spüren, wie Du den Hoden anfaßt, ich würde gern Deine Fläche des Bauches streicheln und zwischen Deinen Beinen streicheln, ich würde Dich gern anfassen. Ich mag gern Dein Gesicht berühren und mit Dir allein sein. Und ich mag Deine Hände an meinem Gesicht spüren, wie sie darüberfassen, und das ist angenehm und tut mir wohl. (Und dann könnten wir, ermattet, sehr angenehm träge und zugleich hellwach und aufmerksam Musik hören, 16. Jahrhundert, 17. Jahrhundert, etwas sehr Lustvolles. Vielleicht könnten wir uns Bilder anschauen, und dann könnten wir uns wieder ansehen, und wir könnten uns wieder berühren, überall, wo jeder gern den anderen berühren möchte. Und die Musik würde weiter spielen, wir könnten etwas trinken und essen, keiner wäre sonst da, der uns stören würde. Und vielleicht könnten wir, das würde ich gern, noch nach draußen aus dem warmen Zimmer in das Dunkel gehen und hören, wie der Wind in den ausgeräumten Zweigen huscht, und Gras würde sich bewegen, und ein älterer verrosteter Stacheldrahtzaun würde steif-bogig von Wasser, wetterzerfressenem Stumpf zu Stumpf sich biegen, ein Mond braucht nicht da zu sein, es könnte auch kalt sein, denn wir wären stark eingepackt in winterlichem Zeug. Und wir könnten zurückgehen in ein Haus, in ein warmes Zimmer, ich würde Holz holen oder Koks aufschippen und Du würdest noch etwas zu trinken bringen, und wir kleideten uns aus und gingen zu Bett, nackt unter warmen dicken Betten, wo wir uns weiter anfassen könnten und dann einschliefen bis zum Morgen, an dem jeder seinen Teil der Arbeit wieder beginnen würde. Wir hätten mit unseren Körpern und unseren Bewegungen geträumt. (Bin ich ein Romantiker?) Es ist friedlich, wenn Du sagst, jetzt würdest Du ganz offen und weit werden. Ich bin dann immer ganz stumm.

(Unten hustet jemand. Was ist das doch ein seltsamer Planet, auf dem jeder lebt, wo alles, rund um den steinigen, erdigen, harten, mit Pflanzen und Tieren wild stachelig und abwehrbereit, krustig und schlackig, mit feuerspeienden Bergen und brühendheißem Wasser, mit entsetzlicher Kälte und trübem Regen, der aus verdampften Meeren, die als blockigeweiche Lasten oben in der Luft hängen, herunterfällt, und ein ständiges Husten geht rund um die Welt.Und ab und zu werden einige wahnsinnig und treiben Massen von anderen an, sich in eine einheitliche Form zu stecken und mit allerlei tödlich-spuckenden raschen Stacheln aus Gewehren und Spitzen und nachgebildeten heißen leckenden Flammenzungen oder lautlos schleichendem Gift und Pesthauch auszurüsten und verwüstend übereinander in Massen herzufallen, am Ende gibt es dann wieder spielende Kinder, die mit aufgerissenem Asphalt von Rollbahnen spielen und später durch verpißte Musikläden sich tasten, wo künstliches Licht an den Wänden gerinnt und zuckt. Und einer hustet in der Ecke bestimmt.)

(:Ich träume vor der Schreibmaschine. Das Farbband rollt hin und her. Lautlose Eindrücke steigen auf in der Stille des Raumes. Einige fasse ich rasch und flüchtig mit den Wörtern hier, die ich ergreife.)

(:Das kommt mir alles bald wie ein riesiger Liebesbrief vor.)

„Wake up to Reality!":meint jemand sehr fern sagen zu müssen./Das ist ein Realitäts-Fan, denke ich: Fan ist doch Fanatikker?

Ich möchte lieber „noch Musik in den Knochen haben, wenn sie in die Grube hinabpoltern" (wie ein Pferdedieb, aber ich kann keine Pferde stehlen, kann ich mit Dir Pferde stehlen? Ich glaube, ich denke, ich kann mit Dir Pferde stehlen. Könnte. „Nur keine Angst", sagt August.)

Der Pferdedieb las nicht eine Zeile Gedrucktes. Er ist auch nicht in die Kirche gegangen (oder zur Partei, was dasselbe ist). Er hat niemanden bis zu Ende angehört. Es hat soviel Bewundernswertes an ihm gegeben, seine Frechheit und seine Weichheit, vor allem, weil er so stark vorhanden war. (Er wird nach allerhand Pflanzen zerquetscht gestunken haben und nach Pisse an den Stiefeln. Er wird grob geredet haben, er wird am Ende erledigt gewesen sein. Die Natur ringsum, das Dorf, in dem er ein und ausging, haben ihn am Ende erledigt, er fing an zu saufen, er rülpste, er vertrank einen von zwei Höfen, die ihm gehörten, seine Frau war am Ende völlig närrisch in das Kind verliebt, das sie zusammen hatten, und als der zu pubertieren anfing, und der weißliche Samen kam aus seinem Hoden heraus, wurde sie wahnsinnig.) Da wir in einer Großstadt leben, was wäre der Pferdehändler dort? Ein Gebrauchtwagenhändler mit zwei Geschäftsniederlassungen? Und seine Schuhe stänken nach Öl? Und ab und zu verschob er einen geklauten Wagen und machte Versicherungsbetrug? Und drückte in der Kneipe „Ramona" in die Musikbox??Dann gäbe es Vorladungen vors Amtsgericht wegen allerlei Schummel, und die Frau rechnete im billigen Kontor die Summen ab?(Ich bin in die Erzählung des Pferdediebs lesend in Jahnns Roman, Mittelteil, 1. Buch, versunken, abends, in dem Sessel. Trank weiter von dem Wein aus dem Plastikkanister, lachte und grinste und wehrte ab während des Lesens, warm eingehüllt, an der Seite im Sessel, die Kniekehlen über die Sessel-lehne gehängt.

(:Übrigens, nachdem was ich weiß und inzwischen selber erlitten habe, wird der Krieg zwischen den einzelnen Leuten, der Krieg zwischen Menschen, als ein Prinzip, eine Grundstruktur so lange radikal und unter den verstecktesten, raffiniertesten Formen, bis in die winzigste Nuancierung der Wörter, der Aussprache zunehmen, bis in die geringste unscheinbarste Gliederregung, dem winzigsten Zucken von Fingern oder Gesichtsmuskeln und Armstellungs- und Beinstellungsveränderungen, ein wahnwitziger latenter irrsinnig feiner, nuancierter Krieg zwischen Menschen, so lange sie alle gedrängt auf einem Raum stehen, ein nacktester, raffiniertester und doch kostümiertester Erfolg, so lange kein Platz mehr ist, wohin einer gehen könnte oder möchte, ohne auf eine Abfallgrube oder ein Autowrack von jemandem, der vor ihm da war, zu treffen, das ist die moderne Entwicklung, und sie schleicht sich in die feinsten Nuancierungen der Verhaltensweisen einzelner ein bis in die Schlafzimmer, die Wohnräume, weil keiner mehr irgendwohin gehen kann, um zu sich zu kommen, es sei denn umstellt von Papierabfällen und Schrottdosen, und das ist das Prinzip, gegen das jeder sich zu wehren hat, die Besitzenden werden auch kaputt gehen, sie sind kein Trost und sie würden auch niemals einen Trost geben, ohne nicht einen Wertgegenstand dafür in 140facher Höhe als Gegenwert zu erhalten, es wird keine Leidenschaft mehr geben, keine Vorlieben, nur noch krude Taxierung überkommener Werte. Das sind allgemein keine guten Aussichten, und der Sozialismus ist nur eine Reaktion darauf, kein Vorwärtskommen! Er, der Sozialismus, geht nicht tief genug.) (Ich habe Zwiebeln in dem kleinen kalten Küchenraum geschnitten und dabei stand mir das vor den Gedanken in einer „Panoramasicht".)/

((Daraus kann nur resultieren, daß man sich eine gute erträgliche Stelle sucht, wo man leben aushalten kann, unter den Umständen. Daß es zunächst allgemein und davon bis in einen speziellen Fall besser wird, daran kann nur ein Idiot glauben oder als Gaukelspiel der Verwertungsindustrie des Glaubens. Real, körperlich und mit den Sinnen erfahrbar, ist jeden Tag das Gegenteil davon.))

„Schnell weg!":da bist Du. Das ist schön. (Wind fetzt wieder einmal um die Hauskante.) Wilde ungezügelte Gespensterträume fallen mich an, bedrohlich, und dann gibt es sanfte Beruhigungen.//Fast eine Woche ist hier in dem Ort vorbeigegangen, da ich angekommen bin und den Berg hochgestiegen und die Maschine hier geöffnet und davor geträumt und nachgedacht habe.

„Zu wählerisch, zu verwöhnt!":wovon denn verwöhnt? Vom TV gewiß nicht, von einigen Seiten Prosa bestimmt, von der schaukelnden Bewegung des Windes über eine langgewachsene Grasfläche auch, oder, verwöhnt vom Sitzen in einer ziemlich alten Landschaft, mit mühsamen Moorwiesen, sumpfig und da liegt ein faulender Baumstamm, deren Borke von kleinen Tieren ausgehöhlt ist. Pulvriges Baummark rieselt hervor, braun und trocken. (Das tut niemandem weh.) (Man fährt mit einem Fahrrad heraus, und die Kette schleift am Schutzblech.) (Dagegen mal einen modernen Fernsehstreifen sich vorstellen, das ist sehr witzig, obwohl der Streifen ernst gemeint ist.) (Oder ein sogenannter wissenschaftlicher Aufklärungsbericht: vorn steht der vom TV angestellte Professor und ziert sich und faßt vorsichtig eine Phiole an. Puff macht es. Etwas Schwefelgewölk steigt auf. Interessant, nickt der Professor. Wieder mal ist die Welt erklärt und in Ordnung. Im 3. Programm.) (Ich persönlich könnte auf derartige Vorführungen total verzichten, so mannigfaltig und differenziert ist das Leben nämlich hier auf dem Planeten gar nicht. Wäre diese Differenzierung, wiewohl sie angelegt ist, tatsächlich der Fall, wie unterschiedlich und aufregend sähe es überall aus.)

Heute abend ist der 30. Dezember 1972, draußen fällt Regen, ich bin pleite, muß mir sogleich nach dem 1. Geld zum „blechen" holen (das ist ein guter Ausdruck, der mir lange entfallen ist: „blechen!" für bezahlen, man bezahlt mit Blech.)

Ein Moment guten Essens: als ich eine Schnitte Brot belegt mit Schinken aß und dazu ein Glas Rotwein trank aus diesem Ort.

(Das Essen ist mir ein ständiges Problem.) Dann fehlt Zeit, dann fehlt das Material, das reichlich vorhanden sein müßte, dann ist es nur eine Notwendigkeit, und wann kann man schon wirklich gut essen?Das heißt: angeregt sich unterhalten, knifflig, mit Menschen, die nicht sogleich die wenigen festen Brocken nehmen und das Fett überreichlich zurücklassen? (Ich denke dabei an die miese kackgelbe Lederjacke Rygullas und an seine Einladung in ein Indonesisches Restaurant.) (Im Tisch arbeitet seit Tagen knirschend oder zirpend der Holzwurm. Bin ich still, höre ich ihn sich drehen.)

Ganz spät nachts, Viertel vor 2, als ich noch nach draußen über den Balkon auf die Toilette ging, sah ich einen tiefhängenden abnehmenden großen Mond über den Hügeln (am 25. 12. 72, und dachte:verwundert, der hat auch seine Aufgeh- und Abgehzeiten.)/Hatte ich eine gräßliche Furcht in Longkamp vor einem Jahr, als ich abends, in der ersten Nacht, sehr dringend hinaus mußte: rascheln, mir fremd, Schneebleiches umher, kein Laut sonst, unübersichtliches Gelände, da habe ich in den Schnee zitternd gekackt und schnell wieder rein und schaufelte am nächsten Morgen es in die Aschekiste./Ich muß grinsen, da ich daran denke, mich dort sehe.

Und habe den letzten Marzipan-Bonbon gegessen, den Du mir in der Schachtel geschickt hattest./Sehr fein, bitter und süß. Und saß in dem Sessel und las weiter. (Rom, der letzte Dreck:fällt mir ein.)/Einen 379 Seiten-Roman schreiben, fein und genau, exakt und radikal, in einem Block gebunden, nicht runder Rücken: das wärs, was ich möchte und will./ Das Allgemeine in mir (Trieb) mit dem Persönlichen zu verbinden (eine bestimmte Person) ist sehr schwierig. Thema.)/(Und erhält man die Befriedigung des Allgemeinen ist es leer und unbefriedigend. Zweites Thema.)/(Das dritte Thema: einer, jemand. Ich lebe hier eintöniger und es gibt häufig Momente, die befriedigender sind als in Rom. Dennoch wird, nach einiger Zeit, die Gegend eng. Das Paradies, wenigstens teilweise, ist es nicht. Welcher Idiot hat vom Paradies erzählt?/2 Eier, Käse, eine Dose Sardinen, Rotwein, Brot, 2 Knorr-Schnellsuppen:der Vorrat./Der Ort, tatsächlich – denn ich bin soeben auf den Balkon getreten, stinkt ranzig, ganz leicht.Der drückende niedrige wenige Regen hält den Geruch fest./(Geld:noch 2Tausend 350 Lirä = 13 DM, damit komme ich bis Dienstag noch aus, dann ist der 2. Januar, und ich fahre nach Rom, für einige Tage, mich waschen, duschen, baden, den gestrichenen Raum ansehen, werde wohl dann einige Tage nach hierher zurückkehren. Das Hörspiel drückt mir auf den Kopf.)/Am Dienstag, 2.ter Weihnachtstag:habe ich Wein gekauft. Sie, der Bruder des Mario-Weinbauern, hockten, er mit anderen Käufern, später kam ein Junge aus Rom, der am Flugplatz arbeitet dazu, ein Neffe, in dem schäbigen schimmeligen Weingegrüfte am Berghang. Ungespülte Gläser, man machte mir vor, wie ich am Vortag mit der Kamera „klick" machend allein den Berg hochgestiegen sei, nun klärte sich für sie alles auf, denn ich wohnte in der Casa „Baldi". Der Bruder hatte einen blau-verwaschenen Arbeitskittel an, auf dem ein „VW"-Zeichen gestickt war. Man schenkte erst mal mir ein. Nach drei Gläsern war ich leicht betrunken. Ich habe wüst deutsch geredet. Der Bruder des feineren freundlichen Mario, der sehr klein ist und einen dünnen Oberlippenbart hat und eine sehr eigenartig-feine strenge Höflichkeit, mit der er mir antwortete beim ersten Mal, als ich dort Wein holte, war laut und redete Brocken von englischen Wörtern. Er erzählte andauernd von einem „Injeniöre" der deutsch sei und die Casa Baldi gestrichen hatte und sein Freund sei. Ich machte unentwegt „Salute" und trank. Die zum Teil ramponierten Weinfässer strömten einen leisen säuerlichen Geruch aus. Die Frau eines der Weinkäufer, hatte wilde lackig-rote Lippen und grinste in einer Tour freundlich mich an, dabei drückte sie das Kind an sich, gegen ihre Knie. Ich habe da unentwegt „Saluti"-redend und lächelnd gestanden, bis die Spuckerei und das Auffüllen erledigt war. Sie hatten dort gestanden und ins Tal geblickt./Beim Gang in den Ort pütschern viele bereits wieder in ihren Kramläden herum./Die jüngeren wissen nichts zu tun als am Busbahnhof zu warten./„Tatata-Tammm, Tatata-Tammm"/Ich bemerke: kein Unterschied zwischen Alten und Jungen./Füße schlurren über den Asphalt der Busstation, Autos starten, die Musik dröhnt, und doch ist alles still (ein Hörspiel)./„Daß die Sterne sich bewegen"?:hat hier keinen Sinn./:Der Abend kam, die Nacht, ich saß in diesem Raum, der warm war, und habe gelesen, es hat eine Menge Durchblicke bei vielen Sätzen gegeben, ich habe auch inwendig mich an Musik erinnert, die ich lange vor Populär gehört habe, auch lange bevor ich Dich kannte, sie ist mir nicht fremd, Musik:

ich begann wieder bei der Lektüre zu träumen, um halb 9 abends überfiel mich Müdigkeit, das ist hier so üblich in einem abgelegenen Ort (erinnere Dich an Gütersloh oder die Inseln) (:d. h.: vielmehr ich erinnerte mich an Dein Erzählen davon!)/Wärme, Pullover ausziehen, Dein-Erzählen-davon: ist nun ähnlich meiner Erfahrung/was ich abends mache statt zeichnen oder malen wie Du mir geraten hast?:(manuelle Beschäftigung!) ich beschäftige mich mit Karten, etwas Zeichnen, mir klar-machen, wo ich bin, finde ich sehr interessant: wo steht 1 Baum? Wie geht 1 Weg? Wo bin ich? Das Wichtige von einem weniger Wichtigen zu unterscheiden? Wo liegt da der Maßstab, nach dem verzeichnet wird? Was sieht einer? Und wovon erzählt er? Was habe ich an einer Stelle empfunden? Wie war das Licht? Wo befand ich mich? Was hat wie und wo was ausgelöst? Hunderterlei Fragen und Nuancierungen. Man könnte verrückt werden vor lauter Abzweigungen, feinsten Verästelungen, dünnen Geflechten, verschiedenen Gewichten, Luftströmungen, Lichteinfällen: ich bin da eine Axt in der Gegend, tappe da sehr bieder durch. Aber begreife wohl, welche enormen Verästelungen, feinen dünnen Wege, Verbindungen, gräßliche Schründe und angenehme Züge es gibt. (Kolumbus, diese Metapher, zeichnete sich lediglich dadurch aus, daß er einen Weg nach Indien wollte, den es geben mußte, und dann? Holzte er herum. „Tagelang Vögel"

Geräusche, Gerüche, Tastempfindungen, Blicke:(die gar nicht meßbare feine dünnste Empfindung bei Robert:auf Grund seiner Hirnstörung, die hat mich sehr nachdenklich gemacht, seine feinste Witterung für Störungen des Fluidums in einem Raum, zwischen Menschen – uns – das wortlose Begreifen, einschwingen, seine Wildheit = Witterung, schließlich ist er ja auch etwas von mir ganz anders jetzt gemischt und damit eigenständig, dabei sieht er schön aus, wenn er wach ist, und wie er überall ohne Scham hingegangen ist, und dann sein Erstaunen, in einem Sandkasten, wenn jemand ihm die interessante Sache wieder blöde abgenommen hat, ein anderes Kind, um zu schippen, ohne Erklärung, bloß dieses krude nützliche „Um-Zu", diese miese kausale Verbindung für jemand, der eine Sache interessant findet und nicht seine Zweckmäßigkeit:ich denke, daß in die Richtung R's Charakter geht, streiche alle meine Projizierungen ab, dann sieh noch einmal hin auf seine Faszination und Beschäftigung mit dem, was das ist, was angeboten wird, und nicht auf eine zielgerichtete Kausalität (die es sowieso gar nicht gibt, hahaha! Das wird Dir der letzte mieseste Muff-Hippie und schäbigste Drogenfresser sagen wie der klügste nervlich-feinste Ausdruckskünstler – siehe das Zitat, Seiten vorher, von W. Wieser über die Verknüpfungen:das nennt man dann abwertend autistisch, das sagte der dumme Wellershoff auch anfangs zu Robert, dabei ist eine ganz andere Betrachtungs- und Verknüpfungsweise vorhanden, und die herauszufinden, kostet eine Abkehr von einer Bezogenheit auf Nützlichkeitsgrade – Handke erzählte auch, man hat es ihm sicherlich von außen gesagt, sein Kind sei autistisch, er hat nichts von R. gewußt und gewöhnlich sage ich darüber nichts, um die gräßlichen bedauerlichen Visagen dann zu vermeiden – wie passiert das? Was steckt dahinter? Welches Verknüpfungsprinzip? Ist das, negativ geäußert, (negativ vor den allgemein-gültigen bestehenden Wert-Koordinatensystemen) eine biologische, also unpersönliche Weigerung, sich weiterhin und länger mit dem überflüssigen Bezugssystem von Nützlichkeiten zu beschäftigen, die ja immer auf Kosten der Einsichten geht? Das ist zumindest eine Spur, die – sehr unbewiesen und unbeweisbar nach quantitativen Methoden (diese elenden Quantitativen Methoden:Hast Du in den vergangen 10 Jahren noch jemals jemanden von Qualität sprechen hören? Und dafür eintreten gesehen?) – ich jedenfalls nachdenkenswert finde, denn eine Störung tritt immer in der Zeit auf und damit im Gegensatz zu den bestehenden Wertmaßstäben! (Sowas simples: daran denkt keiner.))

(((::ich bin ein stumpfer Typ gewesen, und das sage ich nicht, um mit diesem Bekenntnis zu spekulieren, ich bin ein stumpfer Typ gewesen, der – obwohl ihm feine Äußerungen und Wahrnehmungen für sich selber zur Verfügung standen, diese nicht angesetzt hat auf sowas wie ein gerade geborenes Neues/ich bin immer noch nicht an Kindern interessiert, wenn ich dieses schreibe, so wäre ich immer ein schlechter Lehrer für Kinder, ich würde sie überfordern, und Erwachsene zu lehren hat keinen Sinn, absolut nicht! also:die Erziehung von kleinen Kindern interessiert mich praktisch nicht, auch nicht von Volksschul- oder höheren Schulkindern/dennoch: ich bin ein gräßlicher Trottel gewesen, nicht mehr meine Sensibilität hinsichtlich der Wahrnehmung R's einzusetzen und eingesetzt zu haben: man kann, ich kann, viel davon lernen, indem ich meine latenten Einsichten in der Beobachtung von feinsten Regungen an R. einpendeln kann/ich kann dazu nur sagen, daß ich ein Idiot gewesen bin, genauso: ein Idiot, der befangen ist in seiner Begrenzung, Du kannst an R. sehen (gegen alle Meinungen, die bestehen) daß die Sprache <u>nicht</u> das einzige Verständigungsmittel ist, auch <u>nicht</u> die viel gröberen Körperbewegungen, gegenüber der Sprache, ich bin fest davon überzeugt, daß nicht-sprachliche Kommunikation ständig passiert, es hängt von der Intensität der ausgestrahlten und empfangenen Gehirnwellen ab sowie von einem empfangsbereiten inneren Bildschirm – und dieser <u>empfangsbereite innere Bildschirm ist</u> bei R. stark vorhanden, wahrscheinlich stärker als bei einem ungestörten Kind, denn der lebende Organismus schafft sich einen Ausgleich, das tut jeder gestörte, aus dem Gleichgewicht geratene Organismus: siehe Sex, er gleicht sich aus durch quantitative Süßigkeiten oder Essen – ganz einfach.)))

Wohin bin ich mit meinen Gedanken gelangt?:(die Maschine zittert unter dem Hämmern meiner zwei Finger!)/ja, dazu habe ich genau jede einzelne Ausgabe im Monat Dezember notiert, meistens in der Reihenfolge des Einkaufens, auch das würde bei exakter Betrachtung etwas über den Zustand aussagen, fehlte bloß noch die Uhrzeit und die Witterung und die Ortsangabe. (Man muß sich doch wenigstens mal in den tatsächlichen Begebenheiten sehen!)/:so könnte ich Dir heute abend, es ist der 30. Dezember 72 genau erzählen, welche Summen ich wofür ausgegeben habe, was ich aber jetzt nicht machen werde. Denn ich kehre zurück zu den beiden Feiertagen vor einer Woche und erzähle Dir, daß ich dort in dem Sessel gesessen habe und gelesen habe und auf mächtig berauschende Stellen gestoßen bin, (denn ich war so sehr überrascht, wie sich die Einsichten z. B. zwischen Jahnn, 20 Jahre vor der kurzen knappen Formulierung bei Burroughs gleichen, es gibt fast keinen Unterschied (außer dem Unterschied der Breite: Burroughs drängt es auf 200 Seiten zusammen, Jahnn schwelgt in 1500 Seiten, aber alles, bis ins kleinste Detail, ist da: das Wetter, nicht als Stimmung, sondern als Nervenreaktion und Veränderung, die wechselt, im Bewußtsein, der Rauch an weite Bäume, das Kämpfen gegen den Tod, das Angehen gegen den, wie Burroughs einmal formuliert, Zyklus von Geburt und Tod, das Essen, die Jagd auf die unterseelischen Haie der Gedanken, das Beharren auf das Denken, die Furchtlosigkeit einzudringen in den faulen Bereich, wieviel eigene Erfahrung? Die Jagd auf die Bewußt-seinsfantome, das Beharren auf die reale Anwesenheit, das Durchbrechen von Zeit (ein starkes Thema bei Burroughs, ein dauernder Versuch, mit Hilfe von Cutups und Foldins in die inneren Räume der Vorstellungen einzudringen, und bei Jahnn in Form der 450seitigen Schilderung seines Todes in Form der Umkehrung von Zeit, seiner, des Helden, eigenen Erlebnisse: die Vergangenheit holt ihn ein, das weiß Burroughs auch, und dagegen setzt er alle ihm kenntlichen modernen technischen Hilfsmittel ein, um diesen Zyklus zu durchbre-chen/Zeit, und dann permanente Naturschilderungen, die es mir sehr angetan haben, als ich darin las, auch der totale, absolute Anspruch auf ein Ich, ebenfalls bei Burroughs immer wieder zu spüren, bei Jahnn, rasend. Bei Benn kommt das viel dünner, lebloser durch./Ja, und jetzt, in diesem Moment, gerade, kann ich Dir auch sagen, warum mich die Arbeiten bei von Hentig über Gängster und Bilz über Tiere so sehr faszinieren: sie meinen beide das Thema zwischen ganz anonymen, eingeborenen vitalen Strängen, verifiziert an Gängstern, verifiziert an tier-menschlichen Verhaltensweisen, bei von Hentig, bei Bilz. Das kenne ich nicht bisher bei anderen deutschen oder ausländischen Schriftstellern, bei A. Schmidt ist es zu finden, bei G. Benn noch, jeder mischt es anders, was sonst ist, das sind nur Formulie-rungskünste einer Kritik, einer kritischen Haltung auf einen Satz gebracht. Der Anspruch auf ein Ich, ist aus der gegenwärtigen deutschen Literatur fast ganz verschwunden, die Behauptung auf ein Ich, das Beharren darauf, und die Tatsache, daß kaum noch dieser Anspruch erhoben wird, hängt sicher eng mit dem verworrenen schizophrenisierten Zu-stand des westdeutschen Staates zusammen, seiner Bewohner, dem jedes Selbstbewußt-sein, auch Nationbewußtsein, überhaupt das Ort- oder Landbewußtsein verdünnt worden ist. Weiß man, wo man sich befindet, wenn man durch eine westdeutsche Großstadt geht, oder durch das Land fährt? So kommt es auch in dem Einzelnen zu einem rapiden Erfah-rungsverlust und Erlebnisverlust. Als Ganzes gesehen ein kümmerliches Dahinsiechen. (Auch dagegen sich wehren, das wissen.)/Ich glaube, daß ich Dich sehr damit langweile, was? Ich habe das Gefühl, daß ich bereits seit einer halben Stunde über Dinge spreche, die Du schon längst weißt. Da laufe ich also hinterher, um Dir das zu sagen. Nicht gut. Ich schließe hier die Klammer.))

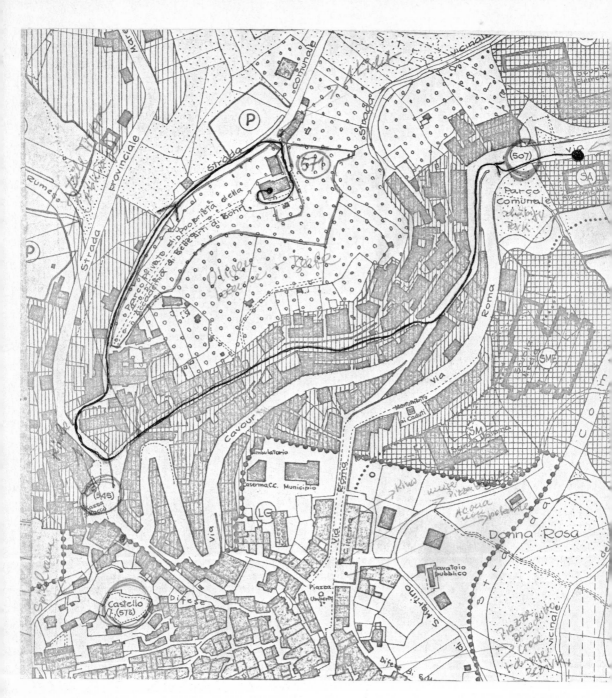

(Norden ist: schräg nach rechts hoch, auf dieser Karte.)/:Ich finde es erstaunlich, in Rom
bin ich aus dem Holztor der Villa Massimo gestiegen, bin zum Platz Bologna gewandert,
vorbei an den räudigen Furcht erregenden Katzen wegen der offensichtlichen Kaputtheit
ihres Zustandes, Einstieg in den Bus 6, und bis zum Castro Prätorio gefahren, dann zwei
Stunden mit dem Bus, blau und verstaubt, und eine verschachtelte Stadt hochgehen! Da bin
ich nun und schreibe Dir: Ansichtskarten! Der Gedanken und tatsächliche. Beides zusammen./:(Maßstab 1 zu 2000 oben, ausgeschnitten.)/Du kannst die Höhen innerhalb des
Ortes darauf sehen./Jetzt flattert wieder Wind heulend am Fenster. Den ganzen Nachmittag schlich bleiches gelbes Licht heute, 30. 12. 72, herum. Durch Wolken und durch

418

winterliche Gebüsche und über Steine, durch kahles Geäst und über Wege./Die vergangene Nacht hatte Regen überall herumgeweicht. (Die Meere oben in Form von Wolken
sackten einfach durch.)/(Jetzt kratze ich mich zwischen den Beinen und tippe weiter.)/Ist
heiß im Zimmer. Der Wasserkessel schmurgelt./Hier hast Du nochmals die ganze Übersicht (Fotokopie kostenlos vom Gemeindeamt bekommen als Ersatz für das Meßtischblatt):

Ich finde es merkwürdig, nachdenklich, daß alle Orientierung vom Blick nach Norden
ausgeht (in das Menschenleere, Weiße, seltsame Ausrichtung, ich weiß wohl, es hängt mit

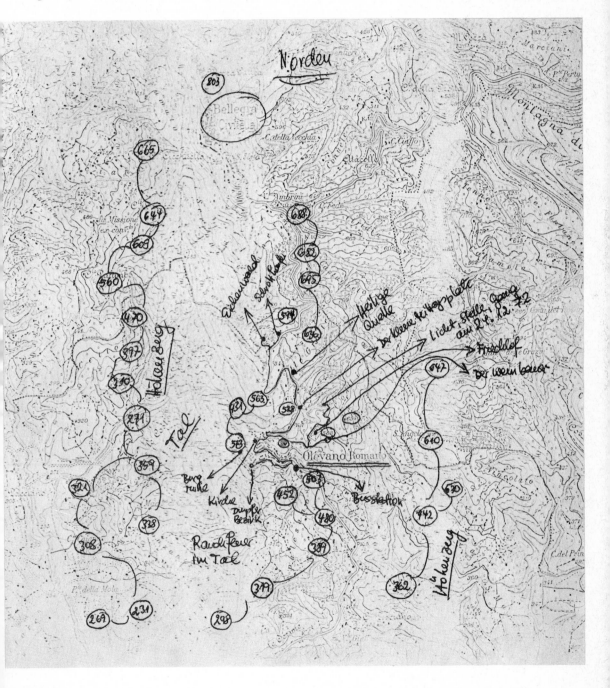

dem Magnetpol zusammen, alle Orientierung zeigt aber eben in dieses Menschenleere, Weiße, Unbewohnte: „Ein Reich ohne Menschen, schön und leer, voll einer langsamen Zeit, voller unbemerkter Farben, wo der Tod, der das Getier ereilt, weiß ist, ein kaltes Feuer. Den Verwesenden ein Leichentuch aus eisigen Sternen." H. H. J./Der Süden mit seinen haarigen Bäumen, gierigen fressenden Pflanzen, schlingenden Gewächsen, aufgeweichte Lebensformen, rüsselig, schlängelnd, gefräßig, wohl von einer rasenden Gier, dunstig und schwül./Dazwischen die Schattierungen, und immer westlich-östlich/östlich-westlich die Handelsbewegungen.) Vom Süden, ausgebrütet, drangen sie vor in den weißen leeren Raum, tasteten sich durch Höhlen, Sümpfe. Feuerbäume fielen herunter. Trompetende Berge von Tieren, die in aufgestellte, angespitzte Pfähle liefen. Weiter.//Das Sich-Entfernen von Menschen, den Raum durchqueren, und was jetzt?:

Heute ist Sonntag, der letzte Tag im Dezember und der letzte Tag dieses Jahres, 31. Dezember 1972./Die Umgebung ist lautlos und stillgelegt. Den ganzen Vormittag bis über die Mittagszeit hinaus sind Nebelstücke niedrig umhergeschlichen. Als ich aufstand und hinaussah, dachte ich, ah, Nebel, und mir kam der Eindruck von stillstehendem weißgrauen dichten Dunst in Erinnerung. Aus den Bäumen tröpfelte es. Nachdem ich mich gewaschen und angezogen hatte, das Feuer wieder angeheizt war, ist der Nebel schon wieder vollständig lautlos verschwunden gewesen und nur noch einzelne niedrige kleine Fetzen zogen dicht über dem Boden zwischen den struppigen Sträuchern und Baumstämmen rasch und hastig nach, trieben hinter dem stumpfen kalt-feuchten Haufen her, der über die nächste Talsenke schlich und die gegenüberliegende Anhöhe einhüllte. Der Eindruck war so überraschend für mich wie der Wechsel, der rasch erfolgt ist und dabei von einer starken sinnlich greifbaren Form war: ein großes, feucht-muffiges und weißlich-kaltes trübes Gebilde, das aus der Ortschaft und dem Tal heraufgestiegen ist und sich muffig für einige Augenblicke auf dieser Anhöhe lautlos breit hingehockt hat, bis es dann überstürzt sich schnell aufgemacht hat und zur anderen Seite hinunterstieg, lautlos, etwas mürrisch, mit den kleinen hinterher hastenden Fetzen. – Nach einiger Zeit, nicht lange danach, zog eine neue kalte dampfende Nebelwolke herauf, nach feuchtem, kalten Ofenrauch stinkend. Und von neuem versinkt der Blick in das diffuse grauhelle kalte und massige Dampfen und Schwelen, in dem die Sträucher und Bäume, die kahlen dünnen Äste und Zweige zarte schwarze Adern sind in einem dampfenden formlosen Leib, der diffus und matschig sich nach allen Seiten hin verteilt – Mal von der einen, mal von der anderen Seite trieben diese kalten, grauhellen dampfenden Nebelschwaden um die Anhöhe, und immer hastig und schnell.

In der duffen Stille ist überall nasses Tröpfeln zu hören und das helle metallene Gluckern und Stürzen von Wasser in der Dachrinne.

Dann zerweht die ganze amorphe kalt-rauchige Masse, löst sich schnell diffus auf, und der Abhang hinter der kleinen niedrigen Steinmauer mit der einen Palme, ihr haariger Stamm und die kleinen niedrigen Olivenbäume treten bleichgrün und voll Nässe hervor und dann weiter der Talraum./Der Nebeldampf treibt in entgegengesetzter Richtung zur Wolkenbewegung darüber, die ähnlich formlos und diffus und ebenso rauchig ist, so daß eine klare Absetzung nicht genau zu erkennen ist. Einige Wolkenfetzen schwingen sich in größeren Placken über den Ort, und der Nebeldampf vermischt sich zerweht in treibenden großen Fetzen damit, kreist, lichtet sich etwas, bis es sich erneut staut und der kalte, diffuse grauhelle Dampf in dichten Schwaden über dem Tal und dem Ort steht.

Und dann kommen bereits wieder erste kalte grauweiße kleine Nebelfetzen haschend zwischen den Olivenbäumen und leeren Sträuchern den Hang lautlos herauf, hastig verteilt und wie, dem sichtbaren Eindruck nach, rasches flüsterndes, aber völlig lautloses Zischeln, hier und da, drücken sich an dem Baum vorbei, um die Hauskante herum und durch den länglichen leeren Gartenstreifen weg, aufgelöste Formen, lautlos zischelnd in zerwehten feucht-hellen fetzenhaften Schleppmänteln, die bis auf den Boden, in das Gras reichen, geduckt und schleichend, auf nichterkennbaren hastig tappenden Füßen, hierhin, dorthin, lautlos den Abhang wieder hinunterstürzend, verwirrt von diffusen, ständig die Richtung wechselnden Befehlen.

Manchmal erscheinen diese feuchten, kalten dampfenden Mantelfetzen mit den geduckten unsichtbaren Formen darin wie ein Gedränge, dann stürzen sie übereinanderstolpernd dicht gedrängt zusammen in eine Richtung.

Dann wieder, nach einiger Zeit, ist das Ganze wieder zu einer diffus-wallenden Masse geworden und ineinanderaufgelöst zu einem schwelenden amorphen Haufen, der große Teile der Umgebung verhüllt, bis eben wieder niedrig über dem Boden diese kleinen kalt-züngelnden Rauchfetzen aufsteigen, sie entstehen aus den Grasbüscheln, erheben sich, stehen neben den Baumstämmen, hängen sich zwischen die schmallippigen fahlsilbrigen blaßgrünen Olivenblätter. Kalte kleine Dämpfe steigen ringsum auf, ein lautloses feuchtes kaltes und schwelendes Züngeln. Im abwärtsfallenden Ort vermischt es sich mit dem kriechenden Rauch der Kamine.

Winzige Tropfen sind in der Luft, die sich gerade vor mir gebildet zu haben scheinen. An verschiedenen Stellen in der ausgebreiteten vor mir liegenden Landschaft treiben die Dämpfe rauchig durcheinander und hängen herum.

Ich habe den Mantel angezogen und gehe den Weg hoch in Richtung des Arbeitsverschlags des Weinbauern, an der Ecke, wo die einzige Beleuchtung des Weges hängt, sind die Mauern eines Wohnhauses feucht und schwer. Aus einer Öffnung in der groben Steinmauer hängt der schlaffe nasse Ärmel einer Jacke heraus, wüst und grob, aufgeweicht.

Durch die kleinen erloschenen Wäldchen und Weinstücke an den Südhängen kriecht es kalt und grauhell dampfend herum, durch winterliches Grün und Braun, über schwarze ausgedehnte Teilstücke, zieht über die unebenen Terrassen, erlischt und kommt neu auf, sickert durch Baumkronen, staut sich um Gebüsche und Steinbrocken und ist aufgelöst.

Es ist eine feuchte zerwehte Bewegung ringsum./Das Moos tritt scharf bläulich und grün hervor, ebenso die schmalen Grasstreifen am Wegrand. Fern sind schwarze Flächen, an einen Abhang gelegt.

Neben dem Weinverschlag biege ich in einen schmalen glitschigen Fußpfad ein, der schräg und steil eine Senke hinunter führt. Ein dichtes Getröpfel in der Stille und vor mir, auf dem zerbröckelten Stein eine breitgetretene Ajax-Reinigungsmitteldose blau und silbrig. Dann Blätter, aufgeweicht, und lose Steine, die gelblichfahl und stumpf glänzen. Das Tröpfeln läßt nach. Große wulstige Grasbuckel mit langen umgebogenen Grastielen wie welke Beatle-Haarwülste, Buckel Gras./Eine Arbeitshose hängt naß vollgesogen und schwerfällig in der Astgabel eines Baumes vor einer Steinhütte, an der ich vorsichtig auf dem schmalen Pfad vorbeikomme, der Boden ist teigig-lehmig und aufgeweicht mit Steinen. Die Luft ist jetzt klar und scharf, von einer glänzenden Durchsichtigkeit und Tiefe. (Tappe zwischen Abhängen und Terrassenstreifen herum, Olivenbäume und Weinrebenanlagen wechseln sich ab oder sind zum Teil durcheinandergemischt.) Tastend auftreten, und dann in ruckhafter Schnelligkeit ein paar Sprünge runter, was wie ein völlig neuer Tanz aussehen muß, halb jonglierend und halb hüpfend, während es matschig saugend unter den Schuhen quatscht, fettignaß./Ein dünnes, feines, tiefeingeschnittenes Rinnsal zieht durch das Olivenbaumgewirre und Weingeranke von der Höhe nach unten und hat die Wurzeln eines Baumes an das Licht gespült./Einzelne hohe gelbliche schilfige Stauden stehen an einer

Stelle zusammen (sie werden benötigt, die kriechenden Weinreben zu bündeln: ein starres, faseriges Geschlängel, zäh und rankig, mit knorpeligen trockenen harten Knoten: Weinreben) Lautlos zucken einige Vögel umher./Schließlich fängt das Regentröpfeln erneut an, in vielen einzelnen Tropfen. Keiner da ringsum. An den Abhang gebaut wieder ein grauverblichenes Steingebäude. In den oberen Raum des Steinstalles führt von außen eine steile wuchtige Treppe aus groben Holzstämmen und stumpfen Ästen als Sprossen. (Ein Tagtraum: sowas müßte man besitzen, weit abgelegen, dicke Mauern, ringsum niemand, ist oft besser als das, was da ist.)/Davor eine dürre Laube, mit Holzbrett als Tisch, und Holzbrett als Sitz, und in einem Drahtständer stehen Teller und Porzellanschüsseln. An dem Pfahl hängt eine schwarzfleckige Pfanne und ein Kochtopf. Daneben eine erloschene verkohlte Feuerstelle, schwarz und weiß, mit angekohlten Holzstücken. (Da kochen die Arbeiter sich mittags im Freien ihre Nudeln?) Ein Holzblock, ein großes auf die Seite gekipptes Weinfaß, das voll Holzscheite steckt./Einige Geranien in rostenden Blechdosen an der sonnenverblichenen Steinmauer./Ich bin umgekehrt, ging den Weg zurück.

Stark, intensiv grün hob sich das Gras zwischen den blasseren Olivenbäumen hervor. Zur Seite gerückt, über dem schrägen Abhang eine bläuliche Luft. (Und weiter den gleichen schmalen Pfad hochgehen bis zum Weinfässerverschlag.) Aus den Seitentälern, kleineren Einschnitten, treibt weiter der nebelige schleirige Dunst hoch. Schön. Das weiße Dunstige tastet durch Baumkronen, dringt in Gebüsche ein, läßt sie naß zurück. Die Gebüsche sind erstarrt. Das fetzige dampfende Weiß drückt sich weiter hindurch, ein lautloses Tasten.

Die kahlen, leeren Bäume rauchen kalten weißen Dunst aus.

Auch schwiemelnd, etwas weißlich Fauchendes, das man doch nicht hört, tritt durch die Leere in der Luft, schleichendes feucht-kaltes Weiß und Grau, in trägem Nachschleppen./Gelbe Pfützen auf dem Weg, die Steinbrocken sind zusammengepreßter Sand, bröckeln in Schichten ab, ich kann sie aus dem geschichteten brockigen Massiv, das an der Seite des Weges hervortritt, mit der Hand abbrechen. Der fahle gepreßte Sand zerbröckelt./Ich gehe noch ein Stück Weg zur anderen Seite die Hügelkette hoch, wie schon vor einigen Tagen, als ich mir nachmittags das Licht ansah. (Und nachts, vor zwei Tagen, habe ich hier aus diesem Teil wimmernde laute Katzenschreie gehört, aufgehäuftes Katzengeschrei, wimmernd wie das Schreien kleiner neugeborener Kinder, das aus dem undurchdringlichen Wulstigen Dunkel kam, dazu verteilt das Bellen der Hunde).

Ein Blick zurück: im Ort die ranzige Armut, stückweise, verteilt.

Schwach gezeichnete Wolkenkonturen schwimmen lose über mir. Aus meinen Haaren rinnen nach und nach einige Wassertropfen. Der braune Ledermantel ist mit Nässepunkten besetzt. Und ich schlendere zurück./Bin ich vor Schrecken ausgetrocknet in den vergangenen Jahren?:(ohne irgendwelche Leute zu sein, ohne irgend jemanden zu sein, der einem gefällt, ist nicht gut, denke ich./Ich habe das doch schon einmal auf diesem Weg gedacht?/ Seit Tagen kaum ein Wort gesagt. Das funktionelle Sprechen ist sehr rudimentär, schon wegen der Sprachschwierigkeit. Man spricht und lernt als zweite Fremdsprache französisch, auch hier in dem Ort auf der Schule, wie ich erfuhr, niemand kann englisch sprechen. Ist ja auch egal.) BP-Energol-Plastikflasche am Wegrand. Dann ist man schon wieder in den Wohnbereich von Menschen gekommen (daneben gluggerte Wasser aus Grasbüscheln hervor). Also: in Nähe menschlicher Behausungen wird es wieder wüst, auf der Erde: Bubble-Gum-Junior-Buntpapier zerknüllt (darüber feuchtes Nachmittagslicht), eine Regenrinne klötert hohl schluckend, drüben schwelt noch immer Dunst. Ein sinnlos stehengebliebener Steinmauerrest. Dazu aufgeweichte Tagesneuigkeiten von gestern oder letzte Woche liegt matschig herum. Dann noch ein aufgeschichteter Steinhaufen. Gegen die luftige Leere der Wäschedraht von einem Baum zum anderen Baum und die Wäscheklammern, die daraufstecken. Regen klopft den Hühnern auf das Wellblechdach, unter dem sie hinter der niedrigen Steinmauer in einem längst ausgescharrten trockenen Sand scharren, braungeplustert (:große Vögel, was, die nicht fliegen können, haben sie verlernt.) (Oder runde Leiber statt Haare Federn in der Haut steckend) Unten steht ein Neubau glotzig an der Straße. (Unter mir tucken Hühner, Federvieh, nennt man das, Vieh mit Federn, ich stehe auf gelben Steinplatten, in der Luft sind Tropfen, auf dem Gesicht drückt etwas Wind, wer ist man?) Der kahle Baum hängt voll kleiner durchsichtiger Wasserkugeln (stell es Dir mal vor!), an allen winzigen verzweigten Ästen und Zweigen, an den kurzen Seitentrieben der Baumkrone hängen sie, glasig, rund, fein, und fallen ab. (Diese Vielheit von winzigen durchsichtigen Wasserperlen und an dem umfangreichen Baum.) Daneben steht die löchrige Laube mit blattlosem Weingeranke umbogen. In der Pfütze darunter ist eine Plastiktragetasche halb ersoffen mit einem fetten grinsenden Gesicht, dem ein Bleistift hinter den Ohren steckt. Auch das Gesicht ist halb in der Regenpfütze ersoffen. Um die Ecke die blaue Wassertonne, voll Wasser, schief, mit dem Hahn an einem dünnen Rohr, das aus einem unbeholfen in die Hauswand gebrochenen unverputztem Loch steif herauskommt. Schwarze Blätterhaufen beginnen zu faulen. Einige gelbliche fahle leere Gesträuppe und in dem schmalen Streifen auf dem matschigen gelben Weg ein roter, schwarzgefleckter Ball, leer in der nassen Leere. Eine ausgebreitete Seite Horoskop weicht auf und eine gelbe Plastikflasche steckt gerümpelhaft im leeren Strauch über dem bläulichen Beet mit Kohl, an der Seite, wo ich die Tür aufschließe, die Steintreppe hochgehe und dann im Zimmer zurück bin.

Eine angenehme Wärme, die im Zimmer ist, und das glucksende Wassergeschlucke der Dachrinne neben der Flügeltür in der Stille, das gluckernde Orgeln hohl im Abflußrohr neben der Tür. (Ein sehr beruhigender Ton. Ein friedliches Geräusch. Eine angenehme Stille.) Ich war anderthalb Stunden unterwegs./Kopf abrubbeln, Haare frottieren, den Topf mit Erbsen aufstellen, ein Kännchen Lyons Tea Pure Ceylon aufgießen, „Hang the bag in an warmed teapot and then pour in freshly boiling water, wait 5 minutes before serving." (Servierte mir selber, dazu ein Schuß vom Rotwein, Zucker, umrühren, am Tisch sitzen.)

Später: am nördlich gelegenen Höhenrücken kriecht wieder verstärkt Nebel herum. (Habe von der Erbsensuppe heiß gegessen, mit Brot.) Dampft lautlos feucht durch die Bäume. Sieht wie ein zerwehtes Fauchen aus. Schwelendes weißes Versprühen, und ständige Auflösungserscheinungen(:Erscheinungen? Wohl nicht.) Das dampft und schwelt und schwiemelt hier ringsum am Silvesterabend, in der frühen Dämmerung, Letzter Tag des Jahres./Glocken beginnen auch jetzt zu läuten, ich lausche auf das unermüdliche orgelnde Gluckern in der Regenrinne./Wieder später: düstere, schwere Regenwolken, die drückend diffus über das Tal und den Ort hinwehen, niedrig, vermischt, mit Wolkenschüben, ein einziger abenddämmeriger schwarzgrauer sprühender Mischmasch aus Luft, Wolken, Dunst. Und darunter wieder die Lichtreklame des Kinos „Smeraldo" gelblich./Wieder Glocken; ich frage mich, ob sie bereits am Nachmittag das Neue Jahr einläuten? Stimmt, genau./Und wieder etwas später: (permanente Bewegungen gibt es hier, Licht, das wandert, Wolken, die wegsacken, Nebel, Wind, Regen, ständig, von einer Sekunde auf die andere, gewechselt, jeden Tag, jäh einsetzend, und ohne vorherige Ankündigungen, Hinweise, wieder aussetzend, dauernd ist das Alles in Bewegung), rauchiger drückender grauschwarz und nach kalter Koksasche riechender Dunst, ununterscheidbar geworden vom Horizont./Alles versackt: das Tal, die Bergkette, der Ort, die Gärten, Abhänge, Steinhäuser, alles versackt in dem rußigen Dunst./Gerade kommen noch 3, 4 Lampen von unten durch, und schwach die gelbe Neonschrift des Kinos. Ich bin umzingelt von dem glucksenden Wassergeräusch./Die Lektüre Jahnn, Fluß, Mittelteil, 1. Band fast durch, nur noch einige 10-Seiten, die übriggeblieben sind. Vergangene Nacht lange und ausschweifend gelesen, saß und saß weiter im Sessel im Zimmer in der Wärme, las, trank, las, hörte auf, las weiter, noch weiter, bis weit in die Nacht./(Die Lektüre nimmt sehr mit. Gibt viele Gedanken. Entzückt und macht traurig und es kostet Mühe, davon Abstand zu nehmen und sich klar zu machen, was man gelesen hat, denn die Seiten wachsen mir in die eigenen Empfindungen hinein.)/Später: abends 7 Uhr, ist wieder draußen wüst geworden, jetzt Wind, der überall herumwütet, schlägt die Fensterläden heftigst zu, Regen darin gemischt, plus stickiger grauer Dunst./Unablässiges Rinnen, und da ist der ganze Ort in dem schmalen Tal und am Berghang zugedeckt, nicht einmal mehr die winzigen Lampen dringen durch, eine düstere furiose Wolke ist runtergesackt und versprüht Nässe, eine schwelende dichte Masse, aus der das Hupen eines einzelnen Autos hervorkommt. Der Wind jault scharf bitter um die Hauskante. Die Luft ist schwer. Ein alptraumhaftes Gedränge, mit Menschen darin und Autogeräuschen, rundum: alles „zu"./Stille im Zimmer, Wärme im Zimmer, Schreibmaschineschreiben im Zimmer (das hier), ich unterhalte mich damit, indem ich Dir das erzähle. Einzig das Licht, das durch die länglichen Scheiben der schmalen Flügeltür nach draußen in das düstere stickige Dunstgedränge fällt, drückt zwei schmale Lichtkästen hinein./7 Uhr: weiter, der Hupton eines hereinkurvenden Busses unten. Nach wenigen Minuten, vielleicht 2 Minuten, weniger, 1 Minute ist der ganze dampfe, lautlos fauchende Spuk weg. Vorbei, und drunten liegen klar und scharf gezeichnet die verteilten Bruchstücke des Ortes./Ist eben italienische Silvesterstimmung, bei der die Natur schwer mitmischt./Aus den unteren Räumen kommt dumpfes undeutliches Auf und Abgemurmel von Reden, vermutlich TV, aber dieser dumpfe unkenntliche Tonfall erinnert mich an das Gemurmel aus den unteren Räumen im Neubau auf Vlieland an der Denenlaan (:ich sehe Kiefernzapfen auf den roten hochkanteingesetzten Steinen der Straße und abends hoppeln Wildkaninchen weg/und es hat frisch nach quarzigem Sand los und trocken plus Tannennadeln gerochen/:war die beste reichste Ferienzeit, die ich bisher erlebt habe, und ging einige Male mit R. friedlich und sehr unbeholfen ihm gegenüber am Deich entlang in der Sonne, war gut/und zugleich verworren: ich stieg aus dem Bisherigen so abrupt aus, wohin? Es war mir sehr wenig geblieben, vieles, das meiste, aufgezehrt, Lektüre Gehirnparasiten, was betraf das Dich?/:und Sonne, blauer Himmel, die Gänge abends vom Strand zurück, mit dem kollernden Strandwagen, es war mir schwer, den Ausstieg zu koordinieren mit der Umgebung, ich zerrte an mir selber, was konnten wir uns noch sagen, was nicht gesagt worden war?/Manchmal lag ich in der Sonne, und dann kam Angst in mir empor, ich sagte mir: vorbei, aus, zu spät, und ein wortloses Erschrecken machte mich ganz starr./:wie kam ich jetzt darauf? Durch das stumpfe ungenaue Geräusch aus den unteren Räumen des Hauses, die in die Stille dieses Zimmers kamen.)

Warum erleidet man so vieles stumm? Warum kann man nicht aus sich heraustreten? Es gibt so vieles zu tun./Ein Jahr ist jetzt weg. Kann ich es überblicken? Kannst Du es überblicken, Maleen? (Du hast darin einen sicheren und festen Schritt für Dich getan. Das ist so deutlich jetzt zu erkennen.) (Schon blakt wieder Wind stoßhaft und treibt dunstige Fetzen weißlich schnell herauf. Einige Fetzen Wind stoßen durch die Gitterstäbe der Treppe. Die haarige Palme raschelt blättrig trocken geschüttelt.)

Für mich ist das Jahr 72 zu überblicken in den einzelnen Details, da sind die einzelnen Notizen, in dem Notizbuch, aber dieser Zeitabschnitt endet mit einem Zögern bei mir, und einer Unsicherheit (wie endete es denn vor einem Jahr? Da war einfach erledigt. Konnte nicht mehr vor und zurück. Und jetzt? Eingesperrt ist man in sich, jeder?):unsicher, mit Furchtsamkeit garniert, durchsetzt, was? wohin? Viel gelesen, viel mir angeschaut, Verschollenes, Bilder, Musik, Notizen, durch eine Anzahl von Orten gegangen, ziemlich belastet mit dem Blick, mit mir selber, dem Zögern, wohin? Das Verwerfen, das Neu-Orientieren, das Tasten nach einem neuen Anfang, in welcher Richtung? Was bezahlt man dafür? (Was ich lernte, ist: daß man mit einer Menge Einsamkeit dafür bezahlt, nicht mal Geschäftsverbindungen, wie es heißt, besitze ich zur Zeit. Womit könnte ich auch ein

Geschäft aufmachen? Womit will ich ein Geschäft aufmachen?) So ist dieser letzte Tag im Jahr hingegangen, fast ganz vorbei.

Ein Jahr voll Postkarten (:schickte einen Seehund aus Husum, schöner Geruch nach Krabben, das kleine verschlickte Hafenbecken, der rote milde langausgeschwungene Sonnenuntergang bei Ebbe allein dort auf der Holzbrücke, „Baden und Kopfsprung verboten", der Schlick färbte sich rosarot, und ein Dichter mit Gedichten erzählte mir abends Abstrusen Blödsinn, „Cafe Storm", die mächtigen Bäume im Park, Buchen, langherunterhängend, gelber Ginster an der Bahn, ein verlassener Bahnhof, rote Ziegelgebäude in der mittäglichen Sonne, ein herausgesprungener Bolzen, Aufenthalt, und der Blick aus einem Fenster des Hotels in einen kleinen ziegelroten und weißgetünchten Innenhof, in dem ein Kastanienbaum stand, matte erschlaffte Blätter, darunter weiße blendende Bettlaken zum Trocknen aufgehängt, schön, still, konkret)/(die Dürre, der Staub vorher, die staubige Trockenheit in Köln, das graue erloschene Bild eines Abends beim Umgehen des Aachener Weihers, tagelange Dürre, kein Regenfall, kein Schnee, Februar, und im Januar an einem nebligen Samstagnachmittag der Besuch im Zoo, eine gräßliche Zerrissenheit erfüllt mich im Moment, da ich daran lebhaft denke, uns dort gehen sehe, R. mit Pudelmütze, nein Mütze bis über die Ohren, blau gestrickt, innen rot, eine winzige Einzelheit, gelebtes Leben, ein einziger Moment, zurückgekommen)/(ich mag nicht die Vernichtung, ich mag eine Dauer, lang und daß man sich entwickeln kann)/wechselnde Orte, Gänge durch ein Museum vor Bildern der Expressionisten, Heckel, Schmidt-Rottluff, Modersohn-Becker, Landschaften, darin Menschen, einige, Stimmungsumbrüche, Aufgestörtheiten, einige geheime Zerrüttungen, Not, Mangel (Geld), Sorgen, verzögerte Zusammentreffen, überflüssiges Reden, etwas Einsamkeit, die zugenommen hat, oder viel genauer: die Einsicht in Einsamkeit, eines jeden.//:Mich darüber beugen kann ich nicht, vieles geht auseinander, vieles paßt nicht, vieles war verführt und falsch, Abschiede, Eintreffen, Zweifel, Trockenheit, keine Begriffe dafür, zerstreute Eindrücke (aber ich weiß sie wenigstens etwas), privates Karussell, zersplitterte Erkenntnis.//:Eine Perspektive daraus zu entwickeln?:in das nächste Jahr hinein?:fällt mir schwer (ich zögere), ich bin schwerfällig und langsam im Begriff, ich bin kein Jongleur oder Seiltänzer.//:Also, was ist?:frage ich mich (rede ich überhaupt noch zu Dir, Maleen? Kommt Dir nicht das alles wie Kino vor?)//(Wind jault wahnsinnig geworden, unten einige helle Bruchstücke des Ortes, angerissene Häuser, angerissene Straßenecke, im Ofen hinter mir sackt die Koksglut zusammen, es geht so mit mir nicht weiter, ich komme so mit mir nicht weiter, noch einmal versuchen, ja, noch einmal, weiter, vor und zurück, ohne Krücken, ohne behilfliche Begriffe, die haarige eine Palme blättert raschlich, sachlich? Und durch die geöffnete Tür stürzt ein abgeschlagener Fetzen Wind und klatschende Regenkälte ins Zimmer, hastig, wirr, schnelles Zerren an einigen Möbeln, und raus, gestürzt.)/Dann kam in Fudern, in klotzigen Fuhren geballter Wind hoch von der Busstation und bricht durcheinanderwirbelnd über die Terrasse, heult verrückt geworden, schlägt verrückt eine Seite der schmalen Holzläden vor der Tür knallend zu (das ist Gegenwart jetzt), und ich schließe die Fensterläden und Tür.

Ich sitze am Tisch und überlege: (draußen heult Wind, mit Regen), (lauschen, aufzeichnen, welche Formen, die im Nu vergehen, und welche geheulten Flüsterungen? Gar keine, hemmungslos, ungehindert kommt das in stürzenden Ladungen heran und fegt über die Terrasse, an der Hauswand entlang, fort)
:Kindheit?:„ein wenig im Wind geschüttelte Sommerwärme"
:Träume?:„die Blutgerinnsel der Seele"
Gedanken?:„die über das Moos der Träume stieben"
Gegenwart?:„Geister eines Ortes"
Sexualität?:„ein junges Tier"
Und weiter?:„ich hatte ganz vergessen daß es fror"

Erfahrung?:„Von einer Lüge verwundet"
Realität?:„eine große Betäubung brauste in meinen Adern"
Lernen?:„die Rolläden sind heruntergelassen"
Kälte?:„das Knistern des Koks im Ofen"
Ich?:„ein Schimpfwort aufgereiht"
Noch einmal?:„Vor den Wörtern fliehen"
Wörter?:„Ich zitterte nur"
Hier?:„Nicht mehr die Asche von gestern"

9-Uhr-Abend: die riesige Windmaschine wirft unablässig heulende Stöße die Anhöhe hinauf/sie läuft auf Hochtouren: knacken überall am Holz, an den Gittern der Fensterläden, an der Tür, rattern und johlen, ein furioses Gerüttel und Zerren ringsum, ein wildes Reißen an der Hauswand, an den Fenstern, an der Tür, in den Bäumen und Sträuchern, grimassierend, fetzenhafte Windgrimasse, wüste heulende Windfratze, dunkel und schwarz und schwer, die sich gegen das Haus wirft/ein Sturm, der noch einmal allen Schrott des Jahres durcheinander wirbeln möchte? Fuchtig und starre Grimasse, die unablässig neu sich bildet, wirbelt Papier, dürres Gestrüpp, Regen hoch, drückt, die Fenster schaukeln in den Verschlüssen, und jedes andere Geräusch ist in diesem hohlen drückenden wuchtigen Gemasse von Wind verstummt, der immer noch zunimmt. (Ich stehe auf und mache mir ein Abendbrot: zwei Spiegeleier, angeschmorte Zwiebeln, etwas Brot. Lege noch Holz nach.)/ Als ich auf den schmalen Balkon trete, an der Nordseite, um die Holztür zu schließen, schleudert mir diese heftige Windgrimasse fratzenhaft den leeren Plastikkohlesack ins Gesicht./(Es ist ganz plötzlich gekommen, nach dem schwelenden feuchten grauhellen Dampfen am Nachmittag.)/Mitten in dem tobenden, fluchenden, zerrenden Windgebrülle, beim Essen, fiel mir Deine Bemerkung ein, die Du einmal im Verlauf eines Telefongespräches gemacht hast und die mich bestürzt hat, nämlich daß Du gar nicht wüßtest, was Du vermissen solltest und der Gedanke an ein weiteres Zusammenleben eher Dir einen Schrecken versetzte. Die Bestürzung, die ich damals am Telefon erhielt, hatte sich jetzt verwandelt, da ich an Deine Aussage dachte. Unser Zusammenleben war ja zu einer bösen Erzählung geworden, (ist eine böse Erzählung? Eine Fiktion?) und diese Erzählung, die es mehr und mehr geworden ist, muß wohl verlassen werden. In einer Erzählung möchte ich auch nicht leben. Und ich begriff, daß ich es Dir trotz einer verbitterten, wütenden Traurigkeit in mir darüber, die diesen Zustand betrifft, nicht Dich, oder Deine Bemerkung, nicht einmal verübeln kann (die Einsicht, während ich am Tisch sitze, kommt viel einfacher, lautlos und selbstverständlich, ohne Begründung und ohne relativierende Erklärung, sie war da. Ich nickte.)/Dann kam weiter und immer mehr Windgeheule, ein Zerren und Wüten an jeder Ecke des Hauses, auf der Terrasse, in den Gartenstücken, ein maßloses Herumfuhrwerken von Wind, und ich wurde davon angefeuert, ein unberechenbares Entzücken ergriff mich, ich schwang mich in das heulende Windtoben ein und dachte, alles hinwegfegen, den ganzen Spuk der Zivilisation, Plastikfetzen und Autowracks, Madonnen und Fernsehkästen, rostende Blechdosen, Kippen, Plakate, Comics und Kinosäle, hinweggefegt, einfach weg, es müßte ein riesiger Sturm kommen, der den ganzen Dreck hinwegfegte, Ruinen, staatliche Lotteriestände, Flipperautomaten und Illustrierten, Fiats, Redakteure, Journalisten, Presse, Tonbänder, Akten, alles weg, fortgewirbelt, überflüssige Professoren, überflüssige Lehrer, überflüssige Verwaltungsgebäude, lange weiße Korridore und Aufzüge, grüne Teppiche und Samthosen von La Donna, den Boutiquenramsch, die Fernsehprogramme, weg, durcheinandergewirbelt, fort, jaja, der Sturm müßte die Blechkarren wegfegen, die häßlichen toten Hinterhöfe, die lächelnden Politikerfressen, die Parteiprogramme und Erklärungen, jede Hoffnung, jeden Glauben, den ganzen Wahn von Sätzen und Wörtern, Schulbücher und schwarze Unterröcke, Mauerreste, Stacheldraht, Wellblechhütten und rostende Ofenrohre, Hausbesitzer, Mietskasernen, Filmschauspielerinnen, weg, von der Erdoberfläche, abgeweht, vernichtet, die ganze sumpfige schlammige Häßlichkeit der Welt, das Gerümpel, die Flut elender Bilder und Vorstellungen, mehr Sturm, der wütend zerrt, rattert und faucht, Grimassen, die durcheinandertreiben, wildes Geschüttel, dieser Tanz aus Plastikfetzen und trockenen, abgestorbenen Ästen und Zweigen, aus klappernden hölzernen Fensterläden und rüttelnden Fenstern und Türen (:und ich dachte daran, wie ich durch diese Haufen von Papier, Zeitungen, Zeitschriften, Plattenhüllen und Kassenzettel gegangen bin, durch den Abfall, wozu? Wohin wollte ich? Warum gehe ich durch diesen Schrecken? Warum bin ich dort hindurchgegangen? Eine Flut elender Bilder und Eindrücke, ein riesiger, breiter schlammiger über die Ufer getretener Strom voll Verstümmelten, Toten, Irren, Wahnsinnigen, voll nackter Larven, Larven-Männern, Larven-Frauen, jeden Tag in Bildern und Wörtern neu ausgespien, eine zähe, trübe, klebrige Woge sumpfig gewordener faulender Gedanken und Träume, die stinkende Blasen aufwerfen, faule giftige Gasblasen, vermengt mit Kino, Fernsehen, Musik, das schleichende, unsichtbare Ausrottungskommando, das durch die Städte zieht, jeden Tag, sich ausbreitet auf Plätzen und Straßen und in den Zimmern, in den Köpfen, den Gehirnen, den Träumen und Gedanken, und der Sturm heulte und raste weiter die Anhöhe herauf, biß in scharfen heulenden Stößen herum, und ich hörte zu, am Tisch sitzend, hier, in dem Zimmer, ein wilder ungezügelter hemmungsloser Traum, zerrend und knatternd, in umgekippten Lastzügen von Wind, der durcheinanderstürzte./Warum bin ich durch das Gerümpel gegangen, es zu erfahren, mich abzuhärten, zu sehen was los ist? Ein permanenter Verstümmelungskrieg, Träume verstümmelnd, Gedanken verstümmelnd, und über Träume und Gedanken die Empfindungen des Körpers, die Sinne verstümmelnd, öffentlich, jeden Tag neu. Auf dem Fernsehschirm erscheint das grinsende Gesicht eines Politikers, sie sind alle austauschbar, daß sie dort erscheinen, verdanken sie der Misere, also was könnte sie bewegen, diese Misere und Verrottung zu beseitigen? Die ihnen ja erst diese Position eingebracht hat? Aber als ich zum zweiten Mal hinsehe, genauer, sehe ich, daß es nur der syphilitische Hintern eines Affen ist, der über den Bildschirm huscht.)/:Gegen 22 Uhr, und schlagartig, von einer Sekunde auf die andere ist alles ringsum still geworden, der grimassierende Windspuk ist vorüber (ich trete durch die Tür auf den Treppenabsatz und glosendes, gluckerndes Wassergurgeln stürzt neben mir durch das Abflußrohr, sonst nichts, kein Windzug, keine Fetzen Wind mehr, still, dunkel. Unten liegt in den üblichen hellen Fragmenten aus Häuserwänden und Straßenecken verteilt der Ort.

Der Spuk der Zivilisation im letzten Drittel des 20. Jahrhunderts: und hindurch bewegen sich Menschen, wimmelnd. (Die Kinoreklame im Ort ist erloschen)

Als ich sah, wohin der Zug raste, bekam ich Angst, ich bin an einer Station ausgestiegen, wo sie sich in einer Menge hineingedrängt haben, und dann raste der Schnellzug weiter, vollgestopft mit anderen, ohne mich. (Ich bin doch ziemlich ramponiert worden, mitgenommen, angestaucht.)/Wohin raste dieser Zug?:Auf das Verlöschen des Ich, in den kollektiven allgemeinen Wahn.

Der Plastikwecker geht vor, so muß ich mich nach den Donnerschlägen und zerplatzenden Knallfröschen richten, die anzeigen, daß ein Neues Jahr angefangen hat: Regen fällt schwerfällig herunter, Kälte und leichte Böen wieder. Der Ort ist in dem Regen versackt./ Fern hat es in grellen flackernden Lichtzuckungen bemerkbar gemacht, daß der letzte Tag herum ist dieses Jahr: im Ort, an der Busstation, steigen einige geräuschlose glimmernde Raketen in die nasse Dunkelheit auf, glimmernde Funken. Ein paar Donnerschläge, das war alles, was dieser Ort ausdrückte: stehe im Regen vor der Tür des Zimmers und trinke ein Glas Rotwein aus auf Dein Wohl und dann ein zweites Glas auf das Wohl Roberts, wirklich ein gutes neues Jahr für Dich, für Robert, und das gute neue Jahr ist jetzt da./Vom Nordbalkon mit Blick auf die nächste Ortschaft Bellegra, die 5, 6 km entfernt auf einem höher gelegenen Berg liegt, steigen einzelne rote und grüne Leuchtkugeln auf, Donner-schüsse von den Bergen, und sogleich bellen Hunde in der regnerischen Dunkelheit. (Im Haus ist alles still.) Und nach Süden heraus, über die ganze Horizontlinie verteilt das lautlose grelle Zucken von Licht (einige wandernde Autolichter sind durch die Schwärze gezogen, und einiges Autohupen hat eingesetzt

:etwas Dir sagen, etwas Zärtliches, und dann sind mit einem Mal dafür nicht genaue richtige Wörter da, ein inneres Stocken setzt ein, kein Wort, das man kennt, ist das Genaue, was man sagen möchte (ich möchte Dir etwas Ruhiges, Zärtliches sagen, so zärtlich und ruhig und so freundlich wie die Wärme im Zimmer, die Stille im Zimmer, und so intensiv wie die Tatsache, daß es Dich gibt. (Das schrieb ich Dir ja schon.) Etwas Zärtliches: hier, von einem

winzigen, aber genau zu bestimmenden Punkt, inmitten dieser Berglandschaft, inmitten der gelblichen lehmigen Erde und Steine, der zerfallenen steinigen Häuser, der bläulichgrünen Olivenbäume und der trockenharten, faserigbraunen kriechenden Weinreben, in dem Auf und Ab der Landschaft, habe ich an Dich gedacht, schicke Dir die Information, daß ich an Dich gedacht habe./(Die Ansicht zeigt übrigens den nächsten Ort Bellegra)./(Olevano liegt davor, links über dem Rand der Ansicht hinaus.)/(Für R. und ich denke auch für Dich wird es sicher interessant sein, hier herumzugehen, Treppe auf und Treppe ab. Ich werde in der nächsten Woche für den März zunächst ganz unbestimmt den Aufenthalt hier anmel-den.)/(Schon damit wir hier allein sein können und nicht die Räume mit anderen einteilen müssen, die eventuell in demselben Monat hierher wollen.)/Etwas Zärtliches: (das Strei-cheln der Finger über Deinen Körper hin.)

(Der erste Tag des neuen Jahres, 1. Januar 1973, ist schon wieder dunkel geworden, der gelbe leuchtende Lichtstreifen unter einer fernen schweren Wolkendecke und zwischen zwei Bergrücken ausgebreitet, ist verschwunden. Ein heller Tag, frisch und glänzend und mit Sonne, die Landschaft ringsum wurde lieblich. An der Busstation, dem Versammlungs-ort der Leute, standen nachmittags die älteren Männer in Gruppen zu 30, 40 Mann zusammen und haben geredet, in Anzügen, mit Hüten auf, in Mänteln, sitzend und stehend und Zigarettenrauchend, ebenso solche gedrängten, stillstehenden Haufen wie die 10, 11 stillstehenden, geparkten staubigen Busse vor der Station. Und von diesen Männersamm-lungen getrennt auf der Straße die Haufen Jugendlicher, um Wagen geschart. In Gruppen flanierten sie die Via Roma auf und ab. Dazwischen bewegten sich die Mädchen, zu zweien, untergehakt. Die Musikbox war nicht nach draußen gestellt worden. In langen, breiten und dünnen Strömen floß Wasser abwärts, über die Kreuzung vor der Busstation und dem Tunnel das in halber Höhe der abbiegenden, ansteigenden Straße in den Ort hinauf aus dem Asphalt kam, aus dünnen Rissen (darunter ist eine kaputte Wasserleitung, Abflußkanal?) Trank einen Kaffee, trank einen Schnaps, Grappa, dazu, kaufte mir Zigaretten, ging und stand eine Weile herum, machte einen längeren Weg unterhalb der Ortschaft, grüne Streifen gegen den lichtvollen gelben Himmelszug zwischen den Bergen in der Ferne. Die Luft war ganz klar, als hätte es niemals diese schleichenden Nebeldämpfe gegeben und den wütenden fetzenden Wind oder Regen. Abends schien eine glühende Sonne in das Zimmer. Morgen werde ich hier abreisen nach Rom. Das Geld ist aus, das Essen ist alle, eine Woche, 10 Tage geträumt, nachgedacht, Furcht gehabt, den Ort durchsucht, herumgegangen, das Licht bewundert, Sturm, Nebeldämpfe, Koksgeruch, gelesen, in die Stille gelauscht, Rotwein getrunken, den Ofen geheizt, durch Büsche gestreift, geschrieben, Weihnachten verbracht, in das neue Jahr gestiegen, die Dunkelheit, den Regen, die Kälte, Socken verbraucht, Unterwäsche verbraucht, Oberhemden verbraucht, mich gefreut, still gewesen, mich zusammengezogen, Pflanzen gerochen, allein gewesen, am Tisch gesessen, Koks gekauft, Holz gekauft, gegen das Licht fotografiert durch Baumgerippe hindurch. An die schöne Möglichkeit des Sex gedacht, wenig gegessen, ein dickes Buch durchgelesen, hier gewesen, mich vor einigen Details aus der Vergangenheit erschreckt, gezögert, einige italienische Sätze aus dem Wörterbuch zusammengestellt, eingekauft, jetzt benötige ich ein Bad, Haare waschen, mal sehen. Im Ort ist die gelbe Neonschrift des Smeraldo-Kinos wieder an, auf den stumpfen schwarzen fernen Berghöhen sind Lichter in Abständen zusammengedrängt, Feuchtigkeit klebt auf den Straßenstücken, der Holzwurm bohrt sich beharrlich weiter durch die Tischplatte, frische nasse Kühle kommt von draußen in das Zimmer, denn ich habe die Flügeltür geöffnet, ein neues Jahr hat angefangen, irgendwo anders fängt zu einer ganz anderen Zeit ein neues Jahr an, was aber schon zur Vergangenheit gehört, das Wasser, das aus dem Wasserhahn kommt, ist kühl und frisch wie gestern, oder wie morgen. Ich muß noch morgenfrüh einige ausgeliehene Bücher auf das Gemeindeamt zurückbringen, die der „Injeniöre" des Ortes mir ausgeliehen hat, darunter waren zwei deutsche Bücher, eins, das ich gar nicht ansah, irgendsowas Mieses, Gedichte von jemand, der mal hier war, und ein Band Zeichnungen der Frühromantik: über C. D. Friedrich, Kersting, Runge, Koch, Reinhold, Fohr, und eben dieser Horny aus Weimar (deshalb hatten sie's hier)./Ich bekam die Bücher Donnerstag vergangene Woche./Der Ort ist doch nicht so zahlreich an Einwohnern wie ich zuerst wegen der vielen Kinder geschätzt hatte. Er hat jetzt (erstmal die Tür wieder schließen, ist genug kalte Luft hereingekommen) 6Tausend160 Einwohner. Und mit Tourismus ist nur kurz während der Sommermonate etwas, da sie ja auch aus Rom verschwinden, „aufs Land", und Rom liegt etwas über 50 KM entfernt./ Als um 1815 deutsche Maler der Romantik hierher gezogen kamen, hatte der Ort gegen 3Tausend Einwohner. (Ob man es aber da noch romantisch finden konnte? Die Häuser müssen ebenso zerfetzt und verwaschen ausgesehen haben wie heute.) 1911 waren bereits 4465 Einwohner hier und 1962 genau 5999./Der Ort liegt 41 Grad 51 Minuten 36 Sek. Breite, 34 Grad 48 Minuten Länge, südlicher Meridian von Rom, Ausbreitung des Ortes süd-südwest, südliche Abweichung von Rom 1 Minute 8 Sekunden./Rom 54 Km entfernt, der nächste Ort Bellegra (auf dem Berg) 5,2 Km/Hügel Baldi (wo ich wohne): 571,20 Meter hoch gelegen, das Burggemäuer gegenüber: 584,12 Meter hoch./"La Fauna locale è ben misere."/Gestein:„tufi vulcanici e cave di pozzolana e calcari"/1943. 1944 sind hier deutsche SS-Soldaten herumgestiefelt, 1948, offensichtlich erste Wahl wieder, war die 1. Partei die Democrazia Cristiana mit der überwältigenden Mehrheit von 2544 Stimmen, als zweite Partei die Kommunistische mit 137 Stimmen, es gibt ein Bild, das den grinsenden Professor Heuss am 21. 11. 57 in diesem Ort zeigt neben einer Olga Baldi in localem Kostüm. Auch Tieck schrieb über den Ort ein Gedicht./Der Ort ist von dem Franzosen Camille Corot gemalt worden (und von der deutschen romantischen Mischpoke)./:Die romantischen deutschen Maler, was haben sie gemalt? Ruinen, kaputte leere Bäume, einzelne Pflanzen und kleine schmuddelige Hütten mit zerfahrenen Wegen, die Bäume sind manchmal abgeschlagen und stehen leer in einem menschenleeren Raum herum, dann gibt es noch karges Gestein, weite leere Räume mit Zerfall, in denen die wenigen anwesenden Menschen meistens verschwinden, und wieder sind entlaubte dürre Bäume abgebildet, das kahle bizarre winterliche Geäst – diese Motive und diese Szenen stimmen nachdenklich. Warum haben sie es gemalt? Es ist eben nicht der verklärende „schöne" romantische Blick gewesen, wie die öffentlichen Bildungsstätten, die Schulen, die kulturhistorischen verlogenen Essays es haben wahrhaben wollen – es ist das Sonderbare, das aus der Ordnung des alltäglichen Lebens gefallen ist, das Abwegige, das am Rand von Handelsbetrieb liegt – das Karge, das Zerfallene, das Unwirtliche (und auch nicht Überschaubare, Geheimnisvolle darin), das gemalt wurde und gesucht wurde – wie konnte es nur zu der Meinung, Romantik sei in den Bildern beschaulich kommen? Die Landschaft ist leer, (die Menschen darin klein), eine Lähmung liegt oft darauf, die Atmosphäre des Schrundigen, des Zerfallenen – sie müssen es alle gesehen haben, wie ihre Umgebung aussah, ihre zerfallenen Straßen, ihre zerfallenen Häuser, ihre zerstörte karge Landschaft – fast jedes größere bedeutende Bild zeigt es doch klar aus, und zeigt eben nicht den gefühligen Taumel – es ist auch ein Schrecken darin, oder wenigstens ein Erschrecken – sie haben gesehen, wie weit der Zerfall war, daß sie in mehr oder weniger großen Ruinen lebten, und die Landschaft hat ihnen auch nicht geantwortet – bei C. D. Friedrich: das Verharren der Menschen, ihre Passivität inmitten einer Umweltkulisse, immer ist es still, immer ist Schweigen, und die Menschen betrachten, stehen untätig darin herum, zwischen kahlen Bäumen, außerhalb der Stadt, zwischen felsigem Gestein – sie sagen nichts, ist in ihnen ein Erschrecken, eine Lähmung? – Warum diese Stille? Wer strömt sie aus? Und die Stille ist nicht lebendig in den romantischen Bildern – aus welcher Einsicht kommt sie? Dabei war die Zeit laut, Franzôs. Revolution, Napoleonkriege, Verstümmelte Krieger zogen durchs Land, da steht ein fast abgestorbener karger Baum im weißen leeren Winter – dieser Ausdruck, die Thematik, das Vorzeigen des Ruinösen, des Zerfalls, der zerfahrenen Wege: kann man da noch romantisch sagen? Und diese lähmende Stille. Eine kaputte Umwelt – immer ist es das Einzelne, was sie malen, eine Einzelheit – wie kommen sie dazu? Grasstudien, ein großer menschenleerer Raum, in dem Mensch und Tätigkeit versinkt – auch die Städte, immer fern, halb in die Weiträumigkeit eingetaucht: welche inneren Erfahrungen hat sie dazu gezwungen, zu dieser Perspektive? Es sind gewiß keine gefühligen verwaschenen Einsichten gewesen, kein Schwelgen, wie man es heute gern wahrhaben möchte – für mich springt daraus eher Erschrecken, Grauen, etwas Haltloses, Labiles, die Fantastik des Bizarren, des Am-Weg-Rand-Liegens, keine Beruhigung, eher Apathie. Die Titel: Landschaft mit zerfallener Mauer, kahle Ahornbäume, Baum im Winter, Felsstudien, Große Steine, Wald mit Felsbrocken – was ist daran beruhigend? Gelähmtes Leben, das hat man umgefälscht in „beschauliches" Leben, so ist das deutsche öffentliche Bewußtsein! (Ganz jäh und zuckend schlug das in mir in einem raschen Überblick auf: jede Einzelheit lag offen dar, man brauchte nur zu sehen, ohne bereits etwas Bestimmtes sehen zu wollen auf Grund einmal eingedrückter Vorstellungen, da lagen vor mir diese kahlen Steine, diese verstümmelten kargen Bäume, diese leere Landschaft, diese irrwitzigen Blattstudien, die apathischen Figuren, die leblose Stille – sogar bis hin zu dem populären verkitschten Spitzweg, da fielen mir seine Postkartenbildchen ein, man kann sie überall in den kleinen Zeitungs- und Schreibwarenpütscherlädchen in Deutschland kaufen: da gießt einer seine Geranien, die Mauer ist zerfallen, der Winkel muffig, etwas Sonnenlicht fällt herein, oder der Poet in der Dachstube, im Bett, weil es ihm nämlich im Zimmer das unbeheizt zu kalt geworden wäre, und über ihm ein aufgespannter Stockschirm, weil es regnet: nett, hatte man gesagt, wie reizend – und der kitschige Spitzweg brachte es auch heiter, mit deutschem Gemüt, Mittelstandsgemüt, aber sah man genauer hin: Zerfall, ein Sich-Einrichten im Kaputten, Überalterten – kannst Du es so sehen, Maleen? – plötzlich ist der Mythos des Romantischen weg: Mauern, Zerfall, Winter, Steine haben sie gemalt! Man sieht es sobald man aufgehört hat, auf das „Romantische" darin zu schauen, sondern auf das, was da ist – schäbige kleine Hütten, ausgefranste Hinterhöfe, abendliche Dämmerung, wegsackender Mond, Stille, Monotonie, Apathie, Passivität, eine sterbende Welt haben sie gemalt – eine resignierende Welt, eine abendländische Welt, eine deutsche Welt, eine Todeswelt, durchrankt von Blattwerk, Wurzelgeflecht, Pflanzen, mit großköpfigen, verständnislos blickenden Kindern, ihr dumpfer Blick auf den Bildern bei Runge (als ich sie in der Hamburger Kunsthalle im letzten Jahr mir anschaute, knarrendes gelbes Parkett, muffige Wächter, vertrocknete alte Männer, und hereindringende U-Bahn-oder Vorortzugpfiffe, klappernde Schienenstücke), häusliche Enge, deutsche dumpfe Enge malten sie, oder weite leere Landschaften, kaum was darin anwesend – und dann die Schriftsteller der Epoche: weggegangen sind sie, in den Rausch, in die Gespensterschatten, die aus den zerfallenen Straßen, aus den lichtlosen trüben bürgerlichen Winkeln, aus dem Straßengefunzel hervorsprang – eine Betäubung, die über den gemalten Landschaften und Menschen liegt und eine ganz hochgezogene künstliche Fantasie – keine Morbidität, sondern Apathie dann (das hat man ebenfalls als „reizend, nett, beruhigend" bezeichnet), die Schriftsteller wehrten sich gegen ihre zerfallene Umwelt, die sie leibhaftig in zerbröckelnden Mauern, liegengelassenen Grundstücken, verwahrlosten Höfen sahn – warum zum Beispiel auch bis in das sentimentale Weihnachtsgedicht von Eichendorff dieses Weg-Gehen am Schluß, raus aus der Enge der Stadt, in den leeren weiten weißen winterlichen Raum, da endet nämlich dieses Verschen, auch da, und nicht in einer Stube, in einem Winkel, weit, leer, groß – in einem menschenleeren Raum, selbst in dem Gedicht. (Man muß sich das nur einmal klarmachen, was das ist). – Ich begriff das plötzlich in einem großen Zusammenhang, klar und deutlich, als ich zur Mittagszeit, nach einem Gang hinauf zur Serpentara, dem Wald der 100jährigen Eichen und der Schlangennester gegangen war, der auf dem Weg nach Bellegra außerhalb dieser Ortschaft liegt (das Gelände gehört dem deutschen Staat: der preußischen Akademie der Schönen Künste Berlin, zuerst sah ich also auch dann an einem verwitterten Baum: „Attenti Al Cane", der Hinweis auf einen bissigen Hund, und ringsum waren nur holprige Schlängelpfade, Gestein, krüppelige Eichensträucher. (Da ich die Hunde nachts in den dunklen Bergen bellen gehört habe und in Rom oft mit Maulkörben herumschnüffeln sah, war ich wohl aufmerksam.)), und dann wieder am Ort in einer schäbigen Bar ein kleines Bier trank – die 12, 11jährigen Jungen bolzten und schlugen an einem ramponierten amerikanischen Flippergerät herum, das Gebäude selbst sah aus wie eine Ruine, in die einige Verschläge gehauen waren, wie vor 100 Jahren, 150 Jahren, 200 Jahren: dieselbe Atmosphäre, dieselbe Mittagszeit, dieselbe Zerfallenheit – das mußten sie gesehen haben, die Melancholie, die Resignation, das innere Stille-Werden von Menschen in ihrer Umgebung, ein langsames Erlöschen, nur Natur wuchert weiter, und Natur ist hier nur noch Pflanzliches, krüpplig und unkrauthaft. Also, was haben sie gemalt? (Nicht wie!) Was wollten sie mit den Bildern sagen? Mit der Landschaft? Was befindet sich darin und wie ist die Aufteilung? „Schöne-Bildchen-Malen":das mag eine Tarnung gewesen sein, ein Versteck, ein vordergründiger Anlaß – sie sahen wohl, mit einigem Erschrecken, das sie sich selber nicht eingestehen wollten, den Zerfall – zerfallene Ortschaften, zerfallene menschliche Behausungen, zerfallene morsche Holzgitter, zerfallene Mauern, Reste eines längst abgesackten Weltgefühls – die Verklärung gelang ihnen nicht, die kam später mit den zweitrangigen Interpreten, für die die Welt immer, zu jeder Tageszeit in Ordnung ist, denn sie haben immer was zum Interpretieren – und hier? und jetzt? Als ich da stand, das Glas Bier in der Hand, die Mittagssonne fiel durch die Glasscheibe, an der ein zerkratztes Reklameschild hing, abgezogen auf dem Fensterglas, als ich den erloschenen TV-Apparat aufgebockt in der Ecke über dem Flipperapparat sah, die Süßigkeiten in den zerfallenen Häusern, das sogenannte „lässige Leben" eines gewöhnlichen Tages (es war am Donnerstag dem 28. 12. 72) begriff ich, schnell, rasch, gründlich. (Und dann, 100 Jahre später, im

Expressionismus, wieder eine große deutsche Epoche, die Reaktion bloßgelegter Nerven, bloßer nackter Sinne, in den Farben, im Ausdruck, ein pures schnelles Reagieren, der Ausdrucksreiz – und jetzt? heute? Die Muffigkeit der Ideologien! Das Verschwinden des Gespürs. Die Öde der Technik, der Arbeitsweisen.)

Worin kann der Blick noch ausruhen? Worin sich versenken? Wo? In winzigsten Stückchen, aber schon da auf dem Boden liegt Silberpapier, eine Ajaxdose, eine Plastiktüte, eine dreckige leere Zigarettenschachtel, ein aufgeweichter Comic oder leere rote Schrotpatro-nenhülsen. (Ich ging. Ein Bier 120 Lirä. Eine weißfellige Katze riecht draußen an dem Gummireifen eines Wagens, der in der Sonne geparkt ist. An der Kirchmauer lehnen alte Männer. Einer steht auf primitiven Krücken. Ich denke: Tiere, Pflanzen, den Boden behandeln sie wie Säue, und dachte an die abgeschabten schwärzlich-blauen nackten Stellen in den stumpfen Fellen der Esel und Pferde, die ich sah. Mit einer fanatischen bösartigen Wut müssen sie hier ihre Landschaft behandeln, um leben zu können, dabei ist sie in der Sonne nachmittags lieblich. (Aber vielleicht täusche ich mich auch nur) (Es mag überall so sein)./ (Auch der pure Wahnsinn: dieses Dorf, diese Häuser, diese Arbeit, und abends sehen sie irgendwelches Fernsehen, da huschen die öffentlichen Gespenster herum, was denkt so eine alte bucklige schwarzgekleidete Frau, wenn ein dicktittiges nacktes Weib auftritt?)/(Da schweben also die TV-Gespenster in den Leuten herum über dieser Landschaft).

(Heute, am 1. Jan. 73 haben sie in diesem Ort, im Kino: Laßt uns töten, Kompangneros! gespielt, vorgeführt, gezeigt. Das ist ja alles märchenhaft. Wo die Haufen älterer Männer standen, nachmittags, hing gegenüber an der Betonseite des Tunneleingangs ein buntes Plakat, auf dem ein Erhängter grinste. Ab und zu kam wieder dieser Koksgeruch auf. Es ist,

Olevano Romano m 571 Rocce e Grotte della Serpentara

als erzählte ich gräßliche Märchen, wie die Grimms Märchen gräßlich sind. Mit Gefressen-werden und Bauchaufschlitzen, und Hänsel, der einen abgenagten Fingerknochen durchs Gitter steckt.)/:aber über dieser Landschaft fliegen keine Flugzeuge.

Nachdem ich Donnerstag auf dem Gemeindeamt war, besuchte ich diese Stelle: Mittagsstil-le zwischen 1 Uhr und 2 Uhr, gehe eine Schotter-Rinne hoch, ziemlich weit außerhalb des Ortes, Richtung Bellegra, an der Seite, die kleine schlängelnde Asphaltstraße hoch mit den gelegentlich vorbeihupenden blauen verdreckten Bussen in der Mittagsstille, auch ein paar Hühner gackerten in einzelnen Ställen, zusammengeflickt aus rostigem Draht, morschem

Holz, Pappe, Plastikfetzen, aufgeschnittenen rostigen Olivenkanistern und einem ausrangierten Waschbecken (vor einem Loch im Draht), die Ställe befinden sich an den seltsamsten Stellen, weit ab von einer Wohnung, mitten in einem Olivengehölz oder in einem Weinberg neben einer Arbeitshütte, überall wo'n bißchen Platz ist/vorher gab es auch am Weg, kurz hinter dem Ort, eine Heilige Quelle mit so 'ner Jungfrau wieder oben auf einer

Olevano Romano - m. 571 - Bosco della Serpentara - Querceto secolare

antiken Säule (ihre Tage wird sie gewiß gekriegt haben, die Mutter Gottes aus dem Bergdorf in Israel; hol's der Geier, man stößt hier andauernd auf diese Steinfrau, 'n richtiger psychischer Dreck ist das, was öffentlich herumstehen darf.) Unten, vor dem Wald der 100jährigen Eichen des Gebietes der preußischen Akademie der Künste, gab es das obligate zeitgenössische Autowrackfeld:rostende Karosserien, ausgeschlachtetes Inneres aus Drähten, Polstern, Ölflecken, Glasscherben – irgendwann, bald, werden sie auch Coca-Cola-Suppe aus kleingemahlenen Glasscherben von Coca-Cola-Flaschen auf die Speisekarte setzen; ein verrottetes Anwesen, aus einem Fenster schaute ein altes Gesicht heraus und verzog sich gleich wieder, als ich nach einem Weg tastete./:dann verblichenes Moos und Flechte, weißlich-grau an verkrüppelten verworrenen alten Eichen, erloschene Bäume, starre tote Äste die in die Luft griffen, einige Bäume schienen noch zu leben, viel Verwittertes, ohne Blätter, stand dort auf der felsigen Anhöhe herum (im runterziehenden Gebiet der kleinen Olivenbäumchen ein Müllhaufen, weit und breit Stille), der Blick auf den nächsten Ort./Ich kletterte über Abhänge zurück, die Luft war angenehm, immer wieder gibt es zwischendurch befreiende Momente, beim Gehen über einen Grasabhang, beim Balancieren über Steine, aber sobald man sich auf etwas Touristisches einläßt (siehe die Ansichtskarte), gerät man wieder in die Schrott-Zivilisation. (Dabei klingt der Name gut und anregend: Wald der 100jährigen Eichen, Wald der Schlangennester, Serpentara, und dann Preußische Akademie, Parco Privato, Vorsicht bissiger Hund, unten fault Abfall, und die Stille ist schön.)

Am Abend, nein, Einbruch der Dunkelheit 5 Uhr, war der Injeniöre verabredet zu kommen, hierher in die Casa Baldi, um mir einige Bücher über Olevano zu bringen, und ich hatte mir eine Reihe von freundlichen Sätzen aufgeschrieben und von Fragen: Grazie tante per Kartografia de Olevano, molto interessare, Si accomodi, prego (Platz nehmen) Quanto abitanto in Olevano, Quale pietrane in Olevano (der hat mir auf italienisch die ganze Geologie der Umgebung erklärt)./(Machte auch Kugelschreiberzeichnungen von Gesteinsschichten.)/(Teufel auch, davon hat man ja keine Ahnung, würde ich aber gern.)/(Soll ich auch jetzt damit noch anfangen? Ich weiß viel zu wenig.)/Und Freitag, am nächsten Tag, war ich den ganzen Ort hier total leid: immer die kleinen Pütscherläden, immer dieselben miesen älteren Frauen darin, die herumwuseln mit ihren inzwischen steif gewordenen breiten Hintern, immer dieselben kleinen Kolonialwarenläden mit wurmstichigen Schubladen, immer die gleichen alten Männer, die zu nichts mehr taugen, das Mürrische des Lebens, der sinnleere Überdruß, der Ruß. Ich stieß auf einen Satz beim Lesen: „So glücklich, wie man nur in der Einsamkeit sein kann. Wenn die Gedanken den Geschmack der Träume annehmen." (So war's da nicht./Aber schön, morgens aufzuwachen und in ein warmes Zimmer zu kommen, es ist still, da ist der Tisch, das ist die Schreibmaschine, da ist dieser lange Brief, da draußen das Licht, es ist Winter, ich gehe herum.)/Es ist mir etwas ergangen wie in Köln oder in Rom: nach kurzer Zeit mag ich nicht mehr in den Ort gehen.

„Wake Up To Reality": was die so Realität nennen, das sind nur Kaufläden.

Bei Tageslicht sieht das meiste der Ortschaft farblos aus, überall, an jeder Ecke fehlt etwas, und die blasse winterliche Helligkeit bringt das noch mehr hervor (im Sommer überzieht sich wahrscheinlich alles mit Sonnenlicht zu einer Helligkeit, in der dann die Verrottung wegtaucht.)/Träge schleichen Hunde und Katzen herum. In den Gebüschen hängt Papier (wieder einmal, neue Früchte?)/Bleiche Steine treten hervor./„Avere io legna e carbone oggi?"/(Der Koks- und Holzhändler gab mir eine schwarze rußige Hand, nachdem ich ihm die 7Tausend gab.)/(Einzelheiten, die mir durchs Gedächtnis jetzt fallen.)/Aus dem Fenster gesehen einmal: dünne magere ganz lange schwarze Strumpfhäute hingen vor dem Tal, eine schwarze nasse Strumpfhose./Die beiden Jungen, die in verblichenen Trainingshosen herumspielten./Zwischendurch scheint warme grelle Wintersonne mittags./3 sacco carbone 3 Tausend, 2 sacco legna 1 Tausend, 3 sacco carbone 3 Tausend, si?/Das Prinzip hier: einmal was aufgestellt, gebaut, dann rausgeholt, abgelebt, verwohnt, was nur drin ist./Einmal aß ich draußen im Ort: einen Teller Spaghetti, heiß und gut (ob die gut waren, weiß ich nicht, aber mir haben sie gut geschmeckt), der stoppelige Typ hatte eine fleckige weiße Kellnerjacke übergezogen, die einen großen Riß hatte./Junge Dorftrottel mit Beatle-Haar./In den Krämerläden sind oft die Uhren stehengeblieben (Zeit, die dort über den Regalen mit Nudeln und Mehl und Dosen stillsteht)./In einem winzigsten Räumchen, Schreibwarenladen, drängen sich hinter einem winzigen Ladentisch: eine Alte, die Besitzerin, „Chefin", und eine Angestellte, ein junges Mädchen, und beide sehen gemeinsam eine Foto-Romanze durch, als ich eintrete, das Mädchen bedient, die Alte kassiert (:stolzes Leben)/Mit dem Ende der Geschäftszeit erlischt hier auch das Leben draußen./Rasch und sehr gründlich./(Dann kann man sehen, wie sich ältere Männer in den 3, 4 kleinen vergammelten Bars nach einer Richtung ausrichten: wo das TV steht/Immerzu hängt Wäsche draußen, überall/Realität. (First Round Over?)

(abends, spät, gegen 24 Uhr, 1. 1. 73: aufgeräumt, zusammengestellt, der Raum sieht wieder fast so aus wie im ersten Moment, als ich eingetreten bin. Muß nur noch den Tisch und Stuhl wieder zur Flügeltür und dem Südfenster rücken. Dann Geschirr spülen, Toilette reinigen, wegstellen, Papier zusammenfegen, Aschenbecher spülen, meine Sachen zusammenstellen, einpacken./Die letzten Seiten im Fluß, Mittelteil, 1 zu Ende lesen, 50 Seiten.

(Ich lese in dem Exemplar, das 1969 von der Deutschen Bibliothek über We-Wengenroth bezogen worden ist und das bisher noch keinen Stempel mit Ausleihdatum hatte. Bin der erste, hier in Italien, der das Buch sich ausgeliehen hat, nein, stimmt nicht, sah gerade nach, der Zweite, aber beide Daten erst vom Jahr 72.)/Ich habe in letzter Zeit das so oft gemacht, dieses Zusammenlegen, noch einmal im Raum umherblicken, „ist nichts vergessen" worden?, und dann herausgehen (und unsere Koffer-Packen als Theater-Aufführung, im Streit: Zimmer-Theater), ein sehr vages Empfinden, wieder fortzugehen, einen Ort, ein Zimmer, einen Raum zu verlassen, scheußlich, dauernde Aufbrüche. – Mich befällt wieder das alte Unsicherheitsgefühl, hier, jetzt, im Moment. Es ist ganz subjektiv, denn ich weiß ja, wohin ich morgen fahre und wo ich ankomme. Zudem werde ich ja hier wieder herfahren, vieles, was ich vorhatte, den nächsten Ort aufzusuchen, nach Palestrina zu fahren, mehr in den umliegenden Hügeln herumzugehen, ist in diesen Tagen nicht passiert. (Zum Schreiben des Hörspiels bin ich überhaupt nicht gekommen./Und einige Notizen zu übertragen, die ich aus Rom mitbrachte, ist auch nicht geschehen.) Ich denke aber, daß ich den Ort einigermaßen kennengelernt habe. (Dieser Brief hier ist wieder ein langer „Reise"bericht geworden. Lies ihn auch so. Nimm Dir daraus, was Du für Dich verwenden kannst, was Du Dir daraus vorstellen kannst.) –

Vieles, was mir durch den Kopf gegangen ist, woran ich gedacht habe, enthält dieser Brief gar nicht. (Alles nur Versuche). (Ich denke auch schon, ihn gar nicht zu schicken, was kannst Du damit tatsächlich anfangen?) (Aber ich habe ihn ja zu Dir geschrieben.)

Es hat hier schöne Augenblicke gegeben: abends, am 2. Weihnachtstag (2 Eier in die Pfanne, gebraten, Käse und Sardinen, Brot, etwas Rotwein/am Nachmittag kaufte ich mir noch einmal 5 Liter, sie saßen wieder in der Hütte), im Haus war alles still, gehen früh schlafen, stehen früh auf, fühlte ich mich wohl, im Sessel sitzend und lesen, in der Wärme, im warmen Zimmer, in der Stille./(Ich dachte, daß doch fast alles von einem negativen Punkt her gesehen wird, von Not, Zwängen, Notwendigkeiten, von der Reparaturbedürftigkeit des Körpers, der Seele, alle Untersuchungen, alles Herausfinden: entsteht doch aus einem Mangel, seltsamer Planet, auf dem Leben so eingerichtet ist, armseliger Planet, grob, rauh, zwanghaft, schuften, wie wenig Entspannung dagegen, die weiter reicht als ein Moment)/(aber dann ließ ich mich zurück in den Sessel fallen, saß da, es war angenehm)/las weiter: „Die Worte sind nicht nur in unserem Mund. Sie sind schon wie ein Schleim in unserer Seele" (das kannte ich)./Ich las über die Seiten, auf denen Musik beschrieben wird, ich versank in eine Tagträumerische Stimmung: viele längst von mir nicht mehr gehörte Musik tauchte auf, vor 10, 11 Jahren, in einem engen Dachzimmer, in dem im Sommer immer die Margarine wegfloß, so daß ich sie in einen Topf Wasser stellte, was wenig half, oder im Winter (es wurde sogar noch Sonntags gearbeitet, nachmittags, von 3 bis 6 Uhr waren die Läden auf, und lange Samstage, dauernd Arbeit, und dann haste schäbige 45 DM Weihnachtsgeld gekriegt, zum Verfluchen, da habe ich viel Musik gehört, Archiv-Platten, kaufte mir einige, knapste herum, aß wenig, saß abends in dem engen Zimmer und hörte italienische, französische 16, 17. Jahrhundert-Musik (unsinnige Ramponierungen sind seitdem passiert, aus Unkenntnis, aus einer falschen Einstellung, aus Hilflosigkeit, oder Abweichungen, Umwege – mir scheint der Aufenthalt hier in Italien ist auch ein Umweg: Du hast es damals, ehe ich wußte, daß ich überhaupt hierherkommen könnte oder würde, einmal gesagt: zu einfach, nur ein Aufschieben, ein Verzögern, das man mir bezahlt, ein „Bildungsaufenthalt"? ein Arbeitsaufenthalt? wie denn, unter solchen Umständen, und 10 Monate, was kann sich da setzen, niederschlagen, verändern? Und dann Italien? Soviel überflüssige Gedanken und Auseinandersetzungen mit diesem Land, mit seinen Ruinen, soviel Verschwendung, die hier betrieben worden ist, sinnlos, überflüssig im schlechten Sinn), arbeiten, an einem bestimmten begrenzten Feld, an einem Ort, das ist es, „Welterfahrung"? ist das so differenziert? was geben einem tatsächlich die Grotesken und Verzerrten

435

Kuriositäten eines Landes? Sie erscheinen mir wie Knollen, Auswüchse, Verbiegungen – so bin ich durch Paris gegangen, so bin ich durch London gegangen, so bin ich durch Berlin gegangen, so bin ich durch Wien gegangen, durch Graz, durch Klagenfurt, durch München, durch Frankfurt, durch Hamburg, (ich nehme Amsterdam aus, wieso? Eine Stadt, in der ich kaum Abfälle sah, nicht vergammelt, wenig Verkehr, schon wegen der engen schmalen Straßen an den Kanälen, und die nördlichen Städte kenne ich nicht) – die Selbstverständlichkeit eines Touristen ist mir verhaßt: ihre glotzenden Augen, ihre Buß-Gemeinschaften, ihre Hotelzwänge, ihre glotzende Einstellung zur Umwelt, die noch die letzte umgekippte Mülltonne bewundert „Ausland". – Also Musik, imaginäre, die ich hörte, lange zurückliegende – und ich hörte nicht auf, weiterzulesen: Norden, ohne viel Menschen, Gelegenheit seine Gedanken und Reflexionen zu formulieren (das ist doch nachdenkenswert: daß es dort passiert im Süden haarige Bäume und Heiterkeit über steinigem Land) legte Holz nach, Kohle nach, – lies einmal 10 Seiten im Fluß, 1. Teil, Seite 473 bis 481, ein lustiges und trauriges und lustiges Porträt eines Arztes, man lacht dabei, man heult dabei, es ist so menschlich blöde und verständlich, dieser Arzt, der sich mit seiner weitverzweigten Praxis herumschlägt, der kein Glück hat mit seinem angeschafften Motorboot, der auf eine Dame trifft, die er gut und zuvorkommend behandeln möchte, die unbedingt zu einem bestimmten Zeitpunkt wieder in der Großstadt sein muß, von ihrem Mann erwartet, und dann geht natürlich auf dem Motorboot des Arztes alles schief – Musik: Buxtehude, Joequin (?): wer ist das? Kennst Du seine Musik? Und Buxtehude? Der Bach beeinflußt hat, möglicherweise ihm in die Partituren geschrieben hat? (siehe Jahnn, Fluß, Mittelteil, 1. Band S. 492, 493, „Polterfugen Vinzent Lübecks"? – plötzlich kam ich wieder auf Tabulaturmusik – grob und raffiniert – und ich las weiter, in den Sessel gerutscht, „daß die Musik uns wie ein schwarzer Samt umgibt":las ich – und mir fiel Dein schwarzes Samtkleid ein, das Dir gut steht und in dem Du schön aussiehst zu Deiner blassen Haut, oder mir kam das blaue englische Samtkleid in den Kopf, ich sah Dich darin mit dem kopierten Elisabethanischen Kragen, ich roch Deine Haut, die nach Seife roch, und der Samt war weich – vieles kommt mir so fern vor und wieder erstrebenswert, und vieles ist einfach verloren, vorbei – „die Schwermut tropft von ihren Händen wie von denen aller anderen, die die menschliche Welt betrachten" (S. 493), etwas verschnörkelt ausgedrückt, aber ich kann es sehen – und dann Ausführungen über die Musik Bachs (die Du doch besser kennst als ich), S. 494 – und mir fiel der Abend wieder ein, als ich zu Dir ins Zimmer kam, das warm war, angenehm, und in dem die Musik spielte, die Brandenburgischen Konzerte, und daß ich dort saß und zuhörte und dann den Eisläufer sah, beim 5. Konzert, wie er vor sich hinglitt, in weichen genauen Bögen, in sich versunken, und daß ich dort saß und weinte – wieso?:„es hat mich ergriffen und geschüttelt vor Traurigkeit über den zerrütteten Wahnsinn", könnte ich sagen – eine Versunkenheit, die ich begriff, kein Sich-mehr-Kümmern-müssen um formale Sachen, um Aufträge, ein Aus-sich-Herausgehen, eine Selbstversunkenheit – kein Zwang, keine Notwendigkeit mehr, nachdem 4 Pflichtküren gemacht worden sind, und die 6. Pflichtkür drangehängt – in dem Moment habe ich bestimmt gelebt und war anwesend, seltsam und verwirrend für mich, das zu sehen (ich saß zurückgerutscht in dem Sessel, es war spät in der Nacht)/ – Wer ist man denn?:verwöhnt in der Ausbildung, im Geschmack, im Wissen, in der Sensibilität, im Zusammenstellen und Verbinden ist man auf der Schule von keinem Lehrer (ich jedenfalls nicht), so wächst man heran mit dem mittelmäßigen Dreck, den mittelmäßigen Ansichten im Kopf, den mittelmäßigen Einstellungen – die Geschichte meines Bewußtseins? Ich kann nur der kaputten Erziehung fluchen. (Eine Erziehung durch Verführungen, Enttäuschungen, Zwänge, Notwendigkeiten, was ist denn das für eine Erziehung?) (Die kann man auf den Schrotthaufen werfen. Und sie passiert weiter und weiter.) (Ist abendländische Kultur!)/Da saß ich, träumte, fluchte, freute mich, weiter.

Regen plätschert hell und dunkel in der Regenrinne und im Abflußrohr jetzt mitten in der Nacht. Der Helligkeitsgrad des elektrischen Lichts schwankt von Zeit zu Zeit, mal mehr, mal weniger (gestern Nacht ging es einmal ganz weg für eine kurze Zeit)./Morgen fahre ich zurück nach Rom: zu der Stadt fällt mir ein Eindruck aus der Zeit kurz vor Weihnachten ein, als ich am Platz Bologna herumging, abends, 6 Uhr, Hauptgeschäftszeit, und wie sie dort das Kaufhaus Upim schlossen, weil sie streikten (irgendwas streikt in Rom immer), da war das Eisengitter vor dem breiten Eingang heruntergelassen, nur noch eine Tür darin war offengehalten von einem Wächter, und herausdrängten sich die Klumpen von Menschen, schreiende Kinder, blöde Erwachsenengesichter, Kinderwagen, dumme Boutiquen-Dress-Mädchen, billige Putzfrauen, anspruchsvolle Angestellte, zogen in einer Prozession heraus aus den Ständen zwischen den Ladentischen, der ganze Schrott des Viertels, es war lustig und es war eklig zugleich. Und zwei Meter davor hockte ein Standinhaber und bot seine billigen Shawls und künstlichen Ledertaschen an. „Was ist los? Geschlossen?" – „Nein, Streik!" – „Streik?" – „Streik!" – „Ahso!" – Das war ein Gespräch, das ich dort hörte, als ich vorbeikam, blöde, unendlich träge und blöde und es macht zugleich so unsinnig wütend über diese blöden trägen Menschenmassen. (Das war eine Blitzlichtaufnahme aus Rom, Vorweihnachtszeit.) (Mich interessiert schon, was auf der Straße passiert, aber es macht nur leer, das sehe ich auch jetzt.) (Schon recht, sich nicht damit zu identifizieren. Die doofen, verblödeten Allgemeingesichter tun es in ihrer eigenen Blödheit und Stupidität sowieso nicht. Da wird man also laufend überrumpelt von einem unsinnigen menschlichen Empfinden.)

(Ich habe das Gefühl, daß ich hier, was ich in diesem Brief erwähnt habe und so flüchtig angerissen, viel genauer erklären und angeben muß, was ich im einzelnen damit meine und wie ich es sehe.) (Verdammt, sind die Menschen im Durchschnitt gesehen kaputt, alles Ruinen, wie der Zahnarzt mal sagte, als er in das Gebiß des Malers sah.)

:Warum regst Du Dich auf?:ja, warum rege ich mich auf. Jedes ist, wie es ist.

Könnte ich Dir jetzt eine zeitlang von dem gleichmäßig fließenden Geräusch des Regens in der Regenrinne schicken, hier einpacken, ich würde es gern tun, und ein Stück von dieser schwarzen Nacht und der Stille, etwas von dieser Wärme im Zimmer, von diesem Augenblick (ich tue es hiermit).

(:aufstehen, die Sachen zusammenräumen, viel zu spät).   D. R.

2. La Casa Baldi nel 1900.

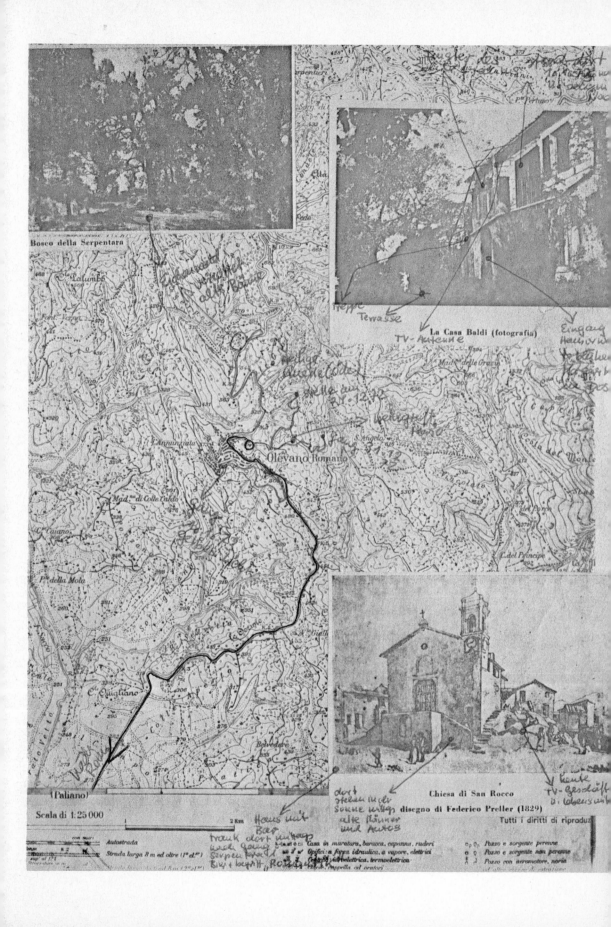

Bosco della Serpentara

La Casa Baldi (fotografia)

Olevano Romano

Scala di 1:25 000

(Paliano)

Chiesa di San Rocco
disegno di Federico Preller (1829)

Tutti i diritti di riprodu

Autostrada
Strada larga 8 m ed oltre (1ª cl.)

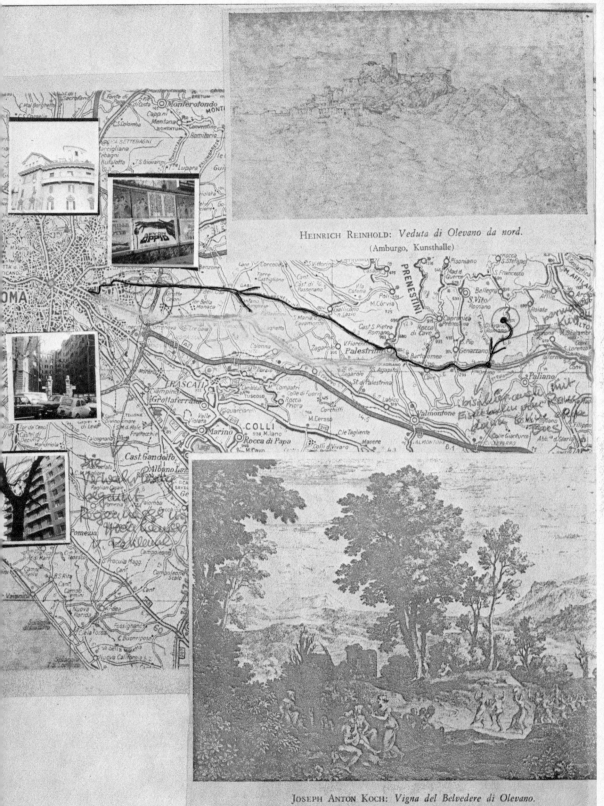

HEINRICH REINHOLD: *Veduta di Olevano da nord.*
(Amburgo, Kunsthalle)

JOSEPH ANTON KOCH: *Vigna del Belvedere di Olevano.*

Freitagnachmittag,
5. Januar 1973

Liebe Maleen,
wieder einmal alles ganz anders. Traf Born heute auf dem Kiesweg und erfuhr, daß er erst Mitte der kommenden Woche fährt, Mittwoch oder Donnerstag denn die Schule fängt erst am 10. Januar an.

Dann lege ich Dir eine Durchschrift meines Briefes an das Kultusministerium bei, wegen des Zuschusses, der Dich und Robert betrifft. Ü Auch lege ich 4 10-Tausend-Lire-Scheine bei, was etwa 200 DM sein müßten, so hast Du wenigstens erstmal das Mietgeld. Dann kriegst Du die 3 10-DM-Scheine zurück. (Ich schicke Dir mehr, sobald ich einen Überblick habe. Außerdem erhalte ich ja noch 200 DM vom Büro für diesen Monat./Dieses blödsinnige Geld bringt mich ganz durcheinander – und man wird dadurch in seinen Gedanken ziemlich belästigt. Ich erlebe das jetzt hier. Ich will mich aber dagegen wehren, daß dieser Aspekt zu sehr einengt. Der kann viel zu leicht ein schleichender Maßstab werden für die Einstellung zu sich selber und zur Umwelt. Dann wird es noch enger./) – Die Großmutter, wenn sie mir noch etwas nachträglich geben will, soll es schicken, per Post. Du kannst es ihr ja schreiben, telegrafisch, nach Köln, wo Du es jenachdem, weiter aufheben kannst! (Das sag ihr./Tatsächlich, ich bin konfus. Merke ich gerade.)

Die Konfusität hat gestern nacht oder heute morgen eingesetzt, und sie ist eigentlich mit der Rückkehr nach Rom aus dem Bergnest angefangen.

Jetzt schwanke ich im Moment, ob ich tatsächlich nächste Woche nach Köln kommen soll (möchte) oder zurückfahre für den Januarrest nach Olevano.

Warum schwanke ich? – Keine Vorstellung, die ich Dir gestern Nacht am Telefon sagte, ist dadurch widerrufen. Ich würde gern Dich wiedersehen und ich würde gern Robert wiedersehen und mit ihm einen Nachmittag herumwandern, das Geschenk kaufen, ebenso wie ich das Zimmer streichen würde (möchte) und mit Dir schlafen möchte und mit Dir ausgehen möchte einen Abend, zwei Abende. Und das Hörspiel schreiben muß (will).

Warum denke ich daran, nach Olevano zurück zu gehen? Eine Reihe von Sachen, die ich mir vorgenommen habe, für den Aufenthalt dort, sind von mir nicht geschafft worden. (Eine Reihe von Sachen, die ich hier in Rom beginnen wollte, sind nicht einmal von mir angefangen worden. Sie stecken noch in den Plastiktüten als Zettel und Notizen.) – Eine Reihe von alltäglichen Umstellungen, die ich mir für mich vorgenommen habe, sind von mir nicht beachtet worden. Dazu gehört die Umstellung von einem Aufbleiben bis spät in die Nacht und einem späten Aufstehen am Vormittag auf ein frühes Zu-Bett-Gehen und ein frühes Aufstehen. (Und das könnte mir am ehesten in einer armseligen, wenig aufgestörten Umgebung gelingen. Auch das Einstellen des Zigarettenrauchens.) – Also, eine Klarheit und Genauigkeit in meinen Tag bringen, und nicht das Ausufernde, das mich umgibt und dem ich nachgebe. Das verwirrt mich selber – so stecke ich jetzt wieder in einem Zwiespalt.

Sollte ich also die Vorhaben aufstecken, alles weitermachen wie bisher? Und das Beste dann daraus machen, indem ich weitermache? – Oder sollte ich eine Art „kalter Entziehungskur" = ohne Hilfen, ohne Unterstützungen machen? Ohne Krücken? – Daß ich Dich und daß ich Robert dabei, diesen Versuchen und Ansätzen oft gestört habe, weiß ich und engt mich zugleich ein, was habt Ihr damit zu tun? Es sind nur Störungen. – Andrerseits, wohin hätte ich gehen können, um diese Sachen zu versuchen? Oder wenigstens einmal zu sehen? Da war ja nur die Wohnung. Und sie hatte ich für mich kahl und karg gemacht. Warum habe ich die Gelegenheit wahrgenommen, als ich hörte, daß B. nach Deutschland fährt, meinen Plan zurückzukehren nach Olevano, kaum daß ich abends hier in Rom und besonders in der Villa Massimo wieder war, aufzugeben? Was steckt dahinter?

Eine Unsicherheit gewiß auch. Die Unsicherheit, hier zu leben, zu wohnen, zu nichts zu kommen, keinen Raum zu haben, in dem ich es aushalten kann, gestört von einer flauen Umgebung und bombardiert von den winzigen aber unzähligen Reizen, die alle leer sind, der Stadtumgebung, die tatsächlich mich konfus macht und meine Pläne immer wieder latent durchkreuzt mit allerlei blinden faulen Ködern, essen zu gehen, die staubigen Straßen häßlich zu finden, aufgestört durch den Lärm (Flugzeuge und Autos), verführt von einigem banalen Gerede, um das man doch nicht hier herumkommt, es ist eben ein abgeschlossener Bezirk. – Und dann kommt noch dazu, daß ich mich entscheiden muß, wohin ich mich nach Rom wenden will, was ich danach tun möchte. – Und es kommt dazu der Stapel Arbeit hier, der in der Ecke liegen geblieben ist. (Nicht einmal die Notizen für ein Buch habe ich übertragen, und nicht einmal die Abfolge der verschiedenen Ereignisse der vergangenen 10 Jahre in Köln, diese vielen Details, die ich erfragt habe, sind von mir übertragen worden, bezw. halbwegs so aufgeschrieben, daß ich sie benutzen könnte. Das wäre eine Arbeit hier. – Sie läuft neben den Kämpfen mit mir selber her und drückt, weil ich sie nicht angefangen habe, sondern lang erst einmal die Umgebung erkundet – für später? Material? Ach, da bin ich noch viel zu zaghaft gewesen, verdammter Mist! – Du kannst sehen, daß ich auch in einer Reihe von Liegengebliebenem stecke, nicht unähnlich wie Du, und auch was eine Lektüre anbelangt. – Und die Zeit geht jeden Tag weg. – Da gebe ich es schon an einigen Tagen oft auf.) – Und ich frage mich jetzt, da ich Dir und mir selber einige Motive angegeben habe, ob nicht der Aufenthalt in Köln wieder ein Neues Hinauszögern für mich wäre – trotz der starken Motivation, Euch zu besuchen? – Sollte ich nicht mit einer bestimmten Arbeit zurück in das Haus nach Olevano gehen, sie dort zu erledigen (für mich) suchen? Kein Mensch ist dort, kaum etwas zum Reden und die Zeit ist dort viel länger – ein Tag ist sehr lang dort – und ein Abend auch. Sollte ich nicht dort jetzt, um diese Jahreszeit, die eigentlich wenig verführt zu Ferienstimmung, mit Heizproblemen, Waschproblemen, Koch-Problemen, also reale Anstrengung auch erfordert, mich aufhalten – später, in der Wärme, werden es Ferien gewiß. Und die Stille ist auch dann gemildert, und jeder möchte dorthin, was verständlich ist. Was meinst Du?

Und ist es nicht auch so, daß jeder dem anderen nicht noch wieder Zeit für sich selber überlassen sollte, denn manche Einstellungen deuten sich ja erst an? Und es wäre auch etwas Störung, Deine Arbeit betreffend, vielleicht nicht viel, doch einiges, was geteilt wird. – Und kann man es nicht so sehen, daß Du in aller Lässigkeit, die Du dafür aufbringen kannst, dieses Semester für Dich beendest, die angefangene Arbeit ein Stückchen für Dich selber noch vorantreibst, bis Du im März, irgendwann dort, kommst, wann es Dir selber dafür paßt? (Das Streichen des Zimmers bei R. kann warten, nachdem ich es sowieso so lange versäumt habe und rumsaß, hin und her. Es ist ja von mir aus jetzt, da ich es mir klar mache, nicht aufgeschoben. Kein angenehmes Detail, was wir besprachen am Telefon.) – So zögere und schwanke ich zwischen dem Impuls zu kommen, dem Impuls nochmals wieder aus Rom für 14 Tage, 3 Wochen fortzugehen und allein zu leben, zu arbeiten – nachdem ich die Gegend, den Ort erkundet habe und die Bedingungen weiß – das sind die Karten, die ich jetzt auf den imaginären Tisch lege. – Nochmals alles umstoßen? Neu ordnen, wieder versuchen. (Ich bin mit mir selber nicht zufrieden, und das wirkt sich auch aus auf die Produktivität, die stillgelegt ist, oder die sich immer vorgestellten Anfängen nähert, eine Arbeit zu beginnen, die mich längere Zeit festhält und mich selber herausforderte – aber erst mal sind da noch eine Menge Vorarbeiten – während zugleich eine große Anzahl Einfälle, was ich möchte und wie ich das möchte, z. B. bei einer größeren Arbeit, mir kommen – ich sie flüchtig notiere, dann einige Tage, Wochen, später mühsam sie mir in Erinnerung wieder rufen müßte – einiges ist brauchbar, anderes nicht – aber das müßte ich

442

erst einmal sammeln, sichtbar machen, mir selber zur Verfügung stellen – im Überblick. – Gesammelt, habe ich im letzten Jahr und davor genug. Ich muß und will an meine Erfahrungen kommen, und die guten Erfahrungen, angenehmen Erfahrungen, mit Orten, Menschen klar sehen. Und auch das andere. – Mist, ist das ein Labyrinth. Und dann vergißt man einfach vieles wieder. Nochmals mistig.)

So, in diesem Zustand des Gedankens, der gar nicht produktiv ist und mich vor eine Entscheidung stellt, sitze ich hier, während es draußen bereits dunkel geworden ist, ich gleich aufstehen muß, einige Sachen zum Essen einzukaufen, denn morgen ist wieder ein Feiertag hier, Epiphanie, und die Geschäfte sind zu. Und die Briefe müssen herauskommen, noch heute weg.

Ich steh jetzt auf und geh, zu dem blöden Platz Bologna, zur Post, zum Schreibwarenladen, Papier zu holen und ein neues Farbband, dann Waschpulver und eine Schuhputzbürste, heute abend muß ich Wäsche waschen. Und die Entscheidung schiebe ich raus? – Wäre wirklich 14 Tage in Köln gut? Vieles spricht dafür. Auch spricht vieles dafür, nochmals in die Berge zu gehen, nochmals mich zu ordnen, ohne Einmischung, ohne diese faulen Reize. (Und das Zimmer ist dort erträglich und angenehm zum Arbeiten, die Hygieneprobleme und Eßprobleme treten dort allerdings verstärkt auf.) – Oder Abstand von Rom durch Köln? Den Besuch dort? – Im Grunde möchte ich, will ich eine Ecke haben, wo ich arbeiten kann, wo ich hineinkommen kann in eine gleichmäßige Arbeit, die sich angehäuft hat. (Es geht Dir ja ähnlich, nur daß Du bereits ein Gerüst hast, nachdem sich doch einiges ordnet, auch für Dich, den Tagesrhythmus. Aber auch den gedanklichen Rhythmus, trotz der anfallenden noch nicht eingefügten Einzelheiten. Und dazu kommt daß Du einen sicheren Schritt gemacht hast, so sieht das jedenfalls aus von außen. Dieser sichere Schritt, die Tatsache ist jetzt jedenfalls noch umso vieles wichtiger als ein Ergebnis. Die Tatsache, daß der Schritt, die Bewegung erfolgt ist. Dahin möchte ich auch bereits gekommen sein.)

Schnell noch ein Zitat, das ich auf der letzten Seite gestern bei Jahn gefunden habe und das mir etwas (als eine Einstellung) gesagt hat:

„Nur in der alten Verschwörung sicher werden, unsere Zeit, die uns zugemessene Zeit hinnehmen wie das tägliche Brot. Kleine Aufgaben unvollkommen lösen. Zu Tieren gut sein. Die Menschen gewähren lassen, weil es keinen Fortschritt gibt."

Du kannst Dich auf die Platte freuen. Ich freue mich darüber, daß ich sie für Dich und Dein Ohr gefunden habe.

Sei lieb gegrüßt

(Sonntagabend, 7. Jan. 73: Die Welt, die Verbesserung des Planeten, die Verbesserung der Menschheit, die Behebung der Schäden, die allgemeine Gleichheit der Menschen, die Ausgewogenheit jedes Einzelnen als –: Ribonukleinsäurespritzen, als Ribonukleinproblem, als Experiment mit Ribonukleinkur, als wissenschaftliches Experiment mit Ribonukleinsäure, als Eiweiß-Aufbauproblem, als Eiweißzuführung, als Doktor-Arbeit, als Examensarbeit, als zweite Diplom-Arbeit, so stellt man sich das Weltproblem vor, so stellt man sich die Hoffnung auf Lösung persönlicher Probleme vor, so heißt der Köder eines medizinischen Fachgebietes, also: das Paradies, die Befreiung, die Vielfältigkeit, das Hinwegfegen der sozialen elenden Probleme, kurz: das Menschheitsproblem, das menschliche Dasein, am Ende des 20. Jahrhunderts, nach 10 Tausend Jahren menschlichen Erschreckens, hier zu leben, auf diesem Planeten, unter diesen Bedingungen, – die Hoffnung, der Trost, die Erwartung, die Lösung eines menschlichen Problems, Ribonukleinsäure, die

Weltformel, – es ist etwas Schäbiges um solchen Trost, solche Hoffnung, etwas ärgerlich Hybrides, etwas wahnsinnshaftes Verklärtes, etwas modernes Medizinisches: als ob Menschenleben eine Frage von klinischen Versuchen sei, – „ich möchte mich entschuldigen für den Blödsinn, den ich Dir eben zugeschoben habe!" klingelte das Telefon, eine weibliche Stimme aus Köln am Rhein zu Rom am toten Tiber, zwei tote Flüsse an zwei halbtoten Städten, dabei hatte ich das Schimpfwort Blödmann gar nicht gehört, war sofort vergessen, noch ehe es ausgesprochen worden ist in Köln, ich hörte die Hoffnung auf Ribonukleinsäure, das flüsternde latente Gespräch, die leichthin gesagte Bemerkung eines Arztes, die wiederholt wurde – und mich packte eine unbändige Wut: das war also die Lösung, diese Reduzierung, diese Spritze als Krücke, man braucht sie bloß in weltweitem Maßstab anwenden, und sofort sprießt eine Generation später der allgemeine Garten Eden hervor, vielleicht auch erst nach 2 Generationen, man wird sehen, die Lösung, die Hoffnung, das Chemische Ausgewogene ist gefunden: ein „Bandwurm der guten Hoffnung". eine Neue Frohe Botschaft zu Anfang des Neuen Guten Jahres, ein Gehirnfieber, eine versteckte Andeutung, ein mechanisches Formular/toter Sex sickert durch die Kanäle, tote Frauen reden mit toten Männern, tote gespenstische Gesten erfüllen die Gegenwart, tote Diskussionen und Erörterungen, aber der Scheißhaufen, der draußen dampft, die elenden krankmachenden Müllsäcke, die allseits fröhlichen Karzinome, die wie ein Telegrammbote vor den Wohnungstüren stehen, was ist damit? Was ist mit den kaputten Bäumen und Pflanzen, auf die jeder sieht, was ist mit den schwarzen verstaubten Ästen, die dreckige Früchte aus Packpapier und Zigarettenschachteln und Plastiktüten in ihren nackten hochgeschossenen Fingern haben gegen einen bleichen winterlichen Nachmittagshimmel, was ist mit dem sumpfig-gewordenen Sex, den ängstlichen verhinderten Erektionen, was ist mit der Unlust, was ist mit dem Gestank, was ist mit dem tagelang bleichen Himmel, was ist mit den ausgestorbenen Tierarten, was ist mit den verkrüppelten Gesten beim Essen, während man einander gegenüber sitzt, was ist mit den überflüssigen Referaten, was ist mit der blödsinnigen Notwendigkeit zu reden, was ist mit der Sack-abschleifenden Gehirnseuche der Zweifel, was ist mit den kratzenden Geräuschen im Blau eines Vormittagshimmels, was ist mit dieser Tiergesellschaft?/„:ich möchte mich entschuldigen, daß ich Blödmann sagte!":das war für mich tatsächlich zuviel, als wäre es mir darum gegangen, daß jemand zu mir, Du, Blödmann gesagt hatte/:wer geht hier auf Krücken? Deine Krücke, liebe Maleen, benötige ich nicht, ich benötige Dich nicht als Krücke, ich bin der Meinung gewesen, es wäre um ein wohl-differenziertes, wohl-relativiertes Detail gegangen, um einen Punkt unter einer Masse von Faktoren, die jedes einzelne Menschliche Dasein ausmachen, als die Tatsache, daß zwei Leute an verschiedenen Orten durch ein Telefon verbunden miteinander sprechen/:wütend, verärgert, und dann sehr lässig: „dann haben wir uns nichts zu sagen!"/„Ich habe gesagt, daß mir jedes Experiment, das ich mit mir mache, interessant erscheint." Und ich fragte: „Und warum? Um des Experimentes willen?" – „Ja." – „Dann haben wir uns nichts mehr zu sagen." Denn so eine doofe Antwort, auf eine abtastende, vorsichtige Frage, wohin dieses Experiment 5 Spritzen Ribonukleinsäure bei einem nicht kranken Menschen gehen soll, welche Erwartungen er, dieser gesunde Mensch daran knüpft, mir zu beantworten, überhaupt zu beantworten, mit „um des Experiments willen": da kann ich nur noch den Telefonhörer auflegen, nach den ganzen Versuchen zu sprechen, nach meinen Entblößungen, nach meiner Bereitschaft, einen Weg für einige Meter weiterzugehen, „um des Experiments willen"? Ich würde eher meinen, um den lastenden Druck, die armselige Notwendigkeit, die Anhäufung psychischen Schrotts im Kopf in Form von Wörtern, Meinungen, Begriffen, Glauben, Hoffnungen, Erwartungen, zu verringern./Es ist bereits so geworden, daß ein Sprechen, ein Zusammentreffen mit Menschen schmerzlich geworden ist: soweit ist die Misere gediehen, „um des Experiments willen", könnte höhnisch die unsichtbare Gegenseite die unsichtbaren Gegenspieler des Menschen sagen. – Das klingt nach finsterem Mystizismus: eigenartig nur, daß Aufklärung, alle Erfindungen, jede Technik dennoch

444

nicht grundlegend etwas geändert hat. Warum nicht? Wieso sieht jeder Ort so finster, verwahrlost, kaputt, erledigt aus? Dabei ist doch alles anscheinend wissenschaftlich-technisch in Ordnung! Wieso, warum dann die Tatsachen der Verwahrlosung, der Verrottung? Jeder hat seine Meinung, jeder hat seine Einstellung, jeder glaubt an irgendein Detail, das er begriffen hat, also ist doch alles in Ordnung! Oder? Was ist los mit den Details? Was ist los mit der Technik? Was ist los mit den Menschen überall?/Man kann nach Honolulu gehen oder Hawaii oder Tanger oder Rom oder Köln oder Stalingrad: was ist überall los? Wieso diese Wrack-Stimmung? Wieso dieses Sich-Klammern an Frohe Botschaften? – Vitalität? :Daß ich nicht lache! Angst, ist es, Angst vor Schwänzen, Angst vor Fotzen, Angst vor Sex, Angst vor einem anderen, nur noch in Autos ficken, in Seitenstraßen, an Friedhofsmauern, im Dunkeln, selbst wenn das Zimmerlicht an ist, in flüchtigen Hotelbetten, auf Reisen – und dann trinkt man, prostet sich zu, erzählt sich Anekdoten, zeigt seinen Schmuck. Was ist denn los?/–:dagegen erheben sich wissenschaftliche Erkenntnisse, einzelne Details, und daran knüpfen sich wieder ganze Gruppen, soziale Schichten, Unglückliche, psychische Verstümmelte./"Sie sehen das zu global!" – Ahso, ich sollte das individuell sehen?:was kommt denn beim Einzelnen hervor? Das Individuelle, daß ich nicht lache, höhnisch, wie zeigt sich das Individuelle? In Form von Variationen bestehender Ordnungen und Wertmaßstäben! Individuell! Das sehe ich nicht, da müßte erstmal der Anspruch erhoben werden in Einklang mit dem seltsamen unfaßbaren inneren Wesen, das jeder ist. – Schon flüchten sie wieder in Wörter und Formulierungen./Ende eines Telefongespräches von Rom nach Köln, in der Nacht./„Jetzt leg Du mal Deine Karten auf den Tisch!":Wer bist Du? Was willst Du? Liebst Du die Gegenwart nur in Form von Postkartenansichten? „Wie schön!"/:diese miesen nachcolorierten, von Wunschdenken nachcolorierten Ansichtskarten des Bewußtseins: von schönen Wörtern nachcolorierten Ansichtskarten und Fotos des Bewußtseins, was habe ich noch damit zu tun? Nichts, nichts, aber gar nichts./Hier ist das, was ich heute abend in einem öffentlichen Restaurant in Rom sah und notierte:)

viel später, und nach dem ganzen Hin und Her der Telefonate, kann ich nur sagen, daß ich keinen Sinn mehr darin sehe, Dir länger etwas aufzuschreiben und zu berichten. Wozu? Und was hilft es? Und wem? Dir? Mir? Dieser lange Brief ist ebenso überflüssig wie das meiste andere. Ich gebs hier auf.

Dienstag, 9. Januar 73

Liebe Maleen,

heute, mittags, scheint viel Sonne, die Luft ist kalt und klar, kühl, ein fast winterlicher blauer glatter Himmel.

Ich habe gut geschlafen, ich hoffe, Du hast auch gut geschlafen):bei diesem Gedanken jagte ein Flugzeug silbrig über das eingemauerte Gelände hier.

Heute abend fährt Nicolas Born nach Deutschland, ich fahre also nicht mit, wie wir ausgemacht haben, aus den vernünftigen Gründen, die wir beide kennen.

Damit bleibt das weitere Abkommen auch stehen: Dein Besuch und Roberts Besuch Mitte März, für den ich Euch jetzt angemeldet habe.

(Eine Kopie des Schreibens der Direktion hier an das Land NRW wegen Deines Geldes lege ich bei./Die Nachzahlung ist so gut wie sicher. – Und Du kannst ja davon vielleicht das Fluggeld 500 bei Seite legen./Ich möchte auf keinen Fall, daß Du davon etwas nach hier sendest, wie Du es machtest mit dem geringen Honorar, das dann sowieso zurückging./Ab

Februar erhieltest Du dann in Köln die monatliche Beihilfe von 512,50 DM als festen Betrag. – Und eben zwischendurch die Nachzahlung von Oktober 72 an, bis Dezember, nur ohne die 200 Mietgeld, die ich ja von hier schickte./Das Geldproblem macht mich, sobald ich darauf komme, sehr wirr, vor allem, weil es immer so geringe und unregelmäßige Summen sind./Mal sehen, was die Sache mit dem Telefonieren ergibt, welches Gespenster-Post-Ei dort ausgebrütet wird. Das ist aber mein Problem hier, kann Dich gar nicht kümmern, dann muß ich eben hier mit Schulden weggehen. Das ist auch eine witzige Seite. Wie die witzige Sache mit den vorgestellten Attesten, die sagen würden, daß man psychisch hier in Rom, in der Villa Massimo krank geworden sei, und daher Schadenersatz fordere./ Ich schreibe Dir das hier, ohne daß Du Dich darum natürlich überhaupt nicht zu kümmern brauchst, mit keinem Gedanken. Die verwendest Du ja ohnehin auf Interessanteres dort bei Dir. Versuche nur etwas mit den nun einlaufenden klaren Summen zu kalkulieren, soweit das möglich ist, Stipendium, Mietgeld, Unterhaltskostenzuschuß durch NRW.)

Was Du gestern Nacht am Telefon erzähltest hinsichtlich Deiner Schwestern, ihren Problemen mit der bigott gewordenen Mutter in Gütersloh, die damals Dir die Lust an Körperlicher Zärtlichkeit verjagen wollte und wie ein Wächter unseren simplen neugierigen, auch unbeholfenen und verwirrenden und heftigen Kontakt zu stören suchte

(mir fällt dazu ein, das ganz und gar unsichere Verhalten von mir gegenüber den allgemeinen verblödenden konventionellen Riten, die ich wohl in einer stumpfen und grotesken Verzerrung einzuhalten versuchte, etwa jener Besuch an einem Sonntag bei Deinen Eltern in Gütersloh/und ganz davon abgesetzt eine abendliche Rückfahrt nach Köln mit Dir, allein in einem verdunkelten Abteil, draußen sprühten Hochöfen und schwarze rußige Eisenkonstruktionen standen herum, während wir koitierten/:beide Momente passen doch gar nicht zueinander, wie man jetzt sehen kann:der unsinnige Versuch einem allgemeinen Ritus nachzukommen, was ich hätte strikt und sicherer, selbstbewußter hätte sein lassen sollen, und so eine Fahrt mit der Eisenbahn nachts in dem Abteil)

und dann Deine Einstellung dazu, auch vor den Schwestern, die Dich ja immer etwas bevormunden wollten oder Deine letztlich brave, vor dem Hintergrund der Wohnung in Gütersloh, der Figur der Mutter in Gütersloh, die Dich ziemlich für sich in ein Dir wohl eher hinderliches Vertrauen zog, Verhaltensweise ein wenig konventionell und dumm genommen haben, und daß sie jetzt sehen, wie Du Dich und Dein Leben durchgesetzt hast und eine, vielleicht schwierige, aber doch sicher eine Freiheit vor den Verhältnissen und den darin enthaltenen Werten erlangt hast, zu erlangen suchst, Dir genommen hast.

Das zu sehen, in kurzen Bruchstücken, fand ich interessant. (Und hat mir auch etwas von Dir gesagt, von Teilen, die Du ja nie geäußert hast, vorgezeigt hast, die immer in einer Stille in Dir waren – nämlich Dein ziemliches störrisches Rebellieren gegen Zwänge, Einschränkungen, egal in welchen Zusammenhängen sie aufgetreten sind, während Du dabei in der konventionellsten Stimme, im konventionellsten Tonfall etwas sagen konntest. Das ist, begreife ich plötzlich, ja nicht nur störrisch, es ist ja ein starkes Beharren auf Dich selbst, etwas rauh, etwas unwirtlich für jemanden wie mich, der von sanfteren Möglichkeiten träumt, hemmungsloseren, und zugleich fasziniert ist von dem Rauhen, Unwirtlichen. Dabei komme ich möglicherweise eher an Hemmungsschwellen, nach denen es bei mir lautlos wird und verträumt./Es sind nützliche Versuche und Unternehmungen, größere Teile von sich verstehen zu wollen, und dabei stößt man – wenn man die eigene Zeitspur („time track" – wie R. Hubbard das nennt, und wie prompt W. Burroughs das verwendet, ist ein sehr exakter Begriff) entlanggeht, – auf eine Menge festgeklemmtes Gerümpel aus der Vergangenheit, das in der direkten Gegenwart einen meistens hindert und immer wieder in dieselbe Kollision mit der Umwelt bringt, was ich an mir immer wieder erleben kann – und es ist ja auch der Versuch, nicht nur sich selbst besser verstehen zu wollen, sondern auch die in der Vergangenheit festgeklemmten Energien zu befreien und für sich in der Gegenwart nutzbar zu machen – eine verdammt schwierige Aufgabe und oft voller Schrecken. – Jedes beginnt wohl zuerst mit der Einstellung, daß es so gewesen ist, es nicht wahrhaben zu wollen, ich denke, das nennt man Verdrängung: diese Verdrängung beginnt mit der eigenen heimlichen Weigerung, die Fakten anzuerkennen, sie beginnt bereits dort in der eigenen Einstellung zu den Fakten und nicht erst mit dem Beiseiteschieben und Unkenntlichmachen einzelner Ereignisse – man kann zunächst nur sagen, ja, das ist der Fakt, und dies – ich komme immer wieder darauf zurück: die Tatsache, daß – ist zunächst grundsätzlich zu beachten, danach erst Interpretationen und Details und das Wertsystem, das Koordinatensystem von Zeit und Raum, in dem etwas geschehen ist für einen selber – Situationen, jedes Ereignis, jede winzigste kleinste Begebenheit, jeder Moment also in dem man sich bewegt: beruhen auf Ort, Zeit, Dingen, Menschen, Ideen – mit diesen 5 Einzelheiten kann man zunächst jede noch so verwirrende Situation, in der man steckt oder gesteckt hat, zerlegen und näher verständlich machen – was einige Arbeit ist, aber auch einige Lust bedeutet, aber auch einigen Schrecken, da man ja selber beteiligt gewesen ist. – Entschuldige diese Abschweifung, an der Dir vieles sicher schon vorher klar gewesen ist – aber mache einmal einen praktischen Versuch: überlege Dir eine für Dich verwickelte Situation, irgendeine – frage dann nach dem Ort, wo sie geschehen ist – mach Dir den Ort mit Dir darin klar – dann frage nach der Zeit – wann ist das geschehen (Tag, Monat, Jahreszeit, Stunde: ein Detail) – dann schau Dir die Dinge an dem betreffenden Ort, in der genauen Zeit an – dann sieh Dir die Menschen darin an – klar, genau – unter denen Du warst – dann kommen die Ideen, die geäußerten Werte, die dabei anwesend waren (Ziele, Absichten, Tendenzen, Erwartungen, Sehnsüchte, Programme – beginn bei einer Einzelheit) – – – jeder Punkt besitzt dann wieder viele Unterteilungen und exakte Einzelheiten – aber wenn man dann einiges zusammen hat, lichtet sich vieles, was einem selber unklar war ohne Mystizismus auf – neuerdings kommt auch noch zu den 5 angeführten Punkten wohl die Geschwindigkeit hinzu, in der eine Situation geschehen ist – und sie verändert auch – vor allem verhindert sie oft die Durchschaubarkeit von Absichten, Tendenzen, – aus einem Trauermarsch wird bei erhöhter Geschwindigkeit ein groteskes Musikstück. – – – Zurück zu der anfänglichen Bemerkung: das alles müßte Dich doch sicher machen, sicherer als vorher, in Deinen Wünschen, Deinen Variationen der Einsicht, Deinen Antrieben, Deinem Ausdruck (Ausdruck von Dir) – was steckt denn in einer Weigerung drin (in jeder Weigerung)?:doch das andere, nicht Mit-Geäußerte, vor dem man sich weigert – Passivität aber als Fortsetzung der Weigerung erwürgt einen dann selber, macht starr. – – – Vielleicht bist Du ganz einfach wie Du kompliziert bist. Jedenfalls bereit zu einer Menge mehr oder verschiedener Sachen, Deiner Einstellung nach, die ich oft in den letzten zwei Jahren flüchtig sah, wo ich zögerte. Gedanklich erlaubst Du ja für das Konkrete eine Menge mehr. – – – Ich begreife langsam, wie sehr Du sauer und wütend auf Einschränkungen reagieren mußt. Und jetzt ja auch willst. Und das ist erstaunlich für mich zu sehen. Manches macht mich daran verwirrt. Ich habe eigentlich nie darauf oft geachtet, immer beschäftigt mit meinen Plänen, und so sagte ich irgendetwas, was für Dich bereits als Einschränkung fern am Bewußtseinsrand bei Dir erschien. – – – So sehe ich es jetzt.)

Du hast soeben angerufen. Das Kind hat Hallo gesagt. Die Sonne scheint. Das Atelier in dem ich sitze hallt wieder vom Schreibmaschine schreiben. Das Hörspiel ist jetzt wohl tatsächlich dran. Fast hätte ich es fallen lassen. Obwohl mich das auch bedrückte. Ich muß es wohl einfach tun, „do it“, und dann sehen. Leicht ist sowas nicht. Und vor allem das Thema, wieder Tod, wieder Finster, wieder Stadt (die mich hier seit 10 Tagen erschöpft, verführt, konfus, blöde macht und belästigt, weswegen ich zurück in das Zimmer gehe.)

Gestern las ich bei Jean Paul in der Vorrede zur Unsichtbaren Loge:

447

„:findet auf diesem (von uns Erdball genannten) organischen Kügelchen, das mehr begraset als beblümet ist, die wenigen Blumen im Nebel, der um sie hängt – seid mit euren elysischen Träumen zu frieden und begehret ihre Erfüllung und Verkörperung (d. h. Verknöcherung) nicht; denn auf der Erde ist ein erfüllter Traum ohnehin bloß ein wiederholter“ (die Hervorhebung machte J. P.)

ich dachte, hier in dem zu großen Atelier sitzend, nach vergeblichen Anrufen, beim zweiten Mal Lesen dieses Satzes, daß ich immer, bei allem, unbedingt gerade diese Erfüllung und Verkörperung auf der Erde will, und also oft mit der sogenannten Verknöcherung kollidiere – und das ich auch mindestens eine zweite Wiederholung will, die Wiederholung meiner geträumten Vorstellungen über etwas, eine Einzelheit, einen Ort, einen Menschen, eine Situation. (Warum will ich die Wiederholung?:die Frage ist bestimmt wichtig. Wiederholung ist auch Dauer. Wenn etwas gut war, und wenn etwas schlecht war: für beides gibt es doch gute Gründe, etwas zu wiederholen – beim Negativen, dann war eben der träumerische Entwurf real und konkret für eine Situation durch die Situation, die Anwesenheiten nicht erfüllt, also noch einmal./Vielleicht ist das meine grundlegende „Unklugheit“ oder „Ungeschicklichkeit“.)

(:und ich mag wohl die Erde, ich habe keinen anderen Planeten zur Verfügung, und hier zu sein, auf diesem stacheligen Planeten, wo Tiere und Pflanzen Stacheln haben müssen, sogar Pflanzen! reicht mir – in jeder Hinsicht: negativ reicht es mir, positiv reicht es mir auch aus.)

Du kannst vielleicht aus alle den Briefen, den Karten, den angeschnittenen Themen und den Versuchen darin ersehen, woran ich arbeite und womit ich mich beschäftige und wodurch ich mich taste, schwerfällig, zögernd, sehr voll Zweifel – und eine Arbeit ist es in jedem Fall, aber auch noch viel zu unkonzentriert./Flüchtigkeitsfehler./Vielleicht ist das der Zweck meines Hierseins in Rom, über einige Details mir selber Klarheit zu verschaffen.

Noch etwas: Telefongespräche./Gestern, später, fiel mir der von A. Schmidt verwendete Begriff ein:

„längeres Gedankenspiel“, (das häufig bei Kindern, die allein und zuerst innerhalb einer Familie aufwachsen oder in einer abgelegenen Gegend wohnen, auftritt)

mir gefiel der Begriff, weil ich ihn eigentlich zutreffend empfinde, was meine eigene frühkindliche Herkunft betrifft: – in einem abgelegenen Haus aufgewachsen, außerhalb des kleinen Ortes, an einer Bahnstation, die „Falkenrott“ heißt – Falken rott: verrottete Falken? – und Spielkameraden gab es nicht, die sehe ich immer nur fern durch Wiesen laufen, denn ich bin zu jung, 3, 4 Jahre alt, und sitze also vormittags lange allein auf einer Steintreppe vor dem Haus und sehe in eine grüne Wiesengegend mit schwarzen Schuppen und Zäunen darin – oder lange Zeiten, in denen ich allein in der oberen Mietwohnung vormittags zubringe – was habe ich dort geträumt? (Die eigene Mutter ist ja kaum ein Spielersatz.)/Oder mir fällt das damals in Vlieland gebaute Sandlabyrinth ein am Strand, abgesetzt vom Meer, und in sich nach einiger Zeit verwirrend mit Ecken und Kanälen angelegt, ohne Verbindung zu den anrollenden Wellen, die Ausfahrt oder wie man es nennen könnte – erinnerst Du Dich? – Und dann bin ich tief erschrocken, über das was ich dort einige Zeit trödelnd und vergessen gegraben hatte – nämlich als ich sah, was das war, ziemlich labyrinthisch, wenig auf das Meer bezogen, die auslaufenden Wellen – der Schrecken ist deutlich gewesen, mehr ein Erschrecken, das sich auf die Umgebung bezog, das von der Umgebung oder in Brechung zur Umgebung, am Meer spielende Kinder, der Blick eines rational-sehenden Erwachsenen, die Reflexion auf eine mögliche konkrete Frage, was ist das? ausging –/ich habe immer darunter gelitten, daß alles, was einer macht, über den Leisten der sofortigen Nützlichkeit gezogen werden muß – überhaupt: daß die erste Einstellung von Menschen, egal worauf sie treffen, immer vom Nützlichkeitsaspekt, der sofortigen

Verwertung für Konkretes, aber nicht als Material zum Träumen und Weitergehen und Weiterentwickeln bestimmt ist – so sehen sie alles nur als Fressen an. Das ist ein Tierrudiment, das Tier steht ja unter der andauernden Anspannung der Nahrungsbeschaffung./ (Auch da mein Erschrecken, als ich es begriff, lange vorher, in Essen, Ruhr, eines Morgens, als ich schnell durch den Krupp-Park am Saalbau zur Berufsschule ging und einen Vogel in das Gras hacken sah: der Wahnsinn der Nahrungsbeschaffung, der Zwang, der in jedem Hacken, Picken, Hüpfer, Kopfwendung war – kein Entrinnen war daraus,:und das Erschrecken hat sich auch mit Grauen gemischt)/Immer wieder haben Menschen mich zu zerstören versucht durch ihre wahnwitzige Verwertungssucht, bis in die Träume und Gedanken wollten sie dringen, und haben mich nervös gemacht, aufgeschreckt, nicht in Ruhe gelassen. – Alles, was sie sprachen, taten, mußte einen Sinn haben, der der jeweiligen Verwertungsordnung unmittelbar entsprach – das war schon auf der Schule so, anstatt daß man dort wenigstens lernte um des Lernbaren und Wissenswerten willen, um den Drang nach Wissen zu befriedigen – erst dann kann man weiterkommen, wenn dieser Zwang zur sofortigen Verwertung fort ist.

Editorische Notiz

Das Originalmanuskript von „Rom, Blicke" wurde vom 14. Oktober 1972 bis 9. Januar 1973 geschrieben. Es umfaßt 448 nicht durchgehend paginierte in drei Heften geordnete DIN-A-4-Seiten.

Das erste Heft (179 Seiten) trägt das Etikett:

Rom 1. Heft
Samstag, 15. Oktober 1972 (20h59). Deutsche Akademie Villa Massimo
Largo di Villa Massimo 1–2,

das zweite Heft (S. 180–362) das Etikett:

Rom 2. Heft
Oktober, November 1972 (Forts.)
Dezember
Villa Massimo, Academia Tedesca,
Largo di Villa Massimo 1–2,

das dritte Heft (S. 363–448) das Etikett:

Rom 3. Heft
1973
Olevano Romano/Rom
Rom/Olevano Romano
Januar 73/Februar 73

Die ersten beiden Hefte wurden von Rolf Dieter Brinkmann selbst collagiert: es handelt sich um auf kariertes Heftpapier geklebte maschinenschriftliche Durchschläge der Briefe, Tagebuchnotizen, Fotokopien der handschriftlichen Postkarten, eigene Fotos, Postkarten, Originale bzw. Fotokopien der Stadtpläne, Quittungen, Fundmaterialien und Lektüreauszüge.
Heft 3 ist ein Konvolut von 86 nicht geklebten und nur teilweise bebilderten Seiten und Kartenmaterial. Die Abbildungen dieses Teils wurden in den vom Autor zusammengestellten Briefseiten nach den Originalbriefen ergänzt.
Diesen Charakter des von Rolf Dieter Brinkmann gestalteten Originaltyposkripts versucht die vorliegende Ausgabe in Satz und Layout zu bewahren. Offensichtliche sprachliche Flüchtigkeiten (Tippfehler, Orthographie) wurden korrigiert, die Zeichensetzung entspricht der des Originals. Geringe Kürzungen waren unvermeidlich, aus juristischen Gründen oder wegen einer durch das Prinzip des Montierens selbst gegebenen Unvollständigkeit der Originalseiten. Die durch drei in Parenthese gesetzte Punkte gekennzeichneten Kürzungen machen insgesamt 110 Zeilen aus.